The 尼羅河 Nile

HISTORY'S GREATEST RIVER

**孕育人類文明的偉大河流，
承載豐沛地理、歷史、水政治的生命線**

Terje Tvedt

塔利耶・泰維德——著 劉名揚——譯

埃及吉薩洪水退去前的基奧普斯金字塔在尼羅河中的倒影。（照片提供：Felix Bonfils/Library of Congress/Corbis/VCG via Getty Images）

ΔΡΚΟϹ
ΚΡΟΚΟΔΙΛΟΠΑΡΔΑΛΙϹ

帕萊斯特里納馬賽克鑲嵌畫
（照片提供：Leemage/Corbis via Getty Images）

伊西斯的眾多形象其中之一。根據埃及古代神話信仰，女神眼淚的多寡決定了尼羅河洪水的大小。伊西斯是這個神秘宗教的核心，與基督教一樣，這個宗教長期以來都是地中海地區的主要宗教。

這座大約有兩千年歷史的希臘風格伊西斯雕像，現藏於倫敦大英博物館。她手裡拿著的是裝有尼羅河聖水的罐子。

在衣索比亞歷史很長的時間裡，是一個有東正教教會的帝國。這個帝國的起源與示巴女王的神秘故事有關，她從衣索比亞前往耶路撒冷，懷了所羅門王的孩子，並且生下了衣索比亞的第一位皇帝孟尼利克一世。此圖為愛德華．約翰．波因特所繪（一八三六年至一九一九年）。

一名來自南蘇丹尼羅河畔的努爾人男子。努爾人和其他尼羅特人一樣，是半游牧的牧民，既沒有建立任何國家行政機構，也沒有建立任何酋長領地。

穆罕默德・阿里，十九世紀初在埃及掌權的阿爾巴尼亞軍人。他不僅生育了九十五個孩子，而且還引領國家的現代化進程。這幅畫是由奧古斯特・考德（Auguste Couder，一七九〇至一八七三）繪製。

一八一一年三月一日，穆罕默德·阿里邀請埃及大部分舊統治精英與他共進晚餐。在他們吃飽喝足之後，數百人慘遭屠殺，這是穆罕默德·阿里為了確保擁有國內所有權力的策略之一。

穆罕默德·艾哈邁德，是蘇丹的馬赫迪。一八八五年，他領導現代第一次伊斯蘭革命，在擊敗他認為腐敗和背叛教義的伊斯蘭領袖後，於蘇丹建立了一個神權國家。

亨利·莫頓·史丹利的妻子根據丈夫在一八〇〇年代後期拍攝的照片，繪製了烏干達國王穆特薩。這位國王是尼羅河源頭爭奪戰的核心人物。

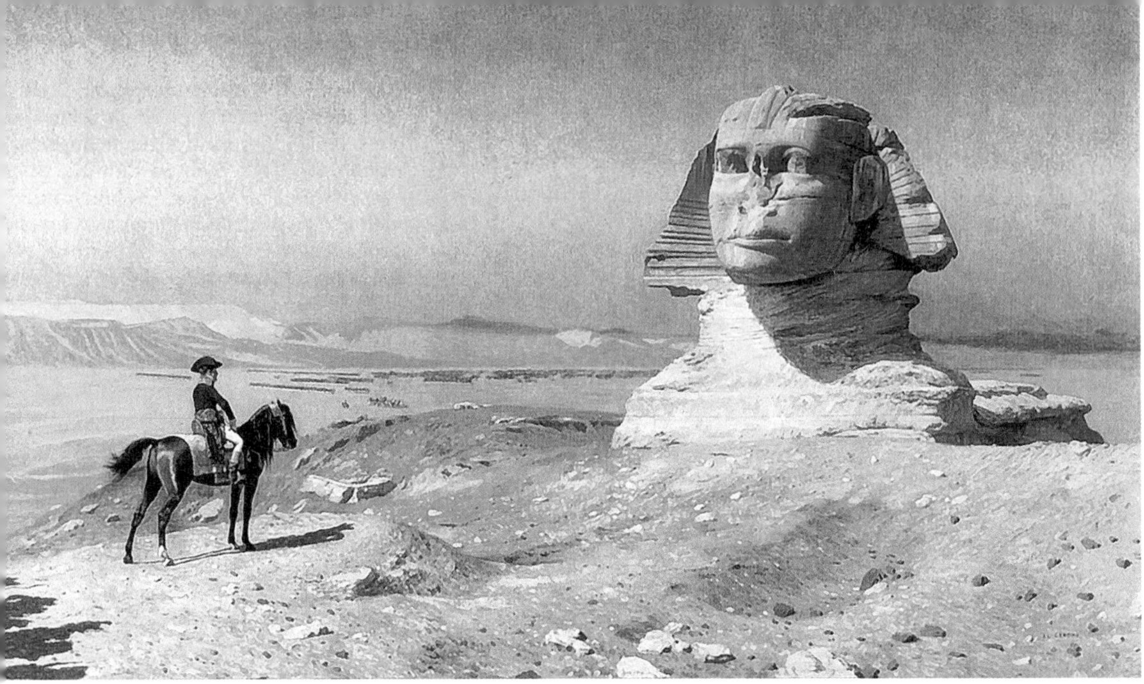

一七九八年的金字塔之戰，拿破崙稱之為法國在埃及的戰役。雖然法國的軍事行動在這場戰役中最後失敗告終，但直到今天對埃及產生了深刻的文化和政治後果。尚－李奧．傑洛姆（Jean-Léon Gérôme，一八二四至一九〇四）的繪畫。

尼羅河河口海戰，一七九八年八月一日至三日，法國和英國在地中海河口外的血腥海戰，是西方大國第一場在埃及和尼羅河的權力爭奪。後來在納爾遜勳爵——也被稱為尼羅河之王——的帶領下，英國人占了上風。由托馬斯．惠特科姆（Thomas Whitcombe，一七六三至一八二四）所繪。

一八六二年七月二十八日，約翰·漢寧·斯皮克是第一個在烏干達看到尼羅河源頭的歐洲人，他以倫敦的女王名字為此命名為維多利亞湖。請注意畫裡的懷錶和六分儀，這些測量儀器象徵著對非洲的侵略以及布道式的科學征服。這幅畫由詹姆斯·沃特尼·威爾遜（James Watney Wilson）所繪。

Miss Tinné Traveling.

亞麗珊卓琳・提內（AlexanderineTinné）是一位荷蘭女性，十九世紀中葉在尋找尼羅河源頭時，失去母親和姑姑，她試圖獨自穿越西部沙漠時被圖阿雷格人殺害。

大衛・李文斯頓是所有尋找尼羅河源頭的探險家中最著名的一位，但是他沒有成功。在他與史丹利的著名會面後兩年，他於非洲去世。

蘇格蘭人詹姆斯・布魯斯，在十八世紀後期出版了一本分為五卷的書，講述他在衣索比亞高原藍尼羅河源頭的旅程。

門森・恩斯特，全名Mons Monsen Øyri，是十九世紀偉大的國際賽跑之王，他想沿著尼羅河逆流而上奔跑，直到找到其發源地。

亨利・莫頓・史丹利在一八七〇和一八八〇年代，於尼羅河進行的眾多戲劇性探險之一。在這裡，他第一次看到了阿伯特湖。

山繆爾・貝克和佛羅倫斯，貝克。山繆爾在巴爾幹的一個奴隸市場買下佛羅倫斯，後來成為他的妻子。這幅畫由貝克所畫，是描繪他們在烏干達尼羅河生活的幾幅畫之一。

在埃及三角洲的「泰勒凱比爾」(Tel el-Kebir),埃及民族主義者於一八八二年試圖利用尼羅河作為戰爭武器,對抗英帝國不斷推進的士兵,但沒有成功。英國還部署了孟加拉騎兵。此圖由理查德·卡頓·伍德維爾(Richard Caton Woodville,一八五六至一九二七年)繪畫。

克羅默伯爵,一八八三年至一九〇七年間的埃及無冕之王,他是第一位也是唯一一位對整個尼羅河的開發利用擁有直接權力的政治家。他是一個真正的帝國主義者,以理性且家長式作風專注於埃及和英屬尼羅河秩序的現代化。

蘇格蘭工程師和水資源規劃師威廉·加斯汀(William Garstin,一八四九至一九二五年),這是他唯一一張為人所知的照片,他是過去一百三十年來對尼羅河河道歷史影響最大的人之一。是第一個從源頭到出口的整條河流綜合水文計畫中開發尼羅河的人。

這幾乎是查爾斯·戈登（Charles Gordon）最標誌性的形象，描繪他在一八八五年一月在喀土穆被伊斯蘭叛軍刺殺時的情況。請注意他散發出的平靜以及他面對殺手時所表露的優越感。

這裡描繪的是文明與野蠻的對抗，一個人的公義與一群人的羞辱的對抗。喬治·威廉·喬伊（George William Joy，一八四四至一九二五）繪畫。

蘇丹北部的尼羅河瀑布是抵禦來自北方擴張的天然屏障。這張描寫加內特·沃爾斯利將軍在一八八四年率領遠征隊拯救戈登的圖畫，顯示了穿越埃及南部尼羅河的困難度。當英國決定在一八九〇年代後期占領蘇丹時，他們為此修建了一條穿越世界上最炎熱沙漠的鐵路，從此之後，尼羅河不再是此地唯一的運輸路線。

一八九八年九月，尼羅河沿岸的恩圖曼戰役以英國和埃及聯軍擊潰蘇丹軍隊而告終。一天之內，一萬多名蘇丹人喪生，英埃聯軍則只損失了數十名士兵。一名目擊者將其描述為大規模處決而不是一場戰役。

沒有哪個國際政治家比溫斯頓・邱吉爾更常出現在尼羅河的近代歷史中。第一次是在一八九八年，當時他以士兵和記者的身分參加了蘇丹戰爭。次年，他出版了兩本作品《河上的戰爭》。

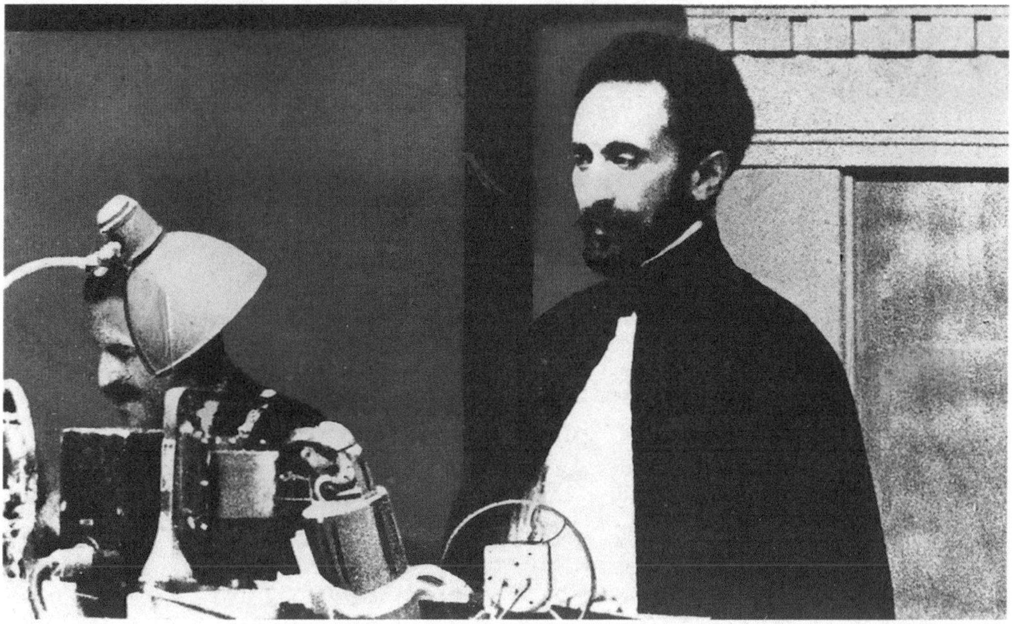

一九三六年，在義大利入侵衣索比亞之後，當年約五十歲的衣索比亞領導人和皇帝海爾·塞拉西（Haile Selassie）在國際聯盟發表演講。他呼籲對義大利實施嚴厲制裁，正如他預言的那樣：「今天是我們，明天可能就是你。」

對於一九二二年在義大利掌權的法西斯主義者貝尼托·墨索里尼來說，襲擊衣索比亞是報復一八九五年時義大利的戰敗。他在這裡慶祝一九三六年的勝利。十多年來，他一直與英國人針對衣索比亞的尼羅河問題進行秘密談判，並且知道英國人不會阻止他。

埃及總統賈邁勒·阿卜杜·納瑟與前蘇聯領導人尼基塔·赫魯雪夫參觀訪問盧克索。亞斯文水壩由前蘇聯融資，並且在蘇聯的技術支援下興建完成。一九七一年竣工後，埃及的尼羅河變成了灌溉渠道。

一九九五至二〇一二年的衣索比亞總理梅萊斯·澤納維（Meles Zenawi）因為讓衣索比亞躋身為尼羅河流域的強國，因此被載入史冊。

汲水器Shaduf，一種自法老時代就開始使用的技術，使用裝滿水的罐子作為起重臂的配重錘，手動從河中汲水。

水車Saqia，早期由奴隸或動物驅動（如這張照片），是埃及傳統技術的另一種形式。

埃及赫迪夫穆罕默德·阿里下令興建的尼羅河攔河壩完成於十九世紀中期。依照計畫可提升尼羅河三角洲的尼羅河水位，以擴大可耕地面積並增加年收穫次數。（照片提供：Terje Tvedt收藏的明信片）

幾乎沒有任何計畫能在如此漫長的歲月裡定期進行，經濟與政治意義也比尼羅河流量的測量更重大。開羅羅達島上的尼羅河水位計，奉阿拔斯王朝哈里發穆塔瓦基之命建於八六一年。（照片提供：Terje Tvedt）

一九〇二年落成的亞斯文水壩，是英國在埃及馴服尼羅河、發展灌溉農業及棉花栽種的最重要象徵（照片提供：D. S. George/Hulton Archive/Getty Images）

蘇丹塞納水壩開始建設。一九二〇年代，它由蘇丹的英國統治者開放使用，水壩將蘇丹變成了一個現代化的尼羅河流域國家，並為該國沿河最大的棉花農場奠定了基礎。

歐文瀑布水壩建於一九五四年，距離維多利亞湖的尼羅河出口不遠，被稱為烏干達的開端。下圖：高壩（或稱納瑟水壩Nasser Dam，一九七一年）將埃及的尼羅河改造成灌溉渠道，促成該國的電氣化，並讓數百萬英畝的新耕地得以被開發。

全世界最大的挖掘機。先被完全拆解，從巴基斯坦以船運經過印度洋抵達位於紅海沿岸的蘇丹港，再以卡車運到蘇丹南部的沼澤地區。照片中的挖掘機是作者於一九八三年三月造訪當地時看到的作業狀態，後來該機器於同年爆發的內戰被棄置，任其生鏽損毀。（照片提供：Terje Tvedt）

上圖：托西卡計畫為總統胡斯尼．穆巴拉克推行的大型計畫之一，目標是要把埃及可用的尼羅河水的百分之十導入撒哈拉沙漠，將沙漠改造成有城市、工廠及數百萬居民的新尼羅河谷。這張照片攝於本計畫剛開始改變沙漠景觀的二〇〇六年。（照片提供：Terje Tvedt）

下圖：以總統之名命名的穆巴拉克抽水站，可以從亞斯文水壩抽水綠化沙漠（照片提供：Terje Tvedt）

二〇〇六年於衣索比亞境內的特克澤河（在蘇丹稱為阿特巴拉河）施工的特克澤水壩。這項工程於四年後竣工，是上游地區第一座象徵埃及與衣索比亞在尼羅河上權力關係即將發生變化的水壩（照片提供：Terje Tvedt）

下圖：衣索比亞復興大壩的示意圖。衣索比亞政府於二〇一一年在埃及解放廣場示威活動期間，公開宣布了這座橫跨藍尼羅河的巨大水壩建設計畫。藍線表示大壩建成後的水位。

埃及尼羅河三角洲北部的鹹水湖之一。高壩落成並於一九七一年，啟用後每年秋季洪水降臨時，三角洲有一大部分都是這種光景（照片提供：Terje Tvedt）

被譽為「萬城之母」的開羅。每天有超過兩千萬人在這座被沙漠所包圍、仰賴尼羅河維生的繁忙大都會裡居住與工作。（照片提供：Terje Tvedt）

從熱氣球上俯瞰上埃及的盧克索與帝王谷周邊。可以清楚看見沙漠與灌溉區之間的分界線。（照片提供：Terje Tvedt）

埃及亞斯文附近的尼羅河段上的傳統風帆（feluccas）。尼羅河並沒有為河岸的埃及沙漠帶來綠化效應。（照片提供：Terje Tvedt）

在蘇丹北部的努比亞，尼羅河蜿蜒流過一片褐色土地，僅有岸邊一條細細的綠地可供人類居住及耕作（照片提供：Terje Tvedt）

一位阿拉伯詩人以「史上最長的吻」來形容藍尼羅河與白尼羅河在喀土穆的交會處。這個地理現象讓蘇丹成為尼羅河控制權之爭的兵家必爭之地（照片提供：Terje Tvedt）

上圖：烏干達的維多利亞湖狹窄的出水口。白尼羅河從此處展開往北流向埃及的漫長旅程（照片提供：Terje Tvedt）

下圖：尼羅河在流經這片遼闊、平坦的平原後，匯入烏干達北部的阿伯特湖（照片提供：Terje Tvedt）

上圖：衣索比亞藍尼羅河的唯一水源塔納湖上的蘆葦船（照片提供：Terje Tvedt）
下圖：一年一度的主顯節當天，在日出前的塔納湖畔等候以神聖的尼羅河水再次受洗的正教會基督徒（照片提供：Terje Tvedt）

上圖：被改造成水力發電廠前的藍尼羅河瀑布。當地語言的名稱為蒂斯塞特瀑布（Tissisat Falls）或蒂斯阿拜（Tis Abay），意為「冒煙瀑布」或「冒煙河」（照片提供：Terje Tvedt）

下圖：在「藍色時刻」從坎帕拉的斯皮克度假村眺望維多利亞湖。這座湖面積與蘇格蘭相當，常讓訪客誤以為自己置身海邊，而不是一座內陸水體旁。（照片提供：Terje Tvedt）

蒲隆地境內尼羅河源頭的金字塔縮小版複製品，建於一九三〇年代，是巨大流域內諸國地理與命運共同體的象徵。（照片提供：Terje Tvedt）

位於羅馬納沃納廣場的貝尼尼「四河噴泉」在一六五一年揭幕，是尼羅河在當時世界觀與信仰中的獨特地位最清楚的象徵。尼羅河神臉被一塊布遮掩，意味當時沒有人確切知道這條河源自何處（照片提供：Terje Tvedt）

目錄

〔1〕

旅程開始

羅馬城外的馬賽克鑲嵌畫

在羅馬城外約三十五公里處，有一座不起眼的考古博物館；位於博物館的四樓，有一幅以尼羅河為題的馬賽克鑲嵌畫，其已有兩千年的歷史，寬近六公尺，高超過四公尺，是從幾個不同的制高點生動地描繪出這條河及其沿岸的生活景象：頂部為非洲意象，底部則重現了地中海的場景。

雖然觀者必須隔著一道保護繩，保持一段距離觀賞這幅馬賽克鑲嵌畫，但還是能看出這幅以石灰漿黏著彩繪石頭所拼成的圖案是何其多彩與清晰。然而，這幅《帕萊斯特里納馬賽克鑲嵌畫》（Palestrina Mosaic）真正的獨特之處，在於河流和生活於河岸旁的人們，是以一種全然現代透視法的方式被描繪出來，彷彿創作者是從飛機上看著尼羅河。事實上，這幅藝術品也是一個極具表現力的史料：它凸顯了這條河從古至今一直是社會的命脈與中心，並闡明了地中海地區擁有一部「以水寫成」的大陸史。

這幅馬賽克鑲嵌畫描繪出尼羅河在沿岸居民生活中的中心地位，同時也闡述了這條河如何成為歐洲文化和宗教歷史的一部分。它使我們想起了遙遠的過去，當時尼羅河被奉為聖河，由宏偉寺廟中的祭司所祭拜，不僅在埃及境內的沿岸地區，就連在歐洲也是如此。這幅作品的起源來自於從埃及傳播至希臘與羅馬世界的「尼羅河與伊西斯（Isis）崇拜」，這是一種嶄新、獨立的信仰，是一種探討死亡與重生的神祕宗教，其有著壯觀的遊行與儀式，而尼羅河水在其中扮演著核心角色。英國倫敦的大英博物館擁有著眾多伊西斯雕像。伊西斯是大自然的守護神、主掌生育與豐收的女神，她的左手提著一罐神聖的尼羅河水，這是救贖的重要媒介。兩千年前，信徒們就是提著這種裝有尼羅河水的罐子穿越平原和地中海以北的山谷，說明尼羅河水罐與後來歐洲教堂的領洗池（baptismal font）之間有著深厚的歷史關聯[1]。

這幅馬賽克鑲嵌畫的創作時間，大約是尼羅河以及它所衍生出的伊西斯信仰，在與中東傳來的新宗教基督教成為重要競爭對手的幾百年前。當時，人們對尼羅河及其眾神崇拜，在進入基督教時代之後仍長年持續；聖馬可（Mark the Evangelist）在基督升天數十年後的一個復活節，於現今埃及的亞歷山卓（Alexandria）殉道，他正是死於伊西斯信徒之手。他們以繩索套住聖馬可的頸部遊街示眾，最後斬首。直到基督教成為羅馬帝國的國教，伊西斯與尼羅河信仰才隨之消失，而這片一度孕育出廣為流傳的神祕宗教之尼羅河三角洲，則成了早期基督教的中心。

羅馬城外這幅尼羅河馬賽克鑲嵌畫代表了一段「洲」與「國家」之間的區別，以及邊界變得越來越模糊不清的漫長歷史。這條河的名字透過西元前七〇〇年至六〇〇年之間的希臘詩人海希奧德（Hesiod）與歐洲產生了關聯，當時的埃及、尼羅河三角洲與希臘都是地中海文化的一部分。海希奧德稱這條河為Neilos，因為這些希臘字母替換成數字的總值是三百六十五，亦即代表「一切」的意思，而這個名字似乎就是為了強調這條河被大家視為一切。這幅馬賽克鑲嵌畫提醒了我們，尼羅河谷是人類走出非洲前往地球每一個角落的主要路線之一，同時，一些已知的原初農業社會就是沿著這條河岸發展起來的，此外，也是拜這條河流所賜，最令人印象深刻且最強大的古文明才得以誕生。

除此之外，這幅馬賽克鑲嵌畫描繪的是一場宗教儀式，但也能解讀成對尼羅河作為地中海文化一員的禮讚。它展現出與羅馬皇帝凱撒對這條河相同的「迷戀」：據說只要有人能告訴凱撒這條河的源頭在哪裡，他就會立即讓出整個埃及。那麼，究竟每年夏天，這個埃及最熱、最乾燥的時期，這些從熾熱的沙漠中大量湧現、將這地區變成地球上最肥沃土壤之一的水，是從哪裡來的呢？直到歐洲中世紀晚期，這條河的神祕面紗都籠罩在奇異的、神話般的臆想中。文獻中說這些水是從天堂和金色的石階上流下來的。因此，尼羅河長期以來一直被視為神聖的彰顯。十四世紀最偉大的法國編年史家之一讓・德・瓊維爾（Jean de Joinville）在一三〇五年至一三〇九年間出版的《聖路易傳》（*Histoire de Saint Louis*）中做出一個當時很普遍的結論：「沒有人知道這些水源自何處，難不成這是上帝的旨意？」[2]

到了歐洲啟蒙運動勝利後，則出現了一種不同且更有科學依據的尼羅河浪漫主義。而在十九世紀，沒有哪個地理問題比尼羅河源頭所在位置更被廣受討論。一個半世紀前，尼羅河流域成為全球某些冒險家和探險家最傳奇的科學調查舞台，例如：英國的亨利・莫頓・史丹利（Henry Morton Stanley）、英國的大衛・李文斯頓（David Livingstone）、英國的約翰・漢寧・斯皮克（John Hanning Speke）、沒那麼知名但家境富裕的荷蘭女性探險家亞麗珊卓琳・提內（Alexandrine Tinné），以及一位當年知名的挪威長跑健將，都在尋找這條河流的源頭。事實上，這些歐洲地理學家、探險家、水文學家和英國水資源規畫師所繪製的尼羅河地圖，就是一部殖民征服與現代科學在非洲凱旋前進的歷史。

然而，這幅馬賽克鑲嵌畫將這條河的景象凍結在兩千年前的這一瞬間，並從這瞬間起一秒復一秒、一日復一日、一代復一代地從非洲內陸涓涓流入密不透風且不見天日的原始森林，轟然自火山峭壁傾瀉而下，奮力湧出巨大的內陸湖泊，蜿蜒流經全世界最大的沼澤，並穿越全球最乾燥的沙漠。亙古不變的河道與水流的脈動持續形塑社會發展與轉型的條件，這條河永遠是神話締造與權力鬥爭的主角。

這幅馬賽克鑲嵌畫完成時，尼羅河三角洲這個世界上最肥沃的地區之一，已先後經歷了波斯人、亞歷山大大帝和凱撒軍隊的征服。後來，阿拉伯人征服了尼羅河，十字軍也來過。接著，拿破崙率領他的軍隊登上三角洲，打了一場「金字塔戰役」（The Battle of the Pyramids）；英國人則以開羅為軸心點，建立了他們的尼羅河帝國，從地中海到這條河的源頭，也就是被稱為「非洲心臟」的地方，整條尼羅河在歷史上頭一遭，也是唯一一次處於被單一權力支配：倫敦的控制。自七世紀以來，生活於尼羅河沿岸的居民一直是伊斯蘭教與基督教在非洲大陸爭霸的中心，同時，尼羅河流域也是國際援助體系中最經典的「虛構與刻板印象的溫床」。而到了第三個千禧年時，尼羅河流域的某些地區已有相當程度的發展，這使得援助時期所描繪的無助非洲形象顯得有些過時了。

本書與帕萊斯特里納馬賽克鑲嵌畫所象徵的是同一個傳統，亦即：全世界都著迷於這條河流所扮演的角色與意義。這是一部關於文明發展的史書，也一部由全世界最長河流所敘述的遊記，同時，它也是一部對現代「水資源政治」（hydropolitics）和非洲發展的研究，以及這些變化如何像是透過棱鏡般反映出許多現代世界最核心的發展特徵。但最重要的是，本書是一條生命線的傳記，這條生命線把近五億人綑紮成一個命運共同體，如今共享這條河的十一個國家，沒有一個能逃脫。

先前我已寫過關於尼羅河歷史的書籍，如：從河流在英國控制時期的《英國時代的尼羅河》（*The Nile in the Age of the British*）到後殖民時代的《後殖民時代的尼羅河》（*The River Nile in the Post-Colonial Age*）。此外，我還出版了關於該地區的書目調查（共五卷）以及有關該地區援助時代的書籍。至於本書則試圖以不同的焦點與更長的時間軸，將我無數次縱橫整條河道旅程中所學到的一切、我從亞歷山卓到盧安達吉佳利（**Kigali**）的深夜咖啡館桌上永無止境的討論、多次與專家和國家元首以及部長的深入訪談，並耗費數年在三大洲的檔案館中尋找與該地區和尼羅河相關的史料，全部連結起來。

現在和未來幾年在尼羅河上及沿岸所發生的事，將對該地區乃至全球政治產生巨大影響。在撰寫本書之際，這條河流在大自然與社會中正在經歷其漫長歷史中最具革命性的轉變。正是在如今這個戲劇性、瞬息萬變、難以捉摸的時代，歷史知識變得更為重要；一個人如果不了解過去，註定會誤判現在。

本書的章節架構宛如一場沿著尼羅河出海口航向源頭的旅程。唯有如這條河本身的心跳般緩緩且有條理地沿著它逆流而上、走訪各地，才能揭開它的祕密，並了解它在社會發展中所扮演的角色和意義。

歷史之河

從羅馬出發飛越地中海之後，我俯瞰綿延數英里的沙灘：西邊是一望無際的棕色沙漠，正下方則是一座巨大的綠色花園。飛越埃及和尼羅河三角洲時，我一如往常地把額頭靠在窗上望著這條看起來孤獨、閃閃發光、被綠意包圍的生命之河，卻感覺它彷彿正活生生地抗議著沙漠的宰制；這才發現，身為北歐人的我竟對水文的重要性，如此視而不見。

我此行的目的是為埃及亞歷山大圖書館（Library of Alexandria）的一場研討會做開幕致辭，發表關於水文在思想史上的重要性。雖然這是我長期研究的議題，但我依然感到有點緊張：我，一個挪威人，竟然到尼羅河上的國家議論水與尼羅河的關係。我再次翻閱了一部關於尼羅河地理歷史的經典著作，因為儘管尼羅河可以是文化與神話、浪漫與懷舊，但埃及地質學家拉什迪．賽義德（Rushdi Said）所著的這本《尼羅河：地質學、水文學及其利用》（*The River Nile: Geology, Hydrology and Utilization*）強調尼羅河從根本上來說是一個物理實體；沒錯，如果不從水文學的角度去解釋，就無法了解它在社會中所扮演的角色。[3]

於是，我於擺在電腦旁小茶几上的筆記本的第一頁上，以斗大的字寫下幾個與尼羅河有關的最重要數字。我以近乎儀式性的心態做這件事，宛如提醒自己在形塑每一個關於尼羅河當代觀點的厚重文化、宗教和政治之下，它還是一條擁有固定地理學、水文學特徵的真實河流。當然，我寫在筆記本上的，是有重大社會意義的數字，與這幅馬賽克鑲嵌畫及如今皆有關聯。

眾所周知，尼羅河是一條常流河，是相對晚近的一萬五千至兩萬五千年前的地質作用結果；當時，維多利亞湖（Lake Victoria）的湖水與流自衣索比亞的河水於今日蘇丹的首都喀土穆（Khartoum）匯合成兩條尼羅河。由此可見，現代的尼羅河是一條非常年輕，卻孕育了非常古老文明的河流。

我攤開一張到這一帶旅行時總會隨身攜帶的尼羅河地圖，這對我來說是一種反射行為。因為我不僅是一位歷史學家和政治學家，也是一位地理學家；與此相對，比起地理學家，社會科學家通常不太關心地圖上所闡明的細微聯繫。

尼羅河全長六千八百多公里，如果將其拉直並以開羅為軸心點轉移，這條直線將橫越地中海，穿過整個歐洲，終點會在比挪威最北端更北之處。此外，其降水區涵蓋約三百萬平方公里，這個面積約等同整個非洲大陸的十分之一，或法國的六倍。十一個國家共享河道，上千個不同民族世代相傳地發展出不同的文化與社會。由於這樣的面積以及在氣候、地形、動植物和社會形態上的多元性，使得尼羅河流域在自然條件與社會關係上都是所有大河中最複雜、最多樣化的。然而，這條河道極端的政治意義由一個無情的悖論所構成：儘管涵蓋範圍極大，但它的水量卻很少。

根據埃及亞斯文市（Aswan）的測量結果顯示，其年平均水量基本固定在八百四十億立方公尺。這水量不算多，僅是長江的一二%，剛果河的六%，或亞馬遜河年入海水量的一%。為什麼會如此呢？原因是尼羅河最明顯的特徵：有一大段流經的是完全無降水的區域。在上埃及，年均水流量在八百億到九百億立方公尺之間，近數十年來，這一數字有所減少，主要原因是有約一〇%的水從興建於努比亞沙漠（Nubian Desert）裡的大型人工湖中蒸發。在流經全球最乾燥、最炎熱的地區之一近兩千七百公里的過程中，都沒有新水湧入尼羅河；地球上沒有其他河流在毫無新水加入的情況下，流經如此漫長的沙漠地帶。

這條河漫長、經年的沙漠之旅相當獨特，在它流經的路線上，水文樣貌截然不同的「白尼羅河」與「藍尼羅河」兩條主要支流在蘇丹首都喀土穆匯合，而這裡發生了一個驚人的水文現象，說明了為什麼直到一九七一年為止，白尼羅河一直是埃及歷史上最重要的支流。在秋季，藍尼羅河水量充沛，成為阻擋水量較小、水流較弱的白尼羅河水的天然屏障。隨著藍尼羅河的水位在春季裡逐漸下降，原本被抑制的白尼羅河水終得以流向埃及，而幾千年來，正是這個現象使人們得以在夏季生活與耕作。

藍尼羅河從衣索比亞高原不起眼的神聖源頭流淌約兩千五百公里之後，到達喀土穆。這條河與衣索比亞其他集雨水而成的支流，如阿特巴拉河〔Atbara，在衣索比亞及厄利垂亞分別被稱為特克澤河（Tekeze）及塞迪特河（Setit）〕，與索巴特河〔Sobat，在衣索比亞被稱為巴羅河（Baro）〕，占尼羅河總流量近九○%。在秋季的汛期，藍尼羅河居主導地位，僅是它就占流入埃及所有水量約八○%。然而，這些尼羅河主要支流的季節性變化極大：阿特巴拉河在夏季幾乎完全乾涸，而藍尼羅河在秋季的三個月裡就排出全年中近九○%的水量。

與此相對，白尼羅河則截然不同。從喀土穆到沼澤的最南端（全長約一千八百公里），這條河的傾斜度為每二十四公里一公尺，為此，全年水流變化幅度遠小於藍尼羅河。從喀土穆到馬拉卡勒（Malakal）沿途都沒有支流，而衣索比亞的索巴特河或巴羅河的河水則是從東邊匯入，沿途吸收了幾條較小的河流；主河流在此急轉西流，流向位於全球最大沼澤區之一的下游：諾湖（Lake No）。這片沼澤景觀代表著白尼羅河最令人震驚的水文現象背後的重大經濟與政治意義：傑貝勒河（Bahr al-Jabal），也就是白尼羅河在此地的名稱，約五○%的水永遠不會流到喀土穆或埃及。沼澤的起點，位於目前為南蘇丹首府的朱巴

（Juba）以北數英里處。

傑貝勒河意思就是「山區河流」，意指其源自中非的山坡；它在南蘇丹的平原上變成了一個巨大的、緩慢的水流。向四面八方延伸的它，大小隨季節與尼羅河的水流而改變。南蘇丹的其他大河，如：阿拉伯河（Bahr al-Arab）及加札爾河（Bahr al-Ghazal），後者直意為「瞪羚河」，因為它流經一座遼闊的瞪羚棲息地，這兩條大河並不會流進白尼羅河，而是在沼澤區止步。

在朱巴，白尼羅河距離出海口還有四千七百八十七公里之遙；在上游距離朱巴一百六十八公里處，流出阿伯特湖（Lake Albert）後，它在富拉急流（Fola Rapids）穿越蘇丹與烏干達邊界，流經沼澤湖基奧加湖（Lake Kyoga），在金賈（Jinja）鑽出維多利亞湖，距離被譽為「烏干達起點」的烏干達第一座水力發電廠不遠。

這些中非湖泊等同於白尼羅河的巨大天然水庫，它們是在上一個冰河期全球其他地區融冰造成潮濕氣候時擴散到此地所形成的。另外，降雨模式的變化與地質隆起導致維多利亞湖與阿伯特湖蓄積的過多雨水開始往北流，形成了常流的尼羅河；如此大量的流水在當時一片乾旱的地區暢行無阻，形成了今日南蘇丹的巨大沼澤，並流入埃及，同時在數世紀間，這條河造成了許多場史無前例的強大洪水，形塑出尼羅河三角洲與其眾多河道。

過去一萬年裡，維多利亞湖多數時是穩定的，是目前全球第二大湖（在早期曾經完全乾涸過），而其龐大的表面積所蒸發的水量，加上又吸收了流自蒲隆地、盧安達、坦桑尼亞、烏干達等國家，尤其是肯亞的河水，使它成為強降雨的來源。百科全書和旅遊指南都說這座湖就是尼羅河的源頭，但實際上，白尼羅河有許多源頭：東部的肯亞、南部的蒲隆地、西部的盧安達和剛果民主共和國。流域西部的山脈是它幾條主要支流的源頭，位於地球上最潮濕的地區，全年降雨三百六十天，年均雨量高達五公尺。這些偶然的氣象與地質條件組合保障了尼羅河水源源不絕，即使在一年中衣索比亞的尼羅河縮小，某些河段甚至幾近乾涸的季節裡，也是如此。

對認為「關注社會意味著將自己限制在人類領域」的人而言，這些數字似乎都顯得不合時宜，或不過是小菜一碟；也就是說，人文主義的、以人為本的歷史論述應該繞過這些數字，因為它們是來自自然科學的干擾。然而，事實正好相反，這些數字不僅決定性地歸納出社會發展的框架，還描述了社會發展不變的主軸和社會存在的核心。此外，正是這些可衡量的地理特徵賦予了這條河獨特的區域性及地方性特徵，揭示了它如何以不同的方式促進沿岸的社會成形，同時創造了剝削各區域的各種可能性。

本書將探討尼羅河神話、波蘭裔英國小說家約瑟夫・康拉德（Joseph Conrad）的《黑暗之心》（*Hearts of Darkness*）與古希臘作家希羅多德（Herodotus）的《歷史》（*Histories*）中之意涵，此外，也將證明若不把尼羅河的水文學置入其中，就不可能理解歐洲殖民主義的興衰、衣索比亞在第二次世界大戰前夕所扮演的重要角色、南蘇丹的命運與現況，或埃及的過去與未來。

〖2〗

沙漠與三角洲

沙漠天堂

唯有經歷過井水枯竭或現代化自來水斷水之後，才能清楚意識到水的價值，要了解尼羅河對於埃及的重要性，必須先了解這個沙漠國家若少了這條河，會變成什麼樣子。因此，要為尼羅河立傳，必須以位於河道西側這座知名且經典的沙漠綠洲「法尤姆」（Fayyum）開始寫起。

在撒哈拉沙漠中，有些地方乾燥到有考古學家聲稱找到一九四〇年代沙漠戰事期間盟軍士兵所扔下的捲菸紙，且仍完好無損。我在一個顏色從斑駁的棕色轉為純白的沙漠之處打開車門，感受高溫朝自己襲擊來。只需要在最近的沙丘上走個幾分鐘，就能遠離蜿蜒在一片棕色不毛之地的柏油路，接著映入眼簾的盡是沙漠，瞬間感受到自己是形單影隻的孤獨。一望無際的沙浪一路延伸至地平線，讓人聯想到浩瀚汪洋，但最令我印象深刻的是這幅景色最顯著的特徵：毫無氣味，而風輕快且孤寂的吹拂方式更進一步強化了這種空虛感。置身於此情此景，能讓人明白埃及的真正樣貌：一個必須仰賴流經其他十國之水的沙漠農業國家。

當我回到車內，感覺似乎聽見引擎因高溫而熄火，像我這種都市居民可能會開始產生受到電影裡沙漠之旅所啟發的浪漫但可怕的幻想：四輪車輛因引擎故障拋錨，躲在車內求生，車輛漸漸遭緩緩徐風所吹來的沙塵所掩埋，儲水也逐漸飲盡……，但突然間，指向法尤姆的路標，赫然映入眼簾。

數千年來，法尤姆被譽為「埃及花園」或「沙漠天堂」[1]；這是一座充滿活力的綠洲：擁有美麗的清真寺、古老的教堂與遠古的紀念碑。站在這片六百九十二平方公里的窪地中心，望著悉數朝同一方向彎曲的棕櫚樹，驢子馱著看來對牠們來說太重的玉米與水果，水牛好奇地打量著過路的行人，而農民，沒錯，到處都是農民，在綠色的小農地裡耕作，很難想像這裡幾乎從不下雨。此地之所以讓所有關注早期人類歷史的人如此著迷，是因為它在史前時代曾是一個土地肥沃的天堂。

第一個在埃及長期定居下來的人類聚落，估計約在七千年前於法尤姆出現，而這是一個具有極其深遠影響的遷徙結果。隨著撒哈拉地區逐漸沙漠化，今天會被稱作「氣候難民」的居民開始尋找永續水源。因此，尼羅河流域以東的地區漸漸地人滿為患，迫使人們必須離開這座窪地再稍往東遷徙一些，在這條流經撒哈拉沙漠的常流河沿岸定居下來。

法尤姆很快就發展成世界史上最早的農業區之一，而之所以能發展出農業，僅僅是因為每年尼羅河都會淹沒將河流與綠洲隔開的低矮山丘，於是大量的河水從狹谷湧入窪地，也就是說，法尤姆的肥沃土質是源自河流的天然產物。然而，這條河也向人類展示了「大自然」或「眾神」的奇蹟，因為對許多人而言這兩者是同一回事，而且大家都把模仿它們視為目標，即便規模沒這麼大也沒關係。

因此將近四千年前，在第十二王朝法老阿曼尼赫特一世（Amenemhet I）的統治下，埃及人想出了一個絕妙的點子，就是把法尤姆湖當成天然的調節水庫來控制洪水[2]。這座日後被無數旅行家視為神蹟的天然湖泊，就此變成一座早期的尼羅河大壩，想必也是人類史上最早的同類型工程之一。這座位於埃及最重要的綠洲擁有近四千年歷史的調節水壩，可說是數以萬計現代水壩的先驅。如今大壩已經擴展成一座在沙漠中閃爍著慵懶藍光的巨大內陸湖，雖然死氣沉沉的湖水看起來並不是那麼的賞心悅目。從南岸望去，一望無際的湖水彷彿在此處朦朧的熱氣中顫抖，遠方乾旱的山丘宛如從湖中冒出的人頭，在近乎雪白的天空下猶如一片橙黃沙漠色的剪影。據說《聖經》中約瑟（Joseph）最終拓寬河床，從尼羅河分出了支流疏濬猛烈洪水，因此至今仍有人稱這條運河為「約瑟運河」。

法尤姆的許多椰棗農、店主、餐館與清真寺賴以維生的水利系統，是大自然與人類模仿自然的能力並加以擴展的產物。沿著蜿蜒在綠洲的運河走，很難區分出一條運河在哪裡結束，另一條又是從哪裡開始。透過這種方式，法尤姆展示出一種密集且集中的埃及樣貌：在沙漠的包圍下，由尼羅河的自然特徵與人類所建造的水利系統結合而成的盎然綠意。

法尤姆是埃及的鏡像還有另一個原因。雖然綠洲的用水量穩步增加，但需求與供給之間的差距也越來越大。沙漠氣候下的水資源控制，在生態和政治上都是一把雙面刃，因為需求量總是與社會的發展同步。一個不爭的事實是，埃及人對尼羅河水的依賴程度越高，他們的社會就越容易被河流的自然和人為改變所影響。就長遠來看，這可以算是高度影響埃及歷史進程的水力悖論。

聖甲蟲、重生與生死之河

法尤姆與亞歷山卓之間的沙漠，除了風與沙之外，一無所有，沒有明顯的生命跡象，除了一隻甲蟲，還是一隻聖甲蟲，將一個個潮濕的泥球滾上一座小沙丘；有時因泥球太重而退了幾步，但甲蟲會再次將泥球一公分、一公分地往上推。滾泥球的通常是公甲蟲，母甲蟲則跟在後頭。只要找到帶點濕氣的粘土或糞便，牠們便會在上頭產卵壓成泥球，滾到沙漠裡一個安全的地方掩埋，然後在完成繁衍後代的任務後雙雙凋逝。

這些沙漠甲蟲在古埃及享有神聖地位。聖甲蟲啟發並體現了古埃及對轉變、更新和重生的理念。埃及神話中的「誕生之神」凱布利（Khepri）是象徵自我創造能力的神祇，每天都會將太陽推過天際，並在夜裡將它安全地滾過埃及地下社會。凱布利大多被描繪成一隻聖甲蟲，而在一些墓穴壁畫中，這位象徵創造能力的神祇則被描繪成人身甲蟲頭的形象。

由於他們以為所有的聖甲蟲都是雄性，因此，古埃及人相信這種從泥球裡爬出來的甲蟲與凱布利一樣，都是從空無中誕生的，所以將牠們視為創造力與永生的象徵。

聖甲蟲與凱布利有助於解釋埃及人經常目睹的自然現象：生命從死亡中重生，土地從了無生機的棕色轉為生趣盎然的綠色，植物彷彿是自從無到有的沙漠砂礫中所萌芽的；埃及農民與埃及社會每年都會經歷這種奇蹟。這片土地從一個寸草不生的荒地變成全世界最豐饒的沃土，而且這是全憑大自然的一己之力所完成的壯舉。鑑於當時人類對於自然如何運作的有限理解，尼羅河的奇蹟於是被歸功於諸神，甚至是被視為天神化身的法老。由於埃及人每年都會觀察到這個過程，因此自然而然地認為死亡不過是通往新生的門戶[3]。從容不迫地將泥球或糞球滾上沙漠緩丘的聖甲蟲，就是大自然的歷史老師及神話的體現。牠們提示並驗證了主導古埃及思維的生死觀，其影響、形塑世界觀的時間，比基督教與伊斯蘭教的生死觀主導歐洲及中東思維的時間要長得多。事實上，在許多方面上，尼羅河一年一度的奇蹟，為後來在這地區出現並最終影響世界的沙漠宗教的核心思想奠定了基礎。甲蟲除了成為第一個神話的基礎，也使尼羅河成為永生思想的生產者和社會存在的創造者。

古埃及的宗教傳統，與同一時期中東及亞洲的所有主要河流文明一樣，在大河岸邊討生活的居民之間誕生的。而這個現象顯然催生了精明的行政系統的發展，依據測量尼羅河洪氾計算稅收的需求，加速了度量衡的確立與數學的進步。此外，埃及人也是天文學的先驅，因為他們需要預測，不是預測天氣，反正氣候在這裡根本一成不變，而是洪氾。另外，尼羅河也是人類宇宙觀的核心，當需要解釋自然與「大命題」

時，這條河是個偉大的老師；在人們需要尋找沃土時，它形塑了眾神的訊息。洪氾沖積的地理特質，讓這條河化身成生命的使者、死亡的預告者：既能以灌溉帶來豐收，也能以洪水與乾旱造成破壞，如此，自然而然地讓這條河成為生與死的象徵。

金字塔銘文也證明對古埃及人而言，橫渡尼羅河就等同於跨越不同存在狀態之間的分界。社會生活、塵世生活發生在河的東岸，而法老駕崩時要立刻將遺體運往西岸，就能使他死而復生，因此金字塔，也就是巨大的墓碑都建於西岸，以供法老在歿後西渡重生。

尼羅河是來自於死亡所支配的冥界的信念，是古埃及環境與生態如何塑造其宇宙觀的另一個例證。世界是由鮮明的對立所塑造而成的：乾旱與氾濫河水、沙漠與文明、光明與黑暗、此岸與彼岸、俗世的河流與冥界的神聖河流。而在金字塔銘文中，清楚地闡述了這條河如何將埃及劃分成「生」與「死」的兩個世界[4]：死者西行穿越冥界，於黎明時分於東方重生，接著他們又穿越尼羅河上方的天空再次西行，循環不息，直到永遠。事實上，這趟天界旅程就是尼羅河的日常變化：日升日落，船來船往，潮起潮落，洪水氾退。正因如此，尼羅河同時代表了一道傳統的邊界或屏障，以及兩種存在形式之間的聯繫或連接。

而根據這樣的邏輯，這條河只能由一個超自然的存在來渡航：神話中負責運載亡者的擺渡人馬哈夫（Mahaf）。他能在兩岸之間穿梭，因為他有兩張臉：一張向前，一張朝後。同樣的，這條河在埃及文本中既是不同的人、不同的世界、生與死之間的屏障，同時也是雙方之間的交會點[5]。從他們對永生的執著可以看出，古埃及人擁有一種樂觀的宗教觀：今生不過是死後生命的起點，也可說是通往來世的通道；死亡如同介於每年兩次帶來豐饒與活力的尼羅河氾濫之間的乾旱期，只是中繼站。

直到十九世紀中期，人類的意志首度透過大型工程駕馭了尼羅河的自然性與季節性的洪氾，從此之後，這條河逐漸開始偏離了宗教的神話角色。如今，水壩、水庫與距河道數英里外常年充滿水流的巨大渠道，則是為現代科技戰勝自然、人定勝天的嶄新世界觀奠定了基礎。

社會與尼羅河的節奏

當我沿著尼羅河旅行時，我會隨身攜帶的一本書，是希臘學者希羅多德於約兩千五百年前所寫的《歷史》。一如所有偉大的文學作品，這本書持續展現其本身的不同面向，複雜中帶有穩重的風格與形式，相當符合尼羅河在自然與社會中所扮演的角色。希羅多德是一位歷史學家，經常被譽為「歷史之父」，但在此之前，他是一位細心的觀察者。他行遍古典時代的諸地，其中也包括尼羅河，並與沿途所遇見的人們及祭司交談；他邊聆聽邊做筆記，就像是一位單純為滿足求知欲而探索知識的浪漫主義者。然而，從人們口中聽來的二手陳述並無法使他滿足，他必須眼見為憑。

在沙漠的圍繞下，我坐在尼羅河西岸一座新興城市內的餐館裡，讀著希羅多德的書。他對尼羅河的天然灌溉讓埃及人的耕作變得很省事，充分掌握了古埃及的核心與特質：

然而，可以確定的是，現在他們從耕地採收果實所需付出的勞力比其他任何人都少，也比其他埃及人少，因為他們不需要像其他人做一樣的莊稼事，省下了用犁或鋤挖地、開溝等麻煩；只要當河水湧入他們的田地，待水淹水退後，每個人再將種子撒在自己的耕地上，在用豬隻把種子踩進土裡，接下來就能靜候收割；收割後再用豬隻打穀，收成便大功告成[6]。

當時的埃及人實行「水盤灌溉」或「洪水灌溉」，他們適應了尼羅河天然且極其規律的律動。在六月初，尼羅河是一條不起眼的小河；土地與田野在陽光的曝晒以及撒哈拉的風中，變得越來越乾燥，最後幾乎化為沙漠的一部分。然而一到秋季，尼羅河的洪水就會降臨，讓它在短短數週裡膨脹到最窄處的四百倍；期間，尼羅河三角洲的村莊都變得猶如孤立在棕色汪洋中的島嶼；過一陣子洪水退去，在挾著濃濃褐色泥沙湧向大海的同時，也朝出海口留下了一億多噸的肥沃淤泥。這時唯一該做的就是種植、播種，接著就靜候作物成長。由這些淤泥所孕育出的農作物，長得比全世界其他地方的還要大、還要快，因此，埃及人，尤其是生活在三角洲或下埃及的人，在沒有強大政治行政力的加持之下，也能發展出多產的農耕方式。至於在上埃及，人們會構築蓄水池保存洪水。當氾濫來臨時，他們讓水流進由圍牆所圍成的蓄水池內，好將這些水保存得更久。待灌溉完一地的土壤之後，再讓剩餘的水流向另一座需要水的蓄水池。

正因如此，尼羅河的水文與生態對社會組織構成了不同於其他大河流域文明的挑戰。在埃及，執政者沒有必要像中國各朝代和封建領主一樣，動員數萬甚至數百萬農民或奴工在大河沿岸，尤其是黃河沿岸，修建永久的堤壩，因為尼羅河極少發生致災性的洪水。儘管如此，當河面可能超過水位計（nilometer，這是用來標示尼羅河於每年洪氾時的水位高度）之上，高於人口及經濟所能適應的極限水位時，便會組織大規模的監測與安全網絡。在盧克索（Luxor，古稱底比斯）內牆上的一道標記，證明上埃及在第二十二王朝（西元前九四三至七四六年）期間曾發生過水位異常高的洪水，銘文寫道：「這場洪水讓這片土地化為一片汪洋，任何堤壩都無法抵擋它的怒火。所有人都如（海）鳥般……」[7]。

事實上，埃及人也有建構巨大的水利工程，但它們的意義並不及幼發拉底河和底格里斯河沿岸、或中國各大河沿岸的工程這般重大。話雖如此，世界上最早的水壩之一是西元前二六〇〇年於埃及所建造的，那就是加拉維谷地（Wadi el-Garawi）的異教徒大壩（Sadd al-Kefara），目的是駕馭尼羅河的洪水。由於它在開工後不久便遭到摧毀，因此對埃及的文明發展並沒有什麼決定性的作用。蘇美文明飽受土壤鹽化的危險所擾，而這可能也是導致其衰落的原因之一，但埃及無需面對同樣的問題，因為一年一度的洪水會定期沖走上一個耕種季沉積的鹽分。因此，尼羅河的特性大幅幫助埃及農民在一年的大部分時間裡什麼事都不必做，卻因而更容易被動員投入各類公共工程，例如：建造金字塔。

長久以來，人們普遍認為金字塔與其他宏偉的建築是由埃及奴隸建造的，但近期的研究顯示，這種推論忽略了尼羅河獨特的水文特性，從而忽略了它在組織農業勞動力上所起的作用。實際情況是，由於土壤在夏季往往濕度不足而無法耕作，埃及農民每年有幾個月根本無事可做。因此在下一個秋季的洪水來臨前，大家都是「自由的」，讓統治者得以在這段期間透過報酬，或民眾對主流宗教及法老在其中的神聖地位的信仰，把百姓動員起來。

另外，埃及人也有修建運河，雖然規模遠小於中國與蘇美，但他們確實證明了自己有這個能力：在王朝時期（Dynastic Period），他們修建了從尼羅河一路通往紅海的大運河，還在三角洲開挖排水渠。當中央政權開始承擔治水責任後，最早授予地方長官的行政頭銜之一是「管理人」（adj-mer），也就是挖渠者的意思。除此之外，比起其他大河流域，尼羅河也相對容易航行；水流將船隻往北推，風則大多往南吹，而政權正是透過控制船運來控制人與物的流通。相比之下，在洶湧的中國河流，尤其是黃河上航行就困難得多，更不用說幼發拉底河與底格里斯河了。

離開西部的綠洲前往三角洲時，我經過沙漠邊緣的第一塊小田地，看到農民以牛與犁在人工灌溉的土地上耕作，同時我再次查閱希羅多德的書，重新閱讀他的文字並想像，拜他的描述所賜，我可以看見埃及人數千年來如何努力適應這條河的節奏、恩賜與危險。

消失的城市與河流

如果你沿著亞歷山卓的海灘漫步，可以看見海浪不斷拍打著綿延千里的白色沙灘，以及有著所有東地中海地區典型特徵的夕陽，落入法羅斯島燈塔（Pharos Lighthouse）遺址城堡的後方；這樣的風景，會覺得將亞歷山卓歸類為一座尼羅河的城市，有些突兀。另外，六公里長的「濱海大道」（Corniche），這著名的海濱長廊和與之平行的道路，則彷彿堅持要讓這整座城市轉向，面向大海。

一如我們在理解社會的歷史時必須將城市發展、道路建築、汙水系統美學及垃圾場不斷變化的功能納入考量，這樣一來，歷史才不會顯得了無生趣和毫無人性。因此，要述說一個有關尼羅河的故事，也必須超越人為的想法與計畫範疇：一部致力於以人類行為與思想為中心的重要歷史，必須納入並整合自然、生態過程及技術應用；也就是說，它必須分析一條河流的各種不同地理學和水文學，對相關人物帶來的意義變遷，無論這位人物是軍事領袖、工程師或政治企業家。

一九六一年七月的某一天，一位業餘潛水員隻身在已遭受汙染的亞歷山卓海濱長廊外的海盆中游泳，他發現了一個環境情況改變社會的案例。

在潛水過程中，突然間他意外發現自己置身於一個古代世界：他看到了一座被白色大理石柱環繞的階梯，一座真人大小的羅馬雕像，一枚金幣，一座石棺，而在距離守護這座城市數百年的強大城堡不遠處，又看到兩座無頭的人面獅身像、更多大理石柱，以及一座被劈成兩半的巨大雕像；卡梅爾·阿布—薩達特

（Kamel Abul-Saadat）這位魚叉漁夫兼業餘潛水員，發現了埃及被埋葬的過去。

這個海盆距離海浪拍打奎貝堡（Citadel of Qaitbay）的地點只有數步之遙，又是能從現代圖書館和海濱長廊眺望的可視範圍內，不過這趟潛水帶他重返一個寂靜且隱蔽的古代世界：奇形怪狀的物體在地中海的海底散落一地；在海平面下，亞歷山卓最偉大的寶藏「克麗奧帕特拉宮殿」（Cleopatra's palace）等遺址，數千年來一直靜靜躺在這六至八公尺的海底深處，而海平面之上，海浪則經年累月地拍打著圍繞城堡的石牆。

截至目前，在現在的尼羅河三角洲出海口附近的海底，已經發現了二十五座古城。儘管這些城市見證了許多命運與歷史，但它們首先證明了尼羅河擁有自己的歷史，一如沿岸居民也擁有自己的歷史。拜希羅多德的文獻之賜，世人得以知道在他的時代，亞歷山卓以東五至十五公里的範圍內曾有三條河，而今天只剩下一條[8]；此外，還有賽第河（Saitic）、門得西案河（Mendesian）、布克里克河（Bucolic）與玻爾比提涅河（Bolbitine）四條分流；不過，今日有文獻指出，後兩條是人為建造或干預影響的半人工產物。

無論如何，希羅多德的細膩觀察確保了他的著作能持續且直接地與今日的我們對話，儘管書中的某些部分屬於一個思維邏輯與現代理性完全不同的「異國」，但他的書對尼羅河系統的描述，甚至比昨日報紙上的許多文章更切題、更重要。當希羅多德描述這條河在三角洲內的變遷時，其實是在與現代世界對話；他使用的是理性的語言，雖然他對這條河的理解顯然屬於一種完全不同的概念觀。希羅多德同時闡明了尼羅河在人類歷史中所扮演的角色，以及它如何擁有自己的歷史。在他遊歷三角洲時，尼羅河系統自西元前七千年以來已歷經了重大的變化。日後成為沃土的尼羅河三角洲，原本是被一條河流切割的沼澤地，河岸水陸分界模糊；廣大的紙莎草森林為河馬、鱷魚及鳥類提供了絕佳的藏身處兼棲息地。到了西元前三千年前後，地中海的海平面已上升約二十公尺。實際上，這片三角洲在史前時期曾是一個有著數座島嶼散布其中的巨大潮汐河口，不過，數千年來，尼羅河的沉積物逐漸將河口變成陸塊與支流。科學可能永遠無法準確釐清這幾千年來發生了哪些事，但可以確定的是，穿越三角洲的尼羅河道曾歷經某些改變，也能知道三角洲的部分地區逐漸沒入大海中。希羅多德在西元前四百年前後撰文時，將三角洲的城市描述得宛如亞得里亞海中的島嶼，只是它們位於巨大的沼澤地間，順應了河流的天然變化，同時也提及在西元前一千年便已完全消失的河流與城市。

如今，水下考古學家重建了希羅多德所描述的河流之一：卡諾皮克河（Canopic）與大海的交匯處。座落於這出海口的赫拉克利翁（Heracleion），以古希臘神祇海克力斯（Heracles）為名，希臘人（包括德爾斐神諭（Oracle at Delphi））認為他是更古老的埃及海克力斯的後裔。希臘歷史學家狄奧多羅斯（Diodoros）曾提及海克力斯如何成功地阻止洪水，並讓河水流回原來的河床。於是，人們為他建了一座寺廟，並以他的名字為此地命名。作為宗教中心，赫拉克利翁還擁有許多供奉尼羅河諸神的寺廟，吸引了來自整個地中海地區的信徒前來朝聖。古代文獻將這座城市描述為通往埃及的門戶。從城市出發，隨著由北向南的風，你可以沿著尼羅河航向孟菲斯或底比斯，再繼續順流而下。

卡諾皮克河是不復存在的眾多河流之一，而沿岸的城市也隨之從歷史上消失。在法老時代，控制河流的工程已經開始實施，金字塔銘文留下了許多挖掘運輸與排水渠的紀錄；而可以發現，這條河的被毀滅，不僅是由於大自然本身無情的生態邏輯，也因為埃及統治者在西元前三百年左右挖掘了玻爾比提涅運河。運河的載水量增加，意味著卡諾皮克河的水量減少，從而導致它最終被扼殺。赫拉克利翁是水下考古學家發現的城市之一，他們形容這座海底城市在許多方面仍保存完整，有如一座時光膠囊。

總之，希羅多德的《歷史》在今天得到了新的意涵。由於他記載了所看到的城市，並記錄下他們與不復存在的河流的相對位置，為今日考古學家的研究留下可供參考的依據，而堅信並擔心今天的三角洲有部分地區將沒入海中的人，也得以舉出歷史上的例子作為參考。從長期的尼羅河生態學角度來看，種種跡象指向一個令人擔憂的「未來」，有些人認為這個未來將在本世紀成為現實，於是，古老的過去以一種有別於區隔古今的傳統邏輯形式被重現：過去已不再只是個「異國」了。

亞歷山大大帝的尼羅河城市

十九世紀末的知名英國小說家愛德華．佛斯特（Edward M. Forster）曾表示，史上少有座城市「如亞歷山卓般宏偉地登上歷史舞台」；的確，沒有幾座城市擁有比它壯觀和混亂的過去，更遑論比它更曖昧不清的未來[9]。

當年亞歷山大大帝在尼羅河西側出海口附近，建造了這座瀕臨地中海的城市，因為這位統治者需要為剛征服的國家建立一座首都；西元前三三一年，他下令在當時只是一個小漁港的此處興建這座城市。在亞歷山大建造並以自己的名字命名的至少十七座城市中，多虧有尼羅河提供穩定的貿易動脈與城市的巧妙定位，今天的亞歷山卓，是唯一一座在漫長都市化歷史中倖存的城市。在當時，考量的不僅限於既有的貿易模式，也包括當地的自然過程：尼羅河的水文狀況與三角洲的地勢。亞歷山大並沒有選擇在三角洲內建城，而是決定在約三十公里外的西面，如此一來，港口才不會被尼羅河的沖積所破壞，同時城鎮的南方也會有一座沼澤般的湖泊。

除此之外，拜這位年輕的馬其頓統治者建造的運河所賜，數世紀以來，亞歷山卓一直是地中海經濟持續發展的最重要貿易中心。該市擁有兩座安全的良港，能將兩條不同河流系統的多元商品貿易連結起來。第一座港口負責尼羅河沿岸農產品的運輸；數千年來，埃及三角洲一直是全世界生產力最高的農業區之一。第二座港口則適合地中海的新型船舶進出，因而得以使這座城市成為「全世界貨品進口埃及，以及埃及貨品出口到世界各地」的中繼港。

這座地中海樞紐很早就獲得了氣候宜人之美麗城市的美譽。由於埃及是古希臘與羅馬帝國的一部分，自然吸引了許多希臘人和羅馬人前來此地。古希臘作家普魯塔克（Plutarch）宣稱，就個頭而言亞歷山大大帝並沒有那麼「偉大」，因為他的身高其實僅介於一六〇至一六五公分之間，但他卻留下了這座或許是人類史上第一座堪稱「偉大」的都會城市。

當一座城市中進出的貿易越多，就越需要一個繁榮的象徵，更別說要用一種更有效的方法來引導船隻穿過海岸之外的石灰岩礁。因此，亞歷山大去世後，建立馬其頓托勒密王朝的托勒密一世（Ptolemy I），於西元前二九〇年下令在城外海灣的法羅斯島（Pharos Island）上建造一座燈塔。二十年後竣工之時，亞歷山卓不僅擁有全世界第一座燈塔，這座燈塔還是當時全世界最高的建築，其高達一百二十多公尺，而「法羅斯」（pharos）一詞成為法語、義大利語、西班牙語和挪威語中「火」的詞根，就是亞歷山卓重要性的證明。

今天，望向建在燈塔遺址上的鄂圖曼城堡，無論是從殖民時期的塞西爾酒店（Cecil House Hotel）陽台凝視這片壯麗海景，或是和成千上萬的市民一樣，坐在隨著海濱長廊蜿蜒的牆上搖晃著雙腿，都不難想像被譽為世界七大奇蹟之一的法羅斯燈塔，正在向遊客展示其在遙遠的過去是多麼雄偉和驕傲。

在托勒密時代，這座城市成為希臘化時代的科學、貿易與學習重鎮；這是一座結合希臘思想、遠古東方宗教與嶄新神祕信仰相互影響的大熔爐。亞歷山卓是世界史上最傑出的重鎮之一，且不同於藝術重鎮的雅典，它是科學的重鎮——解剖學、地理學、天文學和數學都在此有長足的發展。

這座城市的圖書館，亦即著名的亞歷山大圖書館，吸引了整個希臘文明裡最重要的數學家、工程師、物理學家、建築師及地理學家。在這裡，天文學與數學蓬勃發展，傑出人才透過繪製與辯論畫出了一些史上最早的世界地圖。因此，要說歷史上有哪一個地方是名符其實的學術中心，非這段時期的亞歷山卓莫屬。這座圖書館利用亞歷山卓的貿易樞紐角色奠定了自身地位。王朝統治者下令搜索所有船隻，若找到任何書籍就必須交給圖書館，書籍會在館中被複製，並由圖書館保存正本，而這些書會被單獨編目，歸類於「來自船隻」的關鍵詞下。館內藏書是如此豐富，導致有心人開始仿冒，例如：把其實是由他人所寫的作品偽裝成出自亞里斯多德之筆。有人宣稱這座圖書館擁有超過七十萬部書籍，囊括了「全世界的所有知識」。雖然史學家後來驗證了這數字被誇大，但毫無疑問的，當年的亞歷山卓與尼羅河三角洲不僅是全尼羅河流域也是全世界的學術中心。

使亞歷山卓在兩千年前成為世界知識重鎮的經濟條件，是這座城市的貿易範圍，而貿易得以如此繁榮的原因，則是因為它的所在位置——位於尼羅河與世界其他地區連結上最有效的地點。後來，由於水文和政治因素，使得尼羅河系統與世界的聯繫出現了變化：三角洲與亞歷山卓之間的運輸運河，它的維護工程不可或缺且規模龐大，卻疏於落實，再加上船隻規模漸漸大到運河無法承受的體積時，亞歷山卓便逐漸沒落，圖書館也隨之失去光彩。

一如這座城市本身，尼羅河對亞歷山卓的意義也發生了變化。圖書館全盛時期的亞歷山卓都會區幾乎沒有留下多少遺跡。不過在這個地中海沿岸，是一個非常適合發表「水」思想的理想之處，尤其是討論亞歷山卓與尼羅河對哲學起源的重要性。

哲學的起源

三角洲上滿是棕櫚樹林，我把車停在其中一片林子旁，想趁著早餐時間天氣變得高溫難耐之前，欣賞這片透著晨光的薄霧森林。我隻身一人沿著筆直的灌溉渠走著，兩旁是成千上萬排列整齊的棕櫚樹林，陽光從樹葉間投下斑駁光點；這條路宛如一條沒有盡頭的小巷。有時，我會遇到一座突兀的大沙丘，看起來活像從沙漠闖進伊甸園的入侵者。陽光從棕櫚葉之間斜射而下，這裡的環境優美而靜謐，就連河水都涓涓細流般靜悄悄地在狹窄的運河底部緩緩流動，幾乎聽不見流水聲。《古蘭經》裡有句名言：「真主阿拉以水創造一切生物。」在此，我成了水是如何形塑一切的見證人，儘管當中也不乏政權的幫助；從棕櫚樹、綠草、到最微小的植物，這一切之所以能在這樣的自然環境中存在，全都是埃及人世世代代以來用排水、掘渠、築壩和引水所創造出的這套生態經濟系統——以「馭水」為前題的精密複雜過程。

約三千年前，世界史上最著名的人物之一也曾在此地徘徊，發現水是自然界所有元素中最基本的元素，他將改變哲學史，甚至可能改變思想史。此人就是米利都學派的創始人泰勒斯（Thales of Miletus，西元前六二四至五四六年），亞里斯多德稱譽他為自然哲學之父，而二十世紀初英國哲學家羅素（Bertrand Russell）也在其極具影響力的著作《西方哲學史》中明言：「哲學始於泰勒斯。」[10]

泰勒斯對一切都感興趣，包括哲學、歷史、地理、政治與數學。他深入研究天文學，另外也有人認為他是第一個提出靈魂不朽概念的人。蘇格拉底曾告訴柏拉圖，而柏拉圖一定是覺得這很有趣，所以把它記了下來：泰勒斯曾過度專注地抬頭觀星，因此不慎跌落井中。或許正是這件軼事讓泰勒斯成為史上第一個被冠以書呆子學究刻板形象的人物。

泰勒斯究竟寫了多少、說了什麼，兩千年來一直是史學家爭論不休的話題；有人甚至認為他一輩子只寫了兩百行字。無論如何，「水是大自然的基本元素」的陳述使泰勒斯永垂不朽，然而，卻要等到幾個世紀後，亞里斯多德才做出了上述的結論。亞里斯多德在《論天》（*De Caelo*）中寫道：「其他人說大地浮在水上。這是由米利都學派的泰勒斯首創，並保存至今最古老的理論[11]。」泰勒斯認為自然界是由單一的物質「水」所組成。這位哲學家認為水是萬物的基礎，大地與其上的一切原本都是水。畢竟，泰勒斯已親眼目睹了大自然如何證明並鞏固這個真理。在踏遍尼羅河三角洲的旅程中，他也和其他人一樣見識到河水如何年復一年地形塑土地與生命。有半數時間，三角洲是一片巨大的沼澤地，但每當水一退去，河流、小沼澤及肥沃的耕地就紛紛露臉；住在尼羅河岸和支流的人們會把房子建在樁上，如此當洪水來臨時房子才不至於被沖走。而每年洪水退去時都會留下令人費解的大禮：一層良質的天然肥料或淤泥。

古埃及貧農、牧師、以及仰賴這般奇蹟維繫權力的統治者，必曾為這個神祕的年度大禮究竟是誰送來的，爭論好幾百個世代。當時，他們無從得知尼羅河夾帶著數萬噸來自衣索比亞高地的肥沃土壤，而這些土壤會在水中溶成細微顆粒，伴隨著每年秋季湧入數個月的洪水來到這裡。泰勒斯對水所提出的見解，對雅典的希臘人而言是個深奧的哲學解釋，但對埃及三角洲的農民而言卻是一個親眼目睹、眾所周知的自然現象。泰勒斯思索世界究竟是由什麼所構成，並提出了「水」這個答案，實際上就是根據他在遊歷埃及時的觀察結果；這觀察結果之所以偉大，是因為它擺脫了「將這條河與河水視為神蹟」的宗教解釋，可說是哲學的起源。

當然，泰勒斯的觀點也令人聯想到古埃及的思維。法老時代的人們相信生命之源是取之不盡的原始泉水，其化身神祇「努恩」（Nu）並創造了兩條「聖河」：賦予生命的尼羅河，與太陽神「拉」（Ra）航行的天河。根據埃及祭司的解釋，萬物的種子就漂浮在這個無底、巨大的流體中；這種以尼羅河為基礎，解釋水與大地如何生成的神祕宗教理論，可能就是泰勒斯在埃及所接觸到的概念之一。

在泰勒斯提出關於水的見解時，尼羅河三角洲正是地中海世界的經濟和文化中心；它是該地區集體體驗的一部分，也體現在古埃及與希臘諸神的關連中。若忽略泰勒斯與尼羅河三角洲及其獨特的水文與神話之間的關係，或以為這種「水乃萬物之源」的結論是他在雅典石柱間漫步時所體悟，就很容易誤以為，西方文明的發展不過是一種僅發生在歐洲的區域性現象，實則不然。

我坐在三角洲內數千座小鎮之一的數千家露天咖啡館之一，思考這個問題：水真的是萬物之源嗎？在埃及，人口密度已經達到每平方公里一千人，但這裡的人口密度仍持續上升；當地的貧富差距相當驚人：有些中年男子穿著稱頭的西裝，開著昂貴汽車，生活無疑穿梭於有空調的住居與辦公室之間；但有些中年男子則看起來蒼老許多，可能屬於埃及三〇%的文盲人口，如同車輪發明以來的農民站在牛車後方，在嘈雜的混亂中鞭策著牛隻，朝向可能是他們全家耕種的小農地前進。「萬物絕不是水做的。」我邊收拾行囊邊賞了服務生一點小費時喃喃自語道。

尼羅河上的凱撒與克利奧帕特拉

這一年是西元前四七年。亞歷山卓仍處鼎盛時期，一艘巨大的船隻在尼羅河上緩緩溯河而上[12]，甲板上站著的是埃及豔后克利奧帕特拉（Cleopatra）與強大的羅馬帝國獨裁者尤利烏斯．凱撒（Julius Caesar），他們離開位於亞歷山卓的住居，在四百艘小船的護航下，前來向擠滿河岸的百姓致意。這場世界史上最傳奇的遊河之一，也不可免俗地在缺乏實際文獻記載的情況下被神格化。

關於凱撒與克利奧帕特拉的這場船遊尼羅河的記載僅有一則，而且是在事發後的一百五十年才被寫下的紀錄：阿皮安（Appian），一位住在亞歷山卓的居民，直到一〇〇年代中期才寫下這段有名的歷史。由於缺乏精確文獻紀錄，因此賦予了幻想更大的揮灑空間。一六〇〇年代初，莎士比亞的劇作《安東尼與克利奧帕特拉》（*Anthony and Cleopatra*）讓克利奧帕特拉的一生變得永垂不朽，後來又出現了無數以這位世界史上最知名女性為主題的書籍與電影。

大多數史學家都同意，當年凱撒與克利奧帕特拉的確曾搭乘一艘以當時標準來看，既龐大又奢華的船隻在尼羅河上進行了這趟壯麗旅程，而且這不僅是一次浪漫的遊河，也是一場經過精心策劃、充滿政治意涵的權力展現。

這場「高調」的遊河，假設它的確曾發生過，那麼一定有其政治目的[13]。自古以來，法老們就會乘船沿著埃及這條生命的大動脈航行，以展示其權力與實力，因為每個人都知道這條河是萬物生命的主宰，而且只有最強大的人才負擔得起最大的船。法老們藉由在尼羅河上航行，展現並鞏固自己在社會上的崇高地位，並在沿岸建造許多大小不一的宮殿，以供底層民眾聚集；在尼羅河上謁見百姓，與掌握統治權力之間的聯繫顯而易見，而且可以一再被驗證，這種概念顯然也被凱撒與克利奧帕特拉所承襲。

在內戰中擊敗支持克利奧帕特拉弟弟的派系後，凱撒需要展現自己已成為羅馬帝國這個新行省強大、無敵的統治者。而對克利奧帕特拉而言，她也需要證明自己與羅馬結盟是有利於埃及，並非意味著屈服。至於她是否在這場船旅中懷了當年三十歲凱撒的骨肉，史學家仍有爭論，儘管克利奧帕特拉本人堅持這是事實，並在後來生下了托勒密凱撒（Ptolemy Caesar），也就是凱撒里昂（Caesarion，意為「小凱撒」）。

此外，這場遊河可能還具有宗教意義，因為尼羅河被視為聖河，而克利奧帕特拉被視為女神伊西斯在世間的代言人：她既是女神，也是王后。因此這場遊河清楚表明，凱撒與克利奧帕特拉如同其他的埃及統治者，十分了解這條河在文化上的重要性，以及更懂得如何藉由展現自己對這條河的主權與神性，獲得政治資本——身為尼羅河的女神，克利奧帕特拉在這條聖河上接受膜拜。身為世界第一強國的皇帝，凱撒除了意識到尼羅河的神性，肯定更清楚尼羅河將是羅馬帝國糧食供應的保證。即便如此，這場遊河背後有著什麼樣的歷史背景呢？

克利奧帕特拉的父親是綽號「吹笛者」的托勒密十二世，其王位並沒有被羅馬承認。當他去世時，年僅十八歲的克利奧帕特拉與小六歲的同父異母弟弟托勒密十三世一起登上王位。而埃及王室出於強大的野心，採取一種怪異的策略維護權力：為了保持血統純正，統治者的後代必須與近親通婚，於是克利奧帕特拉與十二歲的弟弟在登基時完婚。然而這種以亂倫維持統治權的制度無法杜絕所有形式的競爭，甚至還導致了一場姊姊與弟弟的權力鬥爭。最後，克利奧帕特拉被托勒密十三世的謀士逐出王宮。

到了西元前四八年十月二日，凱撒駛入海灣並控制了亞歷山卓。克利奧帕特拉發現自己可以利用這個機會報復她的弟弟及其支持者，而同樣野心勃勃的凱撒便率領約三萬名軍團士兵進駐宮殿，開始以統治者的姿態發號施令，他邀請克利奧帕特拉的弟弟兼夫婿前來談判。

克利奧帕特拉從這一刻開始進入世界史，成為一個集浪漫、神祕與悲劇於一身的奇女子，更是隨著普魯塔克在約一百五十年後的記述，以及莎士比亞等人的進一步潤色而為人所熟知：克利奧帕特拉將自己裹在毛毯潛越敵境，由一名西西里商人轉予凱撒。第二天早上，托勒密與克利奧帕特拉都被召喚到已深深對她著迷的凱撒面前。而她的弟弟很快就意識到苗頭不對，立刻逃出宮殿，並高喊克利奧帕特拉背叛了他。在次年的內戰中，克利奧帕特拉與凱撒在所謂的「尼羅河戰役」（Battle of the Nile）中擊敗了弟弟。根據多數記載，她的弟弟被勝利者慶祝征服成功的傳統方式淹死在河裡。凱撒授予克利奧帕特拉王位，但地位僅是羅馬的從屬盟邦。她與另一個更年幼的弟弟、十一歲的托勒密十四世共治，而托勒密十四世依照傳統成了她的新夫婿。有人將克利奧帕特拉喻為統治埃及的末代法老[14]，因為托勒密王朝與埃及帝國都隨著她的死而滅亡，從此成為羅馬帝國的一部分。

尤利烏斯・凱撒以這場溯河而上的船旅宣告自己已成為埃及的統治者，而這條河也成為帝國新行省的核心。凱撒讓克利奧帕特拉站在自己身旁，以此來證明他不打算將埃及併入羅馬，只要能得到他所要求的，而他最想得到的就是：大量的食糧。對羅馬而言，埃及猶如皇冠上的明珠，不僅因該國的文化與宗教地位，也因埃及已是個日益重要的糧倉。

根據史料記載，估計當時每年約有二十萬噸的小麥會被運往帝國首都，而絕大部分都是免費分發給市鎮內眾多的貧窮人口，以防止暴動起義並維持勞動力。這些穀物幾乎都源自尼羅河水的灌溉，埃及農民成了羅馬經濟體內的生產者。事實上，對埃及農民來說，生活基本上沒有改變。朝代更迭，政權來去，這些事情對農民生活幾乎沒有任何影響，無論是哪一個政府執政，都是一如往常地向他們徵稅、動員他們築堤防洪，待做完這些事情之後還要洗劫他們。與此同時，托勒密與羅馬當局都進一步擴大灌溉系統，他們導入了諸如阿基米德螺旋抽水機（Archimedes' Screw）等新式的提升裝置，並大量使用汲水器（shaduf）及水車（saqia），而這些將河水引入農地的技術改良，使得農耕可以一年收成數穫。

耶穌與瑪利亞逃離尼羅河三角洲

根據基督教的信仰，在泰勒斯觀察到水乃萬物之源的數世紀、凱撒與克利奧帕特拉在尼羅河上接受百姓喝采之後不久，一小群後來變得比他們更有名的人物逃離了尼羅河三角洲，就是耶穌一家人。

埃及與尼羅河在聖經中占有極為重要的地位，證明了在耶穌的時代，這個國家、這條河對整個內地中海地區的經濟與文化是何等重要。聖經裡盡是對東地中海的詳細描述：埃及總共被提及六百五十九次；聖經中指出尼羅河是流經人間天堂的四條河之一，並總共被提及三十七次，其中六次則被稱為「基訓」（Gihon），即天堂河的意思。

尼羅河畔是猶太教和基督教史上許多重大事件的舞台。約瑟對河流週期的預測，使他成為備受法老重用的解夢者，而他提出儲存尼羅河豐年收穫以備荒年之需的「七豐年」與「七荒年」的建言，則確保了他作為法老最信賴顧問的合法性。

猶太人領袖摩西（Moses）生於尼羅河三角洲，正是這條聖河沿岸的燈芯草讓他逃過法老的迫害；然而，摩西也「在埃及人的一切智慧上受教育」[15]，後來摩西的哥哥亞倫（Aaron）在「法老及其臣僕眼前舉杖擊打河裡的水，……使河裡的水都變作血」[16]；上帝正是在這裡以十災懲罰法老。此外，根據聖經記載，亞伯拉罕（Abraham）曾在尼羅河畔住了一段時間，以賽亞（Isaiah）預言埃及人將會在審判日時認識上帝[17]；耶穌、瑪利亞及約瑟為了逃離希律王（Herod）下令屠殺所有猶太男孩的迫害，舉家搬至羅馬帝國境內相對富裕與和平的地區，棲身一段時日。聖經記載主的天使向約瑟顯現說：「起來！帶著小孩子和他的母親逃往埃及，住在那裡，直到我吩咐你離開；因為希律要搜索這孩子，要殺害他。」[18]

埃及的科普特正教會（Coptic Church）將六月二十四日訂為慶祝耶穌進入埃及的節日；科普特正教會在傳統上認為，耶穌一家人在埃及居住了三年又十一個月，期間曾造訪尼羅河沿岸的許多地方，而這些地方的人後來也成為教徒，尤其是科普特東正教信徒的朝聖地。二〇〇〇年代初，時任埃及總理的阿提夫·奧貝德（Atef Obeid）偕同其他三位部長、科普特正教會教宗欣諾達三世（Pope Shenouda III）和埃及伊斯蘭教首席領袖艾資哈爾大學大長老（Grand Sheik of al-Azhar），在開羅郊區的馬底（Maadi），也就是據信耶穌一家抵達尼羅河三角洲的地點，舉行了紀念儀式。在一艘駁船上，藝術家們唱著一首新創作的歌曲，而在另一艘船的銀幕上，則有一棵樹鞠躬致敬[19]。

曾為朝聖地的泰爾巴斯特（Tell Basta），位於距離開羅東北約八十公里的現代城市宰加濟格（Zagazig）的東南角。希律王本人如此描述這座城市：中心有一座美麗的寺廟，周圍環繞著沿岸種有樹木的運河，年度盛事是貓首人身女神芭絲特（Bastet）的祭典；她是太陽神的女兒，也是掌管生育的母性保護神，每年都有數十萬埃及朝聖者造訪此地。此外，在同一座城市的廢墟中還發現了一口古井。根據科普特正教的傳說，兒時的耶穌就是在這裡讓水從山丘上湧出，後來，一如先知以西結（Ezekiel）所預言的，城內的偶像崩落使民眾大怒，耶穌一家因此被迫逃到今日名為莫斯托羅德（Mostorod）——在當時被稱為「沐浴之地」（al-Mahamma）的地方。據說瑪利亞在這裡沐浴耶穌並清洗他們的衣服。而如今，這些朝聖地大多被城市開發或政府的無所作為而吞噬消失。

尼羅河在古代的以色列民族與福音派神話世界中的重要性，鞏固了尼羅河在聖經裡的中心地位。基於這個原因，聖經也是尼羅河歷史的一部分，它們曾經影響、也將繼續影響人們對這條河流的觀點以及與這條河的關係。埃及的科普特正教徒讓這些故事得以流傳，在阿拉伯伊斯蘭教入侵前，基督教仍是埃及主要宗教的時代記憶，而這是一個有助於定義他們身分認同的歷史陳述。科普特正教徒在宗教儀式中賦予尼羅河一個中心位置；他們慶祝米迦勒節（Feast of St Michael），以紀念這位大天使向上帝祈禱使尼羅河有洪氾的日子[20]。由這些神話與故事可以看出，尼羅河對許多人來說都具有重大的宗教意義，若從這個角度來看，本書可堪稱是一部上帝之河的傳記。

聖經：上帝懲罰宣稱自己擁有這條河的人

火車從亞歷山卓往卡夫·道瓦爾（Kafr el-Dawar）疾馳，經過人口稠密的尼羅河三角洲，穿越無數大大小小悉數流著尼羅河水的運河。我從包裡掏出聖經，放在托盤桌上，開始讀起上帝懲罰動念開發尼羅河的埃及人的戲劇性章節。我打算在自己仍身處三角洲時重讀這段文字。火車掠過田野時，我瞥見成千上萬完全仰賴政府對這條河的控制來維生的貧農身影；這再次提醒了我，後現代主義和許多當代社會研究的理論，對這個地區而言是多麼的徒勞無功。顯然，沒有一個人能排除所有個人的主觀意識，看見尼羅河三角洲的真實面貌，但這不意味著三角洲可以被簡單地化約成單一的社會結構。這地區是一個明確的物理環境，居民們過什麼樣的日子，完全由尼羅河所定義。以這個看法為出發點，就更容易理解聖經中上帝話語隱含的威脅。

在聖經裡，尼羅河是名為「基訓」的天堂之河，雖然這條河一如其他所有河流，都由上帝所控制，但唯有它是上帝直接聲明將用於懲罰整個民族的河。事實證明，上帝對如何利用尼羅河有一套獨到的想法。就字面解釋，任何相信尼羅河屬於他們、或認為「尼羅河是我的」的人，不僅對社會面而言是自私自利的，還忤逆了上帝的話語，是挑戰祂對世界的規畫。

面對埃及對於尼羅河的占有欲，上帝的反應是暴力且憤怒的：

埃及將會變成一片荒涼。
這樣，他們就知道我是耶和華。
因為你說「這尼羅河是我的，是我創造的。」

因此，我要攻擊你和你的河流，
將埃及從密格多（Migdol）到亞斯文（Aswan），
一直到古實（Cush）的邊界全都荒廢。

四十年之內，
這裡必無人居住，
人獸將會滅絕，杳無蹤跡。

我必使埃及成為荒地中的荒地，
讓埃及的城邑淪為廢墟中的廢墟，
長達四十年。

我要將埃及人驅散到列國，分散到列邦。
然而，主耶和華說：
四十年之後，
我要把分散的埃及人從各國聚集起來。

我將把被擄的埃及人帶回來，
讓他們回到他們的故土上埃及（Upper Egypt），
成為一個卑微的國家，
在列國中最衰微，
再也不能雄居列國之上。
我要使埃及國勢衰弱，
再也不能統治列國。[21]

根據聖經，如果從字面上看，上帝將透過摧毀埃及證明祂是全能的神，而之所以要這麼做的理由，在經文中表達得很清楚：因為埃及人反對祂；不是藉由通姦、褻瀆或其他行為反對祂，而是因為他們對於尼羅河的態度在祂眼中不可容忍，因為埃及人相信是自己創造並擁有這條河。

聖經這本有史以來最暢銷著作中的故事告訴我們，關於控制尼羅河的論述非常古老，這為尼羅河為什麼有理由被譽為史上最偉大的河流，提供了另一個論據。無論是在物理層面或是社會層面上，尼羅河都是一條穿越時空的長河，是遙遠的過去與不同地區、不同層次的現在之間的連結。

我瞥了一眼窗外，但由於夕陽稍縱即逝，如今已是一片黑暗，只看見自己的臉在玻璃窗上的倒影。我迅速把書收起，小心翼翼地朝身旁的埃及乘客微笑，幸好他看不到我讀的是什麼。其實，在穿越尼羅河三角洲的火車上閱讀這些經文，不僅有助於理解這些文字中具體的、物理的現實，還能體悟到語言的不穩定性，這對於正準備寫一部尼羅河傳記的我來說，非常重要。這個工作需要對觀察者及局外人的立場有徹底的認識，因為觀點決定了這條河流會被如何描寫：在共享這條河的十一個國家的人民與政治領導人之間，以及對平淡無奇的瑣事有著政治上與意識形態上的分歧，例如：如何界定河道和流域、這條河的水流由什麼所構成、流域內的降雨量是多少、水安全意味著什麼，以及水權的性質等。一般而言，各方都同意合作，但合作需要找到共識，然而，往往在需要訂出最簡單、最具體的條件與解決方案時，就會再度出現一次又一次的分歧。因此，這就是成為一名無黨派的尼羅河傳記作家所面臨的挑戰。我再次看向自己在車窗上的倒影，心中益發自省。

伊斯蘭教征服尼羅河三角洲

「如今，西方普遍認為基督教與伊斯蘭教之間的宗教戰爭，始於十字軍東征與獅心王理查一世（Richard the Lionheart）時期。但他們完全忽略了早在四個世紀前，伊斯蘭就毀滅了基督教的埃及。是我們先來的。」火車站裡，這位科普特正教神父透過一副厚厚的鏡片看著我，試圖引導我討論。在他用手指梳理長長的黑鬍子時，我要求進一步澄清，他繼續說：「這就像戰士薩拉丁（Saladin）朝這些政治正確的西方論述揮舞鋼筆一樣。」

伊斯蘭在埃及的勝利，產生了許多後果，尤其是對亞歷山卓與尼羅河的控制。六四二年，哈里發歐瑪爾（Caliph Umar）揮軍征服三角洲和亞歷山卓，擊潰了對埃及的興趣遠低於羅馬但仍統治該地的拜占庭軍隊。伊斯蘭大軍的指揮官敘述這座為阿拉伯人占領的城市擁有「四千座宮殿、四千座浴場、四百座劇院、一千兩百家雜貨鋪與四萬名猶太人」。由此可見，當時亞歷山卓依然是地中海地區最重要的貿易中心之一。事實上，當地居民對拜占庭的統治普遍不滿，因此在六〇〇年代，科普特正教會領袖們向新的阿拉伯伊斯蘭統治者表示歡迎[22]。

在阿拉伯入侵之前的幾個世紀裡，基督教的權力與地位已發生了變化。羅馬皇帝戴克里先（Diocletian）是以歷史名城史普利特（Split）宮殿聞名的克羅埃西亞人，他對埃及的基督徒發動了正面攻擊。科普特人（Copts）的這場仗打得是如此糟糕，導致他們的曆法從羅馬皇帝戴克里先的迫害開始算起。另一方面，君士坦丁皇帝在四〇〇年代將基督教定為國教；與此同時，埃及的科普特正教會與君士坦丁在拜占庭建立的新教會總部，則因教義分歧造成分裂，從而削弱了教會的權力和拜占庭在埃及的利益。

尼羅河三角洲曾為羅馬帝國生產三分之一的糧食，但三角洲對拜占庭的重要性則要小得多。因此當阿拉伯征服者在西元七世紀中葉進軍三角洲時，幾乎沒有遭遇多少在地居民的抵抗。

然而，當談到阿拉伯伊斯蘭文明擴張時，他們對埃及與尼羅河三角洲的控制卻是至為關鍵的。三角洲成為進一步西進入侵馬格里布（Maghreb）、伊比利亞半島以及後來進入法國的富饒橋頭堡，讓征服者得以依照他們的需求，更妥善地將人工灌溉與新的農作物傳播到歐洲西南部的干旱地區。尼羅河三角洲依然是個糧倉，但如今成了阿拉伯東部中心地帶的糧倉。新任統治者做的第一件事，就是將首都北遷至尼羅河流域、接近今日開羅的福斯塔特（Fustat）。由於埃及被納入先是以巴格達為都，後又遷都至大馬士革的伊斯蘭哈里發國的統治，因此出於文化、歷史和政治等因素，其治理方針變成以阿拉伯及中東為主，而非以歐洲和地中海為中心。這樣的政治格局，在阿拉伯語於七〇六年成為官方語言時正式成形。透過將首都遷至三角洲上游，阿拉伯人還為來自海上的攻擊預留了緩衝區。根據他們的軍事戰略邏輯，即使入侵者在海上占上風，到了三角洲內的運河上也占不了便宜。然而正因為如此，連結尼羅河與亞歷山卓的水道從此荒廢，亞歷山卓進入了漫長的衰退期。

在西方很流行一個故事，是哈里發歐瑪爾與他的軍隊摧毀了亞歷山卓著名的圖書館。根據某個版本的說法，這位阿拉伯指揮官下令將所有書籍分發給該市的四千座浴場，來為浴場的水持續加熱，浴池的水因此整整六個月都沒有涼過。西方此臆測的源頭，最早可追溯到一六六三年英國東方主義者愛德華·波科克（Edward Pococke）翻譯的《王朝史》（*History of the Dynasties*）。不過在一七一三年，這個說法就被法國神學家歐塞比·雷諾多（Eusèbe Renaudot）斥為反伊斯蘭宣傳；隨後許多研究人員做出了同樣的結論，就連被許多人視為強硬伊斯蘭批評者的中東專家柏納·路易斯（Bernard Lewis），也決定必須徹底為歐瑪爾及他的士兵洗刷這些指控。

實際上，根據歷史研究發現的所有跡象都顯示，毀滅圖書館的幕後黑手的確不是歐瑪爾，而是多種因素結合下的結果：凱撒興兵時縱火燒掉圖書館的一部分，基督教領袖將這個學術中心視為文化及宗教威脅，以及最後一個重要原因，就是亞歷山卓被阿拉伯人占領後全面且長期的衰落，讓舉世對這座地中海城市及其連接尼羅河的運河，失去了興趣。

哈里發寫給尼羅河的信

伊斯蘭傳統中有個講述哈里發寫了第一封，也是唯一一封信給這條河的故事。撰文者是別號歐瑪爾．法魯克（Omar al-Faroq，意為「分辨是非者」）的哈里發歐瑪爾所寫，他在埃及被征服後接替阿布．巴克爾（Abu Bakr）成為正統哈里發時期（Rashidun Caliphate）的第二任哈里發。這封寫給尼羅河的信件如下：

埃及被征服之後，百姓們在某月的第一天向占領軍指揮官阿慕爾．賓．阿斯（Amr Ibn al-As）請願：「我們這條尼羅河有一項要求，若不成則洪不氾。」他便問百姓：「什麼要求？」百姓們回答：「待這個月十一夜過去，我們將找一位處女，徵求她的父母同意後，為她穿戴最上等的衣物與珠寶，將她投入尼羅河中。」聞言，阿慕爾回答：「這在伊斯蘭教絕不允許。伊斯蘭教必須革除從前的陋習。」

然而，接下來尼羅河洪氾不是水量過少就是過多，導致作物歉收，百姓被迫遷徙。當阿慕爾發現這情況時，便致信稟報歐瑪爾。哈里發回信道：「卿言甚是。沒錯，伊斯蘭教必須革除從前的陋習。」他在信中附上一張紙條，並在信中告知阿慕爾：「隨信附上紙條一張，將之拋入尼羅河中。」阿慕爾一收到歐瑪爾的信時，看到紙條上寫著：真主阿拉的奴僕歐麥爾・賓・哈塔卜・阿米爾・穆寧（Umar ibn al-Khattab Amir al-Mu'minin）致埃及的尼羅河。從今起，若你曾經洪氾，就勿再洪氾！若命你洪氾者是真主，那我將請求無所不能的祂讓你洪氾。

阿慕爾在十字聖架節的前一天將紙條拋入尼羅河中。百姓們一早醒來，發現「至上真主在一夜之間讓河洪氾十六腕尺」。就此，「真主阿拉終止了埃及百姓的傳統教規，直到今日」。[23]

即便埃及逐漸演變成穆斯林世界最中心的國家，但在阿拉伯人入侵之後的幾個世紀裡，依舊一個又一個的異國王朝控制了埃及地區。雖然社會整體仍一如往昔持續運轉，但領導階層的頻繁更迭，從而更加突顯了這條河為財富與穩定源泉的地位。與其如東方主義歷史學家普遍以「埃及心態」（Egyptian mentality）解釋這種保守主義，還不如透過河流本身的行為，來檢視這種變化與流動性的匱乏，因為河流的行為年復一年地要求同樣的努力，也為勞動力與非勞動力之間帶來同樣的季節性波動，在這個地區，技術創新的可能性不僅有限且基本上不存在，因為在某種意義上，這種創新技術不是必需的：在洪水不氾或洪水持續過久的歲月裡，農作物歉收導致蒼生困苦，使得王朝因此衰弱甚至崩潰，換言之，尼羅河的水流始終是變數與憂慮的最大原因。為此，儘管穆斯林的教義明確禁止這種偶像崇拜，但他們仍長年崇拜著這條大河。

拿破崙進軍

十八世紀末，一場政治風暴在一七九八年七月撼動了埃及，也撼動了尼羅河流域的歷史。這個國家技術上的落後已窘態畢露，不僅世界的其他地區看到了，埃及自己本身也看到了。

一七九八年七月一日，時年三十歲的拿破崙．波拿巴（Napoleon Bonaparte）率領法國的東方遠征軍（L'Armée d'Orient）於尼羅河三角洲登陸。在過去的兩千年裡，外來軍隊占領埃及並將三角洲的沃土據為己有已是常態而非例外。然而，依照當時中東的主流觀念，這個伊斯蘭世界最重要、最強大的國家竟然被一支來自一個小小蠻邦的小型軍事特遣隊給征服，是一件奇恥大辱之事。

在一七〇〇年代，埃及的精英階層由「馬木路克」（Mamluks）構成，這是一個由前奴隸兵所組成的統治階層，大約在一千年前首度奪取政權。馬木路克人是非阿拉伯族裔的歐亞奴隸，不是自幼被家人賣掉的遊牧民族，就是在戰爭中被俘的基督徒；他們被俘虜至土耳其人的領土，甚至也有到巴爾幹半島上，在成為奴隸之後，接受了軍事訓練並改變信仰成為伊斯蘭教的教徒。第一個正式的馬木路克王朝是巴赫里（Bahri），意思是「海」或「河流」，指的是他們在開羅羅達島（Roda Island）的總部。一五一七年，以今日土耳其為據點的遜尼派穆斯林（Sunni Muslims）政權征服了埃及，將之併入龐大的鄂圖曼帝國（Ottoman Empire）。十八世紀起，伊斯坦堡逐漸賦予埃及越來越多的自治權，為此，馬木路克人乘機奪回埃及統治精英的地位，即便形式上仍從屬於鄂圖曼帝國。

雖然主要還是使用法老時代的灌溉方式，但農業產能依然旺盛，社會節奏基本上也是數千年如一日：尼羅河氾濫後，農民以泥土和粘土築壩好讓水能在耕地裡留得更久，如此，待水流回河裡時，耕地就能獲得足供播種的天然肥料與水分。此外，他們也積極維修運河與土方，但技術上並沒有進步；整個埃及從上到下仍受制於對尼羅河的奇思妙想。十八世紀末席捲全埃及的飢荒與瘟疫清楚證明了這一點，並進一步削弱了馬木路克政權。

對這種落後或技術的停滯，最典型的解釋是將矛頭指向宗教與文化，並摻入了「埃及宿命論」、「伊斯蘭保守主義」，甚至以文化優勢者自居的過時幻想。事實上，埃及眾多鄉村生活如此高度維持不變的現象，不能只從宗教文化的角度去找原因，以科普特正教會的基督徒為例，其實他們的許多價值觀和思想是與穆斯林共通的。英國觀察家愛德華・威廉・蘭恩（Edward William Lane）在他一八三六年首次發表的著名研究《現代埃及人的風俗習慣記述》（*An Account of the Manners and Customs of the Modern Egyptians*）中就曾提到基督徒女性會戴面紗，並在男性出現時躲入屋內。事實上，面紗的使用相當普遍，以至於還被用來區分階級：年輕、貧窮的婦女戴白面紗，而相對富裕的階層則戴黑面紗[24]。

由此可見，要解釋埃及農業技術停滯的原因，除了不能忽視文化傳統、宗教與意識形態之外，還必須更深入地分析數世紀以來架構出「人類能動性」（human agency）的尼羅河與社會之間的結構關係。想要建立一種不受季節規律及尼羅河主導的替代耕作模式或節奏，在當時根本不可行，換言之，依據埃及當地的地形與水文條件，想要以新穎、激進的方式控制大河水流，從而發展出足以改變遊戲規則的農業技術，絕不可能是個合理選項。河水與社會的關係通常會自我複製，亦即：依照尼羅河特性所發展出的既定技術模式，會完全主導著耕作周期與勞動組織方式，使經濟和社會生活有根深蒂固的規律性，任何重大的改變都必須針對尼羅河控制技術進行根本性的改革，才是可行的，而這樣的改革，在十八世紀之前的任何地方都不可能發生。

實際上，在拿破崙入侵前的幾年裡，馬木路克政權早已因尼羅河三角洲的荒年而進一步弱化了。一七九一年八月，洪水太早退去導致歉收，讓百姓苦不堪言[25]。接下來，整體情況又在一七九二年的夏天進一步惡化；洪水持續時間比過往長，或帶來的水量低於所需的時期，造成農民收入減少，進而使稅收也隨之減少。因此，政府便試圖以其他方式壓榨農民，有時甚至是訴諸武力強奪，從而加劇統治者與被統治者之間的衝突，進一步削弱馬木路克人的地位。

從許多角度來看，拿破崙的三角洲戰役相當有趣。大約一個世紀前，一位後來成為哲學家的二十六歲德國外交官戈特弗里德．萊布尼茲（Gottfried Leibniz），他提出了法國應該征服埃及的想法。因為萊布尼茲希望遠征埃及這件事情，能將太陽王路易十四的注意力從歐洲境內朝萊茵河東征的計畫或想法上轉移開來。然而到了十八世紀末，地緣政治已是截然不同的博弈，此時巴黎政權控制埃及的戰略目的，已經變成削弱英國的世界強權地位，從而切斷英國與印度日益強化的關係。將法國大革命的思想傳播出去的使命，也成為合理化這場侵略的藉口；不僅要傳播到地球上的每一個角落，更應該將它傳播到文明最初的發源地（當時蘇美文明的遺跡與歷史尚未被發現）。

與此同時，拿破崙試圖透過政治倡議，削弱人們反對法國以輸出革命思想為藉口來發動侵略戰爭。拿破崙，這位法國大革命的繼承人，公開昭告埃及的尼羅河沿岸地區，表示古蘭經是人類幸福的唯一道路，並誓言他將建立一個以古蘭經教義為基礎的政權。他在一七八九年八月的一封致埃及人的信中寫道：「我期望……能聚集各國所有賢能博學之士，根據古蘭經的教義建立一個統一政府，為人類帶來幸福。」[26]此外，他還建議穆斯林領袖要求百姓閱讀古蘭經中的二十多節經文，因為它已預言並描述拿破崙將進入開羅！他進一步試圖將自己描述成穆斯林，並參與穆斯林的儀式及祈禱。然而，拿破崙身邊的策進軍官和政治顧問都對這種策略反應消極，認為此舉或許能在短期內緩和抵抗，但長遠來看可能會造成更多問題。

一如其他偉大的軍事遠征與征服行動，拿破崙的戰役同樣充滿衝突、弔詭與自相矛盾。其中，為了向尚未導入印刷術的伊斯蘭世界頌揚歐洲文明的功績，一個關於拿破崙的神話故事被創造出來：這位軍事領袖在三角洲南征北討，一邊身先士卒地率軍，一邊閱讀一本印刷成冊的書，每讀完一頁就撕下來往身後一丟，而跟在後頭的士兵再從地上撿起，使得這些士兵即便在征服東方的同時也吸收著文明的智慧與果實。這樣的故事，反映了法國理想中的軍事將領形象，拿破崙將自己塑造成新時代的代表，以知識與理性戰勝落後的東方。

即使如此，這場在三角洲內從亞歷山卓打到開羅的戰役，在許多方面都是一場軍事災難。每天的口糧只有一瓶水與四塊餅乾，導致許多士兵死於飢渴，加上他們的行囊太重，軍服又熱又緊，基本上就是沒有做好在這個特殊生態環境中作戰的準備[27]；此外，從亞歷山卓到尼羅河沿途的水井還被貝都因人（Bedouins）投毒或填滿。[28]

在開羅郊區，拿破崙的軍隊與占領尼羅河兩岸的馬木路克交戰；當時的歐洲沒來由且令人納悶地迷戀著東方事物，對古埃及的興趣也方興未艾，拿破崙將這場對峙稱為「金字塔戰役」。在一場對士兵的激勵演說中，他宣稱埃及：「四千年來都目中無人。」兩小時後，法國軍隊就消滅了馬木路克的部隊。這場戰役中約有三百名法國人及六千名埃及人陣亡，證明了馬木路克即將失去對埃及的控制[29]，最後馬木路克象徵性地把開羅的鑰匙交給拿破崙，正式投降。勝利之後，拿破崙要做的第一件事，就是在鄰近開羅的尼羅河上建造一座船橋，他還下令在那裡建造一座風車；為此，在十九世紀中有很長的一段時間，少數可在埃及運作的風車都被稱為「拿破崙的風車」。

與此同時，拿破崙意識到，就像在他之前的古埃及創建者美尼斯（Menes）、羅馬皇帝凱撒，以及在他之後的英國總領事克羅默伯爵（Lord Cromer）、阿拉伯埃及共和國的第二任總統賈邁勒·阿卜杜·納瑟（Gamal Abdel Nasser）一樣，任何埃及領導人的合法性都取決於：能否確保為耕地提供充足的水源，同時保護村莊免受過多洪水氾濫的侵襲。現在，拿破崙統治著一個灌溉經濟和水利社會的地區——從每年六月十七日起，每天都會由「尼羅河信使」（Munadee El Nil）負責觀測尼羅河，持續向民眾百姓提供這條生命線的最新狀態。因此，拿破崙很快就宣布自己為尼羅河年度慶典的負責人。

「運河開通節」（Fath al-Kjalij）是埃及數百年來最大的年度慶典。在整個夏季，卡里運河（Khalij Canal）都被一道土堤所阻，而當尼羅河水位達到一定高度時，就會挖開堤堰讓河水湧入運河，使經歷數月干旱與曝晒的田野轉眼間恢復生機。一如無數埃及統治者在他之前所做的，拿破崙也親自檢查了開羅羅達島的水位計——量尺上的水位標高決定了節日將在哪一天開始。

慶典一早，為了製造出局勢已經正常化的氣氛，埃及百姓被動員參加，拿破崙下令裝飾亞喀巴（Aqaba）河船。他要人群聚集在河岸，期望藉此營造出拿破崙帶來了穩定、法律與秩序的印象；而當他下令挖開阻塞運河的堤堰時，大家將各種祭品投入尼羅河中，祈求真主阿拉保佑婦女和土地的生育力。一名法國觀察員寫道：「一群舞女沿著運河起舞，以淫蕩的舞蹈挑逗群眾。」工人們將一尊叫做「未婚妻」的粘土雕像投入運河裡，法國觀察家描述這種做法是一種「遺俗」，可以追溯至法老時代將一個活生生的處女投入尼羅河作為祭品的習俗。對拿破崙而言，主持這場大慶典的目的是為了在宗教和形象上贏得不可或缺的群眾魅力，讓大家視他為偉大的蘇丹。

然而事實證明，透過慶典儀式將自己包裝成尼羅河守護者和保證人，並不足以支持占領埃及的合法性。僅僅三個月後，就開始出現暴動與叛亂。殺害法國軍官的叛亂分子遭到斬首，首級被塞進麻布袋裡扔到開羅市中心示眾。當拿破崙從埃及返回法國後，接下指揮棒的讓—巴蒂斯特・克雷貝（Jean-Baptiste Kléber）在自己的總部被一名年輕學生刺殺身亡，兇手被依所謂的「伊斯蘭教法」處決：先看著自己的同謀者被斬首，然後奪命的那隻手被燒到肘部，最後再被釘上木樁慢慢斷氣。然而，即使以如此嚴厲的手段傳播自由、平等、博愛的法國大革命理念，法國作為占領者的日子，也已所剩無多。

克雷貝遇刺後，法國占領軍的指揮權由改信伊斯蘭教的法國將軍阿布杜勒・雅克—法蘭索瓦・梅努（Abdulla Jacques-François Menou）接手，而這段占領埃及的行動最後在盎格魯—鄂圖曼帝國聯軍的入侵中結束。駐守開羅的法軍於一八〇一年六月十八日投降，梅努本人則是於九月三日在亞歷山卓投降。法國人在掌權約三年後被迫從埃及與尼羅河三角洲撤軍，一方面是由於當地勢力的抵抗，更重要的是以伊斯坦堡為中心的鄂圖曼帝國與英國結盟並聯手進行封鎖，阻絕了來自巴黎的增援與接觸。

儘管如此，拿破崙短命的遠征還是留下了長遠的影響，特別是在兩個領域。第一，是建立法國與埃及的貿易出口與聯繫，這在隨後的幾十年裡催生出一個倡議：挖掘一條新運河連結地中海與印度洋，以及在三角洲內的尼羅河上建造一座大壩。其次，更重要的是，拿破崙的尼羅河遠征也進行組織性的研究，形塑了西方對東方的概念。

拿破崙，他以科學樂觀主義與理性的擁護者自居，隨軍帶來了由一百六十七名科學家及技術專家所組成的科學與藝術委員會（Commission des Sciences et des Arts）。由此可見打從一開始，他對這場遠征的科學目的就極為重視[30]；他與科學家們一同度過無數晝夜，討論他們在埃及的研究工作。遠征隨法軍在戰場上的潰敗結束後，法國人出版了三十多卷、內含三千多幀插圖的不朽文獻，也挖掘出被遺忘的遠古法老紀念碑，例如早在法國人到來前，頸部以上就已聳立在沙漠上的人面獅身像。巴黎羅浮宮首任館長維萬・德儂（Vivant Denon）率領的科學考察隊，繪製出史上最早的卡納克與盧克索神廟（Karnak and Luxor temples）插圖。德儂於一八〇二年撰寫自己的遊記《下埃及與上埃及之旅》（*Voyages dans la Basse et la Haute Égypte*），立刻被翻譯成英文與德文，轟動一時。尼羅河的文化瑰寶再次被呈現於全世界眼前。拿破崙統治尼羅河三角洲的時期雖因戰敗旋即告終，但在文化和知識上卻是永恆的成功——這場遠征通常是被如此解讀的。在歐洲，它讓知識分子發現了一種嶄新的迷人旅程，揭開迄今不為人知的古埃及世界，以及被視為極度封閉且神祕的阿拉伯穆斯林世界的祕密，儼然成為人人追逐的目標。拿破崙的埃及遠征觸動了探險家的心靈，激發了冒險的幻想，更進一步為歐洲奠定了東方主義（Orientalism）文化運動的基礎。一股「埃及熱」（Egyptomania）就此生根萌芽。正如法國作家維克多・雨果（Victor Hugo）在幾十年後的一八二九年所寫的《東方詩集》（*Les Orientales*）序文所說：「在路易十四的時代，我們都受古希臘文化薰陶，如今，我們都是東方主義者。」

透過拿破崙的遠征，全世界認識了埃及，埃及也認識了全世界。儘管如此，正是由於它所產生的文化影響，另一個變得日益重要的觀點將其解釋為一場災難——對伊斯蘭及後殖民主義觀點而言，拿破崙這種軍事力量與科學世俗主義的結合，既是對埃及文化的侵犯，也是對伊斯蘭世界的邪惡攻擊。

東方主義的批判

我沿著農業路（Agricultural Road）行駛，穿越三角洲，經過了許多被近在咫尺的晨霧給抹去輪廓而幾乎無法辨識的平坦地景之處。昨晚既熱又不舒服，冷氣壞了，風扇的噪音像條嗚咽的狗，令人徹夜難眠。我躺在床上，想起一本在拿破崙抵達三角洲前五年出版的法文小說：薩米耶・德・梅斯特（Xavier de Maistre）的《在自己房間裡的旅行》（*Expedition nocturne autour de ma chambre*），英文版出版於一八二五年。

小說從梅斯特關上自己臥室的門開始。他決定去旅行，但不是出門遨遊世界，而是在他自己的房間內，他的目標是讓他的眼睛擺脫習慣所造成的麻木。他穿上粉色與藍色的睡衣，沒帶行李就踏上旅程，第一站是沙發，房間裡最大的家具。透過以一個好奇旅行者的眼光審視自己的房間，他成功地擺脫了習慣的麻木或盲目。他重新認識了自己的臥室。由於他以新的眼光看這個房間，所以這裡就變成了一個新地方。他對沙發的特性有些新發現，例如，沙發腳的造型是何其優美，此外，對床鋪也有新發現。總之，他從日常的眼光解放出來，以一種全新的方式欣賞家具、思索這些家具目前的用途，以及未來還可以如何使用它們。

這部小說可以被解讀是嘲諷「把平凡旅程寫成很了不得的旅行文學」，但也可以被視為探討旅行的教育功用；它拒絕附和格式化的壯遊禮讚，強調旅行的關鍵因素不是目的地，更不是造訪各地的行為，而是如何與自己的經歷連結起來，尤其是如何擺脫日常習慣所製造和複製的惰性，去感知周遭環境。同樣的，尼羅河在世界文學中就有如梅斯特的臥室：大家對它都讀過很多，寫過很多，僅僅是因為在如此長的時期內，幾乎沒有其他任何現象比尼羅河的歷史以及它對形塑文明的意義和作用，被旅行者以如此長年與系統性的方式描述出來。這個地區長期以來，在眾多領域中為有關歷史發展的重要思想以及「他者」與「我們」的刻板印象，提供了原始資料，也由於「看法」很容易在這種描述性的傳統慣例中形成，因此，必須不斷重新評估自己的觀點，才能逃離慣例所造成的麻木。

我不相信今早在埃及三角洲的這趟旅行在本質上會被格式化，梅斯特這本書提醒我觀察和寫作不僅艱難、費力，也無法確定能否有任何回報。關於中東「能如何」以及「該如何」被描述的議題上，幾乎沒有人比愛德華·薩依德（Edward Said）更具有影響力。他是一名巴勒斯坦人，與家人逃往埃及，後來成為歐洲十九世紀的文學評論家，到了二十世紀末，薩依德已成為全球最具權威的知識分子之一。他畢生都在研究歐洲或西方知識在傳統上如何描述中東與埃及，在一九七八年首次以英文出版的著作《東方主義》（*Orientalism*）中，薩依德徹底否定了整個歐洲的埃及學傳統，尤其批判了拿破崙的科學考察及其所確立的解讀方法。

薩依德將法國的軍事入侵和科學研究視為一枚銅板的兩面，這是歐洲如何追求徹底了解「他者」的絕佳例子，也是控制欲的典型表現。對薩依德來說，拿破崙與他委任的研究，就是西方侵權與知識收集交織的第一原罪，其歷史任務是鎮壓東方。歐洲研究者或「東方主義者」以高高在上的姿態繪製東方地圖，藉以完整掌握東方的全景：文化、宗教、心態及歷史。而要實現這樣的目標，就必須以過度簡化的分類去檢視每一個細節，然而，薩依德擔心如此一來，影響社會的知識生產框架，不僅會「反映」也會「製造」出不平等。他的研究結果，否定了拿破崙科學考察團所出版的三十卷文獻，視其研究中的敘述為濫權，也就是說，這些研究在定義上是不科學的。

薩依德明確指出，無論是什麼樣的研究，普遍都有一個重要特徵：與當今的主流觀點和權力結構有著含糊不清、不加批判的關係。而他證明了這一事實會影響討論的內容與方式：這類研究並不理解權力關係會影響哪些議題被提出、哪些概念被使用，以及哪些結論被接受並值得研究人員花時間推導。無庸置疑，許多研究非洲、亞洲和拉丁美洲的學者極少關心，或大多毫不反思他們與影響研究的權力結構的關係及關聯，不論他們所扮演的角色是殖民地政府、援助組織、戰時指揮官或將軍們的問題解決專家。

薩依德觸及了西方科學史上一個明顯的痛處，儘管如此，他還是做得太過火，因為他嘲諷西方對東方的研究。在他的文獻調查中，他武斷且有條不紊地只強調那些支持自己論點的例子，其分析研究的最大問題，在於他認為這類研究註定存在偏見，因此明確否定了任何西方對東方或埃及進行學術研究的可能性。根據薩依德的說法，無論是顯性或隱性，東方主義都是活生生的，因此這個東方世界無法「被描述」，西方的東方研究根據的不是事實，而是以絕對控制為目的所創造出來的敘事或表述。

薩依德對於一八〇〇年代西方對中東研究的批判，揭露出幾位作者詳細描述的埃及並不存在，這些不過是歐洲人的文化偏見，有時更是性幻想的投射。儘管如此，薩依德的分析仍流於片面和武斷，無法被當作是歐洲對「東方」看法的有效實證分析，更甚者，還否定了一整套知識體系，暴露出批評者其實與被批評者一樣霸道。薩依德的著作是一面雙面鏡，不僅揭露了解讀中東的語言缺陷，也揭露出他這種主張的後果。薩依德並沒有直接提議將這些敘述與所敘述的事物一同從歷史中抹除，而是以一種較微妙的方式得到同樣效果：他斷言東方主義者的分析包含了「一種罪惡行為」，因為他們自己也在壓迫「他者」。

正是在這種文化脈絡和觀點下，恢復拿破崙的科學與藝術委員會成為必要。顯然，薩依德說得對，委員會的研究的確受到當時的偏見，以及十九世紀初法國人對自我和世界認知的影響，但同時，也為當時成為一個技術領先的新興強權歐洲，提供了關於一個未知地區的新知，也提供了對埃及及其歷史的洞察，而這是埃及人自己所欠缺的，他們在當時還沒有這種傳統。歸根結底，之所以能為尼羅河立傳的可能原因之一，就是某些被薩依德拒絕承認的研究，現今依舊存在著。

尼羅河河口海戰：巴黎與倫敦的對決

隨著歐洲日益增強的政治實力與軍事影響力，歐洲列強開始將世界貿易路線與樞紐，視為獲得經濟利益和擴張國力的手段；埃及就成為最早經歷這種競爭的國家之一。最初埃及從中獲利，因為英國與鄂圖曼帝國結盟，迫使法國交出埃及，使得伊斯坦堡賦予埃及的實質自治權因此提升。

一七九八年八月的「尼羅河河口海戰」，是發生在尼羅河三角洲的戰事中最著名的戰役之一。這場海戰除了在某些方面帶有巴洛克色彩，還是最早將西方文明視為對抗東方力量的錯誤刻板例證——把整個西方視為單一的統一戰線，其目標是粉碎阿拉伯或伊斯蘭世界。

在倫敦特拉法加廣場（Trafalgar Square）上，獨眼獨臂的納爾遜海軍上將（Vice Admiral Horatio Nelson）的雕像豎立在此，傲視著一群英國戰爭英雄，當年他是如此記錄這場戰役：「先鋒部隊，尼羅河外，一七九八年八月三日。我的主、全能的上帝在前一場戰鬥中保佑了國王陛下的部隊，讓我在八月一日日落時分於尼羅河口外成功攻擊了敵軍艦隊，並大獲全勝。」[31]

納爾遜在這句充滿感染力的記述中兩度提及尼羅河，說明這條河在十八世紀後期已在歐洲博得了何等光彩：法國人才剛打贏「金字塔戰役」，如今被英國的艦隊所擊潰。不樂見埃及受拿破崙擺布的英軍，在納爾遜的指揮下進入阿布基爾灣（Abukir Bay），襲擊拿破崙駐紮開羅時停泊在三角洲外海面的法國艦隊，這場戰役從一七九八年八月一日持續到八月三日。

當英國艦隊完成戰鬥準備後，納爾遜與他的軍官們吃了一頓最後的晚餐，並宣布：「明日此刻前，我若得不到一個貴族爵位，得到的就是西敏寺的一個墳位。」[32] 換言之，結果只會有兩種：不是依傳統因為勝利獲得封爵獎勵，就是依傳統被當成英雄葬於墓碑下。

第一聲砲聲打響時，法軍艦長們正毫無準備地坐在旗艦「東方號」（Orient）上，他們邊命令邊跳上小艇。東方號的船長在混亂中遭天外飛來的物體擊昏，當時站在他身邊的十歲兒子也被砲彈打斷了腿。當晚九點，旗艦的下層甲板遭烈火焰吞噬。英軍將所有砲口都對準這艘船，持續地砲轟讓法國人無法滅火。東方號化為一座燃燒的地獄，灣內滿是屍體與哀嚎不已的半裸士兵。正如第二天早上納爾遜在巡視海灣時所說：「勝利這個字並不足以形容如斯情景。」[33]四天後，納爾遜依循大英帝國的慣例獲封「尼羅河的納爾遜男爵」，然而他從未踏上這條河的河岸，或在這條河上航行。這場海戰以法國慘敗告終，強化了英國即將「統御海洋」（**rule the waves**）的帝國情懷。儘管如此，英國的勝利對歐洲來說，就像對埃及一樣，令人震驚。

當納爾遜的大砲在三角洲沿岸轟鳴的同時，樂觀進取且活力四射的奧地利古典音樂家約瑟夫・海頓（Joseph Haydn）正在創作他唯一的彌撒曲：D小調彌撒曲。沉重的鼓聲、深沉的喇叭聲與冰冷的管風琴聲為這首曲子揭開序幕，海頓在樂譜的封面上將這首曲子命名為《苦難中的彌撒曲》（*Missa in Angustiis*）。當時年為一七九八年，此時拿破崙仍被許多人視之為威脅，就連遠在奧地利艾森施塔特（Eisenstadt）以東的地區也是如此，而海頓曾在該地擔任管弦樂團的指揮。正當海頓出於對拿破崙及其軍隊的恐懼而創作出這首彌撒曲時，卻不知道納爾遜正在尼羅河匯入地中海的出海口附近，突襲法軍艦隊。

羅塞塔石碑之戰：竊賊大對決

流經羅塞塔市的，不像一條偉大的河流，與此相反，它更像一條疲憊、衰竭、不起眼的運河在三角洲上緩緩地流向大海。羅塞塔河（Rosetta River），又名拉希德河（Rashid），流經這座與之同名的城市，夾帶著成千上萬的塑膠瓶而暫時停止前進；於是，這條河在有著高大美麗棕櫚樹群防護的海濱長廊樹影下，來回擺動著。漆成綠色的漁船在河面上往來穿梭，捕捉在汙染嚴重的河水中仍持續繁衍的魚類。伴我乘船溯河而上的漁夫則抱怨魚越來越少。儘管如此，今天清晨尼羅河口的天空還是一如既往的如此透明、如此清晰，讓人想像自己正在凝視著眼力所不及的蒼穹。我來到這裡的目的，是為了一塊讓這座城市出名的石碑。

羅塞塔（Rosetta）或拉希德（Rashid）因西元九世紀時，阿拔斯哈里發王朝（Abbasid caliphs）下令在托勒密時代舊城波爾比丁（Bolbitine）的遺址上建造堡壘而得名；即使在亞歷山卓沒落到無人聞問的漫長歲月中，它一直都是埃及最重要的港口。然而，拿破崙戰役讓這座城市變得舉世聞名，不只是因為它是貿易中心或戰場，而是法國人在此發現了一塊具有世界歷史意義、被埋藏在尼羅河淤泥中好幾個世代的石碑。

一七九九年七月中旬，當拿破崙的士兵在這座港口城市東北方幾公里外，要強化朱利安堡（Fort Julien）的防禦時，發現了一塊刻有多行不同文字的石碑。士兵們意識到這對拿破崙的文化探險可能是個寶貴貢獻，便通報了法軍指揮官梅努將軍及剛成立的埃及研究所（The Institut d'Égypte）。拿破崙再度展現了對埃及歷史的興趣，他這位戰士中的戰士在一七九九年八月返回法國前，親自檢視了這塊石碑。而這位士兵所發現的，就是後世所稱的「羅塞塔石碑」，其高一百一十四・四公分、寬七十二・三公分、厚二十七・九公分，重達七百六十公斤。這座石碑對人類意圖了解過去的無止境追求具有革命性的意義，因為它刻有三種不同的文字：古埃及象形文字、埃及世俗體（Egyptian Demotic script）與古希臘文。這塊石碑讓破解象形文字的字義成為可能。透過這塊石碑，現代人得以一窺古埃及人的世界觀、文化及經濟體系。這下子尼羅河三角洲的歷史又在傾刻間被往前推了數千年。

不過與此同時，羅塞塔石碑已不在埃及。自一八〇二年以來，它一直都在倫敦，而這一事實，成了列強爭奪埃及的有力範本，以及埃及對尼羅河三角洲的歷史解讀與敘述的主導權競爭，於是這成為各國失和的種子。

拿破崙返回巴黎後，法國陸軍持續對抗英國與鄂圖曼帝國聯軍長達十八個月之久。然而，一八〇一年三月，英軍增援部隊抵達了拉希德郊外的阿布基爾灣。梅努將軍率領部隊以及同行的科學委員會，朝地中海方向前進迎敵，同時也不忘帶上這塊石碑與其他古物。後來法軍不敵英軍，梅努帶著殘餘的部隊退至亞歷山卓，後於一八〇一年八月三十日投降。對羅塞塔石碑與其他古物的所有權競爭於焉展開。若想掌握詮釋過去的話語權，那麼掌握這些文物就變得至關重要。

梅努拒絕交出這些文物，主張它們歸法國研究所所有。然而，英國將軍也拒絕讓這位法國將軍撤離這座城市，除非他交出石碑。英國政府深知掌握這些歷史象徵和歷史詮釋主導權的力量，為此派遣了自己的研究人員來到尼羅河三角洲。博物學家愛德華・丹尼爾・克拉克（Edward Daniel Clarke）和古物研究家威廉・理查德・漢密爾頓（William Richard Hamilton）奉派前來評估法國人在亞歷山卓的收藏品，以確認法國人是否私藏了任何東西。

英國將軍約翰·赫利—哈欽森（John Hely-Hutchinson）認為，既然己方是勝利者，所有的古物當然應歸英國王室所有。對此，一位法國研究人員表示，他們寧願燒掉所有文物，也不願看到它們落入英國人手中。在最後一次絕望且流於徒勞的努力中，梅努堅稱這塊石碑應被視為他的私有財產；當然，英國人認為這種說法很荒謬。最後法國人被迫屈服，而這批文物的割讓也被寫進了「亞歷山卓降書」（Capitulation of Alexandria）之中。

愛德華·丹尼爾·克拉克事後解釋，一名法國軍官偷偷帶著他與其他兩人到梅努宅邸的後院，告訴他將軍把石碑藏在哪裡，在這名法國軍官背叛他的頂頭上司之後，這塊石碑就被運到港口上了一艘船，於一八〇二年二月抵達英國的樸茨茅斯（Portsmouth），依指示獻給了英王喬治三世。隨後國王下令將它移往大英博物館，之後就一直在館內保存至今。這塊石碑終為英國人所有，但令英國人大為光火的是，碑文卻是被一個法國人破解。年輕的語言天才尚—法蘭索瓦·商博良（Jean-François Champollion）取得碑文副本並成功破譯，但就在他公布新發現沒多久，就在一趟艱苦的埃及研究之旅後，於一八二〇年代末期筋疲力竭而死。

由此可見，「尼羅河河口海戰」不僅對許多方面有長遠的影響，也決定了羅塞塔石碑的命運：數世紀來一直被尼羅河的自然運作所掩蓋，如今，卻成為掌握尼羅河與人類早期歷史最關鍵的一部分。

成為尼羅河改革者的阿爾巴尼亞軍人

一名阿爾巴尼亞士兵奉鄂圖曼帝國之命與英國一同擊敗法國，在法軍撤退後不久，他掌握了權力；在戰後的權力真空中，直到四十歲才開始學習讀書寫字的煙草商穆罕默德・阿里（Muhammad Ali）登上了尼羅河地區的舞台。巧合的是，他與拿破崙同為一七六九年出生，儘管沒有與拿破崙一樣的教育背景，但同樣擁有無窮野心與權力意志。

傳統軍閥通常將力氣用在宮鬥與討伐上，但穆罕默德・阿里是一個有遠見的人。他知道中東在技術和軍事上與歐洲有多大的差距，並意識到埃及必須向歐洲學習思想與技術。正因如此，他在埃及歷史上扮演著至關重要的角色，尤其是因為他認為「發展」對許多領域都是不可或缺的。穆罕默德・阿里聘請外國專家與技術人員幫助埃及在軍事、農業及教育系統進行現代化發展，最重要的是，在利用埃及的關鍵資源這點上，他比所有前任領導者更加雄心勃勃。在這位阿爾巴尼亞人與他的專制政府統治下，尼羅河的現代史於焉開始。

讓穆罕默德・阿里成為其中一位對尼羅河三角洲發展造成深遠影響的人物的背景事件，就是歷史上將「機運」發揮淋漓盡致的例子，在尼羅河塑造的舞台上被清晰地照亮，並由河流的規律性和持久性被突顯出來。一八〇一年，在拿破崙當上「金字塔之王」的短暫插曲結束後，穆罕默德・阿里奉命率領傭兵團隨鄂圖曼帝國的軍隊前來收復埃及。這支部隊最終到達了位於河口的戰略要地阿布基爾灣，與已被削弱但仍未被擊敗的馬木路克軍爆發衝突。不會游泳的穆罕默德・阿里在此時落海，在某些記載中宣稱，他被一艘英國船隻救起來。最後，穆罕默德・阿里的部隊控制了埃及，而鄂圖曼帝國蘇丹塞利姆三世（Selim III）被迫承認他為該國實質上的領導人。一八〇五年，阿里宣布自己為統治長官「瓦利」（wali），到了一八六七年，他的正式頭銜才被改為總督「赫迪夫」（khedive）。後來穆罕默德・阿里所建立的王朝成為埃及歷史上高度現代化的力量。

一開始的統治，穆罕默德·阿里就努力抵抗英國的干預。一八〇七年三月十七日，約五千名英軍在埃及登陸，意圖逼迫穆罕默德·阿里與英國合作。他們向拉希德進軍，且未遭遇抵抗便占領了這座城市，但一進入市區就遭到猛烈的反擊。英軍倉皇撤退，共計有一百八十五人陣亡，而陣亡者的頭顱則都被送往開羅，被放置在距離十年前拿破崙也曾對馬木路克軍陣亡者做過同樣事情的不遠處——將這些頭顱放在道路兩側的木樁上。即便如此，英國人還是進行了第二次奪取拉希德的消極嘗試，結果又是災難一場；英軍戰俘被送往開羅，被迫走過放置他們戰友腐爛頭顱的木樁群。

四年之後的一八一一年，穆罕默德·阿里被永遠載入世界史中殘酷的那一面。此時的他已對外確立了自身地位，如今是對內鞏固自己權力的時候。這時他做了一件最聰明、但也是最兇殘的政治算計：邀請殘餘的馬木路克軍在開羅要塞舉行盛大的宴會，名義上是為了慶祝阿里的兒子將奉命率領一支遠征軍前往阿拉伯鎮壓剛萌芽的瓦哈比派（Wahhabis）；這場宗教運動，為日後沙烏地阿拉伯贏得了政權，並在隨後的幾年激發出更多激進的遜尼派伊斯蘭主義者。

在各國的編年史中，幾乎沒有任何事件的殘酷程度比得上當晚在開羅要塞所發生的慘劇。傳統上，會將他的行為解釋成出於統治需求，因此抽象的道德理念必然置於政治算計之後，因為在穆罕默德·阿里的世界觀裡並沒有這些道德理念；當時的他當然沒有讀過馬基維利（雖然他在晚年學會識字後，的確讀了馬基維利的部分作品）的政治學。馬木路克軍不帶一絲恐懼與懷疑地來到了要塞，穆罕默德·阿里先是以最熱情的方式款待他們，接著，在晚餐後殘酷地一個接一個，在要塞狹窄的小徑內把他們屠殺殆盡。

消滅了所有反對勢力後，穆罕默德·阿里展開了幾項激進的改革，以強硬的手段讓埃及擠身現代世界，成為一個現代化的獨裁國家。為了穩定埃及的收入，他透過所謂的「包稅」（tax farmers）徵稅來兼併土地，這樣的新稅制高到農民無法支付，因此穆罕默德・阿里得以依法沒收他們的土地，進而使他藉此擁有大量土地，並掌握了埃及貿易的個人壟斷權。穆罕默德・阿里透過行使統治權為自己與家人累積了莫大財富，但不同於尼羅河流域許多只懂得利用權力讓自己暴富的國家領導人，他同時也是個現代化的推動者。所有生產者都被要求將他們的商品賣給政府，再由政府轉銷至國內外。事實證明，以這種方式控制國家財政利潤非常豐厚，尤其是在穆罕默德・阿里將目光轉向棉花時。他還試圖建立紡織業與英國競爭，但以失敗告終。事實上，這在埃及根本不可能成功，因為埃及缺乏可供這類產業蓬勃發展的必要能源。

穆罕默德・阿里在歷史上最重要的成就，就是該國的生命線尼羅河的現代化。他計畫以埃及史上前所未有的方式開發尼羅河，並於一八一八年動土開鑿連結尼羅河與亞歷山卓的馬赫穆迪亞運河（Mahmoudiyah Canal），讓船舶無需再通過拉希德與亞歷山卓之間危險的沿海航道，便能抵達亞歷山卓。這項工程由穆罕默德・阿里所聘用的許多歐洲專才之一——法國工程師帕斯卡・科斯特（Pascal Coste）的帶領下於一八二〇年竣工。

除此之外，更重要的是，穆罕默德・阿里在開羅以北尼羅河分流的兩條水道上開始興建巨大水壩，其目標是提高河面水位，使水能在地心引力的幫助下更順暢地湧入三角洲的許多運河。主持這項工事的工程師穆格爾・貝（Mougel Bey）同樣是法國人，所肩負的任務是將自法老時代沿用至今的古老洪水灌溉系統的一大部分，轉變成可供全年灌溉。可惜，由於施工品質欠佳，當這項工程在穆罕默德・阿里歿後竣工時，大壩的運作結果不如預期。儘管如此，還是有近百萬英畝的土地被改造成可一年三穫的耕地。穆罕默德・阿里致力於在法國技術的幫助下發展全年灌溉，這是拿破崙占領埃及之後，所留下最直接的眾多結果之一。因此，愛德華・薩依德批判西方知識體系在十九世紀時征服埃及，實際上是忽略了法國對當地水利系統的紀錄與理解的重要性；事後證明，這些研究全都成為埃及現代化的基礎。

穆罕默德．阿里開啟了埃及史上馴服尼羅河（並且使用越來越多的河水）的歷史性時代，如此一來，能讓更多地區在尼羅河水量甚少的夏季也可以耕作。然而，一如其他植根於過去的深刻改變，這同樣說明了社會以及塑造它的要素之間發生了根本性的改變，而這樣的過程和原因無疑也是深刻且複雜的。為此，任何忽視穆罕默德．阿里的歷史角色定位或其獨特能量的詮釋，都是不充分的。

埃及的勞役或者說強制勞動制度，在十九世紀達到了頂峰，因為穆罕默德．阿里的灌溉革命需要足夠的勞動力[34]。他在三角洲開鑿新運河，也修復並擴建了舊運河，而最重要的或許是，將運河掘得更深，好在夏季為利潤豐厚的棉花栽植提供足夠的水源。龐大的工程隊將運河疏浚掘深，並在河水上漲時命令成千上萬的人在岸邊警戒。大運河的監工與維護由地方首長負責，為了修建流經三角洲西北部直通亞歷山卓的馬赫穆迪亞運河，地方當局必須確保轄下居民每十人中就有一人投入興建工程。一八一七年湊齊了約十萬名工人；兩年後的一八一九年，為了加速趕工，光是在下埃及就有三十一萬三千人被迫投入勞役。穆罕默德．阿里及繼任者雄心勃勃的新尼羅河政策，導致不得人心的強制勞動制度在一八〇〇年代急劇擴大實施。一位敘利亞裔埃及作家曾言，這種強制勞動在埃及已經存在了六千年，從前一直被視為一種不可抗拒的「天意」加諸於人們肩上的負擔[35]。

然而，雖說全年可耕的機會急劇增加，但強制勞動的範圍也跟著擴大了，這個曾經在一年裡占據埃及農民部分時間的行事，如今成了一年四季都必須投身的活動。但面對如此一個追求效率又殘酷無情的威權政府，農民又無法發起任何大型的集體抵抗。雖然沒有組織群眾運動，但各種個人的抗議行為充分揭露了當年尼羅河沿岸的生活狀況：人們寧願自殘也不願被強制徵召，不少人以老鼠藥弄瞎一隻眼，或砍掉右手的一根指頭。

除此之外，穆罕默德．阿里同時是成功的區域殖民主義和帝國主義者。近幾個世紀以來，普遍認為只有西方會採行帝國主義和征服的認知，不過是一種狹隘的歐洲中心主義觀點。穆罕默德．阿里雖然不是個傳統的民族主義者，但已被視為現代埃及民族主義的創始人。他野心勃勃地計畫利用歐洲模式和法國的幫助促使埃及現代化。此外，他也征服了阿拉伯半島上的一大片土地，最遠至南方、現今葉門的亞丁（Aden）地區，而對尼羅河地區最重要的貢獻則是將蘇丹併入埃及。

穆罕默德．阿里與他的繼任者都採取了能掌控尼羅河上游流域的埃及內地策略：他們征服了今日烏干達的部分地區，並試圖占領衣索比亞。但在十九世紀末，遭到來自另一個更強大的帝國主義勢力日益強烈的阻擋：英國。

溯河而下航向巴黎的長頸鹿

穆罕默德．阿里擴張國力的野心，產生了許多後果。其中之一，就是尼羅河被重新定位成聯繫非洲與歐洲的走廊，這意味著，如今這條河的地位與數千年前相比更為重要了。

在一八二〇年代初期，一件非凡的貨物從蘇丹東部的森納爾（Sennar）出發，沿著尼羅河被運往穆罕默德．阿里位於亞歷山卓的新宮殿；一位不尋常的高個子訪客被送進宮殿花園內，等候前往歐洲的海外旅程[36]。

在他的部隊於一八二一年占領蘇丹後不久，穆罕默德．阿里下令在藍尼羅河的森納爾捕獵幾隻長頸鹿運往歐洲。兩頭年幼的長頸鹿在牠們的母親遭殺害後被捕，接著便上船被送往喀土穆（Khartoum），接著又經由蘇丹北部的尚迪（Shendi）一路運往亞歷山卓。一八二六年的夏天，其中一隻在穆罕默德·阿里的地中海夏季行宮內，度過了牠在非洲的最後三個月。到了九月底，前往法國馬賽的航程與接收工作終於安排妥當，這隻不知自己即將成為史上第一隻踏足歐陸的長頸鹿，乘船穿越地中海抵達歐洲。下船後，牠在蘇丹馴獸師的陪伴下從馬賽一步一步、一里一里地走向巴黎。

這隻長頸鹿成了當時最熱門的新寵。一八二七年六月五日，牠來到了里昂，沿途擠滿密密麻麻的群眾圍觀，估計有三萬人蜂擁而至，只為一睹這隻迄今不為人知的非洲長頸異獸。

這隻長頸鹿是埃及統治者贈與法國的禮物。幾年前，才在要塞裡屠殺了馬木路克軍的他，打算以這隻異獸博取歐洲民眾的好感。這隻遠道而來的長頸鹿不僅要軟化國家領導人的態度，還必須贏得公眾輿論的青睞。就在里昂人民為穆罕默德·阿里這份大禮驚嘆莫名的同一天，希臘被迫向聽命於阿里的鄂圖曼大軍投降。在這隻長頸鹿莊嚴地走到絲綢之城里昂市中心的同時，雅典在一場被浪漫主義文學泰斗拜倫勳爵（Lord Byron）視為歐洲為爭取自由、力抗東穆斯林—鄂圖曼帝國的戰爭中淪陷。穆罕默德·阿里必須窮盡一切手段獲得歐洲的支持，而這隻可憐的長頸鹿只好乖乖扮演好牠的戰略外交角色。

就這樣，一隻長頸鹿在一八〇〇年代初從喀土穆以南的尼羅河畔，長途跋涉到巴黎，只因為埃及領導人期望這隻來自遙遠的非洲、完全不為人知的異獸，能發揮淡化歐洲輿論的作用。這隻長頸鹿的旅程，從一個全新角度驗證了自尼羅河到地中海的彼岸，在地理上、歷史上一直都是撒哈拉以南的非洲與歐洲之間的紐帶。

在前往尼羅河源頭途中喪生的長跑健將

一八四三年一月，三角洲南部的埃及農民或許曾看過他；如果這些農民能小歇片刻，將視線從他們正在耕作的小小農地上移開，就會在日正當中看見一個人沿著連接埃及與非洲中部的藍色走廊，以平穩、迅速的腳步往南奔跑。

這位跑者是個白人，名叫門森・恩斯特（Mensen Ernst），是當時最著名的長跑運動員之一。他的全名叫Mons Monsen Øyri，來自挪威的一座名叫弗雷斯維克（Fresvik）的小村莊，位於斯堪地那維亞海岸上的松恩峽灣（Sognefjord）。由於媒體報導他從巴黎到莫斯科、從伊斯坦堡到德里的長跑而成為國際名人。根據一八七九年《紐約時報》上的一篇報導，恩斯特在長跑時僅需吃餅乾和果醬便能果腹，只需靠著一棵樹佇立便能睡覺，只需將一塊手帕遮在臉上便能休息。

一八四二年，德國作家、貴族兼冒險家赫爾曼・馮・普克勒―穆斯考（Hermann von Pückler-Muskau）問門森・恩斯特，是否有興趣嘗試解開當時最大的地理謎團：找到尼羅河的源頭。探險隊的所有費用將由普克勒―穆斯考負責，而這位挪威健將若能成功，還能獲得豐厚的獎金。於是同年，門森・恩斯特就這樣展開了他人生中最後一場長跑。他在三十天內從莫斯科跑到普魯士，又穿越鄂圖曼帝國到達耶路撒冷，接著他繼續朝開羅前進，決心沿著尼羅河前往非洲中部某地，一探它不為人知的源頭。這位來自當時西歐最貧困邊陲地之一的可憐男孩，決心解決當時地理界，也是一個讓亞歷山大大帝、凱撒、拿破崙及一代接一代的埃及人迷惑不已的最大難題。

在每年秋天天氣依舊最熱的時節，在萬里無雲的天空下，門森・恩斯特能否成功發現河水是如何以不可思議的方式淹沒埃及的田野？這位來自挪威峽灣的年輕長跑健將，能否隻身破解這個連羅馬軍團也以失敗告終、希羅多德花費大把光陰探索也沒能解開的非洲河流之謎呢？

據推測，門森．恩斯特經過開羅時情況依然樂觀，因為北部在一月還算涼爽；他穿越盧克索與卡納克神廟所在的東岸，但最終卻只到達了亞斯文就魂斷異鄉。有人推測死因可能是不敵炎熱及口渴，然而這在一年中的那個時期並不太可能。在一八四三年一月的那一天，可能是某種痢疾使他的生命劃下句點。數日後，幾名歐洲遊客在沙漠裡發現了門森．恩斯特的遺體。如今他可能被葬於亞斯文水壩下的某處，長眠於他亟欲覓得源頭的河水之下。

門森．恩斯特的尼羅河之旅，是一個因傲慢或疏忽而失敗的悲壯例子。事實上，這位長跑者殞命時，甚至還沒遭遇到真正的難關。試想，一個人怎麼可能隻身穿越努比亞沙漠、瘧疾與鱷魚橫行的南蘇丹沼澤、獅子與蛇群巡梭的大草原？他的遠征，可能是當時最有勇無謀的一場冒險：將一名來自挪威西部小村莊的船員送往非洲內陸，行囊裡只有餅乾與果醬，甚至沒帶上一把步槍。

根據他的德文傳記中的記載，門森．恩斯特的座右銘是：「動即生，停即死。」就他結束於沿著尼羅河岸尋找未知的一生而言，這句話可說是意味深長。

海洋之間的運河

現在，我站在伊斯梅利亞（Ismailia）港南方不遠處，沿著綿延運河流到此地的尼羅河水，灌溉了一大片的棕櫚樹，在樹蔭下看著超大型油輪緩緩排隊駛過狹窄的運河，雄偉的現代化船陣與背景的棕色沙漠山巒相映成趣；這幅景象既美麗又超現實，同時象徵著全球貿易體制改變環境的力量與能力。

法國駐埃及領事、被譽為這條運河之父的斐迪南・德・雷賽布（Ferdinand de Lesseps）的宅邸也在此處。這棟宅邸如今已經對外關閉，不過，當我在一九九〇年代初參加一場尼羅河研討會時，埃及東道主曾帶我參觀過一回；臥室陳設彷彿從他離開之後就幾乎沒人動過，舊照片與書籍散落桌上與床邊，德・雷賽布生前坐過的沙發看來也依舊煥然一新。一八六九年十一月十七日，這條長達十六英里、由德・雷賽布主持開鑿的運河開通，自此，地中海與印度洋、歐洲與亞洲透過這條人工河道相連，從而改變了世界史、埃及史以及尼羅河的地緣政治角色。

當然，挖鑿運河在埃及並不是什麼新鮮事。數千年前，埃及人就曾在尼羅河與紅海之間開鑿運河。第一條沿著整條河段修建的運河，是在西元前一九〇〇年由法老辛努塞爾特三世（Senausert III）所建；法老拉美西斯二世（西元前一二七九至前一二一三年）雕像下方的銘文，也提到這位法老完成或修復了一條從尼羅河穿過提米力綠洲（Wadi Tumilat）及某些湖泊通往紅海的運河。而在接下來的六百年裡的某個時期，運河必定已經淤塞，因為法老尼科二世（Necho II或Neko，統治期間為西元前六〇九至前五九四年）曾試圖重新挖掘，但最後放棄了這項工程。另外，波斯也曾在大流士大帝（Darius the Great）統治下，修建了一條使用了約兩百年的運河。大流士在提米力綠洲建立了統稱大流士大帝蘇伊士銘文（Darius the Great's Suez Inscriptions）的五座紀念碑，碑上刻有以下內容：「大流士王曰：吾乃波斯人。吾起於波斯而征於埃及。吾命開此河，發於尼羅奔流埃及，止於瀚海瀕臨波斯。此河即成，埃及之舟舶可沿之直抵波斯，合吾所願。」

克利奧帕特拉統治時期，這條運河已荒廢。直到圖拉真與哈德良統治時期，羅馬才展開修復工作。當阿慕爾．賓．阿斯與阿拉伯人征服埃及時，這條運河又再度荒廢，而阿慕爾又將之修復。八世紀時，在修道士菲德里斯（Fidelis）從尼羅河到紅海（當時他正前往聖地朝聖）的旅途記錄中，也提及一條由三角洲南部的尼羅河通往紅海的運河。此外，這條運河似乎也被用於向阿拉伯運送糧食，但在七六七年被哈里發曼蘇爾（Caliph al-Mansur）蓄意關閉，顯然是為了讓麥地那（Medina）的叛軍活活餓死[37]。

拿破崙在統治埃及的數年間，也曾聘請法國工程師評估，是否可能修建一條連接地中海與印度洋的運河，而工程師們得出的結論是「以現有技術不可行」；後來才發現，之所以不可行是因為當時他們把兩邊海平面的高度差誤算了十公尺。歷史的發展就是如此，沒有人知道若不是因為這個小小的錯誤，尼羅河史以及隨之而來的世界史將會是什麼樣貌；唯一能知道的是情況將大不相同。

在一八四〇年代發現這個錯誤後，另一位法國人林納德．德．貝勒豐茲（Louis M.A. Linant de Bellefonds）設計了後來成為「蘇伊士運河」的運河。外交官兼工程師斐迪南．德．雷賽布向埃及的新統治者塞得．帕夏（Said Pasha；編注：「帕夏」是鄂圖曼帝國行政系統的官銜名稱，通常是總督、將軍及高官，相當於英國的貴族爵位，亦是埃及殖民時期地位最高的官銜）提出了這項計畫。塞得在地中海開始興工，並以自己的名字為運河起始點命名，即今天的塞得港（Port Said）。不過，英國人反對興建這條運河，因為他們有充分的理由擔心這將削弱其自身的貿易優勢，因此，除了其他政治動作，倫敦當局也支持運河工人起義。工人們當然有充分的理由反抗，因為他們被強制勞動，而且工作環境惡劣到甚至得冒生命危險。英國帝國主義者支持埃及勞工叛變，然而發動一場以爭取改善工作條件為目的的運動，並不符合一般人對帝國主義的印象，但說到底，其實倫敦當局的主要目的不過是削弱法國在流域內的影響力。話雖如此，在法國與拿破崙三世的支持下，還是讓埃及政府得以看見這項建設完工。

一八六九年運河落成時，應埃及王室的要求舉行了盛大隆重的開通典禮。當天來自世界各國的名人政要群聚於運河兩岸，其中包括威爾斯親王、奧匈帝國皇帝及挪威劇作家亨里克・易卜生，共計有六千名賓客參加了盛大的舞會，而開羅歌劇院的開幕也是慶祝活動的一部分。原本計畫在這天首演義大利作曲家朱塞佩・威爾第（Giuseppe Verdi）受埃及總督「赫迪夫」委託創作的歌劇《阿依達》（Aida，在歌劇史上，這部作品的委託費用被認為是史上所有作曲家所獲得的最高酬勞）。但如此一來，就會變成在新任赫迪夫與塞得・帕夏的侄子伊斯梅爾帕夏（Isma’il Pasha）計畫推動軍事遠征，亦即征服紅海沿岸及衣索比亞前夕的敏感時刻首演。即便威爾第抓住這種政治氛圍，寫出了一部聚焦於埃及與衣索比亞關係的歌劇，但直到一八七一年十二月二十四日，也就是運河開通典禮的兩年後，《阿依達》才終於在開羅首度演出。

從重現歷史的角度來看，這部歌劇相當有趣。故事背景是古埃及，撰寫歌詞時，威爾第曾聽取法國埃及古物學家奧古斯特・馬里埃特（Auguste Mariette）的建議。這部歌劇講述的主軸是獲勝的埃及將軍拉達梅斯（Radamés）如何被兩個女人的愛所撕裂的兩難，她們分別是埃及法老的女兒，和衣索比亞國王的女兒阿依達，她因國家戰敗而淪為法老女兒的奴隸。最後這位埃及將軍決定背叛他的國家，並因此喪命。對威爾第與當時的歐洲人而言，這種歌劇式的三角戀註定是無法突破的困境，但在當時的埃及則被視為一場毫無意義的兩難衝突；對埃及的男人來說，要解決這種問題很簡單：把兩個女人都娶回家不就得了。[38]

運河開通不久，《阿依達》的奴隸合唱團在開羅新歌劇院首演，第一艘船駛過這條連結歐亞的捷徑之後，大家都看得出埃及已然破產。伊斯梅爾與他的前任統治者們在建設上實在是投資得太多、太快了。於是，埃及領導階層決定以四十萬英鎊的價格出售塞得・帕夏在運河運營中的股份。英國終於盼到了機會，儘管法國依然擁有大部分股權，但爭奪運河之戰與埃及的政局這下都得以重新洗牌。時任英國首相班傑明・迪斯雷利（Benjamin Disraeli）獲悉法國人也想透過談判購買這些股份，所以他必須先下手為強。迪斯雷利立即決定買下它們，也不等待議會通過，迪斯雷利就派他的秘書蒙塔古・科里（Montagu Corry）去拜訪富裕的羅斯柴德勳爵（Lord Rothschild）。根據科里的說法，當他表明首相必須在第二天一早湊齊四十萬英鎊時，發生了以下的著名對話：

> 羅斯柴德拾起一顆葡萄吃了下去，並問：「你能拿什麼做擔保？」
> 「英國政府。」科里回答。
> 「這筆錢是你的了。」[39]

首相的足智多謀改變了英法之間的戰略平衡，也對未來產生深遠的影響。這條連結地中海與印度洋的運河改變了權力關係與貿易路線：自從葡萄牙人在一五〇〇年左右發現繞過非洲南端的海上航線以來，埃及一直是一潭死水，如今，它突然成為全球最重要航道的一大關鍵。自此，埃及成了地緣政治上炙手可熱的要角，而對於立志要成為全球最大、最成功帝國的英國人而言，埃及已然是一塊最重要的拼圖。

古斯塔夫・福樓拜與亨里克・易卜生：從開羅沿著尼羅河逆流而上

如前所述，維克多・雨果曾在一八二九年寫下：「如今，我們都是東方主義者。」雨果的東方主義不應該被單純地解釋成一種廣泛且壓抑的世界觀，而是一種強大西方殖民勢力新的虛偽，同時也是一種對知識的新的渴望。出於想了解東方的渴望及熱忱，十九世紀的埃及成了歐洲作家日益重視的旅遊目標，而在眾多前往埃及的冒險者中，也包括了法國作家古斯塔夫・福樓拜（Gustave Flaubert）和同為創作者的挪威劇作家亨里克・易卜生（Henrik Ibsen）。

一八四九年，從馬賽出發的福樓拜經過一段艱辛的旅程來到了埃及。時年二十八歲的他，是一八〇〇年代造訪埃及的眾多歐洲知識分子之一，他參觀了人面獅身像、舊開羅區（Old Cairo）的科普特教堂，觀賞了雜耍表演、特技表演與弄蛇術，也遇到了妓女。當然，還看到了被他描述成黃濁且滿是泥土的尼羅河。他前往盧克索、底比斯和卡納克，並在寫給他母親的信件裡提到無論往哪裡看，神廟幾乎都被埋在沙子裡。不過，福樓拜被當地的混亂所感動，被他看到的事物所激勵，畢竟他終於逃離了沉悶、奢華、膚淺、秩序井然過頭的法國。

另一方面，他需要為這些新的、深不可測的事物理出概念性的秩序，否則無法對他所看到的一切進行反思與書寫。福樓拜站在純粹哲學與存在主義的角度，認為「秩序」本身意味著對人類狀況的譴責與自以為是，抵消了人類開放、不僵硬、不守規則的本質。不過，藉由將「秩序」視為一個強加在自己身上的過程，而不是非得服從其主導的常規時，讓他得以與自己所觀察的事物保持一段距離。他在一八五〇年從開羅寄出的一封信中寫道：

「現在，我們在埃及。……然而我尚未完全擺脫最初的迷惑……（在這裡）每個細節都想伸手攫住你、擰你，而你越專注觀察它們，就越無法掌握整體。接下來這一切逐漸變得和諧，每個碎片都根據觀點法則自動落入原屬的位置。但在頭幾天，天哪，這真是一片令人眼花繚亂的多彩混沌。」[40]

福樓拜對埃及的看法，受到他認為埃及社會不可或缺、難以擺脫、無處不在的二元論的影響：死亡與生命、沙漠與河流。他特別著迷於埃及人容忍生活中二元性的能力：汙穢／乾淨、性慾／純潔、瘋狂／健康。看到人們在餐館裡公然打嗝，他覺得這真是太棒了。在生活常規的包圍下，似乎沒有人覺得「驢拉屎，紳士撒尿」有什麼好奇怪的；一個六、七歲的男孩在開羅街道上向福樓拜打招呼：「祝你好運，但最重要的是祝你有一根大陽具。」

一八五〇年，福樓拜搭乘「費路卡」（felukka），這種在上埃及依然可見的傳統帆船，逆流而上，並詳細記錄人們在河上的生活如何反映出他們周遭持續變化的社會。他提到，十四名船員中有十一人的右手少了食指，就像其他許多人一樣，他們切斷了自己的「扳機指」，以避免被強制徵入穆罕默德·阿里的軍隊。他如此概括這個國家的境況：埃及是一個由「衣衫潔淨者」欺凌「衣衫襤褸者」的國家。

福樓拜的作品與經典的「東方主義」文本相呼應，它們同樣描述了作者詮釋陌生或怪異的事物時，通常都秉持一種看待異國情調式與專斷說教式的心態。毫無疑問地，福樓拜的觀察擁有一些力量，因為他根據法國與埃及之間明顯的差距，將埃及描寫成法國的對立面而引人入勝。對福樓拜而言，法國不僅僅是他在描述埃及時用來做對比的模型或理念。事實上，他在自己的家鄉與知識分子圈隔絕，並大力撻伐當時的許多主流趨勢，尤其是資產階級的生活方式。這種與法國做比較的二元論也在福樓拜對埃及的描述中浮現。因此，單純將他視為「歐洲擴張主義的一顆棋子或一種追求——即使只是隱而不顯地追求、全面控制知識分子」的鮮明例證，是不合宜也不合理的。

當然，他秉持尊重地探討自己對埃及妓女與男娼的看法，和埃及人打交道時，也了解特權是如何建立在權力之上。回想起來，他所使用的詞彙與論點似乎已不合時宜、有辱人格，帶有種族主義。然而，福樓拜對這個尼羅河國家的熱情似乎是真誠的，甚至是狂熱的，即使這不過是出於對他所憎恨的祖國所做的對比幻想。最後，他終於寫道，如今埃及的神廟已讓我徹底看膩了。

歐洲困擾著福樓拜，他試圖擺脫法國資產階級的愚蠢行為，但以失敗告終。在埃及，他致力於尋找在法國無法找到，但他相當渴望的事物。因此，令他著迷的與其說是埃及本身，不如說是他對埃及的看法，以及他在自己的生涯大作中試圖賦予埃及的意義。

而在約二十年之後，亨里克．易卜生則踏上了一段截然不同的旅程。易卜生，這位對歐洲現代化崛起的資產階級之生活提出敏銳分析的人，與國王、皇后及其他政要一同遊歷埃及。一八六九年十一月十七日，他參加了慶祝蘇伊士運河開通的官方贊助旅行。在此之前的同年夏天，易卜生先訪問了瑞典，並在那裡被譽為斯堪地那維亞半島最重要的作家。他在當時結識了瑞典及挪威聯合王國的國王卡爾十五世（King Carl XV），國王詢問易卜生是否願意在同年秋天擔任挪威—瑞典的代表參加運河開通典禮，而這位詩人答應了。

他就這麼來了！運河的開通典禮是一場傾全國之力舉辦、為期一個月的派對。上千名外賓應邀前來，參加了由埃及赫迪夫資助的免費旅行、遠足和晚宴。多數的易卜生傳記作者都認為，這次旅行讓他留下了深刻的印象，其中，堪稱挪威文學史上最著名的民族史詩《培爾．金特》（*Peer Gynt*）除了敘述世上許多地方，也花了很長的篇幅描述這塊尼羅河流經的大地。

事實上，早在踏足當地之前，易卜生就對埃及的歷史地位深深著迷。他為了慶祝一八五五年的挪威國慶日——這個時間剛好是古斯塔夫．福樓拜在亞歷山卓下船、英國上流社會兼護士佛蘿倫絲．南丁格爾（Florence Nightingale）乘船沿尼羅河逆流而上，並寄了幾封文情並茂的家書給她母親的六年之後，易卜生寫了一首關於自由的詩。

在這首詩中，埃及被描繪成一個發展停滯、缺乏自由的社會，也就是將之視為挪威的對立面。易卜生把如今依然佇立於埃及盧克索的門農（Memnon）巨像描述成「東方大地上的偽神偶像」，對他而言這是一個精準的隱喻，代表了自由需要起而行，而不是坐而談。因為這位一動也不動的國王：

毫無靈魂地凝視著東方的天明。
年復一年地佇立原地，沉悶地做夢。[41]

四年後，易卜生以埃及的歷史寫了一首諷刺詩，用來反駁一位主張挪威劇作應該以丹麥語演出的作家。易卜生認為，這位同行堅持「新挪威」應該採用前挪威統治者的語言之主張是陳朽的，因為兩國之間所發生的種種，早已將之否定。為了加強反駁力道，易卜生把對方過時的主張與他能想到最僵化的保守文化——埃及，相比擬。「木乃伊化的屍體」驕傲地躺在「石化的裹屍布中」，而且「完全忘記了陽光的愛撫」。正因為如此：「它的唇邊泛起一絲苦笑，頑固地嘲笑時代——只因為時代不是靜止的。」

當時易卜生尚未造訪尼羅河，因此，他選擇這種普遍受到歐洲觀點影響的隱喻，並將其作為一種證明事實的解釋，是情有可原的。或許，德國哲學家格奧爾格・威廉・弗里德里希・黑格爾（Georg Wilhelm Friedrich Hegel）也在這種脈絡下啟發了他，這位哲學家也因在藝術與哲學史中濫用古埃及宗教和藝術符號而惡名昭彰；然而，事實證明，易卜生創作靈感來源的實際情況複雜得多。例如在《培爾・金特》中，易卜生如此描述培爾對人面獅身像的印象：「但這個怪異至極的雜種、這個低能兒，這個獅子與女人的合體。」[42]儘管如此，培爾也記得「那個傢伙！為什麼，當然是被我打中頭顱的勃格（Boyg，編注：斯堪地那維亞民間傳說中的侏儒類生物）。」這裡的人面獅身像並不代表僵化的埃及，而是代表挪威的童話：勃格與司芬克斯（Sphinx，編注：古埃及獸身人面像的泛稱）說的是德語，且竟然還帶有柏林口音！這個獸身人面像影射的並不是「陌生人」、「多元化」或「僵化」，而是代表歐洲與挪威的某種東西。

在運河開通典禮期間，易卜生代表瑞典國王參加了沿著尼羅河逆流而上的漫長旅行，一路來到位於今天蘇丹邊界的努比亞沙漠；他與其他八十五位賓客及赫迪夫一同進行了這場為期二十四天的探險。易卜生曾計畫出版一篇遊記，但並未實現。然而，在一八七〇年他根據這趟旅程寫了一首篇幅較長的歷史哲學詩，名為《致一位瑞典女士的最後一封信》（*Balloon Letter to a Swedish Lady*），其中，他是如此描述這趟尼羅河旅程：「我們乘坐費魯斯號（Ferus）離開開羅，朝上游全速前進。」[43]途中他看到了門農巨像：「你也知道這座巨大石像——，他曾經唱過一點歌。」同時，一如早他之前和繼他之後的其他遊客，他也看到了盧克索、丹德拉（Dendera）、薩卡拉（Sakkara）、埃德富（Edfu）、亞斯文及菲萊（Philae）。

在《致一位瑞典女士的最後一封信》中，易卜生以一個生與死對立、停滯與成長對立的理想化概念框架，詮釋了世界歷史與文化發展的主要輪廓。他借用埃及、希臘和北歐神話意象來呈現兩種價值之間的衝突，其中，埃及代表的就是死亡與停滯：

> 它，曾是來自北方的一陣狂風
>
> ……
>
> 法老與他的屋宇

同樣被遺忘、埋葬、破散。
人群一度蜂擁而至，
如今已了無生機，一片靜寂；——
深埋於黑暗中，
漫漫千年，
……
儘管依然莊嚴，埃及諸神何在？
成列成行的密碼？
祂們究竟背負著什麼樣的使命？
只是為了，維持不變，
被擦脂抹粉，僵硬，空洞地，
呆坐祭壇火焰旁。

易卜生進一步寫道：

無人感受到生命的緊急召喚，
感受到罪惡的召喚，
即使跌倒也仍得起身。

因此，歷經四千年的一成不變
埃及必須躺平，崩解
如同一具無名屍。

易卜生這首詩旨在透過埃及文化或法老時代的價值觀，來解釋埃及的發展，可以說是埃及人沒有「進取心」或創新的動力，因此步入僵。易卜生的這種看法，符合現代化的十九世紀歐洲對於東方的主流假設，然而，這種在工業化且傲視全球的歐洲框架下所表達該時代文化自信的觀點，忽視了或者可說是自然不會去關心埃及發展的具體障礙，而這個障礙，就是尼羅河。

在許多歐洲人仍住在洞穴內、過著原始狩獵採集生活的同時，這條促進古埃及文明蓬勃發展的尼羅河的水文和地理特徵，卻成了讓埃及工業技術在十九世紀早期變得極其困難，甚至完全無法發展的因素。例如，上掛式水車在歐洲諸國越來越普及，當它為飲食、農業、鋼鐵與紡織工業的生產技術帶來大幅革新的幾個世紀裡，尼羅河急流的坡度和不規則的季節性水流動態，通常無法用來驅動上掛式水車。在埃及，農業和社會的經濟結構與活動，依舊從根本上順應了尼羅河在當地的自然流動。換言之，造成這種保守主義的原因不僅僅是易卜生及其身邊的許多人，包括埃及精英階層所歸咎的「埃及人心態」，也必須考慮到埃及人未曾、也無從利用尼羅河作為能源所需的技術發展。此外，在埃及除了幾乎扁平的尼羅河之外，根本沒有其他河流或溪流可供運用。

在他對埃及的描述中，一如在他的所有作品裡，易卜生關注的是心態、思考模式和習俗。他的歷史觀點並不以地理脈絡或結構為中心，儘管他生於挪威的希恩（Skien），這座城市的歷史影響了易卜生對歷史變遷與發展條件的含蓄看法之局限性。

希恩在十九世紀融入歐洲的現代經濟，因為來自泰勒馬克（Telemark）大森林的原木可以利用流經城區的希恩河（River Skien）順流而下，並以水力驅動框鋸、水磨坊及其他水力工業；這項優勢加上其他原因及背景，逐漸培養出一種都市化、商業化、現代化的心態。但易卜生忽略了歐洲部分地區與埃及迥異的水利條件，這會造成迥異的選擇，因而最終還是將社會差異歸咎於居民的心態差異，而這種態度在急速現代化的時代，相當常見。

一如維克多．雨果在拿破崙的埃及遠征以失敗告終後宣稱「我們都是東方主義者」，隨著福樓拜與易卜生等歐洲作家於一八〇〇年代後期造訪埃及，歐洲對該地區的了解肯定會增加，不過，對當地歷史的了解，仍被歐洲與埃及的權力關係和多數旅行者慣有的思維所局限。到頭來，儘管愛德華．薩依德的分析如我所說的過於籠統，卻還是能看清楚歐洲思想史中的一個重要面向。

持股與占領

一八八二年，大約在拿破崙遠征埃及的九十年後，英國進軍尼羅河三角洲的時機終於到來。英國政府已做出決定：要完全掌控蘇伊士運河。而這個決策讓奪取埃及政權變得順理成章，這場占領行動是為了確保投資埃及，尤其是投資運河的歐洲資本家們能把錢賺回來。雖然很快就能看出實際上英國是企圖透過掌控這條「通往宛如帝國冠上明珠的印度，以及即將成為英國內海的印度洋」的最新、最有效的航道，以永久鞏固大英帝國的戰略利益。然而，第二個動機因為政治與外交理由被淡化了。至於對埃及而言，則是使自身再度被外來入侵者所征服，雖然這回的征服僅持續幾十年，不過，相對於短壽的尼羅河帝國，英國對尼羅河本身、人與河之間的關係都產生了徹底且革命性的長遠影響。

一八八一年，生於埃及的軍官艾哈邁德・奧拉比上校（Ahmed 'Urabi）領導了一場反抗鄂圖曼帝國（埃及名義上仍由伊斯坦堡統治）的判亂，也因此，等同反對了應政府邀請前來的英法在當地的經濟利益。該國實質上仍由赫迪夫和穆罕默德・阿里的阿爾巴尼亞家族所統治。奧拉比的民族主義叛亂的直接背景，是抗議鄂圖曼軍方縮編埃及士兵的撙節措施，然而不僅如此，奧拉比又藉由與所有反對西方影響的傳統民族主義和宗教力量結盟，進一步擴大政治勢力。

當年輕的新任赫迪夫，亦即伊斯梅爾的兒子穆罕默德・陶菲克（Muhammed Tewfik）接受了奧拉比的眾多要求時，歐洲主要大國無法再坐視事態繼續發展，決定進行干預幫助這位羸弱的赫迪夫。因為他們擔心會失去對蘇伊士運河的控制權，也擔心對運河和整個埃及的龐大投資可能付諸流水。穆罕默德・阿里與他的家族以埃及現代化的先驅自居，利用向歐洲銀行貸款得來的巨額資金雇用了許多歐洲人，為此，整個十九世紀赫迪夫與全埃及的債務持續增加，而唯有在這種脈絡中，才能理解伊斯梅爾為何將他在蘇伊士運河公司的持股，以幾近於零的價格售予英國。

以羅斯柴德家族為首的歐洲金融家族，越來越擔心他們財產的命運；英法兩國在埃及擁有龐大的經濟利益，以致為此成立了一個由歐洲國家所領導的委員會，目標是監督埃及的財政，並制定出一套幫助埃及履行其義務的經濟政策。

這兩國可說是建立了世界銀行一九九〇年代制約條件資助政策的早期版本，只是與現今的相比更直接、更羞辱。法國與英國都同意一件事情，就是埃及必須償還所有債務。然而，歐洲國家表面上看似團結一致，私底下仍為在該地拓展權力與影響力激烈競爭。一八八二年五月，在陶菲克帕夏請求外援協助鎮壓奧拉比的叛亂後，英法聯軍的艦隊便駛進亞歷山卓，進行武力威嚇。

六月，亞歷山卓發生暴動，約有五十名歐洲人遭到暴徒攻擊致死，導致反對奧拉比的情緒在英國高漲。奧拉比試圖阻止暴動，擔心做得太過火可能招來負面後果。七月，英國要求奧拉比拆除亞歷山卓的防禦工事，否則將砲轟這座城市。不過此時法國決定撤出自己的船艦，使得英法聯軍就此宣告瓦解。由於奧拉比拒絕讓步，於是英國便如同在近一個世紀前對丹麥首都哥本哈根也做過的事情一樣，以砲擊將整座城化為火海。七月十五日，英軍部隊登陸，奧拉比和他的軍隊撤退好重新組織軍事抵抗。

這場戰役之後，時任英國首相威廉・格萊斯頓（William Gladstone）在下議院發表演說，感嘆英國致力於恢復埃及的法律與秩序，卻沒能獲得歐洲諸國更多的支持；但其實無論有沒有其他歐洲強國願意合作，倫敦早已做好單獨行動的準備。一個在英國影響下維持安定的埃及，對於大英帝國整體利益和掌握蘇伊士運河，是不可或缺的。當時格萊斯頓總理沒有言及，但後來的歷史學家發現他本人持有運河公司的股份，也靠著這場自己所力主的戰爭大發利市。

倫敦派遣了一支一萬三千多人的部隊，由英國軍官所指揮，但實際上許多士兵是從印度招募而來。他們在亞歷山卓上岸，向一支由兩萬名埃及人組成的軍隊發動攻擊，憑著先進武器與組織優勢輕鬆取勝。接著英國人一路向開羅推進，但奧拉比決心阻止他們：以尼羅河當武器。

埃及人以尼羅河為武器

現代旅行的特徵，就是每個地方都已被詳盡記錄：在旅途中應該看些什麼、想些什麼，都由旅遊指南為你決定，遊客們越來越遵循一種權威性的熱情與劇本。於是，到了埃及的尼羅河沿岸，當然也不例外地想看看當地文化景觀中的神廟、金字塔、墓室及雕像。這些地方被提及的時間，以及出現在遊記中的次數，比地球上任何地方都要長得多、多得多。

然而就我所知，尼羅河三角洲的「泰勒凱比爾」（Tel el-Kebir）並沒有出現在任何旅遊指南中，儘管它在尼羅河的歷史上有著重要的意義。一八八二年九月三十日，在此發生了一場決定性的戰鬥：埃及民族主義者與來犯的英軍展開了一場水戰爭，或許，也可以說是一場發生在尼羅河流域的水上小衝突。

艾哈邁德．奧拉比上校將泰勒凱比爾定為抵禦英國侵略者的理想地點。他所制定的戰略是，讓士兵在與鐵路平行的運河上築壩，藉以切斷占領軍及蘇伊士運河上的伊斯梅利亞的供水，期望能以控制水源作為武器，痛擊英國人。

水上戰爭（Aquatic warfare）在一些國家有著悠久的傳統，尤其是中國。數世紀以來，探討以水抗敵的戰爭藝術的著作可說是汗牛充棟，也留下不少軍閥以水溺斃敵軍，或迫使對手在乾渴中屈服的案例[44]。相較之下，埃及並沒有類似傳統，但還是有少數相近例子，比如西元前五十年，當凱撒在現今亞歷山卓拉姆拉車站（Ramleh Station）附近醫院山（Hospital Hill）上的大劇院（The Great Theater）一帶紮營防禦時，就面臨過此種威脅。當地人試圖破壞部隊賴以維生的深掘淡水井，來對抗羅馬入侵者；這些淡水井是從地下運河中汲取尼羅河水，再將海水引入井中。《亞歷山卓戰記》（*The Alexandrian Wars*，儘管存疑，不過據傳本書由凱撒所著）中就有軍隊遭逢飲水問題的敘述：「井水遭到汙染，他們擔心是被下了毒[45]。」為此，羅馬人的解決方案就是把井挖得更深，直通地下水位。

由此可見，埃及歷史中的確不乏早於一八八二年的水戰爭實例。此外，我們也知道哈里發曼蘇爾在七六七年，就曾關閉連結尼羅河與紅海的運河，試圖餓死麥地那的叛軍；而這是尼羅河三角洲對伊斯蘭哈里發王國鞏固權力是何等重要的間接證明。另外，在與十字軍的戰爭中，三角洲的水道被證明是對抗逆流而上的敵軍的戰略武器，例如，英國的史學家克里斯托夫・泰爾曼（Christopher J. Tyerman）在《神的戰爭》（*God's War*）中就曾提及，埃及人於一二六三年九月在比耳貝斯（Bilbeis）附近刻意決堤，成功禦敵。事實上，一七〇〇年代末期，儘管規模不大，水也被用來當作對付拿破崙軍隊的武器。達曼胡爾（Damanhur）的埃米爾（Emir，編注：某些伊斯蘭國家的統帥稱號）與當時法軍在亞歷山卓的指揮官讓—巴蒂斯特・克雷貝達成了一項協議：以他支付前任官員的相同價格向該市供水。然而，一個名叫吉塔池（Birkat Gittas）的偏僻鄉村與其他當地領導人結盟，關閉了運河，藉以打擊法國人。為此，克雷貝的回應是派出六百名士兵到該村，並下令將每個遭殺的人的首級都插在樁上，讓路過的人們看。隨後克雷貝又在尼羅河上下游分發小冊子，警告大家若效仿該村就會有同樣的下場，而最終這個恐怖的策略奏效了。

回到一八八二年的戰事。奧拉比計畫以一種更有效、更大規模的方式攻打這場水戰爭，藉此對抗迄今全世界最強大的軍隊。他原本計畫在泰勒凱比爾與英軍決一死戰，然而，由於英國人在夜間能以星座定位行軍，從而製造了數次閃電般的突襲。英國步兵與騎兵打贏了每一場戰鬥，到了破曉時分，英國人距離埃及部隊已不到一百四十公尺，射擊旋即展開。還沒來得及測試水武器是否有效，奧拉比的叛亂就被弭平了。

通往開羅的路，就此對英軍敞開。

在歷史、河流與海洋的交叉點上

錯誤解讀現在，是對過去缺乏了解的不可避免的結果；反之，花時間了解過去卻對現在毫不關心，則可能很有趣，但對我而言不過是浪費時間。歷史學家最大的強項與貢獻，應該是在歷史脈絡中詮釋什麼是活的、當代的。因此，這種意義上的歷史學家不會眷戀過去，不會單單尋找「推動歷史的主要因素」，而是帶著歷史的意識活在當下。有了這種既理解過去、也理解現在的觀點，就可能將自己從歷史的「盲點」中解放出來。唯有如此，所進行的研究、提出的命題才可能不為當今的趨勢與影響所左右。

尼羅河三角洲的歷史，以嶄新的面貌出現在被視為其現代特徵的烏雲籠罩下，而如今它的樣貌，在我所描繪的歷史背景襯托下顯得越來越清晰。我站在亞歷山卓最偉大的古代紀念碑龐貝柱（Pompey's Pillar）下，它矗立在古老的塞拉皮斯神廟（Serapis Temple），它位於市中心西南方的廢墟中。柱子由紅色亞斯文花崗岩雕製而成，高近二十七公尺，周長九公尺；誰是它的建造者，眾說紛紜，但最可能是曾血腥迫害基督徒的羅馬皇帝戴克里先。在柱子附近，可以看到古代水位計的遺跡，這是古埃及人、羅馬人與後來的伊斯蘭埃及共通的理性主義，以及參與自然運作的眾多例子之一。如今，這個觀測尼羅河水流量的標尺與宏偉的石柱都被隱藏在舊城牆的廢墟中，象徵著這座城市、三角洲與這條構成兩者基礎的河流持續變化的關係。

亞歷山卓一直處於歷史、河流與海洋的交叉點，而且，它之所以重要，是因為它處於自上一個冰河期以來持續上升的海平面之間脆弱且多變的交匯點。尼羅河規律但多變的特徵，以及國家領導者水資源政策的改變，使得三角洲也經歷了許多階段的變化。

希羅多德筆下的三角洲，是一個數千年來歷經巨大生態變化的地方，有些是出於尼羅河本身的自然變化，有些則是出於法老試圖駕馭河流的政策。凱撒與克麗奧帕特航行過的三角洲、拿破崙的士兵遊蕩過的三角洲、易卜生與福樓拜看到的三角洲，都與如今坐擁超過五千萬人口的三角洲不同。它的現況令人擔憂，聯合國政府間氣候變化專門委員會（Intergovernmental Panel on Climate Change）警告，三角洲是全球最脆弱的地區之一。依目前趨勢，區域內三分之一的地區將在短短數十年內消失。最戲劇性的預測主張：到了二〇五〇年，地中海的海平面將上升近一公尺。由於尼羅河上各水壩的位置較接近上游，而水壩的阻攔導致流進大海的淤泥較少，為此，三角洲將有一大部分會下沉（然而，由於某些地區發生東西向的地質隆起，這將抵消整體趨勢）。或許，這些預言只是誇張的危言聳聽，但毫無疑問的，河流與海洋之間的關係已經出現變化，而且沒有人知道這些變化將會造成什麼樣的結果。

又一次，三角洲因位處河流與海洋交匯處的位置，並從根本上受「人類馴服河流的意圖」所影響。五千年來，這條河的結構與功能由大自然所主宰，但自十九世紀中葉開始至今，埃及各政權對尼羅河三角洲施加了越來越大的影響。尤其關鍵的，如同我們將看到從英國占領三角洲後，以及埃及人出於許多實用目的，在一九七〇年代把尼羅河改造成一條人工運河的一連串發展。

在埃及的尼羅河被完全馴服之前，這條河一千年來一直在抵消海洋對三角洲所造成的侵蝕與下沉：即便風暴浪與海浪持續侵蝕著海岸線，它每年仍帶來近兩億噸泥土或沉積物，但直到最近，它們遇到了一種反作用力：夾帶大量沉積物的尼羅河水。亞斯文水壩在一夕之間改變了「淤泥」與「海洋」間的自然角力，直到近幾十年，大家才開始對這種歷史性的轉變有感。[46]

三角洲、河流與海洋之間的關係進入了一種新的失衡狀態，而生活於當地的埃及人，或許會成為一場規模龐大的水資源管理所造成的慢性災害的真正受害者。

〖3〗

走向卡納克與尼羅河瀑布

一座由阿拉伯人建立、英國人所占領的城市

站在格吉拉島（**Gezira Island**）上的開羅塔（**Cairo Tower**）塔頂俯瞰，就是介紹開羅這座城市及其歷史地理學最好的方式。從這裡，你可以看見一排又一排灰色的高大建築，彷彿相互倚靠似的密密麻麻地擠在一起，而黑色的窗戶看起來則活像沙色立面上的小洞；橫跨尼羅河的幾座橋梁連結著兩岸，通常橋上車輛都塞得動彈不得。從塔上能清楚看到這座城市是如何蜷縮在河的兩岸，東西兩面為沙漠所包夾。當你意識到房屋的密度之高擠到摩肩擦踵、當你看到汽車在橫跨尼羅河以南與開羅塔以北的許多橋梁上塞得水洩不通時，就完全能相信這座城市的晝間人口高達兩千萬。

這條河自南部的中非一路向北流進市內，流經羅達島南端及該地的水位計，在橋下緩緩流向你所身處的位置，再向北朝地中海方向流出城區，彷彿就此結束它的地理與傳記的一章，朝著地中海與三角洲流去。在東南部，默卡塔姆山（**Mokattam Hills**）和古堡幾乎與河流平行地聳立著，它不僅是埃及蘇丹薩拉丁（**Salah al-Din**或**Saladin**）輝煌歲月的紀念碑，如今，依然如這座城市的守護者般繼續主宰著開羅的天際線。距離河岸僅幾公里處，沙漠山脈在地平線上清晰可見；向西可以望見薩卡拉（**Saqqara**）與吉薩（**Giza**），在晴朗的日子裡，還能看見金字塔。

沒什麼比金字塔更能激發作家靈感，且更常在遊子家書中被提及。它們的建造始於約西元前二六五〇年的第三王朝時期，法老古夫（**Khufu**，約西元前二五八五至前二五六〇年）建造了所有金字塔中最大的一座，亦即古夫金字塔，在歐洲被稱為「基奧普斯金字塔」（**Cheops Pyramid**），其子卡夫拉（**Khafre**，約西元前二五五五至前二五三二年）則建造了第二大的金字塔（畢竟不能建得比先父的更大）。古羅馬作家

老普林尼（Pliny the Elder）是少數對它們沒有好感的人之一，他認為「金字塔是世界史上最嚴重的浪費、統治者狂妄自大的象徵」。他如此評價金字塔：「我們還是得粗略地談談埃及的金字塔，瞧瞧某國君王以何其無益且輕浮的方式，揮霍他們的資源。」[1]

欣賞金字塔這類廣受讚譽的奇蹟時，將它們當成藝術或期望而非現實來體會，將來得容易許多。歷史記述者的感知與藝術家的觀點，都會把對他們來說無趣或無關緊要的內容加以省略、濃縮和編輯；兩者都把注意力或情感集中在金字塔的重要特質或歷史上的關鍵時刻，讓參觀金字塔之行的感受皆是一致與清晰的，縱使現實中遊客在金字塔前可能會面臨一些干擾，例如，這裡熱得讓人腳底發癢，或是一個不請自來的嚮導突然從岩石或裝飾浮誇的駱駝後方冒出來，面帶微笑地說只要一點費用就能帶你去一些「非常特別的地方」。然而，即使面對上述這些干擾，從古至今對金字塔的描述都是驚人地相似：多數人所注意到的，都是它們超凡的大小和亙古的耐久性。從遠處看，它們的不朽清楚反映出統治者為追求永生，於是為自己豎立紀念碑的冷血無情。

這座尼羅河畔城市的誕生，始於阿拉伯占領軍指揮官在河面東岸的福斯塔特（Fustat）紮營，此處後來成為開羅的郊區。關於這裡的一個早期說法，是說首席軍事指揮官阿慕爾．賓．阿斯原先是希望以亞歷山卓為首都，但被哈里發歐瑪爾所阻止。歐瑪爾認為任何首都與麥地那之間都不該有水分隔，而亞歷山卓東方就有條尼羅河。因此，阿慕爾於六四二年與拜占庭軍交戰後，便在福斯塔特紮營，成為埃及阿拉伯化之後的第一個首都。數世紀之後，福斯塔特因對十字軍發動焦土作戰被燒毀，後來，開羅又從薩拉丁下令在河東岸建造的城堡內開始向外發展。

如今，仍然矗立於默卡塔姆山上的城堡，見證了這座城市的許多關鍵時刻，但其結構也點出了這條河對這座城市的重要性，以及埃及各宗教間的關係。城堡由薩拉丁下令建造，僱用了兩名科普特基督徒建築師來建造城堡和城牆。由基督徒手中奪取聖城的領袖命令基督徒建築師，建造一堵保護城市不受十字軍入侵為目的的城牆；環繞城堡的牆從尼羅河兩岸延伸半圈再繞回來。如今尼羅河東岸因城市擴張而有所改變，當年的樣貌唯有靠史料輔助才能想像，然而，如果通往河流的路未受保護，城堡便毫無用處。

從南方流進開羅的除了河水之外，還有來自衣索比亞山區可充當肥料的淤泥；此外，黃金與象牙也依循同樣的路徑流入，沿著尼羅河南下進行探險在某些時期非常重要，如此，才能俘虜奴隸並將他們帶到北方。尤其在穆罕默德·阿里占領蘇丹後，成千上萬的奴隸被大商隊運往埃及。當時，從高加索地區獲得白人奴隸的管道，隨著俄羅斯向該地區擴張而斷絕，導致從非洲獲得奴隸的需求越來越大。奴隸市場在一八〇〇年代上半葉是旅遊的目的，但在該世紀中葉關閉，這意味著此後的奴隸貿易變得更加謹慎。一八三一年，麥可·羅素牧師（Pastor Michael Russell）在開羅目睹奴隸市場後寫道：「被帶到埃及出售的衣索比亞女性，雖然是黑人，但長得相當美麗；她們的五官極為工整，眼神充滿如火的熱情；許多人是被當地的法國人所購買。[2]」精英階層不需要奴隸從事農耕，因為沒有人比勤奮的埃及農民更能創造剩餘價值，但在家庭中，奴隸則被視為必須，一部分是從事勞力，另一部分則是一夫多妻制和納妾需求。此外，由於國家領導人要求士兵忠於現任統治者，科普特人便在這種制度裡發展出自己的特長：他們非常擅長將奴隸變成太監。手術有兩種選項：切除陰莖或切除睪丸[3]，而由於死亡率高，太監的價位遠高於其他奴隸。

開羅的位置具有戰略意義，這座城市不僅在政治上，在軍事上也控制著三角洲的入口，同時，一如位於現今開羅城外的遠古法老時期首都孟菲斯（Memphis），它也是控制上埃及的有利跳板；開羅終將發展成非洲和中東地區最重要的城市。

偉大的阿拉伯旅行者伊本·巴圖塔（Ibn Battuta）在一三二六年對開羅的記述中，提到這座城市與河流的共存，他寫道：

> 據說開羅有一萬二千名以駱駝運水的運水工、三萬騾驢雇工；尼羅河上有三萬六千艘屬於蘇丹及其臣民的船隻，這些船溯河而上可達上埃及，溯河而下則可達亞歷山卓及丹米艾塔（Damietta），船上滿載貨物及各種利潤豐厚的商品。[4]

正如巴圖塔繼續說的：「尼羅河上的旅行者不需要隨身攜帶糧食，因為隨時都可以靠岸沐浴、祈禱、補給等。從亞歷山卓到開羅、從開羅到上埃及的亞斯文，沿途的市集接連不斷。[5]」

在開羅的伊本·赫勒敦廣場（Ibn Khaldun Square），矗立著「伊本·赫勒敦」這位阿拉伯世界最著名的歷史學家的雕像，他於一三八二年造訪開羅，比伊本·巴圖塔晚了大約六十年。伊本·赫勒敦將這座城市譽為「萬城之母」；由於他還將開羅譽為「宇宙大都會」或「在城內博學學者的月亮星辰照耀下的世界果園」[6]，如此看來，這裡會為他立像也不足為奇。

只要參考這座城市的古老地圖，從開羅塔上也能清楚看到開羅如何逐漸擺脫尼羅河專制、跋扈的力量。開羅最著名的地圖之一，是由威尼斯製圖師兼印刷術師馬特奧·帕加諾（Mateo Pagano）於一五〇〇年代所繪製。在閱讀了法國東方學家紀堯姆·波斯特（Guillaume Postel）於一五四九年出版的《記述》（*Description*）後，帕加諾繪製了一張極其詳細精確，也是史上第一張的開羅地圖；但實際上他本人從未踏足過這座城市[7]，帕加諾是以想像力繪製了這張鳥瞰地圖。當我站在這裡用我的佳能相機拍攝無數銳利的全景照時，我深感技術的進步，對於我們這些沒有威尼斯製圖師般才幹的人而言，真是一大幸事。

如今，這座開羅塔傲然矗立的格吉拉島，在一八〇〇年代中期以前，由於尼羅河的年度氾濫成災而無法居住。不過，開通蘇伊士運河的伊斯梅爾赫迪夫帶領工程師來到這裡，計畫將開羅改造成中東的巴黎；他們鞏固河岸，而他的開羅宮殿也在運河開通的一八六九年落成。宮殿周圍有網羅自全球各地的奇花異草的巨大公園，赫迪夫家族成員可以在園內狩獵，在步道上度過一個下午，或打打馬球，而以上這一切的設計，均出自法國景觀設計師德·拉·謝瓦萊利（De la Chevalerie）之手。最初，這座公園占地約兩百英畝，如今雲集的酒店和體育俱樂部，已很難讓人看出這片綠地曾是統治階層在尼羅河上複製歐洲的早期典範。

由上俯瞰，更能清楚看出開羅對於尼羅河的依賴程度，這使這座城市的局限變得顯而易見：每座公園都得從尼羅河搶水、每天在城內行駛的五百多萬輛汽車都得用尼羅河水清洗、約兩千萬居民每天洗澡用的都是尼羅河水。開羅塔正下方的足球場，以及在北面外圍馬場中疾馳的馬匹與騎手，全都得仰賴尼羅河水維生。由此可見，若沒有從非洲內陸流到這裡的河水，開羅就不會存在。

如今大家對開羅的未來充滿悲觀的預測，但從歷史中總能找到慰藉。源自本地的鳳凰神話相傳，每隔五百年，這隻長著奇幻羽毛的知名鳥兒，就會飛回開羅東北方約八公里處的赫利奧波利斯〔Heliopolis，在聖經中稱作昂（On）〕，降落在太陽神殿燃燒的祭壇上，以便從自己燒成的灰燼中重生，而這就是每年經歷洪水後，又會從沙漠中重生的埃及最直接的比喻。

無用武之地的尼羅河水位計

在羅達島最南端（從開羅塔上便能輕易望見）、距離吉薩金字塔群（Giza pyramids）車程不遠處，矗立著一座有棕色圓錐屋頂的建築物；這是任何想了解埃及與開羅的人都不可錯過的景點：洪水屋（The House of Inundation）。

每次我都是隻身造訪：「管理員你好，你在嗎？」他現身，彎腰，打開房門，屋內一片漆黑；接著他一開燈，一座異常和諧迷人的房間立刻映入眼簾。一道寬闊的大理石階梯，沿著牆壁盤旋而上，而建築物中間有一根巨大的石柱。我們正置身在埃及眾多水位計之一，同時也是最美麗的一座水位計的內部；它在一代又一代的埃及人生活中占有重要地位（西元前二十五世紀的巴勒莫石碑（Palermo Stone）上，清楚刻有與尼羅河洪水相關的銘文），然而如今，羅達島上這座水位計也與其他的一樣，失去了意義。英國的尼羅河政策所導入的技術，讓水位計變得不再有用武之地，也因此，尼羅河水位計當前的重要性，正好出於它的不再重要了，而這一個關鍵的轉變，突顯了埃及與尼羅之間的關係，在上個世紀所經歷的根本性變革。

羅達島上的尼羅河水位計，是西元八六一年由阿拔斯哈里發王朝穆塔瓦基（al-Mutawakkil）所下令建造，然而水位計很可能是從法老時代以來就一直矗立在此。早在很久以前，古埃及就有特殊的水資源管理機構：per mu，其職責之一就是測量洪水高度並試著估算出洪峰，如此一來，可以幫助預測收成結果，以及該採取哪些控制措施；但其中最重要的，是可以決定該向農民徵多少稅。因此，除了洪水屋內的這座之外，他們還沿著尼羅河岸設置了許多水位計。石柱上刻有成排的刻度，如果水位到達的刻度太低，就會知道那年將會有糧食短缺與饑荒；若水位超過二十五個刻度且氾濫時間過長，則會損毀該年的莊稼[8]。所以，地方統治者會僱人四處通報水位計到達的刻度。

在十六世紀時，尼羅河洪水測量的歷史意義和相關知識，在歐洲已廣為人知，甚至在莎士比亞劇作筆下，於西元前四十年繼凱撒之後統治埃及的羅馬軍事指揮官馬克．安東尼（Marcus Antonius）都說：

> 他們都是這樣的，閣下。
> 他們以金字塔為標準，
> 測量尼羅河水位的高低，
> 由此判斷該年的豐歉。
> 尼羅河的河水越是高漲，收成越有把握；
> 潮水退落後，農夫就可以在爛泥上播種，
> 不多幾時就結實了[9]。

由於埃及的經濟和稅收僅取決於尼羅河氾濫程度的單一因素，因此幾乎沒有其他經濟與社會活動可以和測量尼羅河流量一樣，如此有規律且長久地進行；這些水位計承擔了測量埃及尼羅河流的流量。不僅如此，在近年水利和氣候不穩定的時代，水位計所收集的數據又被賦予了嶄新的意義，這些記錄就是全球氣候史的起源。

除此之外，埃及人大約也在五千年前發展出史上最早的曆法之一。這套曆法的基本依據，就是尼羅河

的水文，以及它對社會的功用[10]，而其中，最重要的功用就是讓埃及人知道洪水將於何時來臨。基於同樣的理由，他們放棄了陰曆，發展出一套把一年分成三百六十五天的陽曆（儒略曆的前身），同時也發現每年尼羅河氾濫前幾天，於日出前就能看到犬星，也就是天狼星。由此可見，尼羅河農務工作的節奏和國家稅收的重要性，加上其水文特性的可靠性，就是埃及之所以能發展並重用陽曆的基本條件。

當英國人在政治上控制了尼羅河流域，並開始以水壩、水利工程來駕馭尼羅河時，河水流量的測量變得更重要，也更科學。而古老的尼羅河水位計，就在社會與河流之間的關係發生變化後，失去了用途。

保守的殖民主義者成為革命先鋒

英國人在一八八二年砲轟亞歷山卓、揮軍三角洲，控制了名義上仍屬於鄂圖曼帝國的埃及，他們知道控制了尼羅河就等於是控制這個國家一切的統治者[11]。而英國人彷彿為了強調他們如今已是這個水力國家的統治者，他們在格吉拉島北部的札馬雷克區（Zamalek）建立總部，距離數十年前伊斯梅爾赫迪夫所建造的公園不遠。他們在這裡聚首、喝茶、喝威士忌、談公事、聊私事。格吉拉體育俱樂部（Gezira Sporting Club）是英國精英階層社交生活的中心，會員們在那裡打高爾夫球、馬球、壁球及網球。

幾乎從這座島上的任何地方都能望見尼羅河，這不斷提醒著大家：埃及是個如假包換被河流控制的國家。數十年前，英國詩人珀西．雪萊（Percy Shelley）就曾以英國人觀點，作了這首詠嘆尼羅河的十四行詩：

在記憶之邦埃及，洪水泛濫，
而這是你的水，尼羅河！你明白：
凡你流經的地方，既有種種災難，
也有爽神之氣；有果實也有毒害[12]。

英國人君臨埃及後，為了鞏固倫敦政權對蘇伊士運河的控制，他們很快便意識到：必須控制尼羅河才能謀求穩定與發展。而要讓這個國家有能力償還積欠歐洲銀行的債務，並使英國從占領中獲得經濟利益，就必須先改善埃及的經濟；在埃及這意味著：農業發展。

於是，倫敦決定追隨穆罕默德．阿里的腳步種植棉花。棉花是利潤最高的出口作物，且栽種它也不會威脅到這個國家的糧食生產，因為棉花的栽種期為夏季，如此到了冬季就可繼續用來種植小麥及其他種類的穀物。此外，同樣重要的是，英國蘭開夏郡（Lancashire）的棉產業正在積極尋找廉價、優質的原料；尤其是在美國內戰（一八六一至一八六五年）之後，埃及在這方面變得更直得注目。因此，這一事實創造了一個令人信服的邏輯：棉花是一種最適合在尼羅河水量最少的夏季栽種的作物，所以解決之道就是增加對尼羅河季節變化的干預，而且規模必須越來越大。就政治層面上而言，這意味著英國人將對尼羅河，甚至後來在軍事上和國界之外，施加越來越多的控制。

分析和闡述過去時，必須先了解幫助維持舊秩序及現狀的結構，以及催生激烈變化、讓新結構得以出現並發展的機制。同時，缺乏主題的歷史研究與只關注個人角色的歷史研究，同樣註定徒然。因此，也有必要了解變革的參與者，亦即那些歷史上真正的先驅是如何思考的。

從一八八三到一九〇七年奉派擔任英國駐開羅總領事的克羅默伯爵埃弗林・巴林（Lord Cromer, the Earl of Baring），實際上是埃及的無冕國王，也被稱為「傀儡大師」。儘管埃及從未正式成為英國的殖民地，但克羅默伯爵所展現的帝國主義和專斷式霸權心態，幾乎無人能比。例如，在他筆下的英國人以及作為英國人的自己：

當前輩們已經在統治其他地區獲得享譽全球的勝利後，他望向印度，以帝王般的自信自言自語道：我能勝任這份職務，因為我以前就做過；我在孟加拉與馬德拉斯庇佑了無數印度農民（ryot），埃及小農（fellaheen）就有如他們的兄弟；他們的田地也將有水源，法庭上也將有正義，還擺脫了長年折磨他們的暴政壓迫[13]。

另外，很少有人比克羅默伯爵更有活力。作為埃及實質上的統治者，他的第一步是從印度召回一些英國水利專家。克羅默曾擔任印度財政委員，親身體會過人工灌溉如何在熱帶地區充足獲利的本事。他堅信，英國的利益與埃及人的利益之間沒有真正的衝突。他將自己視為優越、理性文明的代表；的確，他的優勢不言而喻。他認為，埃及人因為受到東方心態箝制而無力自治。

在埃及，他推論控制水資源是讓他所謂的「東方思維」相信「西方邏輯」的卓越，並賦予倫敦統治該國的合法性與權威，這是不可或缺的要素。尼羅河政策不僅能帶來安定，更能確保英國對蘇伊士運河的恆久控制。克羅默伯爵是如此進一步論述埃及與「東方思維」：

事實上，缺乏精確性會容易退化為不誠實，就是東方思維的主要特徵。……另一方面，東方人的思想，如同其景緻如畫的街道，明顯缺乏對稱性。雖然古代阿拉伯人曾在一定程度上掌握了辯證法的科學，但他們的後代在邏輯能力上卻異常匱乏。他們常無法從自己也承認是事實的任何簡單前提中，得出最明顯的結論。……即使是受過高等教育的埃及人，也傾向於認為生活中常見的小事是某些超自然力量干預的結果[14]。

英國統治埃及的核心就是控制尼羅河。事實上，它在許多方面都是個水利治國的帝國主義政權。在頭幾十年裡，它的有效性源於克羅默所代表的偏執傲慢之自信與思潮。克羅默伯爵的統治手腕無可爭議，他寄往倫敦的所有報告與信件都證明了他對尼羅河的水文、技術特性，以及所面臨的挑戰瞭若指掌。水利規畫者是他最親密的同事，像是柯林・史考特・蒙克里夫（Colin Scott-Moncrieff）、威廉・威爾考克斯（William Willcocks）與威廉・加斯汀（William Garstin）等人。他賦予水利工程師「自由支配權」，相信投資在灌溉和尼羅河控制上的資金一定是物有所值的。

為此，數十年內，埃及全國大部分地區依然仰賴的流域灌溉水利系統，發生了革命性的變化，它被一個能全年栽種的系統所取代。在整個一八八〇年代到一八九〇年代初期，埃及社會的每個角落、全歐洲，尤其是英國國內的壓力團體，以及極具影響力的棉產業遊說團體，全部都要求增加夏季供水。蘭開夏郡的棉產業正試圖減少對美國棉花的依賴，轉而渴望能從埃及進口物美價廉的棉花。此外，英國銀行對蓬勃發展的埃及經濟也日益感興趣，主要是因為埃及的外債高達一億英鎊，每年光是服務費就高達五百萬英鎊，其中很大一部分流向了英國。而埃及償還英國銀行貸款的能力，在很大程度上取決於棉花出口，以及可供徵稅的農地及農產品。埃及尼羅河在英國受到萬眾矚目的一個令人回味的現象，就是倫敦《泰晤士報》會定期報導尼羅河的流量。事實上，埃及的精英階層要不是從事棉花生產，就是棉花銷售，而大部分土地則為赫迪夫本人所有。因為英國大力推行種植棉花，埃及的生活條件也有所改善，人口在數十年內就增加了一倍，到了一八九七年已高達近一千萬人。這個由穆罕默德・阿里起頭的政策，在克羅默的領導下有了長足的進展。

在如此背景下，可以說保守、專斷，甚至人種歧視性的維多利亞殖民官員，就是這場埃及史上最重要的革命之一的幕後推手。英國人以埃及從未經歷過的速度、程度和方式，改造了這個國家。他們建立了公路、鐵路、學校、甚至大學；女性得以入學，徭役制度（強制勞動）也遭廢除。但相較於所有其他的改革，最重要的是英國徹底改變了埃及人與其命脈間的關係；最主要的象徵就是一九〇二年在亞斯文啟用的第一座水壩。這座水壩，在史上首度透過調整其天然、季節性的規律，改變了這條河流入埃及的方式：耕地面積因此大幅增加、一年三耕變得越來越普遍，數千年不變的埃及農村生活季節性的規律，如今也出現變化。

在格吉拉俱樂部聚首喝茶打馬球的英國官員，雖然洋溢著帝國主義的自信與專斷式的傲慢，但也擁有一流的行政資源及科技治水的能力，就這樣唐突地當上了埃及數千年歷史中最大巨變的領導者。他們的無數決策與謹慎行動是這場革命的基礎，儘管殖民地擴張一開始時也是一股盲動的力量。新帝國主義席捲社會生活與既有的權力結構，不僅具有剷除舊有傳統和生產方式的能力，也能建構新的權力結構、經濟實力與技術能力，以上這些，都讓午後於尼羅河畔打馬球、專注於一些芝麻瑣事的英國行政人員在「檯面下」發揮強大的影響力。

大英帝國主義在統治埃及的最初幾十年內的模式，被證明是一股革命性的力量，它迫使埃及的傳統制度與古老的季節性社會節奏，處在強大的壓力之下。因此，雖然埃及從未正式成為倫敦的殖民地，但在與尼羅河有關的一切事務上，英國人扮演了主人的角色；這意味著，他們對決定埃及命運的關鍵問題握有決策權——他們是尼羅河的統治者，也是埃及實質上的執政者，雖然表面上僅是與埃及政權共同治理尼羅河。

英國統治的兩面手法，以尼羅河威逼利誘

一九一六年，第一次世界大戰期間，埃及成為英國的保護國。雖然戰後的凡爾賽條約談判為歐洲帶來了和平與短暫的政治安定，不過卻促成了尼羅河流域的革命；就像在中國的那樣。一九一九年，受到美國總統伍德羅．威爾遜（Woodrow Wilson）在凡爾賽條約談判中，就國家自決權所提出的言論刺激而爆發的「埃及革命」，以及鄂圖曼帝國的瓦解和相關的暴力衝突，這些都發生得令英國人措手不及，於是倫敦於一九二二年承認了埃及名義上的獨立，不過與此同時，仍持續左右該國的外交政策，確保在蘇伊士建立大型軍事基地的權利，並保留營運運河的責任；換言之，與尼羅河有關的一切依然在英國的掌控之中。

從第一次世界大戰結束到一九二二年的埃及革命與「獨立」，英國的主要路線是：一方面以發展埃及的灌溉系統為利誘，另一方面則以控制埃及尼羅河上游為威逼，打壓埃及民族主義的浪潮。英國在其國內棉產業的支持下，公布了利用尼羅河水在蘇丹建立一座巨大棉花農場的計畫。這項計畫對蘇丹經濟與英國棉產業同樣重要，但它還有個不為人知的外交目的：它是尼羅河博弈的一張牌，目的是威脅埃及服從，誘

使農民從反對倫敦轉而反對民族主義精英。換句話說，英國人希望農民們在自己的小小農地缺水時怪罪民族主義者而不是倫敦；然而這策略最後以失敗告終。

一如預期，埃及民族主義者以最強烈的措辭譴責這個計畫，並指責英國人打算「關上水龍頭」；這些民族主義者呼籲群眾向倫敦爭取更多的自主權，並在一九二四年暗殺了當時在開羅街頭駕車的英國蘇丹總督李・斯塔克爵士（Sir Lee Stack）。斯塔克遇害後，駐埃及與蘇丹的英國人以他們認為最有效的武器之一——尼羅河，作出反擊；這種水文外交或水利外交背後的邏輯是：對埃及來說，沒有什麼是比失去尼羅河更具有威脅性。

不過，發生在一九二四年，所謂的「艾倫比最後通牒」（Allenby ultimatum），對埃及群眾並沒有發揮預期的威力。時任英國埃及總督的艾倫比子爵（Lord Allenby）與倫敦主張，作為暗殺李・斯塔克爵士的懲罰，英方決定撕毀先前與埃及針對蘇丹可以使用多少尼羅河水所達成的協議。然而，這個最後通牒反而激起了益發強烈的民族主義與反英怒潮。民族主義者把握機會，主張這證明了英國的真正意圖：他們以埃及尼羅河水的保證者自居的同時，一旦利益受到威脅，就準備將這條河作為對付埃及人的武器。

到了一九二〇年代末期，英國決定對埃及採取不同的水利外交策略。當事情涉及埃及輿論、該國的精英階層、尼羅河以及倫敦對尼羅河的控制時，便改採利誘而不是威脅的方針，藉此來控制埃及。一九二九年，倫敦代表在東非的諸殖民地與埃及簽訂了影響持續至今的「尼羅河條約」（Nile Agreement）。這份條約一方面承認蘇丹的發展需要更多的水，但另一方面且更重要的，是埃及在尼羅河流域擁有歷史性的權利，而東非領土不需要尼羅河水來進行發展。

條約被寫成兩封信，第一封是埃及部長理事會主席穆罕默德・馬哈茂德・帕夏（Muhammed Mahmoud

Pasha）致英國高級專員勞埃德勳爵（Lord Lloyd）的信，第二封則是高級專員的回信。但最重要的是，該條約實質上賦予了埃及對任何上游水利計畫的否決權。如今，一旦上游有任何工程減少了流入埃及的水量，埃及就有權加以否決；而且一如倫敦向埃及保證的，白尼羅河沿岸的上游國家對尼羅河水毫無興趣，因為它們自己就有充足的雨水。一九二九年的尼羅河協定，可以被解讀成倫敦方面的外交動作，其試圖讓埃及人相信，與英國保持良好友善的關係是符合開羅自己的利益，因為這能保證他們獲得維生所需的水。除此之外，將這個水文合約視為整個尼羅河流域，在英國統治時期剩餘歲月裡的經濟發展基本框架，一點也不誇張。事實上，一九二九年的這項條約比其他任何外交因素更具有決定性，甚至還定義了整條尼羅河水道沿線在後殖民時代的風貌，因此，在後文仍將被反覆提及。

穆斯林兄弟將會「保護尼羅河的源頭」

一九二八年三月，當英國人有意識地滿懷殖民主義式的傲慢，在開羅各地以無數的方式展示他們的價值觀與生活方式（尤其是在他們在最宏偉的酒店舉行的著名晚會中），以及越來越多西方遊客造訪埃及並在當地社會留下印記，且多數埃及精英也認為，唯有在文化與經濟上遵循西方作法，才能使自己的國家進步。「穆斯林兄弟會」在哈桑．班納（Hassan al-Banna）的領導下於埃及誕生，該組織成立於伊斯梅利亞（Ismailia），追隨哈桑．班納的是六名蘇伊士運河公司的工人。

很快地，兄弟會獲得大量追隨者，並發展成一場成員高達數十萬人的草根運動。這個組織從根本上拒絕任何形式的西化，包括政治理念、生活方式和價值觀，與其他反英抵抗運動保持距離。這個誕生於蘇伊士運河地區的兄弟會，其獲得支持的部分原因是，大眾對英國統治該地區的行徑，以及運河沿岸港口的歐洲道德觀感到反彈。它從伊斯蘭歷史中的類似運動汲取靈感，這些運動將所有智慧都歸功於古蘭經與先知的所作所為。

兄弟會在反抗英國統治的鬥爭中相當活躍；他們爭取以伊斯蘭法和聖訓作為唯一法源，追求他們所謂的「現代伊斯蘭教」，主張將宗教、政治、經濟與規範悉數統合在信仰的教誨之下。對穆斯林兄弟而言，伊斯蘭教就是一個無所不包的制度，唯有靠它才能建立一個公正且造福世人的社會組織，最重要的是，如此一來，才能建構出一個符合他們對真主意志之解釋的社會結構。這個草根運動的長期目標是重建包括西班牙在內（西班牙部分地區於七一一年至一四九二年間屬伊斯蘭轄下）的伊斯蘭哈里發國。

穆斯林兄弟會中最著名的精神領袖之一賽義德．庫特布（Sayyid Qutb），清楚闡述了該組織明確拒絕西方及其所代表的一切態度。賽義德．庫特布曾於美國接受大學教育，置身西方政治與文化中心時，認為自己感受並理解到：伊斯蘭教與他所詮釋的諸如世俗主義、性別平等、議會民主等西方文明主導價值觀之間的鮮明對比。由此可見從一開始，兄弟會就以務實的政治觀點討論為了實現他們的長期目標，有哪些和多少妥協是必須的；時至今日，兄弟會內部矛盾圍繞的中心依然是上述這個議題，而不是這種長期目標究竟是對是錯。

在他們的計畫中，穆斯林兄弟會不僅將「吉哈德」（jihad，編注：泛指伊斯蘭教的護教戰爭，亦即所謂的「聖戰」）定義為一種目的和理想，同時還是「保護尼羅河源頭」的目標。這個目標依然存在，但具體含義如今已模糊。它剛出現時，尼羅河源頭由英國所控制，因此原本帶有軍事與政治外交色彩，這樣的訴求與古蘭經中的經文相矛盾，因為古蘭經強調「水」屬於真主，是真主的祝福、一種社會公益；而在這個脈絡之下，古蘭經中提到水六十三次這一事實，也備受重視。穆斯林兄弟會在二〇一一年埃及總統胡斯尼．穆巴拉克（Hosni Mubarak）下台後，於二〇一二年的選舉中以多數票獲勝，他們治理埃及的主要任務之一，就是透過極其複雜的水文外交，來推行並鞏固這類符合宗教規範的目標。

不過，正如我們將看到的，他們失敗了。

舉世企盼的英雄

二戰之後中東的政治發展包括：大英帝國的沒落與破產、以色列建國、泛阿拉伯主義和反帝國主義運動的興起，讓許多埃及人清楚意識到，倫敦統治尼羅河與埃及的日子已經屈指可數。當時從亞洲叢林、拉丁美洲到中東，尤其是人口稠密、水資源需求和政治影響力日益增加的尼羅河三角洲，對於帝國主義下的世界秩序，抵抗日趨猛烈。

> 就在這樣的時代背景下，賈邁勒．阿卜杜．納瑟以滿滿的個人魅力與民眾支持登上政治舞台。阿拉伯人與埃及人對於倫敦統治的抵抗，持續加強；阿拉伯世界一直在等待一位能在對抗歐洲影響力戰鬥中，賦予大眾信心的領導者，而納瑟成功扮演了這個眾人引頸企盼的英雄角色。他寫道：「今天，埃及人民從剛獲得的自由中找到了自尊。……我們對重生埃及懷抱的希望與信念，已經開始將先前的屈辱與苦難從我們的記憶中抹除。」[15]

納瑟所領導的「自由軍官組織」（Free Officers）在一九五二年發動軍事政變奪取政權；這場政變不僅為一場政治革命奠定了基礎，從長遠來看，也為一場埃及與尼羅河的革命奠定了基礎：這是自波斯人於西元前約五〇〇年占領埃及後的兩千五百多年以來，埃及與其命脈首度由埃及人自己統治，而尼羅河如今終於在國境之內被築壩控制了。

賈邁勒．阿卜杜．納瑟是上埃及某村莊一名郵政人員的兒子，曾在英國領導的軍隊中接受軍事訓練。一九五二年三十四歲的他，早在一九四八年對抗以色列的戰爭中，成為家喻戶曉的英雄，而這三年來，他祕密的在軍隊內建立自己的次級組織群，每個組織僅有四至五人，而組織之間不知道彼此的存在。一開始，納瑟的目標是將英國人趕出埃及，但最終擴大到剷除富有腐敗，以及推翻法魯克一世（King Farouk）——這位使用和英國同樣方式成為帝國主義體制和殖民精英象徵的埃及國王。此外，納瑟先前曾參與謀殺軍隊總司令海珊．西里．阿梅（Hussein Sirri Amer），但一如他日後在《埃及的解放：哲學革命》（*Egypt's Liberation: The Philosophy of the Revolution*）一書中所敘述的「槍聲、婦女尖叫、兒童嚎泣與呼救聲徹夜揮之不去」，因此，最後納瑟祈禱陸軍首長能活下來並放棄恐怖主義路線，改以軍事叛變發動一場不流血政變。納瑟領導百餘名年輕軍官，經過一番迅雷不及掩耳的行動，於七月二十三日掌權，由穆罕默德．納吉布將軍（Muhammed Neguib）宣布埃及共和國成立。新政權提出了一個雄心勃勃的目標：「廢除殖民主義、封建主義和資本主義，追求社會平等。」

同年七月二十六日，由於亞歷山卓的國王宮殿已被納瑟的士兵包圍，國王簽署了退位協議，並身著海軍上將制服，帶著家人與六十六箱黃金珠寶和貴重物品，登上他的遊艇埃爾馬魯薩號（El Mahrousa）前往歐洲；鄂圖曼—阿爾巴尼亞君主制在埃及的時代宣告結束，穆罕默德．阿里及其家族一百五十年來在埃及的統治就此畫上句點。有人曾爭論：為何新政權不懲罰昔日國王，而是讓他流亡海外？因為誠如納瑟所說的：「歷史將判他死刑。」新政權不需要在他身上浪費時間。

納瑟是一位充滿超凡領袖魅力的人物。他能洗刷過去的屈辱，使埃及再度偉大，為國家帶來發展與尊嚴，並在現代占據其應有的一席之地。然而，他最偉大、最具革命性，同時比任何事都重要的計畫，是在亞斯文建造一座新的水壩，也就是別名薩德．阿里（Sadd al-Ali）或納瑟水壩（Nasser Dam）的亞斯文水壩（Aswan High Dam）。

第一位提出水壩提案並將其提交給埃及國家領導人的，是一位居住在埃及、默默無名的希臘農學家阿德里安．達尼諾斯（Adrien Daninos）。另一方面，納瑟之所以否決英國人在蘇丹所提出的「於整條尼羅河上修建水壩」的提議，是因為他不相信這個從水文學觀點來看，確實能降低成本、減少蒸發所造成的水量損失的最合理主張。在他看來，英國的提案不切實際，因為這種規畫需要上游的政治穩定，但這個條件並不存在，而且新的領導階層也完全了解英國在這個提案中的戰略盤算。

此外，納瑟忽視新政府內部許多水利工程師的批評反對意見；他們警告亞斯文水壩將造成負面後果，尤其是會阻擋淤泥，讓農地得不到肥料，然而，這些潛在的、極其長期的後果，對納瑟的直接且宏偉的政治和經濟目標而言，都是次要的。納瑟新建亞斯文水壩的主要目標，就是在埃及領土內建造一座新的巨大水壩，如此方能實現、表達並行銷新政府追求自力現代化的政策。這座水壩的目的，納瑟寫道「是讓埃及蛻變成非洲的日本」，這是當時所有期望能在不受西方列強干預的情況下，獨力發展自身國家的政治領導人的共同理想[16]。身為不結盟運動主要國家之一，埃及將向全世界證明他們也能憑一己之力開闢一條通往現代化的道路。英國外交部一位尼羅河專家首度聽聞阿德里安．達尼諾斯的水壩提案時，認為這「純屬幻想，不值得認真考慮。」[17]而另一位英國駐中東發展專家，則是將達尼諾斯形容成一個「對尼羅河充滿瘋狂想法」的人[18]。

這些人，他們是基於三個理由對這提案持懷疑態度。第一，就水文學觀點來看，他們認為從水資源經濟角度構思一個更全面、整合性更高的尼羅河流域計畫較為明智。第二，就技術上而言，基於地理上的弱點，他們懷疑該地區是否能興建水壩。第三最重要的是，他們之所以質疑，是因為他們知道納瑟本人也完全相信：在埃及境內建造一座新的水壩，將暗中破壞倫敦控制中非尼羅河上游的政治與外交意義。

納瑟的水壩將造成撼動世界史的後果：圍繞它的高度政治博弈，暴露出大英帝國在國際權力政治上已經幾近無能。這將美國推向中東發展的中心，也將蘇聯帶上國際舞台，成為其他發展國家的投資者。此外，這個水壩也讓美國政府於一九四〇年代後期，在非洲一帶建立的新國際援助體系的作用與威力，首度得以展現，因為它是世界銀行迄今所援助之最大且最負盛名的計畫。

蘇伊士危機與水壩

一九五六年的夏天，是美蘇冷戰（Cold War）期間最「熱」的夏季之一；這年匈牙利革命及蘇伊士危機，登上全球頭條新聞。雖然前者很快就成為重要的回憶，不過後者卻引發了一場政治大地震。

這場衝突的背景與尼羅河息息相關。埃及與納瑟為了在亞斯文建造新的巨型水壩，尋求國際援助，而世界銀行已決定援助這項在當時該銀成立尚短的時間內最大的援助項目，因此，可以說這計畫開啟了尼羅河流域的援助時代。英國與美國都展現出為了水壩，同意向埃及提供貸款的意願，同時亟欲讓自家國內的公司拿到這些利潤豐厚的合約；時任英國首相安東尼・艾登（Anthony Eden）於一九五五年十二月正式表明，英國將對水壩提供援助，但短短半年之後，美國和英國卻都撤回了貸款承諾。作為回應，納瑟宣布把蘇伊士運河收歸國有，其船舶通行費將充當埃及水壩的建設資金；這讓英國政府大為光火。

圍繞著亞斯文水壩籌資的各種衝突，其背後的歷史極其複雜且難以再現，因為這個問題在非洲的去殖民化和當地冷戰升級非常重要，為此，對所發生的事情的有力解釋，都受到當時占主導地位的政治意識形態運動及爭端強烈影響。關於這段歷史的檔案箱，堆疊起來不知會有幾公尺高，我已參閱過倫敦現存的、堪薩斯州艾森豪總統圖書館（Eisenhower Library）、普林斯頓大學，以及華盛頓特區世界銀行檔案庫（World Bank Archives）的大部分資料。

然而，這些事件與外交博弈，實際上比多數具有影響力的研究機構所發現的還要複雜許多，尤其是倫敦與華盛頓之間的利益衝突和相互糾結，對於蘇伊士危機期間所發生的事情以及導致危機的過程中，最具決定性的「英美聯手對抗蘇聯的傳統看法和錯覺」，變得有待商榷。

除此之外，我已詳細證明了在一九五〇年代中期，對美國而言，削弱埃及當地的大英帝國主義實際上是比蘇聯打冷戰更為重要；儘管官方版本所強調的，以及後來的歷史研究機構聚焦的，都不是如此[19]。

於一九五一年至一九五五年擔任英國首相的溫斯頓・邱吉爾（Winston Churchill），是其中一個長期堅信美英兩國在二戰後有特殊情誼，因此美國必將支持倫敦在中東與埃及的利益。然而現實是，美國總統德懷特・艾森豪（Dwight D. Eisenhower）與美國國務卿福斯特・杜勒斯（Foster Dulles），蓄意並巧妙地利用尼羅河以及納瑟的亞斯文水壩博弈，削弱倫敦作為尼羅河流域支配者和蘇伊士運河主要強權的地位，但與此同時仍維持與倫敦的盟友關係，例如，當聯合國於一九五六年譴責英國入侵埃及時，美國雖然當著全世界的面羞辱了倫敦，但仍繼續強調與倫敦之間的邦誼。美國如此做的最主要目的，是為了獲得該地區的市場與資源，而就這點而言，英國在當時是一個比蘇聯還要大的障礙；這是身為倫敦在北約盟友的美國所不能公開說的祕密。

直到一九五六年，英國的政策是提供納瑟所有開發計畫中最關鍵的水壩所需的貸款。然而，在他們得知納瑟向蘇聯盟邦購買武器，並在一九五五年的萬隆會議（Bandung Conference）上發表震撼全球的反西方言論許久之後，貸款方案才獲批准。這麼做的原因，是英國政府不相信開羅能滿足他們開出的貸款條件，尤其是關於埃及與蘇丹如何分享尼羅河水的條件。倫敦要求，若要得到貸款，埃及與蘇丹必須就兩國將從尼羅河各獲得多少水達成協議；因為在英國看來，有鑑於埃及與蘇丹自一九四五年至一九五五年在政治立場上的巨大分歧，上述這項協議，幾乎是一個不可能實現的目標。

然而，納瑟發現自己必須在此一議題上讓步，如此才能順利獲得貸款，於是他做出了類似讓步的策略評估。開羅與喀土穆突然排除萬難，就水量分配與賠償內容達成協議：蘇丹將因為在其領土內築壩而獲得賠償，英國尼羅河外交的基礎就此徹底崩盤。

倫敦與華盛頓該如何因應呢？其實，這兩國都不是自己答應援助水壩的支持者。他們認為水壩太大了，而且會提升埃及在蘇伊士的自治權與銳氣。儘管如此，美國更重視削弱倫敦和整個歐洲帝國主義的地位。華盛頓非常明白：透過貸款與一些條件，尤其是讓英國公司也參與水壩建設，倫敦在當地的影響力將得以維持，這會讓美國更難逼英國讓出尼羅河強權的寶座。為此，美國政府拒絕向納瑟提供貸款，因為他們明白此舉將結束英國作為該地區強權的日子；同時，又在同一個舞台上羞辱了倫敦，這個舞台一直是倫敦最重要的櫥窗，也是在埃及與蘇丹的「選舉吸票機」：讓英國得以展現控制尼羅河與發展灌溉系統的能力。當美國突然撤銷貸款承諾時，英國別無選擇，只能跟進。因為沒有美國的支持，英國就沒有提供貸款所需的經濟資源與政治資本。

美國的單方面決定，殺得英國措手不及，讓他們無法確定哪種政策最符合自身利益。在公開場合，美英兩國給人一種團結一致的印象；撤銷貸款承諾時，兩國都表示此舉是為了懲罰納瑟向捷克購買武器並向東歐國家示好。這個解釋說服了當時的觀察家及日後的許多歷史學家，但實際上，美國的這一說法根本站不住腳。如前所述，早在倫敦與華盛頓官方公布將為建造水壩提供貸款前，納瑟就已經有這些動作。之所以採用這種冷戰邏輯的論調，是因為它能為各方提供掩護，畢竟真正撤資的理由，是無法見光的。

美國國務卿杜勒斯在未事先知會倫敦的情況下，召見前往華盛頓的埃及特使。杜勒斯告知他，美國將不會向他的國家提供貸款。數日後，納瑟作出回應：將蘇伊士運河收歸國有。

曾幫助大不列顛成為該區域殖民大國的尼羅河博弈，如今將為大英帝國在非洲的勢力敲響喪鐘；或者，正如冷戰巔峰期的蘇聯領導人尼基塔・赫魯雪夫（Nikita Khrushchev）在一九五六年蘇伊士危機之後意氣昂揚地說：「英國在蘇伊士危機期間，試圖以軍事手段阻止納瑟的企圖，是英國雄獅的最後一聲咆哮。[20]」倫敦作為尼羅河之王的角色徹底結束，新的亞斯文水壩在第一座水壩落成的七十年後啟用，象徵埃及終於成為尼羅河與自己國家的真正主人。

一九五六年十月二十三日，英國駐埃及大使杜維廉男爵（Humphrey Trevelyan）奉命大幅裁減使館人員；埃及於十一月一日宣布與英國斷交，並於當天中午關閉了使館大門，禁止任何人進出，也切斷供電與電話線，英國在埃及的事務由瑞士代辦處（Swiss chargé d'affaires）代為接管。英國被迫為使館人員的安全出境進行數日談判，最後達成協議，讓他們在十一月十日搭乘專車離境。杜維廉男爵親自鎖上大使官邸的門，並在當晚搭上前往亞歷山卓的火車，再轉往利比亞。不列顛尼羅河帝國就此結束，但已在當地的歷史留下了極為清晰的印記，這也是該流域在漫長歷史中唯一一段在政治控制下的大一統時期。

蘇聯的尼羅河現代化

新的亞斯文水壩，不僅成為納瑟政治權力和聲望的象徵，同時也成為當時超級大國的技術能力最持久的證明之一。

這座水壩將埃及從尼羅河的季節性和年度性變化的專制權力中解放出來；埃及全國都有了電力供應，也多出數百萬英畝的可耕地。如前所述，納瑟政權興建亞斯文水壩的目的，是將這個國家改造成非洲的日本，同時意味著要讓埃及擺脫上游國家的牽制，實現真正的民族自決。它是自由軍官革命以及揮別過去的象徵，也是現代化埃及進入嶄新時代的具體證明。

正如納瑟在一九五八年對埃及人民所說的：「數千年來，埃及的大金字塔一直是全球最重要的工程奇蹟，它們確保了法老王死後的永生。明天，這座比金字塔更重要、比金字塔大上十七倍的巨大水壩，將讓所有埃及人享受更高的生活水準。[21]」

這座水壩的確巨大，它高一百一十一公尺，長三千八百三十公尺；一九七一年落成時，它是全世界最大的人工水壩，其發電站的規模則為全球第三大，且投入相當於建造十七座古夫金字塔所需的建材。新的水壩將攔阻三百二十億立方公尺的乾淨活水流入大海，蓄水量比當時舉世知名的胡佛水壩多了三倍之多。

然而，我們能看到的驚人水壩結構，與它下方的內容相比根本相形見絀。蘇聯專家以高於大氣壓三倍的壓力往地底注入水泥、皀土和鋁矽酸鹽的混合物，構成一道地底「密封屏障」（sealant screen），宛如一堵一百多公尺深的隱藏式牆面，防止河水滲入地底。

此外，水壩的年發電量大約為每小時一百億瓩；它將可耕地面積擴大約六百萬英畝，讓上埃及約二百八十萬英畝的土地可一年三穫，不再是從前的一年一穫，而且洪水與乾旱也不再對埃及構成威脅。因此，這座水壩既有如銀行，又有如保險；當衣索比亞在一九八〇年代發生大規模饑荒時，埃及農民仍能一如既往地耕作。他們可以毫無牽掛地如此耕作，是因為新的尼羅河水庫已經儲存多年的水。不僅如此，當一九九〇年代洪水侵襲蘇丹時，埃及對怒濤般的洪水也無需畏懼，因為納瑟的水壩擋得住它。最後，對郵輪業而言，這條河因此被改造得適合航行。

今天，你可以搭乘電梯到高達七十公尺由混凝土做成、宛如盛開蓮花的「蘇埃友誼紀念碑」頂部；這五朵蓮花的花莖看起來不像植物，反而比較像一把把的劍，這座紀念碑的雕刻風格是類似社會寫實主義與法老時代美學的綜合體；在今日看來，這樣的風格既突兀又過時，但當年對蘇聯而言，這是一項昂貴的工程，非常值得立紀念碑紀念。

不過，蘇聯對亞斯文水壩的參與，一如美國國務卿福斯特．杜勒斯的預測於一九五七年宣告結束；那時，是美國人剛給予蘇聯（而非英國）進入中東資助並建造水壩的機會。當時美國正值麥卡錫時代，美國政府與福斯特．杜勒斯因沒能阻止莫斯科進入中東而遭受嚴厲批評，並將此視為西方沒落的象徵。然而身為一位冷戰鷹派，福斯特．杜勒斯駁斥了這些批評。他認為藉由誘使蘇聯加入一個他們無法肩負並遵守的承諾，將能削弱蘇聯經濟，使他們在一段時間後被埃及拋棄，如此一來，美國便得以再次立足。無論他是在找一個說法來掩飾他私下也承認的失敗，還是他真有非凡遠見，這預測終究成真了。

蘇聯在埃及的活動，最終變得過度高調且無所不包，因而開始招致反對聲浪，讓莫斯科在水壩落成後不出數年，就淪為最大輸家。親美的埃及新任總統安瓦爾．薩達特（Anwar al-Sadat）於納瑟病逝後掌權，而蘇聯專家為水壩灌完最後幾公尺泥漿後不久，就被驅逐出境。在埃及投入大量經濟與技術資源後，蘇聯人被攆出了埃及——這個中東最重要，同時也是當時非洲人口最多的國家；對蘇聯而言，這是一場在非結盟國家眼前顏面盡失的外交災難，成了蘇聯未來命運的前兆，包括數十年後的蘇聯解體，都和這場外交災難有關。

尼羅河夫人

埃及和中東的現代文化史與西方現代文化史之間的差距，很少比一九七五年「尼羅河女士」去世時更為明顯；同年的二月三日，陣容龐大的送葬隊伍穿過開羅的街道。「尼羅河女士」走了，這位埃及與阿拉伯世界最偉大的歌手、埃及靈魂和文化象徵的烏姆．庫勒蘇姆（Umm Kulthum）已離開人世。在歐洲及美國，幾乎沒有人聽說過她，但整個中東為她駐足。

烏姆．庫勒蘇姆以歌聲被寫入了中東歷史，還以一首《尼羅河的轉變》（*Tahwil al-Nil*）被寫進尼羅河的歷史。這首歌讚揚亞斯文水壩的建設，並闡述它對埃及的意義，以帶有理想主義色彩且感染力十足的歌詞，唱出了納瑟的水壩建設，激發並凝聚了埃及全國的熱情。

除了以歌聲頌揚水壩之外，烏姆．庫勒蘇姆也鼓勵女性出售珠寶資助水壩的建設；她成為國家的象徵，也是史上唯一一位在開羅公共廣場被立像紀念的女性。

每個文化都有自己的天后，阿拉伯世界的天后就是烏姆・庫勒蘇姆[22]。從北非到黎凡特（Levant），整個阿拉伯社會都有她的忠實歌迷，她被譽為二十世紀最有天賦的女歌手之一。在羅達島上，距離尼羅河水位計僅數步之遙，有一座她的小型紀念館。即使已去世數十年，烏姆・庫勒蘇姆的人氣依然居高不下；正如無數關於她的文章所說的，她的歌聲在所有阿拉伯人的靈魂中掀起了共鳴。每個月的第一個星期四，當她在廣播電台現場演唱時，全埃及都在聆聽她的歌聲。

「尼羅河女士」在開羅河岸的尼羅河宮（Palais du Nil）舉行了她最後一場演唱會。就在這天，她的嗓子啞了；通常，她一次可以連唱幾個小時，但事情就發生在唱到第二曲中段的高音時，歌手僵住、管弦樂團停止演奏，全場徹底沉默，觀眾都大為震驚，因為在她漫長的職業生涯中，第一次發生這種事。隨即，現場爆出一陣自發且似乎永無止境的掌聲。當她終於能繼續演唱時，烏姆・庫勒蘇姆盡快唱完這首曲子。「尼羅河女士」自此封喉，但她那首歌頌水壩的名曲，證明了水壩比其他任何事物都更能將全國人民凝聚在一起。

《尼羅河漂流》與諾貝爾文學獎得主

在開羅的默罕迪森區（Mohandeseen）矗立著埃及唯一一座其模特兒仍在世時就落成的雕像；獲頒諾貝爾獎文學後，開羅作家納吉布・馬哈福茲（Naguib Mahfouz）就成為埃及與開羅觀光區的代言人。遊客可以在馬哈福茲咖啡館（Mahfouz Cafe）用餐，並參觀以這位作家最知名小說之一命名的「米達格小巷」

（Midaq Alley）。

馬哈福茲的作品描繪了濃郁的開羅生活風情；這是一座人滿為患的城市，超過兩千萬人在市內討生活，充滿令人目不暇給的命運與經歷。我走進馬哈福茲筆下的世界，穿過一條又一條無名的巷弄，裡頭的居民各個按照自己的作息，規律過著各自的生活。每一條小巷、每一個街角，彷彿都有著自身獨特的氛圍。每次造訪老開羅，我都不禁感嘆：這些小店、商家和買家的組合，原本應該是一個已遭越來越嘈雜、混亂的城市空間所包圍吞噬而不復存在的世界，但這下卻發現他們仍存在其中。當你從一個街區走到另一個街區，或是坐在街上某張歪七扭八的桌子啜飲一杯咖啡、抽一斗水煙時，很容易感覺到這些小巷彼此紮根連成一氣，而且正是這種混亂與秩序，一同形塑了被阿拉伯穆斯林學者伊本·赫勒敦（Ibn Khaldun）譽為「萬城之母」的開羅樣貌。整個區域的氣氛似乎是依靠自己的力量而存在，脫離了大自然的威力，也脫離了既形塑它、自己也在快速蛻變的尼羅河世界。

這裡到處都是四通八達的通道與小巷，寬一兩公尺，許多甚至在屋簷下：家具製造商、裁縫、棋手、馬車、摩托車、汽車、驢子、騎自行車的人，空氣中充滿大城市的氣味。伊斯蘭的開羅、中世紀開羅的心臟，與現代化的市中心區和西方的郊區截然不同。與城內其他地區相比，這一帶的伊斯蘭氣氛並沒有濃厚多少，但它是著名的伊斯蘭紀念碑的所在地，其中許多建於法蒂瑪（Fatimids）王朝時期，例如，建於十世紀的愛資哈爾清真寺（Al-Azhar Mosque）及各城門，尤其是一〇八七年竣工的征服門（Bab al-Futuh）。與其他城市的伊斯蘭區相比，此地持續蓬勃發展，演變成一個巨大且繁忙的禮拜、貿易、旅遊及購物中心，可謂無所不包。這些巷弄與街區讓佛蘿倫絲·南丁格爾於一八四九年把開羅譽為眾城的玫瑰、「摩爾式」（Moorish）建築的明珠，感嘆根本無法以言語，至少無法以歐洲的言語來形容這座阿拉伯城市[23]。

馬哈福茲也寫過關於尼羅河的文章。在所有的文學作品中，這條河已成為全世界的脈搏和埃及發展的隱喻，更是形形色色、內容迥異的人生故事上演之舞台。莎士比亞筆下的凱撒與克利奧帕特拉，在尼羅河地區散發無窮的活力與毅力。尼羅河流域與中東地區唯一的諾貝爾文學獎得主馬哈福茲，在他筆下的埃及生活同樣以尼羅河為背景，但內容卻截然不同。馬哈福茲的小說特別關注缺乏活力的人物，任憑自己在歷史的洪流中隨波逐流，即使他們實際上只是站著不動而已。由於故事發生於停泊於開羅尼羅河的一艘船上，因此書名是《尼羅河漂流》（*Adrift on the Nile*）。

馬哈福茲寫出了埃及的民族主義和國家認同，以及與現代思想拉鋸的傳統價值，此外，還探討存在主義的命題。在《尼羅河漂流》中，這條河成為個人無力控制，或者說得更精確點：無法控制的人生隱喻。它探討了一群來自不同背景，於一九五〇至一九六〇年代初期背離社會的人物。他們吸毒，對社會漠不關心，在沒有主題的歷史中隨波逐流，也就是消極地「漂流在尼羅河上」。最終，納瑟終結了這種消極的「河上漂流」；大約在這本著作付梓的同時，埃及舉國上下的人民齊聲宣誓：他們將接管尼羅河。

沙漠中的人工瀑布

我們在車陣中緩慢地前行，這些車輛的駕駛人似乎認為，交通規則僅適用於除了自己以外的其他人。突然間，車陣開始鬆動，車輛宛如脫韁野馬般紛紛往前衝，過馬路的行人彷彿將性命交到了命運之神的手中。成千上萬鼓譟的噪音從敞開的車窗湧入（這輛黃色計程車已經過了生涯巔峰，車窗無法關起來）。我們開車經過莎草紙中心，昨天才有人在此試圖哄騙我以高價買下我根本不需要的莎草紙；接著又經過吉薩，看到金字塔聳立在左側灰濛濛、汙染嚴重的天空下，我一直很喜歡這種混沌的感覺。雖然開羅因此而有魅力，但也讓人巴不得能離開這裡喘一口氣。

一位朋友從城郊來到旅館接我，帶我前往一家位於開羅與亞歷山卓之間的度假屋。他在埃及無庸置疑地屬於精英階層，但富裕程度還是有限。他的車行駛在沙漠公路（Desert Road）上時，引擎蓋不斷地彈開，他以迷人的笑聲對自己和車子一陣自嘲。度假屋座落在沙漠中，但一如該區的其他度假屋，它也被改造成一座茂密的小綠洲：綠色草坪上，繁茂的樹籬保護著茂密的草叢，以免受到周遭沙漠的侵犯。

瓦迪拉揚（Wadi al-Rayan）位於開羅—亞歷山卓沙漠公路以西、法尤姆市西南方約六十五公里處；這裡是沙漠中的一座大窪地，而埃及唯一一座瀑布就坐落於此。論規模，它比不上尼加拉瀑布（Niagara）或維多利亞瀑布（Victoria），但自有令人驚嘆之處。在沙漠星空下過了一夜，並在沙海中行進數小時之後，我們發現了一道沿著谷底延伸的細長植被帶，它是方圓數英里內唯一能看見的綠意。我們離開公路，竟然看到一條被青翠植被所遮蔽的小溪！循溪而行，又瞥見下游有兩座相當大的湖泊。這不是海市蜃樓，溪也不是蜃景（Fata Morgana），以客船遊湖維生的埃及人熱情攬客，清楚證明了它們是如假包換的湖。溪水從地景中的幾個高處朝湖面傾瀉而下，形成一道瀑布，男性站在水中，水深及膝；女性在這裡則是提起長裙、手摀面紗，享受著舉世共通的戲水樂趣。

埃及在總統沙達特（Muhammad Anwar el-Sadat）治理下，從一九四七年開始建造這條由九公里長的明渠和八公里長的隧道所構成的人工河道，而遠在肉眼無法瞧見的五十多公里外的尼羅河水，造就了這個波光粼粼的沙漠水景。這條運河在沙丘之間穿行，運送來自法尤姆綠洲的水，但水質太鹹無法用於人工灌溉。流經這片沙漠的尼羅河水，是灌溉完植物和樹木後的廢水，因水質變得太鹹，必須被排到耕地外，以免對農作物造成破壞。

這座瀑布雖然不起眼，卻見證了埃及人一代又一代如何移動和引導尼羅河水的宏偉歷史：將其輸送到縱橫交錯的沙漠中，以達到任何可以想像的目的，例如建造城市、度假勝地、農場，甚至還有一個人工瀑布。由於駕馭水必須同時滿足社會和自然層面許多相互矛盾的要求，加上水擁有人類永難馴服的無窮威力，因此這樣的行為也可能造成負面影響。

這種駕馭尼羅河的永恆和固有的二元性，在曾經象徵著埃及文明的持久，以及與河流運行方式有密切關係的「卡納克」（Karnak），明顯可見。

底比斯與卡納克的危險處境

「卡納克！」在《伊里亞德》中，荷馬以高亢且崇敬的語調介紹了底比斯的富裕：「埃及的底比斯，那裡的人宅第華美，擁有著世間最豐盈的財富；底比斯有城門百座。[24]」另外，佛蘿倫絲．南丁格爾也曾寫道：「沒有任何辭彙能如這片神廟群般，慶祝死亡。[25]」然而，最具指標性的描述則出自與她同時代的福樓拜，他捕捉到許多人對於這座城市共通的第一印象：底比斯是個「巨人之地」[26]。如今，位於盧克索附近的宏偉神廟群，是埃及過度高估人類控制尼羅河的能力，過度低估馴服尼羅河的後果的清晰證據之一。

卡納克建築群的南側有一座人工水壩，蓄有古埃及人視如聖水的尼羅河水，但這座水壩遠不及柱廊壯觀，因此很容易被錯過。水壩長兩百公尺，寬一百一十七公尺，在女法老哈特謝普蘇特（Hatshepsut）統治時期（西元前一四七九年至前一四五八年）之前就已建妥。然而，它在神廟群中的儀式功能卻不容忽略：這座水壩就是與創造生命原始之水的神祇努恩的直接接觸點；這裡的水是經由地下運河從尼羅河引入的。圍出矩形水壩的石牆上刻有波浪圖案，這是流動或流水的象形文字符號，它不僅供祭司在儀式與慶典中使用，也是淨化靈魂的地方，同時還有一個相當實用的功能：它也是一座水位計。當我繞著水壩走時，溫度計顯示氣溫約攝氏四十五度，果不其然，這座水壩被視為神聖與世俗共存的最古老、最明顯的例子之一，一點都不奇怪，試想：在這裡淨化靈魂是一件多麼涼爽的事情呢？

此外，過去幾年裡，卡納克也因為一個截然不同的原因而變得有趣。這座令人難以置信、幾近超自然，但依然出自人類雄心壯志的神廟，已供人朝聖了數千年，博得無數的讚美與驚嘆，如今卻被它所祭拜的尼羅河所威脅，河水正緩緩滲入肉眼與相機鏡頭看不到的石柱底部。新的亞斯文水壩於一九七一年開始營運之後，由於過度的人工灌溉與排水不暢，導致地下水位緩緩上升，而且看似無可避免。多孔砂岩會吸收水分，過程中空氣的濕氣和鹽分增加，對包括地面以上的部分古蹟造成了威脅。

第三個千禧年初始，一項跨國行動在美國和瑞典等國的支持下展開，目標是排除風暴之神阿蒙（Amun）腳下的水，並鞏固石柱下的地基。截至目前，這場行動看來是成功的。卡納克底下的水位已經降低，而且能清楚看到神聖水壩的水位同樣降低。然而，這些針對性的技術干預還是沒能阻止大勢所趨，曾一度為這些偉大文明奠定基礎的尼羅河，長久以往也可能消滅在這些因它而出現的事物之中。

晨曦中，一層薄霧籠罩著盧克索周遭的平原；往東看，可以看見卡納克的石柱，往西看，則是標誌著「帝王谷」（Valley of the Kings）入口的沙漠山脈，而在這兩者之間蜿蜒北流的河流，是一道反射陽光的金帶。我在一個熱氣球的籐籃裡俯視這一切，悄悄地滑過哈特謝普蘇特神殿前的庭院和門農巨像（Colossi of

Memnon）的上空，唯有駕駛反覆自嘲自己的懼高症得準備跳傘的玩笑才能讓我分心。此時他忽然閉上了嘴，彷彿突然明白我們來到這裡的目的，一股特殊的氣氛和寂靜籠罩著熱氣球籐籃內的所有人：山水之美與古碑的壯麗靜謐，令人如此震懾，讓我們全都陷入沉默。然而，當陽光照耀河畔的綠地時，我很想高喊劇作家易卜生於一八六九年造訪此地時留下的那句話：「你憑什麼有資格看見這一切的榮耀？[27]」

帝王谷與美的理想

古埃及人非常專注於描繪他們的生活，許多細節豐富的故事、栩栩如生的圖畫與銘文一直被保存至今。

我最喜歡的一個埃及圖畫，不是位於上埃及，而是位在薩卡拉第一座金字塔內的蒂（Ti）的墓室。蒂是埃及第五王朝的中央行政官，頭銜是金字塔群的「監督」，他的墓室內有一些對古埃及生活的清晰描繪，其中一幅壁畫畫著一位牧羊人肩上扛著一頭小牛，把牛群趕過一個缺口。這隻小動物的頭轉向焦慮的母牛，母牛則溫柔地朝小牛伸長脖子，如此鮮活的場景，可供大家想像當時的事物，以及尼羅河沿岸的生活與工作方式究竟是什麼樣貌。

帝王谷在古埃及的官方名稱是：「底比斯西部法老數百萬年的生命、力量、健康的偉大而雄偉的墓地」（The Great and Majestic Necropolis of the Millions of Years of the Pharaoh, Life, Strength, Health in The West of Thebes），其中最令人印象深刻的，是距離盧克索不遠處的畫作。眾多墓穴和墓室內的許多畫作都是如此精確且狀況完好，甚至能讓動物學家辨識出數千年前生活於尼羅河沿岸的物種。壁畫內容極為豐富，風格也相當格式化，所有人物均依照當時認為最完美的審美觀點繪製而成。

但這種「完美」的理念為何從未改變？這種風格和對美的理想，顯然維持了三千年不變，才有辦法將遠古的審美觀流傳至今；這些壁畫彷彿被凍結在當年的狀態，沒有讓歲月留下半點痕跡。關於這一點，既可被視為傳統保守主義的強有力的例證，也反映出尼羅河創造並促成的社會生活有其獨特的規律性。極度穩定的氣候條件與尼羅河水流極度規律的變化，一世紀接著一世紀地決定了社會的節奏，奠定了適應尼羅河特性的基礎。這形塑出埃及社會生活特有的、幾近邏輯性的僵化與規律，只要埃及人無法控制河流的季節性變化，這種生活模式就難有改變。尼羅河的恆常與結構性特徵，構成了「歷經朝代更迭與帝王興衰，社會活動的種類與特徵依然維持不變」的基礎。

旅行文學的發源地

「如果我們嘗試收集過去幾年裡所有關於埃及與巴勒斯坦的出版作品，應該可以堆成一座與那些依然矗立於尼羅河沿岸一樣大、甚至一樣耐久的紀念碑。」一八〇〇年代，一位不知名的書評家曾如此寫道。美國圖書館員馬丁・R・卡爾法托維奇（Martin R. Kalfatovic）在他一九九二的著作《一個旅行者的尼羅河筆記》（*Nile Notes of a Howadji*）中，記錄了一千一百五十篇埃及尼羅河遊記的作品。關於尼羅河與流經國家的書籍，至今依然多不勝數，沒有一個國家像埃及這般長久且頻繁地被外國人提及。

雖然或許尚有爭議，不過原則上旅行文學是在西元前四〇〇年由希羅多德確立的文學類型。在他記錄下這些歷史的數百年後，古希臘歷史學家斯特拉波（Strabo）也寫了一部尼羅河流域的遊記。埃及是世上第一個觀光大國，早在西元前一世紀，羅馬人就開始在此遊河，他們的旅遊路線讓如今的我們感到似曾相識：造訪金字塔、人面獅身像、乘船溯尼羅河而上，參觀底比斯的紀念碑和門農巨像，以及丹德拉與菲萊的神廟。以上這些行程與現代遊客的觀光行程可說是大同小異[28]。

除此之外，尼羅河沿岸還出現了現代旅遊業。全世界第一家旅行社誕生於此。通濟隆公司（Thomas Cook & Sons）是由一位為發明旅行支票而臭名昭著的老闆擁有和營運。早在一八七五年，這家公司就已經開始經營第一艘載觀光客的蒸汽船。庫克當時在埃及的影響力無所不在，人稱統治這國家的不是伊斯坦堡的蘇丹、開羅的赫迪夫或倫敦的維多利亞女王，而是通濟隆公司的湯瑪士．庫克。從那時起，至今已有數以百萬計的遊客追隨古羅馬人的腳步前來觀光。一八七七年，英國小說家艾米莉亞．愛德華茲（Amelia Edwards）在她所出版的埃及旅遊指南《尼羅河千里》（*A Thousand Miles up the Nile*）中寫道：「事實上，光是遊覽尼羅河就需要一點閱讀和規劃，即使單純只想享受，……至少也該排除障礙，把握機會去了解自己看到的是什麼。[29]」遊輪從盧克索出發，緩緩地逆流而上。航向亞斯文的途中，我們經過一座又一座擁有數千年歷史的神廟群，而我所參加的船旅是歷史上最知名、最典型、被記載次數最多的船旅之一。我和一位肥胖的美國人聊天，他打著赤膊，穿著泳褲坐著，雙腿泡在游泳池裡降溫，同時粗魯地拍著自己的肚子，瞇著雙眼閱讀現代尼羅河船旅的必讀書籍之一：英國小說家阿嘉莎．克莉絲蒂（Agatha Christie）的《尼羅河謀殺案》（*Death on the Nile*）。他說他的父親、祖父及曾祖父都參加過同一趟溯河而上的船旅，也抱怨船上的服務員和其他工作人員的服務態度實在讓人不敢恭維。

一如任何有躺椅和遮陽傘的海灘，游泳池畔的小圓桌上散落著色彩繽紛的時尚和女性雜誌，不過多數人還是都沉浸在埃及相關的旅行文學中。外國遊客在遊輪上層甲板躬身勤讀遊記，這是個耐人尋味的光景，也是旅遊業誕生地的典型形象。

然而，「旅行者」或外來的觀察者對陌生國家及文化的看法，是如何形成的？哪些因素會影響他們的敘述？為什麼每個人都會看見自己看到的事物，而這些印象是透過哪些因素過濾後建構而成的？一直以來，上述的這些問題都很重要，尤其在全球化的世界中更是關鍵。沒有幾個地方比埃及與整個尼羅河流域更適合供人研究這些問題，因為這裡的材料實在豐富得嚇人。

埃及，曾被無數夢想著征服尼羅河和肥沃三角洲的征服者描述過：亞歷山大、凱撒、尼祿（Nero）都造訪過此地；七世紀的阿拉伯征服者、約四百年後借道此地進軍聖城的歐洲十字軍，還有穆罕默德・阿里、拿破崙、邱吉爾與赫魯雪夫，帝王與背包客，美國女性藝術家與歐洲作家，歷史教授與無學莽夫，全都來過這裡，這些人在數千年裡看見並敘述相同的事物、景點與風情。相同的紀念碑與現象能被旅行者描述這麼多年，必有一個誘人起點：研究權力與表徵之間的關係，或研究在漫長歲月裡，不同的人們如何在不同的文脈下描述異國社會。

遊輪駛離埃德富。我坐在甲板上，其他乘客均返回自己的客艙，為晚間的法老—埃及—阿拉伯服飾扮裝大賽做準備。由於我沒有任何服裝，無法忍受香水的氣味，也無法想像自己包起頭巾會是什麼模樣，只好埋頭再讀點希羅多德。希羅多德的敘述大多根據自己的所見所聞，不過他曾被批評是膚淺的歷史學家，因為他所仰賴的主流敘述，多半被認為是神話或傳說。為什麼會招致批評呢？因為這些神話或傳說被一代又一代地反覆傳述，因此必然與社會的自我理解，以及社會權力階層的世界觀相吻合，希羅多德使用它們而招致批評，也是在所難免的。然而，聰穎過人的希羅多德從未試圖區分事實與虛構，因為他認為，是虛是實不過是「如何詮釋」和「如何理解」的問題罷了。

「尼羅河的庇蔭」是希羅多德對埃及文明或文化的看法與印象的基礎，這些需要根據其本身的前提來解讀。對他而言，埃及與他所屬的希臘世界截然相反。尼羅河的特性與希臘或土耳其的河流相反：尼羅河在仲夏時氾濫，但地中海河流在這種季節裡水位通常處於最低點。埃及尼羅河與希臘的河流完全相反的概念，也被用來描述和象徵埃及的其他地區。為了進一步解開尼羅河之謎而逆流向上前往亞斯文之後，希羅多德在一篇著名的文章裡寫道：

埃及人受到他們獨一無二的氣候，以及特性與其他河流截然不同的河流所影響，建立了幾乎在各方面都與其他人相反的舉止和習俗：他們的女人進市場做買賣賺錢，男人則留在家裡織布；……搬東西時男人用頭頂，女人則用肩扛；便溺時女人站，男人蹲；……兒子可以不照顧父母，但女兒再不情願也會被迫孝親。……其他國家的祭司蓄長髮，但埃及的祭司剃光頭，而在其他國家，唯有哀悼至親時才需要將頭髮剪短……；最後的差異是書寫文字與鵝卵石計數時，希臘人是手從左向右移動，埃及人則是從右向左移動[30]。

希羅多德將埃及文化描述為一種整體。他喜歡做類比與對比，但在提到自己的文化時，不會帶有任何盲目的愛國主義者的自負。他確信希臘文化深受埃及文化的影響；祭壇、遊行與儀式集會都是埃及人發明的，而且希臘諸神都是埃及原典的產物，例如，他就證明了海克力斯的祖先來自埃及，而且本身也是古埃及的神祇。希羅多德的著作讀來趣味盎然，因為它展現了一位智者如何為求解而求知，也由於理解並闡述了世界的價值，他在很大程度上成功擺脫了希臘人的短視或文化自戀。

聽著遊客興高采烈地為參加法老—埃及—阿拉伯服飾扮裝大賽做準備的喧鬧聲，我在希羅多德的啟發下，開始起草一篇文章，探討「若未分析包括對埃及描述在內的史料，就無法發展出所有『他者』形象及表徵」。我知道，自己永遠不會真正做這樣的研究、寫這樣的文章，但我堅信自言自語的好處。

古代亞斯文成為現代化的象徵

經過幾番強烈晃動，我們的船隻終於停好在亞斯文碼頭的其他遊輪旁。這座城市位於尼羅河東側，有著長長的海濱人行道，情侶們坐在人行道上的綠色長椅，凝視著平靜的河面，悄聲交談。傳統風帆（feluccas）一如往常靜靜地從河面滑過，白帆在西岸的沙漠山巒襯托下甚是顯眼。我租了一艘小快艇，循著小急流前往第一道瀑布。我們經過象島（Elephantine Island）和西岸有著繽紛屋宇色彩的努比亞人（Nubian）聚落，這些屋宇由於被建在地勢過高的山坡上，以至於沒能被映照在尼羅河上。在黑暗降臨之前，眼前所有的景象輪廓都被天空滲出的藍光慢慢抹去。

我爬上一座水閘，它是英國人在二十世紀初，由工程師率領在此興建全球最大水壩時所建造的。他們認為這座水壩對埃及的未來至關重要，因此對大英帝國的未來同樣非常重要。克羅默伯爵一行人認為，他們在統治埃及的最初幾十年裡達成了重大成就，並將水壩視為自己最重要的貢獻。克羅默曾言：「它充分展現了『西方方法』（Western methods）的價值。」

亞斯文水壩的計畫於一八九四年公布，一九〇二年竣工，堪稱治水科技的一大傑作。它的最大高度為五十四公尺，長約兩公里，使用的岩石超過一百萬噸。水壩有一百一十一個拱形開口，每個開口都有一個四・八公尺的閘門。水壩的蓄水量為三十五億立方公尺，可讓夏季灌溉水量增加約九・八億立方公尺，能滿足埃及中部和法尤姆的常年灌溉需求。此外，它還是全球最大的砌石壩，被公認為史上最優秀的水利建設之一。

然而，它的大小受到兩個因素的限制。當時，沒人有技術能力可建造一座夠大、壁面夠堅固，能夠圍住所有尼羅河洪水的水壩；最主要的問題是，這樣的水庫很快就會堆滿淤泥，因此他們選擇的解決方案是：只圍住藍尼羅河秋季洪水的「尾端」。因為這裡的河水所挾帶的淤泥量明顯較少，所以更利於儲存，可供明年夏季的棉花栽植期使用。

除了上述的一切，尼羅河很早就被證明是一種典型衝突舞台，而這種衝突近年來變得越來越重要——也就是「古蹟維護」與「現代化」之間的衝突。一八九〇年代，英法兩國的考古界聯手譴責亞斯文水壩的建造工程，因為這將淹沒希臘羅馬時期的菲萊神廟，而考古學家們的抵抗強度，讓開羅與英國大為震驚。儘管政府頑固地捍衛這座「展示技術的櫥窗」，也提出證據說明水壩將成為埃及的金脈，但政治原因還是迫使倫敦建了一座容量比計畫少了一半的水壩。溫斯頓・邱吉爾曾以輕蔑的筆調寫道：「考古學家與遊客不在乎賠上全體人民的生計，因為考古學家沉迷於過去，遊客則渴望在一些古老的廢墟上『寫下自己的名字』。[31]」

水壩變得比原先計畫的小，也比克羅默與倫敦認為需要的還小。儘管如此，它依然相當成功，讓埃及的發展步上一路遵循至今的軌道：一種力求全面化控制並使用尼羅河水的發展戰略。而這樣的直接結果是，英國在尼羅河流域所扮演的帝國強權角色與活動空間，都被徹底擴大了。透過將自己塑造成現代版的伊西斯——利用眼淚多寡來決定河水量的古埃及女神，倫敦與駐開羅的英國人使用了他們認為極其有效的政治與經濟武器。他們知道，如今可以為了大英帝國的利益，以及利用對尼羅河的政治和科學控制，進行威脅或利誘。

正如我們已經看到的，或我將進一步陳述的，政治局勢將決定他們該採取哪一種路線。「在……整條尼羅河上，任何民間團體或個人均不得（不論直接還是間接）從事任何治水相關工程，所有此類工程都應由且僅能由埃及政府進行。[32]」站在黑暗中，我看到了遠方亞斯文城內的燈火與城外空無一物的沙漠。當我站在舊水壩上時，這座城市歷史激進的一面就躍然浮現。在整個二十世紀裡，亞斯文成為「人類意志」與「人類日益增強的主宰自然、駕馭河流的能力」之最有力和最清晰的象徵之一；更有趣的是，這竟然發生在曾於一八〇〇年代被許多人視為發展停滯下社會隱喻的上埃及。

翌日一早，在當地的軍營裡與指揮官喝了一杯義務性的茶之後，我爬上一架有四名機組人員的老舊俄國軍用直升機（艙門還大開），沿著尼羅河南下飛往又名「亞斯文高壩」或「薩德．阿里」的新亞斯文水壩。吵雜的螺旋槳、引擎與風聲，讓我們整個早上都興奮不已，當我盡可能坐向艙門，讓視線沿著水壩圍住一座五百公里長的人工湖的巨大弧線移動時，我完全坦承，心中的快樂實在難以按捺。研究尼羅河的歷史數十年，閱讀了無數關於這條河的水文特性和政治爭霸的舊書與檔案之後，能從俄國軍用直升機敞開的艙門俯瞰這座水壩，是我畢生探索這條河的一大亮點。

這兩座水壩在它們的時代都具有革命性意義，但俗稱「納瑟水壩」的高壩代表了一個轉捩點：對埃及而言，關鍵不再是每年將在何時氾濫，而是每年尼羅河會帶來多少的水。除此之外，水壩一直是最具爭議的例子之一，說明人類如何破壞大自然耗費了數千年才形成的東西。它展示了人類的技術能力，也狡猾地展示了水會造成問題的二元性。

從長遠來看，水壩與上游的其他水壩是否會破壞尼羅河三角洲呢？水壩代表了一個經典且宏偉的技術困境：它將三角洲與埃及其他地區改造成綠意盎然的常春花園，並為埃及全國數百萬家庭帶來電力，但科學也明確證明，它很可能成為三角洲的最大威脅。

下游情結

如果你站在尼羅河中央的象島上，那座為了祭祀「洪水女神」而建的神廟石柱之間，正對面的「索菲特傳奇老瀑布酒店」（Sofitel Legend Old Cataract Hotel），是英國在一九〇二年隨亞斯文水壩啟用所建，其位置彷彿在向這位希臘—羅馬女神致敬，是讓人很容易理解埃及下游情結的依據。

將目光投向神廟南方，看著太陽終日在萬里無雲的天際上燃燒，你可以看見沙漠消失在西岸，以及作為金字塔建材來源的高聳花崗岩峭壁圍繞在東岸。水流貌似從沙漠中冒出，彷彿是從一個看不見的巨大薩雷帕塔（Sarepta）陶罐傾倒而出，以銳不可擋之勢一路流入埃及。然而，這些水流並非勢不可擋，也不是從薩雷帕塔陶罐裡倒出來的，而是流經十個缺水國家，最後才流到埃及邊界。這樣的地理位置，讓埃及人自然而然地形成了一種獨特的民族心理：下游情結。洪水女神伊西斯不再能幫助他們，而下游情結基本上根植於這種「永恆」的水文與地理現實。它與政權更迭、經濟體系及國界無關，完全是河流特性的產物。

兩千多年前，希羅多德曾造訪此地。他寫道：

親自造訪象島之城後，我透過當地人敘述，繼續收集知識。從象島之城沿河而上，是一片陡峭坡

> 地；所以自此處起，需在船的兩側繫上繩索，如同固定牛隻般，方能繼續前行；若繩索斷了，船就會立刻被洶湧的溪流沖走。穿越此處的航程約需四日[33]。

因為這裡就是古埃的終點，上游的尼羅河瀑布阻絕了交通，形成了天然的邊界。

雖然沒被記錄下來，但史前的歷史始終存在於埃及。當然，該國在尼羅河下游的位置數千年來一直沒有改變，但這個位置在今天和未來都比過去更重要。地球上沒有其他國家像埃及這樣如此依賴單一資源，而該資源塑造了這個國家的整個歷史，卻不受他們的控制，並且還是來自國境之外。正因如此，時任埃及總統的沙達特在獲頒諾貝爾和平獎返國後不久，就清楚意識到並強調，若有任何人從尼羅河偷走一滴水，埃及必將毫不猶豫地發動軍事攻擊[34]。

現在各種且深謀遠慮的歷史運動，都在朝同一個方向努力。例如，上游國家控制尼羅河的技術與經濟能力與日俱增，整個流域的經濟發展與快速的人口增長，導致水源供需間的差距日益擴大；對氣候變遷的恐懼，尤其是尼羅河生態的逐漸惡化，為未來降水的模式帶來新的不確定性。這些變化同時發生，且在一定程度上是一種巧合。這意味著，埃及在流域下游的地位比從前更脆弱，因此從外交政策的角度來看，也比從前更重要。

近年來，埃及的用水量急劇增加。儘管如此，根據年報顯示，埃及國人均用水量僅為七百立方公尺。這個數據遠低於國際上認定必要的一千立方公尺，與一九六〇年代初相比也是大幅下降。在一九六〇年代，埃及人口比較少，當時的人均用水量幾乎是現在的三倍，另外，預計這數字未來將在短短幾年內降至五百立方公尺。埃及國內越來越多的地區，傳出水資源短缺相關的報告與投訴，富有的大地主與小農之間，頻頻為誰有權用水與能用多少水而發生爭執。在二〇一二年初夏，有兩百名遊客在距離阿布辛貝神廟（Abu Simbel）不遠處被扣為人質，因為當地農民想逼迫當局給他們更多的用水，他們堅稱水源都被大地主搶去用了[35]。根據穆巴拉克政府的估計，二〇二〇年，尼羅河的最低用水量約為八百六十億立方公尺，比埃及認為自己有權使用的水量多出三百五十億立方公尺。埃及當局認為，尼羅河共享的議題對埃及的發展及穩定，比其他任何問題都還重要。

與此同時，上游國家首度為了將尼羅河水用於工業、農業與家庭，提出了明確的國家提案與具體計畫。最重要的是，他們加入一項外交行動，試圖奪取埃及在「尼羅河上游的用水議題」上擁有的否決權，而埃及則抗議這違反了具有國際約束力的尼羅河條約。

埃及國家領導人面臨前所未見的強烈要求。數千年來，埃及一直控制著這條河，如今衣索比亞復興大壩（Grand Ethiopian Renaissance Dam）成為他們最大的威脅。時任埃及總統塞西（Abdel Fattah el-Sisi）在二〇一九年九月的聯合國大會上，重申歷任埃及領導人一再強調的：「尼羅河對埃及來說是生命問題和生存問題。」雖然，埃及與阿卜杜勒．法塔赫．塞西政權也有一些傳統手段的選項，但沒有足夠的希望或把握達成目標[36]。

當埃及人不再是這條河的唯一主宰時，他們該怎麼做？他們可以而且必須透過限制水稻和香蕉等耗水作物的栽種，來減少埃及的用水量。在星期五的祈禱中，神職人員奉政府之命宣導節水的必要性，但至少在短期內，這不足以緩解埃及嚴峻的用水問題。正如沙達特宣稱的，他們可以對那些無法接受埃及使用河流方式的國家宣戰，但這已經變得越來越困難，因為衣索比亞與其他上游國家的國力和軍力都不斷的在增強。事實上，他們也可以在外交手段上押注，要求流域內各國一同找出兼顧埃及利益的最佳解決方案；他們還可以嘗試與流域內各國發展不同形式的經濟合作，在用水問題上營造出一種互惠共生、促進團結的氛圍。

不過，塞西將軍與他的政府選擇了另一條路線：國際外交。埃及領導階層無法讓穆斯林兄弟會繼續執政，部分原因是他們認為，兄弟會在尼羅河外交上處理不善，迅速削弱了埃及在流域內與全世界的地位。新政權選擇了另一條路：展現自己是美國的強大盟友，並繼續支持以色列。他們在與衣索比亞的談判中反過來得到美國、以色列與國際貨幣機構的支持，增加了與衣索比亞等上游國家談判的籌碼。

無論選擇哪一種路線，埃及領導階層都必須讓民眾相信，傳統上「把尼羅河視為埃及所有」的觀念已成為歷史，整個社會都必須適應這種新的水文狀況[37]。

紀念碑的今與昔

直升機在一座看似巨大的工廠上空盤旋了數回，但實際上，這是一座以胡斯尼．穆巴拉克總統命名的抽水站，它利用尼羅河產生的電力，將水從納瑟湖（Lake Nasser）送往沙漠。這個抽水站於二〇〇二年竣工，地位相當於尼羅河流域的助產士，目標是計畫每年將五十億立方公尺的水量引入沙漠。

這個抽水站的水泵，距離全世界最知名的紀念碑之一——三千年前用上埃及的一面峭壁雕成的阿布辛貝神廟，僅數英里之遙。聯合國教科文組織展開了一項搬遷行動，把神廟一塊一塊地謹慎鋸開，垂降而下，運送到新的地點再重新組裝。由於納瑟湖將淹沒包括阿布辛貝在內的一切，國際社會因此資助並計畫了這場救援行動。如今，這座紀念碑在重建後，已恢復原有的炫目與宏偉。這座全球最好大喜功的建築之一，建造者是坐擁六位妻子與一百位子女的法老拉美西斯二世（Ramses II）。入口外立有四座他的雕像，每尊都高達二十多公尺，殿內還有更多；入口處的浮雕則描繪了統一上下埃及的尼羅河諸神，祂們力量超凡，以超乎想像的冷漠與不在乎的態度，踐踏著腳下的奴隸。如今，尼羅河卻成了人類的僕人。

俄國軍用直升機在沙漠上空拐了個大彎，現在，我們腳下是一望無際、寸草不生的撒哈拉沙漠。熱氣模糊了一切的輪廓並產生折射。宛如穿越這片風景的狹窄、無盡的生命線，我看到一英里又一英里的筆直水道消失在沙漠的地平線上。納瑟湖的主要運河深入沙漠約五十公里，用於建設城市、開啟工業與發展出口農業，為托西卡（Toshka）地區的沙漠帶來繁榮；約五十萬英畝的土地會使用湖水進行耕作，另外，還有近二十萬英畝的土地則會使用撒哈拉沙漠地下的巨大含水層所提供的水源。穆巴拉克政權曾雄心勃勃地宣稱，將供一千七百萬人在此定居，但後來這數字又逐漸減少，最後官方承諾將提供約三百萬人在此居住。

「噢，你知道，我們可以做個比較，若金字塔是法老時代的工程計畫，那麼這個工程計畫要比金字塔大一百多倍。[38]」二〇〇五年，我在開羅的辦公室採訪阿布．扎伊德（Abu-Zeid）時他這樣說。曾任埃及水利部長多年的他，很清楚埃及政府在做什麼。接著，我們走上水利署的屋頂，眺望開羅的美景，他指了指然後肯定地說：「我們不能都擠在這裡。」

胡斯尼．穆巴拉克下台之後，他任內推動的多項政策都遭到批評。二〇一一年，聚集在解放廣場（Tahrir Square）的示威者認為，政府既忽視非洲，又過於順從上游國家的要求，完全背叛了埃及在尼羅河問題上的利益。此外，許多人還質疑托西卡計畫（Toshka Project）的可行性，認為它只是前任統治階層流於紙上談兵的不切實際計畫；而同情穆斯林兄弟會的政治人物，從一開始就在議會中強烈譴責這項計畫。

他們提出擴張農業地點的其他選項，例如，位於現今三角洲東部和西部的某些地方，或從紅海丘陵（Red Sea Hills）延伸到尼羅河的東西向山谷。這些地方都被認為是更好、更舒適的居住地。有人認為，這些才是埃及民眾願意遷居的地點，因為氣候較宜人，也比較靠近都會區與大城市。此外，這些地方距離擁有發展所需的基礎建設地區不遠。綜觀上述，大家會問：為什麼要把數十億美元浪費在托西卡？然而實際上，這些替代選項忽略了最大的問題：「水要從哪裡來？」塞西將軍的政府試圖讓托西卡計畫起死回生，甚至把某些部分擴大，但進展緩慢，計畫本身也遇到了一些問題。

但不論是現在或未來，不論由誰當政，埃及政府在國家的發展上都無法迴避一個關鍵問題：埃及的經濟與食品價格，依然與利用尼羅河的方式、以及如何最有效率地利用它，息息相關。政府對水利問題的解決方案，以及托西卡計畫與尼羅河流域內的人口壓力，仍將是埃及發展的關鍵問題。埃及政府施政的成功與否，在很大程度上取決於因應和解決水利問題的能力，而這一點，從古至今都沒有改變。

埃及諸神與永生

如今，亞斯文水壩是一個旅遊勝地，這點不難理解。這裡有來自日本、中國、義大利、法國、美國與英國的遊客。當然，我不知道他們在想什麼，但當我走在水壩上時，感覺自己正走在一座極度宏偉的建築之上，其意義遠超過金字塔或其他埃及所建造過的任何建築。與如此重要的技術結構相比，思想的力量在規模上相形見絀。這座水壩熬過了埃及在經濟、政治和意識形態上的種種變遷，在政權更迭中，它依然堅韌不拔，散發出永恆的權威與力量。

我的視線掃過巨牆，找到一處陰涼樹蔭，在此閱讀歐西里斯（Osiris）與伊西斯的故事。這個混凝土巨人以嶄新的方式與昔日的古埃及神祇產生關聯，因為水壩如此清楚地證明了，如今決定尼羅河水流的是政治家與工程師，而不是埃及人（被希羅多德譽為所有民族中信仰最虔誠的）信奉了數千年的神祇。

在現代科學稱霸以前，古埃及人認為，伊西斯的眼淚控制了尼羅河洪水的規模與持續的時間。在建造第一座亞斯文水壩時保存下來的菲萊神廟，在專司供奉歐西里斯的房室石牆上，有一連串的壁畫，繪有祭司替歐西里斯屍體中萌生的穀物嫩芽澆水的景象，銘文中寫道：「這是無法命名的形體，神秘的歐西里斯，從水中復活重生。」神殿的牆壁保存著那個年代最偉大的真理，唯獨最深奧的啟蒙者才能領悟。穀神從自己的身體內長出穀物，犧牲自己填飽人類的肚子，用自己的死讓人類得以活下去。

因此，歐西里斯象徵「由死轉生」，並將這條創造來生的河進一步擬人化。根據古埃及神話，歐西里斯被他凶暴且善嫉的孿生弟弟塞特（Seth）害死，但復活之後得到了永生。這個故事被詮釋成人類必將戰勝死亡。信徒年復一年地為歐西里斯舉行祭典，他們回到神廟，透過神聖的儀式慶祝死後重生。

冥王歐西里斯與他的妹妹，亦即女王伊西斯，共同統治著肥沃的尼羅河三角洲，而他的弟弟賽特與妹妹兼妻子奈芙蒂斯（Nephthys）則只控制著這片金中帶紅的沙漠，賽特認為這非常不公平。歐西里斯與伊西斯在他們的國度內廣受尊崇與愛戴，因為他們教會人們在土地上耕作、以及人與人之間如何和平共處。與此相對，賽特一家是能在沙漠的惡劣環境下生存的好戰家族，因而對歐西里斯與伊西斯所擁有的一切垂涎不已。

有一次，伊西斯不在時，歐西里斯邀請弟弟賽特和其所有親信，參加一場慶祝尼羅河豐收的秋宴，宴會上有豐富的食物與飲料。賽特帶來了一份精美的禮物：一副飾有珠寶和黃金的棺材，表示將把它贈與體型最符合它的人。當歐西里斯躺進去試試時，賽特與七十二名手下立刻鎖上棺材，並以熔鉛封印。接著，賽特一行人趕往尼羅河畔，把棺材拋入水中想淹死歐西里斯。棺材隨波逐流，漂到了一個異國他鄉，在一棵樹旁擱淺。這棵樹圍繞著棺材生長，最後包覆住歐西里斯的屍體。

伊西斯一聽說，立刻趕回家確認歐西里斯是否真的被弟弟害死。悲痛之餘，她剪掉美麗的長髮，光著雙腳順著河流尋找歐西里斯。如今的她不再是傳說中的美麗女王，樣貌變得像女巫一樣被眾人嘲笑。她發現棺材已順著尼羅河流入地中海，並穿越大海漂到比布魯斯（Byblos，今黎巴嫩），被包進一棵大樹的樹枝裡。

海岸邊有棵樹在一夜之間長成碩大無朋的傳聞，在比布魯斯迅速傳開。當地國王深受這棵樹的美麗與快速生長的特質所吸引，下令砍下這棵樹，帶回首都做成宮殿裡的支柱。伊西斯跟著大樹來到宮殿大門，並溜了進去。經過一連串奇妙的事件，加上伊西斯讓比布魯斯女王的生活變得痛苦不堪，女王準備不惜一切代價將伊西斯逐出宮中。伊西斯說，只要讓她帶走包覆歐西里斯的柱子，她就會離開。於是，女王下令卸下柱子，並派遣一艘船把柱子和伊西斯送回埃及。

伊西斯的傷痛透過制式化的儀式，被轉化成一個悲傷的祭典。在祭典的第三日，祭司們走到河畔，舉起一座固定在箱子上的金色神龕，將聖水澆在神龕上時，他們會喊道：「我找到歐西里斯了！」並用泥土、香料、熏香與水混合，象徵伊西斯與歐西里斯的重逢。尼羅河就是復活之河，它不僅是生育與永生的象徵，本身就是一條孕育萬物之河。

閱讀這個故事時，我看到前來造訪這座集人類力量與權力、以岩石和水泥製成的龐然大物的遊客們，從遊覽車上傾瀉而下。不需要多少想像力，就能看出世人對於伊西斯與水壩的崇敬，兩者之間有著鮮明對比與密切關聯：水壩可以被視為伊西斯的反證，也就是現代工程師徹底取代了女神在現代世界觀的終極表達。自十九世紀中葉起，尼羅河開始受制於人類意志的宰制，自此再也無法為這類宗教神話提供素材。如今，伴隨著強大的堤壩與水壩，以及將尼羅河水輸送到數英里外的大型常年運河的問世，河流的發展成了嶄新世界觀的基礎：這世界觀相信，現代化與科技必勝，也相信人定勝天。

儘管如此，即使水壩在治水上厥功甚偉，在軍事上卻是埃及的致命弱點。以色列的鷹派一再揚言，要把水壩當作攻擊目標，二〇一一年，以色列的外交部長阿維格多・李柏曼（Avigdor Lieberman）就是這種人物之一。一九九八年，巴勒斯坦領袖亞西爾・阿拉法特（Yasser Arafat）宣布在約旦河西岸與加薩建立巴勒斯坦國時，埃及表示支持阿拉法特；多家媒體報導，這位以色列外長李柏曼曾說，轟炸水壩是報復埃及的選項之一。二〇〇一年，李柏曼又公開告訴公使團，如果以埃再次爆發軍事衝突，以色列可以攻擊亞斯文水壩。

此外，埃及南方的鄰國也曾揚言要轟炸亞斯文水壩。一九八九年政變後，埃及與蘇丹的關係變得緊張，當時喀土穆是由伊斯蘭主義者掌權。接下來在波斯灣戰爭中，蘇丹又支持伊拉克對抗美國與埃及；一九九一年一月十九日，喀土穆爆發大規模示威，抗議埃及在波灣戰爭中的立場，當時示威者疾呼，應摧毀亞斯文水壩與金字塔。對於在喀土穆丟石頭的示威者來說，這件事情說起來容易，做起來卻很難。但毫無疑問，水壩相當脆弱，而且是埃及領導人不可輕忽的戰略目標。倘若水壩被摧毀，埃及不僅沒有其他備用選項，壩內蓄水將化為一股凶暴的洪流，把它所流經的一切沖入大海。

在實際的政治世界中，炸毀水壩是一個駭人的選項，是一個會讓全球史上所有災難相形失色的巨大劫難。如果這件事情真的發生，想必屆時全世界早已陷入徹底無政府和野蠻至極的狀態。

「尼羅河起義」與水資源威脅

「我買了車票，但火車不開了。」穆罕默德說道。他在二〇一一年二月替我與其他人安排一次私人船遊。從亞斯文出發，預計往上游航行，沿著尼羅河眾多狹窄分流之一，遍覽各瀑布和島嶼。在亞斯文地區，有許多人熱切地想搭乘火車前往開羅和解放廣場參加示威，但政府勒令所有車班停駛。所以穆罕默德慷慨激昂地說道：「我們改在亞斯文的總統府外示威。」

長期以來，埃及的官方報導一直試圖掩蓋正在發生的事，但西方媒體從一開始就相當熱絡，毫無保留地支持叛軍。事實上，埃及的統治精英數十年來似乎一直是西方的盟友，其在伊斯蘭主義強烈發展的中東內，代表一種世俗的聲音，與蘇格蘭旅行作家詹姆斯·布魯斯（James Bruce）在一七〇〇年代的埃及遇到的精英有許多共通點。一如這位發現藍尼羅河源頭的蘇格蘭人在穿越該地時所寫：「全世界找不到任何惡棍比開羅政府成員更殘酷、更不公、更跋扈、更專制、更貪婪。[39]」也就是說，西方媒體一致採納造反者的說法，記者與專家只會說同一種語言：革命的語言。對於穆巴拉克只能有一種看法：他很獨裁、他很腐敗、他是世界首富，因為他竊取了埃及的國家資產！

沒有人知道這場革命會給埃及帶來什麼樣的長期性變化，不過，從尼羅河漫長歷史的角度來看，這場革命代表一個分水嶺。無論在國際上還是埃及人民眼中，起義與其對埃及政府的削弱，都對埃及控制或決定如何利用尼羅河的能力產生直接且巨大的影響。二〇一一年，六個上游國家共同簽署新的尼羅河協定——與埃及的明確政策和表達的意願完全相悖。示威者控制了政權，區區幾場大型示威活動就將胡斯尼·穆巴拉克逼到辭職，甚至他遭軍方親信軟禁的報導，讓上游國家認為埃及已經弱化到令人難以置信的程度。這個一度被所有人視為區域內無敵手的超級大國，竟然連手無寸鐵的開羅示威者都無法壓制。

就長遠來看，這場革命發生得非常粗暴，以至上游國家首度同意：不事先徵得埃及批准，開始建造水壩並同時展開其他工程（稍後會再回到這個話題）。當埃及在尼羅河流域的外交局勢變得比過去任何時期更不確定、更脆弱的時刻，示威者向政權發動攻擊，讓上游國家也紛紛拋開長年來對埃及政權的畏懼，甚至可能比示威者更快、更全面，更有殺傷力。

三十年來，穆巴拉克與他最親近的顧問一直在推動埃及的尼羅河政策。穆巴拉克本人是一個經驗老到的談判高手，因此得以捍衛埃及的傳統立場：尼羅河是埃及的生命線，因此絕不能放棄任何既得的權利。尼羅河被視為國安問題，所以在穆巴拉克被逼下總統寶座後，尼羅河政策的主要負責人是埃及首席情報官奧馬爾．蘇萊曼（Omar Suleiman）。埃及不認同上游國家之間的協議具有約束力，依然堅持數十年來的強硬路線——絕不容許埃及在尼羅河的權利受到任何威脅，若有，將採取必要措施保障這些權利。

二〇一一年，埃及政界忙於處理內政問題，幾無餘力顧及外交政策。在這種情況下，衣索比亞總理梅萊斯．澤納維（Meles Zenawi）在穆巴拉克倒台僅一個月後宣布，他們將在藍尼羅河上建造非洲最大的水壩。不久之後，埃及派出一個以總理為首的龐大代表團前往衣索比亞。開羅正式接受衣索比亞的計畫，但前提是埃及能獲准研究它！埃及變得如此虛弱，以至於到二〇一一年秋，埃及新任領導人前往衣索比亞首都阿迪斯阿貝巴（Addis Ababa）時，沒有多說什麼便同意新水壩的興建計畫。儘管這項工程最終能為埃及帶來許多好處，但依然是埃及在尼羅河博弈中地位急劇弱化最明顯的證據。

埃及新政權被迫將下游國家帶入全新的水政治局面：埃及不再擁有對尼羅河上游工程的否決權。矛盾的是，埃及最重要的盟友是世界銀行與西方國家，而這些都是埃及現任領導人最有疑慮的國際政治勢力。世界銀行已不再提供貸款給未經所有流域國家同意的工程，必須寫入章程，這讓埃及得以對許多可能進行的上游工程加以置喙。美國依然是埃及最重要的盟友，華盛頓可以利用在阿迪斯阿貝巴、坎帕拉（Kampala，烏干達首都）、奈洛比（Nairobi，肯亞首都）與吉佳利（Kigali，盧安達首都）的影響力向上游國家施壓。穆斯林兄弟會或許希望對以色列與西方採取更強硬的立場，但實際上這類政策註定難以實施，特別是現今埃及於尼羅河沿岸的地位如此弱勢之時。

因此從這個角度來看，穆斯林兄弟會的新任埃及總統穆罕默德·穆希（Mohammed Morsi），他出訪的第二個國家就是衣索比亞——這個尼羅河的水塔，掌握埃及絕大多數水源的國家，而且還在當地停留三日[40]，十分合理。此外，穆希任命的第一任總理，也曾是埃及境內尼羅河事務的負責人。但無論穆斯林兄弟會政權多麼重視尼羅河問題，舉世都清楚，埃及在尼羅河相關事務上的地位已經比史上任何時期都要脆弱。

〔4〕

努比亞與河流交會處的國家

八十公里的人工沙漠湖

一九八三年，當我第一次橫渡納瑟湖這座巨大的人工湖時，搭乘的是一艘從埃及駛往蘇丹的舊船，它舊到彷彿再多航行幾趟，就會載著數百名乘客在地獄般的烈焰中沉沒。船員們幾乎沒有任何工具，大家坐在雜亂無章、堆滿煤氣罐的甲板上抽菸，導航設備也粗劣到讓船隻頻頻迷航。

船長把船靠近陸地處拋錨過夜時，我們被告知，萬一船沉了的話，這是一個便於逃離鱷魚攻擊的策略，但其實問題不只這一個，一名船員面帶微笑地說道：「這一帶到處都是致命的毒蠍，兩岸都是像月球般的乾旱、荒涼的山地景象。」

我在船頂上過夜，船頂是由懸掛在鐵架上的厚紙板所搭成。我躺在睡袋內，捕捉熱空氣帶來的微風，盡可能靠近船緣，但同時也得提防落入湖中。一整晚星星都是以單一、無情的強度閃耀著，在彷彿將人工湖與山脈包在一起的天際中，擔任稱職的導航者。歐洲的夜空越靠近月亮越白，越靠近地平線則越接近黑藍，但此處倚靠在山脊上的月亮，卻是一片深藍。這是一個令人驚嘆的熱帶之夜，它的美有增無減地直達高峰，直到夜色結束的那一刻。

橫渡湖面的航程大約一天半。一如其他的旅行，若沒有遇到驚險，就會是一場充滿異國情調且令人興奮、但不會持續太久的短暫冒險。這場船遊從埃及出發，越過無形的邊界進入蘇丹之後，繼續前往努比亞湖（Lake Nubia），這是亞斯文水壩位於蘇丹境內的部分。這座湖在某種程度上，必須藉由親身體驗的方式，才能理解並驗證自然的力量、社會的治水能力，以及人類的狂妄自大。在源自非洲的天然水源上橫渡撒哈拉沙漠，從社會發展的角度來看，這座人工湖彷彿某種精神分裂，因為它既是大自然的紀念碑，也是科技的紀念碑。一旦知道這座人工湖在英國殖民主義的瓦解中發揮了關鍵作用，那麼這趟旅程就會多一份收穫；它既是冷戰期間超級大國競爭下的產品，也是競爭的舞台，它的建設反映了尼羅河流域在後殖民時代中的權力轉移，並且還淹沒了古代和現代努比亞的部分區域。

俄國與埃及工程師於一九六〇年代築壩之後，改道的河水強勁且無情地從乾涸的懸崖間流過，將位在這一帶河畔的努比亞城鎮悉數吞沒。

努比亞：黃金與瀑布

對許多人來說，努比亞這個名字讓人想起非洲強盜尋找黃金的神話故事。事實上，據說這地名就是源於古埃及語的「黃金」。數千年來，象牙、鴕鳥羽毛、桃花心木和香料，都是經由努比亞運往埃及與歐洲。

另外，有些人聽到努比亞，則會聯想到古老的基督教努比亞，想起基督教曾是尼羅河流域一帶主要宗教的那個時代。對另一些人來說，努比亞是非洲法老的故鄉，是一個蓬勃發展數千年，在歷史敘事中長年被埃及法老和金字塔所掩蓋的非洲文明。「遙遠的努比亞」也是許多人對它的感覺，而之所以被視為「遙遠」，是因為它位於尼羅河瀑布的上游，此外，它還曾激發古希臘與羅馬人的浪漫想像。

努比亞位於尼羅河第二大瀑布，與尼羅河在蘇丹中部形成巨大且顯眼的S形彎道，而努比亞人是生活在後來阿拉伯化的埃及與蘇丹之間的非洲人。他們的文化自覺在強度上有所不同，近幾十年的考古發現，讓努比亞的史前史與「黑法老」的歷史得以重見天日。努比亞具有尼羅河流域的典型特徵：文化與民族不和諧的雜音。依照後殖民時期流域內諸國自己的分類方式，努比亞人是流域內的上千個民族之一。

瓦迪哈勒法（Wadi Halfa）位於亞斯文水壩的岸邊，也被稱為努比亞湖。數千年來，這裡一直是兩個世界的交會點：南通非洲，北往埃及與歐洲。它擁有全世界最極端的沙漠氣候之一，年均降雨量僅有三毫米，大多數年分甚至滴雨未下。生物稀少，但蠍子每年都會奪走一些兒童的性命，埃及禿鷲在這片土地上緩慢飛行，覓食腐肉。

瓦迪哈勒法以南，河流宛如一條藍絲帶流經遼闊的棕色沙毯。狹窄的河岸上草木叢生，在荒涼沙漠的襯托下更顯鬱蔥美麗，這一帶的大自然色彩基調是赭色。以黏土建造的房屋大多是粉筆般的白色，但也有些漆成黃色或藍色。蘇丹作家塔依卜·薩里（Tayeb Salih）把這種房屋比喻成「拋錨於大洋中的船」，它們在棕櫚樹蔭的庇蔭下，賦予當地文化景觀一種獨特的風格與氛圍，既抗拒也接受與大沙漠為鄰的事實。從河岸出發，可以沿著沙漠小徑造訪這些房屋，這些小徑蜿蜒於銅綠色的大地之間，接著消失在地平線，進入一種勢不可當的虛無景象，彷彿熱空氣在看似無盡的沙漠上顫抖。

努比亞的尼羅河瀑布為埃及劃定了自然邊界。數千年前，一個以非洲傳統和當地生態為特徵的社會，在今天蘇丹的第一和第二瀑布上游出現。蓬勃發展時期的努比亞，其降雨量比現在還高，只要以簡單的方式灌溉，就能在這片極其肥沃的土地上耕作，且每年至少有兩穫[1]。此外，許多地方還能利用尼羅河運送貨物。由於這一帶的可居地有限，因此這促成了非洲其他地區不為人知的城市形成與社會階層。努比亞曾出現三個王國，定都科爾瑪（Kerma）的第一王國，其國祚近千年（西元前二六〇〇至前一五二〇年），第二王國庫施王國（Kingdom of Kush），定都納帕塔（Napata），爾後又於約西元前三五〇年，遷都麥羅埃（Meroë）。

科爾瑪之所以能成為這個尼羅河文明的中心，是因為它位處一座寬約十五至四十公里、長約兩百公里的廣大氾濫平原上；這是尼羅河努比亞走廊沿線唯一一處有利於水盤灌溉（basin irrigation）的地形[2]。早在新石器時代（西元前六千年到前四千年），科爾瑪就已有仰賴農耕與畜牧維生的人類定居，統治者的地位也逐漸鞏固到得以控制尼羅河貿易的程度。到了西元前十七世紀中葉，這個王國向北擴張到今天的亞斯文象島；西元前一五五〇年前後，再度統一埃及的法老再次出兵科爾瑪，不出多久這個王國就滅亡了。

麥羅埃位於尼羅河在科爾瑪東南方的沙漠、轉了個大彎的東岸不遠處。這座城市是麥羅埃王國（Kingdom of Meroë）的首都，該地以兩百多座因獨特比例而被認定屬於「努比亞文明」的金字塔，由此而聞名。近年的發現，則證實此地曾有許多小河或溪流，且曾在麥羅埃文明的巔峰時期，挾帶充沛水量匯入尼羅河。

西元前一世紀的希臘史學家西西里的狄奧多羅斯（Diodorus Siculus），曾敘述此王朝有個特殊的傳統：國王都會在統治結束時被殺。直到與埃及托勒密二世（西元前二八五至前二四六年）約略同時期的厄伽美尼（King Ergamenes，也作阿爾卡曼尼一世（King Arkamani I），在位期間為西元前二九五至前二七五年）的時代以前，祭司們都會以守護神阿蒙（Amun）的名義，向國王發出通牒，通知他在塵世的統治已經結束，必須受死。傳統上，國王都會服從神的旨意自殺，但受過希臘哲學教育的厄伽美尼違抗了這道命令，他非但沒有自殺，還下令屠殺所有的大祭司。當然，這故事究竟是神話還是王朝政體的有趣描述，是日後史學家討論的議題。另外，一九一〇年考古學家也在這裡發現羅馬皇帝奧古斯都（Augustus）的青銅雕像。根據古希臘歷史兼地理學家斯特拉波的說法，古實王朝（Cushites）攻擊了埃及，並將奧古斯都雕像作為戰利品帶走。羅馬人為了奪回，派出遠征隊沿著尼羅河而上，但卻找不到雕像的頭部，因為它被象徵性地埋在古實神廟入口前的沙地裡，直到兩千年後才被找到。

麥羅埃的地位與財富，要歸功於蓬勃發展的鐵工業，以及遠達印度與中國的長途貿易。由於鐵的生產與買賣，這座城市也被譽為「非洲的伯明罕」。麥羅埃位於兩條大型貿易路線的交叉口：沿尼羅河由北到南的航運路線，與由東到西的商隊路線，是中非經由藍尼羅河與白尼羅河通往埃及、紅海和衣索比亞高地的門戶。現存關於麥羅埃的記載不多，卻相對詳細，這得感謝尼祿皇帝的遠征隊，於西元六〇年到此尋找尼羅河源頭時所作的紀錄，而斯特拉波獲得允許閱讀這些紀錄，並把它們詳實地記述下來。

根據斯特拉波的記述，當時在此交易的品項包括：鹽、銅、鐵、黃金、各種寶石，以及象牙、獅子、豹皮等森林與動物的相關產品。這裡之所以能建立如此大規模且長久定居的聚落，是拜水源與地貌之賜。麥羅埃位於雨帶內，每年都會下點小雨。此外，此地非常適合使用埃及引進的水車（saqia），它是一種能將河水提往耕地的提水設備。而且，在很大程度上，麥羅埃統治者掌控著由北到南的一大段尼羅河，綿延超過一千公里，也就是今日喀土穆以北的蘇丹大片地區。麥羅埃之所以滅亡，可能是受到衣索比亞高地強大的阿克蘇姆王國（Aksum）的攻擊，以及降雨量減少造成的水路變化，導致當地的小河失去往昔的利用價值。由於麥羅埃文字至今無法破譯，史學家仍無法明確解釋它如何發展成希羅多德在西元前四三〇年前後所記載的華麗城市。

努比亞國王在六世紀改信基督教。對於他改信的傳統說法是，拜占庭的狄奧多拉皇后（Theodora）派來一位傳教士，於西元五四〇年前後開始傳福音。也或許是從埃及來的科普特傳教士促成了改宗，因為這些傳教士傳播的同樣是一元論信仰，努比亞基督徒自然而然也會追隨。努比亞國王承認亞歷山卓的科普特正教會的宗教權威，而王國的經濟與軍事力量在九世紀至十世紀達到巔峰。

後來這個基督教王國逐漸衰弱，因為隨著穆斯林在埃及成為主流，接觸科普特正教會和招募受過埃及教育的基督教神職人員，變得越來越困難。另外，庫德族軍人薩拉丁在捍衛伊斯蘭世界對抗十字軍並掌管了埃及之後，也對努比亞基督徒發動攻擊。努比亞沒有得到亞歷山卓的正教會任何幫助，因為他們面臨的情況已使他們無暇顧及南方的教友。一三七二年，可能是努比亞的最後一位主教被任命，努比亞就在相對非暴力的文化浸透過程中逐漸去基督教化，最後在約六百年前與基督教決裂，並為蘇丹其他地區和烏干達北部部分地區的伊斯蘭化做出積極貢獻。

與此同時，戰後初期最有影響力的歷史學家之一，休・崔佛—羅珀（Hugh Trevor-Roper）在他的著作《基督教歐洲的崛起》（*The Rise of Christian Europe*）中寫道：「也許在未來，會有一些非洲歷史可以教。但是，目前完全沒有，有的只是歐洲人在非洲的歷史。剩下的就是一片黑暗……而黑暗絕不是歷史的主題。[3]」

只要遊歷努比亞，或在科爾瑪的千年古墓與金字塔間漫步，就不難理解為什麼許多人對西方於某一段時期在非洲描述的主導地位感到困擾，並理解為什麼後殖民主義的批判有這麼多可譴責或解構的例子。儘管如此，一味將西方學術界的作為斥為權力濫用，是忽略了這類研究成果的另一面：西方考古學家與歷史學家在許多方面都對定義與記錄非洲歷史做出了重大貢獻，拜德國、美國、英國以及斯堪地那維亞（Scandinavian）的考古學家和歷史學家之賜，長年遭遺忘的努比亞歷史才得以重見天日。

穆罕默德・阿里的河流戰爭

蘇丹北部的尚迪是古老的尼羅河貿易樞紐，雖然如今是一個即使錯過也不會令人感到任何遺憾的城市，但實際上它隱藏了一段關於尼羅河與埃及、蘇丹之間的戲劇性歷史。

龐大的商隊從利比亞與埃及穿越沙漠來到這裡，來自西非與北非的穆斯林也經由此地前往麥加朝聖。之所以如此是出於一個非常簡單的地理原因：從尚迪渡河比從蘇丹北部的其他地方都來得容易。由於地理位置的關係，這讓這裡發展成為一個貿易中心，商品種類異常豐富，包括來自印度與威尼斯的貨品；運送奴隸、黃金與其他貨物的大商隊也取道此處，完全不必擔心遭受有如禿鷹般尾隨在後的強盜洗劫，只要抵達尚迪的河岸，隨商隊跋涉的人就全都能鬆一口氣。

由於尚迪在地理上的戰略價值，穆罕默德・阿里的部隊於一八二一年抵達這裡，準備征服今日的蘇丹——或稱「黑人之地」（The land of the blacks）。從埃及出發的是一個雜牌軍團，由阿里的三兒子伊斯梅爾率領；史料記載眾說紛紜，這支部隊的規模約四千人，其中有一半是阿爾巴尼亞人與土耳其人，隨行的還有他的奴隸和一頭驢。此外，隊伍中還有一群庫德族騎兵、一隊身穿鎖甲的貝都因人，以及手持長矛的半裸乞丐。這些人基本上是為了分享戰利品，以及只要割下敵人一支耳朵就能領到五十皮亞斯特（piastre）的報酬而來。[4] 另外，加上僕人、妓女和其他閒雜人等，每晚紮營的人數約有上萬人，其中還有一些歐洲人，例如法國博物學家弗雷德里克・卡里奧德（Frédéric Cailliaud）。他曾出版第一套精美繪製蘇丹與古尼羅河文明的史料書籍，這些書幾乎有一公尺高，書中有精緻的圖畫，以及尚不為人所知的金字塔與古典建築的平面圖。如今看到這些書，沒有人能不為所動，尤其是想到這位作者兼冒險家為了尋找蘇丹的黃金，曾親身參與這場血腥、暴力的戰役。

埃及在十九世紀前半對尚迪與森納爾（Sennar）發動的戰爭，一如歷史上發生在這一帶的其他戰役一樣，完全受到尼羅河水流所影響。水流決定他們前進的速度：水位既沒有氾濫到無法通行，也不有低到讓船隻無法通過尼羅河特有的瀑布。一八二一年六月十二日，穆罕默德．阿里政權在豐吉王朝（Funj Dynasty）首都森納爾宣布併吞蘇丹，該王朝位於藍尼羅河西岸，就在支流與白尼羅河交會處以南。

同年十一月初，伊斯梅爾循著尼羅河下游進行巡視。他離開護衛隊前往尼羅河主河道上的尚迪，與當地首領梅克．尼姆（Mek Nimr）進行了一場致命的會面。伊斯梅爾命令梅克．尼姆在四十八小時內籌集一筆鉅款，外加六千名奴隸和整場戰役所需的裝備；而這個不可能達成的要求，是因為穆罕默德．阿里對蘇丹戰役成果感到不滿。法索格利（Fazogli）的金礦產量低於預期，而且埃及只收到一萬五千名奴隸，遠不及原訂目標的四萬名。梅克．尼姆表示，不可能滿足伊斯梅爾的無理要求，於是伊斯梅爾用長長的土耳其煙斗末端敲他的臉。梅克．尼姆起身拔劍，遭到伊斯梅爾的守衛制伏，並被迫求饒。隨後梅克．尼姆安排了一場宴會招待伊斯梅爾一行人，他與手下趁肚皮舞孃演出時包圍帳篷並縱火，伊斯梅爾被活活燒死，而逃出火場的士兵也慘遭屠戮。

梅克．尼姆在尚迪的行動掀起了一場起義，埃及駐蘇丹代表誓言將送兩萬顆頭顱到開羅作為報復。一個企圖暗殺埃及駐蘇丹代表的人被捕，原本被判處樁刑，但在行刑前突然改成凌遲之刑：他被一名劍術高手一刀一刀切成肉絲而死。另外，在這場起義中，有些男人被閹割，有些女人被割掉乳房，還有許多人被活埋。鄂圖曼帝國，或說土耳其—埃及（Turco-Egyptian）政權，以恐怖手段鎮壓所有起義抵抗，最後在一八二四年征服了蘇丹北部。

穆罕默德·阿里的目標，是要將整個尼羅河流域併為埃及的一部分，但並非出於當時的埃及政權以水文學的觀點把尼羅河視為單一的埃及領土，純粹是因為這條河就是埃及通往東非與中非的走廊。不過，穆罕默德·阿里南征的最重要理由，是因為他需要為建軍網羅奴隸。他打算建立一支忠於自己、由歐洲專家訓練的新式軍隊。他開始不信任自己的阿爾巴尼亞與土耳其士兵，因為他們時常叛亂。伊斯蘭中東和非洲東北部均有以奴隸建軍的悠久傳統，這種做法原本已逐漸過時，但在征服南北蘇丹後又得以恢復。然而，穆罕默德·阿里在他的區域帝國主義上，只取得了部分成功，因為到了一八七〇年，蘇丹與烏干達的大片地區都被納入了赫迪夫（名義上由鄂圖曼蘇丹委任）的控制之下。埃及擁有一個面積相當於全西歐的帝國，占領這片遼闊地域是一項重大的軍事壯舉。

殺掉穆罕默德·阿里之子的梅克·尼姆成了蘇丹的民族英雄。二〇一一年，在獨立五十五週年慶典上發表的演說中，時任總統奧馬爾·巴席爾（Omar Hassan al-Bashir）把這個國家的誕生，上溯至梅克·尼姆對伊斯梅爾與土耳其—埃及占領軍的起義，而唯一一座跨越尼羅河連接喀土穆與恩圖曼（Omdurman）的橋梁則被命名為梅克·尼姆橋。由此可見，一八二二年在尚迪發生的事情，點出了蘇丹歷史上一個關鍵問題：與北方鄰國的關係。

過去一百五十年來，這種關係的關鍵核心，就是尼羅河在經濟與文化上扮演的角色，以及埃及與蘇丹該如何利用這條兩國均賴以維生的河。

地理政治

車窗外，沙漠朝四方無限延伸，我正在前往蘇丹首都喀土穆的路上；我從棟古拉（Dongola）出發，此處大約是從瓦迪哈勒法到目的地的中途，而要到達喀土穆的最快路線，就是直接穿越沙漠。沿途風景單調乏味得要人命，眼前盡是毫無起伏、永無止境的一片灰，四輪越野車的引擎聲令人昏昏欲睡。我喝了一口瓶中的水，拿起一份隨行帶來適合在這片景色下閱讀的文章，這篇文章的作者是埃及最著名的歷史地理學家之一：蘇萊曼·胡扎因（Sulayman Huzayyin）[5]。他的科學研究所採取的，是他認為最適合尼羅河流域的地理特徵概念，同時，他毫不掩飾其創新概念背後的政治目的：蘇丹應該是埃及的一部分。

埃及與蘇丹達成某種形式的聯盟，不論是結為聯邦還是合而為一，這一直是十九世紀初以來埃及外交的主要目標。的確，埃及在現代政治史上一直將兩國的結合視為必達的使命。胡扎因這篇文章的宗旨，就是要從科學與史地的角度把這個政策合理化。

歷史學家如何幫助「創造」一個國家的民族傳統，在歐洲廣為人知，最經典的著作就是英國歷史學家艾瑞克·霍布斯邦（Eric Hobsbawm）的《被發明的傳統》（*The Invention of Tradition*）。許多歷史學家與歷史地理學家，當他們生活的國家正值歷史上的關鍵時期或時刻，他們做的事和胡扎因做一樣：扮演了擴張主義的國家建設者角色，並用自己的研究來服務更大的政治計畫。

胡扎因提出了尼羅河流域（wadi al-Nil，英文：the Nile Valley）、尼羅河盆地（hawd al-Nil，英文：the Nile basin）與尼羅河高地（hadbat al-Nil，英文：the Nile highlands）的概念，也定義它們之間的區別。從地理學的角度來看，只有埃及與蘇丹中部地區所構成的尼羅河流域部分，才代表他定義的「特定尼羅河環境」（al-bia'h-al-niliyya），換言之，只有在這裡方能找到同質性的地理與生態關係，從而形成一個「尼羅河是代表一切或涵蓋一切決定性地理因素」的統一的整體地理學。

基於上述理由，胡扎因試圖根據「地理事實」建立他的「國家空間」，並認為埃及人從前對自己的領土與「生存空間」（Lebensraum）的要求是神祕且無效的，因為他認為生活在尼羅河流域這一帶的人們，已經被塑造成一種共同的有機統一體。隨著時間的推移，人們往往會發展出相同的意識形態、宗教與制度，幾乎可以說，文化反映出生態與社會結構，同時也是一種詮釋，確保這兩者的完整、穩定與長久。從這個角度來看，埃及不僅成為一個締造文明的統一體，還成為一個除了大自然所要求的事情之外，什麼事都沒有做的參與者。說得更直接一點：埃及是文化與文明擴展到蘇丹的路徑，埃及為蘇丹帶來「文化之光」。在這種脈絡之下，穆罕默德·阿里占領蘇丹，就是將尼羅河流域中同屬這有機統一體的各部分再度統合。這個有機統一體深深根植於尼羅河的特有環境所創造的社會與文化上，因此尼羅河流域的統一是很自然的。

胡扎因繼續寫道，身為一名歷史地理學家，他有義務闡述「尼羅河流域統一」的科學真理，而身為一名埃及民族主義者，他也必須為這個概念的實用性和現實性而戰。尼羅河為非洲與埃及之間的文化、貿易與接觸創造了一條天然的通道，而尼羅河在埃及境內特有的自然特性，也幫助他們締造出一個完善、進步、獨特的埃及文明。這個文明從一開始就註定會發展得非常獨特，註定要把整個尼羅河流域團結在一起。這個地理分析與埃及民族主義者的口號「統一尼羅河流域」吻合，與埃及國王直到一九四八年在紐約聯合國演講中，仍自稱「尼羅河國王」或「蘇丹與埃及國王」一事吻合。

只要從亞歷山卓沿著尼羅河主河道前往喀土穆，就很容易理解並認同這位埃及地理學家的尼羅河流域觀點，其論點邏輯對於下游而言相當誘人。因此，自一九九〇年代起，尼羅河就成為自英屬尼羅河帝國時代以來，埃及與蘇丹之間最關鍵的裂痕，當時，倫敦利用尼羅河政策鼓勵蘇丹脫離埃及獨立，這是很矛盾的。胡扎因當年不太可能料想得到，尼羅河至今仍是造成這兩個鄰國分裂的核心。究竟，在往後漫長的歲月裡，還會發生什麼事呢？或許隨著時間流逝，他的理論會變得較可能實現，從而證明在許多情況下，時間也許能解決歷史暫時的判斷與反回應。蘇丹原本是非洲面積最大的國家，在二〇一一年後領土僅剩下北部，再加上埃及人口日益過剩，或許我們有理由相信，埃及與蘇丹的政治及宗教團體對兩國關係長期該如何發展，將會有一番新的想法，例如，是否該取消現在的民族國家邊界，或是否該把兩個國家社會結合成一個「烏瑪」（umma，編注：意指民族或社群），成為穆斯林的融合民族等等。

我把文章收回座位旁的棕色袋子裡，對司機說：「胡扎因的理論又成為一種現實了。」從他的反應來看，我這句話似乎說得有點唐突，因為他朝我一瞥，似乎是以為我中暑了。

消失的探險家

十九世紀初，在埃及南部的沙漠中，兩名年輕的英國男子在尋找尼羅河源頭時，消失得無影無踪。

一八二二年，非洲內陸探險促進協會（Association for Promoting the Discovery of the Inner Parts of Africa），又名倫敦非洲協會（African Association of London），雇用了一位名叫詹姆斯．戈登（James Gordon）的人前去尋找尼羅河源頭。他可能是在穆罕默德．阿里的部隊進入蘇丹一年後離開倫敦，並於同年初夏抵達開羅，而他的消息從開羅傳回了倫敦。一八二三年，讀者可以在《評論季刊》（*Quarterly*

Review）上讀到：「皇家海軍的羅伯特・詹姆斯・戈登上尉於去年（一八二二年）五月離開開羅，目的是找出白尼羅河的源頭。他隻身上路，意志堅定地表示，若沒有任何重要發現絕不回頭。」似乎他也曾說過：「即使踏上這趟旅程最明智的方式，是要當某個黑人商人的奴隸，我也樂意為之，因為一旦做出承諾就絕不能退縮。我的座右銘是勇往直前，相信命運！[6]」

最後，詹姆斯・戈登就這麼消失在蘇丹沙漠的某處。他打扮成阿拉伯人，沒有翻譯隨行，也沒有人找到他的遺體。

另一位在尋找尼羅河源頭途中消失於歷史上的探險家是亨利・P・韋爾福德（Henry P. Welford），他也曾受雇於非洲協會前往埃及，再轉往森納爾，盡可能推進到白尼羅河上游最遠的地方。協會一如往常地知會了英國外交部，外交大臣也依照處理這類事務的慣例，致函要求英國駐亞歷山卓大使透過穆罕默德・阿里政權，提供韋爾福德相關協助。然而，韋爾福德也是一進入蘇丹之後行蹤就開始飄忽，在到達努比亞第二瀑布後，完全消聲匿跡。

不久之後，韋爾福德的死訊就出現在一八三一年六月二十日的《泰晤士報》：「我們很遺憾地宣布另一位非洲旅行者的死訊。非洲協會所派遣的伍德法爾上尉（當年報紙誤植為「Woodfall」）取道衣索比亞的阿比西尼亞（Abyssinia）進入內陸，但在抵達庫爾德凡（Kourdefan）時不幸病逝。」

我們都知道，歷史就是勝者為王，敗者為寇。門森・恩斯特、詹姆斯・戈登與亨利・P・韋爾福德全都沒能成功找到尼羅河的源頭，讓他們作為探險家的功勛因此遭到抹殺。然而，他們的失敗，以及為解決尼羅河地理之謎而置死生於度外的勇氣，或許比任何一個成功都更清楚地驗證了：過去曾有多少人甘冒生命危險，只為解決他們身處的時代內的最大地理謎團。

流浪與沙漠中的城堡

「我來自一個會下雨的地方。我來自一個會下雨的地方。」被輕觸喚醒時，我清楚憶起昨夜駱駝馭者們圍著營火吟唱的這首歌。一個男人俯身看著我，他臉色黝黑，頭包白巾，背後映襯著荒漠晨光。他們攔下一輛汽車，告訴我可以搭這輛車到喀土穆。他們也已經收拾好行囊，準備繼續這趟進入撒哈拉沙漠的旅程。向西離開尼羅河，前往達佛（Darfur），那裡的人打招呼時可能會說：「下過雨了嗎？」這句話真正的意思其實是「你好嗎？最近如何？」對這些駕馭駱駝的游牧民族而言，尼羅河岸只是短暫的駐足點。

幾年後，我再次來到努比亞。我站在沙漠裡崎嶇不平的黑岩中，目睹沙礫如何在風的吹拂下堆積成宛如迷你金字塔的沙丘，而且經常剛堆完就消失得無影無蹤。在此，不難理解為什麼詩人往往能把沙漠的空蕩、沙礫的色彩、岩石的寂寥與風的吹拂，描繪得如此情感豐沛，不過這種情感對我而言卻是過度的。如果這些廣大、平坦之地，除了零星荊棘灌木能堅毅地苟延殘喘生存外，毫無生趣的空間真能告訴我們什麼，想必不是沉默，就是簡約，或是兩者兼有，如此而已。

現在，正值齋戒月。與我同行的兩個蘇丹人都是穆斯林，都在力行守齋。同行之一的哈桑（Hassan）於岩石遍布的沙漠景色中準備生火，此時剛好是太陽西下，火焰和夕陽在天際中映照出不同深淺的紅。他把水倒入鍋中，將香腸與雞肉放在平底鍋上加熱，並從車頂取下行軍床。打從日出他就沒吃過半點東西，也沒喝過一滴水。遮蔭處的氣溫一整天都在攝氏五十度上下，而我們一直都在幹活。我自己已經喝掉好幾公升水，幾乎可說是一直往自己的身體裡灌水。我著實佩服他的毅力與自制力，尤其是在即將開齋時，他仍堅持準備晚餐並打理好晚上的床位。或許我所看到的不過是一種「順從心態」：盲目順從阿拉說的「越辛苦越向善」的教誨。這是沙漠宗教嚴酷性的展現嗎？當我問他是否累了，他彷彿沒有聽到我的話繼續幹活。直到一切準備就緒，甚至還煮了一些蔬菜之後，他才開心地說：「晚餐準備好了。」

躺在行軍床上仰望著星光滿布的夜空，我連一床薄被都沒蓋，因為實在是太熱了。我想起一個駱駝游牧民曾告訴過我，後來又在不知何處讀到的一段話：「有關聯的事物會找到彼此：水往濕處流，火往乾處燒，雨隨雲朵來，風隨熱氣來。」

大河交會處

喀土穆位於藍尼羅河與白尼羅河的交會處。在這裡，就好像兩條河湧向彼此，試圖掩蓋或擺脫各自原本的身分，融合成一條大河。一位阿拉伯詩人以「史上最長的吻」形容這兩條尼羅河的交會。在河道最寬處打起小小浪花，宛如一張皺紋滿布、閱歷豐富，已經看盡世間一切的老面孔。

這座城市被沙漠包圍，只要一場突如其來的沙塵暴，就能將它籠罩在伸手不見五指的黑暗裡。但沙塵暴來得快去得也快，或許區區一刻鐘風沙就會散盡，使得陽光在萬里晴空中再次普照；這在喀土穆是常見的景象。

喀土穆是一座典型的河岸城市，儘管在歷史上市內建築大多往河流的反方向擴張，為了盡可能避開每年一度的洪水威脅。當穆罕默德．阿里的部隊在一八二〇年代將據點從尚迪移師到喀土穆時，這座原本毫不起眼的漁村便隨之轉型。這裡的位置極具戰略價值，因此他們建立了一座哨站，播下形成長久大型聚落的種子。統治蘇丹的土耳其—埃及政權，在十九世紀中葉打通了蘇丹南部沼澤通往河流的航道後，該市作為貿易中心的戰略與經濟價值再度提升。它成為無數次上游長征的跳板，有些是為了尋找象牙、奴隸與黃金，後來是為了尋找尼羅河的源頭。因此，喀土穆很快就成為奴隸貿易的區域中心，因為桑吉巴（Zanzibar）——買賣奴隸的大本營，就位於非洲東岸。不過在歐洲的巨大壓力下，土耳其－埃及政權於一八五四年禁止公開的奴隸貿易，但買賣仍以隱密的方式持續進行。

英國探險家山繆爾．貝克（Samuel Baker）在一八六〇年代抵達當地時，對這座首都的觀感並不太好，他寫道：

> 世上大概沒有任何地方比這裡更悲慘、更骯髒、更不健康……這個小鎮大多數的建築是土磚茅屋，分布在幾乎不比汛期的河面高多少的平地上，不時都會淹水。居民多達約三萬人，而且人口相當密集，既沒有排水溝，也沒有汙水池；街道上瀰漫著超乎想像的惡臭；若有動物死了，屍體會被留在原地，不僅令人作嘔，也有散播傳染病之虞。[7]

話雖如此，喀土穆與孿生城市恩圖曼（Omdurman）依然成為該國歷史上的重要地點。過了尼羅河上的梅克．尼姆橋後向右轉，就會走到現代世界史上第一次伊斯蘭革命的據點：恩圖曼。由於對政治伊斯蘭（political Islam）或伊斯蘭主義（Islamism）的支持與日俱增，加上身為當今某些激進伊斯蘭主義者的鼓舞者與楷模，領導這場革命的馬赫迪（Mahdi，意為「救世主」），在當時儼然成為最重要的人物，他的陵墓位於尼羅河西岸，距離橋僅數公里之遙。

馬赫迪本名穆罕默德．艾哈邁德（Muhammad Ahmad），是史上最有影響力的蘇丹政治人物之一。由於英國男星勞倫斯・奧立弗（Lawrence Olivier）在一九六六年的電影《戰國春秋》（*Khartoum*）中飾演穆罕默德・艾哈邁德，而讓穆罕默德聞名於西方世界。一八四四年，他出生於距離棟古拉不遠的一座尼羅河小島上；舉家南遷後，穆罕默德與其他兄弟一樣追隨父親腳步，在尼羅河上當造船工人，同時開始研究古蘭經與其他伊斯蘭文獻，後來成為一位知名的傳道者。他四處遊歷，逐漸成為土耳其—埃及政權的反對者。

一八八一年，當他回到自己的據點阿巴島（Aba Island）——位在喀土穆南方、白尼羅河上的島嶼，穆罕默德・艾哈邁德開始自稱「馬赫迪」（al-Mahdi），也就是「救世主」之意，或穆罕默德・艾哈邁德・阿布杜勒・馬赫迪（Muḥammad Aḥmad ibn ʿAbd Allāh al-Mahdī）。他堅信自己肩負改革伊斯蘭教的任務，必須將之恢復到先知所奉行的形式，立誓要把先知穆罕默德歿後的所有破壞伊斯蘭的事物清除殆盡，讓伊斯蘭反璞歸真，回復到先知仍在世時的狀態。

煙草、酒精與舞蹈將被禁止。事實上，他最早的宣言之一，就曾呼籲拍手與嬉戲的表情應被禁止，任何與馬赫迪對古蘭經及聖訓解釋相左的詮釋，均被斥為異端。很快地，他開始建立一群追隨者——又稱為「輔士」（anṣār，指穆罕默德的早期追隨者），以及一支聖戰部隊。

馬赫迪開始向統治蘇丹的鄂圖曼—埃及伊斯蘭政權發動聖戰。起初，他有很長的一段時間備受忽視，僅被視為當時在蘇丹出現的眾多宗教狂熱分子之一，但在打贏幾場仗後，馬赫迪終於能號召並領導一支三萬人的部隊，他不僅獲得宗教與政治上的地位，還吸引到大批所戰皆捷的士兵。就在這場伊斯蘭起義在蘇丹戰勝並獲得掌控權的幾年前，英國人也奪取了埃及的控制權；反觀蘇丹，只有印度士兵增援的港口城市薩瓦金（Suakin）與瓦迪哈勒法，仍掌握在盎格魯—埃及聯軍手中，雖然這些聯軍曾短暫統治喀土穆，但沒多久「聖戰士」就包圍了這座城市。

喀土穆的「光明使者」

一八八四年三月十三日，歷史上最著名的圍城戰之一開始了。馬赫迪軍已經包圍這座城市十個月，當他們終於入城時，整個埃及駐軍與四千名蘇丹平民全數遭到屠戮。這場圍城之戰之所以如此有名，是因為英國陸軍少將查爾斯．戈登（Charles Gordon）也參與其中。

戈登，別號「中國戈登」，他在數十年前曾幫助清朝政權鎮壓太平天國叛亂而得名，這讓他的一生比任何人更具話題性，而歐洲人在西方文明邊界為了基督教與價值觀而戰的認知與神話中，他更能被此給引用。然而，對反帝國主義者來說，他在蘇丹的末路是歐洲帝國主義並非牢不可破的證據。他在尼羅河地區的命運，就有這兩種截然不同的意義。

戈登到過尼羅河許多次。第一次是一八七三年被埃及—鄂圖曼（Egyptian-Ottoman）統治者任命為南蘇丹赤道州（Equatoria）州長的時候。他任職期間，為上尼羅河地區繪製了詳盡的地圖，並在蘇丹南部與烏干達北部建立了數個行政中心。接著，於一八七七年升任為總督，是土耳其—埃及政權駐蘇丹的首席代表。雖然之後因長年勤政積勞成疾，在一八八〇年回到英國，但響亮的名聲使他依舊炙手可熱，像是比利時國王利奧波德二世（King Leopold II）就曾要求他幫忙管理剛果自由邦（Congo Free State），但戈登婉拒這個職務。一八八〇年，他被任命為印度總督私人秘書，但沒多久就被奉派前往中國，他協助清廷化解與俄國的衝突，並協助鎮壓太平天國的叛亂。

一八八四年二月，這位早期的環球政治家回到蘇丹和喀土穆，此時，當地情勢與他四年前離開時已截然不同。雖然尚未被攻陷，但馬赫迪威脅要占領這座城。時任英國首相威廉・格萊斯頓（William Gladstone），他的聞名事蹟不少，當中包含這句聲明：「我不相信任何在向我徵詢之前先向上帝徵詢的人。」他對此事表明「無意干預」。倫敦拒絕派援軍幫助戈登解危，被視為是知名史學家宣稱維多利亞時代採行「防禦性帝國主義」（defensive imperialism）的最佳證據。[8]這個理論認為，其實英國人對於把非洲這一帶納入殖民地並不感興趣。後來英國之所以會插手非洲事務，是出於恐懼——歐洲其他競爭對手可能控制尼羅河上游，進而掐住埃及命脈將自己逼出蘇伊士，這才迫使英國對尼羅河上游出兵。

然而，仔細檢證當代資料可以證明，這種完全主導瓜分非洲、倫敦對尼羅河諸國與蘇丹政策的相關歷史解釋，是可以造假的。從埃及的克羅默伯爵與倫敦政府的戰略，可以清楚歸納出，在一八八四年倫敦無意占領蘇丹。此時，英國才剛征服埃及，首要之務是整頓他們的「埃及新家」。克羅默並不擔心喀土穆的伊斯蘭政權，因為他們的政府既不把控制尼羅河當作施政重點，也沒有任何駕馭這條河的技術能力，因此，埃及的英國統治者極其冷靜地接受了馬赫迪的立場。實際上，蘇丹的獨立還有助於削弱鄂圖曼帝國在尼羅河流域的利益，對倫敦的長期戰略目標更有利。

克羅默計畫晚一點再重新奪回蘇丹，因為必須得先讓埃及的財政強大到足以負擔軍事行動，並能在外交上擺平持懷疑態度的世界各國。此外，英國人還需要足夠的資源才能實際控制蘇丹，為此，他們佯裝成是英國與埃及聯手占領蘇丹。由此可見，克羅默比任何人都清楚占領蘇丹這個長期目標的必要性，但他反對在一八八〇年代就出手。克羅默不是殖民主義的夢想家，而是一個真正的帝國主義者——一個實事求是的帝國主義者，一切政策均以對英國、英國銀行業及棉花產業的成本與效益為依歸。

不過，迫於與日俱增的輿論壓力，倫敦政府還是派出了查爾斯．戈登，因為他在蘇丹期間，與可憎的舊政權的聯繫多過與英國的聯繫，也曾在當地為埃及的赫迪夫做事。倫敦與開羅當局給他的指示是：協助忠誠的士兵與平民撤離，並隨他們一同離開。然而，當面臨熟悉且認為自己能夠駕馭的戰爭情勢，戈登就開始走自己的路。在歷盡千辛萬苦抵達喀土穆之後，他拒絕離開這座城市。他認為這裡有足夠的物資與安全聯繫網絡，只要沿著尼羅河北行，就可連通英國所控制的埃及。顯然，他開始將自己視為文明與光明的化身，是來力抗伊斯蘭部落與野蠻穆斯林的基督教戰士。

最後，隨著局勢越來越岌岌可危，馬赫迪的部隊包圍了這座城市，戈登請求倫敦提供軍事支援。但他沒能如願，或者該說，雖然終於如願，但為時已晚。克羅默與倫敦無法透露他們這番消極作為背後的真正原因，因為這會暴露他們在重大且極其複雜的外交形勢下的長期戰略。歐洲與英國的報紙刊登大量關於戈登及其困境的報導，把他描述成在伊斯蘭的狂熱怒濤中，捍衛文明的光明使者。至於首相格萊斯頓，則因拒絕提供戈登足夠的軍事援助而飽受批評。示威者向唐寧街十號的窗戶投擲石塊，指控首相是「害死戈登的凶手」。喀土穆圍城戰上了各大報的頭條。「此事令人震驚，」維多利亞女王致信陸軍大臣赫廷頓勳爵（Lord Hartington）：「戈登將軍身陷險境；務必盡一切努力援救……」。隨著以「拯救戈登」為口號的群眾運動對政府造成的壓力與日俱增，為了緩解公眾輿論，一支救援部隊倉促成軍，但他們晚了兩天才抵達喀土穆。

馬赫迪的部隊先是坐等洪水發生，接下來才對戈登防禦薄弱的駐軍發動攻擊。他們知道這條河屆時將不利於運送部隊和軍事裝備，非常肯定戈登無法得到足夠的增援。由此可證，戈登的聯繫網絡在政治情勢與水文特性下，純屬幻想，完全行不通。馬赫迪軍在夜間襲擊這座城市，戈登於一八八五年一月二十六日的黎明前，在他的宅邸內遇害，其頭顱被當作戰利品送到馬赫迪的帳篷。英國的埃及古物學家恩斯特·A·瓦利斯—巴吉（Ernest A. Wallis-Budge）如此敘述當時的場景：

> 他的頭顱立刻被砍下送給馬赫迪，屍體則沿著樓梯被拖到花園，衣物悉數遭剝除，赤身裸體地躺在那裡一段時間。許多阿拉伯人前來以長矛刺戳他的軀體。後來又被綁在一棵樹上，供所有路過的人咒罵、扔石頭[9]。

而《紐約時報》則報導了自己的造神版本：戈登遇害時正在閱讀聖經。至於另一個歷久不衰的故事，主要歸功於愛爾蘭畫家喬治·威廉·喬伊（George William Joy）的一幅代表畫作《戈登的最後一戰》（*Gordon's Last Stand*），這幅畫被展示於英國的利茲美術館（Leeds City Art Gallery），它曾被無數書籍轉載，是維多利亞時代造神運動的重要例子之一。這幅畫展現出帝國英雄英勇的一刻、展現出查爾斯·戈登將軍臨死時的莊嚴與不屈，其雪白的面龐上毫無懼色，他被描繪成一個如假包換的英雄。在關於文化表徵的長期討論中，最引人注目的就是畫中的伊斯蘭叛軍，他們彷彿因眼前這位站在階梯頂端的基督教戰士兼外交官的視死如歸，大受震懾，每個人都僵住不動。為什麼要如此造神呢？這有助於鞏固維多利亞時代的世界觀，代表一種為爭奪世界主導權而持續至今的兩極對抗的傳統形象：一端是西方文明，另一端則是無政府狀態。

「喀土穆的戈登」成為一個鮮明、有效的維多利亞神話，英國的政治和宗教勢力都紛紛把「喀土穆陷落」以及戈登遇害的價值發揮到淋漓盡致。關於這位「基督教烈士」的命運以及務必為他報仇的論述，後來成為許多英國政客主張把殖民地拓展到上尼羅河地區的依據，同時，公眾輿論也將此視為一八九六年至一八九八年進軍並占領蘇丹的理由。與此相對，沒有人關心戈登與他被描述成的英雄形象是否相符，像是人們後來才發現他酗酒成習。另一方面，當時的馬赫迪被描述為一個野蠻的宗教狂熱分子，毫無在一九六六年的電影《戰國春秋》中的他所展現的人性，片中扮演馬赫迪的勞倫斯．奧立弗在收到戈登首級時說：「把它拿走！阿布杜勒在哪裡？我說過禁止做這種事！」

「喀土穆淪陷」數年後，倫敦政府發言人以「為戈登報仇」作為進軍上游地區的動機，但實際上，倫敦想要占領蘇丹的主要目的，絕不是出於宗教理由，或是為文明而戰的模糊概念。英國征服上尼羅河地區是出於冷酷無情、充滿算計的水力帝國主義。出兵上游不是聖經對古蘭經之戰，或基督教對伊斯蘭教之戰，而是為了更平淡無奇、不會輕易煽動維多利亞時代輿論的理由：水位計與水壩。話雖如此，「為戈登報仇」這句口號依然成為消弭不熱衷於出兵非洲的英國民眾的任何反對或冷漠，同時是拉攏傳教士支持政府的公關工具。呼籲占領蘇丹以報戈登之仇的宣傳，是「為了政治目的而散播謠言」的早期成功範例，也就是如今所說的「政治操作」。

後來，那些相信「為戈登報仇」是反映官方宗教政策的基督教傳教士，他們都大吃一驚。因為當英國成為蘇丹的實質統治者後，克羅默伯爵的第一個決定是：不會派傳教士到蘇丹北部。沒錯，他禁止在埃及與北蘇丹傳福音。一八九九年，克羅默在前往新征服的喀土穆時，他在恩圖曼召集伊斯蘭領導人，向他們保證新政府會完全尊重伊斯蘭教，徹底避免宗教上的干涉。

實際上，早在一八九八年春天，當對南蘇丹的占領已然成為事實時，克羅默便開始允許傳教士前往當地。如此一來，對傳教士來說會出現許多問題，例如，他們都為了傳福音而學習阿拉伯語，以為自己能在政府支持下向北部的穆斯林傳福音，這下子兩頭全空。相反的，在蘇丹南部，英國的殖民策略是將當地的非伊斯蘭地區劃分給各種相互競爭的傳教組織，並賦予他們在各自的「飛地」（enclaves；編注：某區域境內有隸屬於他地的區域）內負責興學教育。

這是一個很巧妙的規劃。表面上是為了保護非洲人不再受北部阿拉伯奴隸販子侵害，同時也非常符合英國的整體尼羅河戰略。若希望這個計畫能成功，英國人就必須提升蘇丹南部（如烏干達）對自己的忠誠度，以牢牢地將這些地區和埃及、北蘇丹分隔開來。縱觀歷史，宗教往往是這種分化政策的有效工具。

沙中之舞

距離謝赫．哈默德．阿尼（Sheikh Hamad-el Nil）位在恩圖曼的陵墓不遠處，有一座紀念豐吉王朝（西元一五〇五年至一八二〇年）伊斯蘭學者的紀念碑，這也是喀土穆為數不多的歷史景點之一。每週五都會有一群人聚集在一起，在沙漠上狂熱地跳舞直到進入恍惚狀態。

伊斯蘭教蘇非派（Sufi）教團內的卡迪里派（Qadiriyya）成員，會在每週的這一天聚集在陵墓外。這些傳奇的苦行僧在急促的鼓聲中翩翩起舞，光腳踩在沙灘上，用一隻腳為圓心旋轉身子，一圈又一圈，接著以閃電般的速度改以另一隻腳轉身，再一圈又一圈，就這麼轉進他們的信仰中——靈魂能與真主交流並洗除所有罪惡的恍惚狀態。數十年來，這種舞蹈已成為吸引國內外遊客的奇觀，不過，卻也令人憶起一八八〇年代的馬赫迪起義，以及伊斯蘭教在蘇丹所扮演的角色。

在戈登遇害、土耳其—埃及政府被擊潰之後，馬赫迪成為整個蘇丹無可挑戰的統治者。他導入嚴格的傳統伊斯蘭教義，重組行政管理體系，宣布自己是先知的代表。馬赫迪宣稱自己推行這些伊斯蘭改革，乃是根據真主透過異像給予他的指示。不幸的是，在征服喀土穆六個月後，馬赫迪就死於斑疹傷寒。

穆罕默德．艾哈邁德建立了現代史上第一個伊斯蘭國家，對蘇丹的歷史和政治產生極大影響。他在蘇丹部分地區建立相對完善的政府管理機構，透過官僚體系實施寡頭統治；而這場起義，也讓我們看到許多關於現代伊斯蘭基本教義派的假設。有趣的是，這並不是一場針對西方或歐洲帝國主義的起義反抗，而是對蘇丹的伊斯蘭領導者和鄂圖曼政權的反彈，而後者依然是一個伊斯蘭哈里發國（哈里發的制度，直到一九二四年被有近代土耳其國父之譽的凱末爾．阿塔圖克（Kemal Atatürk）廢除），雖然這些穆斯林領導人被認為專橫、腐敗，但同時具有現代化的作用。

由於他們革命的對象是統治蘇丹近六十年的土耳其—埃及政權，所以反對這場起義的人被貼上「土耳其人」的標籤，並被馬赫迪派斥為「真主的敵人」。由此可證，一八八五年的革命反駁了那些「把現代伊斯蘭主義視為是對西方和美國政策的回應」的詮釋。

馬赫迪起義的故事以及大家對它的理解，暴露出西方列強的政治家屢屢低估了伊斯蘭主義自我復興與動員群眾的能力。溫斯頓．邱吉爾對馬赫迪的政治計畫極為厭惡，他也參與了推翻馬赫迪政權的戰爭，當時，這位未來的英國首相為奧地利作家理查．柏曼（Richard Bermann）在一九三一年出版的著作《真主的馬赫迪》（*The Mahdi of Allah*）寫序，他是如此提及馬赫迪的猝逝：「知道魔鬼會寫出什麼樣的書總是很有趣的，但神學家從沒給他這個機會。」邱吉爾在把馬赫迪比喻成魔鬼的同時，也將他類比為英國第一任救世軍（Salvation Army）大將卜威廉（William Booth）。他寫道，馬赫迪的計畫奠基於宗教熱情之上，而這種熱情與啟發西班牙教士聖道明（St Dominic）、卜威廉將軍的熱情，同樣肅穆且慈善，但邱吉爾隨後補上一句：柏曼這本書可能是關於「馬赫德主義」的第一本，也會是最後一本著作。

邱吉爾與他所處的那個時代抱有相同的信念，對於歐洲文明的意識形態力量與變革影響，有著強烈的自信，因而低估了伊斯蘭主義的勢力與動員能力。因此可想而知，溫斯頓．邱吉爾也是聯合國在一九四八年通過《世界人權宣言》後，宣布西方終於成功在全球舞台上「推行西方價值觀」的人。然而，後來的事實證明，不論是尼羅河流域或整個世界的發展，都與這種代表西方價值觀的樂觀主義不符，也無法證明宗教狂熱終將消失。

「過來看！伊斯蘭主義者在跳舞！」一位踮著腳尖試圖拍照的荷蘭遊客朝我大聲喊道，因為舞者臉上的表情符合他想像中的恍惚狀態。站在我旁邊的一個蘇丹人帶著和藹微笑，以溫和的語氣告訴他：「他們不是伊斯蘭主義者。他們是蘇非派。我們不一樣。」這些身穿綠色與白色連衣裙（jalabiyas），在恩圖曼的謝赫．哈默德．阿尼陵墓外單腳轉圈進入恍惚狀態的男子，他是蘇非派教徒而不是伊斯蘭主義者。他們這種透過舞蹈與真主的交流，是一九八九年伊斯蘭主義者政變後，近三十年來蘇丹唯一允許的舞蹈形式，因此，這絕對是伊斯蘭主義的勢力及其影響力的又一種展現，讓人看到在宗教的領域裡，現在即是過去邁向未來的舞台，而這也將影響到尼羅河如何被利用、控制和共享。

時間與河流民族的女兒

在喀土穆，站在橫跨白尼羅河的梅克．尼姆橋上，可以觀賞到藍尼羅河從東邊匯入的景象，看到這兩條舉世聞名的河流，如何在恩圖曼附近匯流，一同消失在北方的地平線彼端。站在這裡，我突然意識到自己不知該如何描述眼前這幅景象。自文明出現以來，這兩條河就形塑社會並與之互動：這是一條跨越時空、流動的永恆生命線，卻又能在瞬息萬變的同時維持穩定。與此同時，基於既永恆又多變的獨特二元性，它是否就是真理的產物？

對於一個歷史學家而言，沒有任何事物是永恆的，一切都是可變的，那麼，面對這麼一條河，永恆的秩序又是什麼呢？古希臘哲學家柏拉圖認為，知識與道德的所有變化背後都有著永恆的秩序。對他而言，不變與永恆的就是最真實的，因此，唯有這種事物才經得起「真知」（genuine knowledge）的實證。在空間與時間中的一切，也就是我們透過感官所感知到的所謂「現象界」（phenomenal world），都是可變且短暫的，因此「真實的現實」（true reality）必須在空間與時間之外才找得到，而且必須透過感官之外的力量才能理解。

然而，之所以有短暫與永恆之間的區別，難道不是因為時間跨度太短嗎？從社會角度來看，將這條河視為一種永恆的秩序，與國家形成、技術發展、王國成立、蘇伊士危機的爆發、胡斯尼．穆巴拉克與奧馬爾．巴席爾垮台、或梅萊斯．澤納維（前衣索比亞總理）逝世等世俗、多變的現象界形成對比，會不會只是一種權宜之計？河流難道不是一種在永恆的同時，卻也持續變化的秩序，即便這些變化只發生在其本身永恆的時間框架內？

我相信，如此思考是有意義的。儘管時間總是強硬地將它加以標記，以至於這條河的概念在不同國家、文化區域及脈絡中持續變化，但它本身卻是永恆不變。唯有把它同時看作是永恆的和有時間標記的，它才能在社會意義上成為真實的知識。正因為如此，大河往往能激發觀點新穎的討論，例如，法國年鑑學派歷史學家費爾南．布勞岱爾（Fernand Braudel）的時間與場所感（sense of time and place），以及他著名的「三個層次的歷史時間」（history's three types of temporalities）概念：結構、趨勢和各別事件的歷史。

這個關於尼羅河的故事，提供了思考這種歷史時間跨度的三重劃分的有效性，以及它們與不同層次的人類活動之間的經驗分析。除了河流所承載、自身也參與的過去具體故事，河流在社會與自然中所扮演的角色，既是各種人類活動的歷史主體、舞台，也是被動場景，可能會對區域史和全球史的主流時期劃分方式構成挑戰。例如，英國對蘇丹的占領，在蘇丹的歷史上造成一個經常被忽略但意義重大的轉變：蘇丹成為一個水力國家（hydraulic state）。

從梅克·尼姆橋上，我還可以看到一個十歲女孩被扔進河裡的地點。這件事發生在白尼羅河與藍尼羅河的交會處，因為人們認為她是天使。英國政府在統治埃及期間，出版的最佳期刊《蘇丹筆記與紀錄》（*Sudan Notes & Records*）的一篇文章中，一位英國殖民政府官員講述了尼羅河沿岸眾多相似傳說故事的其中一則[10]。

> 阿布杜勒（Abdullah）執政期間（就是馬赫迪歿後、英國奪取政權之前），一位漁夫如往常地把網撒進河裡，他竟撈到一個十歲左右的女孩。他問她是誰的女兒，她回答自己是河流民族（River Folk）的女兒。漁夫別無選擇，只好帶她去找哈里發，哈里發也問她同樣問題。她回答：「噢，哈里發，我是河民的女兒，我剛走出家門砍一點柴火，就被漁網撈了起來。」哈里發一聽說她是河民便心生畏懼，諮詢了顧問後，便把她放回漁夫的船上，將她拋回白尼羅河與藍尼羅河交會處的河裡。

傳說中，這種人看起來又小又白，一旦從河裡被撈出來就會變得又乾又癟。在尼羅河上下游，世世代代都流傳著與此相似的故事。如今看來，這類故事似乎都屬於往昔的時代，印證了人們對河流的角色和潛力的看法發生了變化：即便河流本身維持不變，但河流之於人們的意義，可能已經有所不同。

維多利亞女王的尼羅河戰爭

這裡的河岸與恩圖曼周遭的平原，是大英帝國發動的所有戰役中最殘酷的戰場之一。當時，使用現代武器的盎格魯—埃及聯軍，把一支使用劍和長矛等劣質武器的蘇丹部隊屠殺殆盡。這是讓維多利亞女王成為英屬尼羅河帝國統治者的重要一步。

從一八九〇年代初期開始，倫敦政府和克羅默以及他在開羅的手下堅信，占領埃及可以確保英國在整個尼羅河流域的利益。一八九〇年，他們已經獲得歐洲各競爭對手的認可，將這條河視為倫敦的「利益範圍」，因此，開羅與倫敦的領導階層討論的，不是這些地區「是否應該」被占領，而是「該在什麼時候」占領最為有利。一八九四年，倫敦控制白尼羅河的天然水庫，亦即湖間地區（Interlacustrine region）的維多利亞湖與阿伯特湖（Lake Albert）。一八九五年，他們決定該輪到蘇丹了，儘管戰事直到翌年才發動。如前文所述，對駐開羅的英國人來說，馬赫迪的統治並沒有多危險，倫敦不擔心當地的伊斯蘭革命是否會對埃及產生更廣泛的影響。此外，英國人也知道蘇丹在一八八九年和一八九〇年歷經嚴重歉收，加上當地領導階層的軍事部署，導致收成的進一步惡化，據傳當地百姓「在沉默的村莊裡靜靜地餓死。」[11]

英國在開羅的戰略家與水利工程師主要的擔憂是，蘇丹的馬赫迪政府讓「英國合理利用埃及境內的尼羅河」變得更加困難，因為他們再也無法收到尼羅河流入埃及前的流量變化資訊。一八七〇年代，埃及於蘇丹境內的尼羅河沿岸建立一些測量站，以蒐集水情數據，而在一八八〇年代初期，英國駐開羅的尼羅河專家，每天都會收到上游水情的電報。當然他們也知道，要把計畫於一九〇二年竣工的革命性水壩「亞斯文水壩」的功能合理化或優化，需要定時掌握河水流入水庫前的水情，這需要對河流流經的上游地區進行某種形式的政治控制才能辦到。

「喀土穆淪陷」整整十年後，英國政府終於全權授予赫伯特・H・基秦拿（Herbert H. Kitchener）將軍，並命令他：擬定征服蘇丹的計畫！借助巧妙的外交策略與媒體炒作，尤其是散布輿論——誇大法國對上游地區的野心，將對英國在埃及的利益構成威脅。倫敦說服名義上仍屬鄂圖曼蘇丹治下的埃及政府出資贊助，並為所謂的尼羅河遠征軍提供作戰所需的兩萬五千八百名士兵的大部分兵員。英國人在對占領軍實施全面的軍事與政治控制的同時，又向需要武器參戰的埃及出售英國生產的武器，而這全都由埃及用稅收來買單。

到了一八九〇年代中期，倫敦已經成功整頓埃及的財政，這是克羅默與倫敦能實際出手占領蘇丹的先決條件，這個目標是透過致力於管理尼羅河水資源而達成的。首先，他們修復並重建灌溉系統，大幅提升農產品與棉花的出口，並以驚人的速度改善埃及的國家財務，也讓歐洲的銀行家與私人投資者連本帶利地賺回來。以富裕的巴林家族（Baring family，克羅默伯爵就是巴林伯爵）為首的英國領導階層因而明白，更全面的灌溉系統既能進一步提升經濟成長，還能進一步鞏固英國占領軍的地位。我稱這種擴張性的埃及水資源政策為埃及境外的「水利帝國主義」（water imperialism）——灌溉手段的發展與棉花出口的成長，讓控制尼羅河上游成為合理的國策。

一八九六年，尼羅河戰爭開始。基秦拿率領英埃聯軍往南推進，這一場大戰一觸即發，目標是達成跨國河道的水力政治控制。一八九九年，時任士兵兼戰地記者的溫斯頓・邱吉爾發表了兩本關於這場戰役的名作《河上的戰爭》（*The River War*）。他在書中寫道：

（尼羅河）是貫穿整齣歌劇的偉大旋律。準備興兵的將軍、決定重大政策的政治家，以及渴望研究上述兩者過程與結果的讀者，都必須想到尼羅河。……它就是戰爭的起因；既是我們作戰的工具，也是我們目標的終點[12]。

與此同時，尼羅河只有某些區段能運輸部隊和重型武器，因此英國人想出了一個被當時許多人視為野心勃勃的作法。英國人征服蘇丹的意志非常強烈，甚至為此修建了一條穿越北蘇丹沙漠的鐵路。尼羅河瀑布對於後勤補給來說是一個強大的阻礙，但有了鐵路之後，就能避開瀑布，使後勤補給更順暢。哈里發的首都恩圖曼與在市內的駐軍，如今對英國來說觸手可及。有了這條鐵路，部隊在任何季節或水位都能進軍蘇丹的心臟地帶；這條鐵路可以運送糧食、彈藥及炮艇到喀土穆，甚至遠及上尼羅河地區。

鐵軌鋪設完畢後，第一班火車開始穿越令人窒息的酷熱沙漠，車上滿載必需品，第一列載的是軌道與補給品；根據邱吉爾的說法，第二列載的則是「信件、報紙、香腸、果醬、威士忌、蘇打水與香煙，好讓英國人能舒舒服服地征服世界[13]」。

約一個世紀之後，輪到我搭乘這列火車穿越沙漠。我們連續好幾小時坐在硬木長凳上，一旁的車窗還關不攏，在超過一天的時間裡，我們置身於沙子無所不在的世界——在我們的頭髮裡、在我們的襯衫下、在我們的嘴裡、在我們捲起的睡袋裡、在我們耳邊。買了便宜車票的蘇丹人則緊緊抓住火車車廂的平頂。隔著車窗，只能看到沙漠與海市蜃樓，只要仔細看，幾乎都能瞥見遠方處處有水的蹤跡。我因為睡眠不足與清晨的沙漠寒風而打哆嗦，我想起英國探險家山繆爾．貝克的《非洲之心》（*In the Heart of Africa*），當中那段提及遠征蘇丹的士兵與海市蜃樓，是一個在沙漠中消失的埃及軍團的知名故事。

士兵們奉命僅攜帶少量的水，因此極度口渴。突然間，他們看到了一座美麗的湖，於是強迫一位當地嚮導帶他們到湖邊。然而，嚮導告訴他們這麼做毫無意義，因為那座湖並不存在。他不想浪費寶貴的時間去追逐海市蜃樓，士兵們便開槍打死了他。貝克寫道：

> 全團士兵離開小徑衝向那座看似令人心曠神怡的湖。在口渴與暈眩的驅策下快步跑過灼熱的沙地；他們的腳步越來越重、呼吸越來越熱，隨著他們越來越深入沙漠，離躺在血泊中的嚮導所在的小徑越來越遠。沙漠彷彿像在嘲弄他們般，以海市蜃樓的幻影誘惑著他們前進。湖面在陽光下閃閃發光，挑起他們沐浴在清涼湖水中的欲望。然而，眼睛雖看得見，嘴唇卻怎麼也碰不著。最後，幻影消失了：眼前的湖變回了灼熱的沙！強烈的乾渴與駭人的絕望！找不到小徑的沙漠與死去的嚮導！沒了！沒了！全都沒了！他們沒有一個人走出這片沙漠……[14]

在基秦拿部隊建造的窄軌鐵路幫助下，英軍無情地持續推進。一八九七年八月七日，他們占領了小鎮阿布哈馬德（Abu Hamed）；一八九八年四月八日，他們打贏了阿巴拉河戰役（Battle of Atbara）。溫斯頓．邱吉爾寫道：「在第一批部隊乘坐火車駛入尼羅河與阿巴拉河交會處的設防營地的那一天，達爾維希（Dervishes，即馬赫迪軍）的命運就註定了。[15]」接著，一八九八年的八月期間，英國人持續朝馬赫迪軍的大本營恩圖曼挺進。

英軍的尼羅河畔大屠殺

一八九八年九月一日，英國炮艇出現在恩圖曼市外的尼羅河上。馬赫迪的繼任者阿布杜勒哈里發無畏地試圖抵抗這支優勢兵力，然而英軍的優勢不是在人力，而是在武器上。

一八九八年九月二日黎明，一萬五千人向英埃聯軍發起正面進攻，但戰鬥結果早成定局：使用長矛與過時武器的蘇丹軍隊沒有任何勝算。另一方面，基秦拿的部隊用的是歐式步槍、馬克沁機槍和大炮，把毫不畏懼朝英軍撲來的敵軍屠戮殆盡。五小時內，約有一萬一千名蘇丹人死亡，而英埃聯軍折損的士兵則不到五十名。參與這場屠殺的溫斯頓．邱吉爾，他曾詳盡地描述英埃聯軍在這場秋日戰事中令人毛骨悚然的行動。他將之形容成半野蠻、來自文明國家的人所犯下的不必要暴力行徑，然而，也許對今日的讀者來說最令人震驚的是，戰勝的士兵穿梭在負傷敵軍士兵之間，並系統性地殺害他們，而邱吉爾卻為這樣的行為辯護。雖然馬赫迪本人在他的政權鼎盛時期就已過世，沒看過他的軍隊戰敗，但他的繼任者卻活著看見自己的軍隊被滅、首都被奪，在最後試圖為伊斯蘭政權延命的逃亡途中喪生。

一八九八年九月二日這場英國領導的盎格魯—埃及聯軍對伊斯蘭戰士的戰役，是否能與二〇〇一年九月十一日之後，西方與塔利班之間的戰爭相提並論呢？這場戰鬥是否也屬於漫長且血腥的伊斯蘭世界與西方世界在思想與價值觀對抗史中的一部分呢？英國歷史學家尼爾．佛格森（Niall Ferguson）是無數關注這場戰爭的作家之一，他同樣熱衷於做這種比較。二〇〇三年他出版的《大英帝國：英國如何型塑現代世界》（*Empire: How Britain Made the Modern World*）中，佛格森提到在許多方面而言，馬赫迪就是維多利亞時代的奧薩馬．賓．拉登（Osama bin Laden），是殺害戈登將軍的伊斯蘭基本教義派，而英國也為此決心消滅他的政權[16]。在這個基礎上，佛格森把一八九〇年代末的恩圖曼戰役（Battle of Omdurman）與一百年後「美國與塔利班進行的那種戰爭……」劃上等號。

然而這種歷史的類比是有問題的，因為歷史的特徵剛好就是「它從來不會重演」。把恩圖曼戰役與塔利班戰爭做比較，事實上除了西方的對手同樣是穆斯林這一點以外，沒有任何重要共通點是兩者並陳的。一八九八年的目標，並不是消滅伊斯蘭基本教義派，馬赫迪也不是（而且也不被認為是）英國利益的威脅。要了解這場戰役的本質與背景，必須拉開視野，在尼羅河的脈絡下將它視為尼羅河殘酷史中的一章。

今天，大家可以參觀馬赫迪陵墓，它距離昔日戰場不遠。英國人在一八九八年出於征服者的傲慢摧毀這座陵墓，過了五十多年之後，於一九四七年才依照原本的模樣加以重建。馬赫迪陵墓是哈里發為紀念其前任所建，是一座白色石造建築，高約三十公尺，頂部有一座以十五公尺高的六角形底座支撐的白色圓頂，四角飾有四座小圓頂。陵墓內漆成綠色和近似巧克力的棕色，所有的木造部分都被漆成代表伊斯蘭的綠色。從喀土穆的奧地利教堂取來的鐵柵包圍著一座綠色的木製棺材，棺內就是馬赫迪的遺體。基秦拿知道陵墓是一個朝聖地，認為出於政治原因應該將之摧毀，克羅默也表示同意。於是，摧毀陵墓的任務交給查爾斯．戈登的侄子，別名「猴子戈登」（Monkey Gordon），他滿心歡喜地扮演了這個「替天行道」的角色。在紀念碑化為瓦礫後，他還把馬赫迪的骨灰撒入尼羅河中。

一八九八年九月四日，各軍團代表在藍尼羅河西岸戈登將軍宅邸的廢墟前，舉行閱兵儀式。這座建築的頂部已經消失，戈登遇害的著名階梯已被夷為平地。部隊搭乘兩艘船從恩圖曼抵達，其中一艘由戈登的侄子指揮。他們停泊在戈登宅邸遺跡的正下方，並在距離戈登遇害地點不遠的屋頂上豎起兩根旗桿。其中一根的旁邊站有兩名英國軍官，另一根則站有一名英國軍官和一名埃及軍官。整場儀式是英國領導階層精心策劃的結果，這是一場展示外交的權力遊戲，目的是把這場戰役定位成埃及與英國攜手的軍事行動，而實際上完全是由英國人所控制。當擔任司儀的基秦拿把手一舉，英國國旗與埃及國旗便雙雙升起。戈登的侄子一聲號令，炮艇梅利克號（Melik）發射二十一響禮炮，然後基秦拿下令為女王陛下與赫迪夫歡呼三聲，接著又舉行了簡短的宗教儀式。最後這位總司令滿懷激動心情，下令在戈登將軍最喜愛的讚美詩《與我同在》（*Abide with Me*）中結束整場儀式。

不久之後，英國人在戈登遇害的地點建造總督府，在帝國前幾十年典型的自滿下，把這座建築稱為「戈登宮」（Gordon's Palace）。這座建築雖面向尼羅河，但距離河岸相當遠，因此不至於遭秋季洪水淹沒。在倫敦統治尼羅河地區期間，總督就坐鎮其中，主宰蘇丹的一切發展。

望向宮殿窗外，眼前是已經被英國所控制的恩圖曼市景，英國國旗在棕櫚與白屋上飄揚著。

無名工程師與一份歷史報告

駐蘇丹的英國行政機構迅速控制蘇丹中部地區。這項工作是由倫敦的外交部而不是殖民地部（Colonial Office）來執行，主要是出於蘇丹對整個蘇伊士戰略的政治意義。英國人在這裡建立的行政機構與眾不同，因為它幾乎完全是由在大學讀過人文學科，並在牛津或劍橋獲得博士學位的人所組成，而且必須先學習阿拉伯語，才有資格加入駐蘇丹的文官體系。

儘管名義上是由埃及重新占領，倫敦則是透過一八九九年所簽訂的「英埃共管蘇丹協議」（Anglo-Egyptian Condominium Agreement）與埃及一同管理蘇丹。然而，英國從一開始就制定了一項政策，確保在自身影響力逐漸增加的同時，埃及的立足點會被逐漸削弱。這種政策的路線在所有領域都很明顯，尤其是在適用於尼羅河政策的部分。英國主要的地緣政治策略是基於一種觀念，就是無論蘇丹由哪個強權控制「都不得侵犯埃及」。簽署於一九二三年的一份備忘錄，把這策略觀點總結成：「**控制蘇丹的列強不得侵犯埃及，必須透過埃及控制蘇伊士運河。**」[17]

倫敦外交部的官僚們準備了一份又一份的機密戰略文件。其中需要強調的是，由於以地理位置來看，蘇丹較埃及接近尼羅河上游，因此控制蘇丹就形同某種程度控制了埃及。蘇伊士與埃及對大英帝國的整體戰略是如此重要，加上英國人決定讓蘇丹北部的部分地區現代化，因此過程中必須用到尼羅河的水，但他們知道這將導致埃及與蘇丹發生衝突。於是，在蘇丹生產棉花出口到英國，並建立一個能受惠於灌溉農業的精英階層，會是個一石二鳥之計：蘇丹將有能力資助英國對自己的管理，蘭開夏郡的棉產業也能獲得比完全依賴埃及更多、更安全的原料供應管道；而且部分蘇丹政治精英階層將因經濟及政治利益與埃及發生衝突，如此一來，能間接鞏固英國在蘇伊士的地位。

因此，蘇丹戰役的最大目的，就是掌握尼羅河的控制權。倫敦與克羅默之所以對尼羅河問題如此重視，如此積極地研究該對尼羅河做些什麼；之所以讓英國的一個部隊沿河而上，並在喀土穆升起英國國旗時，就立刻派駐埃及的尼羅河專家一路朝上游直抵烏干達與剛果，全是因為「有個人」在他包羅萬象的尼羅河報告中，闡述在英國開發尼羅河的總體戰略中，控制蘇丹的經濟與政治有多麼重要。

這個幾乎不為人知的人物就是威廉·加斯汀。沒有人為他塑雕像，幾乎沒有文獻提及，也幾乎沒有留下任何照片。他是一名蘇格蘭人，曾任職於印度的殖民政府，後來成為英國僱傭的眾多才華橫溢的水利規畫人員之一。他不僅是執掌埃及境內尼羅河的主要人物，同時負責農業發展、古蹟管理及公共工程。由於肩負重責大任，必須以「水」來達成被指派的跨領域目標，他被迫採用如今所謂的「多功能方針」來解決水利問題。他必須向克羅默匯報，因此在克羅默的許多水利報告中，都留下與他有關的記錄。

一位英國作家在沿著喀土穆上游的尼羅河旅行時，曾兩度偶遇加斯汀，每次都對他在殖民地發展的博學與務實留下深刻印象，這位作家說：「**英國之所以成為世界的領導者，乃是拜這種人才在本國及各屬地推動文明、發展經貿之賜。**[18]」

這位蘇格蘭人在蘇丹戰役後不久，就沿著尼羅河而上，耗費數個月乃至數年研究這條河的地形、植被、地質、水情。他評估哪些地點可以築壩、鑿河，或建立大型棉花田。早在一八九七年，他就在棟古拉的尼羅河主河道上寫了他的第一份報告，當時那一帶甚至還硝煙未平。接下來他又對蘇丹境內的尼羅河支流進行一項又一項的調查。其中，他最具影響力的報告於一九〇三年完成，於一九〇四年付梓，主要內容是他密集造訪上尼羅河地區期間所累積的觀察，以及蒐集的數據。

一九〇四年的《上尼羅河流域報告》（*Report upon the Basin of the Upper Nile*），是英國統治時期最重要的尼羅河流域相關文獻之一，對該地區的發展具有最深遠、最根本的意義。這份報告歸納並制定出英國二十世紀初在尼羅河地區的基本策略，確立了英國國旗在當地飄揚時期的政策方向。這份報告把尼羅河地區視為單一流域系統的觀點，具有獨特的現代性，代表對前現代尼羅河地區的概念性征服，將其視為一個單一規劃，一個水力實體（hydraulic entity）——從源頭到出海口；這份報告不僅對尼羅河問題的掌握程度令人欽佩，也是政府報告寫作的最佳典範。

加斯汀的報告可被視為一個特定時代的紀念碑：比小說與雕塑更具說明性或啟發性。比最好的虛構敘事更能體現當時的時代精神，因為它是世紀之交對整體尼羅河系統的看法的權威描述，反映並歸納出殖民大國如何看待河道沿線的居民與自然。儘管它也明確揭露出，英國把整條尼羅河掌控在自己手中所流露的自信。這對蘇丹而言很重要，因為證明了在英國的尼羅河策略中，蘇丹的發展僅次於埃及對尼羅河需求。

此外，加斯汀把沼澤遍布的蘇丹南部視為一個純粹的引水道，是一個能把更多水源輸往北部的灌溉經濟體。他把傑濟拉州（Gezira）定為蘇丹可以在不直接影響埃及的情況下，進行大型建設的關鍵地區。這對英國當時的策略來說至關重要。另外，他也點出蘇丹北部沿線可供築壩的瀑布，而喀土穆的政府正在這些地點興工。他的報告在規模更大、目的更廣的部分，還勾勒出在衣索比亞與烏干達境內治水的具體規劃。加斯汀的敘述與分析洋溢著滿滿自信，仰仗的基礎就是英屬尼羅河帝國在倫敦統治初期的實力與開創精神。

然而，這個人物與他的規劃，在接下來的一百年內，倫敦統治該地區期間的文獻中，完全被忽略。加斯汀的跋涉探勘沒有登上倫敦的頭條新聞，他的計算、地圖、製表、規劃和水情研究，無法成為供大眾閱讀的資料。加斯汀的作品長期以來幾乎從未被提及，這是一個史學研究的趨勢與傳統的有趣現象。為什麼會如此呢？因為歷史研究普遍忽視水的重要性，這點非常自相矛盾，就連在研究征服與統治尼羅河流域的歷史時，也是如此。這導致對這段歷史的主流解釋不僅忽略了這條河的政治意義與結構性的經濟意義，也忽略了改變它的人物或努力整治它的工程師。

藍尼羅河與來自挪威的探險家

一九〇三年，一艘蒸汽船來到距離蘇丹與衣索比亞邊境不遠的本博迪（Bumbodi），下一次有大船到訪此地，已是幾十年後的事了。挪威船長兼探險隊隊長布查德・海因里希・傑森（Burchart Heinrich Jessen）就在這艘船上。

這位來自挪威小城拉爾維克（Larvik），被寫進晚期尼羅河探險史的傑森，究竟是什麼人呢？他是如何成為尼羅河上的汽船船長？傑森在一篇名為《阿比西尼亞的西南方》（*South-western Abyssinia*）的文章中提到了這趟探險。這篇文章寫於一九〇五年，收錄於一九〇六年他的非洲探險書籍《W・N・麥克米蘭的蘇丹探險與大狩獵》（*W. N. McMillan's Expeditions and Big Game Hunting in the Sudan*），該書是紀錄美國冒險家麥克米蘭（W. N. McMillan）的事蹟，不過，他在書中除了提及自己受僱於富裕的美國大型獵物狩獵家麥克米蘭之外，傑森沒有透露任何關於自己的資訊[19]。

一八九〇年代初，傑森搬到挪威小鎮霍爾滕（Horten）求學。他在那裡遇見艾美莉・貝格（Amalie Berg），兩人墜入愛河，在一八九二年七月二十三日結為連理。一段時間過後，布查德・傑森與霍爾滕許多學過工程的年輕人一樣前往美國。原本計畫讓艾美莉一同遷居，但她從未離開，傑森繼續寫信給她。其中一封信的抬頭是位在倫敦的「美國汽車與鑄造公司歐洲辦事處」（European Offices for American Car and Foundry Company），日期與執筆地點為一九〇二年五月四日在格拉斯哥（Glasgow），這是他們在霍爾滕初次相遇後的十二週年。信件的開頭是：「致我美麗的野花」，署名為「你的寶貝」。這看似一封相對抒情、高調的情書，正如他所寫，出自一個命運已經「移居他鄉」的人之筆。他在信尾告別時懇求她：「原諒我，我美麗的花朵。」沒有人知道他是為了什麼乞求寬恕[20]。

之後，傑森的行蹤再次出現，是在一九〇三年；此時他正前往藍尼羅河，受到美國狩獵家麥克米蘭資助，並獲得英國駐蘇丹總督雷金納德・溫蓋特爵士（Sir Reginald Wingate）的政治許可。溫蓋特會見了傑森，承諾將盡可能為探險隊提供援助。這趟探險的目標之一，是探勘這條河是否適合作為衣索比亞與蘇丹之間的貿易路線通航。

「這種探險肯定所費不貲，但幸運的是，這對麥克米蘭先生而言只是個小問題。他將不惜一切代價，只求成功。」接下來傑森以冷淡的筆調繼續寫道：「然而不幸的是，裝備再好的探險隊，有時也會陷入困境。」結果確實如此。儘管資金充裕，但多數情況還是出了岔子。其中一個原因是，傑森的手下完全沒有河上航行的經驗：

> 我雇用的人包括一名舵手、一名船夫、一名伙夫以及一名我稱呼他混血兒（Sambo）的童工，他們都是生手，沒有一個曾上過蒸汽船。舵手不會掌舵，伙夫甚至連爐灶的火都沒生過，看來這趟航行註定會非常辛苦。

有一次，傑森一行人試圖把船強行駛過洛塞里（Roseires）瀑布，也就是蘇丹約五十年後建造的第一座發電廠的地點，但第一次失敗了，「船頭筆直朝下，船身倒向一側，看起來彷彿即將沉入河底」，幸好後來暗流把小船沖回了原處。

但傑森的決心堅定不移；在他所寫的書中，可以看出總是對他曾親歷的景色帶有幾分諷刺卻精彩萬分的描述。他的座右銘是：不是成功就是失敗、不接受任何妥協。當船撞上巨石，水從船頭傾瀉而下，舵手高喊：「關掉引擎！」，傑森卻有不同的想法：

相反的，我命令他們全速前進。只見船一寸一寸地刮著巨石緩緩往前移動，最後終於突圍駛進安全水域。這是一個令人興奮的時刻，我們都開心地登上沙洲上稍事歇息。那天其餘的時間裡，我們也經歷了一些小小的刺激，像是船撞上暗礁，導致螺旋槳葉片嚴重扭曲。倒是我們已經把舊的黃銅螺旋槳拉直換上，再啟動引擎了。最後，我們停船過夜（……而且）吃了一頓愉快的晚餐，飯後又享用威士忌、蘇打水與香煙，然後就急著補眠。

由此可見，傑森的遠征歷經接二連三的難關。法國報紙《費加羅報》（*Le Figaro*）曾派遣記者德布瓦先生（Monsieur de Bois）來報導這次冒險。他原本該報導的是麥克米蘭在這場探險中的角色，可惜他在達納吉爾（Danakil）地區遭當地人閹割後殺害。正如傑森所寫的，藍尼羅河除了岩石、高山與懸崖以外，幾乎一無所有。

兩年後，麥克米蘭與傑森又展開另一場探險，這次傑森從蘇丹與衣索比亞的邊界出發。這是一場艱辛的旅程：他們與蘇丹搬運工一同逆流而上，幾乎所有駱駝與驢子都因精疲力竭而死亡。他再次被迫做出藍尼羅河不利船運的結論。傑森的團隊中一名蘇丹人被當地人俘虜後殺害，可能是因為他們認為他是一名奴役奴隸的監工。傑森記錄下過程：他們朝他身上刺入兩根長矛，割斷他的咽喉，割下他的睪丸當戰利品，並把他上臂一部分的肉當作魚餌。傑森沒有立場阻止這場悲劇發生，最後只得放棄。這條河不利航行，溫蓋特與英國政府早已知道這一點：這不是一條堪用的運輸河道，但仍可用於灌溉蘇丹與埃及。

至於傑森，就這麼被世人所遺忘，消失在歷史的洪流之中。

蘇丹的潛力與水力國家的誕生

多年來，英國行政人員不論是在戈登宅邸的遺址——如今成為英國總督的總部，還是藍尼羅河畔的戈登酒店（溫蓋特總督於一九〇二年開設）喝下午茶時，一直為伊斯蘭起義再度發生的危險憂心忡忡；然而，隨著他們的權力日漸鞏固，話題逐漸轉向把蘇丹改造成一個農業國家的可能性。倫敦主要的障礙不是伊斯蘭教，相反地，他們不僅禁止基督教在蘇丹北部進行傳教活動，對當地許多穆斯林機構也不做任何干預，與兩個相互競爭的伊斯蘭教派和大家族，也維持著密切的關係。

從報告與喀土穆總督會議紀錄中可以清楚看出，倫敦政府與駐蘇丹的英國人都越來越明白，蘇丹的發展、以及為當地英國政府提供資金的能力，均取決於尼羅河。這個國家有大片平坦、肥沃的土地，唯獨缺水。因此，蘭開夏郡的紡織業、倫敦外交部最重要的「尼羅河官僚」、以及英國駐蘇丹使節，都越來越關注於開發蘇丹成為英國紡織業長絨棉替代產地的可能性。在很長一段時間裡，蘇丹的尼羅河政策，一直在駐開羅的英國人的控制與領導下，遵循著倫敦所制定的方針。不過，在一九一九年埃及革命之後，原先要在蘇丹建立一個獨立灌溉部門的計畫遭到延遲，直到一九二五年才落實。

有鑑於埃及的反英情緒日益高漲，倫敦亟欲為國內紡織業開發原棉的替代來源，並根據之前才在埃及學到的慘痛教訓，他們也不想在必要的「政治遊戲」祭壇上犧牲棉花產區。他們已經確定傑濟拉半島是藍尼羅河上可建立廣大棉花農場的地方。加斯汀在他一九〇四年的報告中提到，若在藍尼羅河上游建造一座水壩，這座半島便很適合推展大規模的灌溉農業。因此，英國政府早在一九一四年就批准為傑濟拉這項工程提供金援；一九一七年，在倫敦白廳花園（Whitehall Gardens）的一場祕密會議中，負責埃及境內尼羅河事務的梅鐸·麥唐納（Murdoch MacDonald），他闡述傑濟拉地區產棉的巨大潛力，因此，與會者同意建造一片大小堪比埃及三角洲的連綿農場，並在尼羅河上築壩，讓這片農場的計畫成真。

從一開始，這項龐大的水利工程就成為國際政治的焦點之一。第一次世界大戰期間，英國計畫在蘇丹修建一座橫跨埃及生命線的水壩，當消息於埃及曝光之後，引爆了舉國的怒火：從三角洲內的每一家咖啡館到開羅的每一條大街上，都有人抗議在藍尼羅河上的森納爾築壩，是讓英國掌握「關掉水龍頭」的權力。但不是所有人都同意埃及的觀點。相反的，蘇丹聖公會主教在森納爾水壩的啟用典禮上做了這番祈禱：

> 全能、永恆、不變、睿智的上帝，全人類的偉大天父：我們祈求祢保佑這座水壩、這座水庫及灌溉計畫，不僅讓人們能獲得財富與繁榮，而且正確使用這些祢所給予的禮物，能讓他們在智慧上、學習上、宗教上、及真正的正義上獲益良多。……我們讚美祢賦予某些人智慧與遠見，讓他們構思出如何駕馭這條河使其水供人所用：在此謹記威廉·加斯汀與赫伯特·霍雷肖·基秦拿[21]。

接下來，輪到伊斯蘭最高領袖穆夫提（Mufti）的發言，他為尼羅河的工程向安拉致謝：「今天，我們站在這裡舉手祈禱，感謝無所不能、至高無上的真主，透過完成這座崇高的建築與偉大的傑濟拉灌溉計畫，向我們展現祂宏大的恩賜。[22]」

從長遠的歷史角度來看，主教與穆夫提主持了一場讓蘇丹成為「現代尼羅河國家」的跨宗教洗禮。新水壩被譽為上帝與真主贈與的禮物，是人類以及英國殖民政府的勝利。尼羅河不再被奉為神聖的實體，而是以人造、宏偉的混凝土結構之姿受人尊崇。

這座長三千零二十五公尺、最大高度達四十公尺的水壩，現已在河對岸豎立起來。這座水壩既有做到調節器的作用，又有蓄水池的功用。作為調節器，它能增加河流的水位，從而在尼羅河水位最高時讓更多的水流入傑濟拉運河（Gezira Canal）；而作為水庫，它可以在水量充沛的季節裡儲水，以便在缺水季節彌補不足，至於應該儲存多少水，則須透過與埃及的協商決定。最重要的是，水壩與河水是這片全球最大的棉花種植區不可或缺的必需品。

另外，這項工程也成為英國長遠且微妙的部分策略：蘇丹被倫敦與埃及聯手占領之後，倫敦有系統地削弱了埃及在當地的地位。一九一三年，英國成功讓蘇丹在財政上脫離埃及的影響，且幾乎在同時，撥予當地政府在藍尼羅河上興建大規模灌溉工程的第一筆貸款[23]。一九二二年的宣言結束了英國對埃及的保護，也把蘇丹劃為除尼羅河之外，英國仍保留治理權的四個政策地區之一。尼羅河與傑濟拉河的工程，被視為是一個能有效強化埃及與蘇丹民族主義者之間衝突的棋子。由於兩國精英的經濟利益都與尼羅河的使用息息相關，蘇丹能用多少水的爭議，註定會一次又一次地發生。因此，這種布局的目的，是破壞埃及欲建立的願景與計畫：一個由開羅統治與領導的統一尼羅河國家。

白斑壁虎與先知

任何關於河流的歷史敘述，都必須圍繞著人類試圖控制它，讓河流服從人類的意志。如此一來，無可避免地會把焦點放在社會的關鍵機構與結構上，因為水壩與運河通常會明顯改變因它們而受益或受影響的社會生活條件與權力結構。

我站在傑濟拉工程的主運河旁，這是改變一個國家歷史進程的水利工程之一，如今的水流狀態仍與英國人剛開鑿它時相去不遠。這裡的水流速度如此之快、水量如此之大，看起來宛如一條湍急的天然河流。但在目光所及的範圍內，它的河道是如此狹窄、如此筆直，再次證明它是人工開鑿的結果。從河岸眺望，眼前盡是遼闊的天空與翠綠的田野，但在不久前搭機飛過這個區域時，一眼就能看出這條運河系統是人造的產物：成千上萬片矩形的綠色耕地，全都仰賴從尼羅河引入大運河，再從大運河引入小運河的水來灌溉。整套結構清楚呈現現代科學對大自然的征服，以及讓水為社會所用的努力結果。

從英國人在傑濟拉開鑿的眾多筆直的灌溉運河眺望，眼前盡是一望無際的田野與天空。我前來參觀一座被譽為全世界由單一機構管理的最大農場，其秘書長將帶領我參觀，在等待他的時候，我端詳起一隻爬上運河圍牆的白斑壁虎。在蘇丹旅行時，很難不撞見這種飽受當地人嫌惡、被視為不可信任的生物。與世上所有其他重要的事一樣，在這裡現實也會被摻入神話與虛構故事中。我剛剛聽到一則壁虎背叛先知的故事，敘述穆罕默德為了逃離麥加的敵人，逃往麥地那。追捕的人在先知躲藏的洞穴入口看到了蜘蛛網，自然而然地認為他不可能躲在裡面，突然，一隻很大的壁虎現身大喊：「大師在山洞裡！」（El Rabfik Shak!），就這麼出賣了先知！

根據傳統說法，壁虎有毒，人一旦被牠咬到絕對有害，但後來經過科學證明，壁虎是無毒的，被牠咬到不會有性命危險。

我又看了這隻白斑壁虎一眼。看著牠怪異地轉動橢圓形瞳孔，利用腳下的吸盤與前後肢的爪子，在垂直表面上攀爬或衝刺，這令人感到特別興奮。我有足夠的時間觀察牠，今天農場裡沒有什麼事情發生，此時正值齋月，而我的襯衫在日正當中的酷暑下黏在身上，只得坐在幾顆樹的樹蔭下乘涼。遠遠看到秘書長開著白色皮卡車，在種有低矮、綠色的廣大棉花田野間朝我開過來，我被逗樂了。我從不相信有誰比一隻不知該用什麼方式爬上磚牆的壁虎更不守紀律、更樂觀地能讓人不知所措。

溫斯頓・邱吉爾：「慕尼黑就在尼羅河上。」

從一九〇〇年代初到一九五六年蘇丹獨立，倫敦的策略一直是利用埃及與蘇丹的政經精英在尼羅河問題上的分歧，從而增加兩國之間的對立。英國在蘇丹有幾個目標，首先，在政治策略上利用他們對抗反英的埃及，也希望他們繼續為蘭開夏郡紡織業生產廉價的原料。其次，蘇丹是英國商品的市場，還是戰時供應士兵的人力寶庫；由此可見，在帝國主義盛行的時代，統治非洲這個最大的國家，既符合英國殖民主義的專制主義本能，也符合他們的利他傾向。

這個與埃及和蘇丹有關的大英帝國尼羅河政策，是一個具有高度潛力的權力遊戲，如果執行得夠聰明、實行得恰到好處，成功機率就會非常大。之所以成功率高，是基於蘇丹完全依賴人工灌溉的現代化經濟結構，以及蘇丹取自尼羅河用於耕種土地的水量，這個物理特性對流入埃及的水量造成負面影響。這個地緣政治的現實，造就了一批蘇丹政經精英，而在涉及埃及的生命線時，他們與埃及人的利益是相互衝突的。例如，一九四四年五月，蘇丹最有影響力的政治家之一梅基・阿巴斯（Mekki Abbas），他在新成立的蘇丹北部諮詢委員會（Advisory Council for the Northern Sudan）開幕會議上發表的聲明，就是一個典型且發人深省的例子。

阿巴斯抗議並譴責一九二九年的「尼羅河條約」，因為這將所有的好處都給了埃及，導致蘇丹獲得的水量太少。他說，傑濟拉的居民把自己比喻為一頭背上滿是水卻渴死在沙漠中的駱駝」[24]。蘇丹明顯需要更多水，而他們需要的水就在這個現代的駱駝裡，也就是橫跨尼羅河的水壩。阿巴斯認為，問題出在埃及阻擋他們使用這些水的機會，同時表示，蘇丹尼羅河北端的其他地區也有著巨大潛力，但蘇丹人完全沒有辦法從幫浦把水打出來用，因為分配給蘇丹的有限水量（當時蘇丹有權使用的水量為四十億立方公尺）被傑濟拉工程給用掉了。所以蘇丹人（以及他們的英國支持者和發言人）有理由指控埃及對尼羅河的壟斷，嚴重阻礙了蘇丹的發展。

在機密外交信函中，英國人一再把控制蘇丹境內的尼羅河，形容成對抗埃及與埃及民族主義的武器，而埃及人毫不隱瞞自己把蘇丹視為埃及的一部分，最主要的原因就是為了尼羅河。

倫敦作為「尼羅河之王」的日子已屈指可數，然而，一旦這個跡象越清晰，英國就越需要確保蘇丹不被埃及統一，因為他們認為（事實證明的確如此），英國的水資源政策依然可以在對開羅施加政治壓力時發揮關鍵作用，但與此相對，如果蘇丹沒有自己的大型水利工程與可靠的水利局，這個國家很快就會落入埃及水利政治的影響之下。整個一九五〇年代，為了水源分配問題，談判曠日持久，駐喀土穆的英國顧問一再強調，只要蘇丹能獲得更多尼羅河水，其發展潛力不容小覷。這就是為什麼蘇丹在一九五六年公投時選擇獨立，而不是與埃及統一的重要原因。

到了一九五四年，結局仍不明朗，形勢依然沒有突破。時任英國首相的邱吉爾，一如既往地決心維持自己的帝國免於崩潰。他曾以士兵和作家身分參加了一八九六至一八九八年的尼羅河戰爭。他騎自行車造訪烏干達的大湖，並構思一套饒富遠見的東非能源計畫。一九〇七年，他又以殖民地大臣的身分視察尼羅河地區，並撰寫一本關於這趟旅程的著作。一九二〇年代擔任貿易部長時，他招募白人定居者，並以他們在肯亞的生產所得來維護尼羅河地區的鐵路。二戰期間擔任首相時，他在開羅的會議上非常活躍，構思英軍該如何在尼羅河以西的沙漠戰爭中，抵擋德國陸軍元帥隆美爾（Rommel）的攻勢。然而，就連經驗如此豐富的邱吉爾，在一九五四年也完全不知道該如何防止蘇丹選擇與埃及統一。

蘇丹在一九五〇年代初期日益高漲的「反英」和「親埃」情緒，讓邱吉爾沮喪到甚至提出建議：轟炸喀土穆，並說「**慕尼黑就在尼羅河上**」，這句話顯然是在影射一九三八年內維爾・張伯倫（Neville Chamberlain）在慕尼黑與阿道夫・希特勒（Adolf Hitler）的會面。邱吉爾曾聲稱身為首相，他永遠不會坐視大英帝國失敗，但如今他只能坐鎮在唐寧街十號，而且他正準備這麼做。事實上，他這番慕尼黑言論背後的邏輯，就是基於他對蘇丹上游地區重要性的理解：既然當年英國攻得下蘇丹，如今埃及也辦得到，而這將意味著，英國在中東與非洲的帝國地位就此終結。

在埃及，反對英國的示威活動持續不斷，英國在當地已經成不了什麼事，納瑟與自由軍官把他們從一座戰壕驅趕到另一座戰壕。當時對英國來說，他們最好的一張牌就是蘇丹，他們認為，由於尼羅河的關係，埃及根本擺脫不了對蘇丹的依賴，因此對英國人而言，蘇丹仍是他們構思的策略關鍵，這個策略的基本想法依然是：誰在蘇丹掌權，埃及就逃不出他的手掌心。然而如今英國極可能失去對蘇丹的控制權。

邱吉爾私人秘書在記載他與邱吉爾共處期間的大小事件的日記中，記錄了首相某個好戰的提議，也提到當時的外交大臣安東尼・艾登是說服丘吉爾放棄這個想法的人之一[25]。後來艾登成為首相，而他為了確保倫敦在蘇伊士的利益，果然推出一套截然不同的政策：把烏干達的尼羅河改道，讓納瑟因缺水而投降。

蘇丹與埃及共享尼羅河

一九五九年，蘇丹宣布獨立，以及英國在蘇伊士慘敗的三年之後，先後獨立的埃及與蘇丹政府派遣代表簽署一份歷史性合約：「充分使用尼羅河水協議」（Agreement for the Full Utilization of the River Nile）。打從一簽署，這份合約就被視為蘇丹與埃及發展的關鍵，亦被國際譽為「新時代」的典範、是後殖民時代開闢的可能性、是不結盟國家的實力，也證明了：前殖民地有能力解決殖民時期所產生的、連殖民列強國家最後都拖垮自身的問題。因此，該協議被視為其他國家領土內有跨國流域的應學習範例。

埃及同意蘇丹每年可獲得一百八十五億立方公尺的水量。在埃及，許多民族主義者認為，開羅放棄太多在尼羅河上的權利，但納瑟政府明白「妥協」是必須的（蘇丹政府一開始要求的水量分配是兩百六十億立方公尺）。其中有部分原因是，當作蘇丹允許埃及建造亞斯文水壩時，淹沒了蘇丹大片領土的補償，另一個原因，則是納瑟知道這份合約能削弱英國「利用控制尼羅河上游爭議水域，從而製造爭端」的能力，畢竟當時英國在東非仍是個殖民大國。

至於蘇丹，則把這份由軍事政變成立的新政府所簽署的合約，視為一場重要的勝利，雖然也有人抗議，蘇丹的權益被賣得太便宜。無論如何，蘇丹透過這份合約將自己強勢定義為一個不容開羅忽視的尼羅河國家，而且事實清楚證明，蘇丹的未來發展在很大程度上，將取決於尼羅河被如何使用。根據這份合約，蘇丹如今已成為埃及開發尼羅河的伙伴，兩個阿拉伯下游國家在這方面達成統一；另外，雖然合約的官方名稱強調，它的用意是協調「整條」尼羅河的水源分配，但這份合約並沒有其他締約國。

如今，蘇丹已經得到足夠的水量來進行國家發展與現代化。到了一九七〇年代，蘇丹在加法爾・尼邁里（Gaffar Nimeiri）總統的領導下宣布，蘇丹即將成為中東的糧倉。一九五九年的這份合約，為蘇丹提供了往後數十年的所需用水，而且部分地區還能發展以降雨為基礎的農業。話雖如此，這個國家卻缺乏引水灌溉農地的有效管理與資金。政府作風官僚、缺乏政治活力、反對派與日俱增，再加上薄弱的國家財政，最後讓這個目標淪為不切實際的夢想與空話，換言之，作為許多破滅的希望之一，許多人開始將此視為尼邁里政權時期的特徵。

把威士忌倒進河裡！

一九八三年九月，加法爾．尼邁里總統站在喀土穆的尼羅河岸，但他並不是要來主持新水壩或灌溉工程的啟用典禮，那麼在九月二十三日，他到河岸這裡來做什麼呢？

當年九月的這一天，總統之所以站在河邊，實際上是要往尼羅河裡倒酒，這是一項喀土穆禁酒運動的開幕鏡頭。眾人聚集在河岸邊，蘇丹電視台也報導了這項慶祝活動，總統率領車隊抵達，開始大舉銷毀成箱、成瓶、成盒的酒類。這些都是軍方與警方根據一項新頒布的伊斯蘭教法，於前一天從喀土穆的酒吧與精品店查扣的酒。尼邁里總統圍繞著堆積如山的沒收酒類跳舞，並出動推土機把剩餘的酒加以掩埋。

我認識的蘇丹人，起初把這場奇觀視為一個不幸的笑話，但事後證明他們低估了導入這套新法的決心。事實上，蘇丹為數甚眾的自由派穆斯林對酒精並不嚴斥，有些會飲酒，有些則不，但我遇到的任何人都不會禁止他人啜飲一杯啤酒。擔心蘇丹分裂的人看到這項禁酒令的潛在後果，因為酒精在南蘇丹相當普遍，即便是居住在北部的南蘇丹人亦是如此。另外，這項政策也沒能贏得伊斯蘭強硬派的「民心」，他們完全無法信任曾為共產主義者、後來才改變信仰成為伊斯蘭教徒的尼邁里。電視上的一切看似都經過精心排練：觀眾看著這些罪惡沉入河底，高興得喜極而泣，當場宣布往後持有酒精被捕者，將受到四十下鞭刑。尼邁里這場河岸邊的宣傳活動，象徵他將在蘇丹施行自己版本的伊斯蘭教法；另外，他在一九八三年的平安夜宣布，往後男女不得共舞。

一九八三年九月二十三日，尼邁里做了這件在他執政期間最令人難忘的事之一。他試圖透過把酒倒入尼羅河內清楚傳遞一則訊息：他這位在一九六九年發動政變、單槍匹馬隻手槍殺政敵從而獲得政權，並曾自稱是共產主義、社會主義和阿拉伯民族主義擁護者的人，如今成為一名虔誠的穆斯林，而國家政策將隨此伊斯蘭化。

一九八三年九月九日頒布的伊斯蘭教法，讓伊斯蘭教就此成為尼邁里政治哲學的新基礎，彷彿也成為他個人的新定位。如今的尼羅河不是用於灌溉或農業發展，而是成為一個隱喻：從文明的黎明期到如今的不同時代、不同地區，尼羅河和那些曾在宗教儀式中充當淨化媒介的所有大河一樣，如今尼羅河也象徵性地消滅「舊社會」的非伊斯蘭價值觀。尼邁里的行為不僅具有重要的象徵價值，還是一種日益重要的宗教語言，在整個一九八〇年代引領著蘇丹社會。一九八三年九月，在威士忌被倒進尼羅河裡的這一天，既展現也強化了一個深刻的歷史轉型過程，至於後來的結果，是尼邁里總統既沒能預見也無法想像的。

兩年後在南蘇丹首府朱巴，我誤飲被汙染的水而臥病在床，只能打瞌睡、發高燒。病厭厭地打開收音機時，意識模糊地聽到英國廣播公司國際頻道（BBC World Service，這是當時「外籍人士」與外界的唯一聯繫），報導尼邁里被推翻的消息。我的阿拉伯語老師在朱巴和周邊地區因為安全問題被耽擱數日，待他終於回來時，我們不免俗地討論起他國家的政治局勢。原本我從沒注意到他有任何宗教熱情，但如今看來他不僅是一名堅定的信徒，而且還是個激進版伊斯蘭教的倡導者。

他認為尼邁里的問題在於改革的程度不夠大。我的老師告訴我，他尋求的是一種全面性、絕對性的世界觀，希望社會能在古蘭經教誨的形塑下達到和諧統一。根據我的了解，他認為阻礙這種社交圈的威脅，就是他認知中的西方價值觀。聽完他的論點，我認為他過於天真，因為他也是以西方觀點解釋社會的特徵：個人與社會本身的脫節。之前我們曾討論過我做的研究——關於尼羅河歷史，以及英國對埃及與北蘇丹的現代化與發展有何影響。當時我以為他理解我，因為他坐著禮貌地聆聽，友好地微笑著，並提出一些問題。然而，現在我意識到他根本無法理解我。因為他追求的絕對世界觀，以及消弭他認知中的脫節，唯有透過忽視或否定社會中不符合他觀點的一切，才可能達成。

我的老師對世界的過去或蘇丹歷史的理解，一定缺乏對「現實的複雜性與兩難」的理解。若從這個角度來看，想必對他來說，英國的水資源政策改變蘇丹部分地區，並確保蘇丹能從埃及與區域內其他國家分得水源的這段歷史，必須抹去。因為他認為這些事毫無意義，並且將此視為與自己的史觀格格不入。然而，若英國的角色在這種經過合理化的史觀中被如此系統性地忽視，那麼蘇丹史觀的樣貌就不僅是錯誤、修正主義式的，而且註定會變得更加模糊不清。

伊斯蘭政變

一九八三年五月爆發的蘇丹內戰，主要交戰方分別是蘇丹當代歷史文獻中被稱為「中央沿岸精英」（the central riverain elite）的北方，與成立於一九八三年春天，由南蘇丹的丁卡族（Dinka）軍官約翰．加朗（John Garang）領導的蘇丹人民解放軍（Sudan People's Liberation Army，SPLA）。一如這支軍隊的名稱，加朗的目標並不是爭取南蘇丹的獨立，而是建立一個改革、世俗化和民主化的蘇丹。蘇丹人民解放軍在與喀土穆政權的戰事中，取得重大進展，軍方領導階層於一九八五年把尼邁里趕下總統寶座；當時的他正在美國進行私人旅行和醫療訪問。領導這場軍事政變的，是曾任尼邁里政府的國防部長兼參謀長阿卜杜勒・拉赫曼・穆罕默德・哈桑・西瓦爾・達哈卜將軍（Abd al-Rahman Muhammad Hasan Siwar al-Dhahab），他承諾一年內實施一次全面民主選舉，他確實實現了承諾。他宣稱自己想成為一名農民而不是總統，並試圖藉由不斷提醒政界人士他想回歸田園的意願，迫使其他人承擔責任。選舉如期舉行，最後由薩迪克・馬赫迪（Sadiq al-Mahdi）領導的新政府成立。然而這個政府相當衰弱：經濟的凋敝使內戰益發不可收拾，導致更多人喪生，唯有蘇丹人民解放軍的游擊隊日益坐大。

一九八九年，由人民選舉出來的總統薩迪克・馬赫迪被推翻。當奧馬爾・巴席爾在一九八九年六月三十日入主可眺望尼羅河景的喀土穆總統府時，這位當時仍籍籍無名的的陸軍准將，才剛發動了一場短暫卻有效的政變。政變參與者把他領導的政變譽為一場「伊斯蘭革命」。巴席爾一晚接一晚地在電視上重申，自己在十八歲時就加入了穆斯林兄弟會。如今看來，他搬進這座曾被稱為戈登宮的建築，是個充滿諷刺意味的歷史轉折。

一九八九年奪取政權的軍官，與全國伊斯蘭陣線黨（National Islamic Front）的領導人哈桑・圖拉比（Hassan al-Turabi）結盟。一九八五年，圖拉比這位曾留學法國索邦大學（Sorbonne Université）的學者成立該政黨，他長期以來一直被視為新政權的強人，直到他在二〇〇四年因策劃政變而蒙羞入獄。圖拉比是一個有使命感的人，其目標是宏揚以伊斯蘭教義為基礎的政治理念。蘇丹就此導入了一個受一八〇〇年代末的馬赫迪啟發的伊斯蘭政府。

政變本身完全沒有流血，主要的政客被迫流亡，但沒有一個人喪命，而且大多數都在短短幾年內又回到喀土穆。發動政變的軍隊中，約三百名士兵的精銳部隊負責維持喀土穆政局安全，這支部隊數年來一直接受美國的援助、裝備與培訓。另外，巴席爾本人則經歷過漫長的軍旅生涯：曾在一九七三年的「十月戰爭」（October War）中為埃及而戰，在一九七五到一九七九年間，於阿拉伯聯合大公國擔任武官，還曾在美國受過培訓。

這場政變是尼羅河史上的一大要事，因為它強化了埃及與蘇丹兩個尼羅河盟邦自一九五九年以來的分歧，這兩個下游國家的立場都可能因此被削弱。此外，這場政變為蘇丹在二〇一一年分裂成兩個國家奠定了決定性的基礎，因為伊斯蘭化同時增強了蘇丹南北之間的爭執。當牽涉到尼羅河時，這種分裂並沒有改變遊戲規則，只是改變了遊戲的方式。

新政權缺乏政治精英與開羅國家領導人傳統上的聯繫，如今穆巴拉克被視為敵人，是西方與反伊斯蘭勢力在這區域的橋頭堡。哈桑．圖拉比與埃及國家領導階層的死對頭——穆斯林兄弟會，較為親近，因此他透過公開支持埃及的反穆巴拉克勢力，讓喀土穆再也無法扮演開羅的親密盟友，尤其是在尼羅河問題上。後來的第一次伊拉克戰爭，又進一步加深了支持美國的穆巴拉克，與支持薩達姆．海珊（Saddam Hussein）的蘇丹之間的分歧。雙方關係的惡化甚至導致了一場短暫的邊境戰爭，親政府示威者在喀土穆街頭遊行時高呼：「轟炸亞斯文水壩！」

尼羅河承包商：奧薩瑪・賓・拉登

在尚未成為世界史上最著名人物之一的十年前左右，奧薩瑪・賓・拉登被迫離開基本上已形同被軟禁的沙烏地阿拉伯之後，他以主要投資者的身分，受邀前往位於白尼羅河與藍尼羅河畔交界處的喀土穆定居。

他的獲邀是蘇丹逐漸擺脫埃及獨立的眾多跡象之一。在蘇丹，賓・拉登與部分最活躍、被埃及領導階層視為死敵的「埃及伊斯蘭主義者」建立人脈。一九九二年，一名埃及的外科醫生艾曼・查瓦希里（Ayman al-Zawahiri）前往喀土穆拜訪賓・拉登。這場決定性的會面促成蓋達組織（Al-Qaida）與埃及伊斯蘭聖戰組織（Egyptian Islamic Jihad）薩瓦里結盟。後來薩瓦里成為賓・拉登在阿富汗的醫師兼顧問，並在賓・拉登死後接任蓋達組織的首腦。

基本上，奧薩瑪・賓・拉登前往蘇丹有兩個原因。其一，在許多其他阿拉伯國家禁止他入境時，唯有蘇丹允許。其二，是他認同該國的政策，並景仰宗教領袖哈桑・圖拉比所扮演的角色；圖拉比是蘇丹政治精明的參與者，自一九七〇年代起，就以該國動盪的現代史中典型的方式，多次進出監獄和攀上最崇高的政治地位。

一九九〇年代初，圖拉比是蘇丹實質上的掌權者。他的目標是打造一個純粹的伊斯蘭國家，所以十分歡迎賓・拉登，但是以一位投資者的身分，蘇丹需要的是賓・拉登的資金與創業能力。因為蘇丹人顯然知道賓・拉登家族為沙烏地阿拉伯建造了許多基礎設施。在賓・拉登抵達後不久舉行的一場招待會上，圖拉比將他譽為「偉大的伊斯蘭投資者」。的確從那時起，賓・拉登確實是蘇丹最富有的人物之一。圖拉比，或者甚至就連賓・拉登本人（當時他尚未決定該當個生意人還是聖戰士）可能都沒有想到，邀請他到蘇丹來，將會對這個國家、整個尼羅河流域，甚至整個世界的歷史造成什麼樣的影響。

奧薩瑪・賓・拉登在麥克尼姆街（McNimr Street）與利雅得區（Riyadh Quarter）設立辦事處，並成立幾家公司。他的建設公司修建了包括通往蘇丹港（Port Sudan）的幾條主要道路，但他真正感興趣的是農業。當地政府無法以金錢支付他的工作，僅能以土地來支付，因此他很快成為該國最大的地主之一。賓・拉登公開宣稱，他完全同意蘇丹領導人自一九七〇年代以來揭示的目標：蘇丹能夠而且應該成為中東的糧倉。

賓・拉登在尼羅河附近的四個農場工作時，除了閱讀伊斯蘭思想家的著作與研究當代知識外，他還沉迷於另一個嗜好：騎馬。他是賽馬場的一員，但顯然他不喜歡音樂或人群，因此不再前去。他不時與兒子們在尼羅河畔野餐，在沿岸的沙地教他們駕車。每天下午五點，他都在喀土穆的家中舉行招待會。在從事商業活動的同時，賓・拉登開始培育日後為舉世所畏懼的蓋達組織。就在這段時期，該組織在世界各地的銀行開戶，並雇用幾千名蓋達組織成員從事建築與農業工程。

最終，蘇丹還是面臨了與日俱增的壓力：引渡賓・拉登。在一九九〇年代初期，因應經濟成長與外交政策的需要，蘇丹政府在幾個重要領域重新評估推行的伊斯蘭主義路線，並進行調整。蘇丹領導階層迫切需要投資，尤其是在石油工業方面，因此蘇丹開始推行世界銀行所建議的經濟政策。同時，蘇丹也試圖採取一些令人驚訝的措施來提升國際形象：把自己包裝成恐怖主義的敵人。

蘇丹政府在一九九四年突然把綽號「豺狼」（the Jackal）的伊里奇・拉米雷斯・桑切斯（Ilich Ramírez Sánchez）引渡到法國。一九七五年，他在維也納綁架十一名石油輸出國家組織代表，並把他們送往阿爾及利亞索討贖金後，長年來都是遭舉世通緝的頭號恐怖分子。後來，他以法國軍火商的假身分定居在喀土穆。儘管桑切斯遭世界通緝，但人並不難找，他喜歡在市中心的艾美酒店吃早餐，可見西方的情報能力是多麼的不可靠。不過有一天，宛如英國小說家肯・福萊特（Ken Follett）小說中的情節，他接受手術前在醫院裡被麻醉後，旋即被引渡到法國。經過這件事情，賓・拉登感覺自己在蘇丹也開始變得前途未卜。

美國頻頻施壓蘇丹，要他們將賓・拉登驅逐出境，理由是他反對沙烏地阿拉伯領導階層向美國人提出的讓步。蘇丹特務系統的情報總局（Mukhabarat）負責人古特比・馬赫迪（Gutbi al-Mahdi）表示，蘇丹原則上並不反對，而之所以遲遲未執行，根據馬赫迪的說法，是出於一些實際的理由：賓・拉登在蘇丹可被監控；他們知道他人在哪裡、在做些什麼，反之一旦他被驅逐出境，就可能會成為一名全職的伊斯蘭主義激進分子。

蘇丹希望把自己從支持恐怖主義國家名單中除名，為此要求美國告知自己該做到哪些事。美國要的是定居該國的外來伊斯蘭主義激進分子的情報，並希望能驅離賓・拉登。沙烏地阿拉伯願意接受他，但蘇丹拒絕在「沒有獲得他不會遭監禁或審判的保證」之下把他送回去。奧薩瑪・賓・拉登認為，自己為這個國家做了這麼多事，蘇丹要把他驅逐出境是不合理的，為此與圖拉比商談。圖拉比表示，賓・拉登必須停止公開表達自己的意見，不然就得離開，最後這位蓋達組織的頭目決定離開。哈桑・圖拉比顯然曾致電蘇丹駐阿富汗大使，要求他們為賓・拉登的到來做好準備。緊接著，蘇丹政府便大舉沒收賓・拉登在蘇丹境內的所有資產。

一九九六年五月十八日，奧薩瑪・賓・拉登離開蘇丹，他的幾位妻子則散居至世界各國。根據埃及的情報，約有三百名阿富汗戰士隨他離開。然而，他在蘇丹的日子，仍對蘇丹與埃及的關係造成重大破壞，甚至嚴重削弱了兩國聯手對抗上游國家的尼羅河修正主義。

全世界最長之吻的新城市

儘管美國曾試圖孤立蘇丹，但在伊斯蘭政權統治下的喀土穆已明顯現代化，這點相當直得注意。偶爾會有人認為，社會在伊斯蘭主義者的統治下無法得到發展，即使成功西化，也是因為導入西方科技或現代社交媒體使然。然而，科技與意識形態必然是一體的，也就是說，若是從美國進口挖掘機、牛仔褲或電視機，長此以往也將一併進口美式價值觀。蘇丹這個國家證明了這樣的觀點是錯誤的。儘管依然少不了伊斯蘭教義的嚴厲監管，不過這個伊斯蘭政權還是成功地把蘇丹現代化，其中還有不少核心人士曾赴美國各大學接受資訊科技的教育。

在一九八〇年代，喀土穆仍是一座塵土飛揚、市中心相當不起眼的城市。我曾在那裡旅居三個月，第一次是在一九八三年，當時是為了研究英國自一八九〇年代起，雄心勃勃制定的「南蘇丹尼羅河運河工程計畫」，為此前來蒐集檔案資料。我立刻愛上這座城市：它的氣氛，它的親切感，在午後的棕櫚樹蔭下與蘇丹人、其他歐洲研究人員在咖啡桌的對話，還有偶爾在戈登酒店陽台上犒賞自己的冰鎮啤酒，這座酒店的砂岩外牆、美麗的花園，以及通風的大廳，讓人想起大英帝國的璀璨輝煌。除了能在街道布局上處處發現英國留下的痕跡，對一個窮學生來說，最美妙的可能是：每天僅需一美元就能過活。

當時，只需美金四分錢就能租到一間房門無法上鎖的旅館客房，我與一位來自烏干達的難民同住。我的室友曾與烏干達前總統伊迪．阿敏並肩作戰，他的腿部中過彈，每次隔著房門聽見他拖著腿走在粗糙柏油路上的聲響，就知道他回來了。整間旅館共用的淋浴間，就是院子裡磚牆後方一道微弱的冷水。要享受沐浴的訣竅，就是在正確的時間起床，幸好我不是將黎明前起床視為違背自然罪愆的人，所以當我關掉水龍頭時，可以聽到無數鳥兒在飛往歐洲途中，於喀土穆花園內駐足時的歌聲，也能聽到駱駝在牆後噴氣的鼻息。

至於早餐，就站在不遠處一座售貨亭外面吃，每天都買一卷雞蛋（老闆每天都面帶同樣微笑迎客，雞蛋兩面都煎熟），再加上一小瓶可樂，共計美金一分錢。午餐則是坐在檔案館的陽台上，一邊啜飲糖度適中的紅木槿花茶，一邊欣賞著鳥鳴陣陣的棕櫚園，並與其他來到這裡的學生一同討論蘇丹歷史，其中有一個是來自美國的女孩，一個是來自荷蘭的男生。這杯茶幫助我撐到晚上，這時再吃一份雞蛋卷（同樣是兩面煎熟）就可以了。那是一段美好的時光，在檔案館裡度過的那段日子裡，我總是迫不及待地翻開一份又一份布滿灰塵的檔案夾，裡面是英國地方官員與將軍的手寫筆記，在在都讓我決心成為一名研究員，對我而言，尼羅河永遠不會失去吸引力。

喀土穆這座首都與一九八三年時相比，如今它在伊斯蘭政權統治下加快了現代化的腳步。新的市郊出現設備齊全的超市與遼闊的高爾夫球場。前利比亞最高領導人穆安瑪爾．格達費（Muammar al-Gaddafi）在千禧年伊始送來了贈禮：五星級的喀土穆科林西亞飯店（Corinthia Hotel），因其外觀被暱稱為「格達費的蛋」，主導著這座藍尼羅河沿岸城市的天際線。

除此之外，伊斯蘭政府也制定了開發白尼羅河與喀土穆藍尼羅河交會之前，那段雜草叢生的河岸的轉型計畫，於是一個名叫「莫格蘭城」（the Mogran City）——意為「兩河交會處之城」，嶄新城區開始出現。世世代代以來，這座首都一直試圖往遠離河流的方向發展，彷彿拒絕承認為自己的存在奠定基礎的大自然，如今，它將在全世界最傳奇的兩條河流交會處勾勒出新的天際線。這些計畫自從在千禧年一開始首次發布以來，由經驗證明了，要讓計畫成真需要時間，然而喀土穆已明確地朝成為一座現代化城市邁開大步。「歷史上最長的吻」將使這座首都擁有自己的靈魂。

蘇丹揮舞他的尼羅河武器

一九九五年七月一日星期六，蘇丹總統奧馬爾．巴席爾在鄰近埃及水岸高壩的瓦迪哈勒法發表演說。他表示蘇丹必須為埃及的軍事攻擊做好準備，並呼籲全國動員，保衛蘇丹，力抗他所謂的「埃及意圖推翻蘇丹政府」的陰謀。總統這番反對北方鄰國的好戰言論，是在許多埃及記者指責蘇丹於上週在阿迪斯阿貝巴試圖暗殺胡斯尼．穆巴拉克之後所發表的。

一九九五年六月二十六日，赴衣索比亞進行國事訪問的埃及總統胡斯尼．穆巴拉克遭到暗殺未遂。事情發生在穆巴拉克從機場前往阿迪斯阿貝巴市中心，參加非洲統一組織（Organization of African Unity）會議，並與衣索比亞領導人討論尼羅河問題的時候。在從機場到市中心的高速公路上，他的車隊遭到武裝人員開槍襲擊，穆巴拉克的座車中彈數發，但子彈並未貫穿賓士汽車的裝甲。暗殺者使用的是AK-47與榴彈發射器，某些消息來源報導，當下榴彈發射器失靈。發生暗殺情況後，穆巴拉克的座車掉頭駛回機場。幸好他們做了這個決定，如果車隊繼續往市區行駛，沿途還會遭遇更多攻擊。

嫌疑很快就指向了蘇丹政府，他們被指控與埃及伊斯蘭主義者合作。毫髮未傷地返國的穆巴拉克在開羅機場舉行記者會，他被問及他們的鄰國是否可能涉案，他的回答是「不無可能」，此外，衣索比亞也認為蘇丹政府與這場暗殺脫不了關係。穆巴拉克把喀土穆政府比喻成犯罪集團，表示埃及人可以輕而易舉地將他們從地球上抹除，如果這就是他們所希望的。穆巴拉克公開談及可能對南部鄰國發動軍事攻擊。與此同時，蘇丹外交部長則否認蘇丹與這場暗殺行動有任何關係。

蘇丹宗教領袖哈桑．圖拉比謹慎地告訴記者，埃及的指控缺乏根據，他們的目的不過是分散大家對埃及內政問題的注意力。他甚至進一步且顯然是刻意地說：在這場危機中揮舞尼羅河這個武器。當被問到蘇丹將如何應對埃及可能發動的攻擊時，圖拉比的回答令人聯想到英國的尼羅河戰略思維。他告訴路透社記者：

> 我們不想加劇民族主義的對峙（……但是）埃及社會對蘇丹極為依賴，他們的供水全都來自我國。他們（埃及）完全沒有……地下水。如果蘇丹被迫做出回應，並被迫截斷埃及的水源，這將對埃及社會造成致命結果[26]。

這位蘇丹宗教領袖意識到，自己的國家可以利用尼羅河當作武器來對付北方的穆斯林鄰國，而他這番威脅就形同在緊張局勢中拔出一把外交軍刀。雖不清楚這策略有多成功，但無論如何，埃及很快就把所有好戰言論都拋諸腦後。

從一九五〇年代末到一九七〇年代，尼羅河一直是這兩個獨立鄰國之間合作的重心。他們不僅共同加入一個政治聯盟（雖然僅維持幾年），還聯手進行一項在蘇丹南部開鑿運河的大工程。然而，到一九九〇年代乃至二〇〇〇年代，這兩個下游國家之間的邦誼出現壓力，一部分是各自內部的政治意識形態分歧，另一部分則是因為，尼羅河流域其他地區的整體變化以及科技與經濟發展，對這兩個尼羅河政權所造成的影響。

蘇丹領導階層對於尼羅河的政治戰略意義非常了解，尤其是在他們開始出售南蘇丹開採的石油獲利之後，喀土穆開始制定更雄心勃勃的計畫，藉以實現將蘇丹改造成中東糧倉的老夢想。另外，蘇丹政府在關閉可飲酒或跳舞的餐館和酒吧的同時，也忙於整理如何整治尼羅河並改造國家的詳盡報告，然而，卻從未事先與埃及諮商。上述這一切，導致埃及與蘇丹的關係在整個一九九〇年代出現裂痕，讓尼羅河上游國家得以在尼羅河相關的外交戰中，爭取主動權與權力。

蘇丹伊斯蘭政權的政策，不僅在上游國家之間，也在整個尼羅河流域削弱了埃及的戰略地位。這讓他們學到一個教訓：如果連埃及的盟友都能做出這種事，其他上游國家肯定也能給埃及臉色看。

世紀工程（叫他們吞下逮捕令）

「水壩是一項世紀工程……它是蘇丹、阿拉伯世界，甚至全世界的驕傲……它是我國發展最重要的里程碑，未來我國將繼續為蘇丹人民的福祉建造更多類似工程。」[27]二〇〇九年三月三日星期四，在麥洛維（Merowe）東北約四十公里處，蘇丹總統奧馬爾．巴席爾正式宣布麥洛維水壩啟用。他站在水壩旁，以手杖強化自己演說的語氣，多年來他已經把手杖經營成個人的形象商標。開幕式在伊斯蘭罕見的嘉年華氣氛中進行，甚至還採用了五彩紙屑與音樂。中國工人在短短幾年內就蓋好這座由德國設計，中國、阿拉伯投資者與蘇丹政府出資的麥洛維水壩，又名哈姆達布水壩（Hamdab Dam）。這座水壩不僅因為它的混凝土牆彷彿從沙漠中拔地而起，給人宏偉壯觀的印象，更重要的是，它無疑是一座印證伊斯蘭政府現代化的意願與能力的紀念碑。截至目前，這座水壩就是英國在近一個世紀前開始的進程的最新結果，當時英國建造了橫跨藍尼羅河的森納爾水壩，成功把蘇丹形塑成一個水力國家。

巴席爾總統在二〇〇九年三月那天發表的演說看似浮誇，但他所說的話其實恰如其分。水壩對於蘇丹的發展將是意義非凡。在他們後殖民時期的歷史上，沒有任何成功達成目標的工程能與水壩對於社會的重要性相媲美。當然，他也意圖發揮精英整合與國家建設的作用，重新點燃國民對政權和國家的認同感；事實上，這與其他國家建設大型水壩的用意約略相同。

此外，巴席爾總統還利用這個勝利時刻，亦即這場慶祝他的政府活力的活動，批評荷蘭海牙的國際刑事法院（International Criminal Court，ICC）。他嘲笑國際刑事法院，並將其斥為蘇丹與其他非洲敵國的政治工具。「這是什麼道理？」他問道，他在這裡忙著建設國家，海牙的律師卻全神貫注地炮製證明他是達佛大屠殺幕後黑手的文件！他幾天前才說過：「國際刑事法院應該撕毀、甚至吞下對他發布的逮捕令。」巴席爾站在講台上，背後聳立的是水壩，他利用這個機會宣布，家庭電價將調降二五％至三〇％。

麥洛維水壩是蘇丹能源形勢的轉捩點，預告了未來在這一地區的人工灌溉會更為普及。它呈現出一個事實：所有尼羅河國家的內政發展都具有某種國際性質，因為只要有一個國家境內的尼羅河出事，其他所有國家的用水量都會受到影響。從長期的歷史與地緣政治角度來看，水壩的建設表明蘇丹已經做好與埃及爭奪尼羅河控制權的準備。最終，如果蘇丹成功，這將影響整個流域的權力關係與結盟態勢，會對埃及造成極為嚴重的後果。

努比亞與尼羅河控制權

努比亞在第三個千禧年伊始的境況，清楚呈現出尼羅河穿越該地的事實，政府堅信，建造巨型水壩圍住尼羅河水，可以創造出超過努比亞所有金礦總和的收入。

努比亞的歷史和命運都以異常直接的方式，展現了時間如何賦予同一自然地理與社會模稜兩可的境地。數千年來，努比亞人民與他們的王國受到沿河眾多瀑布的保護，讓埃及統治者難以征服古老的努比亞文明中心。八百年前，同樣的河流生態使得努比亞教會與亞歷山卓的教會領袖想要保持聯繫，變得困難重重。如今，這些瀑布成為努比亞遭受有史以來最強的文化與政治壓力的原因。

他們是尼羅河沿岸受到現代「尼羅河控制時代」影響最大的族群。在短短數個世代間，努比亞已經完全被人工改造的運河路徑所改變。首先，第二瀑布於一九六〇年代建造納瑟湖時，數千人被迫遷居，數百個村莊被永遠淹進水裡。接著在數年前，傳統的努比亞中心地帶受到兩座巨大的新水壩工程威脅，一座在第三瀑布旁的偏鄉卡巴（Kajbar），另一則座在達爾（Dal）。

當喀土穆計畫建造水力發電站的消息公諸於世時，意味著將有成千上萬個家庭流離失所、無數考古遺址淹沒水中，這在努比亞本地和國際考古界都爆發了一連串的抗議風潮。蘇丹政府為此重新評估這項計畫，但最後證明喀土穆當局並沒有停止這項工程，他們不過是延後到麥洛維水壩完工後再進行。

喀土穆的巴席爾政府對計畫保密不宣。然而，當中國的「中國水電」（Sinohydro）——全世界最大的水利水電建設公司，在二〇一〇年十月二十八日宣布，他們獲得了一份為期五年、價值七．〇五億美元的卡巴水壩建設合約時，喀土穆的計畫就曝光了。根據媒體報導，二〇一〇年十二月末，約五十九名中國水電員工從中國前往蘇丹。中國在巴基斯坦刊登更多工人招聘廣告的同時，我前往了卡巴。如果水壩真會建成，我想先看看尼羅河上的努比亞河段，也想看看建於瀑布戰略要地的古基督教堡壘的廢墟，這些就位於目前規畫的水壩底下，在它們永遠從世人眼前消失之前，我想前來看一看。

另一座計畫中的達爾水壩（Dal Dam），高度是二十五至四十五公尺之間，發電量則在三百四十至四百五十兆瓦之間，另外，按照水庫的規模，約有二十五億立方公尺的水（約等同於尼羅河年度洪水的三%）將在這裡蒸發。根據反達爾—卡巴水壩委員會（Anti-Dal-Kajbar Committee）的說法，達爾水壩曾有「達爾低壩」（Low Dal）與「達爾高壩」（High Dal）兩種替代方案。前者會淹沒達爾上游所有低於海拔兩百零一公尺的村莊，後者則會把低於海拔兩百一十九公尺的一切淹進人工湖裡，其中包括賽島（Sai）與科爾馬（Kerma）古墓等知名古蹟。

我遇到的努比亞人普遍對這些水壩計畫心存質疑，都希望當局能釋出更多情報。誠如他們所說：「尼羅河就是生命，就是這裡的一切。大壩將改變這裡的一切並將它掩埋。」許多人抗議水壩的建設，在YouTube上就能看到尼羅河沿岸村落的努比亞示威者的相關影像。他們成立了委員會，把這套計畫斥為「人禍」；有些人立誓若有必要，會拿起武器阻止水壩施工。他們在自己發送的小冊子上言明，拒絕再為這個阿拉伯國家的水資源利益淪為犧牲品。這套計畫之所以受到批評，不僅因為它會對努比亞產生負面影響，還因為它們被質疑在水文學和水資源政策上都不合理，畢竟光是「蒸發」就會消耗蘇丹所分配到的一大部分尼羅河水量。因此，在努比亞反對派眼中，這項建設並不單純是水壩工程，而是蘇丹與埃及政府聯手制定的一項惡魔計畫的關鍵要素，目的是解決兩個問題：埃及的人口過剩，以及將努比亞徹底阿拉伯化。

努比亞社運人士發表的報告中，指控喀土穆與開羅對努比亞和努比亞文化發動了一場不為人知的戰爭，目的是有計畫地把努比亞人逐出他們自古以來的故鄉。據說這項策略有兩個目的：其一，藉由在尼羅河上建水壩強迫努比亞人移居，當地同時也無法得到經濟、社會或文化上的發展，而是繼續處於貧困之中。其二，在埃及的援助下，蘇丹的努比亞文化將被扼殺，因為當地人民被迫與埃及的努比亞人隔離。努比亞發言人聲稱，兩國政府把努比亞地區售予外國公司，並計畫在這裡進行新的灌溉工程。另外，也有許多人謠傳蘇丹與埃及達成一項祕密協議：將數百萬埃及農民遷往努比亞三角洲，該三角洲位於尼羅河上的瓦迪哈勒法、棟古拉和奧瓦納特山（Owainat Mountain）之間。

北蘇丹這些水壩計畫造成的衝突與分歧如此之深，水壩工程的反對者甚至威脅，計畫中的水壩恐將引發內戰；若真的發生這樣的結果，不是讓蘇丹成為一個與埃及緊密結合的阿拉伯—伊斯蘭國家，而是催生出一個由居住在南埃及與北蘇丹的數百萬努比亞人聯合組成的努比亞國家。

獅子的分享

一位努比亞人和我說了一個故事，也許是為了讓我做比較，好理解他對自己同胞處境的看法。故事內容如下：

某日天氣晴朗，獅子、鬣狗與豺狼一同出發狩獵。健步如飛的鬣狗抓到了一隻野兔。與此同時，獅子從灌木叢中一躍而出，抓到了一隻正在喝泉水的瞪羚。至於豺狼，則是有自己的獵食方式。正午最熱的時候，牠看到一匹斑馬在樹蔭下打盹。牠躲在懸崖邊，開始發出潺潺流水的聲響。斑馬聞聲衝過來一探究竟，由於跑得太快，牠衝出懸崖摔斷了脖子。

最後，三隻狩獵者便帶著自己的獵物前來會合。

獅子對鬣狗說：「我相信你能公平分配我們的食物。記住我塊頭比你大，所以需要更多的食物。」總是渴望取悅他人的鬣狗說：「先生，我認為您應該帶走碩大而豐滿的斑馬。」因為斑馬是豺狼抓到的，鬣狗自作聰明地把斑馬送給了獅子。他認為獅子會同意他的分配，因為牠個頭最大，需要的食物也最多。鬣狗說：「因為我分配有功，或許我可以帶走瞪羚。」

「我要像咬死瞪羚一樣咬死你！」出乎鬣狗的意料，獅子憤怒地咆哮：「瞪羚是我自己抓的，我要自己吃掉牠。」

話畢，牠爪子一揮，砸碎了鬣狗的頭顱，鬣狗瞬間斃命。

「豺狼先生，」獅子以彷彿什麼都沒發生過的平靜語氣繼續說道。「現在你可以為我們分配雙方都滿意的食物嗎？」

「當然，先生，」豺狼說。「我建議你可以午餐吃瞪羚，晚餐吃斑馬，早餐吃野兔嗎？」

獅子聽了又驚又喜地問道：「豺狼先生，你什麼時候變得這麼聰明了？」

「就在我聽到鬣狗頭顱碎裂的那一刻，」豺狼回答，接著便迅速消失在灌木叢中，把所有食物都留給了獅子。

「努比亞人從這故事中學到的教訓是，」這位努比亞人在向我展示他所蒐集的尼羅河洪水在歷史上的變化數據時說道：「面對毫無道德的對手時必須停損。」後來我才知道，他與我分享的這則故事，是努比亞家喻戶曉的童話故事，不過同時也很符合他的目的。

中東糧倉與製糖公司

蘇丹的領導階層，不論是二〇一九年被推翻的伊斯蘭主義政權，還是一九八五年被推翻的尼邁里政權，都堅信國家發展的關鍵在於借助大型機械化農場，發展農業。計算方式或有不同，但根據官方估計，蘇丹約有兩億英畝的可耕地。伊斯蘭主義政府一如前任，同樣揭示了將蘇丹改造成中東糧倉的目標。

但是，他們失敗了，儘管把一百萬英畝租給沙烏地阿拉伯，又把十萬英畝租給了卡達，還有其他國家也來租地。鄰近國家迫切需要更多的食物。埃及是全世界最大的小麥進口國，糧食匱乏的阿拉伯產油國家也不遑多讓。在尼邁里總統治下，這是一個投資、政治決心、團結以及行政效率的問題，多數人會說，蘇丹的農業生產力實際上幾乎沒有發生任何變化。

蘇丹的國家財政持續惡化，其中一大原因是近五十年來全國各地此起彼落的持久性內戰。由於蘇丹經濟無法自力籌措工程所需的資金，唯有仰賴貸款才能為必要的基礎建設進行高額投資。然而，一方面由於政治孤立，一方面則因為無力償還，再加上世界銀行制定了政治限制：未獲所有尼羅河國家同意的水壩工程，他們將不會發放貸款；為此，蘇丹要獲得貸款絕非易事。不過，當中國進入非洲舞台後，改變了這個遊戲規則。中國並未對國家間的合議提出同樣的要求，貸款、投資與施工的做法也與西方國家的政策不盡相同。中國以利己為重的務實方針，挑戰了既有的分水與治水的法律機制，也挑戰了傳統金融機構控制國家發展的權力與可能性。

儘管蘇丹政府越來越關注石油而不是農業，但還是比前幾任政權更徹底地實現灌溉經濟的現代化。藍尼羅河上的洛塞里水壩（Roseires Dam）正在擴建，目標是增加四十萬公頃的灌溉面積，而阿特巴拉的一座新水壩也將在五年內再多增加二十萬公頃。

另外，蘇丹從衣索比亞的水壩建設中獲益，這是未來區域內權力鬥爭的一大關鍵。如今，蘇丹農民在旱季有更多水可用，因為衣索比亞在阿特巴拉河上的特克澤水壩（Tekeze Dam，當地河段被稱為特克澤），消弭了汛期和旱季之間的差異，意味著農民可以耕種更多土地，並在同一地區一年數穫，而蘇丹政府無須為這一切做任何重大投資。因此蘇丹領導階層對復興水壩，亦即衣索比亞和全非洲最大的水壩，一致表示歡迎。這座水壩已於二〇一二年開始施工。

無論蘇丹的雄心實現到什麼程度，該國對水的需求註定有增無減：蘇丹地勢平坦，極適合人工灌溉，而且耕地可以一年數穫。

從喀土穆驅車南下，會穿過巨大的沙漠平原，還會經過英國建於白尼羅河上的巨型水壩，也就是一九三〇年代以埃及的名義所建造的傑貝奧利亞水壩（Jebel Auliyya），而繼續南下就會到達科斯提（Kosti），這座城市鄰近二〇一一年獨立的南蘇丹，位於尼羅河西岸，不遠處就是全非洲最大的甘蔗園之一：克納納糖業公司（Kenana Sugar Company）。我在學生時代於當地旅行時，曾造訪過這家公司。當時甘蔗園的主管帶我參觀灌溉工程，並招待我一頓午餐，我就這麼與十一名蘇丹人用手指從一只盛滿美味雞肉、醬汁與米飯的大鍋裡挖東西吃。

擁有約二十萬英畝農地的克納納糖業公司，曾是全球最大的綜合糖業企業，從午餐的氣氛來看，工作人員都因為能在這裡工作感到開心且自豪。事實上，該公司堪稱是全球製糖業版圖中的一大里程碑，因為它距離最近的海港一千兩百公里，約略位於當時全非洲最大國家的正中央。該公司把自己定位成尼邁里總統最勤政時的最大成就。當它在一九八一年正式落成時，總統表示克納納糖業是：「我國未來繁榮的見證。」該工程由時任總統尼邁里發起，是一個以冷酷無情而臭名昭著的英國資本家泰尼・羅蘭（"Tiny" Rowland）的心血結晶，並得到英國保守黨首相愛德華・希思（Edward Heath）的支持，以及阿拉伯資金的支援。

當然，這種事業一定需要用到尼羅河水。大自然可以提供土地與陽光，但水必須由人類從白尼羅河一路引來；在最大容量下，每分鐘就得從尼羅河抽取一百九十萬升的水，再經過二十九公里的大運河與三百公里的小運河流入甘蔗園。整個工程耗費十八個月才完成。

製糖公司的業務需要鐵的紀律。在長達一百五十到一百六十天的漫長收穫季節中，運送剛砍下來的甘蔗的二十噸卡車，必須每週七天、不分晝夜、分秒必爭的開進公司[28]。此外，每次栽種的作物都與下一次栽種的作物息息相關，因此播種必須在正確的時間進行。在這段歲月裡，這家公司曾被蘇丹、沙烏地阿拉伯和科威特接管。雖然歷經興衰，至今仍是蘇丹極為重要的生產設施。

向我介紹完在撒哈拉以南的非洲如何開展這種生產模式後，其中一位經理在當天深夜駕車載我去科斯提。途中我搖下車窗，探出身子感受從不遠的沙漠吹來的熱氣，一轉過身子，又看到背後的製糖公司，看起來活像一隻巨大的宇宙怪獸，周遭無止盡的黑暗進一步強化了這種印象。

翌日，我找到了科斯提的休息區，區內停滿南北奔波生意的卡車，時值正午時分，司機們都躲在卡車的陰影下打瞌睡。我還沒問幾個人能讓我搭便車，就有一位魁梧的司機主動來開價。他說自己是阿拉伯人，但他的皮膚和最黑的非洲人一樣黑，充分闡明了這個國家阿拉伯化的本質，畢竟這國名的字義就是「黑人的土地」。他表示付五蘇丹鎊就讓我坐在卡車裡的床位上。他說很遺憾，駕駛室已滿，因為他的助手得坐在裡面，還有長期與他搭檔的修車工，因為一路上沒有幾家修車廠。我立刻接受了這筆交易。

〖5〗

尼羅河濕地與新國家

遠方之地

「從最東端的行政區總部納吉喬特（Nagichot）到最西端的拉加（Raga），比從倫敦到莫斯科還要遠。[1]」一九四五年至一九五三年曾任蘇丹的英國領導人之一，後來擔任過奈及利亞總督的詹姆斯・羅伯森爵士（James Robertson）在回憶錄中說，回想當年管理南蘇丹最特別也最困難的事，距離就是一個難以克服的政治問題。

今天的南蘇丹面積大約與法國相當，但估計人口約只有一千萬（最近二〇〇八年的人口普查雖有爭議，但得出的結論是人口有八百二十萬人），人口密度相當於每平方公里十五人。中部地區由幅員遼闊的平原組成，因此，除了少數人口稠密地區之外，其他地方給人的印象就是：到哪裡都距離遙遠，有一種當地特有的靜止感。如今，許多地方的情況仍與英國統治時期大同小異，就是通常沒有汽車。這裡沒有火車，船隻大多是在河流和狹窄水道上靜靜划行的獨木舟。對多數人而言，這裡最典型、也往往是唯一的交通工具，依然是自己的雙腳。

英國殖民地官員對於這種影響決策的地理條件的由衷嘆息，清楚點出這個國土幾乎完全位在尼羅河流域內的新國家的特徵。他的沮喪很容易理解，因為每個來到南蘇丹的人，都會因其現代基礎建設的匱乏與極度分散的人口，由此營造出的難以忍受的空曠感與孤立感所震懾。

在科斯提搭上便車後，我和約二十名當時蘇丹政治語言中所謂的「南方人」，在一個雜亂無章的卡車貨斗上，度過了接下來幾天的日子。與我同行的人之中，沒有一個會說英語，而我只會一點點不純正的阿拉伯語。每次停車，司機都會邀請我這唯一的白人喝茶，他就這麼成了我在大草原與一望無際平原上的友好、親切嚮導。

卡車繼續南行。我們在太陽處於最高點時穿過有時看似公園的如畫風景，但這種印象不斷受到無邊無際的空間所挑戰。我們經過動物在下午會前來飲水的水坑，有人告訴我，躺在那裡的動物屍體是被獅子抓到然後吃掉的。一個小泥屋聚落與另一個小泥屋聚落之間，可能相隔數小時車程。夜幕降臨在非洲大草原上的速度極快，吹過卡車的風瞬間變涼，有時甚至會覺得冷。狀如圓盤的太陽在一片紅色爆炸中快速西沉，彷彿鋸入大地中。黑夜席捲而來，夜空在眨眼間變得星光熠熠，彷彿有人打開星星的開關。荊棘一路朝我們身上刮，逼得我們得在毫無遮蔽的貨斗上靠得更緊。

就在我們沿著一條坑坑窪窪的路顛簸前進時，突然卡車停了下來，駕駛座的門打開，我看到坐在裡頭的三個人下車，鑽進車底。從他們語氣冷靜的交談中，我聽出是車軸出了問題。車軸壞了嗎？謠言就這麼在卡車貨斗上傳開。

我們沒看到任何人，但可以聽到遠方傳來的鼓聲與歌聲，看到一片在絕對黑暗中燃燒的營火。一輪新月仰臥在我們頭頂的天際，這是此處特有的月色。在動作模擬與肢體語言的幫助下，一個身高近兩公尺、身材苗條的努爾（Nuer）青年問我：在我的故鄉看到的月亮是否也是這種模樣。另一個走到我面前低聲問道：「你知道我的英雄是誰嗎？」不，我當然不知道他的英雄是誰。「摩西．戴陽（Moshe Dayan）。」或許是不想讓司機聽見，他悄聲地對我說。接著他進一步向我解釋，用手指在咽喉上從左到右一比說：「殺死阿拉伯人！」由此可見，以色列在一九七二年結束的蘇丹第一次內戰期間，祕密向南方游擊隊提供武器的行為，顯然在政治上已開花結果。

司機與修車工在手電筒的照明中設法解決車軸問題，在我看來似乎就是用鐵絲綁一綁。開了一小段路之後，司機把車停在還有其他車輛停放的平坦空地上，意圖很明顯：今晚就在這裡過夜。我們睡這裡，用卡車防禦野生動物攻擊。我們靠著營火煮了點水，啜飲一小杯又熱又甜的茶之後，我就在地上找塊地方，把背包背帶緊纏雙臂，等待晨光降臨。

翌日，一切照舊：顛簸的路、臨時停車場、小泥屋聚落、不時經過的大群牛群、長頸鹿伸長脖子吃著金合歡樹上的葉子、過馬路的象群對這輛卡車不屑一顧，鴕鳥與車輛賽跑並以顯著的差距獲勝。當我們停下來吃午餐時，幾名努爾婦女不知從哪裡冒了出來，向我兜售她們抽的獨特煙斗。晚上，螢火蟲與青蛙大舉來襲，雖然可能只有寥寥幾隻，但牠們震耳欲聾的演出讓人很難聽到其他人在說什麼。隔天的景致大致相同，但綠色元素逐漸增加。我們已經來到赤道州了，降雨頻率變得較為頻繁。中午時分，我們抵達當時的南方自治區首府朱巴。我跳下卡車，為一路上的陪伴向司機與其他乘客致謝，接著就找家當地酒吧坐坐。我想靜坐觀察人群，看到越多越好。

舉目無親且幾近身無分文的我，起身邁步踏上看似永遠走不完的路，我背著一個沉重的背包，而且忘記買水。我的目的地是朱巴的廣播電台，想詢問是否可以拷貝他們曾在節目中使用的本地音樂錄音，準備在回到挪威後用來展現蘇丹南部的另一種形象，讓人們不是只關注於其貧窮與發展金援影響下的主流形象。我帶了一些空白錄音帶，在朱巴電台（Radio Juba）一位熱心的技術人員幫助下，成功拷貝到當地的馬迪族（Madi）、阿喬利族（Acholi）與阿贊德族（Azande）音樂家演奏的音樂。在回程途中，我在一家咖啡館休息，一個男人在我身旁空位坐了下來。他顯然注意到我為一條看似蛇的東西在路邊蠕動而憂心忡忡的神情。「蛇有自己的大學或高中，」他說，「牠們在那裡學會欺騙人類。」我朝他點點頭，見我對他說的話深信不疑，便離開了。這座城市給人極其強烈的印象是：它更像是一座大村莊，而不是南蘇丹第二大的重要城市。

我在朱巴大學圖書館裡待了幾天。在上一場內戰之前，它是在一位英國女圖書館員溫和且堅定的領導下，美麗依舊又保存完好的圖書館。我找到了長期以來一直在尋找、但是在倫敦與喀土穆的檔案室裡都找不到的早期殖民報告。現在我可以回喀土穆了，但必須穿過蘇丹南部遼闊的沼澤地。

若想真正了解並掌握南蘇丹中部——在很大程度上是一個廣大的濕地生態系與沼澤低地地區——就必須乘船旅行。我讀過許多關於穿越沼澤之旅的記述，它們都同意一件事：當地風景的特徵就是單調。一小時又一小時，除了水、天空、紙莎草和奇形怪狀的鳥，什麼都看不到，幸運的話，或許可以看到一尾鱷魚緩慢且無所畏懼地滑過水面。

我們穿過一大片平原，其中有著無數的沼澤、潟湖、邊渠，以及幾座湖泊。有些地方的河道窄到連紙莎草都壓到小船身上，彷彿在阻止我們深入或脫離這座沼澤；有一次，小船還真的被卡住了。由於這一帶沒有電話，幾公里以內都沒有無線電，更別說會有道路帶引我們到根本不存在的服務中心。此情此景，讓我想起一八〇〇年代，船被植物困住動彈不得，導致船上的人被迫彼此相食的故事。不過，這些畢竟是船還沒有引擎時的故事，所幸我們重新發動引擎，試了幾次之後終於脫困，便改走另一條較適合行船的路線。有時我們會看到巨大的紙莎草團塊「島嶼」被它們賴以維生的水沖散，而它們就像一艘迷你綠船般漂流，大多是乘風而不是隨水流動，這讓船長更難找到通往北方的正確路線。在遠處，我看到由草堆燒出來的煙霧，裊裊飄向灰濛濛的天際。

無論如何，遠處有火就代表那裡有人。夜裡，我躺在大約三乘二公尺大的前甲板上，那裡的空氣至少比在令人窒息的淺綠色狹窄船艙內舒服一些。有人告訴我，即使在夜裡，船艙裡的溫度也會高於攝氏三十五度。我做好充分的保護措施，不怕傳染瘧疾的蚊子大軍叮咬，不用睡袋，僅隔著在喀土穆市場為這趟南行之旅購買的防蚊網。我躺在船頭仰望著星空，滿心歡喜地品味著這難以形容的和諧入睡。

專橫獨斷的河流

南蘇丹的自然與社會，無疑是由水文景觀（water landscape）所構成。這片全世界最大的沼澤之一，就是尼羅河每年洪水和雨季豪雨下的產物。沼澤最大時，估計達八萬平方公里，但在旱季會大幅萎縮。被當地人稱為「母親」（toich）的廣大牧場之所以能夠存在，是歸功於河流的自然溢流和短暫雨季的大量降水。在這片牧場上（最遠可綿延三百多公里），洪水持續的時間足以阻止樹木生長，但又因為會對草類造成傷害而不足以長出紙莎草。如此特殊的景觀加上獨特的水文生態系統，催生出半游牧性質的牧牛經濟，而這種經濟模式又成為建構尼羅特人（Nilotic）社會的基礎。

在這片沼澤地區的北部，年平均降雨量不超過四百毫米。降雨通常是滂沱暴雨，僅在數日或數週內就下足定量。旱季期間人們會住在河岸，既有水源，草也持續生長，反之，當洪水來襲、河水上漲時，大家就得趕著牛群並帶上所有家當退到沼澤邊緣，通常是在距離河流數百公里遠的山脊上；而當水退卻時，這大一片牧地就灌溉好了。就這樣，社會的活動與脈動隨著河水的節奏，以一種不尋常但獨特的方式，配合環境中的動態做出因應。這種一代接一代的強制性流動，這種必須隨著「水來」與「水退」遷居的無情需求，讓尼羅特人很難建立常設的行政中心與國家權力。

另外，這種水文景觀也成為他們與外界接觸的障礙。沼澤讓修建鐵路或固定柏油路變得極其困難，甚至根本不可行。相較於其他許多大河被譽為是通往國家或大陸內部的高速公路，這裡的河反而是阻礙通行的障礙。白尼羅河（或稱傑貝勒河與扎拉夫河（Bahr al-Zaraf），這是白尼羅河在該地區的兩條主要支流的阿拉伯語名稱）由於隨波逐流的植物阻礙，長年來根本無法用於河運。不過，這些植物可以當作渡河用的天然橋梁，堅固到連大象走過去都沒問題。因此，阿拉伯人有充分理由將這整個地區稱為「屏障」（sudd），雖然這個字眼用來形容隨波逐流的成堆植物遺骸團塊，更為恰當。[2]

正是這個「屏障」，在兩千年前阻止了羅馬帝國的遠征，也創造出不少關於商人被這些天然障礙纏住而受困河中的故事。在一年中的大部分時間內，這些沼澤讓南北向與東西向的交流變得極為困難，甚至不可能。這個地區形同被封鎖，與外界完全沒有交流，在歷史上某些時期幾乎完全被隔離，甚至可以說與世隔絕：既沒有受到西方與伊斯蘭文明的影響，也無法接觸到更廣大的區域和全球市場。

那麼，為什麼當地人沒有對這片水域採取任何行動呢？這片水域固然提供了畜牧經濟的基礎，但在全球其他地區都已在整治河流、挖掘運河、建設水力工廠的同時，他們卻依然處於貧窮與未開發的狀態。為什麼他們沒有像數千年前的埃及人一般，控制造成這些沼澤的河流，並在河上建造水壩、開鑿運河？為什麼他們不試圖克服或減少這些常年迫使他們進行季節遷徙的水流波動？答案很簡單：因為上述的一切，在這裡都是不可能的任務。

此處地勢過於平坦不適合築壩，即便強行築壩，水只會繞過水壩流走。另外，方圓數公里內沒有岩石或任何可供建築與維修的建材，更遑論缺乏可以固定水壩的地基了。即使到了今天，也沒有任何技術能在這片廣大平原上的尼羅河支流築壩，或在旱季有效地分配水。現實情況一直是：如果有人要在這裡討生活，並維持半游牧的畜牧經濟，那麼除了適應尼羅河的自然律動之外，根本別無選擇；換言之，生活在這裡的人們，他們不得不屈服於這條河的專橫與任性。

尼羅特人的水世界

在尼羅特人關於自己的生活與歷史的故事中，水與河流自然扮演著重要角色，因為它們從根本上形塑當地的經濟與社會制度，同時構成一個極端不確定的因素。根據尼羅特人的創世神話，他們原本有些人生活在森林中，有些人生活在河岸邊，而女性的存在與這條河有直接的關係，尼羅特人後來才知道，這條河在外界被稱為尼羅河：起初，男人在森林中獵殺水牛，女人則住在靠近河流的牛棚裡照料牛群、種植蜀黍（durra）和捕魚。女人到河邊張開大腿，讓海浪的泡沫進入陰道後便繁衍後代，但只生下女性。直到男人們從森林裡走了出來，自此才發展出婚姻與聘禮的制度[3]。

至於在丁卡人（尼羅特的主要民族之一）的神話中，所有人類原本都「在河裡」[4]。一則重要敘事也說：「從前有一位非常老的女人在河裡沐浴後，突然感覺到河裡的神靈讓她懷孕了。[5]」

許多故事與神話，都將「女性」、「河流」與「賦予生命的神」做連結。流傳於此地區希魯克人（Shilluk，他們是尼羅特人分支之一）之間的一則神話，就是描述受每一位神聖希魯克國王（reth）推崇的聖靈之父奧克瓦（Okwa）與河流之母妮雅克（Nyakae）結婚的故事[6]。妮雅克永生不死，尼羅河支流之一的索巴特河流域西部地區，與白尼羅河流域的部分地區，都是她最喜愛的居處。有時她會向人類顯靈，但僅以鱷魚的形象現身，而且不是在河岸就是在河裡。英國知名人類學家伊凡—普里查（E. E. Evans-Pritchard）在探討努爾宗教的文章中，曾提及有另一名女性神靈宣稱自己是尼羅河系的一部分：

> 巴克（buk）是一種非常有趣的神靈……。這種在努爾地區廣為人知的女神靈與河流、溪流息相關。……努爾人有時會把初熟的小米拋入溪流中祭拜祂，生病時也可能會在河岸上獻祭牲畜。帶領牛群渡河或進行大規模捕魚時，他們還會將啤酒、煙草，甚至一頭被捆綁的山羊拋入水中做為祭品。[7]

遷居到沿岸的夏季牧地時，丁卡人傳統上會在飲用水或使用水之前獻上祭品。這種儀式可以由任何人進行，而且通常採取小團體規模進行。在場的每個人不分老少全站到河邊，主持儀式的河流頭目（Beny Wir）會帶來一頭綿羊或山羊，以及從聖牛身上取出帶有脂肪的頭骨。接著，成人們會把一件或多件飾品綁在動物脖子上，所有人都把手臂舉向天際。兒童會被抬到成人的肩膀上，看著河流頭目把動物溺死或讓牠沉入水中；通常河流頭目會事先把動物綁在一個錨上，最後他再把帶有脂肪的牛骨拋入水中，這就完成所有儀式，所有人就能涉水到水深及腰的地方喝水。在進行這場具有宗教意義的儀式之前，這條河是一個禁忌，所有人都禁止進入或靠近。

一條朝各處延伸的線

南蘇丹的蘇德（Sudd）地區是如此奇特，以至於從國外來到這裡做長期田野調查的人類學家，也會有一點不尋常與古怪。當我搭乘的船在尚貝（Shambe）停留幾小時，就遇到了這樣的人類學家，他是一位留著濃密紅鬍子的美國人，獨自坐在岸邊的椅子上。

我們先對天氣與船隻寒暄幾句，他人隻身在外，沒有透過電話和郵寄與家人保持聯繫，也幾乎沒有時間閒聊，與其閒聊，他寧願談談他的研究，而且他真的這麼做了，他幾無毫無停頓、徹底地談起了他的研究。我很快就了解並掌握他研究的性質。

據說，現代化之前，人們活在自己的文化中，就像魚生活在水裡一樣，因此，他不需要文化這個概念，而是讓我們以「現代的」邏輯了解這個概念。他認為文化不會憑空出現，基因有著某些意義，自然會做出某些貢獻，但文化依然是一種發明，一種被創造出來的東西，一種不能被簡化為獨立於自身之外、單一因素的東西。人類可能是唯一一種不僅繼承生物學特徵，還繼承文化的生物。然而，這位美國人類學家說，自從人類學領域取得「概念」上的勝利後，通常對文化的概念也開始有了問題：它降低了我們解釋人類行為的能力，尤其是在「人們會打破傳統期望的行為模式」這件事情上。我身為一名歷史學家，既關注地理結構，也關注個體行為之於形塑歷史發展的作用，聽完後我點了點頭，我同意這位人類學家的看法。

沒有幾個族裔能和尼羅特人一樣，讓西方人類學家如此著迷。對於這個族群，西方學者已做過許多著名且具有影響力的研究：關於他們的宗教、儀式、親族制度、經濟、關於努爾人和他們的先知、關於希魯克人和他們對「邪惡之眼」的堅定信仰，以及關於丁卡人與他們的牛群，或是某些人所謂的「牛群情結」[8]。無論是因為氣候、瘧蚊大軍，或折磨人的貧窮，還是由於負責帶風向的考古學家受雇於駐蘇丹的英國政府，尼羅特文化不同於許多其他「異國文化」（人類學最初用來對它們進行分類的術語），研究人員從未將其描述成是西方社會的替代選項，因為他們的文化比現代文化更真實。換言之，尼羅特人並沒有如美國人類學家瑪格麗特・米德（Margaret Mead）對太平洋島國青少年之間自由性行為的理想化描寫，被奉為現代人的榜樣。

尼羅特社會被描述為一種接近理想的類型，類似文學中抽象的、假說性的「無國籍社會」概念在現實生活中的體現。其中最大的群體丁卡人與努爾人，傳統上採用為求方便可歸類為「無政府主義」的政治制度，他們就連酋長也沒有。白尼羅河地區的科多克（Kodok）擁有王位傳統的希魯克王國，是尼羅特文化中少數的例外之一，但即便如此，以國王為最高統治者的希魯克「神聖王國」，並沒有類似多數國家般的權力，就連對酋長選擇的影響也很有限，唯有在敵對雙方同意將衝突提交國王法庭時，他才可能干預。由於此地區血統、血緣和宗族之間的區隔與衝突的複雜性，阻止了較集權的制度與對單一國家忠誠度的發展；然而，沒有國家或中央集權機構，並不代表這些社會就是沒有階級區分的平等主義社會。

美國人類學家繼續說，如今文化被視為一個類別，是一套可以用來解釋人類行為的系統，包含思想、信仰與傳統；其背景是，以這種方式理解的概念是透過以下研究發展出來的：特別關注那些沒有書寫歷史，因此沒有文字載史的族裔。文本表現出來的個性並無法抵消這種趨勢：用書寫敘述文化、文化符碼與體制，是更穩定且更一致的。

我插嘴道，以這種方式解釋的文化已經成為一個概念，就像一條延伸到各種公開辯論議題的線，通常它包含一切，但也因此形同什麼都沒有。文化可以解釋一個人的思維與行為、社會是如何組成的、哪些儀式得以流傳，或者一個人喜不喜歡踢足球。然而，當這個概念本身被當作是一個既定不變或生活中的現實來使用時，當它給人的印象是存在著普遍的、在某種程度上不可改變的、確定的價值觀與傳統時，而且足以解釋為什麼人會做出這些事，那麼用它來解釋當中所發生的事情，就會出問題。

置身在一個全世界最不發達和最不現代化的國家與地區之一，兩個對一切無能為力且根本是徹徹底底的局外人，這位美國人類學家與我卻發現，彼此竟然很快就對此達成共識。之所以會如此，一方面正如伊凡—普里查在關於努爾人的著作中告訴我們，人類行為的主要思想與觀念的重要性絕對不容忽視。另一方面，包括歷史科學記錄在內的所有經驗都顯示，個人和群體的行為會打破他們被套予的「文化模式」，否則歷史發展根本就不會存在。因此，從這個分析角度來看，探討不同類型的行為如何左右價值觀，比探討文化本身更有用。這些價值觀透過對社會經驗的反思而得到支持或質疑，如此可以避免依據對某民族或種族的「文化」既定觀念，而做出刻板印象的描述，也能避免出現文化近乎決定論的固有強制力，取而代之的是，以具體分析行動本身，以及這些行動會在什麼脈絡下重複出現到什麼程度。

人類學家在殖民時期前後所記錄下的想法，後來也對尼羅特人的概念世界與社會生活產生影響，成為左右他們行為價值觀更重要的一部分。人類學家解釋且合理化他們生活方式中保守的一面，這種生活方式基本上預設了他們與牛群所存在的共生關係，因而產生了尼羅特人有「牛隻情結」的聯想。這個有趣的焦點卻將另一個非文化因素，也就是尼羅河的水文景觀給邊緣化。事實上，半游牧經濟下的共生關係之所以會出現，就是它與區域水文的關係。因此，只有透過徹底改變尼羅河水文狀況，才能改變尼羅特人的社會及其概念世界。「文化」或「牛隻情結」並不是最主要的不變因素，而是「個體」無法改變，從而成為改變的主要障礙。持續不變的是「場域」、是這條尼羅河，而這種現實的特徵需要具體且重複的個人行動方案，才能成功改造並奠定可維持的秩序。

船上的汽笛聲響起，沒打算留下的我便趕緊上船，並向坐在河岸邊椅子上、這位我相信他永遠完成不了博士論文的美國人類學家，揮手道別。

來自北方的阿拉伯入侵者

「然後政府來了。首先是埃及人，他們和叫做土耳其人的民族一起來。他們來的時候曾與我們的民族發生爭執。我們的祖先使用長矛與他們作戰……接著是馬赫迪的人。他們也俘虜我們的人民，把我們當奴隸對待。[9]」阿拉伯人在一八〇〇年代中期，開闢尼羅河供船舶航行時發生了什麼事情？以上是史蒂芬·通科爾·阿尼瓊（Stephen Thongkol Anyijong）對耶魯學者弗朗西斯·登格（Francis Deng）所做的敘述，被收錄於登格的著作《兩個世界的非洲人》（*Africans of Two Worlds*）。阿尼瓊先生是英國任命的酋長，但他這番話在南方廣為流傳，而歷史研究整體上證實了入侵者的暴力。

任何在南蘇丹中部那幾乎靜如止水的尼羅河搭船的人，無論是在又大又淺的諾湖上，還是在狹窄蜿蜒且兩岸都長滿紙莎草的支流上，除了看到紙莎草、平地，與天空之外，其他什麼都看不到。不難想像，當這裡的居民們在十九世紀中葉看到外來入侵者，帶著現代武器與軍隊殺進自己與世隔絕的世界時，會有多麼震驚。

穆罕默德·阿里的部隊越過蘇丹邊界，在蘇丹中部和北部鞏固統治權之後，繼續朝白尼羅河上游擴張。他的繼任者從一八四〇年代開始，成功清除當時堵塞河道的紙莎草等植物後，乘船前往蘇丹南部最偏遠的村莊已不再是難事。緊接而來的就是更多的「擄人為奴」，以及對埃及與阿拉伯半島奴隸市場的貿易增加。這種十九世紀的土耳其—埃及帝國主義，讓埃及——更正確地說應該是讓鄂圖曼帝國，得以將控制權一路延伸到位於今天烏干達境內的尼羅河諸湖；然而，這卻是一種純屬盜竊、沒有建設的帝國主義。如果大英帝國在亞洲如同英國社會評論家喬治·歐威爾（George Orwell）所言，是「以盜竊為最終目的的專制」，那麼在此，就是以奴隸制度為直接目的的暴政。無論對一八〇〇年代中期，力圖建立政府哨所的第一批土耳其—埃及統治者有多同情，結論仍然是：他們的行政中心與軍隊幫助了阿拉伯人為貿易打通河運，為歐洲商人、穆斯林擴張、和基督教傳教士開放門戶，不過對當地人最重要且最直接的影響，就是讓「捕捉他們為奴、獲取黃金與象牙」變得更容易。

以非洲人為主的蘇丹南部和以阿拉伯人為主的蘇丹北部，在這兩者之間的關係中，這種朝尼羅河上游擴張的方式發揮了決定性的作用，直到今天也是如此。由於該地區的土地規模和孤立狀態，造成開羅無法征服整個蘇丹南部，其所設立的管理機關（尤其在某些時期），只限於河岸孤立的哨所。換言之，土耳其—埃及政府無法建立任何全國性的行政機關，只成功建立幾個，特別是在初期，實質上形同擄奴哨所的基地。

即便如此，對於「阿拉伯奴隸販子捕捉非洲受害者，並將他們銬上鐵鍊運到北方」這種刻板印象，雖然政治上令人信服，但仍流於平面的單一敘述。的確，這種貿易讓一些族裔幾近滅族，當然也對受害的社會產生毀滅性的影響，但鮮少有人知道，在阿拉伯人到來之前，當地就有奴隸制度。當地的統治者，例如阿贊德族的國王，就會為不同的目的蓄奴，並分配奴妻以獲得更多追隨者[10]。後來，隨著歐洲廢奴運動愈演愈烈，歐洲政界人士開始反對東非與尼羅河沿岸的阿拉伯奴隸貿易。曾在蘇丹為鄂圖曼土耳其帝國做事的查爾斯．戈登、山繆爾．貝克以及義大利人羅莫洛．格西（Romolo Gessi），都曾試圖終止南方的奴隸貿易，而實際情況也在中央當局的支持下有所改善。話雖如此，依然有學者認為在一八七〇年代末，奴隸貿易仍是蘇丹北部的主要職業。

馬赫迪統治時期，奴隸貿易重新興起。伊斯蘭政府對奴隸貿易的態度成為血腥歷史的一部分，在南方人的史觀中烙下深刻的印痕。不論馬赫迪在激發伊斯蘭主義者起義中扮演什麼角色〔關於馬赫迪成功的主要原因，英國史學家P・M・霍特（P. M. Holt）等人認為，是該政府禁止奴隸貿易所導致的不滿，但美國學者基姆・瑟西（Kim Searcy）[11]等人則認為是對徵收人頭稅的反對〕，諸如酋長馬庫伊・比庫伊（Makuei Bilkuei）等南方領導人則認為，馬赫迪統治時期就是擄人為奴的代名詞：

> 馬赫迪帶來了破壞……馬赫迪就是人民的毀滅者。他的輔士帶來了破壞，敗壞了世界……輔士和馬赫迪與埃及人聯手把這個國家搞得天翻地覆。如果你想聽真正的真相，那就是這些人毀滅了我們。這就是降臨到我們身上的災難。他們在屠戮時會吟唱：「萬物非主，唯有真主，穆罕默德是真主的使者。」（La Illah, ila Allah, Mohammed Rasul Allah）他們就是毀滅了這個國家的凶手[12]。

歷史研究在一定程度上修正了這種觀點，但即使如此，仍無法否認比庫伊酋長指證和歸納的：蘇丹南部人民在喀土穆嶄新、以宗教為基礎的政府影響下的悲慘經驗。

沼澤中的歐洲冒險家

在這條北緯十二度以南的尼羅河開放通航後，歐洲探險家和商人找到了新機會。在整個一八〇〇年代，這種新機會越來越多。在歐洲，象牙的需求快速增長，它可用於鋼琴鍵、撞球、刀柄和各類飾品。J・P・德阿爾諾（J. P. d’Arnaud）是最早記述南蘇丹尼羅河的人之一，他記錄了塞利姆・卡普丹（Selim

Qapudan）率領土耳其—埃及政府探險隊，在一八四二年三月帶了九百根象牙回到喀土穆[13]；因此，歐洲冒險家也想在這種有利可圖的貿易中分一杯羹。

根據英國人類學家伊凡—普理查的說法，第一批探險者所做的任何觀察、所表現出對民族誌的興趣，都不過是「與目的無關的偶然，而且無論如何，都無法合理化他們在無須承擔任何風險的情況下對當地人的掠奪。[14]」因為這些人大多是冒險家和商人，不是以地理考察為使命的探險家。奉英國殖民政府之命進行考察，針對如何最有效管理新的非洲臣民，向政府提供建議的伊凡—普理查，對此批評起來毫不留情：「早期的旅行者似乎很少能理解，也不太關心他們的掠奪，看在當地人眼裡是什麼滋味。[15]」他在同一篇文章裡也大力抨擊幾位著名的歐洲探險家，像是對於一九四八年出版《白尼羅河源頭探險記》（*Expedition to Discover the Sources of the White Nile*）的斐迪南・韋恩（Ferdinand Werne），他做出如下的批評：「他是一個自負又愛謾罵的人，對法國人滿懷仇恨；而且還必須說，他對自己所接觸到原住民之了解極為膚淺……尤其是對於他所聽說的內容。[16]」

另一位遭到他數落的著名探險家，是在一八六一年出版《埃及、蘇丹與中非》（*Egypt, the Soudan and Central Africa*）的威爾斯工程師約翰・佩瑟瑞克（John Petherick），被說成是「一個不太可靠的權威或專家」[17]。另外，伊凡—普理查也認為，法國探險家安東尼・布倫—羅萊（Antoine Brun-Rollet）所寫的東西大多是「垃圾」[18]；而義大利探險家加埃塔諾・卡薩蒂（Gaetano Casatis）在一八九一年出版的《在赤道非洲的十年》（*Ten Years in Equatorial Africa*）也被他評為：「如果翻譯忠於原文，那麼（書中的敘述）不僅是胡說八道，似乎還是憑空想像的。[19]」

不過，也有探險家沒有被伊凡—普理查點名批評，像是萬綠叢中一點紅的荷蘭女探險家亞麗珊卓琳・

提內。雖然英國知名雜誌《*Punch*》曾諷刺地揶揄她，女人就該乖乖待在廚房裡，對女性應該如何堅守在廚房提出了諷刺性建議。然而發現維多利亞瀑布的英國探險家大衛・李文斯頓卻深深被她感動，並表示沒有人比她更值得尊敬。她溯河而上所走的距離，甚至比凱撒的古羅馬軍團百夫長（centurion）還要遠[20]。

亞麗珊卓琳・提內是荷蘭最富有的女性家產繼承人之一。她在尋找尼羅河源頭的途中痛失母親與姨媽，但這些都沒有讓她放棄。李文斯頓讚許她時，並不知道她已遭一群圖阿雷格人（Tuaregs）殺害。事發當時，她正試圖走一條通往沼澤的替代路線，也就是直接穿越撒哈拉沙漠前往尼羅河源頭。英國旅行作家約翰・米萊（John G. Millais）在其著作《遙遠的尼羅河》（*Far Away Up the Nile*）中如此提及她：「提內小姐是尼羅河探險中的浪漫人物。美麗的她是一位勇敢的騎手，也是一位優秀的語言學家，但她過於善良和信任在沙漠中冒險的野蠻掠奪者；這些人只相信刀和槍的力量。[21]」

另外，埃及古物學家暨語言學家E・A・瓦利斯・巴奇（E.A. Wallis Budge）對她也甚表欽佩：

> 她在五月登上哈林王子（Prince Halim）贈與的蒸汽船，開始沿著白尼羅河而上。除了畏懼且痛恨她、卻試圖說服她加入擄奴行列的奴隸販子之外，所有人都喜歡她！她集財富、青春與美貌於一身的芳名，被商隊傳播到非洲各地，當地人甚至稱她為君士坦丁堡蘇丹的女兒。惡名昭彰的擄奴首腦穆罕默德・庫爾（Muhammad Kher）甚至要求娶她為妻，想讓她成為蘇丹的女王[22]！

除此之外，尼羅河航道的開通也為基督教傳教士創造機會。早在一八五一年，奧地利人就已深入南方，在距離今天朱巴不遠的岡多科羅（Gondokoro）建立了一座傳教站。不過，派往當地的二十名傳教士中，就有十五名在短短幾年內相繼過世，大多死於各種熱帶疾病，而且在最初傳教的幾十年內，都沒有任何人改信基督教。

這批傳教先驅過世多年後，其他基督教傳教士才開始享受前人艱苦耕耘的結果，前人打開了尼羅河流域上游地區的門戶，讓後人得以進入當地傳福音。

處於南蘇丹水戰爭邊緣的歐洲

「法紹達萬歲！」、「法紹達萬歲！」

一八九〇年代末，蘇丹南部與法紹達（Fashoda）村突然成為世界政治的焦點。根據英文與法文報紙上報導戰爭的頭版標題，巴黎與倫敦正為爭奪白尼羅河畔一座小小的希魯克人村落，而瀕臨開戰邊緣。米字旗與三色旗在非洲中部互別苗頭；巴黎街頭的示威者要求法國採取更積極的手段，對抗英國在尼羅河上的耀武揚威，維多利亞時代的倫敦也強烈譴責法國對尼羅河的擴張行動。

將近一百年後，我所乘的船沒有停靠今日名為科多克的法紹達。希魯克人划小船來運送補給，順便載抵達目的地的乘客上岸。科多克是希魯克人的聖地，數世紀以來與皇家有關的儀式一直在此舉行。神祇朱克（Juok）會降臨此地，這種無所不在的神靈，與創造希魯克王朝的尼康（Nyikang）的河神息息相關。尼康也會降臨此地，讓他的靈魂得以轉移到每一位新任國王身上。如今看著河流西岸這座不起眼的村莊，不僅感覺一八九八年歐洲列強差點在此開啟戰端教人難以置信，甚至可說是超現實的。當時全歐洲屏住呼吸，看著英國在一個秋日派遣一艘炮艇沿著尼羅河而上，在這裡大張旗鼓地插上埃及國旗！

那麼，此地在世紀交替前夕，發生了什麼事呢？

在所謂「尼羅河上游」發生的法紹達危機與非洲的瓜分問題，是歐洲殖民史上最常被拿來研究的議題。而對於法紹達事件的詮釋，實際上就是支持「非洲競賽」的兩種相互競爭、但影響力旗鼓相當的最佳例子。馬克思主義學派認為，這種競賽驗證了他們的理論：殖民主義與帝國主義是歐洲資本主義國家之間，為了權力與利益所展開的殊死鬥爭之必然結果。與此相對，自由派則認為，帝國主義或殖民主義實際上是不必要的，它的發生純粹是出於「錯誤」或意外，他們強調倫敦對控制這些偏遠的非洲茅草屋，並沒有表現出帝國主義的興趣。然而問題是，這兩種模型都無法解釋在一八九八年這裡所發生的事。當時，全歐洲各大報紙都充斥著「歐洲列強可能為了爭奪尼羅河的控制權，而在蘇丹南部開戰」的臆測！

當時各家媒體都報導，一支由冒險家與帝國主義者所組成的法國遠征軍，在尚－巴蒂斯特．馬爾尚（Jean-Baptiste Marchand）准將的率領下，抵達南蘇丹境內的尼羅河上游，此事在英國被解讀成：法國意圖挑戰倫敦對尼羅河流域的控制權。就外交上而言，這是一件極為嚴重的事，因為其他歐洲大國列強早在一八九〇年就承認，非洲這塊地區屬於英國的「利益範圍」。此外，讓大英帝國主義者更憤怒的是，巴黎似乎蓄意威脅英國數天前才剛在「恩圖曼戰役」中擊敗哈里發的軍隊，從而成功征服的蘇丹。

英國人毅然地以優勢兵力與外交掩護做出回應。在赫伯特．基秦拿的指揮下，他們派艦隊由喀土穆溯河而上，阻止法國人在尼羅河上游插旗。雙方會不會擦槍走火？英國人會不會在黑色非洲內陸的尼羅河畔向法國士兵開槍？其實，歐洲列強在尼羅河上游地區的競爭、法國的冒險主義與英國的阻撓、喀土穆的基督教領袖與蘇丹的伊斯蘭狂熱分子、探險家與不情願地統治著非洲帝國的英國政治領袖，這類通俗且刺激的描述，根本不符合消息來源所透露的內容，其多半都是在「未考量尼羅河生態重要性，以及英國戰略家對它的理解」的情況下捏造。

這種長年來對法紹達衝突的主流說法，完全忽略了一個事實：早在馬爾尚提出遠征構想之前的一八九〇年代初，英國人就制定了占領整個尼羅河上游地區和尼羅河源頭的具體計畫。他們在一八九四年已占領大湖區的烏干達，並於一八九五年規劃占領蘇丹與當地的沼澤地。另外，主流說法忽略了同樣自一八九〇年代初，開羅就已制定開發埃及邊界以南的尼羅河計畫，甚至完全忽略了駐埃及的英國水利規劃者以及克羅默與倫敦合作的大型水利工程。

最具影響力的史學家，他們那套帝國主義者「不情不願」或「猶豫不決」的自由派理論，是基於蘇丹南部是個缺乏資源的「桶底」論點；然而，蘇丹南部並不是「桶底」，而是（就尼羅河的特性來看）一個裝滿水的桶子[23]。該地區的命運取決於：蘇丹南部的充沛水資源與埃及繁榮之間的水文（與政治的）關係，因為掌控埃及棉花經濟的人認為，只要能提供南部濕地蒸發掉且當成「被浪費」的水，他們就能無止盡地擴張下去。

但現實情況是，倫敦正在發動有條不紊、擴張性的水力帝國主義，其形態不是對法國的恐懼，而是由埃及對水的需求而定，只是巧妙地以「法國的威脅」作為外交武器。倫敦與克羅默並不害怕馬爾尚和他那些疲憊襤褸的法國士兵，顯然他們沒有機會對抗基秦拿在蘇丹的部隊，但是法國人的存在為倫敦提供完美的外交藉口：把法國兵力描繪得比實際強大，能幫助合理化英國對整個蘇丹的征服。另外，藉由誇大法國對埃及的威脅，也有助於說服埃及人，為保護埃及在尼羅河上游利益的戰爭提供資金與士兵。

舉世對尼羅河上游的「法國威脅」或「法國野心」的關注，讓倫敦得以在埃及國內和國際社會上，將自己塑造成埃及的保護國；因此，在法紹達衝突的完美煙幕掩護下，他們立即開始推行真正的計畫。一八九八年秋天，英國將軍基秦拿在精明的外交策略下，戲劇性地身穿埃及服裝站在炮艇欄杆後，朝白尼羅河上游航行，準備在九月十八日於法紹達升起埃及國旗。克羅默與基秦拿祕密地忙著為倫敦製造與埃及共治蘇丹的名義，打算先奪取蘇丹政權，再逐漸把埃及擠出權力核心。那麼馬爾尚怎麼了？如前所述，他根本打不過英國人，不可能冒死一搏，相反的，最後英國人在法紹達升起了法國、英國以及埃及國旗，幫助馬爾尚與他的軍官們脫離險境，並將他送上船，再從地中海安然返家。

如同蘇丹其他地區，法紹達就這麼慢慢地、但也確實地被納入英國的掌控之下。

神聖的水池

一九二一年三月，在中南丁卡人（Agar Dinka）居住地的克萊特（Khor Lait）附近，出現了一座水池，說得更準確些，更接近一座小湖，這種事自然而然地會被冠以宗教與政治的解釋，吸引信徒前來朝聖。

小湖的出現被視為奇蹟，認為這對丁卡人而言是個好兆頭，卻會為外國人帶來災厄，至少那些對近來入侵者持懷疑態度的人是這麼想的。當地人相信克約克（Kejok）會在他們眼前現身，為他們帶來財富與幸福。克約克是丁卡人傳統宗教中的神話英雄人物，由名叫奇（Quay）的母親所生，她不是因為男性而懷孕，是在十八世紀某個時候涉水入湖後受孕的。這位英雄之所以受人尊崇，是因為他只需以手指輕敲大地就能冒出水，所以這片積水的突然出現，就被解釋成是克約克的神蹟。

為了強化對殖民統治者的反感，最反英的丁卡人試著以神的主導解釋這件事。正如奇蹟本身所證明的，他們說這件奇蹟證明了神希望外國人離開，為此，丁卡人應該拒絕服從外國人強加於他們的任何新政府。經過與池底神靈的溝通，已經確認這就是神的旨意。神靈還說，敵人的武器在湖邊將會失效。

不久後，即將遭反叛的尼羅特人殺害的英國地區專員維爾・弗格森（Vere Ferguson）前往這座水池，想要證明這座小湖的神，也會像對丁卡人一樣接受英國人的祭品，藉此證明要求英國人離開並不是神的旨意。弗格森到達的那天早上，池邊有八百名丁卡人，所有人都跪在地上，臉與雙眼都轉向水面。弗格森走進湖中獻上一隻羊，祭品沒有沉入水中，弗格森也沒有如預言般消失。湖神拒絕他的祭品足以證明英國人不屬於當地人，但既然他沒有被淹死，代表他一定有哪裡是可以被接受的。一位積極支持英國政府的丁卡人說，這次獻祭的時間不對，應該在下午而不是早上。因此，弗格森下午又回來了，這次他沒有走進湖中，而是留在長著灌木的岸邊。跟隨他的人群裡，有一人抱起羊浸入水中，灌木讓羊沒再浮上來，祭品被接受了，讓弗格森得以斷定反叛者誤判了神的旨意[24]。

弗格森的這套方法，是英國人安撫與征服蘇丹南部人民時經常使用的：地區專員以「腳踏實地」的方式施政，獲取當地傳統與價值觀的相關知識，並聘請當地人擔任助手。英國的戰略目標是盡可能以最少的開銷維持和平與秩序，等著讓尼羅河運河工程排乾沼澤，因此，這種順從當地傳統文化的安撫政策，既合理又有效。

當地民眾從未嘗試共同抵抗初來乍到的歐洲統治者，許多人把他們視為趕走埃及人與馬赫迪政府的解放者，以為這就是他們來到這裡的目的。具影響力的蘇丹南部知識分子，像是弗朗西斯・登格，他後來寫道：當地人把英國人視為和平、安全與尊嚴的保證[25]。他還引用一位酋長的意見，認為英國人來到蘇丹南部是因為他們聽說「埃及人」與馬赫迪政府對他們的所作所為，因此「前來幫忙」[26]。

當地十分貧困，各民族普遍缺乏現代武器，若是強行抵抗也會輕而易舉地被征服。一位英國地區專員記錄下努爾人每隔五至七年挑選一次戰士的過程。這場選將由牧牛酋長（Wut Ghok）負責主持，到了約定的那一天，小男孩們一字排開，額頭著地，而旁邊是一口事先挖好的小洞。巫醫沿著他們走，用刀在所有男孩的額頭上劃一道傷口，讓鮮血滴進洞裡。接著，男孩們被隔離一個月，直到傷口癒合。最後，假設他們沒有死於感染，他們的父親便會前來迎接，授與兒子一支矛與一頭牛。經過這場儀式，男孩們便成為戰士，與英國人相比，這不是一支可怕的軍隊，但倫敦在一九二〇年代末，依然派出英國皇家空軍轟炸機，鎮壓一場努爾人正在醞釀的叛亂——他們反對任何國家的權力入侵。

沼澤之旅與非洲發展的理論

旅行的經歷確實能讓人更容易理解到：一個人認為自己在堅實的地基上蓋房子，另一個人卻只看到粘土與泥塘；一個人眼中的天堂，在其他人眼中不過是一片淒涼的沼澤；一個人看到一座美麗的山，別人卻看到一條難行的路。任何有名字的人，都不是只有耳朵和眼睛，我們所繼承的不僅僅是臉部特徵與體格。思想、信仰、觀念與偏見，似乎也跟隨著血液在我們的體內流動，因此大家都很容易忘記：一個人怎麼看事情，與他怎麼想有關。

在穿越沼澤的旅程中，我想起一部探討旅行的經典小說：法國小說家若利斯・卡爾・於斯曼（Joris-Karl Huysmans）的小說《反自然》（*Against Nature*），主角是頹廢且厭世的貴族德澤桑公爵（Duc des Esseintes）。這是一本頹廢指南，但主角同時也探討旅行的意義。他最後得出的結論是，假裝旅行比實際旅行好，一方面是因為他選擇以「孤獨的生活」享受正常人生的樂趣。

德澤桑公爵把幾家最大航運公司的旅行路線複製到地圖上，裱框後掛滿臥室的牆壁。之後，他用海藻與其他相關的東西填滿一座魚缸；現在，他可以透過幻想享受海上旅行的樂趣，而且無需面對不舒服的一面。不同於另一位法國小說家薩米耶．德．梅斯特，於斯曼並不關心習慣性凝視的力量與乏味，他認為幻想足以替代（用於斯曼的話來說）實際體驗的「庸俗現實」。畢竟，旅行者會因各種擔憂而心煩意亂，無心享受當下，最終會被接觸到的所有常規事物給迷惑，永遠得屈從形勢的要求。

然而在我看來，即使與蘇丹南部被紙莎草和瘧疾包圍的單調旅程相比，德澤桑公爵的言論也顯得極其乏味和狹隘，而不只是頹廢。他只能到自己「能想像到」的地方——也就是他已經知道的地方，所以能以這種想像神遊，規矩也隨他自己訂。炎熱、潮濕與昆蟲會讓沼澤之旅很不舒服，因此這裡的現實對於斯曼而言是粗俗的，但旅程同時又是非常規的，如果從未到過這裡，就不容易想像或體驗，例如，擔心過了下一個河彎會撞見什麼，擔心船長在茫茫紙莎草海中能否找到行道，以及無法停手地驅趕瘧蚊，尤其是在下午和太陽西沉時，旅途中的觀察不斷受到上述這些的干擾。換言之，與幻想世界中的活動相比，「旅行本身」提供了唯有實際旅行方能感受到的體驗。中央沼澤地區本身就是一個獨特的世界，值得親眼一見，尤其在體會到當地居民為何把這裡視為天堂的那一刻，更是一種獨特的體驗。

「**文化就是阻礙非洲發展的原因！**」河船上的乘客中有人高聲議論，因為在這裡多的是時間聊天。一個額頭上有個坑疤、自稱是希魯克人的當地人，直截了當地駁斥這句話：「**不，是腐敗破壞了一切！腐敗才是禍源。**」這群人倚在欄杆上，我站在他們的邊緣處。正午將至，高溫越來越令人感到癱瘓，我們在此時經過河畔的村莊：牛圈、零星的泥屋、兒童跑來跑去朝我們大吼大叫。男人以努爾人刻板印象的姿勢單腿而立，赤身裸體地倚在長矛上看顧牛群。一名德國博士生認為問題出在英國殖民政府，一位身穿熨得筆挺的優雅卡其色襯衫的丁卡人則認為，一切都是阿拉伯人的錯，我則保持沉默。畢竟我同意他們每一位都對一半，也想起自己曾讀過的所有試圖解釋非洲歷史與發展的理論。我一句話也沒說，直到船突然被一片紙莎草卡住時，雖然在這高溫下幾乎沒有力氣與人辯論，但我還是提出了自己的想法：「這裡的水文系統會不會也是個原因？」

任何試圖重建尼羅河歷史的著作，都必須展現這套複雜的水文與流域內居民的生活經驗，是如何相互作用、相互影響，以致產生關於社會與發展的普遍討論和理論。毫無疑問，這條河流及其在地理上的空間範圍，容納了這麼多截然不同的社會——在河流最低且最乾燥的地區，有世界史上最穩定的國家；沼澤地區有最典型的無國家社會；更上游的大湖地區的非洲王國；在藍尼羅河源頭衣索比亞高原上也有一個古老的帝國。以上這些都是意圖以世界規模解釋社會與發展的理論時不容忽視的。那麼，若不理解非洲大陸獨特的水文景觀並將其納入考量，是否就無法理解非洲的發展呢？

以自然條件解釋社會情況，是一個歷史悠久但也是一個很有問題的傳統。有一個經典的自然或生態決定論主張：所謂的民族文化在很大程度上是由其環境決定的。古希臘哲學家亞里斯多德聲稱，氣候較冷的歐洲國家，其居民無疑是勇敢的，但也因氣候而無法進步。法國啟蒙思想家、現代社會科學的重要先驅孟德斯鳩（Montesquieu），他則強調大自然會直接影響人的心態：炎熱的氣候會使人變懶、對疼痛敏感、會過度放縱性慾。德國哲學家黑格爾並不特別熱衷於為社會發展做出物質方面的解釋，因此他強調「地理因素」在歷史進程中有決定性作用，這一點很有趣，可以看出這種氣候決定論的思維，在前工業時代的歐洲有多普遍。黑格爾認為在氣候較極端的地區，由於不是太冷就是太熱，導致心靈無法健全發展，所以溫帶地區才是世界歷史的舞台。英國哲學家赫伯特・史賓塞（Herbert Spencer）認為，歷史趨勢就是從社會發展水平需求較低、溫暖且多產的環境，轉移到離赤道較遠且較冷、貧瘠，但更具挑戰性的地區。

令人難以忍受的濕熱，逼得我們從欄杆處轉移到駕駛室的小小陰影中躲太陽；這時我還是要說，我不相信這些說法，也不相信那些或多或少有根據的理論——即非洲缺乏發展是由於高溫、土壤或整體氣候的說法。從長遠的角度來看，並與其他大陸相比，如果不了解雨季與旱季之間持續且不確定的變化的重要性，以及這些如何影響居住模式與經濟活動，就不可能了解非洲。另外，如果在分析時，沒有包含「撒哈拉沙漠做為非洲與外界間屏障的作用」，沒有把「非洲大陸主要河流的特徵」納入，同樣無法理解這塊大陸。這些河流幾乎無一例外，在距離出海口不遠處都有大瀑布（尼羅河是個例外，因為它最接近大海的瀑布始於蘇丹邊境），因此一直不適合做為這塊大陸與外界之間的運輸路線。最後，如果沒把沼澤生態與河流季節性波動的因素納入考量，就不可能理解尼羅特的人社會。換句話說，具體討論結構性的因果關係是可行的，但也是一種權宜之計：即使實際發生的事情並不是這條河決定的，然而這套河流系統也已經為可行的社會發展設定了框架。

隔著船上的欄杆，我們看見四面八方的平原。隨著討論逐漸停息，大家進入一種單調至極卻更加令人著迷的情緒。平坦的高原上沒有半棵樹，唯有零星灌木林點綴河岸。乾枯的紙莎草與乾草堆成的小團塊漂浮在河上，等著被剛剝離的布袋蓮取而代之。天空沉重且灰暗。蘇德沼澤風景的主色調只剩銀色與青銅色，彷彿光譜中的其他部分已經從大自然中消失。河岸上，有一個接著一個的小村落（kraal，當地人的臨時聚居處，中央有一座牛圍籬），以牛糞生火燒出的煙霧在平原上飄蕩，這裡世世代代都是如此。大家都在準備拔營，他們去年就是這麼做，前年也是這麼做，過去數百年來都是這麼做的，待降雨與洪水來臨時，沒有一個人能留在此地。

然而，一個多世紀以來，一把達摩克里斯劍（Sword of Damocles，比喻隨時都可能發生禍事）一直懸在這片遼闊的平原上，就像一個長遠的不確定性：計畫透過挖掘一條改變水道的新尼羅河來改變整個地區脈動的地理心臟，進而改變牧場樣貌，以及人類生活與動物遷徙的方式。

瓊萊：通往北方的新水道

幾乎沒有任何同等規模的水利工程的歷史，比瓊萊運河（Jonglei Canal）更悠久、更曲折。運河的構想最早是由威廉・加斯汀在十九世紀最後一年的英國政府報告中提出[27]。兩年後，加斯汀寫了一份篇幅更長、同樣以運河為主題的報告[28]，但直到一九〇四年才發表了劃時代的《尼羅河上游流域報告與改善建議》（*Report upon the Basin of the Upper Nile with Proposals for the Improvement of That River*）。這份報告對運河工程做了完整描述，並將它定位成英國在全流域整體規畫的關鍵要素。加斯汀本人曾在蘇德地區考察數個月，研究結束後便在地圖上畫了一條線，代表他想要建造的運河，這條線最終被稱為「加斯汀渠」（Garstin Cut）。這項計畫的目的，是要減少沼澤中尼羅河水因蒸發而造成的「損失」，工程內容是挖掘一條三百六十公里長的運河，以提高河水流速，從而增加被譽為「白金」的河水到達埃及棉花田的水量。

克羅默與倫敦政府都支持這項計畫。僅僅幾年後，第一台現代化的挖掘機就被一路送抵沼澤地，以測試該計畫的可行性。英國的願景是把這裡改造成一個水鄉澤國，如果這些水能被控制，就可以往北發送，而這就是英國人認為必須控制蘇丹南部的原因之一。英國一如既往地積極確保對蘇伊士的控制，要做到這點就必須控制尼羅河。

由於棉花的栽種期是夏季，而白尼羅河是這個季節最重要的河流，因此，開羅與當地關心棉花的利益者認為，若這條河有一半的水在蘇德地區「消失」是一種無法理解的浪費；更重要的是，若穿越蘇丹南部的河道狀況如此不理想，那麼，倫敦自一八九〇年代初起，考慮在烏干達建造大型尼羅河水庫的幻想就沒有意義了，因為他們打算在那裡蓄積的「額外」水量還沒抵達埃及，就會在通過廣大南蘇丹平原與濕地的途中消失。

尼羅河的地理與河流樣貌都必須被改變，因此這項當時最龐大的水利計畫倍受重視，並被列為克羅默「掌控尼羅河」計畫中的重中之重。然而，技術、經濟與政治問題糾結，導致英國一直無法開鑿這條運河，但計畫並未被放棄，在一九一九、一九二〇、一九二五、一九二九、一九三四、一九三六、一九三八、一九四八及一九五四年，都曾制定並公布整體規劃。

從整個一九二〇年代到一九三〇年代，英國在蘇丹的領導階層越來越擔心計畫中的運河，會對國家、地區及地方造成什麼不利影響，因此對目前的計畫更加質疑。地方的地區專員與南部地區各州長致信喀土穆政府，告知政府當地經濟即將被摧毀，尼羅特人的生活方式也將受到威脅或徹底被改變。此外，他們還指出，這可能會增加動亂爆發的風險，並在需要安撫整個地區時造成嚴重問題。

駐喀土穆的英國人逐漸明白，對瓊萊工程的懷疑與倫敦的整體尼羅河外交政策一致，旨在讓埃及對英國解決蘇丹水利問題的能力和意願上，保持警惕。當不列顛的尼羅河帝國明顯即將進入尾聲時，蘇丹總督在不太親近大英帝國的時候提到瓊萊運河，或稱「瓊萊河渠」（Jonglei Cut）：「開鑿瓊萊河渠需要引進數百名歐洲人，以及為數更多的沙烏地人，竣工後將徹底改變居住在該地區的尼羅特人的生活。唯有擁有極大耐心、強烈的人道主義關懷，以及絕對權力的政府，才能在對當地居民公平的情況下完成此一計畫。」[29]

因此，在英國統治尼羅河上游的時期，這個最縝密的計畫從未脫離藍圖階段。由於帝國體系內部的利益衝突，埃及對英國意圖的質疑，加上蘇丹南部人民與英國地方專員的反對，使運河工程一直無法進行，也無法成為在對抗埃及民族主義、鞏固倫敦在蘇伊士立場的外交遊戲中，一張水利政治牌。

為了建立一條新的、更有效率的尼羅河水道穿越今日南蘇丹，由此造成的鬥爭在一百三十年來一直主導著這個地區的歷史，未來也將持續下去。這項工程的計畫造成蘇丹的不平衡發展，使得蘇丹南部依然低度開發且缺乏投資，全都是因為其他大型基礎建設工程均無法進行。任何運河的出現都將徹底改變整個蘇德地區，因此即使有人開始討論外部投資的可行性，政策還是把其推遲到「能明確了解這類改變的後果」之後[30]。就連政策上將自己定位為埃及水資源保護者的英國人，即使他們真得想參與，也不能公然參與蘇丹南部的大型灌溉工程。大英帝國對大型工程的考量是，不應從蘇丹南部的河段中取水。當地的尼羅河主要被視為通往北部的水道，任何對這水道的改造，都必須尊重下游與日俱增的用水需求。

侵略與和平

英國人在蘇丹南部有一個首要的政治策略目標：「安撫」當地，也就是「盡可能以最低成本維持安定」。起初負責治理當地的，主要是對地方生活影響有限、民間官員極少的軍事政府，直到一九二〇年代，蘇丹南部的英國總督大多還是軍官，以英埃聯軍軍人的身分奉派前往當地維持和平與秩序。他們對當地的語言、歷史和文化所知甚少，連英國人也將自己的政策視為「侵略性治理」（administration by razzia）。著名的英國殖民政策觀察家C．S．賈維斯（C.S. Jarvis），在比較當時治理蘇丹的南北差異時提到：隨著人們往尼羅河以南移動，越往南標準越低；如果政府召喚偏遠地區的行政人員到喀土穆做協商，這些他所謂「較野蠻的人類」往往會破壞協商的氣氛[31]。

從一九二〇年代起，「間接統治」成為全球各地英國殖民政府的最大特色，在蘇丹南部也不例外，這是因應此處的需要而誕生的政策。倫敦期望各個殖民地能在財政上自給自足，而與諸如埃及、蘇丹北部、烏干達或肯亞等尼羅河流域其他地區相比，蘇丹南部的經濟沒有產出可供徵稅的盈餘，因此徵稅必須「小心翼翼」進行，以免引發當地人的不滿。國家財政與地方經濟都無法提供資金建立大型的殖民官僚機構，如果真有計畫，也沒有多少資金能投資當地發展。所以，向蘇丹南部輸出資本或進行巨額投資從來不是倫敦的目標，因為外來經濟因素可能對於執行運河計畫和首要的「南方策略」帶來問題。所以在整個蘇丹南部，英國行政人員通常不超過三、四十名。

於是，以努爾人為主體的上尼羅州（Upper Nile province），其廣大地區內的孤立行政哨所，底下僅有少數英籍官員，州長查爾斯．威利斯（Charles Armine Willis）在記錄政治與行政各種面向的文件中，以某些殖民統治者慣有的專斷式作風和充滿刻板印象的語言形容他的「治下之民」：「**智能上無法從事半熟練工作，體能與性情上也無法從事非熟練工作。**[32]」

儘管英國人基於種種原因並沒有將重點放在經濟發展上，而且所設的行政機構小得可憐，但還是成功地在當地的大部分地區建立了和平。尤其是在一九三〇年代，不再有狩獵隊在當地遊蕩伺機擄人為奴，民族之間的衝突大幅減少，有些殖民官員在同一地任職十年甚至二十年，因而進一步維持該地區秩序的穩定。這些人在英國殖民史上，甚至在當地都成為傳奇。任職期間短，也就是約兩年以下的官員會被蔑稱為「過客」。在阿贊德區，最極端的例子是，一九一一年至一九五一年間的地區專員只換過一次，但大加扎勒河州（Bahr al-Ghazal province）在一九一〇年至一九三四年間也換過四任英籍州長。地區專員對他們的「人民」通常知之甚詳，所以能做到在朱巴地區的原住民治理準則（Native Administration guidelines）中所規定的「妥當評估每個人應繳多少稅」。

英國行政官員隻身行遍天下，手無寸鐵全靠步行（當地幾乎沒有道路或飛機跑道，所以他們普遍沒有汽車與飛機），與他們所統治的「原住民」同居共處的神話，在蘇丹南部並不假。他們利用對當地文化的了解，進而解決衝突的能力，誠如前文所述，這使得英國人可以為該地不同民族締造和平。在英國行政官員寄回家的家書上，曾提到在上尼羅河沿岸的旅行，如同入夜後穿越倫敦的海德公園一樣安全。

但儘管如此，在英國殖民政府的文獻中被稱為「當地人員」（the Man on the Spot）的地區專員，對英國主要政策的制定與成效的影響依然有限，尤其是在蘇丹南部，即使文獻中往往賦予他們非常有影響力的角色。原因是，倫敦與駐開羅的英國人對當地在整個尼羅河博弈中的地位，有一個相對明確的策略：蘇丹南部主要被當成是「提供蘇丹北部與埃及灌溉經濟供水的水道」。

改變蘇丹南部尼羅河自然河道的雄心計畫，將徹底改變半游牧人口的生活方式所仰賴的生態與經濟基礎。因此，當地現代經濟的企業與機構越少，就越容易讓倫敦把當地與尼羅河工程作為未來可用的外交牌。和北部灌溉經濟的情勢形成鮮明對比的是，整體的尼羅河策略，創造了一種讓殖民大國不想促進南部現代化的政治情勢，除非能像某些人建議的，將沼澤地的水抽乾。

如同一位地區專員在一九三八年所寫，他引用一八九九年的一份考察報告指出，蘇丹南部旱季缺水，雨季氾濫，但在英國統治三十年之後，這樣的情形依舊沒有改變[33]。

供人類學家研究的人類動物園

時值一九三一年三月，南蘇丹上尼羅州長正忙著撰寫他的交接報告，這類書面報告對英國政府的行政、思維總能提供新鮮且清晰的見解。英國人在一九二〇年代末期建立了「不列顛治世」（Pax Britannica）後，一個明確的主要目標就是「重建部落靈魂」。行政官員奉命尋找各部落所「失去」的「原初結構」（true organization）。英國希望以這種方式鞏固傳統文化，並建立原本並不存在的酋長權力結構。州長以一句話總結了他在此地的任務：目標是「盡可能不干預」。英國人支持酋長法庭制度，並給予願意合作的部落領袖一些司法權力，目的是促進行政管理，喚醒與強化部落意識。如前所述，這些法庭成為「忠於地方的堡壘，而不是忠於國家的要塞」[34]。

此外，英國人擔心現代化會破壞區域穩定，讓民眾更容易受到民族主義和民族自決等西方政治思想的影響。所謂的「南部政策」，旨在阻止阿拉伯的影響散播到該國南部。關鍵不是要阻止伊斯蘭教，這問題英國並不在意，而是要阻止「現代民族主義」與「阿拉伯民族主義」者正在散播的反英情緒的擴散。於是，在一九二〇年代和一九三〇年代，蘇丹南部的埃及裔與北蘇丹裔的低階行政人員因此被解僱，取了阿拉伯名的人被強迫受洗。英國人是如此緊張，乃至一九二四年在馬拉卡勒有一名蘇丹士兵因大喊：「埃及與蘇丹國王福阿德萬歲！」就遭監禁十八個月，並被軍隊除籍。不僅如此，在一九一九年埃及的反英革命，以及一九二四年在喀土穆由一名丁卡族士兵所領導的民族主義示威活動後，驚慌失措的英國政府大幅刪減蘇丹南部埃及裔和北蘇丹裔的行政人員數量，並改採英語為教育語言。英國人還試圖喚醒並強化當地人民對阿拉伯奴隸貿易的記憶。

英國人的目標並不是培養出一支蘇丹南部精英行政官員，來取代來自北方的官員，因為英國人擔心，這群人也會被現代思想，也就是民族主義及反英態度給「毒化」。英國在南蘇丹的戰略，就是極力避免創造出一群「去部落化」且不滿的知識分子，英國鼓勵蘇丹南部成為部落主義的堡壘，以對抗北部日漸茁壯的民族主義。

為此，一九四七年時，英國為了把蘇丹南北合併成一個政治實體，舉行了朱巴會議（Juba Conference），某些英國殖民官員仍一直在爭論：蘇丹南部是否該繼續做為蘇丹的一部分，還是該成為南方東非國家的一員。這個爭論在蘇丹比在倫敦更激烈。英國政府中樞白廳對蘇丹南部的看法聚焦在：該如何在外交戰略上利用這個地區，幫助英國維持在最重要的地方——埃及與蘇伊士等地——的影響力與控制權。不過，駐蘇丹的英國人觀點則較微觀，加上他們有一部分人對這個國家和人民產生了情感，所以在討論時，有部分是以「如何做對蘇丹南部和人民最有利」為出發點。

在倫敦與駐喀土穆的英國人，最終就統一蘇丹達成共識，隨之也決定埋葬「南部政策」。許多南部地區專員認為這是對南部人民的背叛，並認為蘇丹南部應該獨立或成為東非的一部分。有些地區專員強烈批評英國的策略，其中一位抱怨說：英國人除了建立「供人類學家研究的人類動物園」之外，什麼都沒做，而且過於弱勢的南部人口在文化與經濟上，都將再次受到蘇丹北方精英的壓制。一九五四年，赤道州州長在一份致喀土穆的機密備忘錄中寫道：「當地相當落後。他們肩負開發的責任，在這方面卻一無所獲，他們寧願開始做一些有用的、讓他們可以『引以為傲』的事，並給予人民最想要的東西；例如他們自己與牲畜所需的用水。[35]」

回頭來看，英國的「南部政策」毋庸置疑地促成許多地區專員認為就長遠來看是唯一解決之道，卻不為倫敦所支持的方案：南蘇丹獨立。直到二戰結束前，一直居主導地位的尼羅河策略強化區域對立，使南北不平等的發展軌跡更不易被打破，甚至最終導致蘇丹分裂成兩個獨立國家。

沼澤中的世界級殖民研究

人們對英國殖民官員的刻板印象：唯利是圖的塞西爾．羅茲（Cecil Rhodes）與專斷式作風的克羅默伯爵的綜合體，其實並不是沒有現實依據。不過有太多例子證明這種形象並不適用於整個殖民政府，尤其不適用於從一九三〇年代起統治蘇丹南部的英國人。

從一九五〇年代一份在蘇丹南部編寫的研究報告可看出，大英帝國與行政官員基於對他們所治理的地區必須全盤且詳盡了解，因而做出許多非常出色的研究。瓊萊調查隊在一九五四年與一九五五年出版五卷報告，是關於瓊萊運河及其對當地生態與經濟的影響，他們同時提交一項非洲開發工程的最佳研究報告。這個負責人是牛津大學畢業，曾在努爾地區擔任地區專員的人類學家豪厄爾（P. P. Howell）。

倫敦與喀土穆聘請這個研究小組的目的，是想請他們評估駐開羅英國人支持、埃及政府在一九四八年提出建議的瓊萊工程，其可能造成的後果。倫敦支持這項團隊研究的原因之一，是打算以這種策略性動作，對越來越反對英國留在蘇伊士的埃及施壓。埃及從以前到現在都期待能開鑿瓊萊運河，但倫敦想透過進行這項研究向埃及清楚表明：英國仍握有上游的主導權。不過進行這項研究並在英國最好的大學受過教育的殖民地官員，則是從另一個角度看待這個問題。他們對這項工程的想法，就如同對蘇丹南部持續由喀土穆治理一樣持懷疑態度，並在報告中表示，根據該計畫目前提案的形式，它將對埃及、且在一定程度上對北蘇丹有利，但對居住在蘇丹南部的人民則否。然而，儘管他們的結論很明確，但這份報告的內容還是相當平衡的，也提供大量這地區鮮為人知的新資訊。

瓊萊調查小組這五卷報告的背後，是累積了五十年的努力成果，大幅增加我們對蘇丹南部和中部地區的了解。事實上，後來針對同一項工程所出版的所有研究，在原創性、品質與廣度上都沒有一份堪與這項研究媲美。這份報告得出的結論是：這項埃及政府所期待的工程，無法以目前的形式進行，因為勢必損及當地居民的需求與利益。研究小組主張，這項計畫需要進行全面性調整，並提出為何需要為可能造成的破壞，對當地人進行適當補償的論據。這份報告以這種方式為一九七〇年代對同一主題所進行的許多研究，乃至未來數十年運河計畫重返製圖桌時，可能得再調整的各種研究奠定了基礎[36]。

尼羅河共和國？

一九五五年夏天，幾則謠言在駐紮於尼羅河東岸托里特（Torit）的南蘇丹士兵之間盛傳。所有人都知道蘇丹將於一九五六年一月一日獨立，但在蘇丹南部，許多人對於「這件事對他們意味著什麼」感到憂心忡忡。七月初，一份後來證明是偽造的電報內容四處流傳，這份電報看似是由蘇丹總理伊斯梅爾·阿扎里（Ismail al-Azhari）所簽署，內容鼓勵北方阿拉伯人鎮壓並虐待南方人民。我在蘇丹的許多朋友固執地堅稱，這份電報是以色列情報部門假造散播的，他們的論點如下：「當時，以色列打算削弱喀土穆，尤其是開羅政權，知道沒有什麼比在蘇丹南部引起叛亂更有效，因為這不僅能削弱埃及對尼羅河下游的控制，對開羅與喀土穆而言也形同自家後院失火。」

不論這份假電報是誰寫的，它的影響完全可以預見，因為這份電報後來引發了事件：由英國組建、完全由南方士兵所組成的「赤道軍團」（Equatorial Corps）起事叛變，試圖建立「尼羅河共和國」的武裝衝突於焉展開。這起事件的過程如下：

一月二十二日，國民議會的一名南方議員在經過一場疑點重重的審判後，被判入獄，進而引發一場導致八名示威者喪生的暴動。隨著氣氛日益緊繃，喀土穆政府決定將赤道軍調往北方，並派遣北方部隊南下駐守。然而，駐紮於托里特的軍隊拒絕服從命令，反而攻擊自己的軍官並闖進軍械庫。同一天，其他軍營中的士兵也響應起義。喀土穆宣布進入緊急狀態，並立即空運八千名士兵到當地擁有唯一一座簡易機場的朱巴。

叛軍期待英國支援，但這並沒有發生。正在英國度假的總督諾克斯・海姆（Knox Helm）連忙銷假返回蘇丹，說服叛軍投降，同時承諾將為他們確保公平的審判。原本潛身於叢林內的叛軍商議後，決定聽從海姆的提議，預定於八月三十日在托里特繳械投降，但是到了當天，卻沒有任何叛軍到場。因為他們對喀土穆可能採取什麼行動充滿疑慮與恐懼，於是在最後一刻改變主意。因此，喀土穆解散整支部隊，海姆在一九五五年十二月十五日永遠離開蘇丹。英國作為蘇丹南部統治者的時期就此宣告結束。叛軍領袖雷納爾多・洛耶拉（Reynaldo Loyela）則在一九五六年初遭到處決，據稱還有其他三百人也遭受相同命運。

少有國家的誕生比蘇丹蒙受更大痛苦與更多的民族分歧。當他們在一九五六年一月一日盛大慶祝獲得獨立時，蘇丹南部對於這個它所隸屬的新國家的叛亂，已然開始。

這個新生國家有一個結構性問題，就是缺乏其他國家通常擁有的「統一制度」與「思想」。宗教並不是一個促成團結的因素，反而是一個造成分裂的原因。一方面是持續擴張的伊斯蘭教擁有許多教徒，他們認為國家的法律制度必須以伊斯蘭教法為基礎，但另一方面則是福音派基督教，教徒無法接受國家伊斯蘭化。除此之外，還有數以百萬計的泛靈論者，夾在這兩種世界宗教之間並被兩邊視為傳教場域。另外，這個國家也沒有任何促成統一的人物，像是義大利的加里波底（Garibaldi）、坦尚尼亞政治家尼雷爾（Nyerere）、毛澤東或甘地。僅有的主要宗教領袖權力基礎，繫於蘇丹北部的宗教兄弟會之一：喀米亞派（Khatmiya）與烏瑪兩大宗派，更沒有像其他許多非洲國家般的民族解放運動。

在北部被視為國家精神先驅的馬赫迪派，在南部則被視為恐怖與奴役的代名詞；在北方被馬赫迪帝國主義剝削的英國人，在南方則被視為保護者與恩人。一九五六年一月一日，在喀土穆升起的旗幟上有藍、黃、綠三色，但它對蘇丹南部無法喚起任何共鳴。

蘇丹南部的中央代表們要求英國人應該繼續留下，不要太快離開，接下來尋求的解決方案則是與東非而非喀土穆建立各種形式的聯繫。對一般民眾而言，最重要的是他們所屬的族裔或氏族的命運。

喀土穆的領導階層試圖在南部推行阿拉伯化或伊斯蘭化政策，以鞏固團結並擴大權力基礎。可想而知，這政策遭到抵制，甚至強化當地民眾對所謂黑非洲與基督教的認同，尤其是在一九六四年喀土穆政權把所有基督教傳教士驅逐出境後。叛軍得到以色列的支持，因為以色列很清楚一個親以色列的南蘇丹，能對埃及與北蘇丹的水資源構成威脅，在需要時可以當作談判籌碼。

安亞尼亞游擊隊（Anya-Nya，為當地語言之一馬迪語（Madi）的「蛇毒」之意）就在這種南北相互不信任的背景下出現。蘇丹內戰爆發，使發展倡議與進程均陷入癱瘓，直到一九七〇年代初才宣告結束。一九七二年在阿迪斯阿貝巴，由喀土穆總統尼邁里和安亞尼亞領導人約瑟夫．拉古將軍（Joseph Lagu）代表簽署的和平條約，是紮實的外交努力與政治精算的結果。某些蘇丹南部領導人原本希望建立全新、獨立的「尼羅河共和國」（Republic of the Nile），由此引發的獨立戰爭就此結束，由一個國家團結方案取而代之。然而，這段和平與和解的時期極為短暫，一九八〇年代重燃的內戰導火線之一，就是加斯汀自一八八九年開始提議、似乎從未在當地發展重心消失的運河構想。

停建運河！

「在開發中國家的近代史上，有時開發計畫會引起廣大國際觀眾的興趣與關注。瓊萊運河工程就是這樣的一項計畫。[37]」瓊萊計畫的蘇丹領導人之一賈邁勒．哈桑（Gamal Hassan）如此說。他繼續說道：「絕沒有人狹隘地對瓊萊運河計畫心懷恐懼，種種跡象反而顯示大家對它滿懷期待。事實上，它已經變成大家渴望變革的表現。這就是為什麼一旦運河竣工，首要之務就是立刻進行開發。[38]」

賈邁勒．哈桑這番話沒有說錯。這段聲明發布於一九八二年，也就是獨立後的蘇丹與埃及，再度接受英國殖民統治者於世紀之交首次提案該計畫的三年後。如今的主要重點是，僅將沼澤地的水排乾，而英國在一九四〇年代規劃的「赤道尼羅河計畫」還包括在中非湖泊築壩，好讓更多水流過變得幾乎乾涸的沼澤區，如今這部分被縮小成一項運河工程。沼澤如今變得相對重要，因為在埃及築起高壩後，它們已經是整條尼羅河上唯一可以增加水流量的地方。

目前被稱為瓊萊開發工程的蘇丹負責人賈邁勒・哈桑強調，這計畫本身代表蘇丹南部人民最深切的利益：它已成為「大家渴望變革的表現」[39]。他堅稱，這份渴望相當於當地居民對未來的最高希望。賈邁勒・哈桑不是唯一一個認為運河符合蘇丹南部利益的人，但其他人對當地居民是否能夠或願意相信這條運河符合他們的最大利益，並沒有這麼樂觀。早在一九七四年，丁卡裔的蘇丹副總統暨蘇丹南部自治區高等執行委員會（High Executive Council of the Southern Sudan Autonomous Region）主席阿貝爾・阿里爾（Abel Alier）就曾表示：「即使必須以鞭子相逼，蘇丹南部也必須發展。」他認為，瓊萊計畫就是這根鞭子。此外，這項計畫還被描述成強化南北交流的關鍵因素，因為它將帶來一條改善的水道，以及一條沿著運河興建的新道路。

一九八三年三月，在工程正如火如荼進行時，我造訪了當地，看到一九八〇年代全世界最大的運河挖掘機，宛如一個超巨大的外星怪物在非洲大草原上前進：強而有力、按部就班地挖掘堅硬的棉土，每天能挖到一百二十公尺遠，挖掘的同時以輸送帶把大量土石堆往運河邊緣。此外，當地將建設一條貫通蘇丹南北的新公路，比原本的道路更快捷、更筆直，甚至還預設在未來把它與開羅、開普敦相連，讓大英帝國時期的鐵路夢成真。這台挖掘機是現代技術力量一個非常有力的象徵，因為它在周遭都是泥屋、手持長矛赤腳走路的當地人之間挖地前行。這台帶來巨大改變的機器，是在毫無預警、突然出現、震驚四座的狀況下出現，並不像其他許多社會常看到的狀況——是漸進變化過程中的一部分，在成千上萬個大大小小的跡象與暗示中發生。因此，它不僅挑戰當地居民的傳統生活方式，也挑戰了許多解釋社會變革的理論。

在前往瓊萊與施工現場的路上，我停下來與馬拉卡勒工程總部的法國負責人交談。我問他對運河有何看法。他熱情地回答：「你覺得呢？我們正在非洲內陸開鑿一條新的塞納河！」不久之後，這位法國負責人死於瘧疾，工程隨之瓦解。一九八三年，蘇丹人民解放軍（Sudan's People Liberation Army）游擊隊在綁架並殺害法國國際建設公司（Compagnie de Construction Internationale）所雇用的幾名巴基斯坦工人後，終止了瓊萊運河的工程。理由並不是因為叛軍領導人反對開鑿運河，而是他們想藉由阻止運河工程打擊喀土穆的痛處。

如今，挖掘機的殘骸仍矗立於馬拉卡勒和博爾（Bor）之間的路上。這台機器原本在巴基斯坦挖掘該國長達六萬公里的運河，後來被拆解成零件，從巴基斯坦以船運經過印度洋抵達蘇丹港，再以火車及卡車運到蘇丹南部，螺絲再一顆顆組裝起來。現在它孤零零地矗立著，鏽跡斑斑地棄置原地，一旁是一條雜草叢生的寬闊溝渠，這是開羅與喀土穆的大型合作開發計畫中最搶眼的紀念碑。這項全世界最雄心勃勃但也最備受爭議、當年被譽為蘇丹與埃及友誼和合作象徵的水利工程，現在只剩下這些供人憑弔。未來，開羅與喀土穆必得與新南蘇丹的領導階層展開談判，而這些領導階層就是在一九八〇年代以武力阻止瓊萊工程的同一批人。

雖然運河挖掘機躺在南部大草原上生鏽，但瓊萊計畫的願景仍未消亡。不過政治情勢已徹底改變，現在運河的計畫用地已屬於新生的獨立國家「南蘇丹」。上個世紀，埃及尼羅河外交的主要目標，是確保埃及在蘇丹南部的政治影響力，以爭取對運河計畫的支持。對蘇丹領導階層而言，南蘇丹的水資源一直是依原訂計畫：把國家改造成中東糧倉。

政客來去，政權更迭，但尼羅河的生態與水文依舊不變。因此，開羅與喀土穆政府仍希望且相信：南蘇丹的尼羅河水流量可以增加到三百億立方公尺，並願意竭盡一切手段實現這個夢想，而且是完全自然和理性的。但是重啟瓊萊計畫和施工的談判，在如今乃至未來，都比這計畫在繪圖桌上消磨掉的一百多年，還要複雜許多。

在雨林的陰影中

在從南蘇丹朱巴到北蘇丹阿喬利山（Acholi Mountains）旅程的第一段，我是搭乘一架輕型飛機。由於蘇丹第二次內戰剛爆發，沒有人確切知道前線在哪裡，所以飛行員盡可能貼著樹梢低空飛行，以免遭受槍擊。他說游擊隊士兵可能會認為我們是政府的人，聽到我們飛過來會試著把飛機打下來。不過由於我們飛得這麼低，直到從他們頭頂飛過才會被聽見。

降落前，飛機會先從跑道上空掠過，這是正常程序，為了先檢查跑道上有無坑洞，順便把羊隻驅離。在粘土與礫石的崎嶇跑道上，飛機顛簸滑行的降落，之後搭乘皮卡車進入山丘，終於來到可俯瞰肯亞邊境蔚藍山巒的山脊，我租借了留宿的地方，住宿地點的主人是一位在此定居、與數名當地年輕女子共度餘生的蘇格蘭淘金者。

在赤道省的一座山丘上，幾縷陽光透過樹葉照進涼爽的森林。在這裡，有一條河名為基涅提河（Kinyeti River），它流向尼羅河。高大的樹木、山脊上粉藍色的天空、沒有半點綠意的淺灰色山岩、棕色的落葉、熱帶陽光永遠無法觸及的暗穴、碧綠的水窪、大量奇聲異響，尤其是不知名鳥類的鳥鳴……，在在烘托出一個任憑想像力自由奔馳的世界。一切都是如此朦朧，讓我能理解當地人為何會以鬣狗追逐鷹的影子，來形容思緒漫無目的地湧現。清晨時分獨自站在雨林中，會產生平日可能只會在夢中體驗到的強烈與接受一切的情緒。在這裡，彷彿一切皆有可能發生：你可以扯下獅子的頭取牠的命，也可以如飛鳥般翱翔天際。

雨季剛過，山坡上綠意盎然；當大自然變成這副模樣時，你很難想像祈雨師在尼羅河流域這地區有多重要。然而，這整個地區都是降雨變數的受害者：在南蘇丹中部，暴雨季可能長達九個月，再往南鄰近烏干達和肯亞邊界一帶，雨季更是難以預測；有時雨如期而至，但往往不如預期，或者以錯誤的方式或在錯誤的時間降臨。因此，祈雨師的力量既是這一帶宗教文化史的一部分，也是政治史的一部分。

我坐下來欣賞這片綠意無垠的美麗風景，回想起不過幾年前，一名女性祈雨師就是在這一帶遭到殺害，因為眾人指責她沒在需要的時候求到雨。大家認為如果她真的能呼風喚雨，那麼雨沒有降臨時她就應該受到懲罰。此外，我清楚地記得，自己第一次從朱巴前往馬迪與阿喬利地區時，當地領袖還說我和雨神的關係一定很好，因為我出現時總會下雨。不過，接下來有好一段時間都沒下雨。突然間，我意識到他們這番話並不僅是出於禮貌，所以暫時避開村莊，以免被與乾旱聯想在一起。無論如何，這座美麗的阿喬利山，在雨季過後的山脊披上一片綠意：綠樹、綠山、綠草，使大地變得如此豐饒肥沃，充滿生機。

新生尼羅河國家與喬治・布希

在二〇〇五年的蘇丹和平協議中，沒有任何西方政治家扮演的角色比時任美國總統的喬治・布希（George W. Bush）更重要。對於南蘇丹最後的選擇——完全脫離喀土穆，宣布獨立，也沒有幾個人發揮的影響比他還要大。自從小布希擔任總統的第一天起，蘇丹與南蘇丹問題就被排在首要的總統議程，他決心在外交政策上打贏一場仗，而他的勝利將發生在這個尼羅河國家。

小布希對蘇丹特別感興趣，原因很多。首先，這個國家在美國國內政策上的重要性與日俱增，尤其是對布希最重要的支持者而言。其次，奧馬爾．巴席爾於一九八九年發動政變後，蘇丹南部發生強制性的伊斯蘭化，甚至大規模屠殺基督徒，美國駐蘇丹的傳教士開始把這些消息傳回美國。為此，美國的保守派基督徒就把蘇丹內戰定位是宗教衝突，傳教士與傳教組織把蘇丹基督徒的遭遇描述成「種族滅絕」，但這是一種沒有任何事實根據的誇大言論，然而美國和西方的主流輿論在某種程度上開始相信了，於是這種說法逐漸被視為事實，強化了基督教保守派對此的參與和遊說。

不過，這些團體發起聲援蘇丹的活動，其實是在他們打擊該國奴隸買賣的時候。該活動由美國國際基督教協會（Christian Solidarity International，CSI）執行長約翰．艾伯納（John Eibner）發起，很快地，吸引了成千上萬的基督徒籌資，從阿拉伯奴隸販子手中買下所謂的非洲蘇丹基督徒（African Sudanese Christians）。艾伯納與一九九四年成立「美國反奴隸制組織」（The American Anti-Slavery Group）的布道師查爾斯．雅各斯（Charles Jacobs）聯合聲稱，他們已經從南蘇丹尼羅河地區的奴隸販子手中，買下至少八萬名奴隸[40]。美國福音派基督徒捐款高達數百萬美元，蘇丹的奴隸制成為全球媒體的話題，但有人指控這些奴隸贖身活動是「腐敗的詐騙」，《華盛頓郵報》與哥倫比亞廣播公司（CBS）的報導也曾質疑這種奴隸贖身運動的有效性與真實性。

美國知名新聞電視節目《六十分鐘》（*60 Minutes*）曾播放過約翰．艾伯納斥資幫助奴隸恢復自由的片段。採訪中，艾伯納被問及是否相信自己已為六萬（或八萬）人贖身時，他的回答是「相信」。接下來，節目又採訪了曾為艾伯納工作的吉姆．雅各布森（Jim Jacobson）。雅各布森在鏡頭前說，這些畫面是事先安排好的。他們必須與蘇丹人民解放軍（SPLA）合作找「奴隸」，再花錢為他們贖身。蘇丹解放軍會提供運輸、談判人員、保護和口譯人員。雅各布森說，有一次他們沒有事先聯絡（因為無線電通訊出了點問題），便前往一座村莊為一些據說被拘禁為奴的孩子們贖身。結果，他們到達時沒有看到任何孩子，他繼續說，蘇丹人民解放軍的代表叫村裡的一些孩子來到一棵樹下，然後說：「好，奴隸都在這裡了。為他們贖身吧！」雅各布森隨即辭掉工作，並決定向《六十分鐘》揭露真相。

另外，這個節目還找了一位在蘇丹生活二十年，會說丁卡語的天主教傳教士。這位傳教士表示，替艾伯納工作的口譯員翻譯錯誤，被指稱是奴隸販子的人，是用錢受雇的，控制整個所謂「救援行動」的是蘇丹人民解放軍。實際上，艾伯納知道自己被騙！但無論誰在欺騙誰，這件事對雙方都有利。蘇丹人民解放軍賺到錢，他們的對手被抹黑，基督徒則成了自己國內捐款者和蘇丹人民解放軍的英雄，然而，整個世界卻被愚弄了。一個呼籲終結蘇丹奴隸制的民權組織聯盟對《六十分鐘》的報導展開攻擊。蘇丹人權組織（Sudanese Human Rights Organization）副主席阿頓．阿格．恩海爾（Abdon Agaw Nhial）在給該節目製作人的一封信說：「令人失望的是，寫這個故事的人甚至懶得表明哥倫比亞廣播公司是否承認奴隸制真的存在。」自由之家（Freedom House）宗教自由中心執行長則表示，媒體在報導蘇丹時都在煽動「從眾本能」。

就這樣，從一九九〇年代開始，福音派組織在涉及蘇丹的美國外交政策中，逐漸成為日益重要的角色[41]。他們的目標遠不只是締造和平，而是要在尼羅河流域建立一個有基督教領袖與信眾的新國家。美國的基督教保守派認為，這是一個極有價值的目標，也相信如此能讓當地走向和平與繁榮。

然而也有理由相信，美國外交政策機構有一個更傳統的地緣政治目標，而且埃及、阿拉伯世界與以色列長年來對此也一直很清楚，他們肯定知道，一個誕生於埃及與蘇丹上游的第十一個尼羅河國家，其戰略價值的意義。

美國與喀土穆的關係，在整個一九九〇年代內持續惡化，部分原因是反美的伊斯蘭主義在該國的影響與日俱增。一九九五年，在阿迪斯阿貝巴發生的胡斯尼．穆巴拉克暗殺未遂事件後，美國一直在聯合國積極推動對蘇丹發動經濟制裁的決議；此外，美國國會在一九九七年，以蘇丹對美國構成威脅為由，通過對蘇丹實施多方面經濟制裁的決議，更在一九九八年的夏天擴大制裁，導致蘇丹所有在美的獲利與帳戶均遭凍結。時任美國總統的比爾．柯林頓（William J. Clinton）還轟炸了喀土穆。由此可見，除非透過援助計畫，美國已幾乎不可能與蘇丹維持任何外交關係。

與此相對，美國在整個一九九〇年代乃至和平協議簽署前，在蘇丹南部都非常活躍。美國政府對支持游擊隊的最大非政府組織「挪威人民援助組織」（Norwegian People's Aid）提供數億美元，以援助他們在蘇丹人民解放軍統治地區的工作。「挪威人民援助組織」長年以來都是美國政府援助的最大接受者，因此不斷有人謠傳該組織走私武器提供給游擊隊，並穿越肯亞邊境，以卡車與飛機運送糧食及其他物資給蘇丹南部。當時該組織否認了所有指控，不過並沒有幫助，後來「挪威人民援助組織」在非政府組織圈內被戲稱為「挪威人民軍」。幾年後，有確切記錄證實美國參與了祕密的武器運送，導致這個祕密曝光的是烏克蘭貨輪事件。這艘貨輪在索馬利亞沿海遭索馬利亞海盜劫持，被查出貨物裡裝滿了送往蘇丹南部的坦克。英國《每日電訊報》在評論中形容這個故事宛如小說情節，此外，維基解密也揭露了美國外交官在非法走私武器遭察覺後如何滅火。

美國敦促和平解決，並支持蘇丹南部在即將舉行的選舉中「選擇獨立」的權利。後來，華盛頓在訓練南蘇丹軍隊、支持組織選舉，與慶祝獨立建國上扮演重要角色。親美和親以色列的南蘇丹，在美國竭盡所能的幫助下獨立了，在二〇一二年成為非洲第一個決定將駐以使館遷到耶路撒冷的國家。

南蘇丹軍官約翰．加朗與蘇丹人民解放軍，他們原本的目標並不是要讓蘇丹南部成為獨立國家。相反的，主張這立場的人全都被解除在蘇丹人民解放軍的領導職務，甚至有不少被冠以叛國罪遭到處決。加朗的目標是追求一個世俗主義、民主的、公正的「新蘇丹」。然而，就在二〇〇五年和平協議簽署後不久，約翰．加朗在結束與烏干達總統會談返國時，搭乘的軍方直升機竟然在距離蘇丹人民解放軍總部不遠處墜毀，他因此罹難。隨後結果就被決定了：繼任的蘇丹人民解放軍領導階層選擇獨立。不久之後，尼羅河流域就出現了一個把自己定義為基督教、親西方的新國家。

早在一八七〇年代，赫伯特．基秦拿就預言：伊斯蘭教與基督教的衝突將在尼羅河上游地區爆發，由於這場對抗發生在非洲大陸，對整個非洲將影響深遠。目前基督教暫且勝出，一個新的基督教國家於是誕生，而且還是以色列與全球第一強權美國的盟邦。

另一個尼羅河糧倉？

「尼羅河就是南蘇丹的一切。它就是我們的生命。」當我拜會安．伊托．李奧納多（Ann Itto Leonardo）——南蘇丹獨立後的第一任農業部長，同時是政黨蘇丹人民解放運動（Sudan People's Liberation Movement，SPLM）的代理秘書長——我詢問她新政府對國家未來的願景時，她清楚地解釋自己如何看待尼羅河；此時，這個新國家甚至還沒正式成立，我想趁獨立的狂熱對政治領導階層的衝擊消退前，聽聽她的看法。

「你想聽新國歌嗎？我還得練習。」她說。她正在準備慶祝盛大的建國慶典，想和我說她覺得國歌的詞曲有多麼優美。這首國歌以「主啊」起頭，還重複兩遍，彷彿要把這個新國家的宗教根基呈現得一清二楚。根據我所聽到的傳聞，這首國歌原本有四次「主啊」，但在時任副總統的里克．馬查爾（Riek Machar）帶領試唱後，決定把次數減少到兩次。關於修改的原因，一種被採信的解釋是，大家擔心當歌詞被翻譯成阿拉伯文時，「主」會被替換成「阿拉」。

交談過程中，李奧納多解釋尼羅河在當地人民生活中的神話與文化意義，也強調這條河在經濟上對南蘇丹來說意味著一切。南蘇丹即將成為上游國家團體的一員，被要求參與水量分配的新協議，以及如何攜手進行開發的談判。李奧納多表示，身為一個農業國家，她的國家擁有巨大潛力。她樂觀地宣稱：「它可以成為世界的糧倉。」接著補充道：「只要能獲得投資，並有更多水可用。」這番話我也曾聽其他人說過。一九七六年九月號的《科學人》（*Scientific American*）寫道：

> 蘇丹南部可能是全世界最富饒的農業區之一，那裡的土壤、陽光與水資源足以種出大量糧食，甚至可能與如今全球的產量相當！……要發揮蘇丹南部的潛力，必須先把當地的沼澤排乾，建造偏鄉基礎建設，並將過著游牧生活的當地人改造成定居終生的農民[42]。

每個新國家在建設過程中都需要訂立宏偉的目標，南蘇丹尤其如此，因為它缺乏像其他國家在建立的過程中極為重要的「統一神話與民族英雄」。不切實際的野心可能會如迴旋鏢般傷到自己，也就是說，倉促制定的政策性目標，可能在未來淪為對領導階層未能兌現承諾的指責。我有點想坦率地警告李奧納多，現實可能很快就會打破她的期待。雖然就技術和理論上來看，南蘇丹的確可能生產大量糧食，但過程中註定會碰上許多現實與政治上的瓶頸。由於政府過於弱勢、基礎建設過於匱乏，這目標很可能難以達成。然而，我潑這種冷水有什麼意義？或許這次他們能成功。

部長的急躁與野心並不難理解。南蘇丹不發達的時間越長，現代科技在世上其他地區所取得的成就，與在南蘇丹可能取得的成就之間，對比就會越明顯。有很多方法可以體驗南蘇丹的農業潛力和廣大的可耕地面積，如同我在一次偶然機會中目睹了一場火光誘獵。當時我隨盧奧族酋長在赤道州移動，突然聽到他大聲下令：「停車！」我們匆匆下車，跑進一片看似朝地平線綿延不絕的田野。我看到遠方有火和濃煙，火越燒越大，也越燒越近，還聽到有人以我聽不懂的語言高聲吶喊，在飄過平原的滾滾濃煙中，不時能瞥見一小群手持長矛的獵人身影。接下來，羚羊一隻接著一隻朝我們飛奔過來，牠們在遮蔽視線的濃煙與烈焰中驚恐逃竄。失去遼闊空曠平原的保護，牠們就這麼淪為獵人的囊中物。

南蘇丹獨立後，一些被稱為「土地掠奪者」的人，南蘇丹政府卻稱之為「私人投資家」，他們開始展現出投資農業的興趣。據報導，這些人租用數萬乃至數十萬英畝的土地，有些人認為這是預先為國家的發展鋪路，但那些將此視為「猖獗的土地掠奪」的人則認為，這將助長種族衝突，更是搶奪當地社群土地的非法行為。無論如何，投資要能獲利，前提是必須穩定政治，改善基礎建設，更完善地治水，並利用水力發電。

然而，這個國家未來的主要問題，仍然是該如何處裡這片世界上最大的濕地，它是剛誕生的南蘇丹與其他尼羅河國家關係的核心。對於更新瓊萊運河計畫的討論再次浮現，還要在更多沼澤地區開鑿運河，以每年能多往北運送數十億立方公尺的水，換取對南蘇丹基礎建設與發展計畫的投資。埃及在這些計畫的推動與遊說上尤其努力。這些目標野心十足，支持者認為這些計畫實際且合理，並援引中國與美國等其他國家如何改變水利與河系為例。那麼，為什麼南蘇丹一直做不到？是不是因為沼澤既有的生態系統構成發展陷阱？當地人該怎麼做？以牧牛維生的半游牧民族會放棄他們與沼澤生態密切相關的生活方式嗎？他們會主動參與現代化建設，還是會像備受尊敬的南蘇丹副總統阿貝爾·阿里爾在一九七〇年代對反對興建運河的示威者施壓般，而被迫消極接受？

排乾沼澤會讓當地的生態發生什麼變化？它將如何影響當地的河水蒸發，以及藍尼羅河源頭的衣索比亞的降雨和沉積模式？是否會導致蘇丹與埃及沙漠下方含水層的滲漏減少？以上這些生態系統的反應是如此複雜，以致沒有人知道真正的答案。

農業部長李奧納多非常清楚：她表示自己理解埃及對建造瓊萊運河的意願，並表示埃及願意幫助南蘇丹提高某些尼羅河支流的運輸能力，是很正面的作法。她當然也知道，埃及最在意的不過是增加尼羅河北流的流量。儘管如此，針對埃及迫切希望運河能盡快動工，她重申了政府的立場：推行任何龐大的計畫都得力求謹慎，因此只能慢慢進行。李奧納多表示，計畫內容及其對區域與地方的後果，這些都需要重新評估。根據過往經驗，即使朱巴政府能持續維持安定，這也需要花費很多年時間。即使政府最終決定支持，也無法確定當地居民是否能接受這些計畫，在這個一再證明政府無法實施「合法使用暴力」（legitimate use of violence）的地區將會是個挑戰。因此，雖然埃及與蘇丹都迫切希望從南蘇丹獲得水，可能還得再等等。

建國與水利外交

二〇一一年七月九日，南蘇丹新國歌奏響之日，新國旗首次在朱巴升起，這一天不僅見證了一個新非洲國家的誕生，也見證了第十一個非洲國家加入「尼羅河水的分配與使用的外交鬥爭」。有人會說埃及造成的噩夢已經過去，也會有人說弱化的蘇丹對埃及有利，而且長遠來看更形重要。在上個世紀，埃及的尼羅河外交一直試圖避免一件事：在尼羅河水量最充沛的地區出現一個自治國家，尤其是一個在埃及的影響範圍之外的獨立國家。到了二〇一一年，這樣的國家還是出現了，而且還是與北方阿拉伯及伊斯蘭國家的戰爭後誕生的，並且是與美國、西方及尼羅河流域南部的非洲鄰國為盟友的國家。

南蘇丹面臨許多挑戰，因為這個國家是如此的與眾不同。在馬克思思想中極具影響力的看法是：國家不過是統治階級的「管理委員會」，不適用於南蘇丹。南蘇丹獨立前後的許多主要政治家，在很大程度上不過是為自己營私，或代表他們所屬的族裔、氏族、親友行事，而不是扮演統治階級的代理人，因為這樣的階級並不存在。因此，政府既不能被視為聽命於統治階級的管理委員會，也不是對人民負責的民意代理人，而是一種社會論壇——以石油資金與開發援助基金所資助，提供相互競爭的團體與個人野心家剝奪國家資源。在南蘇丹，既沒有正常、獨立、層級分明的公務員體系，也沒有合法性與權威性足夠的軍隊或警察組織來維持和平與穩定。國家缺乏正當的「合法使用暴力」，而且日益明顯的是，各派武裝團體擁有足夠的武器相互抗爭，破壞國家的統一。

因此，對於南蘇丹領導人而言，除了鞏固自己作為一個正常運轉的國家領導人的地位，新的領導階層最迫切的問題就是「如何處理尼羅河問題」。如果喀土穆政府在尼羅河問題上換了陣營，對南蘇丹有何影響？一九五九年，當蘇丹還是一個較大的統一國家時，從尼羅河合約中分配到的水量，南蘇丹應該要求多少？南蘇丹也必須因應烏干達日益野心勃勃的計畫——在尼羅河抵達南蘇丹之前的河段築壩和建立水力發電廠，因為水力發電廠是一種可能消弭水流季節性變化的治水手段。所以從長遠來看，如此會不會對濕地牧牛產生影響？另外，衣索比亞未來的水力發電出口，是否將促進南蘇丹農業領域的現代化，並隨之增加對尼羅河水的需求？除此之外，其中尚有許多問題還沒能積極處理，由此可見，與其他尼羅河國家的政府相比，朱巴的政治領導階層，在處理尼羅河治水的技術與尼羅河的戰略問題上，經驗與知識都還是很有限。

獨立後不過四年，南蘇丹又在二〇一三年十二月爆發內戰，據估計有數百萬人逃離家園，超過兩百萬人逃往鄰國避難，還有高達二十萬人逃往境內六個由聯合國設立的「平民保護站」。雖然簽署許多和平協議，但政府與反對派領導階層均無意遵守。此外，各個交戰方都對平民進行無差別攻擊，並恣意拘留、拷打、性侵，甚至強徵娃娃兵。南蘇丹第一任農業部長在他們首次慶祝獨立日前幾週的願景，看來並未實現。有些人認為，南蘇丹被盜賊統治的精英劫持，但從更廣泛、更長遠的歷史角度來看，這個國家的問題是更根本性的：在獨立的大部分時間裡，這個新國家的內鬥一直沒有停息。由於長期身陷內戰且戰況不明，所以這個國家沒有發生多少改變，在尼羅河問題上亦是如此。

當我讀著一篇接著一篇的報導，提到瓊萊州牧民團體與利益團體之間的戰端重啟時，我問自己：「如果威廉．加斯汀與英國人在二十世紀初就抽乾沼澤並建造瓊萊運河，今天的南蘇丹會是什麼模樣呢？」

〖6〗

大湖國家

源頭競賽

一八五七年六月，一支旅隊從桑吉巴（Zanzibar）海岸出發，前往非洲大陸的中心尋找尼羅河的源頭。這昭示了五十年來英國對白尼羅河上游與河系水文勘測的成功與意義，理應能為倫敦提供治理英屬尼羅河帝國的策略論證。

探險隊由一百三十名男子及三十匹役畜組成，由約翰・漢寧・斯皮克（John Hanning Speke）和理查・柏頓（Richard Burton）率領。他們攜帶了床、折疊桌、工具、椅子、帳篷、床單、彈藥、武器、蚊帳、刀、盾牌、捕魚設備、十幾瓶白蘭地，以及當禮物的衣服、銅線與珍珠。這兩個人進入了歐洲人從未踏足的地區，依循阿拉伯商人在當地人稱為「大湖」之處尋找奴隸與象牙的路線前進。途中柏頓生了重病，無法繼續行程，幾乎食不下嚥，在譫妄中幻想著奇怪的野獸和胸前長出腦袋的男人。這兩個歐洲人飽受蚊子與蜜蜂、以及毒液足以毒死一隻老鼠的蠍子與毒蛇折磨，期間斯皮克試圖用刀挖出一隻爬進耳道的甲蟲而喪失聽力。伯頓與斯皮克開始厭惡彼此，厭惡他們置身的地區，也厭惡他們遇到的人。斯皮克以歧視的眼光看待非洲人——形容他們懶惰且不值得信任，「黝黑且醜陋得嚇人」，而且他與伯頓相反，據他自己所說，無法克服看到非洲女性赤身裸體的害臊。經過一段疲憊的旅程，探險隊到達了坦噶尼喀湖（Lake Tanganyika），但他們很快就認定此處並非尼羅河源頭。

斯皮克返回倫敦，在下一次尼羅河探險中，他找來了一位新夥伴，是曾在印度服役、三十二歲的蘇格蘭部長之子詹姆斯・奧古斯都・格蘭特（James Augustus Grant）。這支大旅隊依然從東非海岸出發，只是比上次的地點更偏北一點。許多因「大湖」區穩定水情而誕生的非洲王國領袖都非常歡迎斯皮克與格蘭特。當他們抵達其中最南端、最弱小的王國卡拉圭（Karagwe），羅曼尼卡國王（King Romanika）招待他們來到他的後宮，根據斯皮克的說法，這個後宮裡盡是肥胖到令人難以置信的女性。他們解釋說，這裡的年輕女孩是靠牛奶養大，喝得不夠多會挨打，因此理想體型是越大越好。斯皮克要求丈量其中一位女性的胸圍，測得結果為五十二英寸，也就是一百三十二公分。

在今天坦尚尼亞姆萬紮（Mwanza）上方的伊薩米洛山（Isamilo Hill），他們首度看到那座後來斯皮克以英國維多利亞女王之名命名的湖。格蘭特在著作《穿越非洲》（*A Walk Across Africa*）一書中寫道：「初次看見如今享譽天下的維多利亞湖（Victoria Nyanza）時，它的威嚴與鼓動人心的驚奇著實令人欽佩不已。」[1]此後，斯皮克隻身前行，因為格蘭特病得無法繼續遠行。一八六二年七月二十一日，斯皮克看到了從湖中流出的河流。他在著作《發現尼羅河源頭日誌》（*Journal of the Discovery of the Source of the Nile*）中寫到：那場景美到「一切都無法超越。」[2]

七月二十八日，斯皮克走到了出水源頭。如今他已經達成終生志業，這是許多人認為不可能成功的目標。他在日記中恭喜自己證明了自己的理論，終於找到他眼中的聖河源頭，也就是基督教文明最原初的搖籃：「我親眼看見偉大的尼羅河自維多利亞湖中湧現，而且一如我所預言，那座湖是聖河的偉大源頭，孕育出我們宗教信仰的第一位闡釋者。」[3]他告訴同行者大家應該剃去頭髮，並在這條他稱之為摩西的嬰兒床的聖河中沐浴。[4]

斯皮克回到歐洲後，成為那個世代最受尊崇的名人之一。皇家地理學會主席羅德里克・默奇森爵士（Sir Roderick Murchison）將他的成果譽為該時代最偉大的發現，但這點並不是所有人都同意。九月十六日，「不列顛科學促進會」（British Association for the Advancement of Science）在英格蘭巴斯的皇家礦泉水醫院（Royal Mineral Water Hospital）舉行年會，當中舉辦了一場關於尼羅河源頭的辯論會。這是當時最受期待的盛事之一，斯皮克將和拒絕接受他提出的證據的競爭對手兼前夥伴理查・柏頓展開辯論。然而，這場備受矚目的尼羅河源頭辯論，卻因斯皮克在前一天過世而沒能成真。當時斯皮克前往表弟的農場獵鷓鴣，意外開槍擊中自己。曾穿越非洲，與獅子、大象搏鬥的斯皮克，竟在威爾特郡（Wiltshire）獵鳥時喪生。

沒幾個歐洲人在尼羅河測繪上比威爾斯人亨利・莫頓・史丹利（Henry Morton Stanley）的貢獻更為卓著。史丹利在坦噶尼喀湖畔找到失蹤的大衛・李文斯頓數年後，他在一八七四年再次前往非洲。這回的目標是探勘整座維多利亞湖，以確定是否還有斯皮克未發現的其他出水口。探險隊於一八七五年二月二十七日抵達湖岸時，一位歐洲隊員跑過樹林，來到病到難以步行的史丹利面前大喊：「我看到湖了，先生，它真是雄偉！」[5]從海岸出發至今，史丹利原本約兩百二十名的隊員已經折損六十名，不是因為離隊脫逃或生病，就是遭原住民殺害。

一八七五年三月八日，史丹利搭乘私人船愛麗絲夫人號（Lady Alice）啟程，這艘船是以他短暫返歐期間愛上的一位女士之名來命名。在沿湖岸繞行五十七天後，確認了該湖唯一的出水口，就是斯皮克為紀念皇家地理學會第一任主席里彭伯爵（Earl of Ripon）而命名的里彭瀑布（Ripon Falls）。

十九世紀埃及的生命線——白尼羅河支流及其水源，讓這片土地在夏季變得宜居，也成為利潤豐厚的棉花栽種的基礎——由非洲中部這座易於治水的湖泊供水與控制。這場探勘的結果，讓維多利亞湖及周邊土地成為未來英屬尼羅河帝國的重心。

冒險家與他的奴隸妻子

一八六四年三月十四日，山繆爾．貝克與小他十四歲的妻子佛羅倫斯，他們站在將以維多利亞女王夫婿之名命名的阿伯特湖湖畔。貝克過著冒險家的生活，拜富裕的父親所賜，他得以環遊世界並狩獵大型動物。在一次土耳其的狩獵之旅中，他途經今天保加利亞境內的一座村莊維登（Widden），看到正在出售一名來自外西凡尼亞（Transylvania）的十七歲女奴隸，她們全家在一八四八年革命後的大屠殺中遇害，她是唯一的倖存者。貝克出價並以一些土耳其里拉買下她，之後與她墜入愛河，後來還娶了她。他知道將她帶回英國並不妥當，因此決定轉而從事自己一直想做的事：到非洲狩獵大型獵物，並尋找尼羅河源頭。他與在他眼中勇敢無懼的妻子佛羅倫斯沿著尼羅河逆流而上，經過喀土穆，在南蘇丹的岡多科羅（Gondokoro）遇見了順流而下的斯皮克。經過兩年的旅程，貝克夫婦終於在一八六四年三月抵達阿伯特湖。貝克在他的暢銷書《阿伯特湖：尼羅河大流域》（*The Albert N'yanza: Great Basin of the Nile*）中寫道：「我們看到一片宛如水銀之海的浩瀚水域，在正午的陽光下波光粼粼——南面與西南面是無邊無際的海平線，而在西面五十至六十英里外，蔚藍的山巒從湖心聳然而立，高約七千英尺有餘。」[6]

如今他終於看到這座湖，也是他進入尼羅河悠久歷史中的偉大時刻——哦，多年來在沼澤、大草原及熱帶雨林中披荊斬棘，戰勝疾病及非洲猛獸，為的就是這朝思暮想的情景。貝克表示，自己一直計畫當這一刻來臨時，他將在湖上歡呼三聲。然而，當他終於來到此處，卻一個字都說不出口。他後來寫道，自己是因為大受震懾而無法言語。他們夫妻兩人興奮地跳下所騎的閹牛，即使因疾病和飢餓而虛弱不堪，還是沿著陡峭的斜坡走到湖邊。貝克寫道：

我手握一根粗竹竿走在前頭，與虛弱不堪的吾妻步履蹣跚地走下小徑。〔……〕經過約兩小時艱苦的下坡路段，雖因長年發燒而弱如扶病，但此刻在成功的激勵下，我們終於走到懸崖下方的平地。〔……〕浪花拍打著白礫石遍布的湖岸：因炎熱與疲憊而焦渴難耐的我衝進湖裡，滿懷感激之情地飽飲尼羅河源頭之水。[7]

他以維多利亞時代的探險家在達成目標、締造歷史時慣有的勝利口吻繼續寫道：

從未有任何歐洲人踏足這片湖岸，也從未有任何白人親眼看過這片廣闊的湖面。〔……〕這裡是尼羅河的大流域，它吸收了每一滴水，從來去的陣雨到從中非往北流的咆哮山洪。這裡就是尼羅河的大水庫！[8]

在這座巨大湖泊發現白尼羅河的源頭，將對非洲的爭奪產生巨大影響。當英國人於一八八二年在埃及掌權時，就已經知道下游國家的繁榮必須仰賴這些湖泊的水。他們也很清楚控制維多利亞湖可以為埃及帶來利益、或達到破壞埃及的目的。因此，英國的這個發現昭告了該地區對歐洲瓜分非洲至關重要。只要埃及在夏季必須依賴尼羅河水，這些湖泊就如同駐開羅的英國水利規劃者在一八九〇年代指出的「如黃金般寶貴」。事實上，倫敦外交政策背後的根本原因正是這種洞察力，這敦促其他歐洲大國接受「尼羅河流域是英國『利益範圍』」的主張。尼羅河的特性與獨特的地理政治邏輯意味著：就帝國的戰略而言，問題並不在英國人是否該占領尼羅河上游地區，而是他們應該在何時以何種方式占領。

這些湖泊構成了烏干達現代歷史的軸心。烏干達這個國家並不是尼羅河水情的產物，而是英國完整掌控尼羅河並將它當作重要地緣政治武器的結果。

他們是發現者嗎？

在這個時代，很容易就能在恩德培（Entebbe）租一架小型螺旋槳飛機，在尼羅河流出阿伯特湖的地方低空飛行，俯瞰這座位於今天烏干達與剛果邊界的狹長湖泊，往東橫越維多利亞尼羅河，緩緩滑過默奇森瀑布（Murchison Falls）與基奧加湖的沼澤，再飛過尼羅河唯一的出水口里彭瀑布到達維多利亞湖。隔著飛機的窗戶，輕輕鬆鬆地喝著瓶裝水，便能在一兩個小時內將這一切盡覽眼底。因此，大家很容易忘記一八六〇及一八七〇年代的探險家們是如何的冒險犯難，甚至覺得一百五十年前的歐洲人迷戀於探索尼羅河湖泊著實可笑。

後殖民批判主義提出了一個問題：把這些歐洲人視為發現者是否有意義？還是他們的成就甚至不配被稱為「發現」。加上引號代表這件事可能已經在後現代主義誇張的修辭下被抹黑，但在這裡他們仍然是有道理的。有沒有可能是：白尼羅河的主要源頭是斯皮克發現，阿伯特湖的出水口是貝克發現，而史丹利在一八七〇年代真的發現了並沒有多條河流從維多利亞湖流出？

歐洲人在非洲和尼羅河流域勘探史的歷史輪廓，應該反映出矛盾與兩面性。歐洲人對尋找尼羅河源頭的迷戀讓當地人感到困惑，稱呼這些在他們土地上穿梭的白人為mzungu（「老外」，字面意思是「漫無目的遊蕩的人」），這個字在斯瓦希里語（Swahili）至今依然是白人的代名詞。探險者不僅發現了地理奧秘，同時成為人們所熟悉的一種文化象徵。這些頭戴探險帽、自命不凡的傢伙，體現了西方對歐洲與非洲相遇的主流看法，也代表了非洲對歐洲是什麼、意味著什麼的看法——不僅限於地理大發現的時代，直到今天都是如此。他們的事蹟在現在與將來都代表著歐洲對非洲的爭奪，他們本身就是歐洲對非洲的征服，以及自稱是讓非洲文明化的積極推手。在斯皮克記錄自己發現尼羅河源頭之旅的書中，他以一種極其刻板的方式描述非洲與非洲人，讓英國殖民尼羅河沿岸能被視為是正當的，甚至是歷史的必然。

探險家們毫無質疑地把「為原始人帶來文明」視為歐洲在非洲的使命。儘管如此，史丹利在建立後來的比屬剛果（Belgian Congo）這可怕殖民統治中所扮演的角色，和他對尼羅河流域東部伊圖里森林（Ituri Forest）、魯文佐里山脈（Ruwenzori Mountains）或維多利亞湖岸所做的詳盡記錄，兩者難道不能分開？貝克對「原住民」的歧視性描述，以及他對阿伯特湖出水口與烏干達北部尼羅河系統做的詳盡描述，難道也不能視為是兩回事嗎？史皮克與柏頓習慣在所到之處丈量非洲人的尺寸——頭顱、乳房、生殖器等——如今讀來駭人聽聞且有辱人格，但他們在一八五〇年代對維多利亞湖的記錄，難道不能與他們對非洲社會的看法分開檢視嗎？一個人必須反對殖民體制才配稱為發現者，或因其社會態度與政治傾向而應該被貶為地理現象的發現者，這是沒有道理的。

宣稱「探險家沒有發現任何東西，不過是記錄下有人早已知道只是沒被行文記載的事物而已」，這種看法日漸普遍。其中尤以亨利・莫頓・史丹利最常成為後現代或後殖民主義集體譴責「發現者」時的目標，因為他是最早給這類批判藉口的人之一。他在《最黑暗的非洲》（*Darkest Africa*）一書中寫道：「他們會很高興地注意到我們並沒有什麼好自誇的；古代的旅行者、地理學家及作家大致知道尼羅河源自哪裡，都曾聽說過……這條埃及知名河流的源頭。」[9]

當然，這座湖在兩位英國冒險家於十九世紀中葉抵達之前，就已經為人所知。西元前二世紀，希臘天文學家、數學家兼地理學家克勞狄烏斯．托勒密，在亞歷山大圖書館裡收集到所有已知的旅行記述，他寫道，希臘旅行家第歐根尼（Diogenes）從印度洋進入非洲大陸，並記錄下兩座湖泊及月亮山脈（Mountains of the Moon）就是尼羅河的源頭。托勒密在著作於二世紀中葉的《地理學》（*Geography*）書中，描述尼羅河為一條聖河，發源於赤道以南約十二度，源於許多支流所形成的湖泊，兩條河流從這裡流出，最後匯合成尼羅河。托勒密還提到，尼羅河的源頭就是中非的「塞勒涅山脈」（Selenes Oros），也就是「月亮山脈」，但他的地圖只是一個假說、一個討論、一幅根據模糊資訊所繪製的圖，而且未經實地造訪者證實。[10]後來，十二世紀的《魯傑羅之書》（*Tabula Rogeriana*），就是由穆罕默德．伊德里西（Muhammed al-Idrisi）於一一五四年為西西里的諾曼國王魯傑羅二世繪製的阿拉伯地圖，畫出了尼羅河從非洲中部一座大湖流出。附近居民顯然知道自己住在一座有一條河從中流出的大湖旁，他們每天都看到這條河。當地居民將這座湖稱為納魯巴爾（Nalubaale），意為「母神」（lubaale泛指「神」，字首na賦予女性的意涵）。然而在一八五〇年，這些地圖與記述均尚未得到證實，僅能被視為眾多埃及生命線源頭相關傳說的一小部分，也還沒有任何人寫下或記錄自己親眼看到了這個源頭。

因此，倫敦的皇家地理學會在十九世紀下半葉展開探索，以驚人的準確度記錄並繪製從非洲中心延伸到地中海的複雜地理脈絡及水文系統，這些系統從未有人以可靠的證據做記錄。觀察「可直接觀察到的事物」並不能與「科學發現」相提並論，若將這兩者劃上等號，科學與單純觀察或當地知識之間的區別便告消失。因此，將斯皮克、格蘭特與史丹利視為偉大的發現者或開拓者是合理的，而且不必然流於歐洲中心論。

赤裸裸的決心與科學傳道精神

對尼羅河起源的無知與普遍的不確定性，以及河流神聖、有神性的概念，這些都和同一個令人費解的現象有關且從中得到滋養：一條河流怎麼可能每年都在萬里晴空與灼身烈日下穿越沙漠，成為造福世人的洪水降臨埃及，將極度貧瘠的土地變成世界上最肥沃的耕地？只要這個謎團仍未解開，尼羅河就會是地理與宗教假說永遠的臆測對象。

希羅多德在其著作《歷史》中檢證了尼羅河從何而來的各種理論，並且提出自己的理論。他駁斥那些炫耀自己見解的希臘人，主張因為「信風」減緩了尼羅河流入海洋的速度，導致河流在秋天膨脹。他指出，更不合邏輯的理論是：尼羅河源自歐開諾斯（Okeanos），一種環繞地球的河流或海洋。希羅多德自己提出的理論則是，每逢冬季太陽會將尼羅河水吸走。[11]

亞歷山大大帝對尼羅河的起源也非常感興趣，他在西元前三百多年建立了亞歷山大港，並且成為尼羅河三角洲的統治者。根據巴達薩・泰勒斯神父（Father Balthazar Telles）寫於一七一〇年的東尼羅河國家衣索比亞遊記，亞歷山大在亞歷山大港西方沙漠的希瓦綠洲（Siwa）求得著名的神諭，當中第一個問題就是尼羅河的源頭在哪裡。[12]據推測，亞歷山大在後來看到海德斯柏河（Hydaspes）與阿克森河（Akesines）時，曾短暫相信自己已經找到了尼羅河的源頭，儘管這兩條河流是從現今的巴基斯坦匯入印度河。希臘地理學家雖知海德斯柏河不可能是尼羅河的源頭，但仍認為這兩條河與尼羅河系統有關，因為它們在夏季也會洪泛，所以認為兩條河中的大量淤泥代表它們與尼羅河必定有某種關聯。

尤利烏斯・凱撒同樣熱切地想得知尼羅河的源頭在哪裡，曾為此「在埃及向嚴肅的老者阿克留斯

（Achoreus）詢問尼羅河的起源何處，甚至告知這是全世界他最渴望知道的事……並表示甘願為發現河流源頭放棄他的國家羅馬。」[13]尼祿大帝也曾派遣官兵尋找這條河的源頭，但這場遠征以失敗告終。根據羅馬作家、哲學家兼尼祿的顧問小塞內卡（Seneca the Younger）記載，這群官兵最遠僅到達今天南蘇丹的沼澤地區。

這類臆測在中世紀的歐洲依然持續。例如，曾寫過祭司王約翰（Prester John）傳奇的西班牙旅行家佩德羅．塔福爾（Pedro Tafur，西元一四一〇年至一四八七年），他認為想要成功探勘尼羅河，每位參與者都必須能完全靠食魚維生，因此必須培養出這種體質的人。非洲君主召集了一群孩子，不餵他們喝奶，只吃生魚，等他們長大成人後再送往上游。根據傳說，他們到達了月亮山，看到尼羅河水從高山穿過岩石上的一個洞口流出，就沒再往前走。

在世人對尼羅河持續做神話性臆測的同時，釐清尼羅河地理謎團方面依然有了重大進展，雖然仍然虛實不清。例如，曾於西元一四七〇年至一四七一年間遊歷亞洲的安塞爾．阿多諾（Ansel Adorno）就寫道，尼羅河源於印度，經衣索比亞流向埃及。方濟會修士蘇里亞諾（Suriano）在一五二四年出版的遊記中，指出尼羅河的源頭就位於人間天堂，他補充說，以現今很難理解的時空概念思考，衣索比亞的河水在純金的河床上流淌。

斯皮克、格蘭特、貝克與史丹利解開了尼羅河源頭的謎團，這個成就必須根據傳說與臆測的過往歷史來分析。這麼多世紀以來，無數探險家嘗試解密尼羅河均以失敗告終，但他們的突破卻發生在短短數十年內。英國歷史學家瑪格麗．佩勒姆（Margery Perham）如此評價這些探險家：「這些發現者……以如此極端且赤裸裸的方式展現人類的目的性，因此產生了象徵性意義。」[14]當時非洲內陸有很大一部分尚不為外界所知，距離學術性的地理與製圖記錄仍相當遙遠，原因是所有河流從地中海朝上游航行都充滿艱險，再加上歐洲人對當地氣候難以忍受，例如瘧蚊就被視為非洲的最佳防禦武器。史丹利曾寫道：

> 致命的非洲！旅行者一個接一個離去。這大陸是如此龐大，而且每一個秘密都被如此多的難關所包圍——令人暈眩的炙熱，從土壤中飄出的瘴氣，瀰漫在每一條小徑的惡臭，令行人窒息的巨大甘蔗草，守衛著每一個出入口的原住民的狂暴怒火，在這狂野大陸上生活是難以言喻的悲慘，完全找不到一絲舒適，可憐的白人僅能任憑苦澀在自己腦袋中堆積，在那片黑暗的土地上，處處瀰漫著陰鬱與沉重——而成功的希望卻是如此渺茫。[15]

探險家們克服了恐懼，壓抑了懷疑與迷惘，至於他們是否天生就有這些人格特質，傳記中並沒有給出明確答案。當然，他們自豪地展現歐洲的擴張主義，同時也將自己視為積極的科學傳道先鋒、理性與科學的堅定信徒。十九世紀中葉，這種思維是當時居主導地位的強大歷史思潮下的產物，堅信人類會隨著自然的規律進步——歷史本身的意義，就是讓社會從原始邁向先進，從神話邁向科學。這類關於歷史進程的世界觀及思維，允許並鼓勵探險者為自己樹立「白人將進步的火炬帶到處於黑暗狀態的非洲」的形象。在那個時代下，就這層意義而言，地理是一個好戰的學術領域，旨在征服或掌控大自然以及其他大陸。因此，如今大多數學者都同意，在更深的文化層面上，非洲的探索是以「控制」為主軸展開的，所以探險者的著作、地圖與插畫應被視為既是科學的思辨，也是征服的武器。當今對探險者角色的檢討與質疑，反映出他們角色與功能的歷史二元性。在某些方面，他們繼續被視為英雄，堅定、果斷且無懼，完全由觀察與記錄新事物的野心所主導。同時，他們的刻板印象角色是：頭戴探險帽，率領成群馱夫與疾病、獅子、大象及原住民搏鬥。他們是如此自負，甚至他們徹底依賴的馱夫與嚮導都可能從他們的記述中消失。當然，其中有些探險家是冷酷無情的種族主義者，即便如此，或許正是出於這種自認為特別的優越感，他們依然不惜一切代價地上路探索，並在最後揭開尼羅河的奧秘。

他們激發了舉世對非洲與尼羅河地理的興趣及迷戀，並為非洲大陸的探索做出寶貴貢獻。此外，他們也為生活在尼羅河流域的人民與文化罩上了偏見與「負面報導」的面紗；也就是說，他們引人驚嘆的暢銷書創造並普及化的刻板印象，直到今天仍在很大程度上影響了世界其他地區對非洲的看法。

尼羅河源頭的非洲王國

「位於非洲中心尼羅河源頭的非洲王國！」這是十九世紀中葉歐洲的爆炸性消息。

當斯皮克與格蘭特到達維多利亞湖，並昭告世界他們已經找到了凱撒與尼祿也曾尋找過的源頭時，他們對湖邊原本不為人知的非洲王國的描述同樣引發人們極大關注。

布干達（Buganda）是一個相對發達、擁有數百年歷史的王國，不符合當時對非洲的主流印象。社會人類學家與歷史學家致力於重建布干達的歷史，而布干達人自己的故事則是：他們在十五世紀末或十六世紀初從維多利亞湖東北方的埃爾貢山區來到此處。起初，王國的構建主要是透過國王家族與其他大人物家族進行聯姻。到了十八世紀初，國王卡巴卡（kabaka，當地對國王的稱呼）開始征服布干達腹地以外的地區，進一步集中鞏固權力並促進王室官員階層的發展。然而，王位繼承問題持續不斷，為了爭奪王位經常爆發衝突。根據王國規則，無論哪個爭權者失敗，全家人都得被滅族。[16]

歐洲人與布干達國王的第一次會面是在一八六二年二月二十日，地點在現今烏干達首都坎帕拉的維多利亞湖畔一座小丘上。斯皮克在日記裡以十九世紀歐洲人的觀點，生動地描述當時的情景。一開始，斯皮克和國王穆特薩一世（King Mutesa I）對坐很久，兩人面面相覷，一言不發。斯皮克坐在他的陽傘下，國王對此感到奇怪且有趣。斯皮克寫道，當時自己有足夠時間研究這位國王。他看到的是一位英俊、高大、健壯的男人，年約二十五歲左右，戴著一條色彩豐富的精美項鍊及其他許多珠寶。根據斯皮克的說法，國王穿戴的一切品位高雅。國王坐在他的長矛、盾牌、白狗以及他的女人身邊。雙方互相研究了一小時後，國王離去用餐，沒有招待斯皮克任何食物。斯皮克一直等到他帶著一群觀眾回來。國王先給他看了自己的一百名妻子，接著他們開始談論來到尼羅河上游的英國人，斯皮克想要陳述自己的發現，但國王對斯皮克帶來的武器更感興趣。這場會面標誌著未來數世紀尼羅河的歷史重心：英國對這條河的興趣，以及後來英屬尼羅河帝國在該地區掌權並擴展影響力。

這個王國以農業為基礎，主要種植大蕉。在布干達，河水蒸發量大，幾乎整年都是雨季。由於疆域緊鄰維多利亞湖，布干達國王還建立了一支艦隊——船隻以挖空的樹幹打造而成——在「母神」湖上巡邏。根據一些烏干達歷史學家的說法，布干達在十七與十八世紀是「鄰國的惡夢」[17]。第一批造訪當地的歐洲人對布干達人留下好印象，因為他們都有穿衣服，這一點不同於該地區的其他民族。他們穿的是用無花果樹柔軟的樹皮製成的樹皮布（olubugo）。要讓樹皮變得既柔韌又耐用，必須先細心剝除外層，接著再反覆浸水，並以帶凹槽的木錘敲打樹皮。對他們而言，棉布衣物是從東非斯瓦希里沿岸向內陸移動並為當地命名的阿拉伯商人帶來的。

穆特薩一世統治著一個相當發達的王國，儘管他是個暴君。那些獲准在場的人，斯皮克如此形容他們：以當地習俗感謝並讚美他們的主人兼統治者：

（他們跪在）地上——因為在陛下面前任何人均不得站立——以祈禱般的態度伸出雙手，反覆唸著n'yanzig, n'yanzig, ai n'yanzig mkahma wangi等等很長一段時間；當我覺得他們應該唸夠了，他們卻俯臥到地上，如魚在陸地上一般使勁掙扎，一遍又一遍地繼續重複同一句話，接著再站起來做同樣的事，臉上沾滿泥土。烏干達這位陛下一定要看到臣民像最卑微的蠕蟲般對他卑躬屈膝才會滿足。[18]

斯皮克還提到，在和國王共處的期間，他贈與了國王一支步槍。國王欣賞過後，把步槍交給一名年輕的僕人進行測試。僕人退場，朝第一眼看到的人開槍，得意洋洋地回來稟報國王說：那人已經死了，這武器性能良好。幾乎每天都有一些國王的妃子被殺。斯皮克寫道：她們驚聲尖叫，被人拉著繫在脖子上的繩子拖行致死。即使如此，後宮還是常時擠滿女人。根據斯皮克的說法，在宮殿裡工作的人都過著朝不保夕的生活。有一天，國王對自己吃的一頓飯感到不滿意，在斯皮克阻止前，國王處死了一百個人。地理學家詹姆斯·麥昆（James M'Queen）是無情地批評斯皮克的批判者之一，他在英國雜誌《晨報》（*Morning Advertiser*）上對斯皮克著作的書評中寫道，斯皮克是一個卑鄙、不道德的人，因為他經常接受穆特薩和女王餽贈他的年輕女孩，雖然他只挑選自己覺得最美的。事實上，麥昆聲稱，斯皮克就是忙於這種事，才會一直找不到時間研究這座湖。[19]

傳教士抵達

一八七六年四月三日，穆特薩國王寫了一封信給維多利亞女王，在信中自稱「非洲最偉大的國王」。他告訴女王先前「穆罕默德教徒」曾試圖說服自己加入他們，但現在他願意臣服於她。他以這句話結尾：「願上帝與女王同在，願上帝與陛下同在，我懇求您寄紙張、墨水及鋼筆予我，因為我所有的紙都寫完了。」[20]這封信開啟了一個進程，在這個進程中，宗教以及對尼羅河的野心融合成一種難以概括與改造的帝國政策，因為政治與語藝這兩個場域是如此的不同，可說幾乎是有著天壤之別。

穆特薩國王致維多利亞女王的信在當時引起不小轟動。來自「黑非洲」的基督教國王向世界史上最偉大帝國的統治者致意，並懇求成為她的兒子！這封信是穆特薩國王在史丹利前來訪問，並向他介紹基督教以及英國武器科技之後寫的。自從斯皮克在此處旅居以來，當地發生了重大變化。該王國擁有約百萬居民，疆域沿維多利亞湖西北岸綿延兩百公里。國王在這段期間皈依伊斯蘭教，除了獨木舟艦隊之外還擁有一支數萬名士兵的軍隊，希望在政治和戰術上能扮演與伊斯蘭教相抗衡的宗教競爭者，幫助歐洲制衡阿拉伯、埃及與日俱增的影響力。當第一批傳教士於一八七七年從歐洲抵達時，穆特薩決定從布干達派兩名使者前往倫敦，維多利亞女王於一八七九年五月接見他們。使者在歷經這場為時一年半的旅程後，返國寫了一篇有趣的紀錄，從中可以清楚看出當時非洲人對歐洲的看法。[21]

穆特薩的來信與遣使倫敦表明了，尼羅河大湖周邊地區將成為新型傳教士的重要舞台——他們是福音派擴張主義的烈士，不畏犧牲，不圖謀利，不為上帝以外的任何意識形態服務。他們追隨德國在東非的傳奇傳教士約翰．路德維希．克拉普夫（Johann Ludwig Krapf），他在學習斯瓦希里語以及當地語言尼卡語時，妻女均死於瘧疾，但他仍毫不退縮，繼續傳教。這種傳教士的品格賦予英國與現代歐洲殖民主義、帝國主義某些特徵，這些特徵事後被證明對尼羅河流域的歷史至關重要。這位孤獨的傳教士在傳福音的能量推動下，隻身或與幾位志同道合的基督徒一同進入非洲大陸、尼羅河流域的湖泊地區，成為早期傳教史上的英雄。

來自東方的亞歷山大・麥凱（Alexander MacKay）是由教會傳教士協會（Church Missionary Society）派來的蘇格蘭聖公會教徒。他在一八七八年抵達坎帕拉，立刻給人留下深刻印象，因為與許多後來的人相比，他擁有機械天賦。翌年，北方的天主教白衣神父會（White Fathers）也來到此地。沒有多久，兩派團體都有了自己的信眾。穆特薩讓不同的宗教團體相互對抗，與傳統的牧師抗衡，試圖藉此加強王權的獨立性與地位。由於擔心宮廷裡的年輕布干達人會過度積極傾向基督教，因此國王下令所有傳教士都必須住在自己居所附近，以控制他們的所作所為。

穆特薩國王於一八八四年去世，根據記載，他一共有九十八名兒女，王位由其中一位兒子姆旺加二世（Mwanga II）繼承。姆旺加對基督徒採取較強硬的立場，尤其是在掌權的第一年，他活活燒死三名基督徒的消息在歐洲廣為流傳。更讓他惡名昭彰的是，他殺害了傳教士詹姆斯・漢寧頓（James Hannington）；事實上，這幾乎是傳教士這些年對自己歷史使命感的標誌性事件。漢寧頓生於英格蘭薩塞克斯郡的赫斯彼朋特（Hurstpierpoint），十五歲時輟學替父親工作，二十一歲時選擇了神職。一八七四年，他被按立為執事，當他在一八八二年聽說傳教士在維多利亞湖沿岸遇害時，他決定加入教會傳教士協會，並於五月十七日離開英格蘭。但因為高燒與痢疾讓他身體極度虛弱，僅一年後就被迫返鄉。一八八五年一月，他再度前往尼羅河上游地區。他找到一條可供傳教士從海岸到達湖泊區的新路徑，於十月二十一日抵達維多利亞湖沿岸，卻立即遭到姆旺加國王囚禁。

漢寧頓在當天的日記裡寫：「令我高興的是，（我）看到了尼羅河的壯麗景色，僅半小時路程，風光甚是秀麗。」沒有多久，他和同伴們就遭到約二十名男子的攻擊。「有兩次我差點掙脫，在掙扎過程中越來越暈眩，最後被人拖著雙腳帶走。我說，『主啊，我把自己交付在你手中，獨自仰望著你。』……我唱著『安居主懷』（Safe in the arms of Jesus）……整整一個小時都在期待能死個痛快。」[22]

幾天後，一八八五年十月二十九日，在國王的親口命令下，漢寧頓被刺身亡。他是在烏干達的第一批基督教殉道者之一，為了彰顯這起事件的重要性，他遇害的日子成為英格蘭教會（Church of England）的陣亡者紀念日。在教會史與傳教史中，第一批非洲皈依者也占據了一個英雄篇章。在一個案例中，有三十二名皈依的烏干達人被以火刑處死。傳教士羅伯特．皮克林．艾希（Robert Pickering Ashe）留下了如下的記載：

> 穆尼亞加（Munyaga，一位剛皈依的教徒）在自己家中被捕。……劊子手小心翼翼地走了過來。他們看到一把槍倚在蘆葦門楣上，便停下腳步猶豫了起來，以為穆尼亞加是因為擁有一把上了膛的槍才會如此自信。他看出劊子手的恐懼，告訴他們不需要怕這把槍，因為他無意使用它。他請求允許他穿上白袍（kansu），他們同意了，然後就帶走他。經過一場殘酷嘲弄的審判後，他被下令分屍焚燒。拷打者砍下他的一隻胳膊，扔到他面前的火堆裡，接著又砍下一條腿，同樣被被扔進火堆裡，最後，那可憐的殘缺身軀才被放置框架上焚毀。塵歸塵，土歸土，信者雖然死了，也必復活。[23]

穆特薩的主要目的是適度借助歐洲影響力來鞏固自己的王國。他和姆旺加都允許歐洲人成立一個受王國控制的小型聚落，以保護布干達免受外力侵犯，尤其是防範位於北方阿伯特湖旁的強大宿敵布尼奧羅王國（Bunyoro）的攻擊。然而這個策略失敗了，因為國王們低估了英國控制埃及後，計畫朝尼羅河上游擴張的決心。姆旺加國王很快就預料到局勢的走向：烏干達將被歐洲人控制。他曾說：「我是布干達的最後一任國王。我死後白人將接管這個國家。我在世時還能阻止這件事發生，但我將是布干達最後一任黑人國王。」[24]

國王的確有先見之明，但他也錯了。英國人推翻了勢力過大且剛愎自用的姆旺加，他在短暫的戰爭失敗後，於一八九七年被流放到塞席爾（Seychelles）。他在生前就經歷了自己預見的失敗。英國的殖民策略其實是要保護這個王國，只不過是以另一種形式，他們的意圖是盡可能以最少的成本確保他們的戰略目標。他們透過與新任國王合作強化對烏干達的政治控制。一九〇〇年，新任國王與倫敦簽署正式協議時年僅四歲。布干達領導階層希望作為獎勵，他們的人民能在英國訂立的新秩序裡獲得禮遇。

一八九〇年代發生在烏干達的穆斯林與基督徒之間的血腥宗教衝突——尤其是與天主教徒、聖公會及新教徒，相關的書籍著作已是汗牛充棟。對他們角色的解釋從欽佩到批判不一而足。一九一六年在英國出版的某本書，當中分析了漢寧頓隸屬的教會傳教士協會，對他們的傳教士做出如下批評：「反智、基本教義派、狂信聖經、強烈反天主教，流於道德絕對論，少有中立觀點。」[25]

對於英國在一八九〇年代初占領該地區的普遍詮釋，就是認為倫敦的出手干預是為了解決衝突。傳教士期望得到家鄉的支持，對抗他們所謂的非洲野蠻、伊斯蘭的狂熱、天主教的變態等等。在針對中非為何應該被置於英國掌控下的公開辯論中，宗教論點也融入了強烈的歐洲文明意識。

儘管如此，對形塑大英帝國尼羅河策略與政策的人來說，宗教問題不具有壓倒或關鍵決定的重要性。索爾斯伯利首相與克羅默伯爵對文明衝突以及基督教在非洲一帶的傳播，當然不像他們對經濟與地緣政治那樣關心。決定性因素是：他們堅信只要控制烏干達就能控制埃及，因此重要的是尼羅河上游地區，包括南蘇丹在內，能發展出不同於埃及與北蘇丹的宗教以及文化認同。

埃及未來的關鍵

長期以來，開羅的英國人一直渴望占領這個地區。一八九二年，盧吉男爵（Lord Lugard）以私人企業不列顛東非公司（Imperial British East Africa Company）的代表身分赴布干達進行考察。[26]他在同年十月回到倫敦後，透過在皇家地理學會的演講發起呼籲英國占領的運動。盧吉在他關於烏干達的兩卷著作以及當時發表的文章裡都提到這個議題。他為英國的占領提供了許多不同的論據，有宗教方面的，也有經濟方面，且同時強調尼羅河問題的重要性。他非常了解駐開羅的精英與倫敦的中央戰略家之間的激烈辯論，例如在一八九二年一場演講中提到，倫敦必須在軍事上和政治上征服這個地區，原因之一是：如此便能在烏干達水流不尋常時，以電報通知駐埃及的英國人，讓在埃及管理灌溉農業的人得以提早因應。[27]

當時，駐埃及的英國領導階層正在討論尼羅河治理計畫——以軍事控制湖泊為前提。一八九三年，埃及主要的水利政治家之一J．C．羅斯（J.C. Ross），他在英國的一次會議上就這個主題發表演說。他表示，只要將維多利亞湖的水位升高一公尺，埃及就能獲得比他們所需還多出三十倍的水量。對埃及農業的投資者、貸款給埃及資本家以及蘭開夏郡的棉花產業來說，這是如音樂般悅耳的好消息。在開羅，英國最重要的水利專家之一威廉·威爾考科斯（William Willcocks）於同年公布了湖泊計畫，他在前一年才撰寫過一份機密的政府報告，解釋非洲湖泊中的水為何對埃及的未來至關重要。

然而，倫敦與中央戰略家也有另一個奪取湖泊控制權的動機。他們希望藉此獲得對白尼羅河源頭的控制權，進而控制埃及的政治走向。因此，在這種脈絡下，被同時代人視為最重要的尼羅河專家之一的探險家山繆爾·貝克，在一八八四年，也就是英國占領埃及的兩年後，他接受《帕摩爾公報》（*Pall Mall Gazette*）採訪時說的話才會如此意義深遠且切中要害：「五千年來，阿拉伯人都在喝這些井裡的水。建一座堡壘控制這些井，阿拉伯人就任你擺布了。」[28]

他們認為英國必須保留這項武器，以防倫敦在蘇伊士的地位在未來某個時刻受到威脅。許多寫於一八八〇年代的文章都主張，英國應該控制蘇丹和尼羅河上游、埃及為了尼羅河應該將蘇丹納入領土；山繆爾·貝克非常了解這個計畫的必要性：

> 不論埃及人和我們有什麼不同，我們一直在強迫埃及接受英國政府的保護……。我們發現埃及時，它就如同懷裡的嬰兒般無助；我們把它當作自己的孩子，透過赫迪夫盡我們的收養義務……並想盡快展示把自由制度從英國橡樹接枝到埃及棗椰樹上的正面效果。但這種接枝在植物學上是不可能的。[29]

貝克認為，嘗試將埃及人變得更像英國人，有如一把迴旋鏢。這位超級帝國主義者對帝國主義的傲慢與無情進行了鐵證如山的批評，也預測了它的結果：「我們強迫他（赫迪夫）依照我們的命令治理埃及，不讓他有任何選擇，並摧毀一切行動自由，同時我們試圖將埃及的所有制度英國化，這會引起統治階級對他們的消極統治者的仇視，因為統治者屈服於我們的篡位。」30

透過這番對英埃關係發展方向的分析，貝克自然會認為，倫敦應該控制尼羅河的源頭，以獲得未來可能派上用場的政治武器。習於外交思考的維多利亞時代倫敦政界人物，他們的思維方式同樣簡單直接：在控制蘇伊士、埃及以及通往印度的海上航線時，只要出現不穩定跡象，就必須按下上頭寫有「奪下整條尼羅河！」的緊急按鈕。第一步是：讓同為歐洲殖民大國的競爭對手同意尼羅河是英國的利益範圍。英國在一八九〇年實現了這個目標。下一步則是：奪取整個流域的政治與水利控制權。白尼羅河水庫是當時最重要的關卡，因為幾乎所有用於棉花栽種的夏季用水都來自這裡。

倫敦掌控尼羅河湖泊

一八九〇年代，英國人已經在恩德培（Entebbe）建立了一個永久的殖民政府，位於離坎帕拉不遠的維多利亞湖灣。然而直到一八九三年，倫敦才正式獲得不列顛東非公司之前在該地區所擁有的權力。同年十二月，由英國軍官領導、一萬名手持長矛的布干達人與四百二十名努比亞蘇丹人所組成的部隊，對布尼奧羅國王發動攻擊。根據當地一位英國旅行者的說法，這件事甚至稱不上戰爭，只能算是「捕獵黑人」——他引用一本當時法國書籍的說法。現今的維多利亞湖以北的尼羅河沿岸地區也被納入倫敦的掌控之下。

接著在一八九四年，倫敦政府將烏干達劃為英國保護國，疆域約略與今天烏干達相當。到了一八九五年五月二十八日，又決定把湖泊地區到印度洋的所有領土納入英國統治之下（就是今天的肯亞）。這是很經典的殖民主義形式，但有一個重要的例外：雖然是對物理空間的統治，但目的是透過西化逐步改造當地原住民的思維邏輯與世界觀。不過這只是將地方經濟審慎地、部分地融入更大的殖民體系而已，真正徹底且完整被融合的，是它輪廓分明的自然特徵。尼羅河的湖泊隸屬於一個範圍廣泛、目的明確的殖民結構，因此，征服烏干達是一個「證明殖民主義與帝國主義必須經過具體研究才能理解」的例子，一般對帝國主義最普遍且氾濫的看法，是無法理解這種具體的權力關係。

接下來的幾年裡，幾位英國水利規劃師與工程師前往烏干達研究當地的水利資源，評估為了埃及該如何利用它們，為此制定並討論在阿伯特湖與維多利亞湖築壩的計畫。英國人占領該地區後做的第一件事，就是實踐盧吉男爵一八九三年的提議：在湖的出水口建立一座尼羅河水流量測量站，把測到的數據送往埃及，以利討論與準備更多的湖泊開發計畫。埃及的尼羅河企業家——他們堪稱流域內的現代化前鋒——堅信整條尼羅河必須被視為單一的水利及規劃系統。當時的檔案文件確實證明了英國的政治領導階層也認同這個願景，即使在該以什麼速度推動、如何取得開發資金、如何與埃及取得平衡等方面存在分歧。

一八九五年，也就是倫敦控制五大湖的隔年，埃及公共工程部（Egyptian Public Works Department）前負責人科林・史考特—蒙克里夫爵士（Sir Colin Scott-Moncrieff）在倫敦的一次演講中歸納出英國的「尼羅河願景」。對他還有其他關心尼羅河的人來說，英國是否該統治整條河流並不是問題。史考特—蒙克里夫抱怨說，自己和在場聽眾一樣，只能從「斯皮克、貝克、史坦利及其他偉大探險家的作品中尋找比菲萊（Philæ）更遠的地方的資訊」，並說「如果一個外國人要向他的同胞講解泰晤士河，但一開始就告訴大家自己最遠只到過格林威治，他可能會被視為一個冒牌貨。」[31]其他資深水利規劃師這些年的水情研究，就有如「揭開尼羅河上游厚厚的面紗。」[32]然而蒙克里夫並不是個軍事戰略家，他的演講並未關注「該於何時以何種方式占領整個流域」。對負責管理這條堪稱英屬埃及生命的他而言，這條河應該歸於單一方的控制之下：「大家難道還看不出來，從維多利亞湖到地中海的尼羅河段應該由單一政府統一管轄？」[33]

根據對尼羅河自然現象日益深入的了解，加上水情數據的日益完善，英國知道在中非大湖興建水利工程可能對埃及意義重大。他們也意識到若不提高蘇丹南部沼澤區河段往下游運輸的能力，那麼在獲得的領土上建造水庫與水壩是無濟於事。如果只規劃在烏干達築壩，卻不同時改善穿越蘇丹南部的河段，以強化當地往北輸水的渠道功能，這樣的尼羅河上游計畫就該被否決。英國人早在一八九〇年代就已經知道青尼羅河占埃及尼羅河段總水量的八〇％以上，但對於倫敦、駐埃及的克羅默伯爵以及他的水利工程師而言，提供絕大部分夏季用水的白尼羅河絕對更重要，所以這條支流在當時被視為最關鍵的尼羅河河段。工程師們還知道，由於兩條主要支流水文特徵南轅北轍，卻又相輔相成，尼羅河應依據流域整體規劃進行開發，才能被合理利用。從這個角度來看，他們當時強烈主張應該將整個流域視為單一水利與規劃系統，才能更有效、更永續地使用水，的確堪稱先鋒或先驅。

英國對尼羅河的水利願景與水政治的規劃，代表了一種新的、原創的水帝國主義形式，而這種帝國主義的目標與要求，正好形塑了倫敦在尼羅河流域的擴張方式。一九〇〇年，英國與國勢日衰的布干達王國簽訂的協議反映出這個尼羅河戰略的目標。英國人將控制權從布干達王國擴大到周邊的部落和民族，並藉由將整個地區統稱為烏干達，讓王國轉變成幫助帝國爭取和平與秩序的盟友。另一方面，與布干達結盟也讓殖民地定居者難以推展任何農業。然而，這並不矛盾，因為倫敦對於採用這種方式來開發該地區的資源並不特別感興趣。英國在策略上主要聚焦於天然的尼羅河水庫，以及它們的地緣政治與經濟潛力，與布干達結盟就能建立有效且相對省錢的行政體系基礎。

直到二戰後，倫敦的總體政策目標一直是使用與控制烏干達的尼羅河段，以此來輔助他們在埃及的尼羅河政策，至於烏干達本身的發展則不是那麼重要。從一九二九年簽署的尼羅河水協議，也能看出倫敦政府認定烏干達與英國在東非的其他領土一樣，並不需要用到任何尼羅河水。然而根據該協議，這些國家若考慮進行任何工程，必須得到開羅的批准。烏干達的尼羅河段直到一九五〇年代才開始被使用，其中的原因很多，但尼羅河水協議、英國的尼羅河政策以及殖民地官員對烏干達發展的整體思考，這些顯然扮演了一定的角色。在烏干達，尼羅河仍未被整治。

動物統治的王國（感謝人類恩賜）

在烏干達北部的阿伯特湖與維多利亞湖之間的白尼羅河上，小船正緩緩航行，在午後的陽光下放眼望去，水色如魚鱗般雪白。我搭乘的這艘船沒有一絲高尚典雅或王室風範，但船長說船名是非洲女王號（我猜此處的所有船長對乘船的外國遊客都這麼說），與一九五〇年代亨佛萊·鮑嘉與凱瑟琳·赫本在這裡拍攝的同名電影中搭乘的那艘船同名。這艘船和漂浮在這一帶水面上的數百頭河馬一樣大，不時抽動耳朵的河馬離我們非常近，這些龐然大物只要一隻就能把船撞翻。船高低起伏到令人不安，有時低到隨處可見的鱷魚可以輕易咬住垂在船舷外的胳臂。船夫向我們保證這種事從沒發生過，雖然這裡的鱷魚不愁沒有魚可以吃，但當小船駛離岸邊時，我們還是把手臂緊緊貼著身子。在河上才十分鐘，我們就看到了河馬大家族，一群野牛沿河岸全力奔馳，還看見一頭孤零零的老牛，根據船長的說法，牠已被趕出牛群，只能獨自生活，牠會靠近水是為了躲避獅子的襲擊。

河馬儼然是這條河的統治者，在每一處河灣都能看到牠們的身影。只見牠們彷彿在展現優越感般的以鼻孔噴氣，高高在上地蔑視我們這些人類。因此，默奇森瀑布國家公園又稱為帕拉國家公園（Paraa National Park），意為「河馬之家」，這是再自然不過的事。沙岸上，體型龐大的鱷魚在枝枒映照的河面密林陰影下打盹。時不時能看到牠們的頭部分浮出水面，距離船隻僅幾公尺之遙。這一帶河段是非洲為數最多的河馬與鱷魚的棲息地。有時河水無可避免地會成為洪水一路朝北流，還不時能看到遊蕩的大象、長頸鹿及野牛。這裡的鳥類生態同樣是無與倫比——各種鷺、翠鳥、非洲魚鷹、鸛，以及色彩光纖亮麗的小型鳥類。

這一切讓人感覺宛如置身動物的舞台或主場，人類才是這裡的奇珍異獸，被關在船上供牠們觀賞。地球上沒有其他地方比阿伯特湖以東的尼羅河段更能讓人在生命無虞的情況下，近距離接觸危險的野生動物。這條有多支流的河，其沿岸似乎是完全沒被人類染指的淨土，依然由這些動物統治，牠們無視於我們的存在，彷彿尚未意識到過去數萬年來的現實，也未意識到哪種生物才是世界的主宰。

河裡越來越多的白金色泡沫，遠望像是不該出現在此處的小冰山。水流越來越強勁，掌舵的老人越來越警戒。轉了一個小彎後，白尼羅河最引人注目的瀑布霎時映入眼簾。在這個離大海約七千公里的旅程中，沒有任何地方的景色比此處更富爆炸性。

走上河岸階梯，來到名為貝克角（**Baker's Point**）的觀景點，據說約一百五十年前，山繆爾．貝克曾站在這裡眺望。景象無比壯觀——飛濺的水花、四散的泡沫、襯托著熱帶森林的背景，所有這一切都伴隨著亙古不變、震耳欲聾的水流巨響。在流經把我帶到這裡的平靜河面後，河流彷彿在這座瀑布耗盡了最後的能量，先向前匯入阿伯特湖，再流向南蘇丹尼穆萊（Nimule）的富拉急流（Fola Rapids）。

瀑布與「他人」、「我們」的形象

瀑布位於布尼奧羅高原與阿科利蘭（Acoliland）綿延不斷的平原交接處，它叫做默奇森瀑布。如果從瀑布底部爬上穿越叢林的蜿蜒階梯，偶爾還會瞥見烏干達人稱為自由瀑布（Freedom Falls）的烏呼魯瀑布（Uhuru Falls，Uhuru在斯瓦希里語為民族獨立之意），這些瀑布是在異常大雨後，河流從山丘上傾瀉而下時出現。這個名字指的是這些瀑布，現今通常被認為是默奇森瀑布的一部分（儘管在貝克為這些瀑布命名的時代，它還不存在），該瀑布名稱在一九六二年「誕生」了足夠的象徵意義，因為烏干達在同年擺脫英國的殖民統治獲得自由，看到做為一個獨立國家的曙光。

每當默奇森瀑布被提及，就驗證了十九世紀探險家的成功以及持久的影響力，更不用說在英國征服非洲後，他們還成為非洲歷史上的重要角色。然而，這個名字也展現出一種文化狂妄，以及當權者的自我陶醉與陳腐。帝國創立者如此痴迷於用同胞與支持者的名字為世界命名，其中帶有濃濃的幼稚。我看著水從狹窄的懸崖上奔流而下，它的喧囂聲淹沒了我周圍的一切，其餘的非洲熱帶景觀似乎被封存在一面鏡中，而無法迴避的事實是，這不得不讓人想起一個從未涉足此地的英國紳士，這不僅奇怪甚至不合適。

羅德里克・伊佩・默奇森爵士（Roderick Impey Murchison）於一七九二年出生於蘇格蘭，他原本是一位技術高超的知名狐狸獵手，後來開始研究科學與地質學。到一八七一年為止，他擔任英國地質調查局（Geological Survey of Great Britain）局長長達十五年，對志留紀與泥盆紀分層系統的研究對發展地層學有極大影響。默奇森的發現之一，是挪威奧斯陸油田的沉積物呈折疊結構，屬於志留紀的分層系統，這個發現在當地促進了這類科學與地理探索。然而，儘管他對整個北海地區國家如此重要，但挪威甚至沒為他立過一塊紀念牌匾。默奇森在家鄉的命名方式與非洲不同，他以英格蘭德文郡為地質時代命名，以凱爾特部族的志留人（Silures）——他們在大不列顛的居住地是由默奇森發現的——為志留紀（Silurian）命名。

我站在一座被茂密叢林包圍的傾瀉瀑布邊緣處，想起了從未踏足非洲的默奇森。在這裡被淋濕的感覺就像在陽光下淋一場傾盆大雨。由於他是倫敦皇家地理學會的負責人，白尼羅河最大的瀑布便以他的名字命名。

外面的世界，尤其是西方，「為自己定位」與「為尼羅河地區創造故事、塑造形象的方式」，不僅是非洲史的一部分，也是西方概念與文化史的決定性部分。描寫與敘述「非洲人」或「非洲」的方式，一直反映且影響著當代歐洲與非洲之間的關係。關於尼羅河上游的早期旅行文學具有成形性，在一定程度上形塑了一種思維方式與觀察方式，要是作者很有名，著作就會成為暢銷書或經典。這些文學作品和它們對歷史自身發展的敘述，以及西方在其中扮演的角色，不僅對形塑非洲的概念，也對形塑西方的概念都具有重要意義。

因此，尼羅河的大湖與默奇森瀑布可以用來當跳板，用來比較西方世界與非洲大陸在三個不同時期對非洲創造的不同形象，這些形象既影響非洲對西方的看法，也影響西方對非洲的看法。

尼羅河的貝克

山繆爾．貝克對非洲、尼羅河與沿岸居民的記述一出版就引起轟動。他戲劇性的文體與夫妻跋涉千里的浪漫故事，讓當時的歐洲讀者大受感動。他講述夫妻倆如何在當地旅行數年，並接受布尼奧羅國王款待，在烏干達北部居住了很長一段時間。貝克的著作中散發著無窮的求知慾、看見新事物的喜悅、同時也反映出他的偏見。不過，在那個世界仍被認為是年輕、生澀的時代，他的記述助長了大眾對未知事物的好奇心。

與此同時，前文提及過的知名英國人類學家伊凡—普里查對，他對貝克及其著作極盡批評之能事。在這些書暢銷數十年後，伊凡—普里查對「多情的山繆爾．W．貝克爵士」極為蔑視，稱他為「那群人裡最惹人厭且最愚蠢的一位」，「那群人」指的就是所有曾沿尼羅河探索的探險家。[34]他對貝克這番描述是否準確眾說紛紜，但所有人都同意貝克公開支持「我們必須讓他們變文明」的觀點。在關於阿伯特湖的著作中，他稱英格蘭為擁有「文明力量」的「商貿世界的偉大領袖」，的確，英國是「渾然天成的世界殖民者」。[35]

貝克的書或許徹頭徹尾充滿種族主義觀點，但由於它們的成書時間，是在種族理論確立嚴謹的思想體系，並發展出以種族為中心的理論與世界觀之前，因此他的種族主義更加直接，某種程度上可說是輕率。貝克武斷地宣稱，在尼羅河上游地區「沒有古老的歷史，無法以過去的回憶來吸引現代人；一切都是狂野而殘酷、艱苦而無情」。他進一步寫道：「最吸引人的就是英國同情者所謂的可憐的黑人！」他還繼續補充：「在這些國家沒有愛情這回事……。一切都講求實際，沒有一丁點浪漫。迄今為止，女性頂多只被當作有價值的動物看待。」最後他說：「無論我們多麼嚴厲譴責這種可怕的奴隸制度，解放他們的結果也只能證明黑人並不懂得享受自由的幸福，對解開他們手上的枷鎖也不會展現一絲感激之情。」[36]

貝克眼中的非洲人是一群與英國人截然不同的民族，不僅在心態上與文化上，在心靈上與感官上亦然。毫無疑問的，必須讓非洲人學會文明，而這點英國人一定能做到。然而，貝克不確定這個計畫是否能成功，因為英國人與非洲人在文化上、心理上與心靈上的鴻溝實在是太深了。

叢林裡的溫斯頓・邱吉爾

當貝克夫妻乘船前往默奇森瀑布時，憤怒的河馬襲擊了這艘船，在這件事約略五十年後，溫斯頓・邱吉爾騎著自行車前往同一地點。他在二十世紀初時擔任殖民地次官（Under-Secretary of State for the Colonial Office），不過他之所以舉國聞名，是因為他寫了一本記錄一八九八年英國尼羅河沿岸戰役的書。

當邱吉爾跟隨佛羅倫斯與山繆爾・貝克的腳步，以代表殖民地部（Colonial Office）的身分前往瀑布時，烏干達已經成為英國的殖民地，白尼羅河的源頭也已經在英國的掌控下。邱吉爾的著作《我的非洲之旅》（*My African Journey*），就是在記錄他沿著尼羅河下游、從烏干達抵達埃及的旅程。他在書中形容烏干達與當地的王國「宛如童話」，而且「雖然沒有豌豆莖可爬，但有鐵路可搭，搭到最後就會看到一個美妙的新世界。」[37]風土不同，人文也不同。他寫給家鄉的訊息是：「好好治理烏干達！」[38]接著就寫下那句著名話：「烏干達是非洲明珠。」[39]

騎著自行車從坎帕拉往北，穿越一片據他形容比在古巴與印度看過的都更神奇的森林後，他抵達了瀑布。[40]他穿戴防采采蠅的蚊帳與手套，爬上瀑布旁的狹窄階梯。采采蠅在當時可能致命，不出幾年前，才有數十萬烏干達人被叮咬後死於非洲昏睡病。

不難想像溫斯頓．邱吉爾這位年輕的政治家——在熱帶陽光的烘烤下騎車與步行，雙頰被曬得通紅——站在瀑布邊緣的貝克角，滿心讚嘆地欣賞河水從懸崖傾瀉而下的光景。他在行遍整條尼羅河後總結說：「這些瀑布無疑是整條尼羅河最非凡的美景。」[41]

但邱吉爾以一個殖民地建設者的眼光看烏干達，是一個名副其實的帝國主義者，肩負著推廣文明與促進發展的使命。他關心在這個新殖民地可以做些什麼。正是在此處，這位保守派政治家開始對他所謂的國家社會主義充滿熱情：「很難找到一個比烏干達更適合實地實驗國家社會主義的地方。」[42]國家富裕，人民勤勞和平，資本家只考慮自己的利益，不在乎烏干達人的福祉，沒有歐洲人會為特殊利益阻礙這裡的發展，或如他所說的「擋路」。[43]

正如邱吉爾所見，要合理化這種近乎崇高的國家社會主義論調，前提是烏干達尼羅河段的物理特徵與潛在的經濟特徵。他寫道：「所有水力都屬於國家。」[44]這是他整套理論的資源基礎。邱吉爾看到了烏干達的未來：整個尼羅河谷將布滿工廠與倉庫。他認為世界上很可能沒有其他地方可以用如此低的成本、如此少的建設來利用如此多的水。邱吉爾做過兩次保守黨領袖，他曾擔任一連串的部長職，在赴任第一個職務時，他沿著尼羅河順流而下考察，之後寫道，他贊成在烏干達實行國家社會主義。

邱吉爾在許多領域的表現都很傑出，在許多方面扮演了重要的歷史角色，當面對尼羅河相關事務時，他一次又一次地在決定性時刻以記者、作家或部長身分出現。如同在其他方面的表現一樣，他展現出「將復雜情境濃縮成令人難忘的一句話」的超凡能力。基於這個背景，在邱吉爾的非洲之旅記述中（他於一九五三年獲得諾貝爾文學獎，並以典型的自我批評質疑這部作品的文學價值不足），可以讀出這位偉大帝國的代言人在國家處於權力最高峰的時期，是如何看待他們的子民。

從這本書中也可以看出，即使邱吉爾是有影響力、有權勢的政治家，內心裡依然保有童稚之心，或者說得更確切一點，他之所以偉大，正是因為他依然保有童稚之心。他的觀點雖然帶有強硬的家長式作風，但並不是種族主義，雖然帶有強烈的求知慾，但他的詮釋框架推動了帝國的規範與政治自信。對邱吉爾來說，英國人比誰都了解如何開發非洲——不是基於任何種族優越感，而是基於在歷史中淬鍊出的文化與知識優勢。從這個角度來看，邱吉爾的旅行記錄為維多利亞時代的精神——強調進步與開發、家長式作風與樂觀主義兼容並蓄——提供了濃縮版的形象。

尼羅河瀑布的鮑嘉、赫本及海明威

五十年後的一九五〇年代裡，二戰後美國在非洲的政治影響力與日俱增，幾個美國人也來到了尼羅河地區。

一九五一年的電影《非洲女王號》（*The African Queen*），是由亨佛萊．鮑嘉與凱瑟琳．赫本主演，約翰．休斯頓執導，電影的背景就是默奇森瀑布。鮑嘉在片中飾演河船船長，他以這個角色獲得奧斯卡獎。導演休斯頓沒有在倫敦搭建非洲布景，而是把整個拍攝團隊搬到非洲，據傳部分原因是導演需要為狩獵大型動物找一個藉口。片中最著名的場景之一，是在白尼羅河上直接拍攝的。教堂與康度村（Kungdu）的布景就建在阿伯特湖岸的布提亞巴（Butiaba），電影拍完後，布提亞巴港口幾乎沒再使用過，後來因湖中發現石油而重建），默奇森瀑布也出現在影片中，瀑布下方水流湍急、有鱷魚與河馬嬉戲的河面，就是赫本與鮑嘉著名的爭吵場面的拍攝地點。

赫本在她的著作《非洲女王號的誕生：我與鮑嘉、白考兒、休斯頓如何前進非洲而幾乎發狂》（*The Making of The African Queen or How I Went to Africa with Bogart, Bacall and Huston and Almost Lost My Mind*）敘述了自己的經歷。她的描述生動有趣，提到她在當地患病但鮑嘉絲毫不在乎甚至沒發現，因為鮑嘉喝太多酒，無法注意到這種事，對此她表示不無羨慕。書中還提到了非洲的「野性」、差異感、在廁所裡發現一條黑曼巴蛇等等，也提到她熱愛那裡的非凡生活。當然，赫本的記述是由他人撰寫，而這個人與殖民政府的任務與職責無關，沒有任何家長式領導者角色所需的虛偽。當地人很容易平等相處，只是比較有異國情調，儘管他們生活在文明世界的邊陲，感覺上和電影拍攝小組成員沒什麼差別。叢林對赫本而言是一種「陌生的東西」，她大談在文明的前哨生活與求生的樂趣，那裡是如此美麗，因此她樂於再訪。

一九五二年二月，在《紐約時報》的一篇文章中提到，休斯頓曾說，這無疑是電影宣傳的一部分，他聘請當地人來協助電影拍攝小組，但許多人拒絕露面，因為擔心拍電影的是食人族。他描繪的形象與至今仍廣為流傳的觀念吻合，就是非洲是「野性」的化身，一個尚未被文明馴服的大陸，是文明邊緣的迷人代表，既是一個新的邊疆，也是如今尚存的最後邊疆之一。另一個也把非洲描述為文明邊緣的人是厄內斯特．海明威（Ernest Hemingway）。他曾造訪默奇森瀑布，雖然並非出於自願。一九五四年一月，他偕妻搭乘一架小型飛機在那裡墜毀，而且不只一次，是兩次，還僅相隔一天！一月二十一日，這對夫婦從奈洛比出發，前往比屬剛果參觀。海明威說這是送給妻子的聖誕禮物，他在雜誌《展望》（*Look*）發表的文章「聖誕禮物」（The Christmas Gift）中記錄了這次旅行。一天早上大霧消散後，他們搭機飛過喬治湖與阿伯特湖，接著朝上游飛往默奇森瀑布。他的妻子瑪麗拍下了瀑布，我可以保證，這座瀑布從小型飛機上看真的很美。在昨夜寒氣尚未退盡的清晨晴空下，河流無畏地衝下高原邊緣，水面被太陽照耀得波光粼粼，還有大象成群沿著河岸移動。

但是當天海明威夫妻並不走運：當飛行員試圖避開一隻朱鷺時，飛機的尾翼和無線電天線勾到了一條電報線，因此墜落在距離瀑布不遠的灌木叢中。令人難以置信的是，三人竟然都毫髮無傷。他們墜落的地點距離最近的村莊至少有五十公里遠。在難耐的酷熱中，他們往山上爬，以躲避鱷魚與河馬，然後在那裡紮營。第二天一早，他們發現有艘船逆流而上駛向瀑布，這艘船叫默奇森號，船上正在進行私人航行的英國醫生把他們救上船。在烏干達的布提亞巴，他們碰巧遇到一名在當地搜尋他們的飛行員，於是再次利用導演休斯頓的拍攝小組所修建的臨時跑道起飛，繼續他們的旅程。然而，在起飛過程中，飛行員失去控制，二度墜機。飛機著火了，瑪麗努力擠出機窗，但海明威身體太重，不得不用頭擠開門，他的胳臂因前一天的墜機事故仍然一片青紫，後來他成功逃離飛機，不過有一說是，他的身心就是從此時開始惡化。海明威的腿受到重傷，鼻骨斷裂，聽力退化，頭骨破裂並滲出透明液體。

《展望》雜誌的這篇文章描繪出一個意義上非常特殊且不同的非洲——它是作者的冒險地點，是個冒險的大陸。不妨拿這篇文章與海明威為數不多的非小說作品之一《非洲的青山》（*Green Hills of Africa*）做比較。這本書是他在兩度造訪肯亞與坦噶尼喀（Tanganyika，今坦尚尼亞）後，根據自己在坦尚尼亞曼雅拉湖（Lake Manyara）地區的經歷所寫成。海明威在前言中指出，他曾試著「寫出一本絕對真實的書，看看一個國家的樣貌……如果被忠實地呈現，是否能與虛構的（描述）相媲美」。海明威根據所謂的親眼所見的忠實觀察，其實充滿傲慢與蔑視，也充滿奉獻甚至嚮往。他熱愛非洲：「但我會回到我喜歡生活的地方；真正地生活，而不僅是任憑時光流逝地過日子。……當我看到一個好地方時，我馬上就會知道。」[45]

儘管如此，在大多數時間裡，海明威對非洲這個有自己的歷史與未來的地方根本不感興趣，這就是他與貝克、史丹利及邱吉爾的不同之處。他在非洲感受到的幸福與滿足是一種無知的幸福，也就是說，他只是把非洲視為自己在當地短暫體驗的背景，不過他又寫道，當地獵人將他視為「兄弟」，彷彿他真的確信了這一點。

海明威在他這本書的開頭提到，他結識了厭惡狩獵的澳洲民族學家卡丁斯基，而吸引卡丁斯基來到非洲的原因，是能夠擁有「活得像個國王」的機會：

> 事實上，我在這裡是個國王。這是件很舒服的事。早上醒來，我伸出一隻腳，男孩就幫這隻腳穿上襪子。當我準備好時，我伸出另一隻腳，他就穿上另一隻襪子。我腳一邁出蚊帳，雙腿就跨入有人幫我舉著的襯褲裡。你不覺得這很了不起嗎？[46]

海明威以同情的筆調描寫卡丁斯基；然而——沒錯，他完全同意。「這很了不起。」他回答。

海明威這本關於非洲的非小說類作品，最有趣的不是他對狩獵與動物的描繪，而是這本書實際上並不是關於非洲，或如他在前言中承諾的「精確呈現國家樣貌」。我們在這本書中讀到的「原住民」，幾乎都是單純的刻板印象角色，而海明威對他們或他們的個人特徵感興趣的程度，大多取決於他們是否欽佩海明威。這本書對非洲描述的關鍵在於：海明威將非洲大陸視為「邊疆」，他將置身之處概念化，藉此把自己比擬成一個一直強烈嚮往、如今終於有機會扮演勇敢且獨立的美國拓荒者。

海明威把非洲視為文明邊緣的觀點，與美國拓荒者的觀點雷同。和赫本一樣，海明威完全沒有英國人普遍懷有的帝國責任感及家長式作風，更沒有關注後來的發展援助時期（development-aid epoch）的開發與潛力。非洲只是一個可供他在叢林中披荊斬棘、獵殺大型動物的避難所。他沒有按照西方塑造的形象重現非洲，而是將之視為家的映襯。他擺脫了文明界限的束縛，狩獵旅行的冒險就是躁動靈魂的避風港。

充滿內部矛盾的尼羅河帝國

當美國與後來的蘇聯在非洲變得更加活躍時，剛成立的聯合國、反殖民主義運動以及同樣譴責帝國主義制度的新興超級大國之間的角力，都對英國殖民地官員帶來與日俱增的壓力。在恩德培的政府權力走廊，英國人注意到對殖民地發展的需求不斷上升。[47]

駐烏干達的英國人對倫敦的尼羅河問題政策越來越失望。殖民地政府長期以來一直向倫敦施壓，要求支援在烏干達建設水力發電廠，這與溫斯頓・邱吉爾五十年前的建議一致，他們確信這是烏干達發展的關鍵。駐烏干達的殖民地官員經常在大湖邊的維多利亞酒店露台上聚首，一邊喝著午後的威士忌，一邊凝望（也許帶著強烈渴望的目光）遠方海天一色的深藍內海，他們對一九二九年的尼羅河協定以及其對烏干達水資源利用的限制感到遺憾不已。此外，他們也認為，埃及與倫敦抵制擬建發電廠是無知又不合理，因為這些水壩並不會減少尼羅河的水流量。

對於任何將殖民主義視為一種現象，或將帝國主義視為獨特的跨國政經關係的人來說，英屬尼羅河帝國的內部矛盾，以及這些矛盾如何發揮作用，都是有趣的議題。當初建立這個帝國的英國整體戰略一直都是以尼羅河為中心，因此對於如何開發這條河的分歧意見，可以視為這個殖民體系逐漸解體的證明。

這個殖民大國與非洲各區域之間的矛盾，以及它與倫敦之間的矛盾都越來越明顯。殖民體系的構建方式，即英國在非洲不同國家的公使館或行政單位，只要整個大英帝國的目標是一致且連貫的，並且各個政府都受制於並允許自己受制於倫敦頒布的共同和明確的策略，就能以有效和自我調節的方式運作。最後，隨著尼羅河流域不同地區的不均衡發展，以及控制這些地區的英國行政官員對於利用轄內河流有不同的想法與計畫，因此，對一個有明確且一貫策略的強大帝國中心的需求也日益強烈。然而，倫敦被迫在相互衝突的重大策略考量與戰術環境上必須更深思熟慮，因此政策變得越來越不果決，越來越不確定。

現在事實證明，原本這個殖民體系是以團結一致為目標，在倫敦政府的領導下運作，如今卻變成一個製造並強化內部政策衝突的體系。駐恩德培、朱巴、喀土穆、開羅及阿迪斯阿貝巴的英國人，對開發尼羅河的不同看法，反映出不同地區與國家之間在利用河流上充滿利益衝突的矛盾，這些觀點上的衝突並不容易管理或克服。一旦矛盾出現就無法簡單排除，因為它們是隨這條河的本質所產生的。在英國俱樂部裡飲酒研議或許可以解決許多分歧，但對殖民體系內的衝突不會有任何幫助，因為這類爭端源於這個極為龐大、多元的流域中不同的地理定位，不是一聲「乾杯」就能解決的。

從位於開羅市內尼羅河中央的紮馬雷克島看，主要的政治目標仍然是維持蘇伊士及當地英國軍事基地的控制權。繼續治理尼羅河被視為維持埃及安定與英國在埃及合法性的最重要關鍵。隨著人口的增加與整體經濟的發展，該國對水的需求與日俱增。英國水利專家與殖民地負責尼羅河事務的埃及同僚，從他們提供的所有評估裡得出的結論是：埃及可以吸收更多水，而且該國的發展始終依賴於對尼羅河的加強控制。每個人都明白，埃及的任何工業化計畫都需要以尼羅河作為能源。此外，一九四七年尼羅河災難性的洪災也突顯了這條河尚未被馴服的事實。

在埃及殖民地裡持續握有高度影響力、致力於控制河流和推進灌溉農業的英國尼羅河專家認為，為了埃及的利益，馴服尼羅河的最佳方式就是他們的「世紀蓄水計畫」（the Century Storage Scheme）。這個宏偉計畫的內容包括：在維多利亞湖與阿伯特湖築壩，以及開鑿瓊萊運河以解決南蘇丹沼澤地區的河水蒸發問題。即使只讓阿伯特湖的水位增高一公尺，在夏季也能產生與當時舊亞斯文水壩儲藏的水量相當的新水。而讓維多利亞湖的水位增高一公尺，能提供的水量將增加到十二點五倍。而且由於大湖的蒸發量與降水量相當，因此水位增高也不會導致蒸發量增加而折損水量。倫敦外交政策戰略家認為，如果有需要，在烏干達建造一座水壩也可以用來對埃及民族主義進行施壓，正如貝克在一八八四年提出的建議。儘管正是出於這些原因，讓殖民地的埃及人對在尼羅河以南數千英里的國家修建水壩持懷疑態度，埃及政府還是決定試探烏干達會有什麼反應。

烏干達直捷了當地駁回了這項提議。當地的英國總督約翰．霍爾爵士（Sir John Hall）強調，計畫中的工程將直接違背烏干達的利益。這將使烏干達的領土沒入水中，對維多利亞尼羅河產生負面影響，並導致默奇森瀑布的能源潛力減少五〇％（當時，烏干達政府正制定一個在當地建設發電廠的計畫）。為了鞏固在談判中的地位，烏干達政府聘請了一位水資源顧問霍斯先生（Mr. Hawes）。

在克羅默將第一位英國水資源規劃師帶到開羅近七十五年後，蘇丹建立自己的水資源管理機構約二十五年後，烏干達殖民政府終於聘請了自己的第一位水資源專家。霍斯先生與他的團隊對阿伯特湖及維多利亞湖進行了多次調查，其中包括肯亞與坦噶尼喀地區。烏干達以這些調查為基礎，提出了第一份關於該國水資源的國家計畫。

霍爾總督與駐烏干達的英國人提出了一套使用尼羅河湖泊的具體替代方案。他們想發展水力發電，他們的說法與溫斯頓．邱吉爾在世紀初的願景相呼應。他們引用了邱吉爾的提議：「這麼大的力量被白白浪費，這麼大的優勢被白白閒置，擁有這麼高的控制水準，對非洲的自然力量卻不加以控制？」[48]官員寫道，烏干達在水力發電的幫助下，可以生產「不是銅礦石而是電解銅，不是鋁土礦而是鋁，不是石灰而是水泥，不是原棉而是布匹，不是含油種子而是肥皂，不是草或紙漿而是成品紙」。[49]他們相中的最佳地點是維多利亞湖下游的歐文瀑布（Owen Falls）。在湖上築壩並降低瀑布高度，他們能確保約十八公尺的落差，以每秒六三二立方公尺的恆定水量持續輸出，該國將馬上獲得十五萬千瓦的裝置容量。這個提議後來在經過多年的外交拉鋸與爭論後，成為歐文瀑布大壩（Owen Falls Dam）的起源。

在倫敦的泰晤士河，政府及外交部試圖解決各種英國尼羅河願景與計畫之間的相互競爭和矛盾。將「擺脫殖民主義」奉為發展重點的聯合國成立，主要盟友之一的美國，其反殖民主義意識高漲，一九四七年印度獨立，一九四九年的中國革命，這些掀起了全球性的反殖民主義思潮，這樣的政治氛圍迫使倫敦在各殖民地推行更多的發展。殖民體系在受到多方譴責的時候，只能努力獲得更多的合法性。英國不能忽視這樣一個事實，例如時任美國副總統的理查．尼克森（Richard M. Nixon）出訪亞洲，在公開演講中譴責歐洲殖民制度：它壓抑了人類意志與自由貿易，他希望能看到它被掃進歷史的垃圾堆裡。因此，即使英國在蘇伊士的這場博弈以及當地的地位，在全球地緣政治中變得岌岌可危，他們仍有義務保證包括烏干達在內的殖民地得到更多發展。

尼羅河流域的英國人被迫做出自己無力承擔的承諾，而且為帝國帶來了破壞性的後果。

歐文瀑布——烏干達的起點

站在烏干達歐文瀑布水壩，或烏干達人現在稱為納魯巴爾水壩（Nalubaale Dam）的頂部小徑欄杆前，你會發現自己置身於該國真正的歷史遺蹟之一。爭取建設水壩的過程是高階政治與水政治、外交迷宮和外交耐性的一個極具啟發性的例子，它同時反映出該流域沿岸國家之間的嚴重不信任問題。水壩的歷史打破了對「帝國主義利益」的普遍觀念，也顛覆了這樣的認知：帝國主義或殖民主義是具有單一且共同利益的統一現象。

殖民體系在尼羅河流域面臨到一個無法解決的兩難處境：外交處境特殊，沒有好的解決方案，決定好的事沒一個人滿意。派駐在非洲不同國家的英國人，他們之間的矛盾與政策考量，都是圍繞著尼羅河的物理特性發展出來的：如果倫敦在烏干達的水壩問題上過於傾向埃及利益，那麼烏干達會受到負面影響，英國可能因此揹上阻礙國家發展的罵名。如果倫敦支持烏干達政府的湖泊工程，將減少他們在埃及的潛在利益，並激起埃及人對尼羅河在「敵國領土」內築壩的憤怒。這樣的舉動可能會破壞英國與埃及的關係，也可能讓英國在蘇丹的地位產生負面影響。如果倫敦支持埃及對水壩的要求，對於被指責只在乎自己帝國利益無意幫助烏干達的批評，他們也無法反駁。這些都是原則上的矛盾，永遠也不會消失，因為它們是由尼羅河的自然特徵滋養出來的，反映出殖民政府相對於河流的地理位置。最後倫敦採用的折衷方案不僅在埃及激發憤怒與批評，也沒能滿足烏干達的需求。

在一九四〇及五〇年代，英國治理國家的湖泊工程提案與計畫送到了恩德培，並附有倫敦的政策指導方針。霍爾總督知道對埃及民族主義者而言，在視為敵方領土內的尼羅河段修建水壩，這件事幾乎是無法想像的。埃及人在一九二〇年代被迫默許蘇丹的傑濟拉運河工程，如今他們不可能再對烏干達讓步，霍爾心想，尤其是因為工程地點距離埃及邊界如此遙遠，所以當埃及政府沒有提出多少修改，只要求水壩能多顧及埃及的利益，就突然接受了烏干達的建設計畫時，讓恩德培當局倍感驚訝。開羅提出要求，希望允許埃及派遣四名技術人員到水壩興建地點，讓他們能隨時確保水力發電廠不會從河裡抽取超過即將簽訂的大壩協議中所允諾的水量。這要求遭到烏干達反對，對於埃及在烏干達長期派駐行政人員一事，倫敦也不願意開先例，因為埃及先前曾暗示，在十九世紀的最後數十年裡，該地區一直被埃及控制，他們可能會藉此對烏干達提出領土要求。英國擔心在英埃關係變得特別緊張時，這種行政橋頭堡可能會被當成宣傳反英的基地。然而，倫敦還是克服了這些外交障礙，水壩終於可以開工了。

一九四九年五月十九日，外交部長歐內斯特．貝文（Ernest Bevin）在下議院宣布，英國與埃及就水壩問題達成共識，對此埃及民族主義者立即提出抗議，他們主張，整個歐文瀑布協議的文件與討論均屬無效，因為它是基於一九二九年的協議，並且是由英國這個歐洲國家對非洲所做的決定，無論是國際法還是關心自國利益的埃及都無法接受。五月二十五日的《埃及公報》（*The Egyptian Gazette*）援引強烈批評歐文瀑布協議的媒體《信使》（*Al Balagh*）的報導：「英國人當然會對自家外交部長在下議院宣布兩國達成協議後鼓掌，但埃及人的感覺是：上帝幫幫我們吧！」

外交迷宮有時會凸顯出水政治的複雜性，歐文瀑布就是一例。對倫敦而言，水壩應該由誰奠基、該邀請哪些人出席儀式，都是難解的外交難題。若是由愛丁堡公爵主持開幕儀式，水壩就不會被視為一個普通的英埃工程，也將進一步激發埃及的質疑。如果他和埃及法魯克國王都參加，就該由國王奠基。然而這會給人留下「這項工程為埃及所有」的印象，以及倫敦似乎突然接受了埃及控制湖泊地區的老要求，這就等同於在烏干達面前揮紅旗。因此，政府寧願淡化整場儀式的色彩，也不想釋出錯誤的政治訊息。外交部長可能會少了一個出風頭的機會，但最妥當的權宜之計，還是讓烏干達電力公司（Uganda Electricity）管理階層邀請少數「技術人員代表」與會。貝文身為一名政治人物，自然想爭取更高的曝光度。他希望電視能報導這場儀式，再播放幾個關於歐文瀑布工程與尼羅河政策的教育廣播節目。外交部重新評估了整個規劃，並重申原本的結論：沒有必要平添波瀾。

當水壩終於在一九五四年啟用時，政治局勢有了變化。納瑟與自由軍官組織在埃及奪權，英埃關係變得比以往任何時候都糟。由年邁的首相溫斯頓·邱吉爾領導的新英國政府，如今可以讓年輕的伊麗莎白女王前往烏干達主持水壩的啟用儀式。邱吉爾在殖民地大臣任內提議在烏干達建造幾座水壩的五十年後，他終於能為烏干達歐文瀑布的第一座水壩舉行啟用典禮，同時向埃及那些叛逆的反英軍官們展現倫敦在上游的影響力。

一九五四年一月二十三日星期六，水壩開始發電。從烏干達的角度來看，自己的國家如獲新生。由於埃及的用水需求，他們不僅從埃及獲得了近一百萬英鎊的電力損失補償，而且這項工程還將維多利亞湖變成全球最大的水庫。在加斯汀爵士發表他的尼羅河願景近五十年後，誠如一位非洲記者所說，這就是「烏干達的起點」。六十年後的今天，這國家在約韋里·穆塞維尼總統（Yoweri Museveni）的領導下持續發展。

英國首相化身「水戰士」

一九五六年夏天，就在岳父溫斯頓．邱吉爾坐鎮唐寧街十號拼命尋找方法阻止埃及的納瑟，安東尼．艾登（Anthony Eden）接任了首相一職。埃及軍官與領導人剛剛將蘇伊士運河國有化。七月二十六日，納瑟在亞歷山大港對埃及人民發表的反英演講中，兩次提到雷賽布（Ferdinand Lesseps）的名字，他是十九世紀中葉提出蘇伊士運河提案的歐洲工程師，這就是納瑟信任的士兵們等待密碼：一在演講中聽到雷賽布這個名字，他們就會展開行動。翌日，埃及人從管理運河迄今的英國公司手中奪取了運河管理權。蘇伊士軍事基地面積相當於威爾斯那麼大，在一九五四年仍有約七千名官兵駐守，但到此時已經成為歷史，最後一批英國部隊於一九五六年三月二十四日離開塞得港。到了七月，歐洲的經濟命脈落入納瑟手中，因為這條運河是歐陸所有石油的運輸管道。艾登稱納瑟是阿拉伯的「墨索里尼」，如今已經到了該打敗他的時候了。

納瑟將運河收歸國有，理由是華盛頓和倫敦撤回了資助水壩的承諾，即亞斯文大壩，這是他偉大的尼羅河開發工程。政府曾承諾，這個工程將把埃及改造成非洲的日本，為此埃及需要動用一切手段集資，而任何潛在的收入來源，都不及穿越埃及沙漠、連接地中海與紅海之間的運河收費豐厚。

對此，倫敦、巴黎、特拉維夫全都怒火中燒，華盛頓繼續要求他們克制。正如我們所見，美國在與納瑟的對抗中並不支持倫敦。美國的目標是削弱並降低歐洲殖民體系在當地的影響力，他們認為這些會阻礙美國的經濟機會、減損西方世界的聲譽。讓英國非常惱火的是，不出幾年前，也就是一九五三年，美國國務卿約翰．福斯特．杜勒斯竟然贈與一把手槍給埃及革命領導人之一穆罕默德．納吉布將軍。當時埃及國家領導階層正在鼓吹全國起義對抗英國對運河區的控制，邱吉爾認為，美國此舉形同直接鼓勵埃及的反英運動，但後來才逐漸了解美國在該地區的實際目標，只是為時已晚。一九五六年夏天，沮喪的艾登一直在等著邱吉爾離開唐寧街十號，此時他能做什麼呢？

作為戰爭以外的最後一個替代選項，他開始思考：是否可能將尼羅河當作武器；是否有可能將烏干達的尼羅河段改道，迫使納瑟投降？他秘密下令調查烏干達的水利系統，要求駐烏干達的英國水利專家探討「用尼羅河來攻擊埃及」的可能性。這能迫使納瑟屈服嗎？即使以前沒這麼做過，不過英國人推測，或許這項武器現在可以成為一把槍——瞄準獨立的埃及的腦門。地緣政治理念清晰而簡單：重心就是將山繆爾・貝克在一八八四年所提出的建議付諸實踐，也就是執行盧吉男爵在一八九二年構思的替代方案。一九五六年，他們的想法暴力且直接：沒有尼羅河水，就沒有納瑟。背後的邏輯是：納瑟從英國手上偷走了運河。現在我們要把尼羅河從他手上搶回來。

但有可能嗎？到一九五六年九月下旬，倫敦貿易局（Board of Trade）發表了「埃及作物與用水需求相關說明」（Note on Egyptian Crops and water requirements）。這則說明否定了烏干達殖民政府的水利專家霍斯提出的簡化方案，說它是：

「很難預測哪些作物會受到白尼羅河水減少的影響，因為埃及人可能會比往常更早就從亞斯文水庫放水，以彌補賈巴爾・奧里亞大壩（Jebel Aulia Dam）的不足。然後，關鍵時期將被推遲到六月或七月，而藍尼羅河何時洪泛將是一個重要因素——它開始的時間每年都明顯不同。」[50]

十月九日，殖民地辦公室針對這計畫的利弊進行辯論。他們得出的結論是，情況並不是簡單地打開、關上尼羅河的水龍頭。減少歐文瀑布的水流量要到幾個月後才會對埃及產生顯著影響，因為河水從烏干達流到埃及需要很長的時間，除了距離，沼澤的水情以及藍尼羅河在喀土穆的天然壅水作用也是一個原因。到了十月底，外交部發布了一份新聲明：「限制歐文瀑布排放對蘇丹與埃及的影響。」（The Effect on the Sudan and Egypt of Restriction of the Discharge at Owen Falls）

艾登最終否決了這個計畫，因為它可能會危及英國與蘇丹的盟友關係。蘇丹與英國合作的精英依賴白尼羅河沿岸的灌溉農業獲利，因此他們將首先受到水流量減少的衝擊。此外，從準備、運用這項武器到真正出現效果的時間間隔實在太長。同時，對一個曾為歐洲殖民的國家使用如此殘暴的武器，會使英國遭到全世界的嚴厲批評。

一九五六年十月三十一日黃昏時分，法國與英國軍機開始轟炸蘇伊士的埃及軍陣地，以色列則攻擊了西奈半島。

一九五六年秋，英國做出的尼羅河政策是基於幾個錯誤的假設。他們忽略了尼羅河水情的重要特性，高估了把尼羅河這個武器當作地緣政治工具的潛力。他們低估了其他尼羅河國家對尼羅河水的需求，忽略了尼羅河通往埃及的途中會流經這些國家，這也是必須考慮的政治因素。他們沒有充分掌握英國在各尼羅河國家發展出來的政治與行政環境，對於在經濟上與政治上該如何利用並開發這條河存在矛盾，因為每個人都是從自己派駐地的角度思考這些問題。事實證明，在一九五六年夏秋兩季，水政治的實情要比艾登與他的許多同僚所期望及相信的複雜得多，但他們也意識到，尼羅河不可能那麼容易受制於人類的狂妄自大。

就在同年，即使埃及將蘇伊士運河國有化，蘇丹還是獲得了獨立。英屬尼羅河帝國的根基動搖，上游國家烏干達對倫敦的全球戰略也不再那麼重要。變革的風席捲非洲，烏干達也在一九六三年宣布獨立。殖民主義制度徹底崩潰，儘管英國的尼羅河政策所留下的遺產，直到第三個千禧初仍深深影響著烏干達的發展政策。這條河也在其他許多領域、其他許多國家的內政政策上扮演著重要角色，而且往往以相當怪異的方式——正如我們即將看到的，在烏干達。

伊迪·阿敏為尼羅河上飽食的鱷魚鼓掌

導演巴貝特·舒瑞德（Barbet Schroeder）在一九七四年知名紀錄片《阿敏將軍自畫像》（*General Idi Amin Dada: A Self-Portrait*）的DVD版中有一段加長片段，發生在默奇森瀑布下游不遠處的一艘尼羅河船上。畫面上可以看到河馬、大象和鱷魚——其中阿敏總統似乎對鱷魚特別感興趣。他面帶微笑地拍著手，催促牠們移動。導演在標準收藏DVD的訪談中提到，阿敏用他處決的反對者餵飽這些鱷魚（這段採訪沒有被收錄在紀錄片裡，阿敏拍手的影像同樣沒被剪入片中）。阿敏的內閣秘書、後來當上部長的亨利·克耶姆巴（Henry Kyemba），他在流亡時寫道，大量的屍體真的是一個大問題，因此，屍體一卡車一卡車地被倒進尼羅河的三個地點：歐文瀑布的金賈（Jinja）、布賈加利（Bujagali）以及河馬公園。他寫道，原本打算用來餵食鱷魚，但後來發現鱷魚太少沒辦法把屍體吃完。克耶姆巴還提到漂浮在歐文瀑布水力發電廠旁的屍體。有一回他經過金賈的大壩，看到「水上漂著六具鼓脹且腐爛得令人作嘔的屍體」。[51]儘管指派了一艘船負責從大壩中打撈並運走屍體，但附近工業公司的工人告訴他，幾乎每天都能在湖上看到數十具屍體。[52]

在阿敏執政時期，烏干達經濟普遍疲軟，在尼羅河的控制上也沒有任何新的重大舉措。阿敏只是把這條河當作垃圾場，不僅利用這裡處理掉他的敵人，據報導還包括身體殘疾的人。他因喜歡營造與民同歡的形象而臭名昭著。有一天他開車到坎帕拉的一個停車場，走進附近的一家精品店，與店裡的人玩起了傳統桌遊曼卡拉棋（ajua）。許多人聚集圍觀，其中包括坎帕拉有名的殘疾人士旺德拉．馬士奇尼（Wandera Maskini）。他走向棋盤，盯著阿敏開始訓斥他：「每家商店都無貨可賣，因為你驅逐了亞洲人。」接著又說：「狗娘養的。想殺我就殺吧。」[53]阿敏一句話也沒說，過一會兒就走了。當晚烏干達廣播電台宣布，任何失明、失聰、缺手或感到虛弱需要政府援助的人，都要到附近的警察局申報。第二天早上，成千上萬的殘疾人士被軍用卡車載到金賈扔進河裡，試著抓住東西求生的人就遭到槍殺。影片中阿敏的拍手可能有兩個用意：這位獨裁者試圖喚醒在水邊打瞌睡或在樹蔭下休息的猛獸的同時，也在向他的劊子手們鼓掌致意。

舒瑞德導演的構思充滿獨創性，他原本打算拍攝的是一個主角透過電影描述自己的「自畫像」。這部紀錄片反映出阿敏統治烏干達的情況：他將亞洲人驅逐出境（還驅逐了五百名以色列人），這些人擁有境內約八〇％的商店，導致全國陷入經濟混亂，並引發嚴重的通貨膨脹，就連購買最基本的糧食也變得困難重重。影片中雖沒有記錄，但也提及大規模屠殺以及數百人的失蹤，並以簡短的軍方處決畫面強調了這一點。然而，阿敏沒有把自己塑造成一個典型的獨裁者，或是一個擁有暴虐傾向、權力薰心的人，反而給人一種快活鄉下人的印象。他講述自己的過去，在一支非洲樂隊的伴奏下跳舞。阿敏聲稱自己和以色列領導人摩西．戴揚與果爾達．梅爾是好友，但又質疑以色列計畫在尼羅河裡下毒以製造大混亂。

另一部更有名的電影，二〇〇六年的《最後的蘇格蘭王》（*The Last King of Scotland*），也自稱是一部以阿敏總統為主軸的電影，儘管這部電影在很大程度上被宣傳成一部驚悚片，講述一個受蠱惑的白人志工身陷於這位獨裁者所設下的天羅地網中。電影裡出現了尼羅河的場景，但這條河在片中就如同非洲本身，都不過是影片中這個蘇格蘭理想主義者受挫故事的背景。

導演凱文·麥克唐納（Kevin MacDonald）的目標是拍攝一部關於阿敏的「寫實電影」，因為麥克唐納認為他是歷史上除了納爾遜·曼德拉之外最著名的非洲人。因此，他野心勃勃地宣布要填補某種空白：這部電影將呈現阿敏的真實面貌，並藉此解釋外界對他的關注。

然而，這部電影的矛盾之一，是敘事的中心並不是阿敏，蘇格蘭志工才是真正的主軸：主角尼古拉斯·加里根醫師（Nicholas Garrigan）來到烏干達一家鄉村醫院濟世救人，後來成為阿敏的私人醫生兼最親密的顧問。他——非洲的「好撒馬利亞人」或幫助者，是這部片的情感焦點；醫生代表著希望、善意與良知，影片傳達出一個具代表性和經典的援助時期的思想人物。這部電影拍出了這個時代的世界觀與自我想像，在新的脈絡下揭露他們的性格。這部導演宣稱以阿敏為主軸的電影《最後的蘇格蘭王》，間接揭露了援助系統以自我為中心的世界觀，而這就是它的基本原型，否則我們如何理解為什麼一部自稱以阿敏為主軸的電影，故事核心要有幫助者或恩人才能描寫烏干達？

導演強調自己拍攝這部電影的目的，並不是要拍一部新版的《黑暗之心》（也就是類似於約瑟夫·康拉德這部小說的敘事）。他想避免把非洲大陸描寫成受害者的刻板印象。然而，他的電影雖沒有重複這些過時的陳腔濫調，卻將故事嵌入了一個發生在援助關係之外的歷史事件，強化了當代最強大的陳腔濫調。年輕的尼古拉斯醫師沒有因循早期的英雄路線，與傳統的歐洲冒險家不同，他並不想在這個「狂野」的大陸上尋找刺激，但試著當一個現代的英雄——一個在「黑暗大陸」上尋找「意義」的好撒馬利亞人。這部電影以援助志工當主角，與阿敏的政策做對比，反而讓問題加倍。

我們所知道的阿敏是一個精於算計、爭權奪利並實施獨裁統治的軍人。很多人都熟悉阿敏吃人肉且迷信巫術的故事，而且和其他任何的人相比，他更被許多非洲人視為非洲最糟糕的象徵，所以這部電影將阿敏描繪成一個相對古怪、幽默的角色，讓人很不舒服——沒錯，他被包裝成一個帶有精神病傾向的幼稚人物。演員佛瑞斯．惠特克（Forest Whitaker）對這個角色的詮釋讓阿敏看起來幾乎像個父親，好像他可以成為「我們」之中的一員。如果片中故事納入更多有活力且獨特的烏干達人角色，這部電影視角的局限性可能會被更清楚地展現出來。

女人和河水是刀槍不入的戰士

一九八六年五月，一位年約三十的婦女坐在王佐克（Wang Jok），意為「惡魔之眼」，是阿喬利語對默奇森瀑布的稱呼。由於尼羅河從這裡的懸崖邊緣噴湧而出，筆直且凶猛，咆哮聲震耳欲聾，使得此處與其他許多類似的水域一樣，成為當地舉行魔法儀式的場所。一九八六年，這裡成為非洲近代最奇怪的意識形態軍事運動之一的發源地，發起人就是這位婦女。

若不知道她的事蹟，大概會以為這位名叫愛麗絲．奧瑪（Alice Auma）的無子婦女坐在這裡自言自語，因為她的嘴顯然在動。但愛麗絲幾乎無法說話，也幾無聽覺。她的父親帶她去看了當地好幾位治療師，沒有任何一個能治愈她。取而代之的是當地神靈拉奎納（Lakwena）上了她的身，並透過她說話。

這位神靈命令她前往尼羅河瀑布，引領她來到了王佐克。她在這裡坐了四十天，並不是在與自己交談，而是在與河神交談。

據傳神靈拉奎納曾在帕拉國家公園與動物們開庭，討論烏干達當時的叛軍領導人約韋里．穆塞維尼的部隊與奧凱洛（Okello）兄弟的軍隊之間正在進行的戰爭。這對兄弟與愛麗絲同屬阿喬利族，曾於一九八五至一九八六年於坎帕拉短暫掌權。[54]

奎納曾對動物們說：「動物們，上帝派我來問你們是否該為烏干達的流血事件負責。」這些動物否認這個指責。水牛展示自己腿上的傷，河馬展示自己手臂上的傷。拉奎納接著對瀑布說：「水，我來問你這世間的罪惡與流血衝突。」[55]水回答：「兩條腿的人殺了自己的兄弟，把屍體扔進了水裡。」拉奎納問水對罪人做了什麼，水說：「我與罪人作戰，因為流血衝突的罪魁禍首是他們。去與罪人作戰，因為他們把自己的兄弟扔進水裡。」

愛麗絲短暫返回村莊後，神靈拉奎納將她帶到了基拉克山（Mount Kilak），這座山以巨響聲歡迎她的到來。神靈對山說：「上帝派我去查明世間為什麼會有盜竊。」山回答：「我哪裡也沒去過，也沒有偷過任何人的孩子。但是人們來這裡找我，說出我應該要（透過施法）去殺死的人的名字。有人則向我求（施魔法用的）藥。……我想給你能治病的水。但是你必須與罪人戰鬥。」

一九八六年八月，拉奎納命令愛麗絲停止擔任當地治療師的工作，因為在戰爭肆虐之下持續這種工作是沒意義的。她從此時開始了聖靈運動（Holy Spirit Movement），成為對抗邪惡的前鋒，以結束這場血腥屠殺。愛麗絲把這項任務視為諸神賜予的禮物，立志奪回首都坎帕拉。如此一來，阿喬利族就可以脫離在蘆維洛三角地區（Luwero Triangle）的暴力，建立一座人間天堂。

聖靈運動與旗下士兵認為，軍事失敗是道德敗壞的結果，不是敵人的優勢力量所造成。因此，他們的反叛不僅被視為道德上的反叛，也被視為大自然對現狀的反叛。大自然站在他們這邊，只要他們好好善待它。除了士兵之外，他們還擁有一萬四千個神靈、蜜蜂、蛇、石頭與河流的支援。水對戰士們意義重大，在他們成為戰士必經的淨化過程中，不僅不可缺少水，水也可以保護他們不受子彈傷害。畢竟，神靈已經宣布：「水能沖走任何事物！」而且「沒有什麼比水更偉大」，因為「上帝在造萬物前先創造了水」，水就是上帝的「長子」。[56]

愛麗絲在軍事失敗、道德淪喪、文化瓦解的時代鼓舞了阿喬利人，這個族群的宗教傳統也給她的願景賦予了信仰地位，讓這位沒受過教育、毫無軍事經驗的女人迅速動員成千上萬名士兵。她在沒有任何現代武器的情況下帶領他們進入戰爭，堅信只要有棍棒、石頭與尼羅河水，他們就能所向無敵。

第一場攻勢在烏干達北部的利拉（Lira）附近，距離尼羅河緩緩流經的淺水湖基奧加湖不遠處發動。聖靈運動的士兵們手持棍棒與裝滿石頭的袋子——唱著歌、潑著水、渾身塗抹芝麻油——就這樣踏進了戰場。令人驚訝的是，他們給政府軍造成了嚴重損失，儘管愛麗絲的承諾並沒有兌現：他們的石頭沒有像手榴彈一樣爆炸，身軀也沒能擋住敵人的子彈。

但後來愛麗絲的軍隊損失日益慘重，開始有人指控她是女巫，被惡魔附身，是毀滅性的邪靈。聖靈運動還沒抵達坎帕拉就遭遇了最後一場戰敗，愛麗絲逃到肯亞一座難民營，她宣稱神靈拉奎納拋棄了她，接著就從烏干達的歷史上消失。

這位在「惡魔之眼」王佐克求神諭的女人已成過去，但尼羅河水蘊含神力的觀念，在這一帶流域其實有著更悠久的歷史。

聖水的故事

愛麗絲．奧瑪對聖水的信仰，是非洲悠久且普遍的水崇拜傳統的一部分，在許多尼羅河國家也相當常見。二十世紀初，在坦噶尼喀對德國人發起的馬及馬及叛亂（Maji Maji Rebellion），是瓜分非洲時期最著名的抗歐起義之一——馬及馬及的意思就是「水水」。起義軍以長矛和箭矢的劣質武器，無畏地向德國駐軍發動攻擊，顯然完全相信有這種特殊的水加持，自己就能所向無敵。他們額頭上戴著小米梗花圈，朝全副武裝的德國士兵進軍，遭到大量射殺。一九〇五年十月二十一日，德軍開始反擊，起義軍被迫倉皇撤退，許多人高喊：「這馬及只不過是一個謊言！」雖然德軍取得了壓倒性勝利，但這次起義仍被視為東非地區第一場組織相對完善且全面的反歐殖民起義，迫使德國調整治理當地的政策，以避免類似叛亂再度發生。

水的魔力信仰在馬及馬及叛亂後依然存在。第一次世界大戰在歐洲爆發時，又有一位水先知在烏干達出現。他的名字叫倫貝（Rembe），自稱能賦予烏干達北部阿喬利族的鄰居盧格巴拉族（Lugbara）神聖的力量。只要飲用盧格巴拉地區尼羅河流域的泉水，就能獲得特殊的神力，而當地也有一條人頭蛇身、可以提供神諭的蛇。倫貝向追隨者承諾，喝下這種「雅坎水」（Yakan water）就不必懼怕英國占領軍的步槍。這類水神話的信仰者相信，水的魔力可以影響敵人的武器，讓子彈化成水。英國人知道是這種說法促成了叛亂，於是在一九一七年逮捕了倫貝並將他處決。儘管如此，這種雅坎信仰或神水信仰依然存在於這個「長年相信在夜裡把嫌犯綁在灌木叢中的樹上，等著看他們是否會被鬣狗吃掉來判定其有罪或無罪」的地區。

第一次世界大戰結束後，烏干達北部再次爆發同樣因神水信仰及保護魔力而起的暴動。一九一九年的雅坎叛亂導致十數名警察死亡，促使殖民地當局又一次採取果斷行動：他們把暴動的領袖送進監獄，其中幾位死在獄中後，這種信仰就此消失。

在過去數世紀裡，水信仰一再興起，常造成重大的政治與軍事後果。隨著當地教育水準日漸提升，一神論宗教日益普及，以水信仰為核心的宗教政治運動中，愛麗絲．奧瑪可能是最後一個代表人物，然而這種迷信的陰影依然揮之不去。

尼羅河的巫師與聖靈抵抗軍

一九九〇年代末，在阿喬利蘭較大的城市之一古盧（Gulu），每晚都能看到從鄰近村莊湧來的孩子，他們排隊的長龍向市中心蜿蜒而去。孩子們正準備上床睡覺——在學校裡、醫院裡或人行道上睡。他們必須在這些地方才能找到安全的保護，免於遭到聖靈抵抗軍（Lord's Resistance Army，LRA）隨機綁架。

聖靈抵抗軍不久前襲擊了附近的學校，並綁架兒童與少女。我曾在這些戲劇性事件發生前幾年造訪古盧，寄宿在這座城市最好的酒店之一，油漆斑駁的臥室牆壁上到處都是蟑螂，晚餐吃的不是羊肉、米飯就是絲蘭。彈孔與被炸得面目全非的屋宇，見證了一九七〇年代馬迪斯族與阿喬利族兩造宿敵之間讓數萬人喪生的殘酷衝突。當時約瑟夫．科尼（Joseph Kony）尚未踏上這片數十年來一直被視為烏干達具象徵的血腥戰場。

愛麗絲．奧瑪戰敗亡命後，約瑟夫．科尼在一九八七年接掌了聖靈運動，將它重新包裝成聖靈抵抗軍。在阿喬利語中，科尼為「幫助」之意。約瑟夫．科尼宣稱自己的計畫不僅為阿喬利人，也為全烏干達推翻在一九八六年入主坎帕拉的穆塞維尼政權，建立一個以十誡及自由為基礎的社會。

從許多烏干達的報導可以明確看出：科尼將展開當代最殘酷的軍事運動之一。孩子們被綁架，成為執行長官命令的殺人機器。這些聖靈抵抗軍的娃娃兵冒著生命危險襲擊村莊，割下百姓的嘴唇、耳朵、手、腳或乳房，據說有時還會逼受害者家屬吃下親人被割下的身體部位。他們為了懲罰向烏干達當局通風報信的人，會在線民的嘴唇上鑽孔並上鎖。有些受害者被活活燒死，或以開山刀及棍棒活活打死。但約瑟夫．科尼聲稱，自己不過是遵循聖靈的命令行事。

為什麼會出現這場運動？它在尼羅河流域的權力鬥爭中扮演了什麼樣的角色？了解這場運動的歷史背景與運作脈絡，並不是為了替科尼找藉口開脫、或將他倡導的價值觀相對化。二〇一二年春，美國一個名為「隱形兒童」（Invisible children）的組織製作了一部關於科尼的二十八分鐘紀錄片《科尼二〇一二》（*Kony 2012*）[57]，出人意料地成為YouTube有史以來最轟動的影片之一，在短短數週內吸引了全球數百萬人觀看。這清楚表明我們面對的同時也是一種媒體現象，必須以這個脈絡檢視聖靈抵抗軍的歷史與形象。

當聖靈抵抗軍拿起武器對抗穆塞維尼時，這是該國在政治文化上長期以來的正常現象：在首都坎帕拉的爭奪戰中，戰敗的一方往往會組織游擊隊繼續抵抗。科尼集團的實力反映出當時阿喬利族缺乏其他領導者，而他們這場運動的宗教理念與說辭之所以有效，是因為它顯然解決了沒有具體解決方案的政治困境。如同伊斯蘭恐怖組織，聖靈抵抗軍成功地讓追隨者習於行使極端暴力。雖然他們原本帶有解放者的色彩，但靠綁架兒童當娃娃兵，讓這場叛亂陷入了一連串的矛盾：由內部逐漸削弱運動本身，尤其削弱與外界的關係。

英國記者馬修·格林（Matthew Green）的《尼羅河的巫師》（*The Wizard of the Nile*），是關於科尼為數不多的著作之一。這本書的封面上是一個軍閥與一把AK-47的圖像。事實上，正如肯亞作家賓亞凡加·懷奈納（Binyavanga Wainain）在二〇〇五年的著名文章「如何寫非洲」（How to Write about Africa）[58]中建議的，如果你想寫非洲大陸，那麼鐵則就是：「封面圖像絕對不要放一個心智正常的人。」而是該放：「AK-47，突出的肋骨，裸露的乳房——就用這些。」這種封面的書在西方會大賣，因為符合大眾的刻板印象。《尼羅河的巫師》遵循了這兩項建議，就書的內容而言，軍閥與AK-47的圖像不僅說明了一切，而且的確很切題。格林這本書的有趣之處在於，它不僅做出對科尼的分析，還將這場運動定位成一場更大的政治力與影響力的博弈。他點出蘇丹的伊斯蘭政權資助科尼的抵抗軍，以支援喀土穆在蘇丹南部與蘇丹人民解放軍（Sudan People's Liberation Army，SPLA）所進行的戰爭。雖然沒有消息來源可供證實，不過根據多數報導，這場結盟讓宣稱以實踐十誡為宗旨的聖靈抵抗軍在作戰時高喊「真主至大」（Allahu akbar）。坎帕拉政權想讓這場仗繼續打下去，並將科尼描繪成喀土穆伊斯蘭政權的瘋子傀儡。只要聲稱這場瘋狂的殺戮戰爭是科尼向穆塞維尼及烏干達政府挑起的，坎帕拉就能獲得建軍所需的西方援助。

格林這本書同時是徹底傳統的，因為它是約瑟夫·康拉德關於非洲的小說《黑暗之心》的眾多託寓著作之一。格林以「走進非洲大陸最蠻荒的角落之一」形容自己這趟旅程，他深入蠻荒、遠離文明，目標是找到並採訪科尼這個黑人版的庫茲（Kurtz，康拉德小說中的核心人物）。然而，格林的書缺乏實踐這個理念所需要的怪誕。在等待科尼期間，格林以白人在非洲經常會做的事消磨時間：他拜訪了一位巫醫，與一位冒著生命危險傳教的天主教神父聊天，並結識了幾位渴望異性情緣的女性志工。《尼羅河的巫師》又是一本為非非洲人、或對非洲及烏干達僅有膚淺認識的讀者所寫的書，遵循報導文學傳統：以局外人或西方觀察者為中心，並自認肩負新聞使命。但這本書值得一讀，因為他以自嘲的筆調撰寫情節。格林這本書的高潮——與科尼的會面，其寫作方式說明了一切。他以反高潮的筆調描寫這場會面：這是一場在叢林裡舉辦的記者會，因為到那裡並不難，所以還有其他數十名記者在場，而科尼這個象徵專制、原始、野蠻的人物，看起來和任何穿西裝的中年男子沒有兩樣。

二〇〇八年四月，聖靈抵抗軍與坎帕拉政府的和平談判宣告破裂，因為科尼不僅沒有現身簽署協議，還要求海牙國際刑事法院（International Criminal Court，ICC）撤回在二〇〇五年對科尼、他的副手以及其他三名叛軍指揮官所發布的逮捕令。科尼選擇與麾下士兵逃往剛果與伊圖里雨林（Ituri Forest）——亨利．史丹利在一八七〇年代造訪時，曾形容這裡是非洲最糟糕的地方。

約瑟夫．科尼與他的部隊並沒有如二〇一二年那部知名的YouTube影片所說，被外界給遺忘了。相反的，科尼被喬治．布希設定為非洲軍事行動的最後一個重要目標。據新聞報導，科尼也是美國成立的非洲司令部（Africa Command，AFRICOM）第一場軍事行動的目標。這場「暴雷行動」（Operation Lightning Thunder）由烏干達、剛果及南蘇丹部隊負責執行，華盛頓提供軍事援助。二〇〇八年十一月，布希總統在白宮的最後一天，還授權為剛果東北部對聖靈抵抗軍展開的協同攻擊提供經濟與後勤支援。美國非洲司令部提供了一個由十七名顧問與分析師組成的團隊、情報、衛星電話與一百萬美元的燃料。這場行動的主旨是：摧毀聖靈抵抗軍的主要指揮中心並消滅約瑟夫．科尼。然而，儘管軍事行動持續了三個月，烏干達部隊甚至越界進入剛果領土，他們還是沒抓到科尼。某烏干達媒體諷刺地報導：他們逮到了炊具、武器及食物，但就是沒逮到科尼。這結果讓越來越多人支持這樣的說法：其實根本沒人真正想逮捕科尼，而是得留下他這個隱身叢林的「危險敵人」來滿足大國利益。美國在歐巴馬執政後，對科尼的戰爭依然持續。二

○一一年底，美國與烏干達建立了軍事合作，派出新的美軍部隊追捕科尼。二○一二年初夏，證實有一百名美國官兵在當地蒐集情資，並為四個參與「追捕科尼」的國家部隊提供建議，[59]外交委員會主席約翰．凱瑞（John Kerry）做出承諾，俘虜科尼者將可獲得五百萬美元的賞金，但依然沒有人抓到他。二○一七年，美國宣布結束耗時六年、花費八億美元的科尼追捕行動。美國非洲司令部司令湯瑪士．D．瓦德豪瑟將軍給出的官方說法是，聖靈抵抗軍對美國或西方在該地區的利益已不再構成威脅。[60]

局外人幾乎不可能知道，在過去數十年來當地究竟發生了哪些事。任何在烏干達、蘇丹與剛果之間的邊界地區尋找有價值的資源，並想方設法擊敗競爭對手的大小企業，都希望全世界將這個地區視為危險、野蠻且充滿變數。美國尤其長年以科尼充當活藉口，以軍事介入這塊物產豐富的寶地，沒有任何人質疑他們在當地做了什麼。未經證實的當地謠言聲稱，美國人與當地合作者封鎖了大片地區，禁止外人進入。可以肯定的是，美國的軍事科技完全仰賴當地蘊藏的金屬，歐巴馬登上總統寶座前，他在擔任國會議員期間，曾力促一項涉及非洲該地區資源的法案通過。若以這種觀點檢視二○一二年那部造成轟動的YouTube影片，會發現它製造並強化了一種新謠言：必須留下科尼這個非洲的「野蠻前哨」，才能以「為正義而戰」的名義來打擊這個綁架兒童的瘋狂軍閥，以此為藉口開採剛果與烏干達接壤地區的稀有金屬。

與此同時，海牙國際法院開始審判，但被告不是科尼，而是多米尼克．翁格文（Dominic Ongwen），據稱他曾擔任聖靈抵抗軍西尼亞旅（Sinia Brigade）指揮官，本身是娃娃兵，被當時叛軍領導階層洗腦。審判於二○一六年十二月六日開庭，他被指控涉及七十項戰爭罪及反人類罪，內容包括襲擊平民、謀殺與謀殺未遂、強姦、性奴役、強迫婚姻、酷刑、奴役、侮辱人格、強徵十五歲以下兒童積極參加軍事衝突、掠奪、破壞財產及迫害。翁格文否認所有指控，在檢方提供了一百一十六名證人證詞與六十九名辯方證詞後，審判預計於二〇二〇年結束。而公眾討論的大部分內容，都是關於當地魔法信仰的角色，以及受審的是否是這些神靈。

儘管如此，由於科尼已經躲到「剛果民主共和國某處」，尼羅河流域終於享受到半世紀以來首度的和平。

新發現——尼羅河裡的石油！

在烏干達境內的尼羅河流域西部地區，後來被發現資源極為豐富。在貝克夫婦走下斜坡奔向湖邊約一百五十年後，另一位英國人湯尼·白金漢（Tony Buckingham）將自己寫進了烏干達與阿伯特湖的發現史。白金漢是一家在尼羅河湖泊發現巨大儲油層的公司的幕後人物。阿伯特湖以阿伯特親王之名來命名，他住在與湯尼·白金漢相同姓氏的倫敦白金漢宮，這是一個歷史巧合，但一位英國人在以英國親王命名的湖裡發現石油，可就不是巧合了。

白金漢是帝國解體後繼續在非洲進行非正當生意的眾多英國人之一。這類人通常是南非或羅德西亞（自一九八〇年起改稱辛巴威）的居民，利用殖民時期或帝國剛瓦解時建立的網絡做生意。白金漢長期以來一直是南非公司執行結果（Executive Outcomes，EO）的核心人物之一，這家公司在一九九〇年代提供傭兵給蹂躪非洲的許多小型戰爭而備受爭議。西方媒體幾乎無一例外地將這些戰爭淡化為區域性的種族糾紛，並對軍火商及他們的利益團體所扮演的角色視而不見。白金漢還是桑德林國際安全服務（Sandline International）的主要人物之一，這家公司曾在幾內亞政權要鎮壓叛亂時提供他們傭兵、培訓及武器。一架滿載傭兵與武器的飛機正準備飛往幾內亞時，在辛巴威首都機場被攔截，他們的活動因此引發舉世關注。白金漢一些昔日的夥伴，包括柴契爾夫人（Margaret Thatcher）的兒子，承認策畫在赤道幾內亞發動政變，之後被判處四年徒刑及五十萬美元罰款。事後白金漢與他的石油鑽井公司努力撇清，表示自一九九八年春以來就沒有再與傭兵業界有過任何接觸。

然而，《觀察家報》（*The Observer*）在一九九七年指出，執行結果（EO）在軍火買賣及傭兵仲介之外還有更大的目標，支援戰爭不過是為了製造煙幕，隱藏他們的真正目的：「執行結果的傭兵不只是受僱於人的殺手，同時也是現代企業瓜分非洲礦藏的前鋒。」[61]這些礦藏包括石油、黃金與鑽石。如果這真是該公司的策略，那麼執行起來可謂天衣無縫：白金漢的企業可以年復一年地鑽探石油，無須擔心在衝突與戰爭頻仍的地區遇襲。他不僅是在剛果、烏干達與盧安達之間遊走，還能穿梭於烏干達北部及剛果東部的政府與游擊隊之間。趁全世界都在關注烏干達北部的戰爭與暴行時，白金漢與他的團隊悄悄將重型鑽油台、勘探設備、地質學家與工人送往阿伯特湖探勘石油。早在英國統治時期，包括一九二七年地質學家韋蘭（Wayland, E J）的報告在內的多份報告就證實了，在阿伯特湖與裂谷（Rift Valley）可能蘊藏石油，但從那時起一直都沒有人做過探勘，也沒有人讀過呈交給殖民政府的報告。最後白金漢果真在報告中提及的地點找到了自己亟欲發現的東西。

烏干達陰謀論盛行，因為許多人根本不相信官方說法，戰爭常被認為是由外來勢力的利益團體與投資方進行，目的是掩飾鑽石、黃金與當地其他貴金屬的開採，以及尋找石油資源。當然，這類戰爭的發生總不乏內部因素，但尼羅河流域許多地區的動盪背後，往往有顧及自己利益的國家政府與國外私人勢力撐腰，這一點是無庸置疑的。

白金漢在遺產石油公司（Heritage Oil）的投資利潤極為豐厚，據稱他與合夥人在這家公司投資了一・三五至一・五億美元。二〇一〇年，白金漢將自己的一半股份售予幾家全球最大的石油公司後，就賺了八千四百萬美元。[62] 二〇一六年，外洩的巴拿馬文件（Panama Papers）指出，他的公司曾「緊急將公司註冊從一個避稅天堂轉移到另一個避稅天堂」[63]，以規避向烏干達繳納數億英鎊的稅款。二〇一八年，合資夥伴道達爾（Total）、中國海洋石油（China National Offshore Oil Corporation）與圖洛石油（Tullow Oil plc）重新考慮最終投資決策，再次將烏干達的首次石油開採推遲到二〇二二年。在計畫開採的日期從二〇一三、二〇一五／一六、二〇一八年一路延到二〇二〇年的這段期間，迄今為止發現的儲油量已從六十五億桶降到六十億桶，已發現的油田有二十一座，但還沒有一座開始產油。這也對煉油廠與原油管道的相關投資決策造成影響。

這家公司發現的石油對烏干達的經濟有重大意義。烏干達統計局預測，未來每天將能生產十萬至十五萬桶石油，甚至有「儲油多到足以將當地整個淹沒」的樂觀說法，而勘採業者全都集中在尼羅河湖泊地區，因此，它們的經濟與政治角色不僅將發生變化，也會變得更加複雜。越來越多的國際參與者將躍上舞台，競相爭取尼羅河儲油的利益。俄羅斯、中國、義大利，以及南非一家由雅各布・祖馬（Jacob Zuma，前南非總統）的侄子執掌的石油公司都已經加入，如果當地局勢能更加平穩，西方大型公司也會相繼投入。石油將強化烏干達的經濟發展，該國總統一再表示，將以這收入生產更多水電。對於邊界完全處於尼羅河流域內的烏干達來說，這將推動尼羅河與各支流進一步的開發與控制。

中非內陸湖

只要搭乘飛機飛越維多利亞湖的旅客，都有數小時能俯瞰流經蘇丹與埃及無垠沙漠的藍色帶狀河流，接著降落在恩德培機場，他們會被這座內陸湖的碩大無朋所震撼。湖中有幾座島嶼散落其間，再加上棕櫚樹，拍打湖岸的浪花及沙灘上的平房，儼然一幅熱帶度假勝地美景。

由於當地幾無造成汙染的工業，空氣呼吸起來感覺無比純淨。湖上日落的美也有獨到之處——色彩斑斕又不乏節制，有如東非那壯麗聞名的晝夜交替變化。不同之處是，此地的日落能同時欣賞到地平線與湖面，前一刻還將湖面照耀得一片明亮，轉瞬間就變得黯然無光。

這座湖泊有許多地方適合進行水上運動。全年從早上到傍晚都有可觀的風力，雖然有時可能因此湖浪洶湧，不過從這角度來看，這座內陸湖其實較接近海洋，但風的強度永遠不會超過蒲福氏風級的六至七級。通常湖面在早上與傍晚最平靜，適合駕馭水上摩托車及風帆。若是從坎帕拉或恩德培搭乘快艇前往湖中島嶼，常會看到自四面八方航向地平線的白帆。從島上棕櫚樹下的躺椅上或從船舶甲板上眺望，這片內陸海的碩大及拍打沙灘的浪花聲，都給人一種恆久甚至「永恆」的強烈感受。

晚近的研究指出，這個看似無盡且永恆的湖泊，可能直到湖水再次湧入的一萬四千年前還是乾涸的。從前的尼羅河源頭不見得就是如今的尼羅河源頭。在史前時期，埃及境內的河段在一年裡的大部分時間都是乾涸的，人類因此無法在當地永居。如今維多利亞湖上游包括卡蓋拉河（Kagera River）在內的許多支流都是向東流入，直到更新世（Pleistocene），數百萬年來卡蓋拉河一直是往西流出今天的尼羅河流域。

維多利亞湖如今被列為全球第二大湖，面積在六萬至六萬八千平方公里之間，相鄰的集水區達十八萬四千平方公里，因此是一座水量與面積相差極大的年輕湖泊。湖非常淺，最大深度僅約八十公尺，平均深度則是約四十公尺。湖岸線長三千五百公里，有無數小而淺的湖灣。就體積而言，這座湖相當不起眼，僅擁有約兩千五百平方公里的水，約占坦噶尼喀湖水量的一五％。

由於湖水很淺，氣候變化已經、並將繼續對其造成直接影響。湖的尺寸減小意味著沉澱減少，沉澱減少又再度導致尺寸減小。如果流入與流出之間、蒸發與降水之間的平衡被徹底打破，湖泊本身將發生大幅變化，對湖泊的就地利用同樣會產生重大影響，顯然還會影響水分配與開發的協議，因為尼羅河的水流也會隨之改變。

二〇〇七年，整個東非都敲起了警鐘：維多利亞湖的水位比正常值低了三公尺。是什麼導致這個變化？人類？天氣？自然波動？各種指控蜂擁而至。有人指責烏干達政府抽取太多湖水來發電，大家為此爭論不休；也有人說：「我不是說過了？這座新水壩會破壞湖泊。」還有一些人歸咎於西方、全球暖化與氣候變遷，有些人則聲稱這不過是湖泊的自然波動。這些驗證了一個無可辯駁的水文及歷史事實：英國人在一九一三年的湖泊測量所測得的水位，就低於二〇〇〇年代初的水位。[64]

「你還記得《格列佛遊記》裡的拉普塔嗎？」二〇一一年，當我和烏干達研究人員在討論尼羅河水流的歷史變化時，他這樣問我。在對拉普塔（Laputa）的描述中，喬納森．斯威夫特（Jonathan Swift）取笑那些一直走個不停、擔心並堅信世界正在往下掉、一切都將崩潰的人。拉普塔人是永遠的末日先知，為太陽有一天將不再曬暖地球構思出所有可能的理論。每天早上，他們都懷著世界可能毀滅的焦慮互相打招呼。「一談到尼羅河與五大湖，就永遠不缺像拉普塔這樣的人。」研究人員繼續說道。儘管如此，當我們喝完茶並把杯子放在湖邊沙灘的桌上時，還是達成了一個共識：我們無法確定當前的恐懼是否和斯威夫特諷刺的世界末日預言家一樣毫無根據。

這正是尼羅河的雅努斯之臉（Janus face，意指有兩種相反的面孔）。氣候變遷對大河流域的影響並不容易預測，因為造成變化的機制是非常複雜的。尼羅河流域沒有時間跨度夠長的水文與氣象數據，也沒有足夠精準的模型能準確呈現它的多樣性。

二〇〇七年後的幾年裡，湖面又逐漸上升，如今已經接近一九〇〇年以來的平均水位。數年後的二〇一九年所公布的測量結果顯示，水位已高於正常水平。維多利亞湖流域在三至六月的季節性降雨量，超過了正常的長期平均值。烏干達的主要湖泊——維多利亞湖、基奧加湖與阿伯特湖、愛德華湖——水位都因降雨量增加而上升，降雨模式歸因於東非降雨帶的持續存在。無庸置疑的是，未來湖水水位仍會因諸多原因發生變化，只要尼羅河流域還有人居住，對湖泊水情的研究、分析與討論就會持續進行下去，而且各種變化都將因政治理由被解釋與被利用。然而，生活在流域國家的近五億人口，他們無法等待科學結果來作為行動基礎，尤其是無論如何，這些事都會引發爭議。因此在規劃尼羅河的使用方式時，必須把最戲劇化的情境都納入考量。出於這個原因，大自然永恆的水文變化，強化了這條河長期以來對社會發展與宏觀政治的重要性。

達爾文的池塘、進化的教導與大規模滅絕

尼羅河流域以大型貓科動物、成群的牛羚、在大草原上漫遊的斑馬與長頸鹿聞名，但該地區最豐富的野生動物生態系統卻是在水裡，就在距離穆特薩一世的羚羊遊蕩及吃草之處不遠的維多利亞湖裡。

白色快艇緩緩滑過坎帕拉城外的默奇森灣。我正與來自馬凱雷雷大學（Universities of Makerere）與卑爾根大學（Universitetet i Bergen）的研究人員一起尋找慈鯛。慈鯛是體型嬌小、稱不上漂亮的魚種，本身一點都不起眼，但令人驚訝的是，有四百多種慈鯛科魚種源自此處，全都是從這座湖裡的五條不同祖先進化而來。這個生態系之所以讓演化生態學家如此著迷，是因為專家們認為，這種物種多樣性發生在極短的時間內，也許只有一萬四千年。維多利亞湖雖然年輕，還是成功地成為全球物種最豐富的湖泊之一。出於這個原因，這座湖被譽為達爾文的池塘（Darwin's Pond）。

在二十世紀末的短短數十年裡，發生了戲劇性的變化。曾經晶瑩剔透的湖水變成渾濁的臭水，部分湖水有一段時間幾乎被藻類與水葫蘆給淹沒。在駭人聽聞的饑荒及暴動如此普遍的非洲，維多利亞湖的「死」對數以千萬計的沿岸居民而言是一場大災難。報告顯示，這座湖的生態健康正受到人口快速增長、湖岸自然植被的清除、蓬勃發展的魚類出口業、藻類的大量滋生，以及沿海地區傾倒未處理廢棄物的負面影響。雨水還將區域內農地上的農藥沖入尼羅河的許多支流裡，進而流入湖中。

更戲劇性的是，直到一九七〇年代後期，該湖的生物體組成仍相對穩定，但一九八〇年的一項調查顯示，情況發生了逆轉：慈鯛的數量急劇下降，如今僅占湖中魚類總重量的一％，而尼羅河鱸魚則占八〇％。慈鯛魚種的數量已銳減至兩百種，有人認為罪魁禍首就是尼羅河鱸魚。波士頓大學的一位首席研究員表示，半數慈鯛魚種的消失，是史上已知規模最大的脊椎動物滅絕潮。

尼羅河鱸魚成了這個故事裡的大反派（雖然也有人認為汙染是更重要的原因），並把困境歸咎於將鱸魚放入湖中的一位英國殖民官員，他在一九五〇年代偷偷把魚放進烏干達境內的湖裡。根據這種說法，從那時起，這種魚便逐步占據了整座湖，到一九八〇年代初期，在坦尚尼亞、肯亞及烏干達的數量已經相當驚人。由於沒有現成的食物來源，尼羅河鱸魚開始大吃其他比自己小的魚類，維多利亞湖裡數百種特有的魚種就此消失。

然而，還有另一種說法：尼羅河鱸魚的引進是經濟冒險的開始。大型漁船一噸又一噸地把這種廣受市場歡迎的魚從湖裡撈走，賣給外資加工廠。牠們在加工廠裡被快速清洗、切片、包裝、冷凍，隨即運往奈洛比的高價位餐館，以及中東與歐洲的熟食鋪。尼羅河鱸魚成為一株搖錢樹：魚皮用來製作皮帶和錢包，膀胱成為英國酒廠的濾材，到了亞洲則變成湯品佳餚。為了因應日益增長的外銷需求，商業捕魚船隊取代了當地漁民，每年出口的鱸魚約達二十萬噸。到了二〇〇〇年代初，魚品的銷量已經超越咖啡和棉花，成為該國最重要的高利潤出口產品。

批評者強調，雖然魚品出口為湖岸地區帶來經濟收益，但並沒有讓當地致富。魚雖然被視為一種優質的在地蛋白質來源，但這種魚如今變得太昂貴，已非當地人所能負擔。此外，利潤豐厚的捕魚業導致尼羅河鱸魚被過度開發。漁民人數在短短五年內增加了一倍，魚體的平均尺寸也急劇縮小。糧農組織估計在一九九八年至二〇〇八年間，尼羅河鱸魚的數量已經減少八〇%。與此同時，共享這座湖的三個國家，幾年來的保護政策產生了正面效果，慈鯛的數量開始增加。如今看來，長年被研究人員判定已在大滅絕潮中絕種的魚種從未消失，而且由於尼羅河鱸魚的數量減少，新的生態棲位（ecological niche）再度出現。

斯皮克渡假村、穆塞維尼、尼羅河

斯皮克渡假村坐落在距離坎帕拉市中心不遠的維多利亞湖畔（可以眺望戶外餐廳旁公園裡的棕櫚樹之

間的湖泊），是穆塞維尼總統為了二〇〇〇年代初的英聯邦首腦會議（Commonwealth Summit）所打造的超大型會議中心。他以度假村所在地的地名命名為曼尼尤（Munyonyo），但大家通常稱這裡為斯皮克，是利用對探險家的記憶來吸引歐洲遊客前來渡假的眾多例子之一。如弓形彎曲的登記台正上方是一座畫廊，正中央有一座穆塞維尼頭戴個人標誌的寬邊帽的雕像。這座雕像巨大且吸睛，與他當初抨擊烏干達獨立後第一任總統奧博特（Milton Obote）的「個人崇拜」言論自相矛盾。

穆塞維尼在烏干達是一個有爭議的領導人，主要是由於種族差異與明顯的社會不平等，在尼羅河國家這是政治人物無法避免的宿命。然而，從尼羅河的角度來看，最有趣的並不是穆塞維尼處理種族關係的方式、不同國王及其種族追隨者的影響或多黨制。顯然，穆塞維尼因專制、獨裁及偏袒自己族裔而廣受批評，但這一切並非沒有原因：他長年把軍方的最高職位留給自己族裔同胞，也就是烏干達西南部的安科勒族（Ankole）。穆塞維尼推動議會修憲，將他的總統任期延長到超出原本憲法所容許的範圍。與此同時，除了北部與聖靈抵抗軍及剛果仍有戰事，在他治下的烏干達整體上相對和平，經濟蓬勃發展，中產階級大幅增加，亞洲人紛紛回歸，並導入多黨制。他自一九八六年憑一場短暫的游擊戰掌權以來，一直以「將烏干達打造成尼羅河強國」的方式治理國家，在外交舞台則主要以水壩為籌碼。

從更長的時間跨度來看，以尼羅河以及人類與它的關係為核心，穆塞維尼政權可說是在烏干達與尼羅河系進行了一場定義國家現代史的革命。根據穆塞維尼的說法，在國家經歷多場戰爭後，舉國將搭上這波重建潮大幅發展，河流也將被馴服。

我於二〇一〇年參加非洲水資源會議期間，穆塞維尼總統曾來到斯皮克渡假村發表水資源與尼羅河的長篇演講。他提到尼羅河的長度，提到它對區域內所有國家的意義，提到保護流域不受侵蝕與其他破壞的重要性，尤其是一九二九年的協議已經成為歷史。他認為烏干達可以藉由天然降雨自給自足的思維不利於發展，並說從電力普及的角度來看，非洲的確還是個「黑暗大陸」，儘管坐擁巨大的水力發電潛力。

幾年前，我與備受景仰且長年擔任水利部長的瑪麗亞．穆塔甘巴（Maria Mutagamba）開過一場很長的會議。一如其他政府官員，她也堅信烏干達必須激發出一場自己的工業革命，而這在很大程度上必須仰賴尼羅河的力量。此外，穆塞維尼曾與其他幾位部長討論烏干達對人工灌溉的需求。該國有些地區經常受乾旱侵襲，例如北部的卡拉莫瓊（Karamanjong），其他許多地方則在旱季嚴重缺水。穆塞維尼頻繁地重提將尼羅河水引向卡拉莫瓊的計畫，儘管埃及人已經否決了這項計畫，因為他們認為這會浪費尼羅河系的水。

根據中央政府的消息來源，穆塞維尼曾私下表示烏干達必須增加人口，以因應尼羅河水的爭端與埃及爆發的戰爭。當烏干達政府在二〇一一年購入新的戰鬥機時，許多政黨派系都認為他們必須做好準備，以在埃及發動攻擊時保護自國在尼羅河的利益。這類消息的可靠度難以確定，而且「尼羅河之戰」也可能被當成是「與尼羅河無關的擴軍」所施放的煙幕彈。即使放出這種劍拔弩張的好戰言論，烏干達政府仍強調他們希望與所有流域國家——尤其是埃及，攜手合作。如同烏干達水利部長告訴我的：「這條河如此流動是上帝的旨意。烏干達人必須改變心態，承認並理解埃及對這條河的依賴。」[65]我們沒有理由懷疑這個心願的真偽。烏干達政府知道這類合作將幫助自己獲得國際金融援助，同時也明白埃及的技術專長可以帶來的好處。

但根據二〇一〇年的報導，埃及農業部長告訴媒體，埃及向烏干達政府租用了大片土地，這消息引起了烏干達的恐慌。不久之後，我在斯皮克渡假村見到埃及大使時，詢問他對此事的看法。他堅稱兩國並沒有做過這項協議，不過從長遠來看，這種投資在未來的確可能成真。如此一來，將可進一步優化河流開發，雖然同時也會使尼羅河爭端變得更加複雜。如果這種投資成真，富有的埃及人將從烏干達對尼羅河水的使用中獲利，但也會導致埃及偏鄉數百萬貧農可用的水量變少。

工業革命降臨烏干達

二〇〇七年八月十九日，在維多利亞湖以北的布賈加利瀑布，傳統的布索加（Busoga）巫醫努夫度（Nfuudu），他把一根以樹皮包裹的長矛插進水流強勁的瀑布中。這是一個泛靈宗教儀式的高潮，目的是將瀑布的神靈移駕到烏干達政府提供給當地居民的另一塊居住地。這位神靈自古以來就居住在此處，如今需要一個新家，因為政府將在這裡建造一座兩百五十兆瓦的發電站。稍過片刻，努夫杜從瀑布中抽回長矛，帶著神靈前往新居處，並宣布轉移成功。這一儀式代表當地居民對水壩的反對已成過去，政府表示他們終於識時務地接受了現代化要求他們所做的改變。

布賈加利瀑布距離尼羅河流出維多利亞湖的出水口有十公里。從歷史上看，該地區一直是烏干達第二大族群布索加族的祭祀中心，占全國人口的七%至八%。因此，化石周圍的區域長期以來都是一個神聖的地方，只要在那裡舉行正確的儀式，布賈加利神靈就會保護整個布索加族。基於這種現代化之前的效益評估，傳統領導人長年來總是反對對布賈加利瀑布的地貌做任何改變，部分族人因此持續抵抗水壩的興建。這族群也和其他許多第三世界國家的地區一樣，成為國際非政府組織反對大型水壩興建的重要盟友。

布賈加利瀑布是東非最重要的泛舟勝地，成千上萬來自世界各地的泛舟愛好者在水花四濺的急流中奮力衝刺，尤其是在水量驚人的河水湧入較小的急流處。此處的美相當獨特，每秒約有一百萬升的水從急流中流過，周圍環繞著極其肥沃的土地，河岸與河流中的島嶼披滿銅綠色的熱帶植被，還有無與倫比的鳥類生態。我站在這裡，知道這地方很快就會成為歷史，泛舟者也意識到自己會是最後一批征服這些急流的人。

二〇〇七年八月二十一日，就是在布索加巫醫重新安置水神的數日後，這對烏干達與尼羅河是一個歷史性的日子。就在這一天，約韋里．穆塞維尼與伊斯瑪儀派穆斯林領袖阿迦汗四世（Aga Khan）為布賈加利大壩奠基，這座發電廠由世界銀行共同出資，目標是要藉由這座大壩與其他規劃中的發電站終結頻繁的停電，穩定供電好讓工業能有效運作，並改善百姓家戶的生活。該發電站裝備五台渦輪機，每台能產生五十兆瓦的電力。大壩高五十二公尺，地下深度三十公尺。參與施工的兩千多名烏干達工人悉數配備工地安全帽、工作靴、反光背心及繩索等安全裝備，因此施工期間幾乎沒有任何事故發生。

二〇一一年四月一日星期五，是尼羅河歷史上的另一個分水嶺。這一天，工程師們開始將水從河流的天然河床引開，因為必須先把尼羅河水排乾，工廠才能完工。到了五月中旬，這裡的河床在一萬五千年來首次變乾。大壩建成後，水又被引回了天然河床。自此工程師們永遠改變了尼羅河。

二〇一二年，大壩終於正式啟用。許多人認為建造得太少，也建造得太晚。二〇一二年冬，坎帕拉發生了持續性罷工與示威遊行。工廠因缺電被迫停工，民眾不敢在晚上冒險外出購物，因為黑暗導致盜賊橫行。店家車子在街上被割破輪胎。若布賈加利被開發利用，它可以生產兩百五十兆瓦的電力。然而，政府估計十年內國家的每日需求將達到一千三百五十兆瓦。

尼羅河將使烏干達電氣化，電氣化將使整個國家現代化。政府正在計畫幾項規模更大的工程，其中包括可產生六百五十兆瓦電力、將成為烏干達有史以來最重要投資的卡魯瑪水壩（Karuma Dam），以及溫斯頓．邱吉爾在一九〇〇年代初在默奇森瀑布上構思烏干達未來時所預想的水壩。

這些尼羅河的大型計畫，讓烏干達開始發揮成為東非「強國」的天然潛力，以及表現出尼羅河流域中部重要政策執行者的政治潛力。

全球最大蟲潮與尼羅河時間

維多利亞湖的布拉哥島（Bulago Island）距離大陸約一小時船程。我站在島的頂端，看著太陽沉入這片內陸海。在那裡，就在那裡，它們從水中升起巨大、翻騰的圓柱——彷彿在抗議；在那裡，在我的左邊，在我的背後，在我的頭頂，甚至在我嘴裡——如果我忘了自己的處境，並屈服於與寄宿平房的主人交談的誘惑。她騎著摩托車載我來到島上這個的瞭望點。

維多利亞湖是全球最大蟲潮的家園，數以百萬計的蟲體群聚成巨大圓柱在水面上飛舞。牠們能淹沒湖面，也能遮蔽太陽。牠們以垂直隊形橫向移動，彷彿一群士兵踩在彼此頭上行軍，沒有節奏，但自有一種跳舞般的曼妙。牠們多到怎麼也趕不走，但牠們是無害的，並不會咬人。

成蟲動作如此狂熱是很自然的。牠們只能活一天，雌蟲在產卵後死亡，雄蟲也在交配後逐漸消失，新生的蜉蝣則在這片從社會歷史角度來看幾近永恆的湖中孵化。然而，從進化歷史的角度來看，一萬四千年不過是眨眼之間，若從地質時期的角度來看，或許可被比擬為蜉蝣一天的生命之於人類一生的時間。時間的算法林林總總，歷史敘事應該意識到這點，尤其在記錄尼羅河的社會角色時。尼羅河的時間顯然與蜉蝣的時間不同，當然也與人類的時間不同。

法國歷史學家費爾南・布勞岱爾（Fernand Braudel）對一般時間以及他所界定的三種不同時間的看法，對人們極具影響力。這三種時間是：「長時間」（the long timespan）、「態勢的時間」（cyclical time）與「事件的時間」（episodic time）。這劃分很有用，但是對尼羅河這種實際存在的物理實體，作為歷史的一部分，使得我們也必須調整對歷史時間的定義。

社會發展可以在幾乎沒有變化的歷史背景下得到有用的解釋，而這種歷史在數千年中以有規律的週期重複。尼羅河流域不同地區的各水系都具有相對穩定的特徵。雨季有時不會造成災難性後果，有時河水溢出河岸會造成致命的結果，但降雨在多元且時間跨度長的氣候裡，依然在明顯的範圍內變化。雖然尼羅河的大小與方向確實有過變化，但作為一個物理實體，它在過去五千年裡的變化相對細微。總之，這條河本身的特性及降雨模式，徹底影響了社會的發展方式，讓各種類型的經濟活動得以發展甚至茁壯，並讓可以適應這種特性的社會組織得以倖存。但這種看法不代表尼羅河的特性或某種水生態必然能促進特定經濟、國家制度或政府形式，也不代表加強控制必然意味著減少對河流自然波動的依賴。就長時間來看，降雨與這條河的特性，對於社會選擇的範圍一直都有決定性的影響。

這種特殊的地理決定論與時間跨度極長的歷史分析有關，與孟德斯鳩及亞里斯多德的地理決定論形式完全無關——他們認為氣候及自然與心態之間存在著直接關聯。在此我並不是要提倡某種以自然條件來解釋一切的歷史理論或發展理論，如果我證明尼羅河確實起到了這種形成性作用，並不等於認同建立了一種具全面性、邏輯性的因果結構，並從廣義上將之轉化成有必要條件與充足條件的科學論述。我在此所指的決定論與生態學家喬治・伊夫林・哈欽森（George Evelyn Hutchinson）那具有廣泛影響力的論點無關，他主張生態關係應該被詮釋和分析為「受因果相互作用所支配或控制」的系統。從長期檢視可以更清楚看到：尼羅河系統的變化與尼羅河社會的各種發展，兩者之間的深刻脈絡。

然而，人們也可以關注另一種歷史時間，正如布勞岱爾所說的「慢節奏、……群體及群體形成」的歷史。[66]從這種時間角度來看，重要的是要了解氣候、河道與水流變化（暫時性與系統性皆然）的重要性，以掌握水生態與社會後果，並聚焦於治水相關的重要新技術。新的水資源控制形式以革命性的方式爆發並持續爆發，為社會發展和政府之間的關係建立框架。埃及的納瑟湖、衣索比亞的復興大壩、以及坦尚尼亞境內的維多利亞湖抽水工程，都是改變尼羅河開發的框架的例子。這種變化可以用各種解釋模型來詮釋。然而，「社會需求」的一般假設與「適應過程」的廣泛理論都有一種傾向：忽視個人所扮演的角色，以及人類重新定義社會發展可能性的能力，是與他們所處的地理環境有關。

革命性的水資源開發計畫或技術性的水資源控制革新正在持續發展。他們的成功受到水資源規劃者對河流物理特性和水文變化的理解所影響。尼羅河這樣的河之所以會制裁人類行為，是因為河水的流動方式幾乎不受任何計畫的約束，唯有「充分考慮河流物理特性」的計畫才可能成功。

在上一個世紀，人類對尼羅河水的控制大幅改變了它的特性。儘管如此，社會與人類仍無法擺脫河流直接造成的影響。正如傳統智慧與傳統演化思維所暗示的，增加控制水的頻率並不會減少人類對水的依賴。「控制」與「依賴」之間的關係很微妙，因為從首次決定治水的時候起，國家對河流的支配越多——無論對河流本身、還是對河流將持續流動的假設——依賴程度也都會越大。

從事件歷史的角度來看也一樣，以水為中心，也就是以水做為詮釋事件的軸心，這可能會很有趣。正如布勞岱爾所說，他在研究西班牙國王菲利普二世於一五五六至一五九八年執政時的當地歷史，就是以地中海作為主人公。在某些地區與特定條件下，河流更適合成為重新建構廣大地區歷史的主角，但重要的一點是——這使本書避開了布勞岱爾做分析時遇到的一些問題——相較於地中海，尼羅河不僅每一年、每一季、甚至每一刻都在不斷變化。因此，它的角色既是結構性的，也是變化性的；既是永久性的，也是暫時性的；既是僵固性的，也是轉移性的。在這個分析中，尼羅河既是「長時間」的因素，同時也是「事件的時間」因素。

尼羅河是一種可以被直接置於人類干預與控制之下的資源。人類不僅改變了這條河的特性與在地功能，還常改變了社會與它的關係。因此，我們不能像歷史與社會科學文獻經常對待自然界那樣，把尼羅河簡化成一個背景，只在序文中被草草帶過：這條河持續流動，帶來生命的水定期湧現，使植物發芽，全年可發電。這些過程都有一個正常的「當下」，它會影響農民的收成，也會影響聘禮與婚姻；它會影響公司供電，也會影響商品生產；它會影響國王的稅收，也會影響統治者的計畫。在反常年或極反常年，河水流動常會失調，這讓政治與生態的長期、中期及短期研究都變得自然且可能。這帶來的事實是，尼羅河沿岸一個地方的設施會直接影響到流域的其他地區，因為它會影響河水流量，或是影響共享資源的人們對它的看法。

我們坐上摩托車，戴上厚厚的太陽眼鏡，即使天色已是一片漆黑，我們依然瞇著眼睛閉著嘴。返回平房途中，在摩托車的燈光下，我們發現自己似乎被這些蟲包圍了，牠們彷彿一堵灰色的牆，矗立在我們與寂靜的黑暗之間。當我在湖上醒來迎接新的一天，在躺椅上舒服地眺望著晨光下熠熠生輝的內陸海之前，牠們都將死去。

〔7〕

內陸海之東

尼羅河源頭地區的火車之旅

從肯亞蒙巴薩（Mombasa）到基蘇木（Kisumu）的火車之旅，自印度洋穿過裂谷到維多利亞湖，這是經典的火車旅行之一。從奈洛比到維多利亞湖，我搭乘的班車是「佛羅倫薩港特快車」（The Port Florence Express），它在二〇一七年被中國協助建造的快速日間標準軌距鐵路所取代。它仍然帶有前殖民的風格與優雅，餐車的桌子上擺有白色餐巾，服務員身穿白襯衫與熨得筆挺的黑褲，禮貌且專注地服侍乘客享用包含在票價內的三道菜晚餐。所有偉大的火車旅行都自有詩意，但這班車尤其強烈，因為幾乎沒有什麼能比得上坐在半空車廂裡聽著輪軌相互傾軋的節奏穿越非洲美景。每隔一段時間，我就會從半開的窗探出身體（若班車允許我都會這麼做），來增加馳騁於異地奇景中的夢幻感。我吸收了暑熱與氣味，聽到了火車疾馳而過的村落傳出的聲音，更清楚地看到了斑馬和羚羊，也許還能看到大象與長頸鹿。我有一股衝動想要喊：「等等！停車！不能將這景象停格嗎？」但火車依然不知疲倦地行進，它的節奏傳遍全身，毫不厭煩地與我融為一體。

司機邀請我到火車頭前方，我可以更清楚看到狹窄的單軌鐵路橫跨空曠的肯亞高地，然後駛下山丘，朝向維多利亞湖前進，有時會穿過造型別緻的高架橋。從這個制高點眺望，就不難理解這條鐵路在一九〇〇年代初開始修建時所遭受的批評：起始站鳥不生蛋，終點站也鳥不生蛋。

即使如此，當我探身窗外，感受著撲上額頭的暑氣，眺望著巨大的大裂谷草原掠過眼前時，我知道自己正在一條創造了一個國家的鐵路上疾馳。當我看著往維多利亞湖蜿蜒而下的小徑時，我也明瞭，對非洲現代史有影響力的描述，強調殖民政策的影響是在二次大戰後才開始，就實際經驗來看肯定是錯誤的。

昏睡病與殖民主義

我的目的地基蘇木（原名佛羅倫薩港），現在是肯亞維多利亞湖沿岸最大的城市，在一九〇〇年代初期時，完全無法吸引外國資本或國內貿易利益。當時這裡幾乎什麼都沒有，也不具備投機者所尋求的資源，沒有金、銀、橡膠或棉花，不過它位在尼羅河的湖泊上，光這一點就決定了它的未來。

當時，一場致命的昏睡病疫情正在整個湖泊區肆虐，沿著尼羅河流域蔓延開來，短短幾年就造成了數十萬人死亡。據報導，一九〇三年僅烏干達就有九萬人因此喪生。一九〇四年九月，倫敦皇家非洲協會估計，該年到當時為止已有四萬人死於疫情。若被采采蠅叮咬，未接受治療就必死無疑，於是英國殖民政府採取了行動。

大家一致認為，這種疾病的死灰復燃是當地水系統的變化所導致。一八九八年至一九〇〇年間，東非發生嚴重乾旱，造成嚴重的作物歉收與饑荒。到了一九〇〇年又下起猛烈暴雨，致使湖邊的灌木植被迅速重生。英國人根據記錄研判，數十萬死亡件數中，僅有數百件發生在湖岸以外地區，因此很快就發現采采蠅是感染源，而湖邊的灌木叢讓牠們得以迅速繁殖。由於蟲體數量太多，而且能透過叮咬在人與人之間散播疾病，致命疫情隨之爆發。

英國人採取了各種措施。他們在基蘇木建造隔離醫院，由於這裡是鐵路的終點站，所以成為一個重要據點。所有感染昏睡病的患者都被強制從湖岸地區轉送到分布各地的隔離營，有些死在營內，有些則被治癒。每個擁有土地的酋長都接到命令，在接下來的六個月裡撤離所有住在湖岸兩公里以內的人。這場移居潮沒有遭遇任何嚴重的抵抗，因為每個家庭都能因此獲得一小筆獎勵金，以及幾年的免稅優惠。

一九〇〇年至一九〇四年間，三十萬湖岸居民中有二十萬人死亡。一九〇五年到一九〇九年的總死亡人數少於兩萬五千人，主要原因是英國採取的遷移政策。進展相當明顯：一九〇五年，八千零三人死亡；一九〇六年，六千五百二十二人；一九〇七年，四千一百七十五人；一九〇八年，三千六百二十二人；一九〇九年，一千七百八十二人。遷移政策反映了當時典型的帝國主義意識形態，這場防疫之戰是倫敦展現殖民地治理能力的機會，無論是向自己還是向質疑派人士，尤其是在英國本土。

與人類發展史上的其他許多戰鬥一樣，與采采蠅的戰爭也不是一勞永逸的。維多利亞湖沿岸為生態現象的獨特變化或恆久，提供了第一手的經驗。一九〇〇年代初，當溫斯頓·邱吉爾造訪烏干達時，采采蠅在當地依然可見，這迫使他不得不（像個養蜂人般）把全身遮蓋得密不透風。今天牠們只是令人不快且惹人厭，我僱來帶我參觀當地的司機煩到開車時還試圖拍死牠們，導致車子失控偏離道路，接著滾了好幾圈。我被唯一的安全帶固定在座位上，聽到同行旅伴在後座撞來撞去。由於他個頭很大，所以撞得很大聲。幸好我們幾乎毫髮無傷，還能使勁推開沉重的車門。爬出車外後，我們得不斷揮舞雙臂以免遭采采蠅叮咬。三個男人在空蕩、寂靜的高速公路上猛揮雙手，無疑是一幅怪異的景象，但還不至於嚇得第一輛駛過的車輛不敢停下來讓我們搭便車。

一條鐵路創造了一個國家

老蒸汽火車緩緩駛入基蘇木車站的景象並沒有什麼大不了，這個車站多年來顯然被「佛羅倫薩港特快車」的負責人視為流量優先等級低，不是一個會讓人聯想到高層政治、歐洲與倫敦金融都會的地方。畢竟，一個國家修建鐵路是件尋常的事，但一條鐵路創造了一個國家就不尋常了。肯亞可能是世界上唯一一個因鐵路——還是一條尼羅河鐵路——而誕生的國家。

背景是這樣的。英國政府早在一八九五年就決定修建一條通往基蘇木的鐵路。反對者稱其為「瘋狂鐵路」。一位激進的國會議員亨利．拉布謝爾（Henry Labouchere）曾如此奚落〔當時的外交大臣是喬治．寇松（George Curzon）〕：

> 有什麼用途，沒有人猜得透，
> 能運送什麼，沒有人說得出，
> 儘管喬治．寇松演講非常出色，
> 這顯然只是一條瘋狂的鐵路。

然而，英國戰略家不被他們認為狹隘且無知的批評所影響。鐵路是帝國總體戰略的關鍵要素，因為它將使英國成為尼羅河的主宰。為了鐵路的鋪設與運營，倫敦外交部成立一個特別委員會，由此可以看出它在政治上的重要性。這條鐵路向所有人表明，倫敦已將尼羅河的源頭視為自己實質上的領土。英國人在破紀錄的短時間內，完成了這條長達九百三十公里、在印度洋與維多利亞湖之間的眾多山丘上起起伏伏的鐵路線。

英國人還與馬賽族（Maasai）談判達成了一項協議。馬賽人是數世紀前從蘇丹南部遷徙而來的尼羅特民族，如今控制著肯亞高地的大片地區，為其他民族所畏懼。他們的精神領袖奧洛馬納（Olomana）答應讓鐵路穿越他們的土地，因此破壞了族人的放牧路線。巧合的是，這件事與馬賽族的末日敘事相呼應。他們的末日神話提及自己的土地將被一條「鐵蛇」切斷。

一九〇一年十二月十九日，鐵軌鋪到了距離蒙巴薩近一百公里的維多利亞湖。終點站以總工程師羅納德．普雷斯頓（Ronald O. Preston）之妻佛蘿倫絲．普雷斯頓（Florence Preston）的名字命名為佛羅倫薩港。普雷斯頓夫人陪同夫婿參加通車典禮，並被賦予了駕駛第一班火車抵達尼羅河大湖最後幾公尺路的殊榮。佛羅倫薩港後來更名為基蘇木，儘管在這百餘年來，從奈洛比到基蘇木的車班依然被稱為「佛羅倫薩港特快車」。

單軌鐵路與終點站的港口都瀰漫著一股往昔的氣息，體驗過在臥鋪上度過兩日一夜的車程後，就不難理解十九世紀初對這條從海平面蜿蜒而上兩千三百公尺的路線，何以會有誇張的讚美：

> 現已大致完工的烏干達鐵路，是一座宏偉的紀念碑，見證了設計與建造這條鐵路的工程師的技能、毅力與精力。鐵路在蒙巴薩從海平面攀升，最大坡度為二%英尺，最高處達海拔八千三百二十英尺，然後再度下降至三千七百七十英尺的維多利亞湖畔。從海岸到湖畔的五百八十四英里路程中極少平地，也極少筆直路段，幾乎都在群山間盤旋蜿蜒，同時，在穿越某些高地時，要不是以通常 1:50 的坡度爬升，就是以同樣斜度降入山谷。[1]

在殖民主義相關著作中，這條鐵路通常被認為是英國從非洲大陸內部抽取原物料的經典例子：他們之所以建造這條鐵路，目的是將棉花運出烏干達。然而，首先是烏干達沒有足夠的棉花來證明這個說法的合理性。其次，從一開始就很明顯——如同邱吉爾在《我的非洲之旅》中提到的——與其將該鐵路當成是「以開採資源為目的」的投資，倒不如說它是一條「政治」鐵路。最後，它的行駛路線凸顯出一個重點：這條鐵路直到一九三一年才蓋到烏干達和坎帕拉。也就是花了三十年才從維多利亞湖的基蘇木延伸到坎帕拉，但從印度洋到湖畔的路段卻在短短數年內就鋪設完畢。因此，它的目標並不是要把烏干達的棉花從大陸運到蘭開夏郡，而是讓維多利亞湖成為帝國的一部分。

肯亞被英國占領並不是因為英國人對這片領土感興趣。的確，當地原物料匱乏，貿易相當有限，在經濟上被形容成一個「死國」，只是一片光禿禿的荒野。英國顯然不乏經濟團體藉由資助政府的計畫來獲利，但占領當地的主要原因，只是因為它位處通往烏干達及維多利亞湖的路上。

這條鐵路的建設也吸引了好萊塢，我認為主要是因為食人獅使然。一九五二年的《非洲歷險記》（*Bwana Devil*）和一九九六年的《暗夜獵殺》（*The Ghost and the Darkness*），這兩部電影的劇情高潮，都是鐵路工人被獅子吃掉的情節。由於軌道鋪設在橫跨察沃河（Tsavo River）的橋上，工人們就住在河岸邊的營地。獅子夜復一夜地來到營地，闖入帳篷把工人一個接一個地抓走，恐慌因此蔓延。電影的重心就是好萊塢永恆痴迷的「人與大自然搏鬥」。獅子在奪走了二十八條人命後遭到射殺，人終究還是戰勝大自然。

尼羅河鐵路之旅，就是「追溯肯亞現代史的軸心」之旅。後來的發展也證明，這條鐵路對該國的發展至關重要。當代肯亞的白人定居者問題與亞洲人問題，都是這條鐵路造成的直接後果。此外，英國曾考慮讓猶太人在這裡復國，也與這條鐵路息息相關。

亞洲人與猶太人的問題

「亞洲人是永遠的『他者』。」曾獲諾貝爾獎的作家席瓦・奈波爾（Shiva Naipaul）在一九七〇年代訪問東非後這樣寫道。[2]他指出了亞洲人在當地社會中的地位，並以他典型的憂鬱風格將此歸因於所謂的「亞洲人的自我形象和世界觀」，以及亞洲人個體與非洲的關係。奈波爾的小說《大河灣》（*A Bend in the River*）描繪了一個陷入脆弱情緒矛盾的亞洲人沙林（Salim）：他既不是歐洲人，也不是非洲人。沙林不能當非洲人或非洲民族主義者，雖然他承認西方在歷史上的意義，但也不能當西方的辯護者。這種在東非成為「局外人」的歷史地位，主要是亞洲移民歷史的結果。亞洲人被引進到一個對他們來說陌生的大陸上，行使西方的技術優勢。

英國人沒有僱用非洲勞工修建鐵路，而是請來已經在印度次大陸累積經驗的印度鐵路工人。一八〇〇年代末，如今仍用於波斯灣與東非之間貿易的傳統阿拉伯帆船（dhows），乘著季風將三萬四千名印度人送到了肯亞。

鐵路竣工後，成千上萬的印度人在當地轉行成為園丁、農民，或開始做起小生意，肯亞從此有了亞洲裔的少數民族。亞洲人與英國統治者之間不斷發生衝突，尤其是為了爭奪在該國議會中的席次。在一場激烈的政治攻防後，一九二九年，印度人獲得了五個席次，白人則掌握了十一個席次。儘管印度人在當地的人數比白人定居者多很多倍，不過印度人仍將此視為一場勝利。非洲人則是連一個席次都沒有，當時在商討國家治理的辯論中，他們從沒被考慮在內。

今天，印度人生活在肯亞各地，有些定居在烏干達，即使曾遭伊迪・阿敏驅逐，依然選擇重返故地，在當地的經濟與技術發展中扮演著重要的角色。

火車緩緩駛向通往維多利亞湖的高原時，我隔著車窗眺望北方並不停地思索：如果這些尼羅河上游流域平原真的變成了猶太人的故鄉，當時的世界史會是什麼樣貌？尼羅河地區會發生哪些事？

一九〇三年八月二十三日，在瑞士的巴塞爾，創立並組織了猶太復國主義運動的領袖西奧多．赫茨爾（Theodor Herzl）大步走上講台，望向來自不同猶太社群的六百名代表。他們的領袖赫茨爾支持英國政府在東非建立猶太民族家園的提議，他的言論有如一道衝擊波撼動了整個集會。這個提議很可能造成整個猶太復國主義運動的分裂。

自一八九五年以來，倫敦一直在苦思，通往尼羅河上游的鐵路如何能產生足夠收入以承擔維護與運營，最好不要動用到英國納稅人的血汗錢。因此，英國人絞盡腦汁，想方設法將肯亞改造成一個可獲利的殖民地，也確保鐵路的運行與維護。政府希望能同時解決兩個問題，作為世界史上最偉大帝國的領導階層，他們的構想當然很遠大。一九〇三年八月，英國政府發表公開聲明：殖民地事務大臣約瑟夫．張伯倫（Joseph Chamberlain）提供東非一塊土地給猶太復國主義領袖赫茨爾，供猶太民族建立家園！

新的猶太人家園將建在肯亞高原上。倫敦提供給赫茨爾和猶太人的土地，是位於埃爾貢山（Mount Elgon）東南方的茂高原地區（Mau Plateau）。南部大致以鐵路為界，西部邊界延伸到接近維多利亞湖。文獻中不時提到，猶太人原本可能在烏干達建立家園，但這是錯誤的。實際提案中的選項是如今肯亞境內的一大片土地，會被誤解成位在烏干達，可能是因為在世紀之交以前，該地區一直是烏干達保護國的一部分。因此，猶太人可以在鐵路線以北沿著白尼羅河支流的肯亞西部定居，但對鐵路或維多利亞湖沿岸並沒有領土權。

該提議在俄羅斯推行殘暴的反猶政策後立刻被提出。一九〇三年，巴塞爾的猶太復國主義大會之所以採納英國的這個提案，是因為赫茨爾建議將肯亞高原作為臨時的安身之地。然而，這個在猶太復國主義歷史文獻中被稱為「烏干達計畫」的提案，由它造成的分裂幾乎摧毀了新生的猶太復國主義運動。最後大會以兩百九十五票對一百七十七票通過表決，隔年派出調查委員會赴尼羅河鐵路周邊地區考察。後來由委員會提出的報告，尤其是當中提到的馬賽人與獅子，成為一九〇五年的次屆猶太復國主義代表大會婉拒倫敦提議的關鍵。在以色列，最活躍的猶太復國主義者，有時會把該國的和平運動貼上「後期烏干達主義者」（Latter-Day Ugandists）的標籤，來表達對願意放棄「應許之地」的同胞的藐視。

即使如此，倘若一九〇三年的猶太復國主義者大會接受了赫茨爾的建議，今天的尼羅河谷會是什麼樣貌？鑑於猶太人有能力讓乾旱的巴勒斯坦沙漠開花，他們顯然會賣力經營維多利亞湖以北地區的農業與灌溉。如今，在埃及仍有傳言說，以色列正策畫在尼羅河水開戰，以削弱阿拉伯世界與埃及。如果當初以色列的「應許之地」成為尼羅河流域的第十二個國家，不僅尼羅河，整個世界史都會變得截然不同。

因此，猶太人並沒有成為英國鐵路困境的解決方案，這迫使倫敦把目光投往他處，答案就是引進白人定居者。

高原上的白人部落

有一塊非常適合白人國家的領土（如今烏干達鐵路已經建成），而且這麼說對任何當地民族都沒有絲毫不公，因為這個國家不是好幾英里內完全無人居住，就是大多數居民是沒有固定家園的流浪獵人，要不就是定居在健全區域以外的地區。[3]

植物學家、作家、殖民主義者兼英國駐烏干達特別專員哈里．約翰斯頓爵士，他在一九〇一年以倫敦談判代表的身分與年僅四歲的布干達國王簽署一項協議後不久，寫下文字介紹瓦辛吉舒高原。瓦辛吉舒是一個馬賽人的名字，因為馬賽人長期居住在當地而如此命名。到了一九〇〇年代初期，他們絕大多數已經被敵對的族群趕走。許多探險家與政府官員很早就發現，肯亞高地氣候涼爽，大片地區沒有非洲人居住，具有提供歐洲人定居的巨大潛力。約翰斯頓等人認為當地對白人定居者來說幾近完美。出於這個原因，對於將猶太人送到那裡的提議，約翰斯頓強烈批評：這個國家應該保留給大英帝國的臣民，而且最好是英國人。畢竟，鐵路不就是靠他們納的稅建設的嗎？

一個殖民主義者如何創造自己的歷史敘事並確保其傳播，對此約翰斯頓是一個有趣的例子。一八九九年，約翰斯頓出版了《外族在非洲的殖民史》（*A History of the Colonization of Africa by Alien Races*），直到一九六〇年代初，這本書被英國治下國家的許多非洲大學視為內容最佳、最具科學價值的非洲史著作。

對於帝國正處於權力巔峰時期的英國殖民政府來說，這件事再簡單明瞭不過。這裡有廣大遼闊的土地，宜人的氣候，而且肯亞本身以及英國建造的鐵路都需要更多收入。只有白人移民才有能力讓土地產生利潤，「所以應該引進移民。」當然，這會影響當地人，但從大局來看，能造福該地區，因此還是決定以大局為重。直到一九二〇年代，歐洲人、印度人與非洲人的種族隔離都被認為是完全可以接受的政策，並在文化、語言、利益、清潔習慣等方面得到了證明。這個政策一再被強調，尤其在教會裡不應被視為歧視，而是一個實際的解決方案，是英國人堅信符合每個人最大利益的組織方式。如今回頭看，算是一個獨善其身且有助於兼善天下的生動例子。

從歷史角度來說，一個不爭的事實是：在英國人到來之前，在非洲主要的傳統生產方式既有框架內，這些地區無法養活大量人口。歐洲人初到時，大片土地也因區域戰爭而無人居住。歐洲人引進牛拉犁增加產能，以掘深井克服長年的問題——水。遷入的白人農民更有能力管理與因應歉收，因為他們擁有長期儲存物資的技術。因此，英國人提出了一個問題：既然世界需要糧食，何不耕種這些遼闊的土地？放任它們閒置實屬荒謬至極——的確，這是一種接近罪惡的怠惰之舉。相對的，英國傳教士與政治激進分子則反對引進白人定居者從事農業生產，他們堅信這個國家屬於非洲人：只要給他們時間，非洲人就能自力治理國家、發展農業。最後，打贏這場拉鋸戰的，是主張當地既是無人區也是白人區的一方。

鐵路建成後，對產生稅收的經濟活動以及白人定居者的需求，使得鐵路經過之地必須劃分成一個獨立的地區，與更大的烏干達保護國分開，原因很簡單：根據一九〇〇年英國與布干達王國簽訂的協議規定，不得將土地租予歐洲移民。為了打開通往這些土地的大門，烏干達保護國境內一路延伸到印度洋的部分，在一九〇二年經大筆一揮，就被更名為東非保護國（East African Protectorate），後來改稱肯亞。如今將土地租給外人，布干達國王也無權再依法抗議。

由於肯亞被倫敦直接且正式吞併，亞洲人在肯亞的土地所有權成了印度熱門的政治話題。肯亞赤裸裸的歧視政策讓印度的民族主義者搭上順風車，譴責這項政策證明了英國人宣稱在國協內「國國平等」根本是謊言。印度民族主義政黨表示，肯亞的政策確立了「危險且令人無法接受的白人統治原則」。

因此，英國的整體尼羅河戰略為歐洲人、亞洲人及非洲人在肯亞的獨特關係奠定基礎。這條鐵路的歷史可以作為一個例子，在研究問題時，運用長時間跨度的比較，會有很多好處。一般來說，從長遠來看，事情往往比讓我們相信的傳統觀點更錯綜複雜。把殖民主義視為「災難」或「吃角子老虎」，與將它視為整體的文明進步，同樣是個錯誤。殖民主義其實是一把兩面刃，這條穿越肯亞土地，並同時縱貫肯亞歷史的鐵路也是如此。

肯亞的種族隔離政策不能單純地解釋成殖民主義特質造成的一般結果：相反地，這是一條非正統鐵路的不尋常後果。白人定居者的地區形成了一個獨特的社會，可能是現代歐洲殖民史上最權貴的社會之一。定居者們形塑了自己的世界。高地上有巨大的麥田、遼闊的綿羊牧場、種植咖啡的農場，期間交織著板球場、馬球場和網球場，以及大型獵物狩獵專用的大片土地，讓這裡的景色充滿時尚氣氛。以肯亞高地白人定居者為主角的小說《遠離非洲》（*Out of Africa*）中，作者凱倫・白烈森（Karen Blixen）寫道：「也許往昔的白人，甚至往昔任何時代的白人，都比工業時代的我們更了解、更同情有色人種。當第一台蒸汽機發明出來後，全世界各種族就開始分道揚鑣，從此我們再也沒能找到彼此」。[4]然而，就連在此的白人定居者，他們的生活也充滿不確定性，後來政府辜負了白烈森，她被迫放棄自己鍾愛的農場。

英國殖民當局把賭注押在「白人」身上，藉此增加鐵路收入，進而確保英國帝國體系的支持與合法性。他們只需要創造經濟活動，以此資助鐵路的運營與維護提供資金，並為此派人前往英格蘭與南非招募定居者。這些人獲得的土地主要位於與鐵路相連的地區。若不了解尼羅河與英國的尼羅河政策，就不可能了解肯亞的歷史，而無法了解的眾多原因之一就是肯亞白人的存在，因此相當令人驚訝的是，尼羅河問題在肯亞自己的歷史敘事中被極度的邊緣化。就連奈洛比會成為首都也是尼羅河政策的結果：這座城市被精準地建在通往尼羅河湖泊的鐵路線正中央。

一個沒有民族的尼羅河國家

「我們肯亞人一直沒學乖。不能每次一碰到問題，就把責任推到殖民時期上。」一位肯亞歷史教授對我這樣說。我們站著望向奈洛比大學的草坪，有群穿著時髦的學生坐在上頭聊天。她提起了瓦辛吉舒高原的埃爾多雷特（Eldoret）凶殺案。二〇〇八年元旦，當地一座教堂遭人縱火，三十名手無寸鐵的人被活活燒死，只因為他們屬於某個族裔。前聯合國秘書長科菲．安南（Kofi Annan）召開談判達成停火協議並恢復和平與秩序之前，共有一千兩百人喪生，近五十萬人逃離家園。

我這位教授朋友有一個正確的觀點：殖民主義長年來為非洲的低度發展、政治腐敗、政治混亂以及種族對立背了太多黑鍋。深具影響力的非洲知識分子所堅持的傳統批判，往往缺乏公正、缺乏反思，徒勞地以歷史解釋當代非洲的問題，這些問題也有可能是由國家與人民自己造成的。

同時，毫無疑問，這個英國在印度洋與尼羅河主要水庫之間創造的國家，無疑是不尋常且人工化的，既缺乏建制基礎，也缺乏歷史基礎。肯亞如今之所以存在，是因為一八九〇年代的英國政策制定者將尼羅河視為一個地緣政治因素，這再次反映了尼羅河的水文特徵，並導致烏干達保護國被分裂。肯亞的建立與發展的經緯，對一般國家形成理論有什麼意義？

歷史與社會科學領域中最具爭議的問題之一，就是國家出現的方式。我在這裡說的「國家」是指一個自治、統一的政治實體，領土內包含許多較小的社群，並擁有一個中央集權的行政機構，還有足夠的權力課稅與收稅、實施法律、組織軍隊等。在尼羅河流域，國家的形成顯然不是自然、普遍的歷史發展的必然產物。數十萬年來，人類一直過著小群體的狩獵採集生活，後來蓋了固定住宅，農業於此出現。直到西元前五千年左右，這些小型聚落開始逐漸融合成更大的政治實體。在尼羅河流域，這種過程在西元前約三千年在埃及開始發生，兩個國家——上埃及與下埃及——為一位法老所統一。在努比亞，類似的發展出現於約四千五百年前，近兩千年前在衣索比亞，四百年前在烏干達，以及我們這個時代的南蘇丹。

要了解尼羅河流域的歷史與現況，就必須了解到，國家可能不是自然而然發展而成，是在極其多元的條件下被人為創造出來的。不妨想想，當英國在一八九〇年獲得其他歐洲國家的認可，將尼羅河納為自己的利益範圍時，這地區是什麼樣貌？埃及絕對是一個已成形的國家，一如既往的強大。蘇丹則是一個在馬赫迪神權統治下的國家，雖然公權力仍無法觸及國內的部分地區。在後來成為烏干達、盧安達和蒲隆地的部分地區都有王國，其中一些地位較強大的王國也因宗教而合法化。在衣索比亞高地，由皇帝與正教會共同治理。除此之外，既沒有民族國家、沒有帝國、也沒有哈里發國（caliphates）。大片地區由氏族和部落統治，沒有任何國家干預。邊界雖然存在，但與歐洲的認知不同。它們是文化性的、語言性的，有時是軍事性的，但並非滴水不漏，完全缺乏西發利亞和約（Peace of Westphalia）後成為歐洲傳統的清晰分界線。源於西發利亞和約的精神與心態的殖民民族國家邏輯，與政治意識形態背景截然不同的非洲傳統與關係相衝突。劃定新的邊界不一定是為了取代原有、較方便的邊界，而是基於外部的邏輯、基於帝國的邏輯。最重要的是帝國的理論基礎，而在肯亞，這種理論基礎——從居住在成立國家的地區人民的角度來看——與人為的、非理性的、外來的、強迫國家建構等有著根本的關聯。

要了解今天的肯亞就必須認知到，當地在一八九〇年以前的歷史中，沒有任何條件可供生活在未來這國家內的人們制定更偉大的民族建構或發展國家建設計畫。從當時的經濟活動、人口規模與自然環境來看，放棄自治統一成國家是不合理的，也沒有任何人有足夠的經濟誘因，或在經濟、軍事上能強大到足以征服其他族群，因此為了爭奪牧場與牲畜所爆發的區域性衝突，一直是當地日常生活的一部分。非洲主義者巴席爾．戴維森（Basil Davidson）描述非洲是一個由強大王國所組成的大陸，過著自治生活的民眾個個都像是、且亟欲成為催生自己國家的助產士：目前的非洲諸國並不是從「一個毫無動靜的過去」中誕生。[5] 戴維森舉埃及、努比亞及衣索比亞等古老國家的形成為例，當然是正確的。然而將這種看法套用在整個尼羅河流域上，就變得不正確，也抹滅了有趣且多元的國家形成過程。

為了說明肯亞的歷史是多麼不尋常，我們可以將它與其他一些廣為流傳的國家誕生理論做比較。肯亞的形成當然不能視為是文化全球化之下必然出現的產物，在現代化的勝利中，產生了一種新的認同政治框架，並在這個基礎上建立了民族國家與民族情感。肯亞也不能（如其他許多地區的民族國家般）被視為早期民族主義動員與衝突的殘留或復興。肯亞這個國家並不是古老前身的遺跡或產物，也不是另一個時代的殘渣，更不是現代化的結果。肯亞這個國家確確實實地存在，它是聯合國的會員國之一，擁有自己的國旗、自己的議會、自己的國家象徵、自己的民族英雄，但這些屬性或邊界的存在並不能被解讀成現代社會遇到全球化時的表現。肯亞這個國家不能被當成是第三種解釋模式的例子——國家是一種常態，這就是說，它們既不是現代或前現代世界的殘餘，也不是在挑戰現代或前現代世界後的有效答案。

劃定現代肯亞國界的目的，是為了英國的戰略利益以及確保對維多利亞湖的控制權。這種國家形成缺乏將各社會納入轄下的根基：它完全由外來勢力所建立，而在外來勢力中握有主導權的少數人，他們來到這裡建立這個國家完全是為了自己的利益。

尼羅河流域的英國殖民地並不是自治實體。總督或地區專員扮演的是執行帝國政策的角色，一切權力都掌握在白廳與殖民地部手上，奈洛比的州長不過是聽命於他們的工具，而地方政府也不過是為執行倫敦總體戰略所設計的機器。然而，這並不意味著中央總是無所不能。例如，邱吉爾曾對二十世紀初英國對孤立族群立威時的過當暴行提出批判。意見也常出現分歧，有時甚至持續許久，例如一九五〇年代鎮壓茅茅起義（Mau Mau Rebellion）引發的爭議。白人定居者以肯亞精英自居，不過他們沒有權力或機會參與尼羅河水的發展計畫，在尼羅河問題上完全沒有任何影響力。關於水的分配與使用，一切決定權都在倫敦手上。

殖民時期的肯亞白人統治者，對於藉由儀式創造秩序與文脈有強烈的需求，並對自己「將這個由外力形成的國家正當化」的能力有一定的理解：關於這類儀式的檔案夾，光是奈洛比的檔案館裡就有五百份。[6]權力正當性的匱乏是許多國家社會的普遍現象，這可能是許多國家有時看起來像戲劇性權力遊戲的舞台的原因之一。當然，儀式往往會重新演繹並重新確認一個社會的價值觀，並將社會組織的形式提升成更吸引人或更有效。由掌權的精英來進行儀式，這有一個基本功用，賦予當權者自己「有能力在這國家行使權力」的自信，而在缺乏立國先決條件的肯亞，尤其需要這一點來做補償。

區分民族與國家並不困難；前者是一種有機體，後者是一種屬地組織。民族國家的現代概念是假設結合了兩者的優點：權力因此懂得負責，社會可以在與權力的抗衡中保護自己。矛盾的是，促成非洲與肯亞民族主義的卻是非洲人與白人以及亞洲人的隔離。英國的國家意識形態相當獨特，它的基礎不是任何形式的民族主義，而是文明價值觀的修辭與種族的隔離。然而，這種建構方式最後在這個國家的原住民族群中形塑出一種「非洲性」，他們透過隔離政策發展出一種共同的社群意識，大家都發現自己與國家當局有著共同的從屬關係。在這種文化氛圍中，肯亞民族主義領袖之一湯姆・姆博亞（Tom Mboya）說的故事貼切地表達出對隔離與歧視的集體觀感。他在《自由與之後》（*Freedom and After*）一書中寫道，在英國仍統治肯亞的多年前，一位歐洲人婦女走進他上班的辦公室，她環顧四周，對大家但其實更是向自己問道：「有人在嗎？」

肯亞人在一九六三年接管了這個國家，並在喬莫・肯雅塔（Jomo Kenyatta）、丹尼爾・阿拉普・莫伊（Daniel arap Moi）、姆瓦伊・吉巴基（Mwai Kibaki）與烏胡魯・肯雅塔（Uhuru Kenyatta）等總統的領導下日漸壯大。當然，批評威權統治、族裔偏愛、精英腐敗等是合理的，但從長遠角度來看，獨立後的領導階層，一直試圖動員剛出現的中產階級精英以及鼓吹未來的展望，藉此來形塑自己所繼承的國家。雖然他們還沒有完全成功地「搶走廚師的飯碗」[7]，但在二〇〇七至二〇〇八年間駭人的衝突與種族暴力，以及衝突結束後通過的新憲法所引發的政治辯論，似乎都產生了幫助建立國家的效果。

然而，在埃爾多雷特教堂的灰燼中，隱藏著一個令人憂心的事實：尼羅河戰略將倫敦的思維引向整個地區的特定方向，除了與河水利用的相關領域外，對社會的其他許多領域也留下深遠影響。這個國家因為剛好位於通往尼羅河源頭的英國鐵路上而成立，如今他們在爭取「使用英國人所征服的湖泊河水」的權利時，進一步意識到自己是個獨立國家，實為歷史上的一大諷刺。

「石河」出身的奧運健將

埃爾多雷特是瓦辛吉舒的首府，位於非洲大陸的中心地帶，距離連接印度洋與維多利亞湖的鐵路不遠。它是鐵路通車後出現的眾多城市之一，在短短幾年裡，就使肯亞的中部地區與全球市場及貿易產生接觸。

埃爾多雷特這個名字來自馬賽語，意思是「石河」——一條流經後來成為城市、最後流入維多利亞湖的河流。這座城市建立於世紀之交後，最初它只是一個名為「六四」的郵局，因為它距離「世界中心」——鐵路，有六十四英里。第一批居民來自南非，其中兩百八十人於一九〇九年抵達蒙巴薩。他們分乘四十二輛載有預製房屋、犁、馬車、牛羊的馬車緩緩向高地前進，在「六四」建立了這座城市。

埃爾多雷特是目前肯亞發展最迅速的城市之一，如今之所以有名，並不是因為它的起源，也不是因為它的規模。埃爾多雷特和肯亞高地是在一九六八年墨西哥奧運會而享譽國際。田徑選手基普．凱諾（**Kip Keino**）集全肯亞的希望於一身，他先是在一萬公尺賽中受挫，接著在五千公尺賽中獲得銀牌，在第三場的一千五百公尺賽中，他對上最被看好且以無情衝刺知名的美國選手吉姆．萊恩。為了在最後一圈擊敗萊恩，肯亞選手採取團隊戰術。凱諾的隊友班．吉喬（**Ben Jipcho**）先以殺氣騰騰的節奏跑完前兩圈，再讓凱諾在距離目標不到八百公尺處猛力超前。由於領先萊恩太多，讓這位美國選手再怎麼猛力衝刺也無力回天。在熱烈的掌聲中，凱諾以破紀錄的三分三四．九秒為肯亞奪得史上第一面奧運一千五百公尺賽金牌。這場勝利為肯亞的長跑熱揭開序幕，長跑健將從此成為該國最耀眼的國際巨星。

凱諾出身於埃爾多雷特，所以這座位處尼羅河上游流域的城市從此成為長跑選手的聖地，吸引跨國公司前來投資培訓設備與訓練營。當然原因很簡單：埃爾多雷特是全球最佳長跑健將的故鄉。人口約三百萬的卡倫金人（**Kalenjin**）占肯亞總人口一〇%，自一九九〇年代初以來，他們在奧運及世界錦標賽中獲得的長跑獎牌，比美國、俄羅斯與歐洲諸國加起來的還多。基普．凱諾、邁克．博伊特（**Mike Boit**）、威爾遜．基普凱特（**Wilson Kipketer**，後來成為丹麥公民）、摩西．塔努伊（**Moses Tanui**）、泰格拉．洛魯佩（**Tegla Loroupe**）、保羅．特加特（**Paul Tergat**）、摩西．基普塔努伊（**Moses Kiptanui**），這些運動員都是當地出身的卡倫金人。

雖然原因眾說紛紜，但當地的氣候應該功不可沒。高達海拔約兩千公尺的地勢有宜人的氣候，這種高度增加了氧氣的攝入量。此外，當地與非洲固有的貧瘠形象可謂南轅北轍，既沒有營養不良的問題，而且幾乎每個孩子都能受教育。凱諾從小幫助家人照顧牲畜，在山地丘陵間恣意奔馳。由於家庭相對貧窮，他自幼負責餵養和清洗家中的牲畜，到了十二歲才開始上學。他每週一與朋友們一起跑十多公里，背著一週分量的食物與牛奶到學校，週五晚間再跑回家裡幫忙照料牲畜。凱諾曾說，大家必須結伴跑，以避免遭到花豹攻擊。

有人把這些長跑健將的成功歸因於特殊基因。在漫長的歲月裡，卡倫金人演化出可以承受長途高速奔跑的體質，因為他們沒有馬、駱駝或汽車，到哪裡都只能靠雙腿，最擅長長跑的基因由此成為優勢被保留了下來。但不管真正原因是什麼，英國人將包括田徑和賽跑等體育文化引入肯亞也是很重要的一點。這意味著該國在降下殖民地旗幟——帶有紅獅的英國藍旗，同時就已經準備組織自己的長跑國家隊。從那時起，幾乎所有賽事都由尼羅河流域上游地區出身的長跑健將獨占鰲頭。

馬賽馬拉

「準備好了嗎?」飛行員轉頭望向我們，面帶微笑地問道。之後，她就沒再多說什麼，開始發動引擎。小型飛機從奈洛比威爾遜機場起飛，飛往馬賽馬拉。我們俯視著廣袤的森林，零落散布的村落，其間的大農場，迷人的雲朵飄過淺棕色與綠色交織的景觀。最後降落在馬賽馬拉國家保護區——位於肯亞南部尼羅河盆地的東部。

從機場驅車前往過夜營地途中，我們看到了長頸鹿、獅子、鬣狗及鴕鳥。這是據傳聽得到草的歌聲、聽得懂蛇的語言、如細細長影般遊走於大草原上的馬賽人的土地。在整個尼羅河系中，幾乎沒有任何民族比他們更具有象徵意義，他們過著符合旅遊刻板印象的生活，肩披紅毯、手持長矛，背著陽光的影子宛如剪影般在平原上徘徊。

數日後，一個日出前的清晨，我和一小群人站在一起，在晨間低溫中瑟瑟發抖，看到數百公尺外有微弱的燈光閃爍，從那頭傳來的聲響越來越大。當東方的天空開始泛紅時，一個黃綠條紋相間的大氣球冒了出來。氣球飛行員邀我上去，並說明如何爬進吊籃彎腰靜坐，隨著氣球起飛。上空幾乎無風，火焰往上朝氣球內部竄，向裡面灌入起飛所需的熱氣，陽光照亮了馬拉平原，只剩遠方山巒仍罩著一層薄霧。赤道上迅速降臨的早晨，立刻讓整座平原沐浴在陽光下。

我們的下方就是馬賽馬拉自然保護區，每年都有數以百萬計的牛羚逐水草來到這裡（由於成功控制了牛瘟，牠們的數量在一九七〇年代後有顯著增加）。大大小小的河流在平原上流淌，其中有溪流也有水坑；對於從南方乾燥的塞倫蓋提（Serengeti）跋涉到此而口渴不堪的動物來說，此處就像一座如夢似幻的黃金城。全球迄今規模最大、最壯觀的動物遷徙就在這裡發生。

氣球降落時，我能聽到長草被吊籃壓彎的聲響。我起身爬出吊籃，喝了一杯香檳，聽著飛行員聊起他對馬拉河水流變化的恐懼，這可能導致牛羚種群崩潰，讓牠們的數量減少到無法恢復的水平。若這真的發生，最悲觀的預測是：將導致數千人失業，當地收入銳減，勢必重創旅遊業。可見馬拉河可能引發的連鎖反應，會導致生態與經濟的雙重災難。

馬拉河源於肯亞高地的納普亞皮沼澤（Napuiyapi Swamp），海拔兩千三百九十二公尺，呈大弧度蜿蜒約三百九十五公里直通維多利亞湖。流經東非大裂谷西側高三千公尺的懸崖峭壁的茂崖（Mau Escarpment），沿途有許多較小的河流匯入，接著穿越遼闊的大草原，以及馬賽人與牲畜居住的廣大牧原。過了馬賽馬拉保護區，這條河就變成了肯亞與坦尚尼亞的邊界，在當地流進了更有名的塞倫蓋提國家公園。馬拉河是馬賽馬拉與塞倫蓋提國家公園的主要命脈。這條河本身沒有水花四濺的激流，雖然看起來不甚起眼，但對當地的生態與經濟至關重要。在旱季河水很淺，但到了雨季流量可能會增加一倍。水量在數年內甚至一年內的變化都很大。在二〇〇〇年代初，有人認為逐年的氣候變遷與森林砍伐也造成了流量的減少。

在肯亞國內的辯論中，這類生態系統的變化通常被歸咎於兩種原因：氣候、上游的土地利用方式。為了開闢大型農場與貧困聚落，有越來越多的植被遭到清除，導致雨水流入河中的速度加快。這不僅造成更多的洪水，也讓坦尚尼亞境內馬拉濕地的大部分地區積水經久不退。若放任這種趨勢持續下去，牛羚不再需要季節性地跋涉到馬賽馬拉，壯觀的動物遷徙也將與肯亞的部分旅遊業一同成為歷史。

總理拉伊拉．歐丁嘉（Raila Odinga）在二〇〇八年當選後，表示對於肯亞的未來而言，拯救茂森林（Mau Forest）這座東非最大的原生山地森林，是比什麼都重要的當務之急。政府頒布更嚴格的法律，除了驅離（即使面對強烈抗議）非法定居當地的貧窮人口，也發起了植樹造林運動。透過專注在植樹造林，政府不僅實施了本地的解決方案，還高調地將自己塑造成一個好典範，表明在全球化時代，新型態的全球運動能為地方政治倡議提供合法性與正當性。植樹造林除了造福當地，也是一種表達社群精神與未來希望的全球性儀式：除了旨在解決生態問題，對成長與生活期望的儀式化，也將藉由提醒或激發共同體驗的想法來產生有用的社群態度。

在全球植樹造林運動中，很少有國家表現得比肯亞出色。這得歸功於宣導以植樹造林對抗衝突的肯亞諾貝爾獎得主旺加里．瑪塔伊（Wangari Maathai）。這場運動也可以解釋為一種「新的政治生態意識在整個流域地區擴散」的徵候。越來越多人將尼羅河系視為比什麼都珍貴的寶藏，也益發了解若不妥善呵護河水、河流、流域、以及在其涵蓋範圍內生長的所有樹木，這寶藏將不復存在。

盧奧人與巴拉克．歐巴馬的驚奇之旅

居住在肯亞維多利亞湖東岸的盧奧人，直到近年都是一個不為外國人所知的民族，不過在二〇〇八年有了變化，至少有一段時間，只因為美國前總統巴拉克．歐巴馬有一半盧奧族血統。

在尼羅河流域內，數千年來持續流動的不僅是水，還有穩定更迭的民族，他們不畏雨林的黑暗與不可穿透性，在河岸等待旱季來臨，好在雨歇水退後涉水渡河，也會為了尋找及爭奪水源、牧場與其他民族發生激烈衝突。大約五百年前，盧奧人來到了維多利亞湖畔。

盧奧人被稱為「尼羅河湖泊區尼羅特人」（River Lake Nilotes），這稱號強調了他們的整個社會是如何與水生態條件交織在一起並受其影響，他們的社會制度與傳統就是在這種條件下發展起來的。這群人來自今天的南蘇丹，推測原本可能居住在梅里德河（Meride）與蘇河（Sue）兩條支流匯入白尼羅河的另一條支流加扎勒河處。盧奧人在語言上與南蘇丹的努爾人與丁卡人、依然靠放牧為生的衣索比亞與蘇丹的阿努克人、以及和他們一樣發展出固定住居的烏干達阿喬利人同源。目前尚不清楚盧奧人為何離開南蘇丹，但根據口述歷史，大約五百年前，一位名叫拉莫吉．阿吉旺（Ramogi Ajwang）的戰士帶領他們進入今天的肯亞。

一八九〇年代初，盧吉男爵以代表不列顛東非公司（British Imperial East Africa Company）的身分來到維多利亞湖東岸時，遇到了這群以農業、漁業及少量放牧為生，不分男女悉數赤身裸體的人。他們沒有任何人上過學，因為沒有學校；沒有任何人住在城市裡，因為沒有城市；沒有任何人穿衣服，因為沒有衣服。有一位英國人寫了一篇關於盧奧人的文章，他是奈洛比—基蘇木鐵路主任工程師約翰・華萊士・普林格（John Wallace Pringle），該文章的筆調與當時歐洲的公眾輿論，尤其是第一批殖民者的家長式征服意識形態一致：

> 他們有著黑人的臉形，嘴大、脣厚、下巴突出。他們不是好戰的種族。他們的長矛桿長、鐵矛尖小又沒繫牢，而且幾乎都又鏽又髒。他們的盾牌形狀難看、製工粗糙。根據規定，他們不攜帶尖頭棍棒以外的任何武器。確定商隊沒有惡意後，他們便赤手空拳、赤身裸體地湧入營地，表現出最友好的態度。……他們有很好的牛、綿羊與山羊，但對增加牲口的數量毫不積極，而這件事對於比他們好戰的鄰居南迪族（Nandi）與倫布瓦族（Lumbwa）來說總是有著巨大的吸引力。[8]

今天，盧奧族是肯亞最大的民族之一，即使他們的發言人長年批評奈洛比政府漠視他們的需求與利益。盧奧人從未像基庫尤人（Kikuyu）般長期與英國人結盟，而且在歷史上一直認為自己被基庫尤人統治。如同非洲大多數民族，他們除了被歐洲及其他外國人類學家廣為研究，近年來族內的人類學家也開始研究自己的民族。傳統文化最明顯的特徵之一，就是該群體與他們的土地以及祖先的關係。盧奧人，尤其是兒童與孕婦，被稱為「食土者」。對此一直有人爭論，他們是否是為了彌補口述歷史中曾為流浪民族的遺憾，以及這種對祖先與土地的依戀是否形塑了他們的保守主義，也就是缺乏改變的意願。總之不論是出於什麼原因，如今走進基蘇木的超市，還是能買到來自不同地方的泥土，而這些泥土是用來吃的。

基米卡依（Kit Mikayi）是一座高約二十公尺的石陣，位於基蘇木以北約二十九公里處，通往歐巴馬老家村落的道路西側。這名字在盧奧語中意為「元配石」。萬物皆有故事是非洲泛靈論或自然宗教中反復出現的主題，傳達出「現在永遠會轉向過去」的反現代觀念。這座石陣的故事如下：很久以前，這裡住著一位名叫恩格索（Ngeso）的老人，他非常喜歡這座石陣。每天早上醒來，他都會到石陣中的一個洞穴裡待一整天，他妻子只好天天送早餐與午餐過去給他。老人對這座石陣是如此迷戀，如此痴狂，有一天，有人問他妻子他怎麼了，她回答說，他回到了第一任妻子米卡伊（Mikayi）身邊。此後這座石陣就被稱為「元配石」。這座石陣與這個故事，也代表著盧奧族一夫多妻的傳統。

長年來，這座石陣一直是盧奧族舉行節慶祭祀的聖地，但很少有慶祝活動如二〇〇八年十一月一日這場盛大，雖然當時並不需要獻祭：慶祝巴拉克・歐巴馬當選總統，被視為全族劃時代的勝利；也是盧奧族文化的主流刻板印象的勝利。

柯基羅村（Nyangoma Kogelo）不再是歐巴馬勝選前那個沉睡的村莊。幾年後，我在當地新建的旅館內一家名叫「白宮」的餐廳裡吃到現烤的辣魚。通往村子的道路剛剛鋪好，電線也以破紀錄的時間架好，因為歐巴馬稱呼為「莎拉奶奶」的祖母莎拉・歐巴馬（Sarah Obama）就住在這裡！

我驅車駛過一條紅土砂道，經過扛著玉米前往市場的婦女，以及身穿校服的返家學童。一路開到盡頭，抵達了小牛四處奔跑、酪梨樹遍布、有一位警察看守著大門深鎖的歐巴馬農場。莎拉奶奶指向院內一角，那是歐巴馬父親的墳墓。上頭的墓誌銘只有短短一句：老巴拉克·侯賽因·歐巴馬（Barack Hussein Obama），一九三六年生，一九八二年卒。

在莎拉·歐巴馬家門外的花園裡，與笑容可掬、為人和善的她聊起肯亞的生活時，我感到歐巴馬家族能從這裡走向華盛頓特區的白宮，從尼羅河流域的邊陲走向世界的中心，實在是一段令人讚嘆的驚奇之旅。無庸置疑的，巴拉克·歐巴馬晚上入睡前腦海必定為其他事務所占據，但如此突然陡峭的上升，是任何社會運作模式的理論都無法解釋的。就這件事而言，諸如階級流動、階級游移、「打破角色期待」或「社會流動」之類的思維，似乎都已成過時的陳腔濫調。巴拉克·歐巴馬的故事讓所有社會與角色的相關概念悉數褪色，因為如果一切都變得可能——這個例子證明了這一點——這些概念的有效性就必須被重新檢視。

巴拉克·歐巴馬本人解釋，這個有如灰姑娘童話的起源是約翰·甘迺迪總統發起的一項外交政策。二○○八年三月，歐巴馬在阿拉巴馬州塞爾瑪（Selma）的一次競選集會上提到：甘迺迪家族決定「我們將展開一項空運行動……。我們要前進非洲，把年輕的非洲人帶到這個國家，頒發獎學金供他們念書，讓他們了解美國是一個多麼美好的國家」。老巴拉克·歐巴馬這位年輕人獲得其中一張門票，來到了這個國家。[9]

然而，這個故事並不完全準確，因為歐巴馬的父親是在甘迺迪的外交方案實施前一年就前往美國，是進入夏威夷大學讀書的八十一名學生之一。儘管如此，甘迺迪家族的私人基金會，的確在一九六○年資助了兩百四十三名留學生飛往美國。參議員約翰·甘迺迪（John F. Kennedy）是主要推手，背後還有哈里·貝拉方提（Harry Belafonte）及薛尼·鮑迪（Sidney Poitier）等人為這項活動爭取支持。肯亞民族主義領袖湯姆·姆博亞（Tom Mboya）也是盧奧人，他為這個倡議進行了遊說。日後公開的中央情報局文件顯示，這整個計畫同時是為了掩飾美國外交政策的背後目的，就是要在仍處於英國控制下、冷戰威脅暗潮洶湧的東非製造親美的精英階層。不管背後動機是什麼，一九六〇年九月十四日，承蒙小約瑟夫·甘迺迪基金會（Joseph P. Kennedy Jr. Foundation）的幫助，兩架載滿非洲學生的班機降落在紐約機場。

這項行動在一九五九年至一九六三年間，有將近八百名東非學生來到美國，當中主要是肯亞人，還有一些來自坦噶尼喀（今坦尚尼亞）及烏干達的。這群「空運世代」成績卓著，返國後悉數成為重要政治家和研究人員。在肯亞，他們迅速占據了議會的半數席次，以及該國許多部長級要職。其中一位就是二〇〇四年諾貝爾和平獎得主旺加里·瑪塔伊。

最重要的一點並不是這背後有中央情報局或甘迺達家族撐腰。這項外交行動是美國意圖在這些即將獨立的非洲國家中爭取新精英階層支持的眾多例子之一，無疑也與甘迺迪的政策有關。目的不僅是為了如冷戰言論所堅稱的「阻止共產主義傳播」，也是為了削弱英國在這些即將成為前殖民地的國家中的特權地位。我讀過很多英國特使在尼羅河流域各首府寫的機密備忘錄，從中可以看出，英國人對美國在尼羅河帝國造成的威脅早有掌握，甚至不難想像當時這些英國駐非洲代表是如何枯坐扯髮乾著急。他們秉持極度的殖民主義家長式思維，以非洲的「守護者」自居，他們了解這個大陸、了解這裡的語言、建立國家機構、在精英階層之間擁有人脈及影響力。如今這些年輕、無知的美國佬竟然要把他們攆走。美國辦得到，因為華盛頓有美元，而倫敦在二戰後破產了。因此，美國外交部長約翰·福斯特·杜勒斯在一九五三年贈槍給埃及反英政變發動者納吉布，這件事與一九六〇年把東非學生送到紐約之間，其實有明顯的關聯性：美國想要結束他們斥為過時的歐洲殖民體系，以自由貿易取而代之，而他們贏了。尼羅河流域的前英國殖民地，紛紛在一九六〇年代初獲得獨立，其中大部分轉向與美國結盟。

一個世紀前，盧奧族還是全球最低度發展社會之一的維多利亞湖沿岸的赤身裸體族群，到二〇〇八年，他們有資格宣稱美國總統是他們的一員，同時慶祝盧奧人首次當上肯亞總理，這一切都發生在幾乎沒有任何改變的尼羅河生態中。所有流經肯亞西部盧奧族居住地的河流，直到近年都與一八九〇年代盧吉男爵造訪這片土地時沒有兩樣。

如今，變化即將發生。

肯亞與尼羅河問題

「全國性的洪水、死亡與破壞。」二〇一一年十二月，肯亞報紙的頭版充滿了戲劇性的標題，報導數週內的大量降雨「留下了毀滅性的痕跡」。[10]

聽到當地發生災難性洪水時，我人在基蘇木，所以我們一大早就驅車趕往肯亞西部的恩佐亞河（Nzoia River）——該國境內最大的尼羅河支流，觀察損失並向當地人聽取情況。當河水溢出河岸時，數以萬計的人被迫逃往高處，已經修建的堤壩損毀，造成數十人喪生。商店淹水，學校與醫院關閉，這條河變成了威猛的洪水，吞沒了座落在河岸上的村莊。

在肯亞西部，沒有重要的水壩攔水或在雨季儲水供旱季使用。通往維多利亞湖的山丘上有幾座發電站，改變了當地的社會與經濟生活，許多以前沒有電力的村莊，如今日夜都有電可用。有位先生向我提及這些設施帶來的好處：「如今年輕人可以在村子裡用臉書，不必再大老遠跑到基蘇木了。」我還和一位美國企業家聊過，他在當地經營肯亞最大的稻米農場，短短幾年內就成為該國最重要的稻米生產商。他們的目標就是擴張。這位美國人告訴我，目前他們主要使用從當地沼澤引來的水，但從長遠來看，這座農場遲早需要用到尼羅河水。

二〇一〇年後，肯亞政府採取了一項新的尼羅河政策，該政策對該國和整個流域已經並將在未來產生重要的影響。肯亞的尼羅河經驗可以被比喻成一條漫長而顛簸的路。獨立後的肯亞，對殖民地時期的尼羅河協議的看法與駐肯亞的英國人截然不同，他們可以自由地表達自己的看法。早在一九六〇年代初期，肯亞議會就曾考慮為北送的水要求埃及付費，但他們自己也會因此無法使用這些水。在一九七三年至一九七四年的石油危機後，這種關於尼羅河的論調又風起雲湧。正如肯亞政界人士所說：既然我們花了這麼多錢向阿拉伯人買石油，他們也該付錢向我們買水。然而，每次一有政治人物如此提議，政府就會叫他們閉嘴。同時，肯亞很早就表明不接受一九二九年的協議。該國傳奇性的第一任總統喬莫．肯雅塔早，在一九六三年肯亞獨立時他就宣布，在獨立之前任何人代表肯亞簽訂任何協議，都必須站出來取得聯合國的背書。他給了兩年期限，由於沒有人為這些尼羅河協議承擔責任，肯雅塔便宣布它們無效。

後來這種關於尼羅河的論調變得益發強硬，有些甚至來自政界最高層。二〇〇三年，當時擔任肯亞外交部長的摩西．韋坦古拉（Moses Wetangula）——出身於尼羅河流域的肯亞西部地區——在議員們的掌聲中表示：「政府在任何情況下都不會接受進一步限制使用維多利亞湖的水，因為在簽署條約之前，政府不是締約方，也沒有被徵求過意見。」[11]

前能源部長、後來的總理拉伊拉．歐丁嘉也明確指出重新審查一九二九年的尼羅河協議的必要性。作為西肯亞及盧奧族的代表，他認為這件事是當務之急。肯亞政治的地理與民族重心向西肯亞及尼羅河流域轉移，對於在尼羅河共享問題上亟欲維持現狀的下游國家的任何人來說，這都是一個壞消息。肯亞人推出了更主動的水資源政策，他們還計畫建設水力發電廠，但更希望有更多的水來灌溉這片一路延伸到維多利亞湖沿岸的地區。他們打算追隨坦尚尼亞的腳步，把更多湖水輸送到缺水的城市及聚落。

一掌握到機會，肯亞立刻加入坦尚尼亞、烏干達、盧安達及衣索比亞已於二〇一〇年五月十四日在烏干達恩德培簽署的協議。肯亞水利部長在代表肯亞簽署時表示：「如今已沒有任何事能阻止我們按照自己的需要用水。現在埃及與蘇丹也應秉持一個尼羅河、一個流域及一個願景的合作精神加入我們的行列。……若九國中僅有兩國不同意，就不能阻止我們實施這個框架。」[12]

肯亞長年認為：一個位於下游數千公里的國家統治著上游數百萬人的生活，這公平嗎？東非地區還要靠不穩定、不可靠的降雨來養活自己多久？英國偽善地賦予埃及特殊地位，卻犧牲那些連生產足夠糧食養活自己都有問題的國家，以此為代價，難道他們連自己的水都無權使用？

二〇一〇年，總統姆瓦伊·吉巴基與總理拉伊拉·歐丁嘉聯手發起一項倡議，宣稱這將解決肯亞的糧食危機。這個新策略的關鍵與其他國家的一樣：從降雨農業轉型成灌溉農業。他們計畫將修復失效的舊設施，並建造新設施。轉型成人工灌溉應該可以確保肯亞每季收成增加一千四百萬袋玉米。他們宣稱讓肯亞能自給自足的計畫，需要動用幾乎沒被利用、也沒被控制地流向全球第二大湖泊的尼羅河水。這個人工灌溉策略是實現肯亞二〇三〇年願景計畫（Kenya Vision 2030）的一部分，這個計畫的目標是「讓肯亞在二〇三〇年擠身中等收入國家，並提升全國公民的生活品質」。[13]

造訪恩佐亞河沿岸時，我遇到了一些失去耐性的人，很多人對政府提議的大型水壩心存質疑，因為這將迫使許多人搬遷。洪災過後，地方與中央政府在二〇一二年達成一項協議：必須對整個流域規劃全面性的開發。第一步就是建造一座大型水壩，以保護流域內一百多萬居民免受洪水侵襲，並為他們提供電力與灌溉用水。水壩一如肯亞境內所有水道上的類似工程，被視為區域發展最重要的基礎。

肯亞將目光放向穿越境內西部地區、流向維多利亞湖的尼羅河支流。這可能對埃及構成威脅，但埃及人無需過度擔心，因為尼羅河的物理特性絕不會陷埃及於不義。此外，肯亞的政治缺乏果斷性，也可能推遲並削弱他們對尼羅河的雄心。

人類的起源

坦尚尼亞被視為可能是歷史起源之處而聞名於世。往西是遼闊的塞倫蓋提平原，往東則是恩戈羅恩戈羅火山口（Ngorongoro Crater）。大約五十萬年前，尼羅河盆地最外緣的火山活動迫使河流改變方向，讓它在數萬年、數十萬年之後穿過大草原，暴露出一層又一層的化石，揭露出一個遙遠的過去。而它會被發現純屬偶然。

發現「奧杜瓦伊峽谷」（Olduvai Gorge）的背後故事，在考古學界被視為傳奇。一九〇〇年代初，德國昆蟲學家威廉．卡特溫寇（Wilhelm Kattwinkel）在這裡追逐一隻美麗的蝴蝶時，突然翻過峽谷邊緣，險些喪命。待他回過神來，愕然發現自己掉進了一個考古學的夢幻世界裡。

數十年後的一九五〇年代，古人類學的「第一家庭」，也就是英國的李奇家族（Leakey family）在此處展開挖掘，為他們夢幻般的職業生涯奠定了基礎。一九四八年，瑪麗．李奇（Mary Leakey）在維多利亞湖的魯辛加島（Rusinga Island）上發現了屬於人類及猿類共同祖先的骨骼殘骸，將它命名為非洲原康修爾猿（Proconsul Africanus）。一九五九年，她又在奧杜瓦伊峽谷挖到早期的原始人骨骼碎片，她的夫婿路易斯・李奇（Louis Leakey）將之命名為鮑氏傍人（Zinjanthropus boisei），雖然它較為人所知的暱稱是「胡桃鉗人」（Nutcracker Man）——推測其巨大犬齒是因為吃堅果所導致。非洲原康修爾猿是否真的是人類的起源，以長袖善舞和俏皮話著稱的路易斯・李奇認為這顯然有待商榷。他表示，永遠不可能找到人類的起源，因為沒有人能確定未來某一天不會發現更古老的化石。儘管如此，這一發現對釐清進化史依然意義重大。

瑪麗・李奇發現的骨骼碎片估計約有一百七十五萬年歷史，「胡桃鉗人」造成了轟動。一九六〇年，瑪麗・李奇與兒子喬納森發掘了更多的骨骼。他們認為這些物種比較早的原始人類更發達，因此稱他們為巧人（Homo habilis），意思是「巧手人」（Handy Man），一種更像人類的生物。在這個地區，還發現了大約三百五十萬年前的直立生物所留下的腳印（確切時期難以確定，因為有三個人在不同時期走過這條沿河岸的路）。

巧人重約四十公斤，身高僅約一公尺。他既不是猿猴也不是人類，即使牙齒較像人而不像猿，但手臂明顯比現代人長，代表他在樹上爬的時間可能更多。與類人猿相比，他的大腦更大，但肌肉更小，代表這種曾生活於坦尚尼亞境內尼羅河流域的生物，處於猿猴與人類之間的過渡階段。

「胡桃鉗人」與「巧手人」是尼羅河谷如何成為人類演化與歷史中心的早期例子。他們與在蘇丹尼羅河北部發現的一些人類最古老的工具，以及誕生於埃及沿岸的強大古文明有著明顯的關係。早期人類在上述兩個時代之間，一直沿著尼羅河遊蕩，並逐漸往世界各地擴散。

俾斯麥與水邊岩石

在坦尚尼亞第二大城市姆萬紮（Mwanza）的港口，可以看到一座奇特的石陣聳立在維多利亞湖中。該石陣以德國總理兼外交部長奧托・馮・俾斯麥（Otto von Bismarck）的名字命名為「俾斯麥」，這位普魯士人在一八八五年將東非部分地區納入柏林轄下。當德國人統治非洲這一帶時，曾在這堆岩石上為這位「鐵血宰相」立了一座雕像。第一次世界大戰結束後，在「國際聯盟」授權下，接收坦尚尼亞的英國人拆除了這座德意志帝國殖民野心的象徵，剩下石陣依然挺立水邊受風浪吹打，成為姆萬紮的重要地標。

姆萬紮是坦尚尼亞尼羅河史的中心。由於這座城市位於維多利亞湖上，它成為今天的「大湖區」與桑吉巴（Zanzibar）之間奴隸貿易的天然樞紐。數千年來，不同的狩獵採集民族在這片地區來來去去，也曾經存在以自給自足式農業和漁業為基礎的農業社會。

成文史隨著阿拉伯人將貿易拓展到當地而出現。整個十九世紀，非洲人在這裡被鎖鏈綁在一起，如牲畜般被趕往海岸。他們當中有許多人被姆萬紮的酋長賣給阿拉伯商人以換取小禮物，但大多數在湖泊對岸遭當地領導者俘虜後，就被商人帶往桑吉巴。此地是「地獄公路」中的地獄，正如史丹利所稱，從維多利亞湖地區到印度洋的奴隸貿易路線。當年也正是在這裡，約翰・漢寧・斯皮克站上伊薩米諾丘（Isamilo Hill）的山頂，成為第一個看到尼羅河源頭所在的中非大湖的歐洲人。然而要等到十九世紀末，現代文明才以一種相當殘酷的方式隨著德國人來到姆萬紮。

德國在尼羅河流域光怪陸離的征服史，代表了殖民主義精神最令人厭惡的一面。

卡爾・彼得斯博士（Dr Carl Peters，一八五六年至一九一八年）曾被視為德國民族主義與擴張主義的象徵，他的作品在希特勒時期被分成三卷出版，於一八八四年末與兩位同伴朝內陸出發，前往位於今天坦尚尼亞東北部的烏桑巴拉山脈（Usambara Mountains）。同年底的十二月十七日，一支怪異的車隊朝沿海城市巴加莫約（Bagamoyo）的方向移動。本業是歷史學家兼叔本華研究家的彼得斯博士，剛從一場短暫的內陸探險折返。他病倒了，只能躺在吊床上揮舞著左輪槍，催促抬他的腳夫走快一點。彼得斯抵達海岸時只有二十八歲，隨身攜帶預先擬好且簽了名的合約，讓當地酋長一個接一個地在自己看不懂的合約上畫押，上頭寫的是：酋長自願將他們的領土、一切所有權與特權轉讓給「德國殖民地協會」（Society for German Colonization）的代表卡爾．彼得斯博士。這位原本只寫過形而上學的狂熱但失敗的學者，如今卻成了德國非洲帝國的征服者。

當彼得斯回到柏林時，召開中的柏林西非會議（一八八四年至一八八五年）正試圖劃分歐洲殖民大國（鄂圖曼帝國的代表也在場）在大半個非洲大陸的屬地。彼得斯如今可以通知俾斯麥，德國已經有了一個東非殖民地，只需要派人去占領就好。一八八五年二月，俾斯麥點頭同意，並為彼得斯建立東非保護國的構想提供資金。同時彼得斯也在非洲招募了多名特工以確保執行合約。他們得到的指示是：迅速、大膽、無情（schnell、kühn、rücksichtslos）。

桑吉巴的蘇丹一聽說保護國的事——其中也包括他自認屬於自己的領土，他立刻致信向德國皇帝表達抗議。這封信在五月寄到了柏林，俾斯麥詢問彼得斯該如何回應。彼得斯的回答就是最直接的炮艦外交：桑吉巴的蘇丹宮殿對面有一座潟湖，深度足以供軍艦停泊。不久之後的一八八五年八月七日，五艘德國軍艦駛入鄰近桑吉巴的潟湖，把炮口對準蘇丹的宮殿。俾斯麥要求蘇丹巴爾加什（Sultan Barghash）把他的大陸領土割予德皇，否則後果自負。當倫敦聽說這最後通牒時——此時已經是電報時代，消息傳得很快，英國立刻敦促妥協：要求兩國對東非地區的邊界達成協議。雙方在八月結束前就接受這項提議，並於次年簽署了一八八六年英德協定（Anglo-German Agreement of 1886）。英國領事不同意倫敦的尼羅河策略，並擔心這會影響英國對俾斯麥在桑吉巴的活動的態度，但如今只能不情願地遵循倫敦的外交命令，說服蘇丹簽署一項形同放棄大陸大部分領土的協議。德國炮艇在九月返航歐洲，俾斯麥就這麼得到了他的殖民地。

一八九〇年，卡爾．彼得斯再次前往非洲內陸，這次他到達了布干達王國。他的目標是簽署一項條約，讓國王接受德國成為他們的保護國。這對英國來說顯然是不可接受的，並且透過外交協議，讓俾斯麥重申德國承認尼羅河地區是英國的利益範圍，彼得斯的野心一時遭到柏林抑止。後來彼得斯被任命為帝國政委，參加了英德邊境委員會，該委員會在一八九二年劃定的邊界，至今仍是肯亞與坦尚尼亞之間的國界。

與此同時，彼得斯對吉力馬札羅山附近居民的殘酷統治，導致了查加人（Chagga）的叛亂。查加人利用山頂常年積雪流下崖邊的冰川水，發展出撒哈拉以南唯一的灌溉文明，如今他們依然利用同樣的水源在吉力馬扎羅山腳下進行灌溉農業。一八九七年，彼得斯因在非洲犯下的罪行在德國被定罪。他懷疑一位僕人與他的非洲情婦私通，所以在鞭打了這位年輕女孩後將她絞死（知名德國社會民主黨人士奧古斯特．貝柏爾（August Bebel）發表的信件揭露了彼得斯的酷刑）。這則醜聞加上德國日漸強烈的反殖民運動風潮，導致德國在東非政策上做了改革。

在隨後的幾年裡，德國當局盡極大努力發展東非殖民地。然而咖啡、瓊麻與棉花等利潤較高的新農產品的引進，遭到當地大多數人的強烈反對，尤其是為此而進行的強制勞動。一九〇五年爆發了馬及馬及叛亂，這是東非第一場反抗歐洲殖民統治的大規模起義。對於任何對自然神話與水文化意義感興趣的人來說，這場叛亂是非常吸引人的，因為它是八十年後愛麗絲．奧瑪在烏干達的聖靈運動、以及她與尼羅河瀑布河神王佐克進行對話的先驅之一。

馬及馬及叛亂是由這樣的信念所驅策：他們堅信水、蓖麻油與小米種子的混合物可以讓人不怕子彈。反抗的精神如燎原野火般蔓延。信眾頭戴小米梗花圈，向德國人發動凶殘的襲擊。當德國援軍抵達，叛軍發現聖水根本無法保護他們時，叛亂便以失敗告終。德國指揮官古斯塔夫．阿道夫．馮．戈真伯爵（Count Gustav Adolf von Götzen）對當地人民的懲罰毫不留情：他決定用飢餓迫使他們服從。因此，部隊到處破壞莊稼與糧倉，並縱火焚燒村落，導致超過十萬名非洲人在這場人為飢荒中喪生。

德屬東非的疆域涵蓋今天的坦尚尼亞（不包括桑吉巴）、盧安達及蒲隆地，正如我們所看到的，德國在一夕之間便擠身殖民大國之列，相比之下，英法兩國耗費數十年才建立殖民帝國。從一八八四年四月到一八八五年二月，俾斯麥以不到一年的時間，就在非洲和太平洋地區攫取了比祖國大上許多倍的殖民地。在英國眼中，德國占領這些地區並沒有造成任何戰略上的問題，歷史文獻誇大了當時柏林與倫敦之間的矛盾，因為歷史往往有事後諸葛的傾向，例如在這件事上，就受到第一次世界大戰期間英德兩國衝突的影響，而不重視倫敦早在十九世紀末就把尼羅河流域與埃及劃為自己的勢力範圍。此外，倫敦對維多利亞湖以南、以東及以西的地區並不感興趣，因此當時英國放任德國在這個區域建立非洲殖民地，不代表歐洲國家之間的衝突日益加劇。尼羅河上游地區的殖民史，可說是當時這兩個歐洲大國針對劃分殖民地達成共識的例子。

為了記錄殖民者劃定邊界的方式是如何的無序隨機，有個故事經常被提起，但它其實並不準確。這個故事如下：除了吉力馬扎羅山之外，坦尚尼亞與肯亞的邊界在地圖上是一條直線，而這條直線是維多利亞女王下的決定，她在思考這個問題時，想到自己的孫子德皇威廉非常喜歡高山，就決定把吉力馬扎羅山送給他當禮物。這故事的問題出在：邊界是在威廉登基前兩年的一八八六年就劃定。此外，這故事還忽略了一個事實，雙方都知道從崖上流下的冰川水被證明是撒哈拉以南唯一的灌溉文明——查加文明誕生的基礎，而該文明位於坦尚尼亞山腳下。卡爾．彼得斯狂妄且不受拘束的帝國主義，從此逐漸被國家外交帝國主義的理性所取代。

尼羅湖上一場不為人知的歐洲海戰

一九一四年八月五日，就在塞拉耶佛發生槍擊事件幾個月後，也就是英國在歐洲向德國宣戰的一天後，來自英屬烏干達的軍隊襲擊了維多利亞湖沿岸的德國崗哨。倫敦決定消滅沒有電報線的德國據點，占領他們的海軍基地，第一次世界大戰的戰火就這麼延燒到了尼羅河上游。在這裡爆發的小規模衝突並不完全是尼羅河問題的結果，雖然柏林顯然知道倫敦對維多利亞湖的痴迷，以及控制該湖對英國整體帝國戰略的重要性。這場一九一四年的湖上戰役，代表尼羅河上游地區已成為歐洲權力鬥爭的舞台。[14]

事實證明，德國人曾嘗試在維多利亞湖建立一支海軍，陣容包括一九一〇年在漢堡建造的九十噸大型蒸汽船姆萬薩號（Muansa）、一九〇七年建造的十二噸海因里希．奧托號（Heinrich Otto）、噸位較小的阿爾貝特．施瓦茨號（Albert Schwarz）及快艇施瓦本號（Schwaben）。通常以蒸汽船拖曳的阿拉伯單桅三角帆船（當地的傳統船隻）則用於運送部隊。

德國人試圖以坦噶尼喀金礦的黃金支付東非戰役與日俱增的開支。與此同時，德國人打算抽取維多利亞湖水在湖泊以南進行金礦開採作業，這個傳言讓倫敦大驚失措。這將對英國壟斷尼羅河使用權構成威脅，而且若德國的計畫傳了出去，也會削弱英國在埃及的地位。英國在湖上擁有一支由六艘蒸汽船組成的海軍，雖然實際上只是烏干達鐵路的運輸船，但船上仍有安裝武器。

駐姆萬紮的德軍指揮官威廉・博克・馮・維爾芬根（Wilhelm Bock von Wülfingen）上尉奉命朝基蘇木推進，目標是摧毀英國從印度洋到維多利亞湖的沿線鐵路橋梁。一九一四年九月，五十二名德國士兵、兩百六十六名阿斯卡利士兵（askaris，在歐洲軍隊服役的當地非洲人）以及一百零一名來自湖泊東南岸的瓦加亞人（Wagaya）軍伕，帶來了三挺機槍和一門三・七公分野戰炮，向位於今天肯亞境內的鐵路終點站進軍。基蘇木的英國駐軍由九十名阿斯卡利士兵、一百名警察和一百三十名來自城市警衛隊的志願者所組成。九月九日，德軍指揮官越過邊界，占領了卡倫古（Karungu）的港口。在維多利亞湖上，武裝的德國蒸汽船姆萬薩號跟隨部隊作為支援。德國人隨後朝當時只有少數居民的小村落基西（Kisii）推進，英國人的回應則是在武裝蒸汽船卡維隆多號（Kavirondo）的保護下，盡可能派遣更多的士兵從烏干達穿越湖泊前往對岸。一九一四年八月，在德軍湧入比利時的同時，英軍以少量兵力向維多利亞湖推進。九月十三日，他們重新占領了基西，發現當地僅剩五名受傷的德國士兵和十六名受傷的阿斯卡利士兵。英國重新控制了基西與附近的尼羅河湖泊。

一九一五年三月六日，停泊在納夫巴島（Nafuba Island）的姆萬薩號遭到英國船隻溫弗雷德號（Winfred）的突襲炮擊，迫使德國人放棄這艘損壞的船，不過在湖岸的德國「護衛軍」（Schutztruppe）擊退了企圖登船並占據的英軍。後來，德國人把嚴重受損的姆萬薩號拖到姆萬紮，並從三月十五日開始停泊當地，耗時三個月進行修復。一九一五年九月十二日，德國人收到了從科尼斯堡（Königsberg）送來的一門一〇．五公分加農炮，將它配置在姆萬紮上方的一座小山丘上，以嚇阻英軍從湖上來襲。在一九一六年英軍發動的攻勢中，姆萬紮果真遭到襲擊，德軍被迫往南撤退。英國人炸毀了大炮和電報線，並擊沉姆萬薩號，整座維多利亞湖再次落入倫敦手中。

這些發生在尼羅河湖泊上的衝突看似輕微，但德國與英國在東非的戰爭造成的結果卻相當致命。協約國約有一百萬人，當中包括六十萬名非洲軍伕，數以萬計的人死亡，主要是非洲人，大多死於疾病、營養不良及精疲力竭。

殖民協議與尼羅河的現狀

外界通常將坦噶尼喀——或在一九六四年四月成立的坦尚尼亞聯合共和國（United Republic of Tanzania，由坦噶尼喀與桑吉巴統一而成）——視為一個面向印度洋與斯瓦希里海岸的國家。然而現實是，該國大部分地區都在尼羅河流域內，而且政府曾數度研議河流的計畫：在支流流入上游的內陸之前加以利用。該國西北部地區的降雨極度稀少且難以預測。如前文所述，在第一次世界大戰期間，德國人就對抽取湖水開採當地金礦的計畫進行辯論，並評估過從湖中取水用於灌溉、交通以及發電的可能性，但所有計畫都被倫敦給阻止。

英國在第一次世界大戰後控制了坦噶尼喀，所有的這類計畫與構思悉數遭到擱置。在大國競爭與帝國戰略的背景下，最大考量重點始終是「英國在埃及的利益以及在蘇伊士的地位」。此外，一九二九年的尼羅河協定，阻止了英國人在坦尚尼亞境內尼羅河流域進行任何開發，倫敦承諾不會在自己的東非流域地區做出任何侵犯埃及水資源利益的事。直到一九五〇年代中期，這個政策發生了變化，當時英國與埃及的關係惡化，英國認為，該是時候利用自己對尼羅河上游的控制，來祭出強制性政策對付開羅，但當時帝國已經衰落。就在烏干達的殖民當局秘密計畫（結果沒成功）改變自己境內的尼羅河河道時，英國人抓住機會從維多利亞湖的史密斯灣（Smith Sound bay）抽水灌溉坦噶尼喀。他們在坦尚尼亞發展的相關報告指出，限制農業成長的最大因素就是降雨。[15]零星的降雨在全國境內分布不均，而且經常是水很快就流失的傾盆大雨，作物幾乎沒能受益。但倫敦在被迫放棄殖民地前，並沒有採取任何控制尼羅河的具體措施。

一九六一年十一月三十日，就在坦尚尼亞即將脫離英國獨立的前幾天，大家發現他們計畫要在尼羅河上做的事，比英國統治者在過去幾十年所做的還多。英國的整體尼羅河政略不再阻礙對該湖以及流入該湖的河流開發。因此，三蘭港（Dar-es-Salaam）的國民議會採用了後來國際司法文獻中所謂的「尼雷爾國家繼承準則」（The Nyerere Doctrine of State Succession）：該國主張自己沒有法律依據來遵守英國在一九二九年代表他們所簽署的協議，其中，未經埃及的同意，倫敦放棄坦尚尼亞開發尼羅河的所有權利。

尼羅河問題很快成為決定這個新國家在國際政治上地位的眾多重要因素之一。坦尚尼亞第一任總統朱利葉斯．尼雷爾（Julius Nyerere）迅速在國際舞台上以「尼羅河協定反對者」的角色嶄露頭角。尼雷爾於一九二二年出生在尼羅河上游流域東南部的坦噶尼喀馬拉（Mara）地區的布蒂亞馬（Butiama），是扎納基族（Zanaki）酋長的二十六個孩子之一。他是第一位留學愛丁堡大學的坦噶尼喀人，並在一九五〇年代初獲得經濟學與歷史碩士學位。學成後，尼雷爾回到家鄉領導抗英運動，並對於開發從家鄉流向維多利亞湖的河流及可能的用途產生興趣，尤其是該國與西邊的蒲隆地、盧安達兩國相鄰的卡蓋拉（Kagera）地區流域。

對新生的坦尚尼亞國家領導階層提出這個問題再自然不過：他們對尼羅河是否能為所欲為？還是仍須按照一九二九年倫敦與開羅之間的協議所規定的先徵求埃及同意？獨立的坦尚尼亞是否仍受前歐洲統治者簽署的條約所約束？或者說得更廣泛些，所有剛獨立的國家是否仍應受前殖民主所簽署的國際協議約束？[16]

新國家可能以不同的方式正式獨立，也因此，殖民時期的協議對不同國家的效力就會產生不同的法律後果。例如，一個殖民地可以擺脫宗主國的控制獲得獨立，從而以平等的身分進入國際社會，也可以把原本的國家解散再成立新國家，蘇聯、南斯拉夫與捷克斯洛伐克諸國，就屬於這種脫離原本較大的國家成立新國家的例子。原本獨立的國家，也能透過國際協議加入更大的統一政治體。因此，往昔簽署的外交協議的效力與地位，就成了很重要的問題，如何處理這些問題將產生全球性的影響。

新生國家通常會繼承其前身所做的國際承諾。許多非洲殖民地在一九五〇與六〇年代獨立，尼雷爾準則認為，這些新生國家有權對殖民時期的宗主國所簽署的協議採取選擇性立場。尼雷爾認為，當一個國家獲得獨立時，必須重新談判殖民時期的國際協議，因為一個國家沒有理由繼續受自己尚無主權地位時由他國代為簽署的協議所約束。根據尼雷爾的主張，一個剛獨立的國家有權審查他國代表自己簽署的國際協議，並決定將要接受哪些、拒絕哪些。儘管這種折衷主義並不新鮮，但這套準則已被公認為傳統國際法的一部分，尼雷爾因此被譽為現代國家繼承法的幕後推手。

尼雷爾準則既不排除、也不拒絕續約及延長協議時效的可能性。他為該準則的實際運用建立了一套措施：應給予各方一段時間進行反思，繼承國評估哪些需要更新，哪些需要重談，或哪些需要擱置期間，原本的協議仍將暫時保有效力。

尼雷爾在一九六〇年代把一九二九年的協定提交海牙國際法庭。坦尚尼亞敗訴，法院支持埃及，認為該協議對前殖民仍具約束力，但後來尼雷爾準則先是獲得其他前殖民地國家的附和，接著又逐漸取得更廣泛的支持，同時成為兩則「維也納國家條約繼承公約」（Vienna Conventions on State Succession）的重要靈感來源。如今看來，海牙在一九六〇年代初的裁決，其地位與合法性反而令人質疑。後來上游國家對一九二九年協議仍具約束力的反對與日俱增，尼雷爾準則也發揮了重要的法律作用。坦尚尼亞作為在這個問題上最直言不諱的國家之一，其水利部長還被選為二〇一〇年的恩德培協議（Entebbe Agreement）簽署國的發言人。諸上游國家透過該項協議，首次正式且團結一致地挑戰埃及在尼羅河問題上的霸權、以及一九二九年協定的立場與內容。

禮物經濟之國

「你知道我們的主要反對黨領袖參選時，答應要拒絕所有的發展援助嗎？」與我共事的坦尚尼亞研究員想用這句話嚇我一跳，他的確做到了。我不知道這個問題在二〇一〇年的選舉中很熱門。西方媒體鮮少報導這類新聞，大多數人對非洲的印象依然是：一個依賴西方非政府組織、各種人道援助以及受到安潔莉納裘莉關注的大陸。

對這種禮物經濟（Gift Economy），少有國家比坦尚尼亞感到更喜憂參半。一九二五年，法國社會學家馬瑟·牟斯（Marcel Mauss）在社會學年鑑《*L'Année Sociologique*》出版的小書《禮物》（*The Gift*），是這方面的經典之作。儘管牟斯的書採用的是生活在美國東北海岸美洲原住民的數據，並且是以西太平洋地區居民的人類學研究為基礎，但它仍然被用來解讀許多非洲社會中以侍從主義（clientelism）和家庭義務為特徵的內部關係。《禮物》在分析國際發展援助體系中「捐助者」與「接受者」之間的關係也很有幫助。很少有地區比尼羅河諸國、尤其是坦尚尼亞，更被援助時期的禮物經濟所定義和影響。

牟斯在書中提到古代社會裡的禮物交換行為。由於互相交換禮物的制度與互惠性質是「全面性」，所以藉此可以完整地了解這些社會。禮物交換是一種「同時涉及社會中每個組織」的互動。透過送禮，贈與者獲得了對接受者的控制權，而這種權力關係很難被平衡。禮物交換把整個社會籠罩在義務的霧裡，宛如將所有人包進流動債務的網絡之中，大家彼此互欠人情，因此牟斯強調禮物經濟蘊含整合的力量。

牟斯描述了送禮與收禮所伴隨的情況。送禮時，一個人表現出自己的慷慨，因此是個值得尊重的人。收禮時，一個人則表現出對送禮者的尊重，展現的也是一種慷慨。回禮時，一個人證明自己的地位，至少與最先送禮的人一樣高。因此，送禮就某種意義上來看是被道德滲透的行為，禮物交換的參與者透過過贈禮、收禮與回禮，在彼此之間建立道德紐帶。與此同時，牟斯也強調了捐贈行為的競爭和戰略性質。一個人可以透過贈與比競爭對手更多的禮物，或如我將補充的，透過展現出高於其他收禮者的感激之情，要求更多的尊重。牟斯證明禮物在傳統社會中扮演著極為複雜的角色，因為它是經濟性的、政治性的、以親屬關係為導向、法律性的、神話性的、宗教性的、魔法性的、實用性的、個人性的、也是社會性的。禮物以各種性質融入社會架構中，就是其力量的基礎。

在國際發展援助體系中，贈與關係通常以相對自利的形式展現。贈與者期待接受者能按照自己的要求行事——可能是導入另一項經濟政策、另一項人權政策或另一項環保政策。禮物被美化成「平等的合作夥伴攜手發展」的約束，而其中總會帶點強制性。另一方面，禮物接受者並沒有感受到牟斯模型中提到的相互義務。接受者知道贈與者真正關心的並不是接受者是否真的感激，只在乎接受者是否表達出感激之情；贈禮的個人、非政府組織或國家代表只在乎自己在母國——也就是捐贈國，是否被視為成功的捐贈者。因此，所有村民群聚共舞，齊聲鼓掌向贈與者致謝的儀式，而贈與者樂此不疲地沉浸在這種氣氛之中，對於跳舞的人來說，這也許是一種社會地位上的恥辱，但也是聰明且自利的投資，目的是獲得新的禮物——這是有計畫的行為。

探討殖民時期對尼羅河流域國家發展的重要文獻可說是汗牛充棟。援助時期維持的時間與流域內的英屬尼羅河帝國同樣長久。儘管如此，幾乎沒有任何關於禮物經濟對該地區影響的整體性分析，因此數十年來，人們對於禮物——數十億美元，在這些國家的發展中所產生的結果，是相當缺乏了解的。

然而，如果不了解禮物的力量與角色，就無法理解控制尼羅河的現代史。例如，國際援助體系中最重要的機構之一世界銀行，他們基於對尼羅河協定合法性的理解，曾表示若流域內有任何國家反對上游流域的尼羅河工程，就不會支持相關投資。因此，在流域範圍內的水政治脈絡中，要理解禮物的作用必須擺脫牟斯對禮物的認知。送禮或婉拒收禮可以作為意識性的外交工具，而且基於禮物的性質，它幾乎要比其他任何手段都有效。大家或許可以推翻法國哲學家雅克．德希達（Jacques Derrida）的觀點，他認為禮物是不可能存在的，然而在尼羅河水政治的框架下，禮物是唯一的可能。

為了減少尼羅河問題所導致的戰爭與衝突，國際社會的禮物在這方面發揮了一定的作用。由於禮物對接受者有潛在效用，所以這些禮物代表一種重要的權力，也可作為各方在尼羅河外交或合作上展現積極態度的獎勵，吸引各國參與談判，並促成其他領域的經濟合作。

牛羚渡河

一大群牛羚宛如一片充滿力量、波濤洶湧的肌肉之海，牠們朝馬拉河逼近，這很好地說明了從眾心理的膽怯與力量：出於對未知的恐懼，在馬拉河南岸徘徊嗅探，滿懷著想要渡河前往對岸的衝動，因為雨水和新鮮青草的芳香從那頭隨風飄來。牠們成群佇立在塞倫蓋蒂國家公園邊緣的河畔，公園裡有著看似一望無際的平原，寬敞、遼闊且平坦，就連從鴕鳥雙腿之間都能看得到雲彩。只要出現任何最輕微的危險跡象——風向的些微改變，形狀可疑的原木順流而下，禿鷹從遠處河岸起飛時翅膀慵懶的拍打聲——都可能導致牛羚集體轉向。還有什麼聲音可以媲美那千千萬萬踩踏大地的轟鳴蹄聲？由於群體龐大，所有牛羚可能得耗費一兩個小時才能完全轉向，但每次轉向後都會再度折返原地。本能的力量是無情的：牠們無論如何都得前往對岸芳草遍布的應許之地。

完全無路可繞：牛羚遲早都得渡河。體質中的某些東西驅使著牠們前進。新鮮芳草挑起的食慾超越了渡河的恐懼。站在最前頭的終究抵擋不住後方推擠的壓力，頓時整群牛羚奮力往前衝，彷彿奉命行事般不帶一絲猶豫。

牛羚必須涉水才能到達對岸。牠們有必要、有決心而且別無選擇。這是通往雨水與芳草的唯一一條路。所有的牛羚，如果牠們懂得思考，都懷抱著一個希望：希望自己能幸運逃脫鱷魚的血盆大口，不必被迫為集體的利益獻身。這是一場殘酷的遊戲，牠們既是棋子也是受害者。鬣狗、獅子、花豹，甚至黑豹，都將飽食這群由尼羅河系大量創造的鮮肉大餐。

牛羚、斑馬及羚羊在尼羅河流域上游平原的永恆遷徙中，過著完全因應這種水景變化特徵的生活。就這一點來看，牛羚與候鳥有著共通的特徵。在旱季，較小的群體匯聚成一支數量超過百萬的動物大軍，再加上占群體一半的斑馬與瞪羚。這群大軍隨著降雨從坦尚尼亞的塞倫蓋蒂往北遷徙到肯亞的馬拉，並在十月再次折返。

牛羚橫越馬賽馬拉平原的旅程，徹底證明了水的重要性。牛羚做的是每一種生物都必須做的事，但牠們以戲劇性的做法強調了一個無可否認的事實：所有的動物與人類都得不計一切代價得到水，否則根本活不了幾天。這場大遷徙還展現出尼羅河系的生態如何超越國界的限制。每年在坦尚尼亞奧杜威峽谷（Olduvai Gorge）地區的塞倫蓋蒂平原南部，牛羚在短暫歇息中產下數十萬頭小牛羚後，便再度展開沒有確切的開始或結束的永恆遷徙。這建構了牛羚的生存方式，隨同三十萬隻瞪羚、二十萬隻斑馬，以及鬣狗、獅子與其他食腐動物，從坦尚尼亞長途跋涉到肯亞，再循原路折返，亙古不變。

尼羅河是什麼？

坦尚尼亞長期以來一直認為，埃及人堅稱屬於尼羅河流域的一條支流根本不屬於該流域。如果坦尚尼亞人是對的，這就只是一條擁有它的國家可以隨心所欲使用的國內河。另一方面，埃及的長期觀點認為，所有支流都是尼羅河系的一部分，因此全都屬於一九二九年協定的適用範疇。

這些爭議是很好的例子，說明價值觀、思維和觀念如何在人類與自然之間蔓延並影響我們的感知。當我站在這裡看馬拉河，顯然無法看到這條河的完整樣貌，只能根據我的觀點來理解它。當然，這並不意味著尼羅河不會獨立存在於我這個人、或是我看待它的方式而存在。它存在，它流轉，它產生後果並創造機會，儘管三蘭港、恩德培、奈洛比或開羅的都會區精英永遠不會想到它或提起它。關於這條河在社會裡的結構性角色，對此的理解核心是：它的流動方式以及在不同流域地區內被使用的方式，都對社會生活產生了影響，不論大家有沒有意識到這一點。在尼羅河流域的某些地區，當中的居民未曾討論它，也沒有把它視為與自己有關或對自己很重要，但事實上，它在這些地區有時已經達到全然無意識的、未經思考的、甚至攸關生死的重要性。

上個世紀，尼羅河的年均水流量據稱約八百四十億立方公尺。然而，大家對這條河所估計的流量從來沒有一樣過，官方公布的年水流量顯然只是個平均值。例如，尼羅河的水流量在一八七八年至一八七九年是一千五百億立方公尺，在一九八四年至一九八五年間是四百二十億立方公尺。從一八七一年到一九五三年的平均是九百二十四億立方公尺，而從一八七一年到一九〇一年平均則為一千零七十億立方公尺。從一九六〇年代後期到一九七〇年代初期，平均值接近九百億立方公尺，而在一九七七年至一九八七年間僅有七百二十億立方公尺。一八九九年到一九五九年的平均值是八百四十億，這成為埃及與蘇丹在認可尼羅河協議時的水流量官方數據。最後這個數字成為這條河整體水流量的代名詞，被無數文獻當作參考依據。

一條河流據稱的水量可能取決於測量水流的地點，而且不論多客觀、多基於自然科學標準，都無法找到一個「正確」的測量地點，因此測量地點的選擇有重大的政治意義。十九世紀末，英國人決定以亞斯文為主要測量地點，從那時起，這地點的重要性就一直維持不變。從純粹的水文學角度來看，他們也可以選擇英國在一八九八年占領蘇丹後於上游建立的測量站。然而，亞斯文的測量地點還是最符合尼羅河帝國的戰略與水政治決策。〔例如，如果改在阿特巴拉河（Atbara）匯入尼羅河主河道的地點進行測量，尼羅河的水流量可能會增加約一〇%。〕

當這麼多缺水國家需要分配水時，最重要的問題變成：有多少水可用？由於無法客觀地確認這一點，因此官方宣布的跨國大河水流量，是權力關係與政治角力的結果，就連該選擇哪些年度的數據決定平均排水量，也是政治權力關係的反映。因此，水文數據不代表一條河的客觀現實，而是反映政治與外交影響力。如果堅信水文科學呈現的就是客觀事實，會很容易忽略「過度仰賴水文數據的方式」可能造成的政治後果。

無論自然科學家、水利規劃人員或政治家如何堅決反對，這條河的性質都無法被客觀描述。關於尼羅河是什麼，以及該如何開發的分歧，也反映在尼羅河沿岸各地區的不同認知與定義上。跟隨尼羅河季節變化而遷徙的南蘇丹牧民、急需更多水灌溉農地的埃及尼羅河三角洲農民、住在眺望河面的茅草泥屋裡但無電可用的伊索比亞居民，當他們談到對這條河的看法、河水對他們的意義、以及該如何利用時，答案都會有所不同。

因此，像我這種局外人必須打破「僅以社會關係來解釋所有社會異議」的普遍觀念，認知到尼羅河國家之間的分歧是有某種物理性的原因。即便如此，大家也無法接受尼羅河可以被視為「客觀」的自然存在，因為這條河作為一種物理現象，總是被透過特定的社會與文化視角來看待。然而，身為一個局外人，我的優勢就是能讓自己與所有的地理角度看法保持距離，不論它們是在上游還是下游。儘管在這種意義上，我可以培養出一種無私的觀點，從不同的立場與角度來描述這條河，但我無法描述這條河的真實情況，因為這是不可能的。

抽取湖水與反抗埃及

二〇〇〇年代初，坦尚尼亞政府做出了一個戲劇性的決定：他們宣布將不再事先詢問埃及就從維多利亞湖中抽水。事實上，即使埃及以一九二九年的協議為依據來反對這個舉動，坦尚尼亞仍執意抽取湖水供南岸的干旱地區使用。坦尚尼亞這個相對溫和的計畫是尼羅河歷史的一個分水嶺，因為這彷彿宣布一九二九年的協議不再具有約束力。在一九五〇年代及獨立前的幾年裡，當時仍由英國控制的坦噶尼喀新聞猛烈抨擊尼羅河協議，並報導了一項以維多利亞湖水灌溉坦噶尼喀北部湖省（Lake Province）的秘密提案。這計畫之所以高度隱密，是因為整個計畫「取決於水協議」，可以被解讀為英國反埃及納瑟政權的尼羅河外交政策之一。據聞，坦噶尼喀北部的這項調查所期待的目標是「實現史上最大的灌溉計畫之一」。另一篇發表於八月一日的文章，則對湖省的坦噶尼喀立法委員會成員表達出同情，他們抱怨「水就在我們家門口的湖裡，卻不讓我們拿回家用」。文中也表示維多利亞湖與尼羅河是全非洲最大的兩大水源，對東非極為重要，但對埃及與蘇丹而言更是「攸關生死」。[17]

數十年前，坦尚尼亞政府開始著手研究是否可以從史密斯灣的湖區取水，並運送到欣延加（Shinyanga）和姆萬紮地區的一些城市。一九九九年到二〇〇〇年進行的一項新研究得到的結論是，這計畫在技術上可行，下一步就是為該計畫籌措資金。二〇〇一年，坦尚尼亞總統發布一項指令，要求檢討國內為該計畫提供資金的可能性。二〇〇四至二〇〇五年，終於從預算中撥出資金，任務就此展開。

政府已決定從湖中抽水，藉此改善坦尚尼亞相對缺水的乾燥地區水情，這些地區裡的河流大多屬於季節性。從當地對傳統祈雨師的強烈信仰就能清楚知道，此處的降雨不規則且反覆無常。坦尚尼亞人主張這座湖——四九%在坦尚尼亞境內，有充足的水可使用。政府將此計畫命名為「卡哈馬水利計畫」（Kahama Water Project），也稱「維多利亞湖計畫」或「欣延加計畫」。

該計畫於二〇〇四年二月開始實施，政府強調會自籌資金。坦尚尼亞人將從史密斯灣取水並將其輸送到卡哈馬與欣延加，連帶能使該地區的大型黃金產業受益，透過一百七十公里長的管道把水送到位於主沿線的五十四座村莊。水從湖中抽進馬巴萊丘（Mabale Hill）的水箱，再送往卡哈馬與欣延加。首要目標是為四十五萬人提供足夠的優質水，下一階段則是將供水增加到每天十二萬立方公尺，到二〇二五年能提供給約一百萬人。

二〇一〇年九月，坦尚尼亞總統賈卡亞．基奎特（Jakaya Kikwete）到當地對民眾發表講話。他形容這項計畫是坦尚尼亞的勝利。根據新聞報導，還有婦女在會議上發言，感謝政府挽救了她們的婚姻！她們表示，從前得步行數小時為家裡取水，這對她們自己、家庭以及婚姻都造成了負面影響。

埃及從自身利益的角度反對這項計畫，堅稱這可能對尼羅河下游的水流產生不利的影響。埃及提出他們認為有效且具有約束力的國際司法裁判權與協議，認為未經埃及許可的情況下，坦尚尼亞無權實施這項取水計畫。坦尚尼亞不顧開羅的抵制，繼續推進計畫，這被視為他們對埃及和其他參與尼羅河用水談判的國家失去耐心的證據，而這些談判似乎從未達成任何明確的解決方案。坦尚尼亞強調，抽取的水主要提供家庭用水而非灌溉，並不會影響湖泊或尼羅河的水位，因此不應屬於一九二九年協議的管轄範圍。

媒體報導了戰爭威脅，並宣布埃及將不惜一切代價抵制這項取水計畫。但到了最後，埃及採用的行動僅限於強烈的口頭抗議，使用的也是傳統的外交手段，儘管發言人曾強調，雖然埃及選擇對話，但不代表其他方法不在考慮之列，包括使用武力。

坦尚尼亞的行動具有歷史意義：上游國家第一次直接且公開地違反一九二九年的協議賦予埃及擁有尼羅河議題的否決權。事實證明，坦尚尼亞有更雄心勃勃的計畫，其中包括往文貝雷高原送水灌溉約二十萬公頃的土地。這規劃最早是由德裔定居者在第一次大戰期間提出，不過後來英國與一九二九年的協議有效阻止了這項計畫。

坦尚尼亞的領導階層逐漸制定發展規劃，這使得尼羅河水對該國的未來益形重要。他們計畫改善農業，因此需要增加人工灌溉。基奎特總統在二〇一一年明確表示：在既有的十年計畫下，政府計畫投資超過五十億美元，目標就是灌溉（依賴不穩定的降雨對他們來說是主要的挑戰）。[18]

坦尚尼亞雖然位於尼羅河流域邊緣，但在推動尼羅河系根本性變化扮演著重要角色。它以埃及一直擔心的方式發生：一個影響力相當微不足道的尼羅河國家，以相當微不足道的取水量，掀起了一場「破壞前殖民時期協議合法性」的反抗。

〖8〗

走向中非的尼羅河源頭

分流匯流之地

一九九四年，烏干達政府宣布維多利亞湖部分地區淪為災區。成千上萬具屍體在居民取水飲用、捕食魚類的湖上漂流。在肯亞境內湖岸的基蘇木，政府宣布禁止捕魚，因為牠們以人類遺骸為食。這裡數千年來一直是下游流域的經濟與傳說中的生命之源，如今卻淪為屍首與斷肢殘臂充斥的地獄景象。湖中的屍體是盧安達種族大屠殺的產物——當地一位牧師曾說地獄已經沒有惡魔，因為他們都來到了這裡——全世界這才深切意識到盧安達這個地狹人稠的國家，也是尼羅河流域的一部分。

盧安達八〇%的領土位於尼羅河流域內，最重要的三條河尼亞巴隆哥河（Nyabarongo）、阿卡尼亞魯河（Akanyaru）與卡蓋拉河（Kagera）全都流入維多利亞湖。尼亞巴隆哥河呈大弧度蜿蜒緩緩流遍全國。稱為卡蓋拉河或阿卡蓋拉河（Akgera）的集水區位於盧安達的東部，匯集了來自流經蒲隆地的魯武武河（Ruvubu）與尼亞巴隆哥河的水。然而，盧安達境內的尼羅河幾乎沒有被開發用於灌溉，也完全沒被用來發電。

這些尼羅河支流已成為重要的儀式象徵與政治武器、文化隱喻與神祕疆界。最暴力的胡圖人（Hutus）通常將已遭斬首或綑綁雙手的圖西人（Tutsis）拋入河中，這種暴行被冠以一個代號：「幫他們租一輛公車去衣索比亞」——胡圖人認為圖西人源自這個國家——這是深深根植於水崇拜神話的傳統行為。極端教義派的胡圖族意識形態把這條河視為將人驅逐出境的手段，不僅將圖西人逐出家園，逐出這個世界，也是阻止圖西人進入傳統神話觀念裡死後獲得新生的循環。

一九九四年之後，盧安達經歷了巨大的轉變。進入二〇〇〇年代，該國在某種程度上已被定位並標記成所謂非洲復興（African renaissance）的主要象徵之一，還宣布自己的目標是成為非洲的瑞士。這些雄心也影響了該國在尼羅河水域開發與水資源分配爭奪戰中所扮演的角色。在前殖民時期的盧安達主流宗教觀念裡，尼亞巴隆哥河被視為將國家分割成兩個神聖部分的分界線，而在如今的國家建設計畫中，它將成為幫助國家邁向現代化與統一的推手。

塑膠袋與滅火器

我從坎帕拉乘車沿著維多利亞湖，來到了烏干達與盧安達之間的邊界關卡。途中我們經過一個路牌，上面標示著剛通過赤道線。雨季剛開始，河流與溪流如怒濤般湧向內陸海。我們不時停車，好聆聽洶湧的流水聲，或拍攝綠意盎然的尼羅河景——這和在埃及與努比亞穿越荒涼沙漠的尼羅河相比，是多麼強烈的對比。我將到盧安達首都吉佳利（Kigali）訪談保羅．卡加米（Paul Kagame）總統，順便還前往另一個剛發現的尼羅河源頭，位於盧安達與紛亂不堪的剛果比鄰的邊境。

「滅火器，」司機用難以聽懂的烏干達式英語說道。我猜他說的是滅火器，但覺得肯定不是。我不安地朝後座瞥了一眼，環顧了周遭，但沒看見有任何東西起火！司機又重複說了同一個字好幾次，表示必須拿到這個東西與一個標誌，否則就只能在這裡枯等。我確定我誤解了。「我們真的需要滅火器嗎？還有三角警示牌？」半信半疑地再問了一遍，他回答對，他必須向一位熟人借到這些東西。我只好在當地的咖啡館坐下來，買了一瓶冰可樂，耐心地等待司機完成他的差事。經過好幾小時的努力，他回來了，手臂夾著一個三角警示牌和滅火器，一臉沾沾自喜。我然被困在這個烏干達邊境小鎮，只為了一個滅火器。司機也是逼不得已，因為在盧安達若沒攜帶滅火器與三角警示牌就不能開車。我真的很期待造訪這個從沒來過的國家，尤其聽這位烏干達司機說，在這裡沒辦法用賄賂警察的方式解決問題。

烏干達側的邊界關卡與我在非洲其他地方看過的邊界關卡沒什麼兩樣。擁擠的人群，喧囂的喊叫，毫無秩序的混亂，骯髒且惡臭瀰漫的廁所。我得使盡渾身解數擺脫三個男人的糾纏，他們個個殷勤地想帶我到某座亭子，收取占銷售額一小部分的小費。他們全把我當《綠野仙踪》裡的桃樂絲，直到我停下腳步坐下來，像個窩在人潮裡的傻瓜般瞪著他們，而我在這裡的確是個傻瓜。現在最害怕的，就是有人會出於某種莫名其妙的原因，把我交給錯誤的人。

當我們終於越過邊境進入盧安達時，彷彿進入另一個世界。這裡的氣氛截然不同，一切都是那麼的悠閒輕鬆、井然有序。在窗口，一位彬彬有禮的收費員說道：「歡迎光臨盧安達。您有塑膠袋嗎？如果有，我必須沒收。」我相信盧安達人管理邊境的方式，對所有在非洲旅行過一段時間並越過邊境的人來說，一定會造成不小的心理衝擊。在這個人們曾經以開山刀自相殘殺的國家，如今只要求我們交出塑膠袋！我心中湧現一股想鼓掌的衝動，同時又有些忐忑：在這種意志堅定、亟欲轉型的氣氛裡，我該如何保持一個觀察者的距離？許多人批評卡加米治理下的盧安達，是一個政府軍屠殺數萬人後建立恐怖統治的警察國家。我們爬上車，帶著滅火器與三角警示牌，以不超過時速六十公里（這是新訂的速限）的速度行駛，讓我感覺比以往任何一次的乘車都安全。沿途經過的街道、房屋與泥屋外看不到一張紙屑，而在大多數地區看起來像塑膠瓶回收站的尼羅河，在這裡的支流也相當乾淨。一切都與非洲的刻板印象或我從前的旅行經驗不同，讓我懷疑這些組織化的一切會不會只是一種表面工夫、一種強制性公共秩序的荒謬現象，以及一個威權領導者鐵腕統治的結果？是不是如許多西方記者所報導，只是一種漠視人權的獨裁政權強化「形象管理」的邪惡假象？還是一場大型國家建設計畫的展現，是這個飽受折磨、備受挑戰的尼羅河國家的一場文明工程？畢竟，盧安達是全球人口最稠密的國家之一，領土面積約兩萬六千三百三十八平方公里，二〇〇二年人口密度為每平方公里三二六人（而一九七八年為一九一人），二〇一八年人口估計達一千兩百三十萬，預計到二〇三〇年將達到兩千五百萬，也就是每平方公里近一千人。大多數人口年齡低於二十歲，超過八〇％居住在農村。

當吉佳利——一座比全世界任何地方更能代表戰後文明崩潰的城市，在午後陽光照耀下出現在山坡上時，我開始翻閱幾本隨身攜帶的盧安達相關書籍，為訪談卡加米總統做準備，同時評估穿越尼羅河流經的熱帶雨林，前往源頭的不同旅行路線。

盧安達飯店與河岸道路

「沿著河岸往回走。路是通的。」在轟動全球的名片《盧安達飯店》（*Hotel Rwanda*）中，一位胡圖族民兵領導人向千山飯店（Hôtel des Mille Collines）的經理保羅．魯塞薩巴奇納（Paul Rusesabagina）如此建議。我們看到電影中保羅沿路從吉佳利往尼羅河的方向行駛，四下籠罩在濃霧之中。這段路開起來相當顛簸，讓觀眾懷疑他這台車到底開在什麼樣的路上，也看到魯塞薩巴奇納越來越焦慮不安，眼神充滿恐懼。有什麼可怕的事發生的感覺，讓觀眾與這位酒店經理同樣感到不知所措，但沒有人知道車輪到底壓到什麼。他們停了下來，保羅一下車就被絆倒，發現絆倒他的竟然是被肢解的屍體。他看到四下都是屍體，連在背景中緩緩流動的尼羅河上也布滿死屍。流經當地的是尼亞巴隆哥河，夾帶著盧安達血腥歷史上最黑暗篇章的證據，不疾不徐地流向維多利亞湖。在廣播中，一位新聞播報員報導從湖中打撈出了高達四萬具屍體。

《盧安達飯店》是一部令人震驚的電影，內容敘述與奧斯卡・辛德勒（Oscar Schindler）和他的名單齊名的盧安達人保羅・魯塞薩巴奇納的故事。他是胡圖族，當包括聯合國在內的所有人都無力阻止悲劇發生時，他奮力保護自己的家人、胡圖民兵亟欲消滅的圖西人以及溫和派的胡圖人。魯塞薩巴奇納不僅是一位救世主，同時是文明徹底崩潰時依然保持文明的代表。唐・其鐸（Don Cheadle）飾演這位懂得賄賂、欺騙與操縱，但始終不放棄人道主義目標的飯店經理。羅密歐・達萊爾（Roméo Dallaire）將軍也在片中出現。後來這位聯合國將軍因無力兌現保護民眾的承諾而精神崩潰，據報導他在加拿大的公園長椅上生活過一段時間，曾試圖自殺。

這部電影賦予了吉佳利一個新的光環，它不再只是籠罩全城的獸性陰影，同時是一道慈悲的光。若是在飯店經理兼主角的保羅・魯塞薩巴奇納成為卡加米總統最知名的反對者之一的今天才看這部電影，可能會感到更納悶：在流亡生活中，魯塞薩巴奇納持續不斷地抨擊卡加米以及他的政權侵犯人權。有一段時間，他們成了彼此的公敵。魯塞薩巴奇納指控盧安達已淪為由一小群圖西族精英藉統治營私的國家，卡加米的支持者則反控現為加拿大難民的魯塞薩巴奇納，綁架了英雄主義，與種族滅絕者交易，並支持胡圖游擊隊反對現任政權。

千山飯店距離吉佳利現代化的市中心僅有步行五分鐘的距離。它為巨樹與熱情的鳥類所包圍，大部分面積為游泳池所占據。如今置身其中，在吉佳利的氣候與海拔高度（九〇〇公尺）造就的舒適午後看著孩子們嬉戲，成年人和氣友好地聊天，雖然不至於完全無法、卻也很難想像在組織性的邪惡蹂躪該國時，恐怖的證據隨著河水漂流到下游流域國家。

來自歸零地的信

「可是，爸爸。爸爸？」男孩以孩子氣的天真鍥而不捨地追問。他的父親顯然在思索合適的措辭，否則該怎麼向孩子解釋鄰居互相屠戮這種事？

我在吉佳利種族大屠殺紀念館。這是一座位於吉梭利區（Gisozi）、視野遼闊的大型白色建築，建在館方宣稱埋葬了二十五萬人的地點。這裡將一九九四年所發生的一切記錄下來，內容雖詳盡到令人毛骨悚然，同時又極力克制，避免渲染。如新聞報導般的平實氣氛，讓館內的展示內容更顯震撼。一間接一間的展示室，每一間都充滿仇恨、背叛與野蠻的紀錄。

我身旁是一個盧安達小家庭——母親、父親及一位兒子。父親慢慢地為兒子讀著牆上的牌匾。可以聽出他正努力尋找適當的詞彙來解釋這件事。黑暗、無聲、幾近寧靜，加上站在這些記載了集體瘋狂的牌匾前的父母親與孩子，傳達出一個令人髮指的現實。將經驗代代相傳的努力是感人的，猶如善意的亡羊補牢。我淚眼盈眶地心想：「現在沒人能看到我。我是個可憐、無知的局外人。」掏出我的黃色筆記本，我恢復自制力，繼續抄錄牌匾上的文字。《盧安達飯店》中有一句很重要的對白，就是保羅．魯塞薩巴奇納說的：「我沒有歷史。我沒有記憶。我是個傻瓜。」然而，在被如此多證明人類滅絕彼此的意志與能力的照片與文件所包圍，我想：忘記這一切不是更好嗎？把它從集體記憶裡抹除，望向未來，往前邁進。但盧安達人與卡加米政府已經做出選擇。聲明自己不會，也不能忘記這一切。

政府顯然意識到自己對一九九四年的敘事，對自己在新生盧安達的權威與合法性至關重要。種族大屠殺的故事與國際社會的消極反應在外界掀起了內疚感，有助於讓盧安達現任政府在無需擔心受譴責的情況下譴責對手。雖然政府揭櫫的願景是消弭或不再討論種族隔閡，但仍需要展示種族仇恨的後果，並確保胡圖族極端分子為這場種族大屠殺承擔責任。

尼羅河國家的歷史充滿了激勵人心、顛覆傳統認知的社會實驗。在盧安達，胡圖族極端分子視白尼羅河支流為解決圖西族歷史問題的終極武器，然而種族必須相互和解，而不是各自與自己的過去和解。

種族是什麼？

「如今我們都是盧安達人。」她身子往前傾，食指重重地朝桌上一敲。種族大屠殺約十五年後，我同幾位盧安達人圍著咖啡桌，邊喝咖啡邊聊聊盧安達的政治。這位女士非常直率：盧安達沒有種族隔閡。胡圖人與圖西人之間沒有真正的區別。區別是殖民時期遺留下來的東西。「如今我們都是盧安達人。」她把這句話又說了一遍。另一個人環顧四下，知道他想說的是在盧安達不該再說的話：「圖西人與胡圖人顯然還有區別。這區別並不是比利時人創造出來的，雖然他們強化了這種隔閡。不過我也看不出我們之間有什麼不同。」

致力於研究什麼是種族、種族意識如何產生、如何自我合理化的眾多研究者，在尼羅河國家檢證了許多例子，原因顯而易見：據估計，流域國家內共有數百個語言與文化傳統南轅北轍的民族，其中許多在尼羅河流域多元的生態中占據了不同的位置，也有些民族長年為爭奪資源及領土相互衝突。這種廣泛而有影響力的民族研究，長年由歐洲殖民主義列強支持與資助，所有尼羅河國家的殖民政府，都曾延攬傑出的人類學家來研究當地社會與文化傳統，部族與種族的基本概念在這時期成形，也蒐集了劃時代的相關數據。民族研究普遍集中在尼羅河國家，因為一些族群之間衝突激烈，而且可能極端血腥。探討努爾族與阿贊德族、馬賽族與基庫尤族、安哈拉族（Amhara）與奧羅莫族（Oromo）、布干達族（Baganda）與蘭戈族（Lango），以及尤其是胡圖族與圖西族關係的書籍已多達數千本，文章甚至多達數萬篇。

從長遠來看，對尼羅河的未來而言，少有政治問題比這些國家如何選擇因應種族、文化多元以及舉國團結的挑戰更重要。每個國家都遵循不同的政策，而且每個國家的「民族問題」都隨著時間發生大幅變化。一九九〇年代，衣索比亞全國展開行政重組：原本的中央政府打壓各民族組織，但梅萊斯·澤納維（Meles Zenawi）政府決定讓各民族管理「自己的」地區。語言與文化的自我意識受到鼓勵，但必須維持在統一國家的框架內。約同一時間的盧安達則是禁止討論諸如圖西族與胡圖族等民族差異，人人都必須以盧安達人自居。政府認為這措施是必要的，唯有如此才能使該國頻頻陷入內戰的衝突徹底根除。

因此，所有關於種族的理論與陳述，也必須考慮該如何分析及處理尼羅河流域各民族之間的巨大差異。在一九九〇年至二〇一〇年間，肯亞、烏干達、蘇丹、盧安達和蒲隆地爆發血腥的種族衝突之後，如果不透過「種族濾鏡」來檢視，就幾乎不可能討論這些地區的問題。事實上，種族概念在公共辯論中完全缺席了數十年，直到一九八〇年代中期，西方有關於非洲發展的討論仍完全不接受這個概念，如今這個概念已經成為一種解釋非洲發展的主流、甚至過度主流，就連在非洲人自己的討論中也是如此。

沿著尼羅河旅行，你會不斷遇到不同語言的族群，也經常能聽到他們對彼此的仇恨與偏見，當你意識到這個地區有多少衝突與民族紛爭交織在一起時，就會發現沒什麼比產生「共民族」（shared ethnicity）的需求更迫切。將人歸類為各種民族的基礎是什麼？

什麼樣的人是胡圖族，什麼樣的人是圖西族？咖啡桌上的盧安達人幾乎無法看出或聽出胡圖族與圖西族之間的差別，就連胡圖族極端分子都得看通行證才能確定誰該殺、誰不該殺。畢竟，盧安達與蒲隆地的共同點就是種族之間幾乎沒有外觀上的明顯差異，但血腥的歷史中依然充滿種族之間恆久的衝突。歷史學家和研究人員指出，這兩個族群說的是同一種語言，有通婚史（至少在某些時期），也有許多共通的文化特徵。傳統上，這兩個族群之間的差別在某種程度上是基於他們的行為，而不是他們的血統。然而，近年的研究證明，胡圖族務農、圖西族放牧的區分過於簡單。根據殖民時期的理論，圖西人高瘦，而胡圖人矮胖，但一個人屬於哪個族群往往還是難以辨識。

一種理論認為，種族是一種在人人追求利益最大化的交易中所選擇的身分，或者用一種更簡單但不太精確的方式說：在以個人利益為目的的人際互動中，重點是特定情況下的族群交往是否有回報。毫無疑問的，種族認同的重要性的確視情況而異，但問題是，這個理論是否能解釋種族衝突在尼羅河的歷史上所激發與釋放，往往造成致命後果的強烈情緒？這裡的問題是衝突危及國家的合法性，並且有意識地意圖破壞國家的統一。換句話說，圖西族與胡圖族的大屠殺，是否可以被簡化成：在交易情境中創造或定義出來的種族認同間的鬥爭？

要解釋尼羅河國家的歷史與這一帶的種族問題，我認為必須將各種情況下反覆爆發的仇恨視為一種真實的情感，視為殺戮者所擁有的價值——即使是完全扭曲的價值——一種以集體經驗的相關故事及特定的歷史敘事為基礎的價值。意圖消滅彼此的仇恨，目標可能是報復，而不是追求幸福。仇恨在意的不是自己的行為是否會影響到自己，而是比交易過程中的計算收益更基本的東西。它在意的與大家參與的特定交易無關，在意的是顯然會被它強化或弱化的價值觀、信念與確定性。盧安達的大屠殺關心的是比「建立差異」或強化個人身分認同更關鍵、徹底物質性但卻是文化性的東西。

以這種方式簡化種族問題，解讀起來就容易得多；它是研究種族問題的一種反智方式，同時卻也能將種族問題知性化。但把歸屬感視為交易籌碼基礎的種族理論概念，在解釋盧安達的事件時會遇到一些問題。這種解釋種族問題的非歷史性方法，也可以在歷史的脈絡下解釋；它反映了一九五〇年代及一九六〇年代對發展的主流看法，當時認為種族形同宗教，可被視為一種短暫的、短期的情緒，情感或屬性，將在發展或現代化的過程中被掃進歷史的垃圾桶裡。種族與族群動員被視為邊緣現象，發展將使它越來越邊緣化，但也可能在某些社會情境中重新浮現。

同時，大家也一再看到種族擁有相對（但不是絕對）獨立於其脈絡之外的豐富內涵。它具有歷史背景，雖然不能因此就認為它基本、靜止且恆久不變。在一個社會裡，對一個族群的種族背景或特徵的看法與想法，將根據新的經驗不斷被重新詮釋，代表種族是動態的。因此，族群認同也是對人生歷程的敘述：它是一段不斷發生、成長、分流，但仍與集體共同定義的過去保持一種特殊連續性的歷史。族群認同是本質性差異的融合，透過編織無數關於這些差異的背景與價值的故事，得到歷史性的定義。此外，這些差異與故事通常會在個人與群體之間的特定社會交易中被強化。

但這問題更複雜。例如，什麼是盧安達與蒲隆地這兩個孿生國家、兩個種族之間不同關係的依據？這些差異清楚表明，屠殺的程度不能、也不該追溯到某種程度的民族自覺或交易過程，還必須分析社會組織。種族暴力的程度可以反映出社會結構，也可以反映出文化差異的程度。

這兩國在圖西族移民時期的歷史差異，影響了各民族定居與留存的地理分布，也影響了各族群間的關係以及討論與處理的方式。在蒲隆地，大多數圖西人居住在一個叫布圖西（Bututsi）的地區，他們占當地人口八〇%到八五%，大多數其他地區則僅有少數圖西人居住。相較之下，圖西族在盧安達的分布較遍及全國各地。唯一例外是北部地區，當地的圖西人一直只占人口的一小部分。從這點可以看出盧安達僵化的種姓制度——全國各地都出現由少數圖西族統治多數胡圖族的現象，而蒲隆地族群分布的地方差異，則在種姓制度內創造了更大的彈性。事實證明，這種外部、非民族關係的差異，對兩國處理種族問題的方式有著重大意義。

美國政治學家山謬・杭亭頓（Samuel Huntington）清楚證明一個社會分層越細，社會結構越複雜，政治動員就會越漸進。階級之間、職業之間、城鄉之間的差異創造了一連串分裂社會的舞台，而且根據規則，通常一次只能動員一個群體。另一方面，完全同質化的社會、僅有簡單橫向區別的社會——可能是坐擁一切的寡頭與一無所有的農民兩種族群——或是民族性、區域性族群垂直劃分明確的社會，要緩和或停止迅速動員就較為困難。[1]

盧安達種族大屠殺被認為是世界史上最殘酷、也最「有效」的大屠殺，據報導在三個月裡遇害者就多達一百萬人。殺戮過程的某些方面，呈現出一種與傳統祈雨師信仰息息相關的宇宙觀。[2]許多受害者在包括閹割及女陰殘割在內的極端暴力中遇害。

在傳統的盧安達王權概念裡，國王是掌控生命力量的祈雨師。在這種意識形態中，國王若是無法代表百姓控制及分配諸如降雨、繁衍等生命的力量，就可能失去王位或被處死。在胡圖族的政治宣傳中，圖西人背負著封鎖國內宇宙論與生命力量的罪名，基於在這種情況下可以將國王處死的邏輯，圖西人扮演了阻撓賦予生命之水與力量流動的破壞者角色，對整個社會構成明顯的威脅。這種宇宙觀顯然更根植於歷史而不是種族差異，幾種不同的意識形態與信仰融合在一起，就導致了文明的崩潰。

必須有異常強烈的意志、使命感及政治意識，才能領導這樣一個社會走上一條通往發展、民主及穩定的道路，並在一個不斷尋找並利用根植於種族歧見的弱點與內部矛盾的世界裡，讓這些元素進一步茁壯。那些忽略這種背景的尼羅河國家政治家或領導人的政治論述，很容易被視為傲慢的道德勸誡因而無疾而終，畢竟沒有什麼比利用自認為普世、上帝賦予的價值觀來譴責他人侵權，來得更容易理解、更能自我強化。文化相對主義與非歷史普世主義之間，在對歷史發展的分析上存在著巨大的鴻溝，尤其是在尼羅河流域的問題上。本書的一個理論性目標，就是證明唯有踏遍尼羅河流域這個以統一元素界定的空間，才能最完善地重建歷史、理解現在。

蛻變

二〇一〇年，也就是種族大屠殺十五年後，盧安達有了免費小學教育。人人都能享受國民健康保險。四分之一的盧安達人擁有手機，該國已經鋪設了二千三百公里的光纖電纜，將全國與全球網絡連接起來。在吉佳利可以透過手機處理銀行業務，農民可以透過名為eSoko（電子市場）的訊息服務收到持續更新的市場價格，大眾可以使用名為twende的智慧型票卡系統搭乘公車，能閱讀到大多數議員為女性在議會裡的辯論內容，而且根據我遇到的人所說的，官員們準時上班被視為理所當然。不管盧安達的支持者們是否誇大自己國家的成就，轉變無疑已經開始發生。盧安達成為過去數十年裡經濟年成長率最高的國家之一；有些人甚至將「盧安達模式」與亞洲的「亞洲虎」（Asiatic tiger）相提並論。盧安達是一個資源貧乏的國家，卻以驚人的速度在一個又一個的舞台上達成了現代化。人均所得也翻了好幾翻。沒有人會否認這個國家發生了巨大的變化，而且大多數人也會同意這主要得歸功於一個人的遠見及意志：軍人出身的總統保羅．卡加米。

雖然在他總統任內有許多進展，但卡加米仍是一位具爭議的政治人物。例如，瑞典與荷蘭在二〇一〇年左右決定停止對盧安達的所有援助，宣稱該國政府採行反民主政策。國際新聞組織「無國界記者組織」要求歐盟刪減對盧安達總統選舉的資助；他們堅稱卡加米關閉了報社，監禁了記者，並以鼓勵種族仇恨及否認種族滅絕等罪名迫使反對派閉嘴。十年後，瑞典和荷蘭都恢復向該國提供援助，盧安達一個獨立媒體委員會也製作了對盧安達媒體狀況的評估報告，對其自由化程度極為讚揚，[3]但無國界記者組織仍繼續斥責卡加米為「新聞自由剝奪者」，並宣稱該國「資訊自由多年來一直在穩定下降。」[4]

另一方面，卡加米因自己是盧安達的救世主、非洲的楷模而獲得了多個獎項；甚至在他掌權之前，美國和英國就支持他。從一開始，卡加米和他的政府就爭辯說，教育盧安達人民需要時間，政府打擊政治種族化的目的是要為每個人服務，因此新聞自由必須受到限制，而且只能逐漸自由化。

在彬彬有禮的隨扈引導下走過專人悉心照顧的美麗花園，通過幾個檢查哨後，我來到一個陳設簡單的房間準備面會總統。我已經知道我即將見到的人物並非他的支持者所宣稱的聖人。他曾在烏干達的穆塞韋尼游擊隊中擔任要職，所領導的軍事活動在盧安達戰爭期間曾殺害過無辜百姓。他對對手冷酷無情，而且從未完全撇清下令擊落蒲隆地與盧安達前總統所搭乘的專機的指控，這場行動被許多人視為引發種族大屠殺的導火線。

總統走了進來，他個頭又高又瘦，以堅定中帶謙虛的握手和我誠懇的打招呼。他沒有浪費時間在寒暄上，而是在一張簡單的木椅上坐了下來，身子微向後仰，在與我交談的短短一小時裡都維持著這種不舒服的姿勢。卡加米以精準且直接的措辭向我講述二〇二〇年盧安達的目標，也就是在全國各地的公共會議與報紙廣為討論的多項雄心計畫；他說這些計畫的重心是消除又一場種族大屠殺的隱患，而塑膠袋禁令等細節就是更廣泛發展策略中的一小步，這策略取決於加強自主與自信，以及不需外來援助就能創造正向變化的信念。總統也很清楚盧安達若想進一步發展，就需要利用尼羅河灌溉及發電。他反對一九二九年的尼羅河協定，稱它早已過時，但同時也強調各國必須通力合作，以最妥善的方式利用這條河。

對話結束時，我必須承認自己對他的印象很不錯，深深感覺保羅．卡加米對國家的願景遠超過利己牟私或盲目的愛國主義，但同時也意識到沒什麼比這類印象更可能造成誤導。

歷史並沒有給他多少鼓勵與支持，因此，為了成功，他必須帶領國家走一條新的路。盧安達在一九六二年獨立時由胡圖族精英掌權，因為胡圖族占人口多數。這個政府既腐敗又無能，但卻是比利時公司的可靠盟友，這些公司在前殖民地獨立後繼續營運，成為西方列強在殖民體系崩潰後建立的非洲秩序的一部分。最後法國接收——當時的說法是承擔，維護前比利時殖民地盧安達與蒲隆地的責任。盧安達的胡圖族精英在巴黎的軍事與政治支持、以及反圖西族宣傳的幫助下掌控了權力。這導致獨立後不久就爆發了對圖西族的襲擊，許多人越過邊界逃往鄰國，尤其是烏干達。

一九八七年，成員以圖西族為主的游擊組織盧安達愛國陣線（Rwandan Patriotic Front，FPR）成立，並於一九九〇年由位於烏干達的據點入侵盧安達，並攻擊政府軍意圖奪取政權。FPR受烏干達總統支持，許多活躍的成員曾在一九八六年幫助穆塞韋尼於坎帕拉掌權，卡加米就是其中一位。美國政治領導階層、跨國企業及卡加米本人，顯然都清楚中非熱帶雨林裡隱藏了多少重要的天然財富，但直到冷戰結束，美國當局才制定了一項增加美國在當地影響力為目的的戰略，而且是以犧牲法國的地位為代價。圖西族游擊隊FPR從親美的烏干達境內基地入侵盧安達，美國便抓緊機會鞏固自己的地位。一九九〇年的第一次攻擊被盧安達政府軍擊敗，在美國接受軍事訓練的卡加米立即返國帶領FPR部隊。他對FPR進行重組，並裝備了烏干達的武器後，於一九九三年展開新的攻勢。

法國順理成章地成為盧安達現狀的捍衛者，支持胡圖族主導的政府及胡圖族精英階層的盟友，並認為FPR不僅對盧安達政府、也對法國維持在該地區的影響力構成嚴重威脅，因此派出傘兵部隊協助盧安達軍作戰。不僅是執政的胡圖族精英，就連許多胡圖族公民對FPR的進犯都畏懼不已。大家都擔心生活回到圖西族統治的恐怖狀態，許多人還記得圖西族在蒲隆地及早年在盧安達對胡圖族的血腥攻擊。隨著卡加米的部隊與政府軍發生衝突並日益威脅到政府的權力，胡圖族也開始積極動員。政府和FPR宣布停火談判。但在烏干達、美國及英國支持下日益壯大的FPR奪取政權的機會已看似觸手可及，並沒有興趣在這種時候停手。

一九九四年四月六日，盧安達總統朱韋納爾．哈比亞利馬納（Juvénal Habyarimana）及蒲隆地總統西普里安．恩塔里亞米拉（Cyprien Ntaryamira）所搭乘的專機墜毀，引發了一連串最終導致血腥屠殺的連鎖反應。兩位總統都是胡圖族，而且兩位均罹難。到底發生了什麼、或背後有誰主導至今均不明。盧安達的反對派主張這起事件是卡加米的部隊所為，因此他們對隨後的血腥屠殺要負極大責任，卡加米則駁斥這些指控子虛烏有。在兩位胡圖族總統遇害後，FPR與政府軍之間戰端再起，幾乎同時，胡圖族極端分子開始在盧安達各地屠殺圖西族。大規模的反圖西族宣傳透過媒體傳播，全國各地的胡圖族激進派紛紛拿起武器。根據報導，他們制定了消滅「敵人」的計畫，也就是消滅整個圖西族及所有拒絕響應胡圖族激進派方針的胡圖族，大屠殺就這麼發生。在數十萬人喪命後，FPR進占吉佳利，保羅．卡加米成為總統。

在很短的時間內，這個國家就發生了翻天覆地的變化。更重要的是，基於對該地區複雜的大國政治角力的了解——這個國家被英國化了。法國因支持大屠殺的主導者而受到譴責，在一位法國法官宣布他想將涉嫌參與擊落兩國總統專機的卡加米拖上法庭後，兩國的外交關係暫停了一段時間。卡加米轉向美國，並獲得了他們的經濟、政治及道義支持。東尼．布萊爾卸任英國首相後，被正式任命為卡加米的顧問。二〇〇八年，英語成為盧安達從小學到大學的唯一教學語言，在區區數年前用的還是法語。

法國在尼羅河流域的大國政治角力中，再度淪為一個邊緣、微不足道的角色。

但如同一八九八年倫敦激烈反對尚—巴蒂斯特．馬爾尚（Jean-Baptiste Marchand）及法國在法紹達的影響力，主要是為了推進大英帝國在該地區利益的煙幕彈，列強最感興趣的並不是盧安達說什麼語言，而是參與者透過與吉佳利結盟，能獲得中非的哪些資源與天然財富。眾所周知，剛果民主共和國的鑽石與鈳鉭鐵礦（後者被用於智慧型手機、消費電子產品及軍事科技）必須借道盧安達才能取得。

盧安達的相對成功可能成為自己最大的問題，因為該國發展得越多、看起來越穩定，該國就越需要表現得像個成熟的、經得起考驗的民主國家。問題是卡加米政權的發展策略是否能成功，以及新的盧安達民族主義與身分認同，是否能幫助該國擺脫過去的沉重歷史。以合理的方式處理尼羅河問題可以促進發展、創造出超越種族的民族情懷，並以其他方式成為區域合作的動力，這些對這個沒有海岸線、位於尼羅河上游的小國至關重要。

尼羅河源頭的美國牧師

美國與英國透過多種管道，在這個上游國家逐步獲得了穩固的地位。

當巴拉克．歐巴馬就任美國總統時，他選擇了具爭議的福音派牧師華理克（Rick Warren）主持儀式的宗教部分，這位牧師被譽為歐巴馬的禱告良伴和朋友，他在CNN上告訴賴瑞．金（Larry King）自己最關心的兩個議題就是：美國信仰的衰退及盧安達。

那麼，這位將盧安達視為個人要務、曾是歐巴馬的禱告良伴，並曾參加過歐巴馬與卡加米兩位總統就職典禮的華理克，他是什麼樣的人物？一九八〇年，華理克創立了日後成為美國第八大教會的馬鞍峰教會（Saddleback Church），後來著作《標竿人生》（*The Purpose Driven Life*），據報導售出了二千至三千萬冊。歐巴馬曾於二〇〇六年、希拉蕊．柯林頓曾於二〇〇七年在他的教會發表演說。華理克曾獲邀在聯合國、達沃斯（Davos）世界經濟論壇及哈佛大學發表演講。他在二〇〇五年至二〇〇六年期間被指派為外交關係委員會（Council on Foreign Relations）成員，並曾入選《美國新聞與世界報導》（*US News and World Report*）二〇〇五年的「美國前二十五名領導者」、《時代雜誌》的「二〇〇四年最重要的十五位世界領袖」及二〇〇五年的「百大影響力人物」、以及《新聞周刊》（*Newsweek*）二〇〇六年的「讓美國偉大的十五人」。

華理克為何會來到盧安達的官方說法如下。卡加米總統曾赴芝加哥拜訪一位名叫喬．里奇（Joe Ritchie）的人。在當地時，他在書架上看到了華理克的書，問能不能送給他。不久之後，華理克就收到一封卡加米寄來的信，邀請這位牧師前來幫助重建他的國家。卡加米表示他認為華理克是個實事求是、放眼未來的人，而這正是盧安達所需要的。無論這個故事是否屬實，毫無疑問，華理克與卡加米的密切關係符合美國在該地區的整體戰略需求，符合到看起來並非巧合。

當卡加米寄出他的信函時，華理克已經是一個位高權重的人了，絕不是一個籍籍無名、決定靠盧安達賭一把的牧師。華理克計畫在五十年內建立一個龐大的國際基督教志工網絡，在各自的所在地救濟需要幫助的人，而盧安達就是這全球戰略的示範與測試地區。這位牧師鼓勵兩千多名馬鞍峰教會成員以小組形式前往盧安達，以便與六〇〇家盧安達教會、商業界人士及國會議員合作實踐該國的政策。

華理克於二〇〇五年開始在盧安達的工作，到了二〇〇八年七月已造訪該國十次左右。他表示自己計畫在當地長期投入，也培訓牧師提供醫療保健。到二〇〇八年七月，已有二百名參與者從華理克與合夥人一同設計的為期三年的服務工作結業。[5]共有兩萬人參加了在一座體育館舉行的結業典禮，華理克也在典禮上布道，主題是：上帝沒有創造沒有目的的人——沒有「目的驅動」的人。華理克的導師彼得·魏格納（Peter Wagner）在他的著作《上帝掌權》（*Dominion*）中寫道，華理克的計畫與賦予基督教社會權力的大戰略齊頭並進。[6]二〇一二年三月，已經成為卡加米顧問委員會成員的華理克在演講中稱讚總統為人正直，盧安達如今已是非洲的楷模，而十年後將成為全世界的楷模！[7]

如前所述，東尼·布萊爾也是卡加米的私人顧問之一，美國外交政策領導階層的大力支持，讓他得以建立及保護自己與盧安達的聲譽，而這關係在聯合國一份關於盧安達戰爭的報告中曝光。根據《紐約時報》二〇一〇年八月二十七日的報導，有一份五百四十五頁的聯合國報告，指責盧安達政府軍在一九九四年後的數年間在剛果殺害了數萬名胡圖族。[8]盧安達從未否認曾攻擊躲藏在鄰國平民人口中的民兵，但聯合國這份以《剛果民主共和國，一九九三至二〇〇三》（*Democratic Republic of Congo, 1993-2003*）為標題的報告，指出平民也淪為蓄意攻擊的目標。[9]這份報告的存在被揭露後，盧安達的反應相當消極。

《紐約時報》接著在二〇一〇年九月三十日發表了另一篇文章。該文章稱，聯合國調查小組已於一九九四年秋季做出結論：卡加米領導下的盧安達叛亂分子曾殺害數萬人。然而，在盧安達與華盛頓施壓、以及一場聯合國的內部辯論之後，這份報告被壓了下來。十六年後發表的一份十四頁官方摘要指出，叛軍曾有條不紊、有系統地捉捕手無寸鐵的平民，並將他們殺害。參與一九九四年調查的人員指出，聯合國內的美國人員非常積極地阻止聯合國公布這份調查結果，或許是因為擔心這起消滅胡圖族的罪行可能再次引爆內戰，盧安達政府則駁斥兩份報告均屬不實。

邊界轉移的新時代

位於盧安達與坦尚尼亞交界處卡蓋拉河上的魯蘇莫瀑布（Rusomo Falls），在規模與壯麗程度上都無法與藍尼羅河瀑布相提並論，因為二〇〇〇年代初衣索比亞人在那裡建造了發電廠，導致它們原本的水勢不復存在——默奇森瀑布亦然。瀑布位於非洲這一帶的尼羅河是最容易渡河的地方，戰略地位重要，這確保了此地在該國歷史上的地位。日後成為德屬東非總督的古斯塔夫・阿道夫・馮・戈真伯爵，在一九〇〇年代初就是從這裡進入盧安達。第一次世界大戰期間，計畫占領這一地區的比利時也在這裡挖掘戰壕，準備與占領河對岸的德軍作戰。一九九四年，當在地媒體報導成千上萬的盧安達難民在混亂中拚死過橋的逃難潮時，這些瀑布又短暫獲得了世人的注意。當時記者們站在橋上報導現場實況，數著被激流沖刷而下的屍體。

如今蒲隆地、盧安達與坦尚尼亞三國政府，攜手在這些瀑布上建造了一座發電廠。根據計畫，它所產生的九十兆瓦電力將由三國均分。這項計畫本身規模並不大，但卻是該地區歷史性的一大步，部分原因是這是非洲這一帶尼羅河首次的水利工程，而且還是由三個各自遵循不同發展策略的國家攜手合作。二〇一三年，世界銀行與非洲開發銀行（African Development Bank）批准了該項計畫的貸款。二〇一六年在吉佳利簽署了發電廠的建設合約。動土典禮於二〇一七年三月三十日在坦尚尼亞的恩加拉（Ngara）舉行。截至二〇一九年，工程預計在二〇二〇年或二〇二一年完成並投入發電。因此，該計畫是一個如何在治水上克服對比及傳統差異的例子，因為這種資源的跨國性讓每一國都無法「走自己的路」。二〇一〇年一月，盧安達政府與一家印度銀行簽署了一項貸款協議，並與一家印度公司簽約，在尼亞巴龍戈河沿岸建造另一座發電廠。尼亞巴龍戈發電廠於二〇一四年十月竣工，橫跨尼亞巴龍戈河一條小型支流穆沃戈河（Mwogo）。它是迄今為止該國最大的水力發電設施，並於二〇一五年三月五日由總統卡加米主持了啟用典禮。

即便如此，尼羅河水系也是盧安達與蒲隆地之間潛在的衝突根源，因為自一九六〇年劃定國界以來，構成兩國邊界的阿卡尼亞魯河／坎亞魯河（Kanyaru）以及卡蓋拉河／尼亞巴龍戈河，均已改道。

迷霧中的大猩猩

在非洲內陸的高山上，顫抖會比流汗多，你會看到高達三千五百公尺的巨大古老火山，還有幾乎完全為茂密的熱帶雨林所覆蓋的維龍加山脈（Virunga Mountains）。這是舉世知名的山地大猩猩研究專家黛安·佛西（Dian Fossey）曾經活躍的土地。在這裡，溫暖的赤道空氣被來自印度洋的風吹往內陸，並隨著火山山脈上升，形成了異常潮濕但也相當寒冷的氣候。

早上，當我離開在高原上租借的平房，準備前往大猩猩居住的群山時，四下籠罩在一陣薄霧中。這就是此處該有的樣子，因為我即將近距離觀察到的靈長類動物，就叫做「迷霧中的大猩猩」。取締盜獵拯救了尼羅河流域的山地大猩猩，如今在這片火山地帶的國家公園又發現了最大的群體。擅長公關宣傳的盧安達把這些大猩猩捧成了國家象徵，而我將在緊鄰剛果邊境的這裡，訪問被稱為阿馬霍洛（Amahoro）——意為「和平」的群體。

我們搭乘了好幾個小時的四輪傳動車，最後一段路異常崎嶇，我們被迫緩慢行車，慢到乞討的孩子們都能追著車子高喊「美元」。駛過山腳下的耕地後，我們抵達了停車地點。經驗豐富的導遊保羅帶領我們上山。雨林的聲音、濕度——對，尤其是濕度，以及灑落在藤本植物及老樹幹上的陽光，營造出一種獨特的神祕氣氛，一種與周遭環境不尋常的親密感。五顏六色的鳥兒在林間飛舞，發出令人意想不到的鳥鳴，而保羅以一根從樹上扯下來的樹枝，提醒我們留意自己正在橫跨大象及水牛的足跡。

在手持開山刀開路的嚮導帶領下，我們奮力穿過叢生的植物與茂密的幼樹森林，突然間就看見幾公尺外有一群黝黑的山地大猩猩家庭。保羅示意我們靜止不動、保持沉默。突然間，他拍手大喊；他朝大猩猩大吼大叫，和牠們說話，以樹枝敲打出聲。他要求牠們動起來，旋即四面八方的樹木與樹枝紛紛開始擺動：有些大猩猩衝上樹，有些爬了下來，還有更多從一棵樹盪到另一棵樹，彷彿讓我們重溫一部泰山電影，山地大猩猩為遊客們展現出牠們該有的行為。而老大本人，一頭高約一公尺半，胸前沒有任何毛髮，手腳巨大，背上有著特有條紋的雄性銀背大猩猩，則是無所畏懼地注視著我，眼神中對我的好奇心遠比我對他的要少得多。

我們繼續深入森林，看到了更多大猩猩家庭。與其他大型動物及人類相比，山地大猩猩從不依賴吸引其他動物及人類的河流或湖泊，總是霧色朦朧、籠罩在寒冷潮濕雲霧中的雨林裡，牠們僅靠食用植物便能獲取足夠的水分。因此，牠們不需要四處移動或大範圍遷徙，稱牠們為迷霧中的大猩猩真是名符其實。

回程途中，保羅向我們介紹山地大猩猩及牠們的生活方式，並一再提及黛安．佛西這個名字，因為在尼羅河流域仍能看到這些我們的近親，有一部分是她的功勞。她在一九八三年出版的《迷霧森林十八年》（*Gorillas in the Mist*）舉世聞名，五年後還被拍成由雪歌妮．薇佛（Sigourney Weaver）主演的同名電影。佛西在她的日記中寫道，把她帶到非洲的既不是命運也不是巧合，而是一種想和尚未與人類接觸的野生動物一起生活的強烈欲望。她找到了一個理想的工作據點——可以眺望維龍加山脈的迷霧營（Campi ya Moshi，或Smoky Camp），而佛西在這裡的生活的確也籠罩在迷霧之中。她不僅日記內容有點古怪，而且幾乎與所有可能遇到的每個人都吵架，向她的敵人開槍、朝入侵者扔猩猩糞便、將所有對她的大猩猩構成威脅的人送進監獄，而且還在投注一生保護大猩猩時遭到殺害。沒有人知道凶手是誰，但每個人都知道她樹敵無數。[10]她被安葬在自己建立的營地裡，緊鄰她的大猩猩朋友的墓。墓碑上寫著：

黛安．佛西
一九三二至一九八五
沒有人比她更熱愛大猩猩

她在遇害前的最後一篇日記中寫下了這句名言：「當你意識到一切生命的價值，你就不會糾結於過去，而會致力於保護未來。」[11]

雨林中的尼羅河源頭

當地警察局長來到吉塞尼（Gisenyi）的飯店接我，飯店位於剛果邊境美得令人驚嘆的基伍湖（Lake Kivu）畔，水面在陽光映照下呈現一種奇特的乳白色調。除了兩個漁夫船槳划出的圈圈，水面上不見一絲漣漪。我坐在飯店陽台上，端著一份新鮮的煎蛋及熱騰騰的咖啡，滿心期待這場前往尼羅河距離地中海出海口最遠源頭的「遠征」。即使如此，氣氛還是讓人感覺不太真實，因為當年那場人類歷史上規模最大、最驚恐的逃亡潮之一就是在這裡發生：有超過八十五萬人——男人、女人與兒童，在吉佳利政權更迭後，於一九九四年七月十四日至七月十八日的短短五天裡從盧安達逃往剛果。他們擔心圖西族會在吉佳利掌權的卡加米領導下對胡圖族展開報復。如今我坐在美麗的晨光中，心想：終於，我終於要看到白尼羅河的源頭了。

在這個被譽為「千山之國」的國家朝西南驅車數小時後，我們到達了紐格威森林國家公園（Nyungwe Forest National Park），這裡有兩百八十種鳥類及大部分的非洲動物群。我造訪當地時，還沒有多少盧安達人去過白尼羅河源頭，因為以當時現代化的全國公路網都還到不了那裡。我們在公園的邊緣與一小隊盧安達部隊會合，他們奉總統辦公室之命，在這個當時依然複雜紛亂的地區為我們提供保護；但一方面或許也是為了確保我們在當地不會做些預定計畫書裡沒說的事。

一行人安靜地深入雨林深處時，我在腦海中想像著遙遠的地中海與希臘海岸，距離這條河的源頭近七千公里，也想到源自這裡的水，將隨著尼羅河沖上擠滿享受炎熱假期的遊客的南歐海灘。當我爬過倒在路上的樹幹時，我想到了開羅、卡納克、努比亞、喀土穆、博爾及維多利亞湖——這些地方彼此之間是那麼的不同，更遑論這裡。

在抵達之前，我們既看不到源頭的景色、也聽不到源頭的聲響。白尼羅河的源頭毫不起眼、也毫不壯麗，不過是一道從一處小懸崖流出的棕色細水。這就是尼羅河的開端，卑微到近乎可笑。但正是這源頭的不起眼，讓這地點成為尼羅河所流經並沿途集水的十一個國家，提供重要的完美例證。整個流域的特徵就被總結在這不起眼的源頭上：這條河的作用，就是匯集落在這片占整個非洲大陸約十分之一大地上的水滴。因此，這個小小的源頭凸顯了流域的地理廣度及水文獨特的連結角色。數十萬條這樣的細水，匯聚成尼羅河這條歷史悠久的河流，並掀起總人口將突破五億的國家之間激烈的政治拉鋸戰。

這個距地中海最遙遠的尼羅河發源地，也有自己的發現史。一九〇七年建立吉佳利的德國醫師兼探險家理李察・肯特（Richard Kandt），在他關於尼羅河源頭的書中首次提出，「真正的源頭」必然就是卡蓋拉河的發源地，並說自己在紐格威森林裡找到了這個源頭。[12]一九六一年，一位居住在盧安達的德國神父史蒂芬・貝騰特魯普（Stephan Bettentrup）著手尋找肯特所堅信的源頭。他支持他同胞的理論，並沿著尼亞巴龍戈河發現了位於流域更上游的沼澤。

到了一九六〇年代，一群名為早稻田小組（Waseda Group）的當地研究員公布了貝騰特魯普數年前曾造訪過的沼澤區的手繪地圖。他們在東邊發現了一條小支流：魯卡拉拉河（Rukarara River），並在詳細調查後作出結論，認定這就是距離地中海最遠的源頭，並在樹幹上釘上一塊木牌，上頭刻有：「尼羅河源頭，一九六九年四月二十七日」（SOURCE DU NIL 1969 27 APR）。

二〇〇六年，這源頭再次被更常受注目的「登尼羅河上游探險隊」（Ascend the Nile）所「發現」。「宛如現代版的斯皮克與史丹利，英國及紐西蘭出身的三人小組展開一場進入非洲最深處的現代探險。他們乘坐三艘船向上游航行了六千七百公里。其中有一名探險隊成員在烏干達北部遇難，另外兩名仍在GPS與充氣橡皮筏的幫助下，繼續沿著魯卡拉拉河前進。他們得出的結論是，尼羅河比從前計算的還長一百零七公里。當探險隊的領隊抵達從小懸崖涓涓流出的源頭時，他向媒體宣布：「歷史已被改寫。」說他有些誇張一點也不為過，因為他基本上不過是印證了早稻田小組四年前公布的草圖。一九六九年，盧安達仍是一個法語國家，如果第一塊標示尼羅河源頭的木牌仍掛在這裡就能證實這點。但當我在二〇〇九年造訪源頭時，看到的已經是一塊新的標示：「尼羅河源頭」（Source of the Nile）。這是一個過去數十年來，法國在該地區的歷史遭到頓挫的明確象徵，這個頓挫在尼羅河的大國博弈中也具有重要意義。

我看了源頭最後一眼，知道自己今生不會再踏足此地。但我也知道這條細水，一條綿長且是著名大河的第一股水，會永遠將盧安達以及以埃及為首的尼羅河國家政治發展綁在一起。就是這些涓涓細流將這些國家綁進緊密的政治與經濟關係裡，沒有一個國家能自立於外。

《黑暗之心》，約瑟夫．康拉德與尼羅河傳記

如果沒有約瑟夫．康拉德的《黑暗之心》（*Heart of Darkness*）裡那段著名的剛果河之旅，就無法寫出一本記錄從地中海沿尼羅河，前往非洲最深處的旅遊書。這部短篇小說於一九〇二年出版，至今仍保有講述文明與非洲故事中最具代表性的地位。[13]雖然只有短短百餘頁，卻充分展現了文學與思維的潛力，尤其

是在創造「他者」與「我們」的認知與形象上，以及野蠻與文明的關係上。

康拉德這本小說是無法不帶偏見閱讀的經典名著之一。它不僅成為文學意識的一部分，也成為現代社會自我反思的一部分。本書也在法蘭西斯．福特．科波拉（Francis Ford Coppola）於一九七九年的電影《現代啟示錄》（*Apocalypse Now*）幫助下成為流行文化象徵。在文學評論家之間，這部小說經常被解讀成對整個歐洲帝國主義，尤其是比利時殖民主義深入而毀滅性的批判，並揭露了歐洲自詡為文明社會不過是一種掩蓋野蠻真面目的自吹自擂。當然，書中的故事也可以被視為一段內心之旅，一段對人類混濁靈魂的隱喻性調查。這本書性質曖昧，但這就是它成功的原因之一。

我坐在俯瞰烏干達北部尼羅河的陽台上重讀《黑暗之心》。在青蛙開始牠們的晚間大合唱前，唯一打破沉默的是酒店員工，他們試著學獅子咆哮並大聲拍手，把幾頭野象從飯店的庭園裡趕出去。康拉德的文字將我吸入了主角馬洛（Charles Marlow）沿著大河前往神祕、邪惡的非洲深處之駭人旅程，而今身處之地，數十年來一直籠罩在聖靈抵抗軍的恐怖陰影下，我突然想到這本書所探討的其實是與我原本以為的、與主流解釋所聲稱的不同東西。

作者以一個寓意深遠且巧妙、曖昧的標題來鋪陳情緒。「黑暗之心」，一個陰冷、駭人的隱喻，其中隱含著引領故事進行的悖論——一種內在的、無情的矛盾，一種創造與毀滅之間、英勇與背叛之間、真理與虛假之間、以及現實與文化衝突的可能結果間的對抗。

康拉德這本小說中的第一人稱敘述者是船員馬洛，他在泰晤士河口的一艘船上，花了一整天，講述自己簽約成為一家在非洲某大河上從事貿易的比利時公司河船船長之後的遭遇。馬洛這段旅程被譽為文學史上最著名的教育之旅之一，這場大河之旅徹底改變了他的一生。

修好他即將出航的船後，馬洛雇用了一群食人族，展開了這場溯河而上的旅程。越是深入內陸，對當地生活的描寫就越粗糙，小說的情節亦然。

氣氛不祥而嚴峻：「我們與周遭可理解的世界割離開來；我們如鬼魂般滑過，驚訝並暗自驚駭著，宛如神智清醒的人在瘋人院中經歷了一場瘋狂的騷動一般。」[14]康拉德克制地描寫暴力及流血事件，但這種文學手段成功地強化了整個故事悲觀與黑暗的氣氛：河流進流出，是一些生命的死亡溪流，它們的河岸腐爛成泥，河水變成黏稠稠的泥漿，侵蝕著彷彿在極度無能為力的絕望中，對著我們蠕動的扭曲紅樹林。我們在任何地方都沒停留多久，都不足以獲得具體的印象，有如一場在夢魘暗示中的疲憊朝聖。[15]

這段文字讓讀者隱約感覺到馬洛在深入大陸之後，終於可以認清這裡的真相。他已經進入了「黑暗之心」——也就是生命中黑暗的代名詞。

在叢林深處，他終於找到了德國商人庫茲（Kurtz），一位出了名的強硬象牙商人，同時也是成功的音樂家兼記者，還是一位舉世知名的天才、利他主義者兼文明價值觀的捍衛者。馬洛與庫茲一同前往下游的貿易站，途中越來越能看清庫茲的粗野、憤世嫉俗與殘暴。後來庫茲病倒，將他的個人記錄及一張女人的照片託付給馬洛。他要求馬洛將這些帶回文明世界。當庫茲死去時：「他對著某個影像，或某個異象低聲哭喊，近乎吐氣地哭喊了兩聲：『恐怖啊！恐怖啊！』」在馬洛眼中，庫茲就這麼總結了自己一生的智慧和在叢林裡的經驗。

儘管親眼目睹了庫茲無止境的貪婪與野蠻，馬洛最後還是選擇為庫茲辯護。馬洛沒有批評他，而是為他緩頰：他的行為是相對性的。在馬洛看來，庫茲可能已經瘋了，但依然能看穿謊言與欺騙。因此，他有話要說，也真的說了。馬洛經歷了一場真實的、生理上的惡夢，但他靠中立的觀察來逃避這場惡夢的情緒後果。當他後來見到了庫茲的未婚妻並被迫轉述庫茲的遺言時，馬洛以不誠實的回答辜負了自己。他告訴庫茲的未婚妻說，庫茲在嚥下最後一口氣時，他口中說的是「妳的名字」。

從地理上看，小說的情節是沿著一條大河從一地移動到另一地，但是——這很重要，因為它似乎強調了故事主題的普遍性——其實表達的更是抽象的精神狀態，而不是地圖上具象的點。康拉德並不是像從前的認知，將非洲或剛果描述成歐洲的對比或對立面。這並不是一本陳述剛果河的發展、或剛果河的歷史書。而是將這條河當作一個充滿異國情調的場景，或一個如夢似幻的舞台，在其中上演複雜的文明戲劇，並供馬洛投射他的困境與恐懼。換句話說，書中對非洲的描述所呈現的比較是馬洛與康拉德的觀點，而不是非洲的真貌。

就連剛果這地名在全書中也沒出現。沿著無名大河溯河而上的旅程，既是一個認知過程的隱喻及舞台，也是一段教育過程，讓馬洛在其中意識到或做出（不清晰，但真切的）結論，歐洲教育不過是一張人文主義的面具，用來遮掩比「原始」獸慾更壞的邪惡。一九〇〇年代初期，是歐洲文明自我推銷的政治意識形態頂峰，而這部小說則是對當時理解及表達這種思維的方式做出批判，說得更精準些，是對歐洲的天真與自我想像做出批判。

庫茲看穿的不外乎是優勢文化的欺騙性自我理解。這就是為什麼馬洛尊重庫茲並有意識地為他撒謊，不僅是為了保存對他的記憶，而且是為了保存他的存在計畫，也就是拒絕被傳統所壓倒。庫茲必須受到尊重，即使叢林生活讓他變得粗暴且憤世嫉俗，這不是因為他希望生活在真理中，如同亨利克·易卜生（Henrik Ibsen）某些戲劇中那些德國版的英雄，而是因為他成功地突破了主導他那個時代的觀點。

因此，在這種脈絡下，這部小說很有趣，因為它對故事中提出的議題做出了批判，也為西方思維的歷史與對非洲的觀點提供了線索。今天，書中對非洲人的描寫似乎有明顯的時代色彩，這些角色缺乏個性，文化上很原始，在某種程度上被當作歐洲人穿越黑暗、危險叢林的形而上延伸。因此，這部小說所描繪的，是歐洲人在非洲探索時代晚期的世界觀與自我形象。

將這部小說解讀成對人類好戰天性的傳統批判，或「反帝國主義的抗議」，會削弱它的獨創性與力量。將馬洛解讀成傳統反帝國主義觀點的代言人，會將這本書單純化、平庸化，並抹滅它的雙重性。如此定位這本書，將使其中真正令人不安的元素失焦，並使得它對當時的慣例所提出的反對顯得平淡無奇。

此外，這本書在政治和道德上的曖昧性，反映出作者本人在剛果也是個殖民計畫積極參與者的事實，而正是這種模稜兩可的態度，讓諸如奈及利亞作家兼評論家齊努亞·阿切貝（Chinua Achebe）等非洲知識分子，抨擊它宣揚的是種族主義，而不是反帝國主義。康拉德描述了一個極其殘酷的現實，儘管它是一個會讓人禁不住聯想到的現實；但如果要保護文明，就必須就這一點進行反思。康拉德揭露了歐洲對非洲的謊言，但並沒有揭露非洲對歐洲的謊言。因此，對這本書傳統、主流的解釋創造出了對歐洲與非洲的新概念——兩者都是刻板印象——非洲是「黑暗」的野蠻大陸，歐洲與殖民主義則是文明崩潰的代名詞。

這部小說因為這一面向而成為一種範本，成為其他作家寫到非洲時仿效的陳腔濫調。無數關於穿越非洲，尤其是取道河流的敘事，都借用了康拉德的隱喻與形象，或以他這本書為靈感來源。一提到剛果兩個字，幾乎不可能不聯想到馬洛這個角色。

康拉德的書應該被解讀成一個時代精神的歷史記錄，在那時代仍可將非洲描寫成無個性、不固定、僅存在於一個投射的夢想裡，而且歐洲的影響是以一種如今看起來很古老的語言陳述的。康拉德允許馬洛藉由違背真相逃離這場災難，逃離恐懼與黑暗之心，從而使庫茲對文明與野蠻之間的冷酷、近乎預言式的觀點不受到任何批判。因為小說中的故事是以馬洛的第一人稱敘述建構，因此也形同一部馬洛本身的故事，宛如一場進入馬洛自己扭曲的心靈，也就是他自己「黑暗之心」的旅程。然而，這種文學方法不僅是一種心理研究，還凸顯了一個解讀上的問題：要敘述、形容或理解「他者」，除了尋找傳統形象與刻板印象背後的真相，也必須了解自己。

由於《黑暗之心》的影響，我在寫這本書時，最重要的就是必須與庫茲、馬洛或康拉德進入「黑暗之心」的河上探險劃清界線。即使我這本書一如康拉德的作品，內容也是一場從海洋前往非洲最深處的大河之旅，我都必須努力與黑暗、異國情調及勇敢的探險家保持距離。在剛果邊境寧靜午後的陽光下，坐在這座陽台上俯瞰即將匯入阿伯特湖的尼羅河，房間裡有手機、網路與電視。在聽說一名遊客在酒店外死於大象攻擊後（這裡的寧靜，可能讓她不由自主的以為這頭動物很溫馴），也許已經沒有必要強調：將一九〇〇年代初期馬洛的剛果之旅與約百年後的尼羅河之旅相提並論，是何其缺乏歷史意義，又是何其荒謬。

赤道上白雪皚皚的月亮山

> 埃及尼羅河從月球山脈……上升，在往北流的途中水平劃過赤道。源自這座山的許多河流匯聚成一座大湖，源自這座湖的尼羅河，是全世界最偉大、最美麗的河流。[16]

自從約二〇〇〇年前，希臘天文學家兼數學家克勞狄烏斯．托勒密（Claudius Ptolemy）繪製了一張圖，主張尼羅河起源於月球山脈及非洲大陸中央的兩座湖泊以來，關於這些山脈的神話便開始流傳。但最終要等到亨利·莫頓·史丹利（Henry Morton Stanley）的發現，它們在尼羅河水系中的作用才獲得了證實。在他的名著《最黑暗的非洲》（*In Darkest Africa*）中只將自己描寫成這段發現史的一部分，在支持帝國主義的同時代人極力將他捧上天的時候，他把自己的重要性極小化。一八八七年，史丹利溯剛果河而上，順著（流入阿伯特湖的）塞姆利基河（Semliki River）前往上游的愛德華湖。

一八八八年五月二十五日，經過兩小時的行程，史丹利成為第一個親眼看到托勒密與他提及的阿拉伯地理學家沙貝丁（Scheabeddin）所記錄的月球山的歐洲人，並形容它是「一座被白雪覆蓋的大山」。[17] 史丹利選擇給這座山取另外一個名字，魯文佐里山（Ruwenzori，如今拼成Rwenzori），這是當地人稱呼這座山的眾多名稱之一。這是一個不錯的選擇，因為這個字是麥索拉人（Mtsora）語言裡的「祈雨師」，而這正是這座山的性質。不斷在山腰周圍形成的雲，讓山頂在一年裡有好幾個月被掩藏在雲霧中。雖然只是很偶爾，整座山也可能在突然間從厚厚的雲層裡冒出來。即使在雨季與旱季短暫的間隔裡，也只有在清晨時分才可能看到山頂；在旱季裡，它總是籠罩在看似永不退散的霧氣中。

義大利登山家兼探險家的阿布魯齊公爵路易吉·阿梅迪奧（Luigi Amedeo, Duke of Abruzzi）、他是第一位登上這座山山頂的歐洲人。儘管當時距離史丹利第一次看到並描述它已經過了將近二十年，但公爵的心情很好，若是相信他的敘述，就能知道他當時的精神狀態是高昂且饒富詩意的：

> 我展開了出發前瑪格麗塔女王陛下（Her Majesty Queen Margherita）在羅馬贈與我的那面小旗，將它繫在一根插在白雪皚皚的冰帽最高點的桿上，並呼喊「瑪格麗塔萬歲！」、「亞歷山德拉萬歲！」與「義大利萬歲！」三聲。原本此處僅有暴風雨的氣息，如今雪上有三色旗在風中飄揚。……[18]

公爵這場探險之行以一種矛盾、自誇的方式，展現了歐洲人以自己文化裡的名字為非洲命名的習慣。就這點而言，公爵在英國國王也出席的倫敦皇家地理學會會議上，所提出的建議極具啟發性：

因此，我建議將承載五座最高峰——瑪格麗塔峰（Margherita，一六八一六英尺）、亞歷山德拉峰（Alexandra，一六七五〇英尺）、埃列娜峰（Elena，一六三八八英尺）、薩伏依峰（Savoia，一六三四〇英尺）及莫必斯峰（Moebius，一六二一四英尺）的山峰或山丘命名為史丹利山（Mount Stanley）。第二組則依高度排列，以斯皮克的名字命名可以從伊班達（Ibanda）看到的杜瓦尼峰（Duwoni），紀念尼羅河源頭里彭瀑布的發現者；以義大利國王維托里奧・艾曼紐（Vittorio Emanuele）的名字命名這片地的最高峰（海拔一六〇八〇英尺）；以哈里・約翰斯頓爵士（一五九〇六英尺）的名字命名從Mobuko山谷看到的更低更南端的山峰。至於第三組山丘（Semper、Kiyanja或Ngemwimbi）則命名為貝克山（Mount Baker），以紀念發現了阿伯特湖、第一位看到這些山峰、並以英國國王名字命名其最高點（一五九八八英尺）的旅行家。

如此這般，最後他以義大利人及英國人的名字為每座山命了名。

利奧波德國王、一個強盜國家與尼羅河外交

提到剛果，常會令人聯想到一位來自義大利以外的歐洲人，諷刺的是他來自戰後新歐洲的首都布魯塞

爾。大多數歷史學家一致認定，這座城市在十九世紀末期是最野蠻的歐洲殖民主義之都。比利時國王利奧波德二世至今仍被視為一位「邪惡王子」，一位在他的剛果自由邦（Congo Free State）打造了自己殖民主義品牌的大帝國主義者。

這個巨大的私人殖民地與恐怖政權，要從這位國王與亨利．莫頓．史丹利的合作開始說起。在國王與他接觸時，史丹利尚未被譽為「非洲旅行的拿破崙」，也還沒有人認為「非洲地圖就是史丹利的紀念碑」。[19]不過，此時的他才剛頂著找到大衛．李文斯頓的英雄頭銜回到歐洲。

一八七七年八月十二日，英國威爾斯出身的史丹利，結束了為期三年的橫越非洲大陸探險。在這場旅程中，他確認了維多利亞湖沒有比白尼羅河（維多利亞尼羅河，Victoria Nile）更多的出水口，並且還證實了貝克在十三年前對阿伯特湖的描述屬實。除了這些成就，雖然遭遇重重艱險，他還沿著剛果河進行探勘，後來還試圖透過在一八七八年皇家地理學會的演講中不斷提及它，以及在他關於非洲的一本著作標題上使用它，將這條河改名為李文斯頓河（Livingstone River）。史丹利帶著象牙及豐富的個人閱歷回到了歐洲，並憑著敏銳的自我推銷能力，讓廠商使用自己的肖像銷售從肥皂到保衛爾（Bovril）肉汁等一切產品。然而，在著名的愛丁堡傳教士之後，他沒能成功將剛果河改名為李文斯頓河，以紀念這位愛丁堡傳教士。[20]儘管如此，他在剛果的歷史上還是留下了鮮明的痕跡。

史丹利試圖說服倫敦贊助他的下一次剛果探險，但英國人對非洲那一帶並不特別感興趣。另一方面，利奧波德國王已經派出了兩名代表，他們在史丹利從剛果返鄉途中見到了他。利奧波德成立了一個組織，其名稱凸顯的是一個外部世界與剛果關係中常見的主題：「非洲國際中非發展協會」（African International Association for Development in Central Africa）。後來的事實證明，這是一個明目張膽假利他之名行牟私之實的例子，打著慈善大旗掠奪資源，以現代化的偽裝做原始野蠻的勾當。返國兩年後，史丹利便率領比利時國王的剛果探險隊重返非洲。

這一次的探險隊與從前的完全不同。它由數百人組成，拖著兩艘重型蒸汽船。史丹利還帶上他每天早上喝茶用的銀器，而且他們帶著武器——很多武器。這場非洲探險的暴力濫用最終將成為史丹利傳奇上的汙點，包括以下這段故事。愛爾蘭威士忌生產商的繼承人詹姆斯·詹姆森（James Jameson）以六張手帕的代價，換來一個十歲女孩奴隸交給食人族，好讓他記錄並畫下她被肢解、烹煮與食用的過程。史丹利當時並不在場，聽到這件事時怒不可遏，儘管事件的情節眾說紛紜，但身為領導者的他還是得為此負責。詹姆森本人則在叢林中死於高燒。

利奧波德國王繼續頑強地進行他的計畫，並在倫敦的默許支持下獲得成功。出於對文字宣傳潛力的病態執著，他將自己所建立的國家稱為剛果自由邦，儘管史學家認為比利時人對待剛果人的方式堪比納粹大屠殺，並估計有多達一千萬人遭到滅絕。[21]利奧波德成為全世界、甚至可能是整個世界史上最大的地主。歷史學家一致認為，若是沒有列強的支持，這位一八八〇年代中期的比利時國王絕不可能成功得到這個約百萬平方公里的殖民地。而他在治理殖民地的頭幾十年裡獲得倫敦支持的一個重要原因，就是英國的尼羅河戰略，這個政策考量在剛果與歐洲殖民主義相關的大量文獻中備受忽略。

早在一八九四年，也就是各國承認尼羅河屬於英國的勢力範圍僅四年後，倫敦就與這位比利時國王達成協議，授予他建立私人帝國的權利。因此，利奧波德二世國王以私人，而不是比利時國王的名義獲得了非洲這片廣大地區的統治權。而在明確的交涉中，利奧波德也透過協議正式接受尼羅河谷為英國的勢力範圍。這種關係是如此緊密，以至於倫敦允許利奧波德在世期間「租用」南蘇丹境內的尼羅河西岸一直到法紹達地區。這位國王在剛果的部隊還做到了一件倫敦自己無法辦到的事：努力降低「達爾維希」，也就是殘存的突厥——埃及帝國部隊、以及來自蘇丹北部的大量努比亞士兵在該地區的影響力，基於與開羅的同盟關係，英國無法對他們發動戰爭。英國人之所以依賴利奧波德，是因為知道他的國家弱小到必須仰賴英國的幫助。結果，英國政府長年對批判利奧波德統治的報導充耳不聞，因為他們更擔心尼羅河流域邊境地區可能出現的權力真空。

一八九四年，倫敦占領烏干達的同一年，也是基秦拿將軍奉命計畫占領蘇丹前一年，讓英國人確保尼羅河流域這地區不會落入其他列強之手，即使他們很清楚利奧波德國王無法為這條河做出什麼大事。只要利奧波德支持英國的尼羅河戰略，倫敦就會支持他，而這位國王也心甘情願地當英國的工具。充分掌握尼羅河在地緣政治中的角色的外交大臣蘭斯敦（Lord Lansdowne）曾言：「如果他想要更多土地，我們就應該給他更多。」只要這麼做不會威脅到英國在尼羅河的長期利益。

威廉．加斯汀於二十世紀初，奉命在尼羅河上游及剛果進行水情評估[22]，重新制定及擴大與利奧波德於一八九四年簽訂的協議。利奧波德在加斯汀調查白尼羅河上游的同時，建議把塞姆利基河當作運輸河道，而且也可以改進為聯絡河道。加斯汀告訴克羅默，這個想法需要大量投資，這將導致河流改道，而且每個人都知道這需要在阿伯特湖建立更多的永久性港口[23]，可能會破壞英國未來將阿伯特湖作為調節水庫的潛在計畫。因此，利奧波德的提議被開羅與倫敦的英國人所拒絕。此外，這些對剛果尼羅河流域的新野心，可能促使英國人揭露這位比利時國王殖民地統治的殘酷，從而削弱雙方達成的舊協定，再與比利時政府進行更可預測、更長期的合作。

大約在加斯汀報告利奧波德的尼羅河計畫同時，英國政府指派一個委員會將利奧波德國王的統治手法公諸於世。一九〇三年，時任英國駐剛果博馬（Boma）領事的羅傑・凱斯門特（Roger Casement）受倫敦委託調查該國的勞動環境。凱斯門特於一九〇四年提交了一份長篇且詳盡的凱斯門特報告（Casement Report）[24]，內容為迫使利奧波德放棄剛果這個私人殖民地打穩了政治基礎。

一九〇六年五月九日，又是一個在尼羅河史、區域發展以及全球政策上有著重大外交意義的日子。當天，倫敦與比利時及利奧波德國王簽署了新的協定，這也凸顯了當時英國尼羅河戰略的連續性與一貫性。其中涉及尼羅河的第三條訴求非常明確：「剛果獨立國（Independent Congo State）政府承諾，在未與蘇丹政府達成協議的情況下，不會在塞姆利基河或伊桑戈河（Isango Rivers）之上或附近建造任何可能減少流入阿伯特湖水量的設施。」[25]一八九四年的英比協議（Anglo-Belgian Agreement of 1894）在一九〇六年又經過微幅修改，最後禁止在剛果建造任何可能影響尼羅河水流的設施。

剛果尼羅河

我開車經過南蘇丹境內的尼羅河支流耶伊河（Yei River），再往南開往剛果邊境。在邊界關卡一名邊境警衛粗暴地攔住我，以拙劣的法式英語問道：「你來這裡做什麼？」從他盯著我的眼神看來，似乎認定我是從剛果民主共和國走私鑽石的歐洲白人走私客。「我是來看尼羅河的。」我說。這答案大概讓他吃了一驚；總之他突然露出微笑，在我的護照上蓋了章，揮手讓我們通關。

為了慶祝如此輕鬆地進入剛果民主共和國，我和我的蘇丹同伴在最近的村莊停下來喝茶。咖啡館老闆，或者一些訪客，一定讀過肯亞作家恩古吉・瓦・提昂戈（Ngũgĩ wa Thiong'o）一九六七年的小說《一粒麥種》（*A Grain of Wheat*）。小說中主角前往非洲，找到了一家名為「至死好友」（Your Friend Unto Death）、簡稱「好友」的咖啡館。咖啡館裡客人很多，而且到處都是蒼蠅，就和這裡一樣。咖啡館的座右銘以大寫字母寫在牆上：「所有餓的渴的都來找我，我會讓你休息。」[26]這家咖啡館裡沒有聖經經文，但距離女性收銀員所站位置不遠處，和小說裡一樣掛著一張紙，上頭也寫著和小說裡一樣的詩：

> 既然人與人之間總是不公平，
> 讓我看看我可以信任的人。
> 我信任許多人卻換來悲傷，
> 所以，為了信用，我的朋友，明天來吧。

我們繼續上路，但稍早看到的黑暗、沉重的烏雲，突然變成了一場雷聲與閃電的瘋狂轟炸，幾乎沒什麼比尼羅河平原上的雷聲更嚇人。閃電一次又一次地伴隨著可怕的聲響從天而降，我知道接下來會發生什麼，只好停下車。果不其然，一兩分鐘後雨就開始下了。下雨了，這是在歐洲絕對看不到的豪雨，車頂上持續不斷的敲擊聲幾乎要把我們震聾。我們無所事事地坐著，連一公尺也無法前進，只能點起一根菸等待雨停。壯觀的傾盆大雨來得快去得也快，突然間不知從哪兒冒出來許多男人、孩子與女人，笑著喊著，幫我們把車從因大雨變成的泥潭推到了堅實的路面上。

就水文學上而言，剛果境內的尼羅河流域仍未被充分研究。剛果民主共和國境內最大的支流塞姆利基河沿線發生什麼事，對尼羅河下游水流的影響相對微不足道。一旦當年埃及與蘇丹的英國水利規劃者與利奧波德國王達成協議，讓他保證未經英國事先批准絕不改造支流，他們對這條河就相對不會感興趣。

塞姆利基河從愛德華湖的北端流出，河寬一般在二十至三十公尺之間。從愛德華湖到阿伯特湖的一百五十公里長的旅程中，它下降了約二百九十公尺。在上游河段水流很快；河底是岩石河床，河岸是茂密的森林。某些區段河寬僅十公尺且流經陡峭的山崖。雖然尚無關於水力發電可能性的詳細研究，但這條河擁有巨大潛力：估計供電量達可達約一百兆瓦。在大草原的下游水流漸趨緩慢，最後懶洋洋地蜿蜒流入阿伯特湖。河道以西的一連串牛軛湖，證明河床長年來一直往東穿越平原。

魯文佐里山脈由六座被深深的裂縫隔開的山丘組成，不同地區的融冰及降雨向北流入尼羅河。剛果民主共和國境內的尼羅河是一套複雜的河系，關鍵要素是愛德華湖、阿伯特湖、塞姆利基河以及其支流。這個國家是如此巨大，剛果尼羅河流域僅占全國面積的百分之一。

然而，對於生活在剛果東部東北方的居民而言，這條河還是非常重要，北基伍省（North Kivu）、東方省（Oriental Province）以及讓史丹利極度恐懼且詳細描述的伊圖里森林（Ituri Forest），都位於尼羅河流域內。在伊圖里，伊圖里民主民生整合發展組織於二〇〇四年支持了一項具體的開發計畫，在該地區的規劃史上首度將利用尼羅河納入計畫中。在塞姆利基河上建造水力發電廠，以及重建阿伯特湖的凱斯尼（Kasenyi）與馬哈吉（Mahagi）港口設施的計畫也獲得了討論。此外，有人建議可以利用尼羅河支流對約一萬公頃土地施行人工灌溉，但這些數字與計畫僅基於有限的調查與研究。剛果金夏沙政府認為支持與實行這些計畫有助於貫徹在該地區的統治、確認國家主權、並博取當地民眾信任。

作為水資源，尼羅河對剛果民主共和國永遠不會有重大的國家級經濟意義，但流域本身可能在未來成為一個重要的國家級政治問題。要在該國礦藏豐富的東部地區貫徹政府統治，金夏沙可用的手段相當有限。透過支持伊圖里人民的計畫，金夏沙政府或許能在這個強盜常偽裝成游擊隊士兵到處橫行、全世界都覬覦當地礦藏、少數人藉此賺取巨額利潤的無法地帶，樹立自己的權威。

唯有中央政府及國家才能激起當地居民對當地開發及利用尼羅河的興趣，因為這些行動需要在國際舞台上展開外交活動，無論是針對區域內其他國家、還是國際捐助者或投資者。然而，金夏沙政府已經——至今仍在持續——展開了一場艱苦的奮鬥。有太多強大的國際利益集團，不樂見這個地區在政府控制下恢復安定。剛果民主共和國境內的尼羅河流域擁有極為豐富的礦產與資源，對現代軍事與數位產業尤其重要，各方勢力根本不會允許剛果政府在此實行統治、建立秩序。因此對外界，也就是「國際社會」而言，剛果東部的形象就成了非洲永遠一成不變的證據；它代表一種先入為主的非洲觀——認為非洲必須由非洲人以外的人開發，即使當地的混亂在很大程度上，甚至幾乎全都是由這個「國際社會」的有心人士所造成的。

是阿伯特湖，還是蒙博托湖？

如果你飛越阿伯特湖，你會看到一座深藍色的巨大尼羅河湖泊一路往南延伸，在剛果民主共和國一側，山脈陡峭地向下傾斜，在一座水體中與自己的倒影相連。如果被這個國家視為英雄的著名領袖當年得以如願，這座水體如今可能被稱為蒙博托湖（Mobutu Sese Seko）。

約瑟夫—德西雷・蒙博托（Joseph-Désiré Mobutu）與許多比利時剛果出身的人一樣赴布魯塞爾學習，後於一九六〇年代初返鄉。剛果於一九六〇年獨立後不久，解放英雄同時也是剛果共和國第一任總統的帕特里斯・盧蒙巴（Patrice Lumumba）便遇害身亡，根據後來由美國特務所寫的一本書，他是被美國中央情報局毒死的。[27]後來大家發現比利時、聯合國及美國都和這件事脫離不了關係，據傳美國總統德懷特・艾森豪（Dwight D. Eisenhower）曾告訴英國外交大臣，他想像盧蒙巴掉進一條滿是鱷魚的河裡。[28]那是在切格瓦拉放棄他在古巴的所有頭銜，並跳上一架飛往剛果的飛機前不久，他頭戴一頂大灰帽，剃光了鬍子，戴著黑色厚鏡片的大太陽眼鏡以隱藏身分，試圖發動一場人民的革命戰爭。[29]然而隨著一九六五年一場由中央情報局撐腰的政變，蒙博托接任總統。他的政治計畫之一，是建立剛果的民族意識及認同，發展薩伊的「國家真實性」（national authenticity）。

由於反對安哥拉以及蘇聯與古巴在當地的駐軍，蒙博托長年受美國的支持，並因一則當時最大的公關新聞而被世人所銘記。他邀請全球重量級冠軍衛冕者小凱瑟斯・克萊（Cassius Clay）與喬治・福爾曼（George Foreman）到金夏沙，舉辦了一場拳王爭霸戰。小凱瑟斯・克萊皈依伊斯蘭教，並改名為穆罕默德・阿里。這場史上最著名的拳擊賽事在一九七四年十月三十日於剛果首都舉行，有六萬人到場觀賽，轉播也在全球創下了有史以來最高的收視率。最後這場精采絕倫的比賽，由穆罕默德・阿里在第八回合擊倒對方獲勝。賽前花絮及拳賽過程的事件很快就被譽為時代象徵，成為美國作家諾曼・梅勒（Norman Mailer）在一九七五年的著作《搏擊》（*The Fight*）與奧斯卡獲獎紀錄片《一代拳王》（*When We Were Kings*）的主題。在這位拳擊傳奇二〇〇一年的傳記電影《阿里》（*Ali*）中，這場拳賽也是全片的高潮。賽事名稱「叢林之戰」（Rumble in the Jungle）以及殘酷的賽事過程，在在讓人聯想起《黑暗之心》的康拉德與庫茲，為這個國家所創造的黑暗、狂野、遠離文明邊界的形象。

作為創造新國家真實性計畫的一部分，蒙博托將剛果更名為薩伊，源自葡萄牙語zaire，這葡語字彙本身則是源自剛果語的nzere或nzadi，意為「吞沒所有河流的河流」，不失為一個對流經該國之雄偉河流的貼切描述，但如今國名已被改回剛果民主共和國。因此，蒙博托自然不會接受、也不會滿意這個國家最大的湖竟然有個山繆爾・貝克在一八六四年為它冠上的英國王室名字。蒙博托因此以自己的名字為阿伯特湖正名，如今這座湖叫做「蒙博托湖」。

畢竟烏干達與剛果共享這座天然的尼羅河水庫，烏干達認為蒙博托對這座湖這種概念上的征服形同宣稱湖是他自己的，當然不會太高興。後來隨著蒙博托的統治每況愈下，他的政權也被舉世公認為竊盜統治的象徵（根據估計，該國近九〇％的收入直接進了蒙博托的口袋。雖然這個數字或有誇大之嫌，但這政權的腐敗已是不爭的事實）。顯然美國也不能再保護他了，認同以備受舉世唾棄的領導人之名為這座尼羅河湖泊正名是個好主意的剛果人，也越來越少。蒙博托於一九九七年遭盧安達、烏干達及美國等國所支持的洛朗—德西雷・卡比拉（Laurent-Désiré Kabila）推翻，女王的配偶阿伯特的名字因此逃過一劫。雖然阿伯特畢生未造訪這座中非湖泊，但至今依然掛著他的名字。

卡比拉於二〇〇一年遭到暗殺，由他的兒子約瑟夫繼任。長年以來，他的政府一直致力於在塞姆利基河流經的地區，建立國家統治的正當性，並期望透過完成沿河的開發計畫實現這個目標。剛果民主共和國政府的尼羅河流域資源開發政策因此逐漸成形，而且將成為金夏沙實質統治該地區的核心要素，當地飽受幾近永久性的動亂所擾，不同的游擊隊發動各種類型的戰爭，動機多半是為了尋找區域內的自然資源及礦產，而不是因為政治理念。基於對安定永久的供水、以及該國在尼羅河流域沿線的工業與能源發展的需求，剛果民主共和國也不會認同：一八九四年與一九〇六年的殖民時期協定仍具有約束力。然而對金夏沙而言，更重要的是區域內的穩定。政府的尼羅河外交對剛果民主共和國來說，是基於一項比尼羅河水的需求更迫切的戰略：確保長期干涉剛果內政的其他國家以及諸鄰國，保證不再干涉剛果民主共和國的內政。為此，金夏沙努力尋求埃及的支持，也因此沒有跟隨其他上游國家的腳步簽署二〇一〇年的尼羅河協定。

「你是唯一一位可以寫剛果民主共和國尼羅河的人嗎？」我們到處尋找一位剛果人，為我正在編輯的一本關於後殖民時代尼羅河的書撰寫一個章節。「是的，我應該可以，」拉斐爾說，「雖然這也不是我真正擅長的事，這並不是我的領域。」他雖這麼說，還是在很短的時間裡寫完一部精彩的篇章。[30]然而，正如歷史所表明的那樣，儘管這個國家的過去與尼羅河的歷史如此緊密交織，但獨立後的剛果在尼羅河流域仍然是個邊緣的角色，而且國內研究傳統也相對有限。

持續位移的邊界

「這裡的河流在位移，因此邊界也在位移。」彷彿剛果人在這個邊境地區的麻煩還不夠，他們與烏干達共享的邊界也因為自然原因而發生變化。威廉・加斯汀曾於一九〇〇年代初研究過，利奧波德國王計畫用於船舶運輸的塞姆利基河河道正在改變。塞姆利基河從愛德華湖向北流入剛果民主共和國境內，接著再流入阿伯特湖，並有很長一段構成剛果與烏干達之間的邊界。比利時—烏干達邊境委員會在一九〇〇年代初將這條河定為兩國之間的邊界，但並不知道、也不了解它在長年中可能會出現哪些變化，當然也沒意識到自己定出了一個會位移的邊界，就此留下這個難題。

二〇一〇年十二月七日，一位接受英國媒體《衛報》採訪的烏干達當地農民表示：「我們的祖父母耕種的土地——現在在剛果。它現在由（剛果政府）控制。……我必須去向他們，也就是剛果的領導人下跪。」[31]這番話似乎戲劇性地凸顯了烏干達正在萎縮，這對剛果有利。這是一個嚴肅的指控，但事實恰恰相反。在某些地方，剛果失去了一些領土，在其他地方，則是烏干達失去了領土。然而，自一九六〇年以來，烏干達的領土有所增加。河流改道，導致剛果縮小了。

《衛報》還直接斷言，河流位移的原因是全球氣候變遷：

> 雪峰在過去約一百年間變化迅速，幾乎可以肯定是由於人類的溫室氣體排放，導致全球氣溫升高。山區氣候的變化——以及隨之而來的強降雨——都是廣闊平原上的河流出現河道變化的部分原因。[32]

該報稱，魯文佐里山脈的冰川變少，導致烏干達隨之變小。然而，事實證明這是一個草率的判斷。首先，沒有人握有當地冰川長期變化的準確記錄。阿布魯齊公爵在一九〇六年所描述的壯麗雪景可能並不是當地的常態，因為該年降雨量特別高。要判斷這種比例的變化趨勢，僅比較過去一年的觀察結果是不夠的。此外，融冰只占這條河水流的一小部分：影響水流多寡的主要因素是當地的降雨量，而這正是河流蜿蜒程度的決定因素。在二〇一〇年之前的幾年裡雨量並不小，雖然並沒有超越一九六〇年代中期，但根據該報所引用的同一位研究人員之記錄，當時的冰川絕對不少。在《衛報》發表文章之後的幾年裡，許多研究及文章都預測魯文佐里山脈的所有冰川可能將在二〇二五年完全融化。這將對當地造成巨大的影響。但由於這些冰川過去變化的記錄如此匱乏，我們有充分的理由質疑這種危言聳聽的有效性及準確性。

至於在邊界另一頭的烏干達，已有多個地區動員當地民眾在河岸植樹造林，並停止在當地放牧，以保護河岸、並防止河流蠶食更多土地導致河道位移到烏干達境內。然而，尼羅河支流對水情及地形的影響，自會遵循自己的規律。

我猜你就是李文斯頓博士？

在蒲隆地當時的首都布松布拉〔Bujumbura，該國於二〇一八年遷都至吉特加（Gitega）〕，我入住了這座城市的高級酒店，名為「尼羅河源頭」（Source du Nil）。我分配到的套房大小約五十平方公尺，隔成兩個房間。「尼羅河源頭」曾是外籍人士或援助志工的旅館，幾乎可以想像，它被用來凸顯援助提供者與接受者的區別。從兩個房間都可以看到一座大型游泳池，其中一位房客是來自肯亞的聯合國雇員，在游泳池裡連續游了好幾個小時。由於他的體力讓我印象深刻，後來在午餐時便向他致意。

套房裡的桌上擺著一些沾滿塵土的小冊子與這個國家的相關書籍，都是我從家裡帶來的。其中關於紀念李文斯頓與史丹利、尼羅河源頭、以及這座城市足球場的石碑故事，在讓我無感的同時激發起自我厭惡。冷漠突然蓋過了期盼與好奇。我感到筋疲力盡，厭倦了旅行。現在心裡只有一個荒謬的願望：賴在床上，然後搭第一班飛機回家。

我打開手提箱，把一些衣服扔到椅子上，找出希羅多德，開始閱讀這位希臘歷史學家冰冷、枯燥的文章。書中充滿乏味的細節。然而，正是這些乏味的細節讓這本書顯得如此值得信賴、如此有公信力，並且以一種奇怪的方式讓書中某些部分如此歷久彌新，至今依然值得一讀。我尤其喜歡他如何推測尼羅河的源頭何在，以及他直截了當地承認自己沒有機會找到這個問題的答案。我試著想像：坐在「尼羅河源頭」這間五十平方公尺套房裡的碩大且陳舊的扶手椅上，二千五百多年前希羅多德是如何因無法再繼續旅程，而在埃及的象島停了下來，像我現在所做的一樣。這麼做讓我開始振作起來，穿好衣服，繫好鞋帶，煮一杯熱水，倒進一點即溶咖啡，然後立刻出門上車前往尼羅河在蒲隆地的源頭。

出了布松布拉驅車在高速公路往南走，我來到了坦噶尼喀湖蒲隆地這頭一座名叫穆傑雷（Mugere）的小村落。在一望無際又可眺望蔚藍湖面的平原上，矗立著一塊孤零零的大石頭。日落前的陽光將草地映照得一片翠綠，讓這塊灰色的大石頭在這片平坦、幾無石頭的景觀中顯得益發格格不入。在湖的另一端，可以清楚看到剛果民主共和國。

岩石上刻有：

李文斯頓　史丹利

25-XI-1871。

一八七一年十一月，傳教士大衛・李文斯頓與記者出身的探險家亨利・莫頓・史丹利在這裡聚首兩天兩夜。一八六五年，李文斯頓受英國皇家地理學之託前往維多利亞湖以南的這一帶，許多人相信尼羅河真正的源頭一定就在這裡，然而他的探勘並沒有任何突破。到了一八七一年，歐洲及美國媒體開始擔心他的現況，一家美國報社便雇用史丹利前去尋找這位失蹤的知名傳教士、探險家兼歐洲英雄。

兩週後，兩人在湖岸的這片平原上相遇，締造了這世界史上最具標誌性的時刻之一。在坦噶尼喀湖以南不遠的烏吉吉（Ujiji），這地名在斯瓦希里語中是「在荒野中航行」之意，兩名白人走向彼此。史丹利向朝他走來的大鬍子男士伸出手致意，根據他自己的說法，他只是簡單地問了一句：「我猜你就是李文斯頓博士。」（Dr. Livingstone, I presume）在他冒著生命危險，終於找到這位全歐洲與美國都猜測可能已經消失在非洲的人物之後，我相信這種出生入死與禮貌矜持的奇怪組合肯定會讓後人著迷。這聲問候背後的理由也相當有趣。史丹利寫道：

> 我本應衝向他，只是這麼做，在現場的人群眼裡會顯得像個懦夫——本應擁抱他，但又不知道他會如何回應；所以我做了道德上的懦弱與虛假的自尊所暗示我的第二個選項——靜靜走向他脫帽致意：「我猜你就是李文斯頓博士？」[33]

會面後，兩人又一同乘坐當地人划的獨木舟繼續向北航行。根據草圖判斷，他們應該是坐在船尾的遮蔭下。他們想調查是否有河流從湖中流向東北。這趟旅程耗時二十八天，最後才在一八七一年十一月二十五日抵達穆傑雷，以確定尼羅河是否如李文斯頓所相信的從坦噶尼喀湖流出。因此，與無數關於蒲隆地及李文斯頓的文章所說的不同，這裡並不是李文斯頓與史丹利初次會面的地點，兩人是先在其他地方會面，再一起來到這裡尋找尼羅河源頭的。李文斯頓原本確信坦噶尼喀湖就是源頭，但事實證明他對這河系的看法完全錯誤。

儘管如此，在他死的時候，他比世人意識到的更接近源頭。尼羅河支流之一的源頭，的確就在距離穆傑雷這塊巨石僅數英里處。兩人從坦噶尼喀湖往北眺望所看到的山脈，就位於穆傑雷巨石與源頭之間——

這就是一道分水嶺，在它的另一頭，就是源源不絕地流向地中海的河流。

王國與殖民地

他從頭開始解釋一切。我應邀到布松布拉的大學舉行的尼羅河會議發表演講。另一位演講者，蒲隆地為數不多的水資源專家之一，曾任水資源部長的帕斯卡·恩庫倫齊薩（Pascal Nkurunziza）被要求陳述尼羅河在蒲隆地所扮演、以及能為蒲隆地扮演什麼角色的基本知識：包括各支流的名稱、它們從哪裡流出、它們的相對意義等等。時值二〇〇九年，正處於區域性外交上「尼羅河爭奪戰」最激烈的時期，但蒲隆地大多數學者們顯然對尼羅河問題毫不關心，就連參加這場蒲隆地與尼羅河流域研討會的學者也不例外。

直到近年，蒲隆地才開始將自己視為一個尼羅河國家。他們經歷了許多國內衝突與內政問題，而且對他們而言剛果盆地要比尼羅河重要。蒲隆地原本是特瓦族（Twa）的居住地，居住著散居於赤道、非洲眾多俾格米（Pygmy）族群體中最著名的族群之一。後來胡圖族來了，圖西族也在一五〇〇年代開始移居此地，建立了一個以自己為統治種姓的王國。恩塔雷一世（Ntare Rushatsi，Ntare I）於十七世紀下半葉建立的蒲隆地王國，疆域與今天的蒲隆地大致相同。社會結構階級分明，地位依種族而定，主要依靠放牧及仰賴降雨的農業。

歐洲帝國主義被斥為非洲許多種族衝突的罪魁禍首。這種論點的理由是歐洲人無視於種族分布恣意劃定邊界，並採取各個擊破的分治政策。然而，蒲隆地與盧安達卻不適用於這套普遍性的理論。這兩個國家在殖民時期以前就已有邊界，但依然經歷過非洲常見的種族衝突與大屠殺。蒲隆地在一八九〇年被劃入德屬東非，但德國人對這塊殖民地相對不感興趣，儘管當地也有某種程度的經濟發展，但柏林並未致力將當地現代化或積極實施統治。這種策略自然對統治階級有利，純粹是因為如此治理殖民地較簡單、也較便宜。德國蒲隆地問題權威漢斯・邁耶（Hans Meyer）推測，圖西族統治的祕訣在於他們與生俱來的優勢：「他們出眾的智慧、冷靜、聰明、種族自豪感、團結及政治才能。」[34]一個更廣被接受的解釋是圖西族以牛作為槓桿，當作一種經濟籌碼來壓制胡圖族。他們利用了一種特殊的牧牛合約，讓圖西寡頭藉此獲得了統治胡圖人的主權政治權利。

毫無疑問，殖民主義列強利用並擴大了既有的區隔。比利時在第一次世界大戰期間於一九一六年占領了該地區——大約在倫敦與柏林在維多利亞湖上相互砲擊的同時——並於一九二三年獲得國際聯盟授予的治理權。一九二五年，比利時人成立了一個行政區，疆域涵蓋今天盧安達的烏蘭迪（Urandi）與比利時剛果。他們將這些最邊陲的尼羅河國家組成一個鬆散的「聯邦」，由布魯塞爾統治。他們的整體尼羅河政策自始至終維持不變：比利時人向倫敦發誓絕對不碰自己領土內的尼羅河。

然而，比利時人亟欲展開能為殖民政府提供資金的經濟活動。解決方案變成了強制種植咖啡。他們利用圖西族迫使胡圖族農民服從他們的命令。顯然，圖西族與殖民勢力的結盟強化了胡圖族與圖西族之間的對立，最後這政策獲得了種族正當性。專注於種族優生的研究人員開始提出圖西族有高加索血統，因此在種族上優於胡圖族的主張。每個居民都有一張載明屬於胡圖族還是圖西族的身分證。

一九四六年，盧安達—烏隆地成為聯合國託管領土，但仍由比利時進行實質管理。隨著「風向改變」席捲全非洲，比利時也明白自己對這些國家的治理方式必須有所改革。比利時人顯然擔心胡圖族發動叛亂將會破壞該地區的穩定，因為布魯塞爾與占人口少數的圖西族結盟，占多數的胡圖族被排除在政治權力之外。然而，實際上，比利時人自己也在一九五九年因支持胡圖族而助長了動亂。一九五九年十一月，在比利時軍事人員的慫恿下爆發一場大規模的胡圖族叛亂，所引發的一連串效應，在一九九四年於盧安達及同年於蒲隆地爆發一系列大屠殺時達到了高潮。根據一份聯合國的報告，一九五九年的叛亂導致二萬至十萬名圖西族遭到殺害，報告中還主張這場大屠殺是由比利時當地政府協助組成的。然而，一九五九年的叛亂改變了盧安達─烏隆地的政治與社會結構。超過十五萬名圖西族被迫流亡，留下的也被排除在所有政治職位之外。一九六二年比利時人撤出，盧安達與蒲隆地成為胡圖族占人口多數的獨立國家，後來這就成了種族滅絕戰爭的開端。

自省與面具

「這是真的嗎？」坐在布松布拉的一家戶外餐廳裡的我不住納悶。這裡氣氛極佳、友善好客。區區幾盞燈讓這裡不至於陷入一片漆黑。餐桌上的顧客們以溫和的語調交談，不時傳來一些笑聲，一切似乎是如此的和平，讓我只差沒說——也許是這裡的高溫影響了我的思緒——如此的怡人。

我眼前的，絕不是任何人期待在一個曾發生過兩次聯合國認證的種族滅絕國家裡會看到的景象。我坐在一個同胞反覆自相殘殺、成千上萬人彷彿比動物還不值錢地慘遭屠戮的國家首都中，一家寧靜的戶外餐廳裡，看到的卻只有溫和、親切與克制。有時新發現會在腦海裡蓋過既有認知。如今我所看到的現實，與我原本期望看到的竟是如此大相逕庭，但反過來說，我所看到的也不是完整的現實。我已經在這裡待了幾天，但感官是會騙人的。要了解蒲隆地，光靠眼睛及耳朵，或與服務生、計程車司機甚至總統交談是不夠的，顯然還需要一點努力。

就這點而言，如果一個人希望了解非洲，或是「他者」，或是歐洲，或是自己，必須考慮主導觀點的力量是如何影響他所看見及理解的事物。無論是歐洲人還是非洲人，都不該在沒有反思自己的歷史和對所描述事件的相對立場情況下，解讀東非的歷史，因為寫歐洲的人還必須考慮到他或她自己對這個大陸的立場所產生的視角，以及不同解讀傳統的約束與局限。

一個人必須進一步澄清自己的背景，以及整個人生如何影響到自己所看到的，以及如何解釋自己所觀察到的。任何觀察者都必須試著向自己解釋自己的心理狀態、意見、理論、觀點可能的意涵，因為以嚴肅的方式解讀社會現象的行為，也需要某些方面的自我反思。作為個人及身處社會中的個體，在思想、信念和政治意識形態傾向方面，熟悉自己的歷史是能夠嘗試從外部檢視自己（當然不可能完全做到）的先決條件，但在以刻板印象與塑造形象的活動主導背景下尤其有效。它是每個試圖理解周遭世界（以及理解自我）的重要部分。在試圖解讀非歐洲傳統時，歐洲人應該意識到歐洲傳統、意識到它如何受到與其他國家關係的歷史影響，並意識到它的解讀傳統。當然，要理解歐洲地區時，一個阿拉伯人或一個非洲人在分析歐洲歷史、甚至他們自己的歷史時，也應該意識到這分析對象與自己解讀傳統的關係。

我們無法擺脫以這種方式定義的歐洲中心主義或阿拉伯中心主義，因為在撰寫尼羅河的歷史時，無論是一位來自挪威的白人或黑人，還是一位來自烏干達的白人或黑人，都無法擺脫自己的立場。也就是說，不論是看尼羅河的傳記還是討論尼羅河國家的發展，都沒有人能看到沒有觀點的「真相」。不過，一個觀察者身為非非洲人或歐洲人也不是一個問題，許多人受後殖民主義愛德華・薩伊德的東方主義批評影響，他所堅稱的相對劣勢或障礙是不存在的。要分析尼羅河，一位歐洲人並不比一位阿拉伯人或非洲人

「差」，因為每個人都會有自己的「盲點」。一旦本著這種本質，要做出以區隔為目的的判斷基準與高低之分來排外，不僅是平等交流，就連社會科學與歷史的思想及計畫的基礎，都會被排除。

對思想與世界觀的歷史及力量的認知，能讓人在選擇自己的分析立場時擁有一定的自由度。擁有這種認知，便可透過對過去的思想採取批判態度，做出不流於虛幻的選擇，並構思出無法在其他情況下想到的選項與觀點。這能讓人進行自我對話；在迫使人與自己及自己的歷史對話的同時，也對「他人」的觀點與計畫抱持較開放的態度。

我以一個外來觀察者的身分，與帕斯卡這位朋友討論蒲隆地相關議題。帕斯卡是一位曾經擔任部長的研究員，非常樂於同我談談他的國家。

全方位的對立

過去兩個世紀以來尼羅河的勢力與影響力之爭，一直是英法兩國的核心衝突之一，尼羅河流域的勢力均衡因此不斷出現上下左右的位移。它始於一七九九年拿破崙進軍埃及的尼羅河三角洲，並逐步朝流域的上游方向移動。冷戰結束後，英美的文化與經濟利益一個地點又一個地點、一個地區又一個地區地將法國人掃到了一旁。正如我們所看到的，盧安達甚至曾短暫與巴黎斷絕外交關係，並在二〇〇八年將教學語言改成英語。英國前首相東尼·布萊爾成為卡加米總統的顧問，美國成為卡加米最親密的盟友，在首都的街道上再也看不到法國軍官的身影。後來尼羅河流域內依然算是法語國家的，只剩蒲隆地一國，而且這種趨勢似乎已不可逆。由於與經濟實力較強的英語鄰國合作與日俱增，蒲隆地也可能在不久的將來轉用英語。

自蒲隆地於一九六二年獨立以來，法國在當地一直駐有軍事及政治顧問。期間爆發了許多動亂及大小內戰，尤其是在占人口多數的胡圖族與在很大程度上擁有政治及軍事控制權的圖西族之間。一九七〇至一九七一年，胡圖族與圖西族爆發了導致數十萬人喪生的內戰，但當時由於舉世對越南戰爭、中國與美國之間的乒乓外交、以及安哥拉與莫三比克對抗葡萄牙殖民統治戰爭的關注，這起事件並未引起世人的注意。當胡圖族在一九七二年四月試圖奪取政權時，政府在軍隊的幫助下展開了可怕的報復行動。據報導約有二十萬名胡圖族（及一些圖西族）遭到屠殺，超過三十萬人逃往坦尚尼亞。胡圖族領袖與知識分子是備受攻擊的主要目標。

該國於一九九三年六月二日舉行的第一次總統選舉，由蒲隆地民主陣線（Burundi Democracy Front）候選人梅爾希奧・恩達岱（Melchior Ndadaye）勝出。然而，恩達岱這首位在蒲隆地執政的胡圖族總統，在數個月後就遭到暗殺。一九九四年四月六日，胡圖族的第二任總統西普里安・恩塔里亞米拉又因他與盧安達總統所搭乘的專機遭到擊落而遇難。結果導致胡圖青年開始結夥屠殺圖西族，由圖西族所掌控的軍隊也大舉屠殺胡圖族。

種族衝突的頻率增加，並發展成低強度的內戰。一九九六年七月，區域內的六個國家聯手提議派兵蒲隆地維持和平、恢復秩序。圖西族主導的軍方不服於事態發展，便發動了政變推翻了胡圖族總統，由圖西族的前總統皮埃爾・布約亞（Pierre Buyoya）取而代之。經過短短幾年下野後，他又一路掌權到二〇〇三年。他在任內未期成立了一個過渡政府，同意他將在執政前十八個月後下台，也信守了自己的承諾。總統於二〇〇三年四月由胡圖族人多米蒂昂・恩達伊澤耶（Domitien Ndayizeye）繼任。

內亂期間，蒲隆地因無法因應混亂局勢而「發展」成全球最貧窮的國家之一，不識字率、嬰兒死亡率及現代經濟活動的匱乏率都高得驚人。因此，法國在該地區的這個「親密盟友」，絕對稱不上巴黎非洲政策的楷模。

被一位挪威人救贖的游擊隊領袖

時間是二〇〇三年八月二十三日星期六。全副武裝、精銳部隊隨侍在側的著名叛軍領袖皮埃爾．庫倫齊薩（Pierre Nkurunziza），躺在布松布拉（蒲隆地最大城市，當時是該國首都）足球場後方一座小山坡上。在他九歲時，曾任議會議員及州長的父親在該國頻繁爆發的種族衝突中喪生，兄弟姐妹中有五人也在類似的衝突中殞命。他本人則是在一九九五年軍方襲擊布松布拉大學時負傷逃往叢林，後來就成了游擊隊首領。在這個星期六，庫倫齊薩與他的部隊前來聆聽手持大聲公、在這座城市裡四處傳道的挪威福音派牧師埃里爾．艾德瓦爾森（Aril Edvardsen）講道。

蒲隆地人民必須做出選擇！你們可以邀請耶穌來到蒲隆地，讓這個國家成為全非洲的耀眼明星，也可以讓巴拉巴控制這裡的一切，而你們都知道他能做什麼，艾德瓦爾森牧師說道。蒲隆地政府與反對派勢力國家民主保衛委員會—保衛民主力量（Conseil National Pour la Défense de la Démocratie-Forces pour la Défense de la Démocratie，CNDD-FDD）在南非的和平談判剛剛宣布破裂，但這位游擊隊領導人並未立即撤回坦尚尼亞邊境的叛軍總部，而是藏身布松布拉體育館後方山坡上的灌木叢裡，聆聽阿里爾．艾德瓦爾森布道。

出身天主教背景的皮埃爾．庫倫齊薩並沒有在當天「改宗」成為基督徒。這位叛軍領導人回到前線，參加了一場與政府軍的戰鬥，同時仍繼續與蒲隆地總統保持聯繫。但庫倫齊薩顯然無法與自己和解。他的一名軍官表示，他曾說自己聽到了上帝的聲音。三個月後，根據同一位軍官的說法，也如同艾德瓦爾森的挪威傳教組織特倫斯・貝維斯（Troens Bevis）所寫的，庫倫齊薩決定奉耶穌基督為「他虔心信仰的救世主」。[35]接下來在二〇〇三年十一月十六日，他與總統多米蒂昂・恩達伊澤耶簽署了一項決議由雙方聯手治國的和平條約，反叛組織隨之轉為政黨。十一月二十三日，總統重組政府，任命庫倫齊薩為「善治部長」（Minister of Good Governance）。二〇〇三年六月六日星期六，他與許多叛軍士兵一同抵達布松布拉並放下武器。戰爭在舉國震驚中突然結束，許多人雀躍歡呼。

不久之後，庫倫齊薩在國家媒體上現身，表示自己已經得到救贖，並期望為國家的和平而努力。他在公開場合承認自己如今是一名基督徒，要求全國寬恕他對人民犯下的罪行。

二〇〇五年九月十九日，庫倫齊薩在投票率高達七〇%的選舉中，以九二%的得票率當選總統。蒲隆地通過了一部新憲法來取代一九六二年的憲法。它導入了總統與副總統必須由不同種族擔任的規定。此外，政府及議會必須由六〇%的胡圖族與四〇%的圖西族組成，三〇%的民選席次必須保留給女性，議會也必須為該國的特瓦族代表保留三個席次。根據新憲法，任何民族在軍中的占比均不得超過五〇%。

庫倫齊薩的領導風格相當特別。他與妻子在家中成立了禱告與查經班。參加者告訴我聚會常因為總統要祈禱，或他的私人唱詩班進房間演唱聖歌而被打斷。儘管總統採用非正式的民粹主義風格治國，但反對派仍批評他專制獨裁。庫倫齊薩曾發起一場「十字軍祈禱運動」，也曾舉辦足球賽。例如，他的哈利路亞足球隊（Hallelujah FC）於二〇一〇年八月在布松布拉體育館與盧安達官員進行了一場比賽（卡加米也列席觀賞，庫倫齊薩則表演了花式足球特技，搏得滿場喝采）。同月同地，在總統聆聽艾德瓦爾森講道的七年後，數千人參加了總統所舉辦的一場大型宗教活動，庫倫齊薩在會上為窮人洗腳並分發鞋子。他的理由很明確：總統對投票給自己的選民必須謙遜以對。他一身黑色西裝配T恤，手持麥克風，與他的唱詩班「祈禱不止」（Komeza Gusenga）一同唱歌跳舞。

毫無疑問，這位總統為蒲隆地帶來了和平與安定。二〇一〇年，他在歐盟觀察員認定自由、公平的選舉中以超過九〇%的選票當選連任，但反對派抵制，因為他們聲稱該年的地方選舉舞弊嚴重。分析家繼續討論爆發新內戰的危險，布松布拉的西方特使也在二〇一一年六月撰寫了一份備忘錄，對二〇一〇年大選後安全局所執行的謀殺及酷刑表示關切。二〇一五年四月，庫倫齊薩宣布他將尋求三度連任。反對派表示此舉違憲，因為憲法規定總統不得連任三次，而支持庫倫齊薩的人則宣稱他的第一任期並不算數，因為當時是由議會任命，而不是由人民直選的。這爭端引發了示威與暴動，廣播電台也因此關閉。五月中旬，一位曾擔任蒲隆地情報部門首長的將軍，趁總統前往鄰國坦尚尼亞參加峰會時發動政變。其中一名政變領導人呼籲大家拿起武器對抗庫倫齊薩政權。經過一番戰鬥後，蒲隆地政府宣布他們已經消滅了從盧安達穿越紐格威森林進入蒲隆地北部的叛亂分子，但吉佳利政府否認自己與此事有關。選舉於七月舉行，雖然仍有反對派杯葛，庫倫齊薩還是以七〇%的得票率當選連任。儘管各方對庫倫齊薩的統治看法分歧，在他上台後的數十年內，蒲隆地的情勢一直相對穩定，也有顯著的經濟成長，還成功打破了孤立狀態，成為尼羅河爭霸戰的重要參與者。

示好、地毯與尼羅河水

二〇一〇年十二月初，蒲隆地副總統熱爾韋斯・羅夫基里（Gervais Rovkiri）與埃及總理艾哈邁德・納齊夫（Ahmed Nazif），在聯合記者會上一同向埃及媒體宣布：「蒲隆地支持埃及捍衛其尼羅河水的合法配額。」看來埃及討好蒲隆地以阻止該國追隨其他上游國家，簽署於二〇一〇年五月十四日發起的尼羅河流域合作框架協議（Nile Basin Cooperative Framework Agreement），這個策略已經奏效。媒體強調羅夫基里重視對話與合作，埃及總理也對蒲隆地的支持表示感謝。

二〇一一年一月，衣索比亞各大報提及埃及動員蒲隆地的穆斯林，支持埃及在尼羅河問題上的立場的傳言。報上寫道穆斯林占蒲隆地人口的一〇%，而且該國不久前才將一年一度的開齋節訂為國定假日。二〇一〇年秋，還有未經證實的傳言指出，埃及試圖以贈禮賄賂蒲隆地政界人士及政府官員，派遣班機裝載大量東方地毯，將之送到布松布拉各部門首長手中。

如今所有尼羅河流域國家全都望向蒲隆地：該國是否也將簽署其他上游國家發起的協議？這讓蒲隆地在一夕之間成了水政治戰場上的要角。該國的決定，對整個尼羅河問題的走向將產生決定性的影響。

蒲隆地的尼羅河流域，部分由坎亞魯河／尼亞巴隆哥河、卡蓋拉河及魯武武河所組成。該國是一個水資源相對豐富的土地，降雨量很好，對整個國家來說，剛果盆地更為重要，尤其是因為有魯濟濟河（Ruzizi River）、以及從基伏湖（Lake Kiwu）到坦噶尼喀湖沿線的三座水力發電廠。魯武武河長四八〇公里，降雨面積一萬二千三百平方公里，從坦尚尼亞、盧安達與蒲隆地正在建設該地區最大發電廠的魯蘇莫瀑布（Rusumo Falls）上方流入卡蓋拉河。蒲隆地為尼羅河貢獻了大約二十六億立方公尺的水，但自己從未分享到。由於該國位於維多利亞湖以南，在一八八〇年代並不在英國的勢力範圍內，因此從未正式受到一九二九年協議的約束。比利時人曾代表蒲隆地與倫敦簽訂了一項單獨的協議，承諾未經倫敦或英屬尼羅河帝國事先批准，不得對尼羅河流域的河流做任何變動。獨立後的蒲隆地，一向不承認該協議對自己具有任何約束力，因此該國一直是埃及的尼羅河政治家們背後的芒刺。

蒲隆地政府在各個方面都表現得很明確。環境與水利部長德格拉蒂亞斯・恩杜伊馬納（Degratias N'Duimana）公開宣布，埃及必須停止規定蒲隆地可以使用多少尼羅河水。恩杜伊馬納和庫倫齊薩總統採訪中都告訴我，他們不能接受阻礙他們或其他上游國家使用尼羅河水的尼羅河政策。他們並不是以咄咄逼人，而是以「闡述事實」的姿態發表這些聲明。總統沒有對埃及或其他下游國家做出任何批評，而是以外交語言表示：「沒有任何協議是完美的。所有協議都反映了他們簽署時的時間點。因此一定有改進的空間。」[36]

二〇一一年二月二十八日，蒲隆地終於表態，就在埃及解放廣場的反抗旗幟揮舞得最猛烈的時候，該國還是簽署了已獲得六個國家批准的「尼羅河合作框架協議」

尼羅河源頭的金字塔

當地人稱為盧維隆沙河（Ruvyironza River）的卡蓋拉河上游源頭，位於蒲隆地南部的魯托吾（Rutovu）。我們沿著7號公路（RN7）驅車前往當地。沿著布松布拉上方的山坡蜿蜒而行，視野逐漸開闊，後來甚至一眼就能盡覽城市與湖泊。這一帶沿途房屋稀少，我們行經在大熱天裡走在路上的成排婦女，身穿五顏六色，頭上頂著水桶、衣物、雜貨，或其他東西——這光景勾勒出蒲隆地貧窮的形象，但也能看出該國如何為脫貧努力不懈。在遠方，則是城市與地景籠罩在從山頂蔓延到碧藍湖面薄霧中的柔和輪廓。

一九一〇年，德國梅克倫堡公爵（Duke of Mecklenburg）寫下了他對盧安達及蒲隆地的印象，形容這些地方「放牧與養蜂蓬勃發展，耕地上作物豐饒」，並且有「一個丘陵地帶，人口稠密，風光旖旎，氣候清新健康得無與倫比；土地肥沃，且水道奔流不息」。[37] 一個世紀後，此地的風景依然大同小異，但由於這個國家的歷史包袱，看到這景象必然會帶著點悲傷及憂鬱，讓人不禁感嘆一九一〇年的光明樂觀與日後血腥的種族衝突與貧困，是何其巨大的對比。

我們開車穿越這宜人的綠意風景，小山丘及美麗的茶園將山頂修飾得既圓潤又整齊。小村落彷彿都渴望彼此的陪伴般依偎緊鄰，我們打開車上收音機，聽到蒲隆地的鼓樂演奏，該國舉世聞名的皇家打擊樂團的厚重節奏透過收音機問候我們，伴隨我們在這獨特的風景中起起伏伏。

蒲隆地的鼓樂傳統歷史悠久。據說許多世紀前，有一位國王帶著一頭牛從異國來到蒲隆地，他殺了那頭牛，把牛的皮繃在一個洞上晾乾，接著國王就躺下來睡覺。突然間，他被一條蛇從洞裡滑行而出的聲音驚醒。這隻生物停了下來，頭靠在牛皮旁邊。見狀，國王命令隨從將樹幹挖空做成鼓身，繃上牛皮，就成了神鼓 **inkiranya**。這個鼓象徵王室的權力與合法性、以及王國的繁榮。

我以前就聽過這令人著迷的鼓樂；它就是瓊妮．蜜雪兒（Joni Mitchell）的《夏日草坪的嘶嘶聲》（*The Hissing of Summer Lawns*）中跳舞鼓手的演奏，以及韋納．荷索（Werner Herzog）的《陸上行舟》（*Fitzcarraldo*）中的「叢林人擊鼓」，這是一部令人難忘的佳片，敘述一位出色的企業家決心將一艘蒸汽船運到亞馬遜河上游的故事。

經過數小時車程，我們來到了盧維隆沙河源頭所在地布魯里（Bururi）。沿路有一些跡象顯示我們沒走錯路，但是當我們抵達理應是源頭的地點時，卻怎麼也找不到它。當地也沒有任何咖啡館或遊客服務中心，甚至連一個人影也沒有。最後終於有一位老人朝我們走來。他說的話我一句也聽不懂，但從他的手勢可以意識到他說的是那源頭很迷人、尼羅河流域很巨大。他將我們帶到一個小窪地，看到水從一個由石頭與水泥牆保護的泉源噴湧而出。這光景是如此的平淡無奇，一如水在這個降雨充沛國家的地位——完全沒有在其他許多水極其寶貴、因短缺而不可靠、但又缺之不可的社會中的宗教色彩與崇拜光環。

在道路的另一頭，一座俯瞰剛果及北方沖積平原的山頂上，有一座金字塔。在這座蒲隆地的小山頂上，竟然矗立著一座埃及金字塔的縮小版複製品。一九三七年，德國探險家布爾克哈特．瓦爾德克（Burkhart Waldecker）確認此處為尼羅河的源頭。往南已經看不到任何地方有水流進維多利亞湖，接著再流入埃及。因此，這裡就建造了這座金字塔，在尼羅河流域留下瓦爾德克與蒲隆地的印記。

這座金字塔，體現了蒲隆地在控制尼羅河的地緣政治博弈中，突然成為一大要角的地理基礎。它不再僅是建築奇觀及探險家虛榮心的紀念碑，而是表達出一種嶄新的、無可爭議的、並將延續到可預見之未來的現實政治真理。如同蒲隆地的水利部長，在位於龐大非洲大陸中心不遠處的布松布拉辦公室裡告訴我的：尼羅河形同一條連接蒲隆地與地中海的臍帶。

〖9〗

東方的水塔

非洲之角的火車旅行與裝飾藝術之都

蒸汽火車緩緩爬上乾旱的山腰。窄軌鐵路是在山上鑿出來的，有時鐵軌所占據的山道僅有幾公尺寬。有時探出窗外，會看到數百公尺下的山底。火車司機透過敞開的窗戶朝我投來充滿活力的一瞥，對我豎起大拇指，微笑照亮了他被燻得烏黑的臉；而他的工作人員正在賣力鏟煤，其中一名工人站在火車車廂後面的露台上，他的工作是在下坡時拉剎車，並在火車頭出問題時防止車輛暴衝。我們享用了剛烘焙好的咖啡豆沖泡的濃咖啡。這一帶盛產咖啡，而且是這裡的人最早發現這種飲料的提神作用，在此處喝咖啡真是再合適不過。一群粗野的猴子棲息在一個隧道口上方的山道上，朝軌道上扔石頭自娛。

這條鐵路線於一九一一年竣工，從印度洋的馬薩瓦（Massawa）一路延伸到海拔二三二五公尺、位居全球高度最高首都之一的阿斯瑪拉（Asmara）。在凱撒治世的兩千年後，以羅馬帝國繼承人自居的義大利終於又重返尼羅河流域，羅馬再度在厄利垂亞插旗，義大利人從一八九〇年起控制了這個國家。這條鐵路是一項工程壯舉：從平原到海拔兩千多公尺的阿斯瑪拉，這段短路程就有著二十條隧道與六十五座橋梁。在大多數路段，上升坡度是每三十公尺就上升一公尺。

義大利在逐步占據大片內陸領土後，開始鋪設從馬薩瓦到阿斯瑪拉的鐵路線，在獲取並出口當地咖啡的同時，也昭告世人自己已經成為一個在這裡長治久安的殖民大國。設計與建造這條鐵路的初衷，是為了實現義大利宏偉的經濟計畫，幫助遷居厄利垂亞的義大利定居者，同時也做為現代文明與義大利技術能力的強大象徵。藉由這條鐵路充分彰顯當時技術優勢，把持續擴張的歐洲帝國主義勢力合法化，在全國各地留下一連串令人難忘的足跡。

我為咖啡及他們友善的招待致謝，在火車慢慢駛入赭紅色的阿斯瑪拉老車站後，我帶著滿心感激跳下了車。這趟火車之旅，預示了當代厄利垂亞兩個讓我備感震驚的關鍵特徵：一個當然就是義大利殖民主義的影響，但更特別的是，厄利垂亞的政治獨立與自立自強。在一九六一年至一九九一年，厄利垂亞爭取脫離衣索比亞的漫長獨立戰爭期間，這條殖民時期的鐵路遭到摧毀，但在厄利垂亞於一九九三年正式獲得獨立後不出幾年就被修復完畢。聯合國原本的結論是修復成本過高，不過厄利垂亞政府還是成功動員人民，憑自己的力量把鐵路修好。這條鐵路如今僅供遊客使用，由於與衣索比亞的關係長年緊張，再加上該國遭到國際抵制，鮮少有遊客造訪這片擁有綿延數英里的海灘與珊瑚礁的山區。由於我們人數很少，因此僅租用了火車頭與一節車廂，然而這非常值得，我認為這趟旅程一定能算是全世界最壯觀的火車之旅之一。

「我不會和你一起去郵局。不過有時我會到那裡感受一下氣氛，欣賞一下那裡的壁畫與信箱所營造的秩序、意義及美感。」我遇到的這位蘇丹難民是一位朋友的朋友，他看起來筋疲力盡，但還是繼續說：「我們今晚可以約在一家義大利餐廳碰頭。」

這座全世界最美麗的郵局之一是建於一九一六年，坐落在阿斯瑪拉的市中心。我一聽說有這麼一個地方，就決定去瞧瞧。郵局本身既不巨大也不宏偉，特別之處在於它顯得異常和諧且工整，可能是拜空間與壁畫、櫃檯與信箱之間的對比關係所賜。由於它原本是（現在仍然是）一座實際運作的郵局，因此裝飾樸實無華。儘管如此，它仍不失為一個萬花筒般的辦公空間，中庭的壁畫以該國各地的農業與林業圖樣為特色。當初建造這座郵局的目的，是為了幫助在一九〇〇年代初大量遷居於此的義大利人與祖國保持聯繫，同時是義大利殖民主義的成就與羅馬在當地宏偉野心的具體象徵。

阿斯瑪拉在一九〇〇年被選為義大利殖民地的首府。這個殖民大國將這座城市劃分為四個明顯不同的區域。第一個是歐洲人保留區，第二個是歐洲人、猶太人、阿拉伯人與少數厄利垂亞人雜居區，第三個是「原住民」區，第四個則是工業活動區。在一八九〇年一月一日，義大利占領了厄利垂亞海岸。然而在貝尼托．墨索里尼的統治下，尤其是在一九三六年之後的幾年裡，阿斯瑪拉受到了重視，並被改造成一座法西斯主義在東非的烏托邦。[1]這座城市必須成為成千上萬即將湧入此地的義大利人的家園。在一九三〇年代，有超過三十萬名義大利士兵奉派來到厄利垂亞，並有五萬名義大利人來到這裡從事各種基礎設施的建設。義大利人約占總人口的一二%。

由此可見，這座城市是在具有強烈帝國主義願景的時期發展起來的，同時也被強烈的義大利民族主義所滋養。對墨索里尼與他的建築師而言，這座高原城市是一座可供理性主義、未來主義及碑銘主義（monumentalism）等建築風格大顯身手的實驗室，上述風格在此處以一種據稱在義大利永遠無法成立的方式融合在一起。儘管如此，大家可能想像這座建築宣揚的是法西斯主義的狂妄自大與無所不能，但實際上它展現的只是和諧比例與審美均衡。

阿斯瑪拉融合了不同時代的建築元素。距離解放大道（Liberation Avenue）不遠，有卡布奇諾咖啡機、提供美味餐飲的高級餐廳，以及建有羅密歐與茱麗葉式陽台的義大利別墅，有北韓建造的房屋、清真寺、教堂及歌劇院，備有窯烤設備的咖啡館，我們當晚還享用了薄皮披薩！義大利的種族隔離政策早已成為歷史，置身郵局所在的地區，讓人彷彿漫步在義大利—非洲城市中，氣氛和平且友善。這座裝飾藝術風格的城市，已經成為厄利垂亞文化的一部分。

義大利成為尼羅河強權

當義大利在一八〇〇年代末征服這塊非洲之角時，是先與英國達成祕密協議，才被允許作為英國尼羅河戰略的一部分。義大利人之所以得到倫敦的支持，是因為倫敦需要一個盟友及制衡者，來對抗土耳其—埃及在區域內的積極擴張。鄂圖曼帝國在一五〇〇年代占領馬薩瓦並征服了厄利垂亞的部分地區，到了一八七〇年代，穆罕默德·阿里家族則打算占領衣索比亞。義大利的占領幫助削弱了該帝國長年來在區域內的野心，有點類似倫敦透過與比利時利奧波德國王合作，清除了鄂圖曼土耳其帝國在英屬尼羅河流域另一側剛果的殘餘勢力。在倫敦的支持下，羅馬還可以扮演對抗強大的衣索比亞皇帝孟尼利克二世（Menelik II）的制衡角色。英國戰略家如此評估局勢：義大利在厄利垂亞的存在，將阻止這位皇帝執行英國人懷疑他將進行的計畫，也就是建立一個極為強大、不易對付的衣索比亞帝國。英國人認為，義大利對這位皇帝的威脅可以讓他們（英國人）扮演衣索比亞皇帝盟友的角色，從而獲得英國所渴望的區域影響力。大部分關於瓜分非洲的文獻都強調，義大利與英國之間的競爭，以及英國對義大利的野心與計畫的恐懼，是促使英國占領尼羅河流域其餘部分的原因，[2]但事實並非如此，真相是英國人透過一項祕密協議，允許羅馬在一八九〇年代初控制厄利垂亞，因為他們需要利用羅馬對抗衣索比亞皇帝，以保障自己在長程的尼羅河戰略上成功。

從一開始，倫敦為羅馬的擴張建立了明確的界限：不得越過尼羅河岸。義大利試圖獲得與蘇丹的邊界，其中包括卡薩拉（Kassala），以及與衣索比亞的邊界，其中包括對蘇丹與埃及稱之為特克澤河或阿特巴拉河的控制權。英國政府拒絕了這些計畫。一八九一年二月七日，倫敦的索爾茲伯里首相批准了克羅默伯爵的提議，即給予羅馬蘇丹的幾個地區（薩瓦金與陶卡爾）作為反擊。一八九一年四月十五日，英義議定書簽署（儘管衣索比亞和厄利垂亞之間的確切邊界被證明是一個高度爭議的問題），關於它是邊界衝突的主要原因存在分歧，在一九九八年至二〇〇〇年期間，導致兩國軍隊之間發生血腥衝突。在議定書的第三條中，義大利政府做出了對英國人來說最重要的承諾：義大利人「不會……在阿特巴拉河，考慮到灌溉，任何可能明顯改變流入尼羅河的工作」。

一八八九年，義大利人還與衣索比亞孟尼利克二世簽訂了一項協議——也就是所謂的烏查里條約（Treaty of Wuchale），此條約歷史文獻已做過深入討論，對衣索比亞及厄利垂亞而言都是一個特別重要的國家問題。在條約中，皇帝承認厄利垂亞為義大利殖民地。然而，義大利人聲稱該條約也使衣索比亞成為義大利的保護國。

一八九三年，衣索比亞皇帝以義大利人做了錯誤詮釋為由拒絕了這項條約。英國也同意皇帝的主張，因為他們不想看到自己在埃及掌權不出幾年，義大利就成為衣索比亞——尼羅河的水塔——的統治者。由於皇帝拒絕了該條約，義大利人在兩年後向衣索比亞宣戰。經過整個殖民時代最血腥的戰役之一——阿杜瓦戰役（Battle of Adwa），獲得包括俄羅斯等國軍事援助的衣索比亞，於一八九六年三月一日取得勝利。在戰後的和談中，烏查里條約被取消，義大利承認衣索比亞擁有完整主權與獨立地位，並允許保留厄利垂亞。情勢在很大程度上都按照英國人的算計與期望走。

數十年後，一波新的帝國主義浪潮席捲了義大利。墨索里尼於一九二二年在羅馬掌權，而且越來越明顯的是，義大利對自己有限的非洲領土並不滿意。大家並未遺忘一八九六年戰敗的屈辱，義大利法西斯分子訴諸強烈的民族主義，煽動報復衣索比亞的慾望。在短期內，政府特別關注厄利垂亞與他們所控制的索馬利亞部分地區，即義大利屬索馬利蘭（Italian Somaliland）之間的鐵路連結。從孟尼利克二世到海爾・塞拉西一世（Haile Selassie I，在一九二〇年代後期加冕為皇帝，但實際上從第一次世界大戰結束後到一九七〇年代被處死前，長年是衣索比亞的領導人），衣索比亞皇帝一直將厄利垂亞視為衣索比亞帝國的自然延伸。對阿迪斯阿貝巴而言，這不僅只是領土問題：厄利垂亞的戰略地位十分重要，因為它是衣索比亞帝國進入海洋的門戶。

因此，從一八九〇年代起，厄利垂亞相關的地緣政治博弈，必須在衣索比亞於尼羅河流域位置的脈絡下做檢證。這場博弈的核心，是英國計畫在衣索比亞境內藍尼羅河的主要水庫塔納湖（Lake Tana）上修建水壩。以厄利垂亞為根據地的義大利人，期望英國主動或被動地支持義大利擴展在衣索比亞的影響力，以讓他們達到統一厄利垂亞與義大利屬索馬利蘭的目標。英國對義大利的戰略始終取決於義大利是否願意支持英國的水壩計畫。衣索比亞皇帝則希望英國人支持他對厄利垂亞的所有權，並為此支持英國對塔納湖的計畫，以作為某種權衡或補償。墨索里尼與海爾・塞拉西一世都知道，英國在該地區有一個關鍵的戰略利益：藍尼羅河與塔納大壩。[3]我將在後文關於衣索比亞的討論中進一步探討這些關係。

以厄利垂亞換尼羅河大壩

二〇一一年五月，在阿斯瑪拉市中心最常用於公共集會的建築之一，人潮一路擠到牆邊，他們來聽我的厄利垂亞與尼羅河的演講，我提到根據我對歷史的解讀，如果不了解英屬尼羅河帝國的戰略、以及衣索比亞皇帝維持國家統一並擴展帝國疆域的策略，就無法理解這個國家的歷史。我意識到鮮少有厄利垂亞人習於探索這種觀點，因為英國的政策大多仍然不為人所知，倫敦與阿迪斯阿貝巴檔案館裡的相關外交信函也極少被研究及分析。

我首先提到這場演講的基礎是我的著作《英國時代的尼羅河》中的一部分。為了那項研究，我閱讀了從英國外交部檔案館裡找來、堆起來不知有幾公尺高的英國尼羅河政策及非洲之角的相關文件與信函，並告訴聽眾，這些文件全都清楚地呈現出英國對該地區的整體利益是什麼。他們的利益是確保倫敦對整個流域及區域性的尼羅河使用權；在藍尼羅河上的塔納湖建造水壩。尤其是在一九一九年埃及革命後，一九二二年埃及脫離倫敦的控制正式獨立後，乃至一九二五年英國人利用藍尼羅河在蘇丹的傑濟拉建造巨大的棉花農場後，倫敦在塔納湖建立水壩的願景，有了更大的戰略與經濟價值。人們認為，這既能使英國擴展傑濟拉的栽種地區，使英國的紡織資本家受益，也有助於倫敦以水政治控制用水需求日益增加的埃及。

直到一九二〇年代中期，倫敦的戰略是搏取衣索比亞皇帝對這個水壩計畫的支持，但皇帝卻一直拖拖拉拉（英國外交官如此形容）。最後英國代表認清，皇帝對英國建設水壩所提出的交換條件並不滿意。在兩次世界大戰之間，一位英國派往阿迪斯阿貝巴的特使，沮喪地向倫敦稟報，海爾・塞拉西一世固執、明顯冷漠且優柔寡斷。有時他對這議題顯得意興闌珊，為此激怒了許多英國的外交官。不少人將這解釋成冷漠中帶懶惰，但事實恰恰相反，最後大家發現，這位皇帝對尼羅河記憶異常敏銳、知識異常紮實，但英國外交官還是一次又一次地低估了塞拉西的外交洞察力。

皇帝在二次世界大戰期間的外交政策目標，是維持衣索比亞的統一，反抗歐洲分裂該國的計畫，並爭取英國支持他將厄利垂亞併入衣索比亞的野心。在種族及宗教若合若離的衣索比亞，厄利垂亞問題能發揮鞏固政治的作用。這位皇帝認為達到這些目標的方法是以地換水，考慮藉由授予倫敦在塔納湖築壩的權利，交換實現領土擴張的保障。

然而，英國人從來沒有機會支持皇帝對厄利垂亞的野心，即使他們曾有這個計畫，因為他們同時也在義大利密會墨索里尼，討論倫敦與羅馬攜手向皇帝施壓並在衣索比亞獲利的可能性。從一九二〇年代後半到一九三〇年代，他們將建造水壩的賭注，押在與墨索里尼合作上。因此，歐洲大國政治藉由強化厄利垂亞的義大利殖民地地位，保證了厄利垂亞維持於衣索比亞之外的獨立地位。

到了一九三〇年代中期，義大利從厄利垂亞境內的基地發兵入侵衣索比亞。全面性的戰爭準備擴大這兩個鄰國之間的分歧。與衣索比亞構成鮮明對比的是，厄利垂亞已經發展出相當大的薪資勞動市場。此外，義大利占領軍中也有五萬名厄利垂亞士兵。正是這一事實促使激進的非洲裔美國知識分子馬科斯・加維（Marcus Garvey）於一九三七年三、四月號的《黑人》（*The Black Man*）上發表一篇著名的文章，他在其中譴責海爾・塞拉西一世是「黑人奴隸主」，因為他逃到了倫敦後說，在非洲「是黑人與黑人打架」。墨索里尼入侵部隊的總指揮魯道夫・格拉齊亞尼（Rodolfo Graziani），首先命令厄利垂亞士兵進入阿迪斯阿貝巴，待確認這些阿斯卡利部隊掌控一切後，才與他的義大利官兵一同進城。

當英國為二次大戰前在歐洲發生的種種事件向義大利宣戰後，倫敦加入海爾・塞拉西一世與他的支持者，聯手將義大利人逐出衣索比亞。經過一場以英國勝利告終的短暫軍事行動，義大利人被逐出了整個非洲之角。這下問題立刻變成：如今倫敦已經成為厄利垂亞實質上的統治者，該如何處理這個國家？倫敦討論了幾個方案：或許將該國穆斯林占多數的地區與蘇丹合併，而基督徒占多數的地區則與衣索比亞合併？或是如同一九四三年所討論的，將馬薩瓦與泰格瑞（Tigray）及阿斯瑪拉的最北端併入衣索比亞？然而，如今英國的國力已大不如前，美國與蘇聯即將成為叱吒全球的超級大國，厄利垂亞問題的最終決定只能被推遲到二次大戰結束後。戰後，聯合國將厄利垂亞的管轄權交付給英國。

如今倫敦可以完全無視與義大利締結的協定，而其他戰勝國對厄利垂亞是否該維持統一也沒有太大的興趣。英美兩國都進一步表示支持海爾・塞拉西一世對厄利垂亞的聲索，以犒賞他戰時的付出以及與西方列強的邦誼。出於地緣政治上的理由，英國仍計畫在衣索比亞築壩。倫敦需要一個工具對付日益反英的埃及，認為塔納水壩依然是一支能「頂在埃及腦門上的手槍」。

一九五二年，聯合國再次就厄利垂亞問題進行辯論。該國應該與衣索比亞合併成為一個獨立國家，還是成為衣索比亞帝國內享有某種自治權的自治區？聯合國委員會選擇了英國，尤其是美國正在擬定的解決方案：厄利垂亞應成為衣索比亞境內的一個自治區，但是否併入衣索比亞，最終決定仍將交付公投表決。[4]同時，美國在一九五三年建造了他們的在厄利垂亞境內最重要的監聽站之一——卡格紐站（Kagnew Station）。

一九六二年公投前夕，爭取完全獨立的呼聲與日俱增。但海爾・塞拉西一世取消這場公投，在大國的普遍支持下將厄利垂亞併入衣索比亞，成為擁有一定程度的自治省。

我的演講結束後，討論時間發言踴躍，但並不激烈。我相信我的解釋讓聽眾對這議題有更多的了解，有助於大家對皇帝與英國的政策有些理解、甚至接受其合理性，並且有助於形塑對埃及與衣索比亞立場的理解，如果不能接受的話。

既是隱喻也是邊界的河流

一九六二年，海爾・塞拉西一世站在劃分厄利垂亞與衣索比亞邊界的馬雷布河旁表示，藉由「越過馬雷布河，我們將清除障礙」，他把這條河比喻成長年來阻隔兩岸兄弟們的障礙。但後來證明他這看法錯得離譜，而且在許多厄利垂亞人眼中，這是單方面解散厄利垂亞議會、吞併自己國家的侵略行為。

一九九四年，我站在同一地點，也就是在乾旱的蘇丹平原終點、被稱為加什河（Gash）的馬雷布河上的橋，但這裡並沒有河，完全沒有什麼需要跨越的物理障礙。

在厄利垂亞歷經與衣索比亞的長年戰爭成為一個獨立國家後，我在當地發現我的祖國挪威，曾在厄利垂亞歷史中扮演許多不為人知且出人意料的角色。挪威是聯合國厄利垂亞委員會的成員國之一，在一九五〇年代曾與南非一起明確表態，支持厄利垂亞成為衣索比亞的一部分。挪威代表主張厄利垂亞並不具備長期獨立發展的經濟條件，而且將因種族與宗教衝突而四分五裂。此外，挪威外交人員還認為，由於厄利垂亞獨立意味著衣索比亞將失去通往海洋的門戶，無異於為日後的戰爭埋下種子。三十年後，透過挪威教會援助組織的領導，一個規模龐大且範圍廣泛的跨國人道主義援助行動，得到其他歐洲教會與國家的支持，在厄利垂亞人民解放陣線控制的地區活動，挪威成為這場解放運動在政治、經濟及軍事上活躍且最後打贏獨立戰爭的關鍵因素。這政策的徹底變化令人驚訝，挪威從未就厄利垂亞問題該採取什麼新立場、或為什麼要改變立場做過一場討論，不論是在政府裡，在外交事務委員會裡，還是在國家議會裡，然後就這麼開始扮演起新角色。挪威不過是遵循了某種被視為必要的「人道主義承諾」。受到ＢＢＣ在科雷姆營區（Korem Camp）所拍攝的著名照片影響，大眾開始關心需要幫助的人，無論政治意涵為何，後來挪威教會援助會（Norwegian Church Aid）對厄利垂亞人民解放陣線的政治理念徹底支持，才變得越來越明顯。沒有任何跡象顯示在挪威的政治領導階層中，有任何人意識到自己的國家在非洲之角與尼羅河流域幫助一個新國家建國，扮演了多麼重要的角色。

我在厄利垂亞剛獨立時初次造訪阿斯瑪拉，當時厄利垂亞與衣索比亞之間，以及兩國新領導人——曾並肩對抗一九八〇年代衣索比亞政權的伊薩亞斯・阿費沃爾基（Isaias Afewerki）與梅萊斯・澤納維（Meles Zenawi），他們的關係還算融洽。我在走過位於橋正中央的邊界時，氣氛平靜且祥和。然而不出幾年，兩個鄰國之間就爆發了一場新的、更血腥的戰爭。[5]

我請司機抽支菸等我，向他解釋我想走走這條石頭河。太陽很大，午後的熱風將嘴唇吹得乾燥不已。這條河沒有水，只有灰色的石頭，成千上萬鋪滿河床的灰色石頭。這乾涸的河床並不是氣候變遷、或上游的新水壩、或任何工程的產物，而是這條成為邊境的河流每年都會乾涸幾個月，只因為這條河就是如此，只因為這裡的氣候就是如此。

走過宛如在被燒焦的地景中起起伏伏的乾涸石頭窪地，我赫然發現，或者該說第一次正確地意識到，景觀是以什麼樣的方式化為語言的基本隱喻。河流是從過去到現在，是人類在描述情感或解釋社會關係時不斷訴諸的形象。它已成為永恆與稍縱即逝、歷史潮流與當下力量、親密與危險、最美麗與最恐怖的代名詞，而它許多相互矛盾的作用也被用於形容人類的意識。在眾多以河流為隱喻的文獻中，提出最具說服力見解的就是威廉・詹姆斯（William James），他被譽為里程碑且極具影響力的一八九〇年著作《心理學原理》（*Principles of Psychology*），當中探討了「意識流」（stream of consciousness）的概念，其中「浮現在腦海裡的每一個影像都被浸泡……在周遭的流水裡」。詹姆斯認為心理學的問題在於：它忽略了意識宛如河流般流動、且注定要流逝的事實。[6]河流也是潛意識的常用隱喻，因為在物理性的外在世界中，它顯然標誌著無法控制的深度，帶有無形的負擔與力量，以及可控與不可控的力量。而且最重要的是，自從古希臘哲學家赫拉克利特（Heraclitus）到處問「一個人能否踏進同一條河兩次」，這條河流已經成為「認同」

之謎近乎老套的象徵。

在這種脈絡下，以及與河流隱喻的關係中，我看見並踏進馬雷布河的問題在於它並沒有流動，而是乾的，因此它無法象徵無意識或有意識、歷史的潮流或永恆的事物。這條河是乾涸的，儘管在一年裡的其他時間裡它會有水流動。某些時候馬雷布河的確會造成無法控制的洪水，而在其他時候它什麼都不是，不過是一片石頭滿布的乾燥窪地。馬雷布河代表了降雨充沛的歐洲河流的對立面，歐洲河流是常年流動的，這點凸顯了：是否能以河流作為隱喻是因語言而異。走在馬雷布河的河床上踢著小石頭時，我提出以下假設：不同的河流會大幅影響不同語言的基本隱喻發展，但會以尚未有人正確探索過的方式產生影響，即使每種語言都會拿人類與河流之間的關係做文章，然而這對如何理解河流、人類、以及兩者之間的關係至關重要。

因此，馬雷布河乾燥、石頭布滿的河床，無法被當成無意識或有意識的隱喻，但它卻是當地氣候脆弱性的有效隱喻，並提醒我們：為什麼有那麼多人想降低河流季節性變化之間的差異。

國際棄兒

在一九九三年獨立後的幾年裡，厄利垂亞逐漸遭到國際社會的排擠，或者正如該國的批評者所說的，是他們自己選擇了自我孤立。政府因侵犯人權、支持索馬利亞的伊斯蘭主義組織青年黨（Al-Shabab）、以及在非洲之角扮演破壞安定的角色而受到譴責。聯合國也隨之對該國展開國際制裁。

當我在一九九四年造訪阿斯瑪拉時，這座城市仍籠罩在剛獲得解放與獨立的自由氣氛下。人們坐在餐廳外低聲討論社會問題，啜飲咖啡或啤酒一路聊到深夜。總統不帶隨扈隻身走在街上，最後找張桌子坐下開始與人們交談，這並不希罕。街道上幾乎沒有汽車，氣氛輕鬆得讓當時的我以及許多遊客感到震驚。然而不出多久，厄利垂亞的國際援助組織代表、非政府組織志工與聯合國人員就開始與政府發生衝突，並對新的領導階層做出強烈批評。

分歧首先出現在政府正式的要求：外國組織應向負責處理國際非政府組織關係的國家辦公室提出申報，還堅持政府有權監督他們的財務，理由是他們需要這些資訊來治理國家。矛盾的是，厄利垂亞政府受到非政府組織的強烈批評，因為他們實踐援助組織最常掛在嘴上的「自力更生」、以及「接受援助者」應該受到控制。事實證明，國際援助體系代表與大多數聲量大的擁護者最強烈反對的，正是被援助對象採用他們大舉倡導的政策。

政府的要求被斥為專制、對「公民社會」的惡意干涉，而阿斯瑪拉政府對這些組織所提出的正式要求，並不比西方援助國對自己國家非政府組織的要求多。一九九四年，我在厄利垂亞與這些組織的代表，在舒適的高原氣候下相約在一家戶外餐廳，我們在這座首都溫暖寧靜的氣氛下進行了訪談。他們對厄利垂亞成為獨立主權國家的目標一致表示樂見其成，但同時也譴責該國對他們組織事務的「威權干涉」。外國組織拒絕接受這種控制，他們堅持自己擁有自主權，有權做任何他們想做的事（事實上他們在其他大多數非洲國家都是如此），因為他們認為自己是代表該國的窮人行事。他們希望繼續免通行費地進口商品，不想被納入政府的政策及考量，因為他們代表的是「公民社會」與「民主」。

厄利垂亞建國後許多負責協調外援工作的，就是在戰爭期間接受這些組織數百萬美元的人，但當時他們只是在緊急狀況下的援助接受者，既沒有時間也沒有需要控制這類援助。如今他們成為國家的建設者，處境就截然不同了：身為這個新國家的代表，他們希望能決定什麼對國家最有利，並為此削弱國際非政府組織的權力。曾與非政府組織打過交道的前游擊隊戰士，在政府辦公室裡接受我的採訪時說，他們認為自己的政策既合理也必要。雙方嫌隙因此越來越大，最後厄利垂亞就成了國際政治裡的棄兒。許多曾幫助過厄利垂亞的人士如今轉而反對他們，而造成第一次摩擦的是，本應在接受援助的同時學會自力更生的援助接受者，如今想自己決定如何使用這些援助。我遇過許多曾耗費大量精力與資源，支持厄利垂亞爭取獨立的外國非政府組織及代表，他們不僅對該地區的歷史一無所知到令人吃驚，對厄利垂亞在建國後渴望自主的強烈欲望也毫無同理心。

毫無疑問，在伊薩亞斯・阿費沃爾基總統的領導下，厄利垂亞經歷了耀眼的轉變。所有統計數據都證明，少有開發中國家在對抗愛滋病、文盲與腐敗方面做得比他們更好。厄利垂亞是一個資源相對匱乏的國家，生產力也受到長年與鄰國衣索比亞處於戰爭狀態的影響。關於厄利垂亞的酷刑、失蹤與殘酷鎮壓的傳言真假難辨，顯然數十年來有許多人為了私利一直試圖抹黑該國的名聲，雖然阿費沃爾基總統的統治的確越來越專制，舉國的大小事越來越仰賴他個人的決定。

因此，厄利垂亞數十年來都處於孤立、封閉、一黨專制、永久性的非戰爭／非和平狀態之中。二〇〇〇年後，有越來越多的年輕厄利垂亞人選擇離開家園，這說明大家對情勢失去希望，也有越來越多的人認為，這個國家如此下去將無以為繼，儘管政府依然能靠旅居國外的厄利垂亞人匯回家鄉的錢財中獲利。厄利垂亞拒絕如其他國家般積極參與一九九九年發起、由世界銀行與其他國家提供經濟支持的尼羅河流域倡議（Nile Basin Initiative）的廣泛合作計畫，由此不難看出厄利垂亞是何其固執、孤僻。

麻煩製造者還是和平大使？

二〇一〇年六月，厄利垂亞總統伊薩亞斯．阿費沃爾基前往埃及進行國事訪問，討論尼羅河相關問題等議題。其他許多上游國家才在不久前的五月十四日，在烏干達的恩德培聯手違抗埃及的意願，簽署了新的尼羅河使用合作協議。據埃及政府報紙報導，阿費沃爾基公開建議埃及對衣索比亞宣戰。據報導他還表示，畢竟衣索比亞開發藍尼羅河，威脅到埃及最寶貴的利益。

翌年，我前往阿斯瑪拉採訪阿費沃爾基總統。我在訪談開始前，參觀義大利新古典主義風格、裝潢樸素的總統辦公室，我試圖站在厄利垂亞的角度思考政策選項。我認為無庸置疑的，基於與衣索比亞的衝突，厄利垂亞有充分的理由尋求埃及的支持。而如果埃及打算透過與厄利垂亞結盟，來破壞衣索比亞的安定，那也不足為奇，因為失去安定的衣索比亞將會是個羸弱的衣索比亞，而一個羸弱的衣索比亞必然無法推行大規模的尼羅河計畫。埃及人考慮到有朝一日可能會對衣索比亞出兵，他們深知與厄利垂亞成為親密盟友的戰略利益：該國的地理位置可以作為部署的基地，如同義大利在一九三〇年代的做法，而且兩國還在一個難以監督、控制的爭議地區共擁長達九一二公里的邊界。[7] 厄利垂亞沒有與其他上游國家一同簽署新的尼羅河協定，有效阻止了聯合戰線的出現，這點埃及無疑會正面看待，厄利垂亞也期望得到某種回報，例如，在自己與鄰居爆發衝突時得到埃及的支援。厄利垂亞當然也知道衣索比亞已公開表示，只要厄利垂亞總統拒絕停止支持在索馬利亞與衣索比亞國內的反衣索比亞政府者，衣索比亞就會支持任何打算推翻厄利垂亞總統的勢力。

我在義大利建造的宮殿裡見到了阿費沃爾基總統，他都在這裡招待來賓。他本人生活樸素，相當符合解放時代所宣揚的精神。儘管反對派的圈子裡盛傳他罹患重病並患有失語症，但在我看來這位總統的狀況相當好。當我問到二〇一〇年他建議埃及與衣索比亞開戰是什麼用意時，他否認曾說過埃及報紙上所報導的那些話，並表示自己從未鼓勵埃及對衣索比亞宣戰。他說：「這就是讓問題變得毫無意義的原因。我為什麼要代表誰主張與對方開戰？兵戎相見有什麼好處？但這就是這種言論變流行的原因。」他接著說，每當政府碰到內政問題，就會「訴諸此類聲明」。[8]為了與衣索比亞的邊界衝突而選擇和埃及或蘇丹結盟，既幼稚且天真；他認為這種政策毫無意義。

總統顯然沒有真正的理由透露真相。他所說的每一句話明顯都是外交動作，因為政府所控制的媒體隔天就發表了這場採訪的內容。即使如此，他的論點還是合理且理性的。但如果開羅的媒體也報導了這場採訪，很可能就會蓄意利用頭條標題散播謠言。這可以被解讀成：當時的埃及精英在試圖破壞上游國家穩定的同時，也打算在埃及國內營造尼羅河受到威脅、政府正積極捍衛埃及人民利益的氣氛。

阿費沃爾基總統在二〇一〇年赴開羅進行國事訪問時，見報的聲明可能並未精準反映他實際上所說的，但這種報導清楚證明尼羅河地區的政策，必然會將厄利垂亞拉進埃及與衣索比亞之間——一個大規模且具決定性的尼羅河權力與影響力爭奪戰的中心。

意外訪問阿斯瑪拉

二〇一八年七月，在與衣索比亞維持了多年的「非戰爭／非和平關係」之後，阿斯瑪拉經歷了大多數觀察家在數個月前還會認為絕不可能發生的事。七月八日，衣索比亞新任總統阿比・阿邁德（Abiy

Ahmed）來到阿斯瑪拉進行訪問！伊薩亞斯熱情地擁抱了他。翌日一早，兩人在厄利垂亞首都宣布雙方將恢復外交與經濟關係。二〇一八年，厄利垂亞—衣索比亞和平峰會將得以實現，預計於二〇一八年七月八日至九日舉行。

這一和平進程發展得非常迅速。就在一個月前的六月五日，執政的「衣索比亞人民革命民主陣線」（Ethiopian People's Revolutionary Democratic Front）執行委員會宣布，將接受並全面執行厄利垂亞—衣索比亞邊界委員會（Eritrea-Ethiopia Boundary Commission）在二〇〇二年所做出的裁決。這一決定令舉世大吃一驚，甚至連阿斯瑪拉政府很可能也感到驚訝，因為這代表衣索比亞十六年的政策出現了大逆轉。衣索比亞執政黨在一份聲明中，呼籲厄利垂亞無條件回報並執行此和平協議。厄利垂亞政府近兩週內沒有對衣索比亞的提議發表任何評論，直到六月二十日，也就是該國的「烈士節」（Martyr Day），伊薩亞斯才發表演說，談到「失落的兩代人」的機會，並表示政府將派代表團前往阿迪斯阿貝巴，「了解當前的事態發展……並為未來的後續行動擬定計畫」。[9]厄利垂亞接受了這項和平提議。

厄利垂亞的立場廣獲讚譽。例如，美國國務院以驚人的態度轉變，彷彿從未將伊薩亞斯視為被遺棄者，為該國「勇敢的領導人」喝采。[10]和平協議可以被視為厄利垂亞領導人的勝利，因為它驗證了厄利垂亞的立場、以及該國自二〇〇〇年戰爭結束以來，一直宣稱厄利垂亞原本遭衣索比亞非法占領的主張。此外，該協議也促使聯合國安理會取消對厄利垂亞的國際制裁。因此，它為外國投資，尤其是採礦業敞開了大門。近年來強勢成長的經濟，也因邊境開放而獲得進一步的挹注〔邊境在一年後再度關閉，但主要是由於地方性、區域性的原因，以及泰格瑞人民解放陣線（Tigrayan People's Liberation Front，TPLF）所造成的不確定性〕。

簽署和平協議後，厄利垂亞政府可能失去了與衣索比亞的敵對，以及聯合國制裁兩個為自己威權統治辯護的藉口，但它當然仍可找到理由將自己的政策合理化，因為厄利垂亞需要時間才能從巨大的逆境中恢復元氣。另一個不容忽視的因素是泰格瑞人民解放陣線，他們反對這場和談。阿迪斯阿貝巴提出這項和平倡議、以及他們認為厄利垂亞應該會同意的首要原因，很可能就是兩國必須團結一致，對抗泰格瑞人民解放陣線這個依然強大的共同敵人。伊薩亞斯在六月二十日的演講中對衣索比亞抱持正面態度，但讓他擔心的是「泰格瑞人民解放陣線的惡毒遺緒」，也相信他斥為「禿鷹」的泰格瑞人民解放陣線，如今將持續在兩國的雙邊關係以及衣索比亞國內「阻礙正向變化」。[11]正是這一政治運動控制了特克澤河與巴德梅（Badme）地區沿線的區域。

在非洲之角與尼羅河上游國家，越來越多的區域性與全球性勢力在爭奪權力及影響力，他們展開經年持久且日益複雜的競爭，未來仍將持續為尼羅河流域這兩個鄰國之間的和平與邦誼，帶來各種問題與挑戰。

前往尼羅河的水塔

我沿著蘇丹的藍尼羅河往東飛，飛過傑濟拉灌溉計畫（Gezira Irrigation Scheme），下方巨大的黏土平原看起來宛如一張深淺不一的綠色花紋大棉被。綠色的長方形地一塊接一塊，以宛如直筆般的運河為間隔鋪滿大地，一路朝地平線延伸。午後的陽光下強化了明暗對比，東方的山巒與北方的沙漠看起來格外荒涼，將田野襯托得益發生機蓬勃。英國時期遺留下來的傑濟拉計畫，如今是一個國家機構，若沒有來自衣索比亞、東方的山巒、以及在這片遼闊平坦平原上數以千計的狹窄水道中緩慢流動的水與淤泥，這龐大的計畫就失去了意義。飛機正朝著山脈、朝著尼羅河流域真正的源頭及水庫飛去。

唯有就近觀察，在日常生活中，在河岸邊的日常生活中，在灌溉渠中，或者每晚在以尼羅河水供電的屋宇中，看到女孩與男孩在屋內燈光下做功課，一家人能打水、能煮飯，才能清楚看出這條河在人類生活中的具體意義，然而，只有從遠方眺望，才能徹底看清尼羅河的複雜性、地緣政治潛力、以及它在歷史中扮演的結構性角色。

在我所處的下方可以看到藍尼羅河，它平均每年向埃及的尼羅河輸送約六百億立方公尺的水。在它的北邊是阿特巴拉河，南邊則是巴羅河—索巴特河（Baro-Sobat）。阿特巴拉河從厄利垂亞與衣索比亞之間的邊界地區流下（如前所述，這條河在當地被稱為特克澤河或塞迪特河），挾帶約一百二十億立方公尺的水；巴羅河—索巴特河每年則輸送約一百億立方公尺的水，但其中大部分透過南蘇丹的沼澤流失。納瑟湖中約九〇%的水都來自我正要去的國家。

在衣索比亞山區，很容易看出天將降雨，而且往往是猛烈的雷雨。彩虹在黑色的天空中折射出清澈的色彩，大自然在災難的邊緣露臉。在它的誕生地，藍尼羅河不像它在埃及三角洲般扮演恩賜者與生命源泉的角色，而是被視為凶暴力量的象徵，彷彿一位瘋狂的、報復性上帝的話語。

非洲的風塑造了這條河。他們從南大西洋出發，穿越北非大陸，吸收了熱帶雨林與湖泊所蒸發的水氣；吸飽後，他們吹過炙熱的蘇丹，凶猛地吹向衣索比亞高地懸崖、陡峭地上升到海拔三四千公尺高的山巒。降雨量是控制風系的大氣壓力隨高度及季節性變化所造成的結果。

衣索比亞超過一千兩百億立方公尺的降雨中，該國僅留得住三%，其餘的都流向平原國家——往南流向索馬利亞與肯亞，但主要往西、往北流向尼羅河。如果衣索比亞沒有火山峰，如果沒有風吹向它們，那壓每年夏天與秋天，從六月中旬到九月，雨就會如洪流般從天而降，就沒有河流如蛇一般奔向下方的平原，幾千年來挾帶著來自山脈的淤泥，將北方數百英里以外的沙漠變成全世界最肥沃的地區之一。這裡的風、雨及山脈，以它們忠實的力量塑造了埃及。畢竟，衣索比亞不僅以水，還以這個國家的土地——以淤泥的形式混入水中，一同將貧瘠的沙漠變成繁花似錦、碩果累累的花園。

數千年來，每年秋天在北方沙漠地區的降雨，讓大自然在河流的尾端變得煥然一新，同時也以猛烈的雷雨及凶暴的傾盆大雨造福衣索比亞農民，將原本乾涸的河床與河谷化為可耕地、以及一條直到近年才能被馴服的河。

無論政府如何，都將主導衣索比亞未來發展的一個整體矛盾是：該國僅有一小部分耕地利用人工灌溉，而且直到如今也僅開發該國發電潛力五％不到的水力發電，但衣索比亞依然是非洲的水塔。由於經濟高速穩定發展，全國電力需求在千禧年後快速增加，同時也有地區受嚴重乾旱的威脅。二〇〇〇年代初，衣索比亞的人口突破八千萬，首度超越埃及。二〇一八年，估計衣索比亞人口已高達一．〇九億，相較之下埃及為九千八百萬，蘇丹則為四千一百萬。二〇二〇年一月，埃及宣布人口已達一億。一九五〇年該國人口僅一千八百萬，但聯合國預估到了二〇五〇年將超過一．七億。利用尼羅河發電與灌溉的需求只會越來越大，而衣索比亞無論由誰掌權，國內政策都將以這個矛盾的嚴重性及解決之道為中心。

阿克蘇姆與高地

直到一八九〇年、以及英國在一八八四至一八八五年臭名昭著的柏林會議中，承認尼羅河流域為大英帝國的政治戰略勢力範圍之前，尼羅河對衣索比亞的發展並沒有多大的重要性。

然而，來自外部的文化影響，並沒有像其他許多大河的文化傳播如取道高速公路般透過這條河到達，正如布查德・海因里希・傑森等人在新世紀初始所證實的：這條河無法通航，也不可能沿著河岸鋪設商用道路進入衣索比亞。貿易路線與文化影響是循東部高原背面從北到南抵達的，後來義大利殖民者在此處開通了從阿斯瑪拉到阿迪斯阿貝巴的帝國大道（Strada Imperiale）。沿這條路線從阿克蘇姆與阿杜瓦（Adwa）南行，是擁有數百年歷史的衣索比亞正教會的文化中心，如建有岩石教堂的拉利貝拉（Lalibela）與德布雷利巴諾斯修道院（Debra Libanos）。

許多關於衣索比亞的起源與早期歷史的故事，在十三、十四世紀裡都被寫入了該國的民族史詩《眾王榮耀》（*Kebra Nagast*）中，而這部史詩裡也提到了這種南北聯繫。第一阿克蘇姆王國（Kingdom of Aksum），亦作阿克蘇姆帝國（Axumite Empire），鼎盛時期為西元四世紀至五世紀，領土西至撒哈拉沙漠邊緣，橫跨紅海，東至包括麥加在內的阿拉伯沙漠，於西元三〇〇年前後改信基督教。一二七〇年前後，一個新王朝又在阿比西尼亞高地成立。根據《眾王榮耀》的說法，這個新王朝是舊阿克蘇姆王室的男性後裔，因此被視為所羅門王朝（Solomonic Dynasty）的延續。統治者以萬王之王（King of Kings）自居。這個「第二阿克蘇姆王國」從一二〇〇年代統治到伊斯蘭入侵的一五〇〇年代。

圍繞衣索比亞建國與示巴女王（Queen of Sheba）的神話歷史是這麼說的：女王出生在阿克蘇姆，是因消滅恐嚇民眾的巨龍而被拱上王位的當地國王之女。女王帶著黃金與象牙北上耶路撒冷晉見所羅門王。國王說：「一個如此美麗的女人從世界的盡頭來到我身邊。我該怎麼做？上帝會讓我在她身上播下我的種子嗎？」[12]她在所羅門王的宮殿裡住下來，懷了他的骨肉，孩子出生時被命名為孟尼利克。在出生當晚，所羅門王夢見太陽照耀著他的土地，但隨後轉而照耀在尼羅河的土地上。後來孟尼利克前往耶路撒冷，被加冕為衣索比亞國王孟尼利克一世。臨走前，他複製了摩西石版將真品調包，把真品帶回了阿克蘇姆。所羅門王發現石版遭竊，便派士兵去追孟尼利克與他的手下，但當孟尼利克的馬開始奔馳，快到人與馬車都飛起來時，他們只能轉身回返。一行人飛到特克澤河時，受到天使長米迦勒的保護才安然降落地面。[13] 由此可見，衣索比亞人是奉上帝之命代表全人類管理摩西刻下十誡的石版。《眾王榮耀》提到國王之所以偉大的關鍵：他擁有錫安聖物以及與上帝簽訂聖約的祖先。著於一二七〇年前後的文獻中提及，所謂的所羅門王國，代表王室的血統可以追溯到耶路撒冷的所羅門王。這部史詩還致力於證實國王的神聖血統，從亞當到所羅門，再傳承到衣索比亞王室。因此，衣索比亞是上帝對世界安排中的一個重要因素。根據衣索比亞正教的說法，這個國家成為錫安，衣索比亞人成為上帝的選民。

衣索比亞這段「創世神話」為衣索比亞傳統政策冠上了宗教意涵。基督教在西元四世紀成為宮廷與全國的宗教。在某些時期，衣索比亞是區域性的超級大國，曾在穆罕默德將伊斯蘭教確立為當地的宗教之前，統治過南阿拉伯的中部地區。如同鄂圖曼帝國在博斯普魯斯海峽與黑海的建國及擴張削弱了東方、高加索及巴爾幹地區的基督教文化，鄂圖曼對尼羅河流域與紅海的控制，也逐漸限制了衣索比亞正教在該區域的影響。衣索比亞統治者在一五〇〇年代、艾哈邁德·格蘭（Ahmad Gran）領導下的穆斯林軍隊入侵時意識到了危險並為此求助，葡萄牙人伸出了援手。由於葡萄牙人在此時來到衣索比亞，一六〇〇年代的耶穌會僧侶才得以留下描述藍尼羅河源頭的記錄。

衣索比亞人是上帝的選民，尼羅河是一條聖河，也就是天堂之河的傳統認知（正如將看到的），曾在區域性強權政治中扮演了數個世紀的重要角色。即使這個主題現在完全不再出現在衣索比亞的官方言論中，但也沒理由相信它已經永遠被當作陳腐思想掃進歷史的垃圾堆。它還是可能復活，因為在不同種族、宗教群體與大河流域國家之間永遠的拉鋸戰中，宗教與政治常會交織一氣。而結構上更有趣的是，隨著衣索比亞人在尼羅河政治裡的參與度越來越高，該國也越來越將目光移向東方與非洲的其他地區。

當下的局限

「你必須把每一刻都當作你人生的最後一刻來活。」當直升機突然從四面八方都可遠眺數英里的衣索比亞高地的小草坪上升空時，駕駛員大聲說道。我們在酷熱難耐的藍尼羅河峽谷中沿著寂寥的河岸低空飛行。尼羅河在這裡轉了個大彎，猶如被監禁在大峽谷裡的囚徒；有時會繞圈子，但通常是穿過懸崖，在深淵的腳下流動。超過五百公里的河道或多或少是無法進入的，因為裂縫有時深達一千公尺。藍尼羅河被貼切地形容成「河流中的聖母峰」，直到一九七〇年，一篇探險史的文章仍將它稱為「地球上最後一個未被征服的地獄」。[14]在這些地區，尼羅河幾千年來一直孤獨地流動，沒有人俯視河面，也幾乎沒有動物為伴。在這裡，它穿越地景的路線幾乎未曾有任何變化，如同山巒在早晨的天際所勾勒出的輪廓。

這位駕駛員開心地聊著每一刻可能是人生的最後一刻，人就該活在當下，並打開艙門讓我盡覽一切，而且在確保我繫好安全帶後，以彷彿在拍一部〇〇七電影般的方式駕機。直升機以距離水面僅數公分的高度劃過河面，兩面都是陡峭的崖壁。駕駛員刻意營造刺激，讓荒蕪的山巒與河流顯得更戲劇化，我並不害怕，只是覺得眼前的一切既陌生且遙遠，因為透過敞開的機門眺望風景感覺像是在看電影。

由於我們永遠無法知道自己說的話會如何影響對方，這位我第一次見到的駕駛員，不知道自己的話會引發一連串煩人的、分散注意力的思考。當然，他不知道我是一名歷史學家，因此經常關注或思考時間與時間的概念，什麼是片刻？什麼是過去？什麼是當下？即使是一場體驗（例如搭直升機遊覽藍尼羅河）或一句表達（例如這位駕駛員的如珠妙語），在它發生的那一刻是否都可以被當作歷史現象來研究？當我凝視艙門外的景色，駕駛員粗魯地將傾斜機身側飛時，該如何理解這被「永恆不變」的事物所包圍，但將在幾年後成為過往雲煙的當下？一個僅關注尼羅河的當下而與它的歷史脫節，或是僅以當下的角度或短短數年的制高點看待這條河的國家領導階層，獨立且隔絕於塑造尼羅河潛力的經年累月過程之外，會將世界視為一個叢林法則依然盛行之地，把這種務實理解化為一個自我實現的預言。

與這條河頑強地在這些深谷中流動，以及它永恆、自然的能力相比，我無法迴避這種思考。我瞥向駕駛員戴著耳機的側臉，當他再次翻轉機身貼近河面時意識到他是多麼喜歡嚇唬我，也意識到純粹憑當下思考是多麼的怠惰與平庸。尼羅河沿岸的情況尤其如此：如果尼羅河流域國家的領導人與公眾輿論，不以長遠的視角思考如何控制與共享尼羅河，衝突將不可避免，尼羅河可能遭到破壞。因為我們的當下，不過是這條河漫長且豐富歷史中轉瞬即逝的片刻。

修道院島、大海與世界盡頭

藍尼羅河的源頭塔納湖，長年來一直是世界史上的強權政治與外交中心。這座湖的長度為八十四公里，最寬處六十六公里，但湖水異常的淺，平均深度八公尺。長滿棕櫚樹與金合歡樹的河岸也有許多咖啡樹，樹上的紅色漿果就是早年從阿拉伯引進到此地的。

塔納地區，既是扎格維王朝（Zagwe Dynasty）在十四世紀瓦解後、貢德爾（Gonder）在十七世紀初成為永久中心之地，也是在衣索比亞高地建立的基督教帝國的政治與宗教中心。塔納湖的三十七座島嶼中有二十座上建有正教修道院或教堂，其中塔納奇爾科斯（Tana Kirkos）與達加伊斯塔法諾斯（Daga Istafanos）兩座修道院具有重要的宗教意義。

塔納奇爾科斯（Tana Qirqos，或Tana Kirkos）距離巴赫達爾（Bahir Dar）近三小時船程，這座尼羅湖上的城市是海爾．塞拉西一世在一九五〇年代規劃的新首都。在湖面波濤洶湧、水色灰濛濛的一天，我租了一艘船來到宛如一座懸崖突兀地聳立湖中的修道院島。船長沉穩地駕船靠岸，幾位身穿黃色長斗篷的僧侶前來迎接。他們靜靜地走著，每一位都帶著一根棍子，輕聲彼此交談。接著他們向我招手說：「來吧！」我們走上陡峭的小徑，在島上最高處的草地上經過一群棕色的黏土屋宇。幾位僧侶坐在架在兩棵樹之間的樹幹上，面無表情地凝視著空中雲彩倒映的湖面。這裡沒有收音機、沒有電話、沒有電，只有蟲鳴鳥叫與人類的腳步聲，我立刻為島上獨特的氣氛所吸引。這種氣氛符合傳說，例如聖人耶瑞德（Yared）如何教鳥兒唱歌，或是站著祈禱了八年，直到失去一隻腳的特克勒．海門納特（Tekle Haymanot），他是衣索比亞最著名的聖人，經常被描繪成一個長翅膀的獨腳老人。還有一個關於聖母瑪利亞的傳說：她在審判日為食人者貝萊（Belai）說情，貝萊吃了七十二人，但悔改後餵了一位痲瘋病人喝水。

根據傳說，摩西的石碑許多世紀以來都被保存在塔納奇爾科斯這座島上。聖母瑪利亞、耶穌和丈夫約瑟在逃離希律王後，曾沿著尼羅河來到這座島上住過三個月。這裡的僧侶聲稱至今仍可看到他們所留下的痕跡。其中一個快步走到我面前，示意我跟著他走。就在俯瞰湖面的陡坡上一塊露出地面的高聳岩石上，他熱切地聲稱上頭清晰的痕跡就是耶穌與瑪利亞的腳印。這位僧侶又急切地走到岩石的一端，告訴我眼前一座小教堂就蓋在瑪利亞坐在那裡時裙子所留下的痕跡上。「你知道嗎？」僧人向我說道：「耶穌來到島上時才五歲。」

僧侶所說的故事大致如下。聖母瑪利亞、耶穌與約瑟被迫逃離希律王到了埃及後，在沙漠裡的一座山上住了兩年。有天耶穌指向一個國家，母親問他那是哪裡，他回答「衣索比亞」。之後，這個小家庭在一些隱形的聖徒及五頭獅子的陪伴下，踏上了前往衣索比亞的旅程。他們在前往阿克蘇姆的途中穿越厄利垂亞，抵達貢德爾以北的一座修道院。獅子在那裡留了下來，其他人最終抵達了位於塔納湖邊緣的馬瑞菲特馬里亞姆修道院（Marefit Mariam Monastery）。他們從那裡乘坐紙莎草船到塔納奇爾科斯。有一天來了一位天使，要他們返回以色列，但聖母瑪利亞想留下來。在以色列她受到威脅被迫逃難，但在這裡受到熱情款待，當然不想離開這座島。但一位聖徒說服了她，說她必須離開，因為耶穌是上帝的兒子，必須返回以色列，為人類的罪死在十字架上。臨行前，瑪利亞與耶穌在塔納湖中沐浴，這事件顯然增加了這座湖的神聖性。接下來聖母瑪利亞對雲朵說：「帶我們走。」她、耶穌、約瑟與一眾追隨者就乘雲被帶回了以色列。離開衣索比亞前，他們祝福這個國家，這就是為什麼聖經中這麼常提到衣索比亞。[15] 此事顯然就是這座湖名的起源。在吉茲語（Geez）中，「察納」（tseane）的意思是「被覆蓋」，暗示將聖母瑪利亞與耶穌帶回以色列的雲朵。因此藍尼羅河的主要水庫塔納湖（又作察納湖 Lake Tsana）的湖名，其實有著深厚的基督教淵源。

關於塔納湖的命運也有個末日版本的故事，大意如下：湖中有一只神聖的金十字架與大量的金銀，要等到白人佛瑞吉斯（ferengis）將湖水抽乾後才會被發現，屆時藍尼羅河就會化為一條水道流入天堂，也就是耶路撒冷，接下來魔鬼就會起身召喚所有人，那將是世界末日。[16]

穴居的衣索比亞哲學家

塔納湖以北，距離新建的特克澤水壩不遠處，是衣索比亞歷史上最重要的思想家之一澤拉．雅各布（Zera Yacob）曾居住過的洞穴。在十七世紀，他在這座洞穴裡隱居了兩年，發展他的哲學思想。澤拉．雅各布出身阿克蘇姆貧農家庭，年輕時曾研讀過神聖的基督教文獻。

雅各布藏身特克澤河附近的洞穴中，是為了逃避皇帝蘇西尼約司一世（Susenyos I）對他是衣索比亞正教信仰之敵的指控。雅各布隨後說，他在穴中獨居比和知識分子一同生活學到的還多。這位十七世紀的思想家，是以文字記錄下哲學思想的少數非洲知識分子之一，他在今天的名聲要歸功於一九五〇年代初移居衣索比亞的加拿大教授克勞德．薩姆納（Claude Sumner）。薩姆納意識到，一本早已廣為人知的衣索比亞著作《省思》（*Reflections*）的作者，並不是所有人原本以為的十九世紀居住在衣索比亞的義大利嘉布遣會僧侶吉斯托．德烏爾比諾（Guisto d'Urbino），而是雅各布。薩姆納是學者能扮演關鍵角色的絕佳範例，若是沒有他，雅各布將被遺忘，因為沒有理由相信除了他還會有其他學者對這主題進行研究。

澤拉．雅各布將上帝視為為制定正確道德規範的律法頒布者。然而，人類有選擇做錯或做對的自由意志。在基督教與伊斯蘭教中，上帝顯然可以就自己的喜好給出指示，但絕對不會剝奪人類的自由意志與用腦的能力。因此，雅各布說，上帝的律法會受詮釋者的影響，例如受宗教領袖的影響。當這些人詮釋上帝的律法時，他們是在合理地行使自己的自由意志。然而，對遵循經過詮釋的律法的人來說，就會出現問題。他們被剝奪、或自我剝奪了這種自由意志，因為他們遵循的是「其他人對什麼是錯、什麼是對」的判斷。[17]上帝造人，並讓人控制自己的行為，所以人會成為自己想成為的樣子——好的或壞的。這些觀點符合現代神學道德理論的方向，也就是強調行為的後果，有時會以行為的後果作為良善程度或道德正確度的尺度或測試。

我沿著塔納湖岸漫步，腋下夾著一本書《人心的理性》（*Rationality of the Human Heart*），[18]這本澤拉．雅各布的著作被翻譯成英文，並曾於二〇〇五年再版（亞馬遜上就買得到）。這本書，就是他在約四百年前在尼羅河流域上游那座山洞中寫成的，但其中部分內容如今看來還是非常現代且合理。如果能將書中的哲學方法，整合進衣索比亞與其他國家對尼羅河的使用及其後果的反思中，可以證明它在一個宗教教條主義與極端主義信念倫理持續高漲的地區，依然受用。

巴赫達爾的集體受洗

在漆黑的夜裡，神父與僧侶手持蠟燭，以單調的嗓音誦讀祈禱文，隨著讓人顫抖的氣氛與清晨的寒意，塔納湖畔正在進行一項一年一度的儀式。神父面向湖面，緩緩升起的太陽不僅照映在水面上，也在樹木與塔納湖蕾格半島（Zege Peninsula）上的烏拉．基達奈．馬哈雷特修道院（Ura Kidane Mehret）裡的人群中映照出一片橘紅微光，神父將一只黃銅鍋盛滿祝聖過的水。受洗者披著白床單似的衣服，一個接著一個地邁步上前，不分老少都在鍋下低下頭來，讓神父將鍋裡聖潔的塔納湖水澆到他們頭上。

主顯節的原文蒂姆卡特（Timkat），是此地教會主要民族的語言阿姆哈拉語（Amharic）的「沉浸」之意。主要儀式雖然在今天上午舉行，但節日從昨天下午就開始了。在塔納湖各島嶼、巴赫達爾及衣索比亞其他大多數地區都會慶祝主顯節，以紀念施洗約翰在約旦河為耶穌施洗，這件事被視為是全人類施洗的象徵，是一個為全世界樹立典範的赦免恩典。這節日在每年固定日期舉行。在條件允許的情況下，塔納湖水與藍尼羅河水成為連結受洗者與上帝、並向這條河的神話與宗教意涵致敬的媒介。

集體受洗是一項古老的傳統，蘇格蘭人詹姆斯．布魯斯在一七七〇年前後遊歷衣索比亞時，曾詳細記錄下這些儀式的過程。如同許多英國探險家，布魯斯對裸體與性別也特別關注，這很可能是因為這能刺激書的銷量，因為這類赤身裸體的行為對當時的英國讀者而言是相當不尋常的。

> 洗禮……於午夜開始，老導師將每個人浸入水中，捧著他的頭說：「我奉父子聖靈的名為你施洗。」日出時最擁擠，大約在九點鐘結束；對一個老人站在冰水中而言是很長的時間。人數（婦女也可參加）不能少於四萬人；因此即使是這位施洗者得主持九個小時，經手四萬人（其中許多是裸體美女）的重度勞動肯定能讓他保持溫暖。
>
> ……
>
> 女人在男人面前赤身裸體，身上連一片破布都沒有。如果沒有冷水這種適當媒介，我擔心這麼多大膽和裸體的美女，會讓人無法再信任一位牧師（即使是一位老牧師）對宗教還會有興趣，尤其是前六個小時他都在黑暗中為人施洗。[19]

布魯斯還提及當時人們信仰尼羅河的河神，稱其為「永恆的上帝、世界之光、世界之眼、和平之神、他們的救世主、宇宙之父」。他還與河的祭司（the Shum）交談過，他的頭銜是「河的僕人」（Kefla Abai）。

從蕾格半島乘船返回巴赫達爾，我們沿著湖的出水口稍微繞道，周圍是一片長滿高大紙莎草的沼澤。

藍尼羅河就源自這裡，河水在幾公里前的崖邊傾瀉而下，成為非洲最壯觀、最美麗的瀑布之一。突然間，引擎停擺，船沒油了。船長面無表情地迅速行動，我們還沒回過神來，他就已經跳進水中，河馬就漂浮在幾公尺外噴著鼻息作勢恐嚇，焦慮的乘客已經能聽到雷鳴般的瀑布聲，只見他咬著船纜，把載著我們的船拖到了安全的地方，向另一艘船討了點油，若無其事地繼續把船開下去，彷彿他天天都會叼著船纜游離河馬包圍，早就習慣了似的。

在巴赫達爾，街道上擠滿了人。主顯節的慶祝活動是各種響聲、色彩與人聲的大爆炸，有人吹奏長笛，也有人打擊各種奇怪的樂器。約櫃的複製品從主教堂被抬往即將舉行洗禮的地點。來自巴赫達爾主教堂的遊行隊伍人數最多，主持儀式的牧師頭上戴著以金銀布料包覆保護的約櫃複製品，並撐著儀式傘為它提供更多的保護。儘管巴赫達爾就在湖邊，但目前這個儀式都在城內的梅斯克爾廣場（Meskel Square）舉行。廣場上有一座洗禮池——巴希爾洗禮池（Bahire Timiket），池裡的水先經過主要宗教領袖祝聖，再灑向人群。在歷史上，主顯節一直是一個鞏固個人信仰、同時彰顯教會對社會的力量的宗教儀式。

因此，塔納湖在正教的論述與結構中所扮演的角色，不僅影響了人們與尼羅河及河水的關係，也影響了尼羅河本身的治水與開發方式。也就是說，這條河的歷史與它的宗教儀式性質在這裡以複雜方式交織一氣，而且總會造成高度的政治後果。

神聖的尼羅河與冒充源頭發現者的蘇格蘭人

吉什阿拜（Gish Abay）是藍尼羅河的源頭，也是位於衣索比亞阿姆哈拉州（Amhara）戈賈姆（Gojjam）

西部的吉什山（Mount Gish,）蔭下一座小鎮的名字。別名小尼羅河（Little Nile）的吉爾吉爾阿拜河（Gilgil Abay）發源於此，它是流入塔納湖的六十多條河流中最大的一條，河水歷來被視為有著傳奇力量的聖水。河水的聖性源自舊約中所陳述的故事：

> 有河自伊甸流出來灌溉那園子；從那裡又分流成四道。第一道名叫比遜；它就是環繞哈腓拉全地的河流，那裡產有金子。（此地的金子品質優良；那兒還有寶石與瑪瑙。）第二道河名叫基訓；就是它環繞古實全地。[20]

在尼羅河被稱為阿拜（Abay）之前，它被稱為基訓。基訓是從天堂及伊甸園流出的四條河流之一，其源頭就是吉什阿拜。正教傳統相信當亞當與夏娃在天堂生活時，基訓是生命之河，當人類被逐出天堂時，基訓就從天堂流入人間。依照這個邏輯，藍尼羅河就來自天堂。

第一批在衣索比亞看到藍尼羅河或吉什阿拜源頭的歐洲人是葡萄牙人，他們於一五四一年與發現從歐洲經由好望角到達印度航道的葡萄牙航海家瓦斯科．達伽馬（Vasco da Gama）之子克里斯托瓦．達伽馬（Cristovão da Gama）一同奉派出海。他們在正教抵抗伊斯蘭教的進逼與鄂圖曼帝國征服衣索比亞的戰事中，扮演了重要的角色。葡萄牙人第一次看到尼羅河源頭的確切時間無從得知，因為這件事並沒有被記錄下來。唯一能確定的是耶穌會神父佩德羅．波埃茲（Pedro Paez）在十七世紀初看到了吉什阿拜，耶穌會傳教士傑羅尼莫．洛博（Jerónimo Lobo）所著的《旅程》（*Itinerário*）中提到當時的年代是一六一三年，而詹姆斯．布魯斯估算應該是一六一五年。但將波埃茲的記錄翻譯成拉丁文出版的耶穌會會士阿塔納修斯・基歐爾（Athanasius Kircher）提出了「公訂」的日期：一六一八年四月二十一日。波埃茲在他的著作《衣索比亞史》（*History of Ethiopia*）中首度描述了這個地點：

我在皇帝與他的軍隊陪同下登上了這座高地，力求精確地觀察了眼前的一切。我在那裡看見了兩個漩渦狀的水泉，每個直徑約四手掌寬，而且我滿懷興奮地看到了波斯國王、居魯士與坎比塞斯、亞歷山大與鼎鼎大名的尤利烏斯・凱撒都曾渴望看到的東西……。兩個漩渦眼不在山頂，卻在山脊下消失不見。……第二個源頭位於東方，距離約一石之遙。[21]

在詹姆斯・布魯斯於一七九〇年出版的五卷著作中，他描述了自己從一七七〇年前後開始的旅行，布魯斯宣稱自己是第一個看到藍尼羅河源頭的歐洲人，將自己寫進了世界史裡：「在那一刻，猜想我的心境比描述更容易，站在那從古到今世人投入了近三千年的智慧、努力與探索的地方。……雖然我只是一個渺小的英國人，卻深感自己已經戰勝了諸王與他們的大軍。」[22]

布魯斯認為自己解決了一個已有三千年歷史的謎團：

（尼羅河的源頭）是三千年來全世界各國亟欲解決的謎團中最有價值的一個，在我冷靜的時候，我認為這值得冒生命危險去探索，長久以來，為了祖國的榮譽，我這僕人決定將這無人能敵的發現，當作獎盃放在我主君的腳下。

布魯斯這位蘇格蘭人同時向喬治三世與聖母瑪利亞舉杯致敬。然而，他真正敬酒的對象卻是他自己，也就是向解開史上一大謎團的自己敬酒。布魯斯的書強調發現的衝動與自吹自擂的滿足，是一枚銅板的兩面。因為，雖然他的確擴展了衣索比亞的地理知識，但並沒有任何新的、重大的發現。畢竟，他自己也知道葡萄牙耶穌會會士早在他之前就已經到過那裡，而且早在比他早了近兩個世紀一六一八年出版的書中寫到了這件事。因此，布魯斯的五卷書成為西方文學在提及非洲時的一種新傾向與新傳統的先驅，透過將作者描繪成異國情調的未知世界征服者，把他塑造成英雄。

今天的吉什阿拜是尼羅河流域為數不多的朝聖地點之一，或許是唯一一個與尼羅河有關且具有相對重要性的地點。只有衣索比亞正教會基督徒才能前往真正的源頭，理由是非信徒會汙染源頭，僅因為他們的非教徒身分就會削弱聖水的聖性。在源頭也禁止穿鞋，而且源頭還以綠色帳篷覆蓋。信徒在帳篷外大排長龍，由帳篷裡的人將水倒進他們的瓶子裡。水首先由牧師祝聖，這水本身就有聖性，但祝聖會使它更加聖潔。人們相信它的法力足以為七〇年代的後人創造奇蹟。這水對無法親身造訪吉什阿拜的人也有效，在其中受洗還能免除所有的罪惡、疾病與不幸。

當代對源頭聖水的持續崇拜，以及基督教正教傳統對藍尼羅河就是天堂之河的信仰，為如何使用及控制尼羅河的地緣政治權力鬥爭添加了一個潛在的宗教層面，未來也依然會是如此。

長老約翰與聖母瑪利亞治理尼羅河

大約一千年來，關於衣索比亞利用位居尼羅河源頭的位置懲罰埃及的故事不知凡幾。在一〇八九至一

○九○年前後的法蒂瑪王朝（Fatimid Caliphate）蘇丹穆斯坦綏爾（al-Mustansir）統治期間，埃及人甚至懷疑衣索比亞有能力影響尼羅河的流量。那年洪泛沒有發生，在埃及造成了嚴重後果。作家阿爾馬金（al-Makin）曾記載，蘇丹為此派科普特正教會教長、亞歷山大港的邁克爾一世（Michael of Alexandria）前往衣索比亞，懇求衣索比亞人恢復洪水，他們隨後也照辦了。[23]不過我們有理由相信這件事從未發生，因為當時衣索比亞人並沒有控制流量的技術能力。

相信衣索比亞人擁有這種能力的擔憂產生不少影響。一三八四年造訪埃及、西奈半島與巴勒斯坦的西蒙尼．西戈利（Simone Sigoli），曾聽說蘇丹必須向在衣索比亞控制尼羅河水閘的約翰長老繳稅。水閘通常僅半開，埃及人必須向皇帝付款，以防止衣索比亞放水淹沒埃及。

英國歷史學家理查德．潘克赫斯特（Richard Pankhurst）表示，威尼斯的博學之士亞歷山德羅．佐爾齊（Alessandro Zorzi），曾在一五○○年代中期記載皇帝可以阻止尼羅河流到開羅，斷穆斯林的水，他之所以沒這麼做，是因為擔心穆斯林會「摧毀教堂、迫害耶路撒冷與埃及為數甚眾的基督教修士。」至少從一三三五年起，歐洲人對這則傳說就很熟悉，那年維羅納的雅各布（Jacob of Verona）造訪巴勒斯坦，並回報衣索比亞對尼羅河極具影響力。[24]

許多世紀以來，基督徒一直相信尼羅河洪水是聖母瑪利亞所行的奇蹟之一。瑪利亞在一場基督徒與穆斯林之間的戰爭中顯靈，告訴基督教的衣索比亞皇帝達維特（Dawit），上帝授予他足以改變尼羅河河道的智慧與力量。嚇得穆斯林宣布自己不是基督徒的敵人，衣索比亞國王也為此向瑪利亞致謝。在《瑪利亞的奇蹟》（*Tä'amrä Maryam*）中的〈第二六八則奇蹟〉（*Miracle 268*）一節如此陳述這則故事：

當天午夜，神聖的處女、誕神者聖母瑪利亞在衣索比亞的戴維特國王面前顯靈，並對他說：哦，我兒子耶穌基督的摯愛，現在，我代表你要求我的兒子讓你拯救我的子民基督徒，他已應允並為你開了路。起而行吧。他會透過你的手行許多奇蹟……。他以上帝賜予的智慧阻止了（尼羅河）水流入埃及的土地；由於埃及人的土地上不降雨，少了從衣索比亞流向當地的（尼羅河）水，他們就無法犁地，無法播種，而且完全無水可用……事後衣索比亞國王達維特說：有人曾說：斷水如同開啟一場戰爭，但凡是基督徒的主上帝旨意，就一定要實現。[25]

占領還是協議

英國人在十九世紀末確立了對整個尼羅河流域的控制權時，浮現了一個問題：該如何處置衣索比亞？倫敦的戰略家對藍尼羅河的宗教層面完全不感興趣，只關心它在經濟與地緣政治上的意義，而且與許多歷史學家所主張的相反，從一八八〇年代起，他們就清楚意識到幾乎所有的尼羅河水，都來自衣索比亞。

根據中世紀歐洲傳說，衣索比亞是個古老、神祕的國度，由約翰長老所統治，是一個為伊斯蘭國家所包圍的大型基督教帝國。這個帝國有一個強大的正教會，許多西方基督徒長久以來並不承認它是基督教的一部分、一個歷史悠久且深厚的帝國政體。當歐洲人向非洲擴張而對該地區開始感興趣時，非洲在技術與科學方面已經遠遠落後於歐洲，常被一八〇〇年代末到一九〇〇年代初造訪當地的歐洲觀察家批評得體無完膚。一個典型的例子就是詹姆斯．鮑姆（James Baum）在他的著作《野蠻的阿比西尼亞》（*Savage Abyssinia*）中提到，根據他的觀察，衣索比亞人甚至沒有發展出能獵殺野生動物的武器，對人類的進步沒有任何貢獻。[26]

但在對衣索比亞的描述中，可以看出在推廣文明與帝國主義熱情最強烈的時代對非洲的敘述，往往偏向反映歐洲的意識形態與世界觀，而不是呈現非洲的真貌。衣索比亞高地的地理條件適合農耕，充沛的雨量讓當地可以一年數穫，而且幾乎任何季節都能耕作。阿克蘇姆文明巨大的方尖碑遺跡，證明它曾擁有的技術能力與社會組織。在今天的阿克蘇姆市，仍然可以看到其中一座方尖碑，高三十三公尺，重五百一十七噸。建造這種結構顯然需要理論知識、實踐能力及組織才幹。其他例子還包括克海托（Qohaito或Kohaito）已有近兩千年歷史且如今仍在使用的水壩、以及又名示巴女王浴場的Mai Shum（或May Shum）水庫。阿克蘇姆文明是一個仰賴降雨耕作的農業文明，自然會在降雨異常充沛的時期高度發展，也在降雨不足時衰落，因此衣索比亞高原這一帶經常發生的嚴重旱災，在人民的歷史上留下了無法抹滅的痕跡。[27]阿克蘇姆的優勢是當地可以挖井取水，地名的原意「酋長之井」就反映了這種優勢。

衣索比亞有基督教正教背景，鄰近伊斯蘭文化圈的中央地帶，也深具發展潛力，其實很有機會成為傳播歐洲基督教文明價值觀的完美基地，但倫敦既不關心這幾點，也不在乎該國的發展階段或整體資源。帝國主義規劃常用的霸權敘事，對理解這裡發生了些什麼也沒有多大幫助。若是沒有主題，就無法分析殖民主義或帝國主義的具體政策，有如一部沒有任何訂立目標與計畫的人物歷史。因此，也必須具體地探討這個主題：最重要的英國戰略家面對衣索比亞時想了什麼、做了什麼。

當英國領導階層思考該對衣索比亞採取什麼措施時，一個考量因素是他們在當地已經有了軍事經驗。他們曾對該國發動一次著名的突襲，有點類似以色列特種部隊在一九七一年發動「恩德培行動」（Operation Entebbe）的前現代版。當時一百名以色列突擊隊士兵，趁夜搭乘運輸機從以色列飛往四千公里外烏干達境內的白尼羅河源頭。解放巴勒斯坦人民陣線（Popular Front for the Liberation of Palestine）劫持了一架飛機，並以機上的以色列人為人質，在恩德培降落。最後特種部隊救出人質，並消滅了劫機者。一八六四年，英國領事與其他幾位旅居衣索比亞的歐洲人，遭皇帝特沃德羅斯二世（Tewodros II）綁架，並被關押在抹大拉（Magdala），所有透過談判釋放俘虜的嘗試均以失敗告終。在俘虜被囚四年後，維多利亞女王決定在一八六七年八月派出一支遠征軍營救人質。次年羅伯特．納皮爾爵士（Sir Robert Napier）率領一千六百人的部隊，進入衣索比亞。在已有無數書籍敘述的一場戰鬥中，他們攻擊並掃蕩了抹大拉堡壘，而德羅斯二世並未得到當地軍閥的足夠支持，最後不願投降而選擇自盡。在納皮爾的軍隊釋放了俘虜、奪取了戰利品、衣索比亞的領導人自殺身亡後，他們就離開了這個國家。一八六八年的英國人並沒有在軍事上或政治上征服衣索比亞的衝動，直到該世紀末都沒有任何興趣這麼做。

當非洲在一八八〇年代遭到歐洲列強瓜分，尼羅河流域被承認為英國的「勢力範圍」時，英國政府並不想占領衣索比亞這個尼羅河的水塔，也不想把它變成自己的殖民地。英國人只對那裡的一個東西感興趣——但是個壓倒一切的興趣——就是從這片土地流往埃及的河水。但對倫敦而言，為此控制衣索比亞並沒有意義。即使尼羅河的水情是倫敦決定征服白尼羅河上的蘇丹與烏干達的主要驅力，但這水情卻也是讓征服衣索比亞，顯得毫無意義的主要原因。根據這個邏輯，絕大多數從衣索比亞高原流入尼羅河的河水，都只在秋季的三個月裡湧入。每年這段期間埃及的水都充沛無虞，而且河中的淤泥太多，以至於以當時的築壩技術無法儲存供一季更遑論一整年的使用水。賺取出口利潤使埃及能向歐洲銀行家償還債務、並為蘭開夏紡織工業供應原料的棉田，只有春夏需要水，在秋季是閒置的。

因此，倫敦選擇與皇帝孟尼利克二世達成協議，迫使他放棄對境內尼羅河系的控制權，並立誓不在未事先獲得倫敦批准的情況下從尼羅河取用一滴水。在與皇帝的瑞士顧問深入討論後，倫敦同意衣索比亞可以在不影響下游水流的情況下，使用尼羅河水作為動力源。他們還宣稱皇帝承諾如果衣索比亞打算在尼羅河或任何支流上建造水壩，必須先向英國尋求幫助與建議。[28]

如今英國在政治上控制了衣索比亞境內的尼羅河系，並堅信在可預見的未來在衣索比亞境內的尼羅河築壩，在經濟上有利、在技術上可行，但必須以某種方式由他們自己實施。

交換條件是，衣索比亞皇帝獲得了倫敦支持——對與帝國中部接壤的其他民族進行擴張主義政策。孟尼利克可以說是「以水換地」，或以尼羅河主權換取對他擴大領土的支持。皇帝也將英國視為對其他歐洲國家，尤其是剛在阿德瓦戰役中擊敗義大利的衣索比亞政策的牽制者。此外，英國為了下游用水補償孟尼利克，歷年來都是個備受討論的議題，倫敦偶爾還會派人去搜尋相關記錄。根據現有資料，一切都顯示孟尼利克當時並不同意這個想法。他並不想讓自己蒙受為了一筆金錢出賣部分領土的質疑。

與孟尼利克二世皇帝簽訂的條約於一九〇二年簽署（埃及仍主張該協議有效且具有法律約束力）。英國人認為這條約鞏固了他們在衣索比亞的外交及戰略利益。在條約中，皇帝同意若未經倫敦批准，將「不在藍尼羅河、察納湖或索巴特河上建造或批准建造任何阻止河水或湖水流入尼羅河的工程。」同時有清楚的文獻來源顯示，大英帝國在衣索比亞的一個主要目標，就是在塔納湖口建造一座水壩。

為了與這戰略同調，埃及的克羅默伯爵與倫敦政府，阻止了一位英國資本家宣布將在一九〇三年建造這樣一座水壩的倡議。[29]政治領導階層認為目前實施這項計畫還太早，不想對埃及與衣索比亞的皇帝做不必要的挑釁。最重要的是：這座水壩必須在英國政府及自己的帝國主義戰略下控制。因此，英國人在克羅默伯爵的領導下選擇了外交途徑，計畫透過解釋、賄賂或經濟補償，來爭取衣索比亞對修建水壩的支持。

這座水壩將有多種用途。控制藍尼羅河的源頭，將讓他們擁有一個對付埃及民族主義者的強大工具。英國的計畫既簡單又殘酷：只要他們在蘇伊士的地位受到威脅，就會控制尼羅河水流對埃及進行報復（這項尼羅河外交戰術在一九二四年透過艾倫比最後通牒正式實施）。水壩還將發揮重要的經濟作用：一九二五年啟用蘇丹的傑濟拉計畫後，英國人在尼羅河流域的計畫就需要用到更多的水。

如我們所見，塔納湖水壩相關的大規模水政治歷史涉及了厄利垂亞、倫敦、蘇丹政府、埃及民族主義者、海爾·塞拉西皇帝、美國公司，最後還有墨索里尼。然而這場水壩的政治鬥爭，在第二次世界大戰前夕扮演了什麼樣的角色，目前尚不清楚。

羅馬與倫敦的密謀

從第一次世界大戰中期開始，英國一直在尋求衣索比亞領導階層，無論是被動還是主動地，支持他們在塔納湖建造水壩的計畫。他們試過所有手段，例如賄賂，或是外交部官員以全非洲東北部通用之阿拉伯語所稱的津貼（bakshis）。倫敦甚至承諾將英國在抹大拉戰役後搜刮的皇冠歸還衣索比亞。被殖民者權力沖昏了頭的他們，也曾多次提議將當時屬於蘇丹南部一部分的博馬高原（Boma Plateau）贈與皇帝，若是有需要，也會幫他在紅海建一座港口城市。然而，海爾·塞拉西皇帝卻如英國人所說的「一直拖拖拉拉」，塞拉西這麼做有很多正當理由。其中之一是尼羅河水域的宗教問題與政治問題交織一氣。如果塔納湖的地下水位升高，皇帝就得擔心教會的反應，因為這會威脅到修道院坐落的島嶼。但最重要的是，他希望英國能支持他聲討厄利垂亞，我們也看到他沒有得到這方面的支持。

後來隨著阿迪斯阿貝巴允許他們建造塔納水壩的希望逐漸落空，倫敦轉而爭取義大利與墨索里尼的支持。事實上，他們為此與義大利的法西斯政權建立了最高機密層級的外交關係。最重要的是，這些在一九二〇年代關於尼羅河計畫的對話，以及將衣索比亞切割成不同勢力範圍的計畫評估都必須保密。他們知道這些談判，若是被衣索比亞與埃及、國際社會與國際聯盟、尤其是反殖民輿論日益占上風的英國與美國民眾發現，將招致什麼樣的反應。英國已經「否決」了衣索比亞在塔納湖建造水壩的籠統計畫。這項計畫預定委由美國公司執行，與倫敦的戰略背道而馳。這當然令人擔憂，因為它會削弱倫敦的蘇伊士戰略。當時與皇帝的關係降到了冰點，如果倫敦與義大利人針對如何處置他與他的國家的討論被公開，這應該就不會是英國外交史上「最美好的時刻」——決定不幫皇帝轉交一封信給英國國王的外交部官員就提到了這一點，皇帝不過是要求國王在他女兒訪問英國時幫忙照顧她。

因此，英國在一九二〇年代中期與義大利簽訂了一項被列為最高機密的協議，根據協議衣索比亞將由兩國瓜分，義大利將獲得他們夢寐以求、連接厄利垂亞與義屬索馬利蘭的鐵路，倫敦對塔納湖的野心則將得到義大利人的支持。

給義大利政府的原始信函以一段聲明起頭；墨索里尼非常清楚藍尼羅河對埃及與蘇丹的灌溉至關重要，他已獲悉在阿迪斯阿貝巴進行的談判，「為了獲得阿比西尼亞政府的特許權，由國王陛下的政府在察納湖築堰，以受蘇丹政府委託的身分行事，並考慮到埃及在此事上的利益，」到目前為止，這些談判沒有產生任何實際結果。信函繼續寫道：

> 因此，我榮幸地奉國王陛下的首席外交大臣的指示，請求閣下在阿迪斯阿貝巴與阿比西尼亞政府

提供支持與協助，向他們爭取讓國王陛下的政府在察納湖築堰的特許權，以及維持一條走廊以供物品、人員等通過的權利，以及在湖本身維護及保護水壩所需設施的權利。

作為回報，國王陛下政府準備支持義大利政府向阿比西尼亞政府爭取特許權，以建造及營運從厄利垂亞邊境到義大利索馬利蘭邊境的鐵路。而這條鐵路，連同其建設及運行所需的所有必要工程，將可完全自由地通過前文所述的走廊。[30]

倫敦政府同時還宣布，它準備「承認阿比西尼亞西部（當時衣索比亞的名稱）以及……鐵路所經過的整個地區為義大利獨有的經濟勢力範圍」，並承諾「支持義大利對上述地區要求的所有經濟特許協議。」[31]倫敦與羅馬以為自己很聰明，但他們的詭計很快就告吹，因為密函遭到外流。如今全世界都知道英國與墨索里尼聯手策劃了一項針對衣索比亞的密謀，衣索比亞作為國際聯盟中第一個獨立的非洲國家，在國際上享有盛譽。祕密談判曝光大幅削弱了倫敦的立場，無論是在衣索比亞與埃及問題上，還是在國內外反法西斯主義者的輿論上。

倫敦對這場政治危機的反應，是與墨索里尼展開新的機密談判，試圖拼湊出一個較能被接受的內容，假裝是原始協議提出，並解釋已經被洩露給媒體的文件是偽造的。然而這說來容易做起來難。畢竟，倫敦對內容的修改不能超出墨索里尼所能接受的程度，否則他可能會對外揭露除了這些，英國人還試圖欺騙世界輿論，為倫敦製造更大的問題。經過一場讓英國損失慘重的激烈拉鋸戰，墨索里尼與倫敦終於商定了一份可以假裝是原件送交國際聯盟的文件。

這則外交醜聞與試圖亡羊補牢的努力，讓墨索里尼掌握了一個倫敦的把柄，將在他決定入侵衣索比亞並朝塔納湖進軍時，派上用場。

湖邊的墨索里尼

時間是一九三五年十月三日一早，在厄利垂亞與衣索比亞邊界的馬雷布河畔。約十萬名士兵（多數是所謂的阿斯卡利，也就是厄利垂亞人）與兩百名義大利記者一同準備開戰，只待元首（Il Duce）一聲號令。當天早上接到命令後，這支由義大利人率領的部隊行軍跨越邊界。義大利媒體（以及其他人）將衣索比亞貶為一個「野蠻無能的國家」，藉此賦予入侵正當性，並將它包裝成一場如今所謂的人道主義干預。[32]這是墨索里尼的戰爭。他是當時的總理兼政府首腦、法西斯民兵司令官、義大利唯一政黨的黨魁，自一九三三年起兼任戰爭部長、海軍部長、空軍部長、殖民地部長、外交部長。衣索比亞人長期以來擔心的占領終於成為現實。義大利人的目標是奪取整個非洲之角的控制權，並為他們在一八九六年於阿杜瓦戰敗的恥辱報仇雪恨。

占領阿迪斯阿貝巴的消息在一九三六年五月五日晚間傳回義大利時，羅馬一片歡聲雷動。這位獨裁者在威尼斯宮（Palazzo Venezia）的陽台上發表演講，宣稱：「在我們三個世紀的歷史中，義大利經歷了許多莊嚴與難忘的時刻，現在無疑就是最莊嚴、最難忘的時刻之一。義大利人民，全世界的人民，我們已經恢復了和平。」[33]

人群拒絕讓他退場。元首重回陽台十次向大家揮手致意。來自各法西斯組織的男孩們演唱了剛寫好的〈帝國讚美詩〉（*Hymn of the Empire*），現場洋溢一片興奮之情。占領衣索比亞，是以復興羅馬帝國傳統為己任的墨索里尼最偉大的時刻。自一九二五年以來，墨索里尼一直密切關注塔納談判。在義大利飛機轟炸衣索比亞、士兵朝塔納湖畔推進的同時，義大利大使提議與英國展開談判。

一座水壩與第二次世界大戰的前奏

一九三六年五月九日，墨索里尼宣布吞併衣索比亞，義大利國王如今兼任衣索比亞皇帝。佩特羅・巴多格里奧元帥（Pietro Badoglio）被任命為副王兼總督，並獲得了統治該國一切的權力。義屬東非（Africa Orientale Italiana）就此成為現實。

世界將如何反應？國際聯盟這個為保護小國自決權而成立的國際組織，將如何應對義大利對衣索比亞的占領？一九三六年六月三十日，被迫逃離自己的國家、孤獨且貧困地在英國巴斯度過戰爭頭幾年的皇帝海爾・塞拉西，以衣索比亞合法領導人的身分，在國際聯盟向全世界發表演說：「今天，全球數百萬人都焦慮地關注著國際聯盟的審議。他們知道這是決定聯盟命運的悲慘時刻。」皇帝總結道，如果國際聯盟在這種情況下選擇順從義大利，將形同自殺，或者正如他所說：「向侵略者造成的既成事實低頭，是否將為各國開啟屈服於武力的可怕先例？」[34]

後來證明皇帝是對的。由英法兩國領導的國際聯盟通過了一項極為溫和的決議。英國人甚至還允許義大利人使用蘇丹領空，也沒阻止他們利用蘇伊士運河運輸軍用物資，讓義大利人更肆無忌憚地繼續走自己的路。希特勒與德國納粹分子也密切關注非洲反大英帝國主義的抗爭，並將倫敦的反應解讀為軟弱的跡象，代表自己可以在同年放心奪取非軍事化區的萊茵蘭（Rhineland）。國際聯盟失去了作為小國保護者的信譽，第二次世界大戰的腳步越來越近。

然而，如果國際聯盟立即制裁義大利，英國禁止義大利所有的運輸與貿易使用蘇伊士運河，情況會如何？這將向所有侵略者傳達一個明確的訊息：戰爭及占領是不划算的，並重建聯盟的威信。大多數史學家似乎都同意，對一九三六年占領衣索比亞的姑息讓戰爭更加接近。史學家也傾向於認為，英國在這種情況下的政策是不合理的：倫敦對衣索比亞沒興趣，理應可以毫無顧忌地譴責義大利，但他們卻沒這麼做。

這種解釋的典型代表是極具影響力的英國歷史學家A．J．P．泰勒（Alan John Percivale Taylor）的著作，他在他的《第二次世界大戰的根源》（*The Origins of the Second World War*）中寫道：「義大利征服阿比西尼亞並不會影響大英帝國的利益。」因此他得出的結論與其他許多人一樣：英國的政策並不合理。[35]然而，這一論點的弱點在於，衣索比亞對英國其實有巨大的核心戰略利益，儘管這些利益並不會以尋求資本出口、投資組合等典型經濟利益的形式展現。如果只看英國在當地的投資，確實找不到任何重要的東西，或者如同英國駐衣索比亞特使在一九三一年寫給英國外交大臣的密函所提到的，全倫敦沒有人願意投資衣索比亞，因為當地完全無利可圖。

在尼羅河流域上游的位置決定了衣索比亞的命運，義大利因此得以在沒有足夠的國際抗議的情況下占領它。正如倫敦外交部在一九三四年初所指出的：「如果我們確實想爭取察納河，我們可以獲得義大利的幫助，並強調我們忠實履行了一九二五年談好的交易……在不久的將來，察納河將成為我們在衣索比亞最大的潛在利益，考慮放棄它似乎至少為之過早。」[36]

由前蘇丹總督馬菲爵士（Lord Maffey）所寫，英國在該地區的政策相關機密戰略報告中，也清楚表明重點是什麼：「一旦衣索比亞失去獨立國家的地位，國王陛下的政府就應該以確保對塔納湖及連結該湖與蘇丹走廊的控制為目標。」[37]

該報告得出的結論是，倫敦因此沒有理由「抵制義大利占領衣索比亞」。一九三八年四月十六日，英國與義大利宣布兩國簽訂了一項名為珀斯—齊亞諾條約（Perth-Ciano Pact）的新協議，目的是解決兩個主要問題：英國承認義大利對衣索比亞的主權，義大利人則承諾協助英國建造他們的塔納水壩，英國人稱之為「押在塔納大餅上的一根手指」。由代表倫敦的珀斯爵士（Lord Perth）與代表羅馬的齊亞諾伯爵（Count Ciano），就水壩問題簽署了這項單獨協議：

義大利政府向聯合王國政府確認自國於一九三六年四月三日向聯合王國政府作出的保證，並由義大利外交部長於一九三六年十二月三十一日向國王陛下駐羅馬大使重申，義大利政府完全了解自國在察納湖問題上對英國政府的義務，也無意忽視或否認這些義務。[38]

義大利人愚弄了他們。英國人沒有得到他們的水壩。在英國，對該協議的反對如此激烈，以至於負責該協議的人被迫卸下部長職務。第二次世界大戰正逐步改變英國在尼羅河戰略上的基礎。

一九四一年，基於英國在世界大戰中的戰略，倫敦決定透過軍事手段將義大利趕出衣索比亞。他們與皇帝結盟，由英國軍方將他祕密送回尼羅河流域，皇帝在自傳中敘述自己如何進入亞歷山大港，先躲在一艘偷來的義大利船上，再飛往蘇丹。當皇帝於一九四一年一月在蘇丹與埃及交界處的城市瓦迪哈勒法上岸時，他走到尼羅河邊，將雙手放進河裡捧起一口河水來喝。當時他感到萬分激動，告訴他的英國同伴他所喝下的這口水，就是衣索比亞的象徵。

冷戰與水政治

衣索比亞一擺脫義大利的占領，皇帝就邀請美國人造訪他的國家。倫敦很快意識到自己在阿迪斯阿貝巴的強勢地位即將告終。也就是說，美國人有能力為皇帝的基礎建設提供經濟援助，而倫敦在二戰後已然破產。不久之後，納瑟領導下的埃及變得越來越反美，衣索比亞因此在美國的非洲戰略中變得更加重要。從此，美國墾務局（US Bureau of Reclamation）——美國派往世界各地執行符合美國政治與經濟利益的大型河流計畫的機構——在衣索比亞的藍尼羅河地區變得非常活躍。

美國人撰寫了大量報告並提出全面性的計畫提案，足以將衣索比亞改造成尼羅河大國。當時的華盛頓可能將發表這些報告視為一種政治策略，可以讓開羅的納瑟與他的莫斯科盟友，認清美國在上游的影響力足以利用他們在衣索比亞的尼羅河控制政策，牽制埃及與新建的亞斯文水壩。這些報告也是華盛頓向皇帝傳達的訊息，告訴他美國人能提供他所需要、但英國卻幫不上忙的技術與治水能力。然而，事實上這些計畫完全沒能成真，部分原因是皇帝政權既沒有必要的經濟或政治實力，也沒有政治意願徹底克服衣索比亞的落後，再加上美國與世界銀行都堅持尼羅河國家之間，必須先達成協議才能興建任何水壩。儘管如此，以在上游建造水壩要脅仍不失為一種廉價且有效的外交戰略。

到了一九七〇年代初，海爾．塞拉西皇帝遭到政變推翻。他曾讓全國團結一心，抵抗歐洲列強瓜分衣索比亞的強大壓力，也曾展開尼羅河外交，一再讓英國對他的精明驚訝不已。他曾阻止英國人在塔納湖築壩，因為他擔心這在當地可能造成的後果、以及英國藉此將該地區與蘇丹連接起來的長程目標，也因為他沒有得到足夠的補償。

他的政權既沒有權力也沒有資金實施任何大型尼羅河計畫。如前文所述，這位皇帝在一九二〇年代就已經試圖與美國公司結盟，打算在塔納湖建造一座符合衣索比亞利益的水壩，但英國間接阻止了這項計畫。英國最不希望看到的就是其他大國在蘇丹上游建造水壩，因為這註定會破壞他們在一八九〇年代制定、而且一直奉行到二次大戰結束之後的整套尼羅河戰略。

一九七四年九月十一日晚間，也就是推測兩千年前示巴女王從以色列返回衣索比亞建立帝國的同一天，衣索比亞電視台播放了兩個節目，讓大眾為衣索比亞皇帝的漫長系譜即將結束的事實做好準備。一個節目是關於富有的衣索比亞人以及皇室的奢華，另一個則是關於衣索比亞荒謬的貧窮與三餐不繼的百姓。第二天，一小群軍官前往皇宮，在早上六點面見了海爾・塞拉西。他穿著全套制服現身，聆聽他們宣讀了一份廢黜他王位的公告。海爾・塞拉西說他接受這個決定，如果這對人民最好，接著就在護送下離開宮殿，坐進一輛等待他的汽車裡，被帶往一個軍事總部。一小時後，阿迪斯阿貝巴電台宣布衣索比亞已脫離海爾・塞拉西的暴政獲得解放。在西方因巴布・馬利（Bob Marley）而知名的拉斯塔法里運動（Rastafari movement），就此失去了他們的耶和華（Jah）或上帝。畢竟，Rastafari這個詞源於意為皇帝或公爵的Ras與海爾・塞拉西的原名Tafari的組合。這種特殊信仰的背景包括聖經多次提及衣索比亞，以及海爾・塞拉西加冕時的頭銜：「萬王之王、萬主之主、猶太族的雄獅、上帝的選民、與世界之光。」

這位曾被視為非洲的解放者、戰勝殖民主義的勝利者的皇帝，最後遭到衣索比亞新統治者處決。

門格斯圖・海爾・馬里亞姆（Mengistu Haile Mariam）的新政權，顯然也明白必須對尼羅河進行更多的控制，衣索比亞才有辦法發展。在親美的沙達特擔任埃及總統的時期，衣索比亞由親蘇聯的門格斯圖政權所統治，蘇聯因此大量參與了該國各類援助計畫。在這段時期，衣索比亞人揮別了舊的觀念，發展出開發尼羅河的新思維。衣索比亞在一九八〇年代公布了一系列計畫，建議將藍尼羅河一半的水用於自國的發展。與其將這些解釋為在當時可實現範圍內構建的實際計畫，不如將它們的發布視為一種水外交戰略。公布這些計畫形同向埃及與美國傳達訊息，展現衣索比亞與蘇聯擁有控制上游這個有力籌碼，隨時可以在當時雙方關係降到冰點的冷戰中使用。

門格斯圖政權將大量人口從乾旱地區遷移到可獲利農業區的想法，與衣索比亞進一步利用尼羅河的計畫息息相關。然而對這些遷移計畫的反對，最終成為該政權在一九九〇年代初期垮台的最大原因之一。

水塔展現潛力

沒有什麼比示巴女王在阿克蘇姆的浴場，更能清楚證明衣索比亞國家的悠久歷史。我特別喜歡浴場旁荒蕪的灰色岩層，與矗立在通往浴場、長年作為當地居民所使用的階梯上的桉樹林蔭下方黃色正教教堂之間的對比。浴場體現了阿克蘇姆是一個以各種不同方式利用水的文明。

正教會宣稱摩西的原始石碑被保存在當地，每年也為此舉行一次多采多姿遊行的阿克蘇姆，從這裡出發後，經過約一天車程，我們搭乘的Land Cruiser即將抵達一個啟動革命性改造過程的設施，它在短短幾年裡改變了藍尼羅河沿岸的權力關係，也改變了衣索比亞的發展歷程。遠處四千六百公尺高的塞米恩國家公園（Simien Mountains）若隱若現，越過台地上筆直嶄新、路況極好的柏油馬路，我們駛下馬路，停下來與中國營地的守衛聊天。一如我們所期待的，我們享用了由營地的中國廚師準備的五菜大餐，使用從中國帶來的食材。

約在新水壩奠基時的二〇〇六年，我前往特克澤河，想從長遠的角度來看這將被視為具有重大歷史意義的遺址。衣索比亞尼羅河的第一個大型計畫就在這裡動工，一堵巨大的混凝土牆即將穿過狹窄的山溝，豎立在特克澤河支流上。水壩是衣索比亞解決下游國家強烈反應的一大考驗。特克澤河是尼羅河最重要的支流之一，它的起點距離衣索比亞高原內陸深處的拉利貝拉的著名教堂不遠。

當這位中國工程師對這項他負責技術層面的計畫充滿熱情地向我展示水壩草圖時，我們驅車前往水壩現場。就在那裡，在一道把河水逼進狹窄河道的深深裂縫之間，我看到了將建起一堵近二〇〇公尺高的混凝土牆地基。我走進山溝，摸摸牆壁、感受當地的酷熱，並與一家協助起草這項計畫的美國公司美籍工程師聊一聊，參觀了建在山裡的發電廠，還冒險走到懸崖邊緣以了解水壩有多巨大。這座水壩於二〇〇九年完工。

衣索比亞人已經向自己、也向全世界證明了他們可以馴服尼羅河。這件事的政治影響頗為深遠：如果他們能建成這座水壩，原則上他們還可以建更多座。而且與區區幾年前衣索比亞尼羅河的情況相比，他們以驚人的速度完成了這項工程。

沒有政治穩定與經濟成長，就不可能有這種發展。然而，穩定性並不足以解釋這種轉變。從根本上來說，這是一段深刻、結構性的技術發展史，它已經造就這種成果，未來將持續以最有效率的方式利用尼羅河。築壩技術的進步以及以管道引水穿越山脈流往遠方的能力，將使原本僅能幻想的計畫得以成真。

技術能力不再是上游地區使用尼羅河水的決定性障礙。如今，這一切都取決於政治意願與經濟能力。

深層生態學、反思與河流的標誌

幾年後的二〇一一年，衣索比亞人完成了特克澤河水壩。他們也啟用了塔納湖—貝爾斯河計畫（Tana-Beles Project），從塔納湖取水並通過山上的隧道將其引至湖下的山谷，藉此發電並為農業進行人工灌溉。他們還為新的藍尼羅河計畫展開多項研究。

衣索比亞人、挪威人、英國人及義大利人，就衣索比亞正在建設的水壩進行了激烈的討論。坐在桌旁的是水文學家及水壩建設者，每個人對衣索比亞的計畫都充滿熱情——不是情緒高漲的激情，而是實事求是的務實。這裡沒有人懷疑尼羅河控制的必要性。我們坐在一家類似酒吧的地方，但由於暴雨在屋頂上猛烈敲打了好幾小時，把我們要買茶或啤酒時得步行穿越的庭院泡成一條幾乎無法通行的滑溜溜泥巴路，讓這裡少了一些魅力。

當天稍早，我與這批工程師及水文學家一同站在衣索比亞高原深處的藍尼羅河上方山坡上。他們受衣索比亞政府之託，前來評估建造這座全球最高的水壩之一的可能性。我看著他們尋找並討論該在何處奠基、水壩應該採取什麼形式、可以蓋多高、應該蓋多高、以及還需要做哪些進一步的研究，不難看出他們個個經驗豐富，他們也告訴我自己經手過的治水工程遍布全球各地。他們不帶感性地執行這項任務，從討論中我也清楚發現，他們將自己視為某種現代化的先鋒。

身為一個局外人，同時也是一個渺小的典型知識分子，在我們討論到兆瓦、淤泥量與地質關係時，我不禁好奇：如果來一場祭出「讓這條河活下去」這類環保口號的群眾運動，會在這個國家產生什麼樣的後果？如果這種哲學思潮被引進尼羅河流域國家，大家對它會是什麼看法？

相信人類與自然是緊密結合的、是一體的，是深層生態學的基礎。深層生態學反對所有形式的人類中心主義，也就是將人類價值觀視為所有價值觀之基礎與來源的世界觀。因此深層生態學代表了另一種選擇，通常以水為隱喻來闡述——要「順水推舟」地順應自然，而不是「逆水行舟」地控制自然。因此，深層生態學的支持者若是根據這種原則，也會反對在這裡築壩或控制河流，並主張維持原本的水流不加以改造，才符合衣索比亞的利益。

就衣索比亞目前的發展形勢而言，許多人會傾向於認為深層生態是一種受人與自然、或人與河流之間的特定歷史與地理關係所影響的反動、極端思想。雖然它堅持打破所謂的西方二元思維，但其實只反映了一種在北歐脈絡中總結的經驗，北歐的河流即使還沒被馴服，通常看起來也很溫和無害。在政治上，這種哲學的後果將是，每年僅有短短幾個月湧入的所有水量都必須從衣索比亞流往蘇丹與埃及，因為這就是尼羅河的天性。這種深層生態學的概念在這批義大利、荷蘭、衣索比亞與挪威工程師的心中不會找到立足之地，他們不僅將自己視為衣索比亞現代化的先鋒，也是協助衣索比亞發展成長、戰勝貧窮的民間戰士。他們關心如何改變自然與人類之間的關係，以造福衣索比亞人民；而這需要的是「逆流而上」。作為非洲的水塔，要衣索比亞「順水推舟」，就等同於放棄自國的現代化；而衣索比亞在一九〇二年的協定中對不減少任何尼羅河支流流量的承諾，就可以被視為以維護自然與生態為目的的早期深層生態學口號。

若是將尼羅河視為一個有生命的有機體——所有生物都會努力實現自己的目標，就這層意義而言，就意味著它的實現方式就是採取自我保護，那麼我們就必須「讓這條河活下去」。

深層生態學宣稱除非是為了滿足生命需求，否則人類無權減少大自然豐富的多樣性。問題是，在尊重尼羅河與生俱來的生命、遵守「順水推舟」的原則的同時，又要滿足「生命需求」，是不可能的。這種矛盾，以及完全沒有判斷什麼是「生命需求」的明確標準，是否會削弱深層生態學在這種情況下的有效性？尼羅河水是維持生命不可或缺的、也是防止人與動物死於乾渴或飢餓的必要條件。此外，在用水與治水層面上，「生命需求」的定義也可能有所差異。在試圖以生物多樣性為主要考量劃定界限後，就很難判定什麼與生命有關、什麼與生命無關，尤其若將「以管道與渦輪機馴服的河流」可為整個社會、甚至為其他社會供電這點也納入考量，改造河流應該也算是為了滿足「生命需求」。

倘若一場深層生態學運動被引進尼羅河流域，是否將造成這區域的大片地區永遠貧困，人民永遠成為尼羅河的奴隸？不管這個問題的答案是什麼，有一件事顯而易見：這種哲學的經驗基礎其實非常區域化，因為它的河流隱喻，無法被套用在水的供需差距與日俱增的大河流域裡「人—水關係」上。

縱觀歷史，水壩一直是國家或人民改善生活的意志體現。然而，在國際發展援助體系中長年居主導地位的觀念是，發展中國家，尤其是非洲的發展中國家，並無法處理這種現代化且大規模的技術。已經有無數書籍與報告討論過非洲所謂的「白象」（white elephants），也就是由於技術水準不足而不適合當地的計畫，因此僅能做小規模的技術發展。這種占主流地位的世界觀或意識形態，阻止了各國開發自己的水資源——不是出於對這些國家的利益，而是出於善意的偏見。

國際援助組織的主流意識形態傾向認為現代科技不適用於非洲。當我在一九八〇年代代表聯合國前往非洲時，被要求參加一場由國家發展機構及人類學家所安排的入門課程，以「認識非洲文化」希望能成為一名優秀的援助志工。

一天下午，我們被要求在地板上蹲成一圈，開始進行角色扮演，模擬在相思樹下與非洲酋長會面，由圍成圈子的成員輪流扮演酋長與「長老」。基本上目的是透過學習傾聽「長者」所說的話了解非洲，而是否了解的真正考驗，是必須避免提出任何需要現代科技的建議；也就是說，我們當然可以提出建議，但這會使自己顯得像個白痴，也就是技術專家或工程師之類。別說是建議，就連與「酋長」討論建造大型水壩在當時都是無法想像的錯誤。主要問題不是我們必須順應這位相思樹下的酋長「觀點」，即使這顯然意味著維持現狀，而是因為他們事先早就準備好正確答案，因此發展的實際困境並不存在，替代方案也錯誤到荒謬的地步。為了避免參與這排練對話的尷尬局面，我突然站了起來，把我的所有物品全裝進一只塑膠袋裡頭，表示自己不能參加，接著就離開了這堂課程，從此我與援助圈的關係從來沒再好過。

鮑勃・格爾多夫的衣索比亞——一個沒有河流的土地

我又一次走在通往藍尼羅河瀑布短短的土砂道上，看看自從衣索比亞人在那裡建了一座發電廠以來，這個美妙的地方是如何被剝奪了它的美麗和力量。鮑勃・格爾多夫（Bob Geldof）在他的著作《格爾多夫非洲行》（*Geldof in Africa*）中將在這條路上步行描述成一場令人精疲力竭、穿越叢林的危險旅程，我心想：西方對充滿男子氣概的白人，征服異國情調的遙遠大陸故事，還真是貪得無厭，實際上這不過是一場在公園般美景中的短暫漫步。[39]

鮑勃・格爾多夫在衣索比亞無助、痛苦、貧困、完全依賴白人當他的導師、協助者、救世主的形象上，扮演了一個重要的角色，也是一個強而有力的象徵。該國一九八四年的飢荒被BBC轉化成一場充滿道德與意識形態價值的奇異世界奇觀，格爾多夫為此動員整個地球來援助非洲，將舉世對該國的想像與理解被長年框定在貧困、匱乏、仰賴援助的形象中。

少有國家如衣索比亞般被禁錮在周遭世界對它的認知中。許多世紀以來，它一直是約翰長老的傳奇國家——野蠻、封閉、難以接近，但依然充滿異國情調。到了二十世紀末，衣索比亞又成為乾旱、飢饉與西方援助的代名詞。即使阿比比．比基拉（Abebe Bikila）成為全球最具代表的馬拉松跑者，在一九六〇年的羅馬與四年後的東京街道上赤腳跑贏所有對手、締造輝煌歷史，這對衣索比亞人還是沒有任何幫助。無論培養出多少世界級的長跑健將，都改變不了世人對他們的看法。

我在一九九〇年代初首度造訪衣索比亞，儘管我剛剛寫了一本新書，談有關於援助時代對發展中國家的家長式觀點，也閱讀了許多該國歷史的相關書籍，但我並沒有為我的經歷做好準備，因為一想到這個國家，腦海裡只會浮現螢光幕上飢餓、垂死孩童的畫面。

當時是五月。溫度宜人，稍稍超過二十度。我與一位蘇丹朋友駕車悠遊鄉間。途中經過一小群白衣人，只見他們帶著野餐籃坐在樹下，在我們的左邊右邊、前面後面，到處都可以看到三三兩兩的人，也能聽見他們宛如來自夢幻世界般的陣陣笑聲。當我回到家，聊起我在衣索比亞看到令人神往的大自然、山巒、陽光與繁榮，卻受到道德性的批評：你是沒半點人性嗎？竟然對人民的困境視而不見？

旅遊手冊中宣稱衣索比亞有十三個月的陽光。然而一九七〇年代與一九八〇年代的乾旱、以及難民營中的電視攝影機，讓衣索比亞淪為全球苦難的象徵，降雨的周期性短缺與媒體的報導，塑造出這種形象。自一九八四年以來，該國在發展援助時代由一個龐大且不斷成長的援助與緊急救援體系製造並複製的形象，一次又一次地被重現。每兩年各救援組織都會宣布一場新的、比以往任何時候都嚴重的乾旱，讓數百萬人蒙受飢荒威脅並呼籲世人捐款拯救生靈。

這些形象不僅讓緊急救援志工在捐助社會中持續擁有合法性，也保障了他們的永久就業。衣索比亞成為這些好心的撒瑪利亞人最重要的集結地。毫無疑問，衣索比亞的部分地區確實處於一個一定會發生乾旱的氣候區，即使農業還很不發達。多年來，它一直是定期獲得援助最多的國家之一。然而這不僅是乾旱使然，也因為政府知道免費分配食物的政治力。過去的數十年裡的乾旱，其實都是可控的。

多年來，關於衣索比亞的敘事只要和這種形象不符，就會遭到反對——不僅是消極的抵抗，還包括積極的宣傳，因為不同於既有形象的敘事會威脅到整個產業的生計，也會動搖他們的自我概念與社會地位的基礎，要維持這一切，都必須讓大家感覺為了改變世界，他們這產業是必要且不可或缺的。

衣索比亞仰賴西方人施予與關懷、靠外來者的善心餬口的形象顯然並不是鮑勃·格爾多夫所創，但他還是以高唱衣索比亞「種不出任何東西」、「沒有雨水也沒有河流」，以及他們在這個基督教國家可能「根本不知道現在是聖誕節」來形容它。

復興大壩

二〇一一年四月，衣索比亞總理梅萊斯·澤納維（Meles Zenawi）為一座新的巨型水壩奠基，據說這將是非洲最大的水壩：高一百四十五公尺，寬一千八百公尺。它將能儲六百三十億立方公尺的水，使這座人工湖的水量達到塔納湖的兩倍。在四十度的高溫下，澤納維在未來的壩址發表演講，向衣索比亞人民介紹這項國家計畫，承諾這將為衣索比亞帶來一個嶄新的、更光明的未來。

在藍尼羅河上建造一座水壩的想法絕不新鮮。這個地點在數十年前就已經被判定適合築壩。從那時起，這座水壩的計畫就一直在國營的衣索比亞電力公司（Ethiopian Electric Power Corporation）的製圖桌上，代號為「X計畫」（Project X）。這些計畫長年來一直被列為機密。後來到了二〇一一年春解放廣場示威活動的高峰期，衣索比亞政府決定將之公開，起先名稱是千年大壩（Millennium Dam），後來更名為復興大壩。梅萊斯總理宣稱：「這是我們可以在尼羅河沿岸任何地點、或任何其他河流建造的最大水壩。」而且還謹慎地強調：「在決定以我們自己的資源在尼羅河建造這座水壩時，我們所評估的重點之一，就是避免對鄰國造成任何負面影響。」[40]

這座水壩是政府自一九九〇年代以來貫徹尼羅河水資源政策的最後一項、也是野心最大的計畫。因此，梅萊斯・澤納維——一位前游擊隊士兵與堅定的馬列主義者，一九七〇年代與一九八〇年代游擊隊領導人大多是這種政治傾向，在他的領導下，該國發展成為一個區域性的水政治大國。與門格斯圖政權打了幾年的內戰後，梅萊斯與他的政治運動於一九九一年取得了政權，並開始實施了一項改變衣索比亞、尼羅河以及所有流域國家之權力關係的政策。

我第一次見到梅萊斯・澤納維是在二〇〇五年，然後是二〇一一年春在阿迪斯阿貝巴總理辦公室，並聽他介紹他們即將開工的新計畫。當時我們談的當然是尼羅河問題：我到那裡的目的，就是聽取他對這個問題的看法。他表示自己對尼羅河水情與尼羅河政治掌握得相當好，策略不僅明確，在他擔任總理期間基本上也維持不變。他說明了自己對一九〇二年協議的立場：「問題在我們是否可以使用其中的一些水」，他在二〇〇五年表示：「該條約並沒有禁止我們這麼做。衣索比亞的立場是，根據國際法，我們有權公平、公正地利用這些水，而我們希望能在獲得下游國家的理解、支持與合作的情況下這麼做。但歸根結底，這是個攸關我們的生存的問題。」這形同在實際否決了協議的有效性。[41]後來也證明他的確說到做到。兩年後，衣索比亞開始建設特克澤河水壩，隨後塔納湖—貝爾斯河計畫也接著開工，但他在二〇一一年三月向我透露的復興大壩計畫，讓這一切顯得黯然失色。

當我問他這對下游國家會產生什麼影響時，他堅稱衣索比亞希望與各國合作，建設這座大壩對他們有利，對蘇丹尤其是好事一件。梅萊斯完全反對以水武器對抗埃及的威脅性政策。他表示：

> 衣索比亞人過去常威脅埃及人，尤其是在阿拉伯入侵埃及後，如果不派遣教長到衣索比亞，就會攔阻尼羅河水流入埃及。當時的衣索比亞人沒有任何手段可以攔阻尼羅河，因此這威脅的恐嚇意義大於實質意義。我認為未來——遲早——雙方都會談出一個理性的政策，但可能還需要一段時間才能完全弭平過往的嫌隙。

在梅萊斯．澤納維的領導下，衣索比亞政府決心發揮自己作為尼羅河流域上游大國的潛力。由於如今終於擁有了阻止尼羅河水流的技術能力，衣索比亞人數千年來首度在尼羅河上築壩，而且不僅越建越多，也越建越大。然而，阿迪斯阿貝巴一再重申，這些計畫絕不會對下游國家產生負面影響，而且聲稱這些計畫符合衣索比亞與其他國家的利益，它們將創造雙贏局面。

這位總理也不諱言他認為埃及對衣索比亞以自國的合法權利與政治義務，對發展國家的努力進行威脅與干涉。他聲稱埃及與精英階層一再試圖透過鼓勵衣索比亞民眾「互相殘殺」、並阻止衣索比亞接受外國貸款，來破壞衣索比亞的穩定。梅萊斯聲稱，埃及與領導人曾致信要求捐助者與多邊金融機構停止支持該計畫，而且毫無疑問的，埃及的確展開了瘋狂的外交活動，試圖阻止大壩的建設。為了回應埃及這不公義的反對，梅萊斯採取了一項令人驚訝的措施：從國內來源獲得必要的資金。他計畫動員整個衣索比亞民眾展開一場史無前例的運動，以為大壩籌措所需的四十七億美元資金。這場全國性的募款活動的結果，將對整個區域的權力關係產生重大影響。若是不成功，將是衣索比亞政府的一大失敗，也會削弱其統治的合法性。在這種情況下，衣索比亞可能需要很長時間恢復，才可能再以同樣的方式挑戰埃及的歷史霸權。他認為埃及精英濫用並錯誤解讀這項計畫對自國供水的威脅，以維持統治自國人民的權力。梅萊斯告訴我，他相信埃及的下游情結是由埃及精英為了提升自己的權力與地位形塑出來的工具。透過說服自國居民他們的供水受到威脅，精英們成功地賦予了自己的專制政策合法性。精英階層以埃及全體民眾之名，將自己偽裝成埃及供水的捍衛者，彷彿民眾唯有仰賴他們才可能想保住這條生命線。

梅萊斯表示，這種恐懼完全沒有現實依據；這位衣索比亞總理讓自己成為國際政治舞台上某些政策圈寵兒，但被衣索比亞反對派視為獨裁者言辭——他明晰與確信總結道：埃及上至領導階層下至人民都必須明白，合作是前進的唯一道路。

唐納・川普會來「剪綵」嗎？

九年過去，復興大壩依然是衣索比亞與埃及之間政治衝突的根源。

梅萊斯・澤納維去世後的衣索比亞歷任政府依然強調，復興大壩是最重要的國家發展計畫。它將讓這個國家成為東非強國，它將使這個國家電氣化且團結統一。大壩的建設依然進行，沒有遭遇嚴重挫折或中斷，但啟用日期卻一再延後到遙遙無期。

該計畫一直遭到來自內外的政治問題與阻力。維基解密在二〇一二年公布的文件顯示，埃及領導階層顯然曾在二〇一〇年研議過以轟炸機襲擊大壩的計畫，但這提案為埃及軍方所拒。穆斯林兄弟會出身的埃及總統穆罕默德·穆希與其他政府高層討論如何破壞衣索比亞的穩定，以阻止大壩的建設，這些被攝影機拍到，似乎證實了衣索比亞控訴埃及曾在非洲之角製造衝突與戰爭的陰謀論，不是空穴來風。穆希還公開談及考慮發動戰爭以保護埃及在尼羅河的利益。阿卜杜勒·法塔赫·塞西將軍上台後，埃及的尼羅河官方政策發生了變化：埃及接受了這座大壩，支持衣索比亞築壩的決定，但希望就如何營運與儲水展開談判。當然，儲水這點對埃及來說極為重要，因為大壩水儲得越快，尼羅河在這幾年裡流向埃及的水就會越少。因此，大壩水庫的儲水速度一直是雙方爭論的焦點。

與此同時，衣索比亞發生了一場令人震驚的死亡事件。二〇一八年七月，復興大壩總工程師貝克勒（Semegnew Bekele）被發現在一輛停在阿迪斯阿貝巴市中心梅斯克爾廣場，一條交通繁忙的馬路附近的豐田車裡中彈身亡，車內還有一把手槍。根據官方解釋，自二〇一一年大壩開工以來一直在監督工程的他是飲彈自盡。貝克勒——被許多人譽為幫助國家圓夢的總工程師，他是備受愛戴的國家英雄，也是這項建設新衣索比亞、擺脫飢荒與戰爭的形象、擠身非洲強國的計畫中，最值得信賴、最廣為人知的代言人。

這位大壩的總工程師來到首都舉行記者會，答覆對工程延宕以及腐敗與管理不善的指控，這些指控針對的不是他，而是參與該計畫的國營公司。舉國為貝克勒去世的消息哀慟不已，也引發一波關於真相的臆測。工程因此進一步延宕，新總理阿比·阿邁德宣布，按照目前的工程進度，大壩可能在十年內都無法完工。這幾起事件對衣索比亞的未來及穩定影響重大、也令人擔憂，因為這座大壩不僅是座混凝土的大壩，也被譽為衣索比亞的驕傲，是個有助於國家團結的工程。貝克勒去世後，該國錯綜複雜的族群關係持續緊張，也對計畫的穩步實施造成威脅。一些活動人士主張衣索比亞註定將巴爾幹化，衣索比亞則有許多人指責埃及助長了這些分裂。政治上的動盪，讓這計畫的未來充滿變數。

二〇一九年，阿比．阿邁德獲得諾貝爾和平獎。他在哈勒瑪利恩．戴沙略（Hailemariam Desalegn）於二〇一八年閃電辭職後成為該國總理。阿邁德立即釋放許多政治犯，提前解除緊急狀態，而諾貝爾委員會把獎頒給他的一個重要原因是：他同意接受海牙的邊界裁決，將爭議領土歸還厄利垂亞。接下來，他與厄利垂亞總統一同前往阿斯瑪拉，宣布兩國結束戰爭狀態。上任幾個月後，他任命的部長職位有半數是女性。民族意識高漲的衣索比亞，他以四個合組「衣索比亞人民革命民主陣線聯合執政」的民族政黨奧羅莫人民民主組織（Oromo People's Democratic Organisation）領導者身分上台，成為總理後，也終結了自阿姆哈拉人在一九九〇年代初期失去持續數世紀的統治權、由泰格瑞人壟斷二十七年的優勢地位。

在獲得諾貝爾和平獎後最有名的公開露面中，阿比．阿邁德再次說明了尼羅河在區域地緣政治中，永遠不變的重要性。他在衣索比亞議會的質詢中表示：「有人說他們不惜動用武力（指埃及）。但我要強調，沒有任何外力可以阻止衣索比亞建設大壩。」他繼續說道：「如果開戰不可避免，我們可以號召數百萬人參戰。如果有些人發射導彈，其他人也可以丟炸彈。但這絕不符合我們所有人的最佳利益。」[42]與此同時，關於大壩的談判持續進行。埃及宣稱自己被逼入僵局，因為衣索比亞代表團拒絕了所有將埃及的水資源利益納入考量的提案，並提出了一項對如何因應「未來可能發生的乾旱」缺乏保證的提議。衣索比亞駁斥了開羅對會談的看法，主張認為會談以僵局結束是「完全錯誤的」。阿比在議會上強調，他的國家決意完成由前領導人發起的大壩計畫，因為他認為這是一項出色的計畫。

數日後，埃及成功邀來美國與世界銀行加入，從而使問題國際化，這是衣索比亞一貫嚴拒的外交路線，因為他們知道美國與世界銀行至少在一定程度上會偏袒埃及。塞希與美國總統唐納．川普商談後，川普決定挾美國的政治與經濟影響力介入談判。

英國、埃及、衣索比亞與蘇丹政府在倫敦主持下，試圖解決在藍尼羅河上築壩衝突約一百年後，川普於二〇一九年十一月在白宮會見埃及、衣索比亞及蘇丹代表團，並提議他能到藍尼羅河大壩的落成典禮上「剪綵」。

鄂圖曼帝國、大英帝國及法蘭西帝國均已消失，但尼羅河流域內的國家與地區之間因這條河的物理特性而產生的矛盾依然存在。沒有什麼比各國高層為尼羅河的控制與使用，在華盛頓進行談判更能凸顯尼羅河漫長歷史的一貫性，而這件事碰巧就在我完成這部尼羅河傳記的時候發生。

無論這些會談的結果如何，都將在數億人的未來上投下長長的影子。

〖10〗

旅程的終點

我從喀土穆朝北飛越尼羅河，飛向地中海，飛向歐洲。夕陽的最後一絲餘暉已然消逝，天際一片漆黑。飛機下方是空無一人的沙漠。在喀土穆以北，只有零星燈光排成細細長條往北延伸。我知道班機已經飛到了埃及，因為燈光變得越來越密集，直到它們變成一朵袖珍的黃光之花，被西方與東方以及北方的絕對黑暗所包圍，這幾個方位都是大海。顯然，尼羅河不是尼羅河流域社會與經濟編織而成的織錦中唯一的一條線，但它無疑是最重要的一條。[1]沿著尼羅河穿越沙漠的那條細長光線周圍的黑暗，凸顯了在現實中，它是將整幅織錦連接在一起的唯一一條線。

歷史之河與它的未來

人類先祖最早的證據，是在涵蓋非洲大陸十分之一面積的尼羅河流域南部與東部地區發現的。約四百萬年前，他們就在這裡行走。「露西」生活在衣索比亞，「胡桃鉗人」與「巧手人」則在今天坦尚尼亞塞倫蓋蒂的奧杜威峽谷遊蕩。沿著當地一條河道，也發現了三百五十萬年前留下來的腳印。已發現使用各種工具的最古老社會有二十萬年歷史，起源於蘇丹北部尼羅河沿岸地區。少數家庭群體極可能也是從尼羅河沿岸地區走出去，分布到全球各地。

今天的尼羅河很可能出現在一萬五千多年前。撒哈拉乾涸成為沙漠後，人們從那裡遷移到尼羅河谷，僅僅過了數千年，人類就首度嘗試開發與利用這條河。大約五千年前，在後來成為埃及的地區，有人以泥沙築堤攔住洪水。最強大的古代文明，就建立在利用這條河的自然規律以及河水與淤泥的基礎上，而沿岸與尼羅河三角洲的居民則創造出當時生產力最高的農業。人類與社會適應了尼羅河的年度及季節變化，以這種「人與河」的關係為基礎，生生不息了約三千年。

在我們這個時代之前的兩千年，一種小型提水裝置開始被頻繁地使用。該裝置可以從河流和小型人造運河中提水，並將其引導到沙漠中。在當時已經有幾個地方能夠在一年四季多多少少耕種了。然而，幾千年來，幾乎只在埃及，以及蘇丹的努比亞地區，這條河在某種程度上被用於農業目的。在整個盆地的其餘部分，水只是流過。人們在這條河捕魚，在某些地方它用於運輸，動物和人顯然都飲用其中的水，然而流經社會的河流在很大程度上是大自然的產物，水景是自然的，未受人類改變。

這就是兩千年來的情況——人類與河流的關係基本上沒有改變。

然後戲劇性的事件發生了，首先是在埃及。一八〇〇年代中期，穆罕默德·阿里在三角洲以北建造了尼羅河攔河壩。這提高了河流和運河的水位，三角洲的許多地方一下子就可以常年耕種，於是英國人來了。他們修復和改善攔河壩，並進行了幾個水利建設，其中最重要的是一九〇二年的第一座亞斯文水壩，旨在改善埃及旱季的供水。在英國人統治尼羅河的短時間內，他們與該地區的政治參與者達成了幾項協議，這些協議主要是確保埃及的用水需求。民族主義領袖賈邁勒·阿卜杜·納瑟策動興建高壩（High Dam），該高壩於一九七一年完工，把強大的尼羅河改造成由埃及政府控制的灌溉渠。

一九二〇年代中期，蘇丹成為英國統治下的一個水力國家。英國在藍尼羅河上修建了森納爾水壩（Sennar Dam），並於一九五四年在烏干達維多利亞湖的出水口建造歐文瀑布大壩（Owen Falls Dam），均遭到埃及民族主義者的強烈反對。然而，大部分盆地仍然是自然的，或是原生未開發的，這種情況一直持續到二〇〇〇年代初。

接著在短短幾年的時間裡，一切都變了。流域內的大多數政府突然表示，他們計畫控制、馴化及駕馭尼羅河。埃及在二〇〇二年展開新河谷計畫，打算從尼羅河抽水灌到撒哈拉沙漠，建立一個人工的尼羅河谷。二〇〇九年，蘇丹總統巴席爾到埃及邊境以南不遠處為宏偉的麥洛維水壩揭幕。同年，衣索比亞總理在藍尼羅河中部一條支流上啟用特克澤河水壩。第二年，坦尚尼亞總統啟動欣延加計畫，首度抽取維多利亞湖的水灌入該國乾旱地區。坦尚尼亞推行的計畫，是英國早已規劃的，但因德國人在第一次世界大戰期間統治該地區並需要利用水採礦而被迫停止，而且數年前，埃及也曾以戰爭威脅逼迫他們終止計畫。二〇一〇年，蒲隆地、坦尚尼亞與盧安達的領導人一同宣布，三國將攜手在魯蘇莫瀑布上建造一座水壩。肯亞的領導階層也制定了一項計畫，要利用尼羅河灌溉境內飽受貧困折磨的西部地區。烏干達則是明確表示，他們的工業革命將以尼羅河水域的發電潛力為基礎，因此需要在尼羅河上建設更多水壩。這一切都發生在同一年，上游國家違背埃及與蘇丹的意願，決定共同簽署一份新的尼羅河流域協議。在二〇一一年三月，衣索比亞政府宣布將在藍尼羅河上建造一座六百公里長的巨型新水壩，這座水壩在不久後就被命名為復興大壩。

我猜想，一千年後遊覽尼羅河的遊客可能會被告知，水壩就是我們這個時代的寺廟。在如今這個時代，對尼羅河的尊崇並不是出於宗教原因，而是因為它可以在權力與經濟成長方面帶來什麼利益。短短幾十年裡——在尼羅河不受人為干擾地自由流動數千年後，這條河的面貌與仰賴它維生的社會都經過了大幅改造。未來的遊客在仔細觀察這些尼羅河水壩的結構後，將會發現這些偉大建築的線條與造型都自有道理，這些巨大的水利工程絕不可能與當代各個社會與統治階層的需求、欲望及主流觀念脫節。

這些水壩不僅在規模與宏偉程度上都超越法老時期的紀念性建築，在權力美學方面也完全能與之匹敵，人們會發現，以巨大建築馴服尼羅河，意味著以截然不同的方式滿足需要，它們的線條與造型是被尼羅河的性質與水情所影響，未來的遊客聽到或讀到的，將是關這些尼羅河谷中的「現代寺廟」背後複雜、神秘、長年不為人知的故事。

過去數十年的發展是劃時代且革命性的。幾乎沒有任何跨國的流域在如此短時間、如此遼闊的區域內發生過如此迅速與幅度極大的轉變。我在周遊尼羅河各國，並與各國領袖及專家學者討論過後，我的印象清晰且明確：每個人都提到尼羅河是社會變革與國家發展的先決條件以及潛在驅力。此時，以理解、承認其他國家利益與需求為特色的尼羅河論述已經出現，在尼羅河盆地倡議於二十世紀末被提出之前，還無法做到這種程度。但在強調對話與合作的同時，原則上規則仍然是先搶先贏，這種情況被稱為水利的無政府狀態，與此同時，各個國家領導人也在努力加強合作與相互了解。

資源有限仍然是一個事實，尼羅河在任何時候都無法滿足每一個人的需求。因此，區域內不斷積極發掘新的水資源：在埃及、蘇丹與坦尚尼亞部分地區有巨大的地底湖，這是可以緩解河流壓力的天然資源，儘管利用地下水的成本要高得多。所以整個區域的未來將取決於各國能否以最理想、最有利、最團結的方式利用尼羅河。

僅關注尼羅河控制的法律、道德或政治層面，並無法創造長期合作所需的形勢，還必須基於「這條河是如何從源頭流向出海口，穿越沼澤、森林與沙漠」的知識，並將這條河源遠流長、精采豐富的歷史納入考量，足夠理解這條河流，以及沿岸所有居民出於同理的團結一心。要在尼羅河問題上合作與團結，必須克服社會與族群之間複雜的社會及文化差異，但也必須植根於堅實的物理基礎。我撰寫本書的理念，就是認為在這條河所扮演的角色被大幅改造、以及為利用它而起的爭端日益增加的情況下，蒐集並保存被忽視的神話與傳說，對抗持續的環境退化，這些變得至關重要。我必須竭盡所能促進大家對這條藍色絲帶的理解與同情：它將億萬人民凝聚成一個命運共同體，並以成千上萬種方式被寫進世界史。寫這本書的目的，就是為了填補在對該區域最重要的資源——一條在當代歷史依然充滿意義的世界級大河——進行理解與反思時的「意義差距」。

多年來尼羅河不時戰雲密布，這是有原因的。曾獲諾貝爾和平獎的埃及總統安瓦爾．沙達特曾在一九七九年表示，若有任何人從尼羅河偷走一滴水，埃及必將毫不猶豫地發動軍事攻擊。也曾獲諾貝爾和平獎的衣索比亞總理阿比．阿邁德曾在二〇一九年表示，為了捍衛建設復興大壩的權利，他們已做好開戰的準備。危言聳聽甚多，悲觀的警告可能會將各國的外交政策打回政治科學研究所謂的「叢林法則」。事實是，如果每個人都認為談判桌上的對方是騙子或自私自利的國家領導人，那麼自己也會變得更肆無忌憚。然而，除了訴諸戰爭與耀武揚威之外，這問題還是有其他選擇。

尼羅河這種大河擁有足以創造雙贏局面的資源，共同利益的口號不必然會淪為利己牟私的煙幕。不妨想像有三個孩子為了一個鼓而爭奪不休。塔勒說鼓應該給她，因為這裡只有她會打鼓。尼古萊則說鼓應該給他，因為他太窮沒有其他玩具。克里斯汀安娜也說鼓應該給她，因為這鼓是她做的。鼓應該給誰？答案是，這個問題並沒有「正確」答案。三個孩子的觀點都有合理的理由，任何形式的社會正義都無法讓三個孩子理性地達成共識。正義是一種無法被簡化成單一答案的多維度且多元概念。

在尼羅河流域，絕不會有各方均同意的完美正義，更不會有各方均認同的單一理想。力求讓流域內各國達成皆大歡喜的協議，或建立完善的合作機制，只會讓開發尼羅河的具體問題遲遲找不到解決方案。相較之下，還不如致力於找出真正可以實現的解決方案來得務實。

羅馬的雕塑

我回到了義大利，在羅馬市中心的納沃納廣場（Piazza Navona）。在這座城市甦醒前，太陽上升到噴泉中央、從埃及掠奪來的方尖碑頂端，而我正繞著它走。這是尼羅河在中世紀歐洲思想史上的地位最美麗的表達。貝尼尼（Gian Lorenzo Bernini）這座著名的四河噴泉（Fantana dei Quattro Fiumi），是教皇英諾森十世（Innocent X）委託他設計的，於一六五一年揭幕。這座噴泉比其他任何藝術品都更清楚地象徵尼羅河在當時的世界觀與信仰中的獨特地位。它的中心是一座巨大的埃及方尖碑，周圍環繞著四位巨大的河神。在典型的歐洲神話中，眾神被描繪成巨大、成熟的男性形象。然而，其中一位河神舉著一塊布遮在臉前，看起來特別顯眼。我們看不出祂來自何方，也無法與之四目交接，這是尼羅河之神。在歐洲十七世紀的世界觀裡，只有尼羅河擁有這種神秘光環，因為這條在聖經中經常被提及的河被描述成天堂之河，為古羅馬世界提供了糧食，但它的起源與源頭仍不為人所知。在貝尼尼的時代，沒有人知道它為何能帶來傳說中的豐饒，但大家都知道，只要能控制它的水，就能擁有強大的力量。

尼羅河的秘密逐漸被揭開。如今已知道它源自何方，水文也已被繪製成地圖。漸漸地，大家更清楚明白：只要能控制這條河，就能擁有比以往更強大的力量。因此，為了控制並利用這條河的鬥爭，將影響未來數十年乃至數百年的區域及世界發展。

尼羅河不再是一個蒙著眼的謎團。相反的，它的傳記是知識的泉源，不僅是它本身，也是全非洲、全世界、全人類的知識源泉。

注釋

第一章

1 幾本探討埃及與希臘羅馬文明發展的關係的書籍：Freeman (1996) *Egypt, Greece, and Rome: Civilizations of the Ancient Mediterranean*; Meyboom (1995) *The Nile Mosaic of Palestrina: Early Evidence of Egyptian Religion in Italy*; Roullet (1972) *The Egyptian and Egyptianizing Monuments of Imperial Rome*.

2 參照 Allen and Amt (eds) 2003 中的片段。

3 參照 Said 1993。尼羅河水文學與地理學的相關研究甚多。概論可參照 Tvedt 2004b.

第二章

1 這主題的早期相關研究可參照諸如 Mariette 1890 等。簡短概述可參照 Hewison 2008.

2 Forbes 1964–72.

3 古埃及世界觀的相關文獻數量龐大。個人認為最有趣的文獻為：Anthes (1959) 'Egyptian Theology in the Third Millennium b.c.', *Journal of Near Eastern Studies*; Assmann (1995) *Egyptian Solar Religion in the New Kingdom: Re, Amun and the Crisis of Polytheism*; Blackman (1925) 'Osiris or the Sun-God?', *The Journal of Egyptian Archaeology*; Faulkner (1969) *The Ancient Egyptian Pyramid Texts* and (2007) *The Ancient Egyptian Coffin Texts*; Griffiths (1960) *The Conflict of Horus and Seth: From Egyptian and Classical Sources*; MacQuitty (1976) *Island of Isis: Philae, Temple of the Nile*; Trigger (2003) *Understanding Early Civilizations: A Comparative Study*; Wainwright (1963) 'The Origin of Storm-Gods in Egypt', *The Journal of Egyptian Archaeology*.

4 舊王國第五與第六王朝時期，薩卡拉金字塔的墓室與牆壁上的金字塔銘文，是現代學者能從古埃及獲得的最古老的宗教文獻。

5 如今這個神話不太容易理解，因為五千年前的當時，金字塔與墓室都還緊鄰河畔。直到一九〇〇年代，金字塔都位處於流動在陰陽兩界之間的神秘分界線上。然而隨著尼羅河逐漸被馴服，墳墓與河流之間的關係也宣告終止。

6 Herodotus 2008, II: Chapter 14.

7 Hawkes 1973: 318.

8 三條主要河流為佩盧塞克河（Pelusaic）、塞班尼提克河（Sebennytic）與卡諾皮克河（Canopic）。參照 Hassan 1997。

9 Forster 1982. See also Marlow 1971 and Pollard and Reid 2006.

10 Russell 1962.

11 Aristotle n.d.: 294a 28–30.

12 有歷史學家聲稱這艘船長約九十公尺，寬約十五公尺，但這個假說存在爭議。雖然沒有這艘船的同時代記錄，但有關於一百年前同一王室建造的空間寬敞、裝飾華麗的大型船詳細記載。

13 有關這趟旅程的討論與敘述，參照 Hillard 2002.

14 歷史上少有人的傳記比克麗奧佩脫拉更多。以下文獻充分呈現她一生中、以及在後來的傳說創作中所扮演的角色：Chauveau (1997) *Cleopatra: Beyond the Myth* and (2000) *Egypt in the Age of Cleopatra*; Roller (2010) *Cleopatra: A Biography*; Tyldesley (2008) *Cleopatra: The Last Queen of Egypt*; Volkmann (1953) *Cleopatra: A Study in Politics and Propaganda*; Walker and Higgs (2001) *Cleopatra of Egypt: From History to Myth*.

15 Acts 7:22.

16 Exod. 7:20.

17 Isa. 19:21.

18 Mt. 2:13.

19 參照：https://www.beliefnet.com/entertainment/2000/06/egypt-commemorates-journey-of-jesus-mary-joseph.aspx

20 參照諸如 Antes 1800: 78.

21 Ezek. 29:9-15.

22 兩本探討阿拉伯伊斯蘭勢力征服埃及但不甚重視尼羅河問題的著作：薩伊德・馬索特（al-Sayyid-Marsot，2007）《從阿拉伯征服到現代的埃及史》（*A History of Egypt from the Arab Conquest to the Present*，以約一百五十頁的篇幅涵蓋了整個時期，尤其有相當大比重探討穆罕默德．阿里之後的時期）與甘迺迪（Kennedy，2007）的《阿拉伯大征服：伊斯蘭教的傳播如何改變了我們的世界》（*The Great Arab Conquests: How the Spread of Islam Changed the World We Live In*）。

23 這個故事在Suyuti 1995: 129-30中有記載。YouTube上也有一段帶圖片的影片，但這裡的故事完全不同，並且被提了幾個檔次。

24 一八〇〇年代早期歐洲對埃及的典型描述，參照Lane 1836 [1908]. *Manners and Customs of the Modern Egyptian.*

25 al-Jabarti 1994, 2: 196（也為which is conveniently cited in Lawson 2010所引用）.

26 Zarzeczny 2012: 78.

27 See, for example, Cole 2008 and Hamilton 2001.

28 See Chandler 1966.

29 See, for example, Cole 2008.

30 See, among many other books, Burleigh 2008.

31 Nelson's letter of 3 August 1798 written to *Dublin Penny Journal*. Cited in *Dublin Penny Journal*, Vol. 3–4 (Google Books): 389.

32 Cited in Jenkyns 2004: 92.

33 Warner 1960: 95.

34 參照諸如Brown 1994，尤其是Willcocks 1889. 威爾考科斯擔任英國主任水利規劃師數十年，曾於一九二〇年代因散播有關尼羅河水流的情報而被定罪，因為英國認為此舉違背了英國的利益。

35 Cited in Brown 1994: 129.

36 See Allin 1998.

37 See Tuchman 1956.

38 Discussed in Lewis 2002, footnote 67.

39 這個故事是由迪斯雷利以及與他老闆同樣擅長說故事著稱的顧問所講述的。歷史學家後來得知，羅斯柴德家族四度被給予二十小時的時間來考慮此一請求，而政府更早就開始對整個蘇伊士運河問題進行徹底分析。參照1998: 299。

40 See Steegmuller 1983: 23.

41 See Northam, *The Collected Poems of Henrik Ibsen*, 7 April 2018. Available online: https://www.hf.uio.no/is/tjenester/kunnskap/ibsen-

arkivet/tekstarkiv/oversettelser/34498.pdf

42 See https://web.archive.org/web/20150907222029/https://ebooks.adelaide.edu.au/i/ibsen/henrik/peer/complete.html

43 See Northam, *The Collected Poems of Henrik Ibsen*.

44 See, for example, Sawyer 2010.

45 見凱薩所著的《內戰記》（*The Alexandrian War*, 1955: 19）……在很短的時間內，靠近汙染源的水完全無法飲用，而較底層的水則相對不純淨且微鹹。這種情況證實了他們的懷疑，他們是如此恐慌，似乎陷入了最危險的境地，有人聲稱凱撒下令出發的速度因此變慢。

46 See, for example, Bohannan 2010.

第三章

1 Cited in Plinius Secundus 1962.

2 Russell 1831: 19-20.

3 El-Bashir 1983.

4 Ibn Battuta 1929: 50.

5 Ibid.

6 Quoted in Fischel 1967: 18-19.

7 Warner 2006.

8 See Lobo 1791: 36-7.

9 Shakespeare's *Antony and Cleopatra*, Act 2, Scene 7.

10 在古埃及，一年分為三個季節，均以尼羅河的不同狀態命名。Akhet是指地面被淹沒時，也就是灌溉的季節。Peret是一年中土地重新露出的季節，也就是耕種的季節（通常，尼羅河的河床在十一月恢復原貌），而shemu則是缺水與豐收的季節。

11 在此引用所有關於尼羅河河段以及一八八二年至今尼羅河水發生事件的文獻，若全列舉會占用太多篇幅。因此我僅列舉Tvedt 2004a與2010、以及Tvedt and Hovden 2008，其中網羅了廣泛的資料，以及所有該主題出現在不同文脈下的相關書籍。我直接引用的文獻則不受此書目規則限制。

12 Shelley's 'To the Nile'. Available online: http://www.poetryatlas.com/poetry/poem/471/to-the-nile.html
13 Cromer 1908, II: 130.
14 Ibid.: 146–7.
15 Cited in Sadat 1957: viii.
16 Nasser 1955.
17 R. Allen, Foreign Office to A.N. Cumberbatch, Cairo, 26 January 1953, FO 371/102843.
18 W.F. Crawford, Development Division, BMEO, c/o British Embassy, Beirut to J.C.B. Richmond, Middle East Secretariat, Foreign Office, 22 December 1952, FO 371/102784.
19 See Tvedt 2004a: 189–321.
20 Quoted in Heikal 1986.
21 Joesten 1960: 59.
22 See Danielson 1997.
23 Nightingale 1987: 32.
24 Homer 1996: 382–3.
25 Nightingale 1987: 78.
26 Flaubert 1979: 169.
27 Ibsen 1909: 423.
28 See the 1969 article by historian Ibrahim Amin Ghali.
29 Edwards 1877: 103.
30 Herodotus 2008, II: paras 35–6.
31 Cited in Tvedt 2004a: 25.
32 Letter from Cromer to Lansdowne, 15 March 1905, FO 407/164.
33 Herodotus 2008, II: para 29.
34 薩達特說：「我們的生活百分之百依賴尼羅河，因此，若有人在任何時候想要剝奪我們的生活，我們將毫不猶豫（地開戰），因為這是個攸關生死的問題。」(Waterbury 1979: 78).

35 See *Egypt Independent*, 12 June 2012.

36 See, for example, Declan Walsh and Somini Sengupta, 'For Thousands of Years, Egypt Controlled the Nile. A New Dam Threatens That', *New York Times*, 9 February 2020, https://www.nytimes.com/interactive/2020/02/09/world/africa/nile-river-dam.html

37 當穆希總統與其他埃及政治人物討論對衣索比亞發動秘密突襲被拍到時，在尼羅河盆地引起一陣大騷動；參照：https://english.alarabiya.net/News/middle-east/2013/06/04/Egyptian-politicians-suggest-sabotaging-Ethiopia-s-new-Nile-dam

38 Tvedt 2013: 196.

39 Cited in Margoliouth 1912: 255.

40 第一個國家是沙烏地阿拉伯。

第四章

1 Welsby 2006.

2 Adams 1977: 199.

3 Trevor-Roper 1964: 9.

4 Robinson 1925.

5 這段敘述在很大程度上援引Gershoni 2000以及他對胡扎因研究的分析及引用。

6 Quoted in Hill 1956: 247.

7 Baker 1866: 11.

8 有大量歷史研究探討這個問題。早期及主流解釋的概論可參閱Robinson and Gallagher 1961與1981（修訂版）中最具影響力的作品。一九八一年版增加了「Explanation」與「Afterthoughts」兩個新章節。

9 Wallis-Budge 1907, II: 254.

10 Crowfoot 1919: 183.

11 Holt 1967: 97.

12 Churchill 2005: 9.

13 Ibid.: 143.

14 Baker 1884b: 14.

15 Churchill 2005: 151.

16 Ferguson 2003: 375.

17 Foreign Office Memorandum, Murray, 4 January 1932, 'Memorandum on the Political Situation in Europe', FO 371/8972.

18 Lloyd 1906: 301.

19. 以下引用參照For the following citations, see Jessen 1905 and 1906.

20 有關Jessen與Amalie關係的資料，請參閱Hans-Christian Oset在Borreminne的說明（網站為挪威語）：https://web.archive.org/web/20180421122435/http://borreminne.hive.no/aargangene/1998_99/21-amaliejessen.htm

21 Prayers of Consecration by the Rt Rev. Bishop Gwynne and the Mufti of the Sudan, 636/6/2, SAD, Sudan Archive, Durham University, England, cited in Tvedt 2004a: 112–13.

22 Ibid.

23 Fabumni 1960: 73.

24 Sudan Government 1945: 29, also cited more fully in Tvedt 2004a: 198.

25 參照邱吉爾私人秘書Shuckburgh在一九八六年的著作，於Tvedt 2004a中引用。

26 https://reuters.screenocean.com/record/437664

27 See, for example, *People's Daily Online*, 3 March 2009. Available online: http://en.people.cn/90001/90778/90858/90866/6605330.html

28 該計畫及其背景的描述，參照Nazir and Desai 2001.

第五章

1 Robertson 1974: 104.

2 Lyons 1906: 664.

3 Evans-Pritchard 1945: 64, also cited in Burton 1982: 477.

4 Lienhardt 1961: 104.

5 Bedri 1939: 125.
6 Lienhardt 1954. See also Burton 1982: 477.
7 Evans-Pritchard 1956: 31.
8 For an overview of this entire literature, see Tvedt 2004b.
9 Deng 1978: 133–4.
10 For African slavery in southern Sudan, see Sikainga 1989.
11 Searcy 2010.
12 Deng 1978: 133.
13. 土耳其—埃及的白尼羅河探險於一八四〇至一八四一年開始。探險隊沿索巴特河逆流而上（約十六公里），然後前往岡多科羅（位於今天的朱巴）。一八四二年的一支探險隊計畫前進上游更遠處，但在今天南蘇丹的拉傑夫（Rejaf）被軍隊所阻。
14 Evans-Pritchard 1971: 132.
15 Ibid.
16 Ibid.: 131.
17 Ibid.: 132.
18 Ibid.: 133.
19 Ibid.: 143.
20 See Waller 1874, II: 339.
21 Millais 1924: 86.
22 Wallis-Budge 1907: 314.
23 See Gallagher and Robinson 1953: 15 for this formulation. For a review of the discussion, see Tvedt 2010.
24 Ferguson 1922.
25 Deng 1978: 150–8.
26 Ibid.: 153.
27 Garstin 1899b，附在「女王陛下的代理人兼駐開羅總領事，於一八九九年六月提交議會兩院」（Despatch from Her Majesty's Agent

and Consul-General at Cairo, and presented to both Houses of Parliament, June 1899）信函中。稍有不同的版本以《蘇丹信函》（Note on the Soudan, 1899a）為題發表。

28 Garstin 1901.

29 Sir Hubert Huddleston to Sir Harold MacMichael, 6 February 1947, NRO, Khartoum.

30 See, for example, Director of Irrigation to Civil Secretary (in Khartoum), 19 October 1943 (Strictly Confidential), UNP 1/9/72, National Records Office, Sudan.

31 Jarvis 1937: 120.

32 Governor Upper Nile, 1928, Memorandum, Ch. 3: 3, National Records Archive, Sudan.

33 B.R. Marwood, Handing Over Notes, DC Bor District, UNP 1/51/13: 174, National Records Office, Sudan.

34 Collins 1969: 178.

35 Governor Equatoria, S. Freigoun, 2 December 1954, DAHLIA, Sudan Archive, Durham, England.

36 一九七〇年代評鑑與提及瓊萊計畫的數十份報告，參照Tvedt 2004b.

37 Executive Organ, National Council for the Development of the Jonglei Canal Area 1980: 6.

38 Ibid.: 18.

39 Ibid.

40 Hertzke 2004: 112.

41 See, among others, Mead 2006.

42 Hopper 1976: 202.

第六章

1 Grant 1864: 196.

2 Speke 1863: 459.

3 Ibid.: 467.

4 Ibid.: 461.

5 Stanley 1878: 142.

6 Baker 1866: 308.

7 Ibid.: 308–9.

8 Ibid.: 313.

9 Stanley 1891: 291.

10 Stevenson 1932.

11 Herodotus 2008: 19–28.

12 See Telles 1710.

13 Cheesman 1968 [1936]: 13.

14 Perham and Simmons 1963: 14.

15 Stanley 1909: 296–7.

16 英國人控制了布干達後，開始以斯瓦希里語的烏干達一詞統稱該王國領土與鄰近地區。布干達繼續以保護國及省分的形式存在，如今是烏干達境內的一個王國。

17 Kaggwa 1971: iv.

18 Speke 1863: 293.

19 Narrated in Moorehead 1960.

20 Low 1971: 6.

21 他們關於歐洲海外領土的一些故事，參照Muwanga 2005.

22 Cited in Dawson 1888: 225–7.

23 Ashe 1890: 227.

24 駐烏干達法國傳教士Siméon Lourdel於一八八五年十一月寫了一篇文章，闡述姆旺加二世對法國紅衣主教兼非洲傳教領導者查爾斯・馬休・拉維傑里（Charles Martial Lavigerie）的立場，*Les Missions Catholiques* (1886), 314–15, cited in Robinson and Smith 1979: 100.。

25 For this characterization, see Stock 1916.

26 「間接統治」是盧吉男爵後來以約兩百名英國人組成的政府，治理人口兩千萬的奈及利亞時，所使用的口號之一。
27 Lugard 1892: 827.
28 Baker 1884a.
29 Baker 1884b: 27–8.
30 Ibid.
31 Scott-Moncrieff 1895: 405.
32 Garstin 1909: 135.
33 Scott-Moncrieff 1895: 418.
34 Evans-Pritchard 1971: 134.
35 Baker 1866, I: xxi.
36 Ibid.: xi, 63, 218–19, 292, 43.
37 Churchill 1908: 56.
38 Ibid.: 126.
39 Ibid.: 118.
40 Ibid.: 93.
41 Ibid.: 97.
42 Ibid.: 123.
43 Ibid.: 123.
44 Ibid.: 155.
45 Hemingway 1935: 285.
46 Ibid.: 29.
47 關於歐文瀑布大壩的整段討論以綜合性資料為基礎，這些資料來自 Tvedt 2004a，尤其是154-89。
48 Hall to A. Creech Jones, Secretary of State for the Colonies, 3 March 1948, FO 371/69231. Quoted in Tvedt 2004a: 212.
49 Ibid.

50 Board of Trade, 'Note on Egyptian crops and water requirements', September 1956, FO 371/119063, quoted in Tvedt 2004a: 307.

51 Kyemba 1977: 53.

52 Ibid.

53 The magazine *DRUM*, January 1987.

54 一九八五年，我在蘇丹與烏干達邊境上的小鎮尼穆萊，在一個路障旁與一名全副武裝的警察坐下來聊天，當時有幾輛卡車載著零星的阿喬利部隊轟隆隆地越過烏干達邊境，準備在推翻米爾頓．奧博特政權之後占領坎帕拉，奧凱洛兄弟的部隊迅速展開防禦，同年穆塞維尼在坎帕拉被譽為解放英雄，從此在該國掌權近三十五年。

55 這個故事部分基於Behrend 1999。引用部分為pp. 30–2。

56 Ibid.: 63.

57 https://www.youtube.com/watch?v=Y4MnpzG5Sqc&ab_channel=InvisibleChildren

58 https://granta.com/how-to-write-about-africa/

59 'Troops Making Progress in Hunt for Kony', John Ryan, *USA Today*, 29 May 2012. https://web.archive.org/web/20140120020232/http://usatoday30.usatoday.com/news/world/story/2012-05-29/joseph-kony-hunt/55260364/1

60 See for example Statement Of General Thomas D. Waldhauser, United States Marine Corps Commander United States Africa Command Before The Senate Committee On Armed Services, 13 March 2018.

61 Khareen Pech and David Beresford, 'Corporate Dogs of War Grow Fat Amid the Anarchy of Africa', *The Observer*, 16 January 1997.

62 Blackhall 2011: 157.

63 Holly Watt, 'Tory Donors' Links to Offshore Firms Revealed in Leaked Panama Papers', The Guardian, 4 April 2016.

64 See data in MacDonald 1919.

65 烏干達水利部長在接受關於尼羅河的電視紀錄片採訪時對作者說的。

66 參照Braudel 1995一項非常著名的歷史研究，涉及多種時間性，包括非常長期的時間。

第七章

1 Buckley 1903: 353.

2 Naipaul 1979.

3 Cited in Ochieng' and Maxon 1992: 150.

4 Blixen 1937: 153.

5 Davidson 1959: 267.

6 Ibid.: 113.

7 Fanon 1963: 111.

8 Pringle 1893: 138–9.

9 *Washington Post*, 30 March 2008, 'Obama Overstates Kennedys' Role in Helping His Father'.

10 *The Standard* (Nairobi), 5 December 2011.

11 For this declaration, see my TV documentary, *The Nile Quest*, available on the YouTube channel Terje Tvedt's World History of Water'. Available online: https://www.youtube.com/channel/UCA6IbXwI8kF-GzputhX0dIQ

12 Ibid.

13 See http://vision2030.go.ke/

14 這件事在該地區的概觀研究中相對不受關注，並不代表沒有任何相關文章。參照諸如Moyse-Bartlett 1956與Wilson 1938。

15 See, for example, World Bank 1961: 16.

16 For a discussion of the Nyerere Doctrine see, for example, Makonnen 1984.

17 See Tvedt 2004a for quotations and sources.

18 *The Guardian*, 19 November 2001 and *The Daily News*, 12 November 2011.

第八章

1 See Huntington 1968.

2 For an analysis of this, see Taylor 1994.

3 Rwanda Media Commission 2015.

4 See https://rsf.org/en/predator/paul-kagame-0

5 For a description of Warren and his work, see Okeowo 2010.

6 See Wagner 2008.

7 Stoyan Zaimov, 'Rick Warren Guiding Rwanda's New Leaders, Calls Nation His 'Other' Home', *The Christian Post*, 21 March 2012. https://www.christianpost.com/news/rick-warren-guiding-rwandas-new-leaders-calls-nation-his-other-home.html

8 https://www.nytimes.com/2010/08/28/world/africa/28congo.html

9 For an unofficial translation to English, see https://www.ohchr.org/_layouts/15/WopiFrame.aspx?sourcedoc=/Documents/Countries/CD/DRC_MAPPING_REPORT_FINAL_EN.pdf&action=default&DefaultItemOpen=1.

10 See, for example, Hayes 1991 and Mowat 1987.

11 Mowat 1987: 365.

12 Kandt 1904.

13 約瑟夫・康拉德的《黑暗之心》自一九〇二年初版以來，已經出版過無數版本（該故事首次發表是在一八九九年的《布萊克伍德愛丁堡雜誌》上分三期連載，對我們而言最大的意義在於此年為恩圖曼戰役的一年後）。

14 Conrad 1990: 32.

15 Ibid.: 11.

16 Stanley 1878: 10.

17 Ibid.: 279.

18 For this citation and the next, see Abruzzi 1907.

19 Low 1904: 26.

20 See the title of the book: Stanley, Henry Morton 1878. *Through the Dark Continent or the Sources of the Nile around the Great Lakes of Equatorial Africa and Down the Livingstone River to the Atlantic Ocean.*

21 See, for example, Hochschild 1998.

22 Garstin 1904, 1905.

23 See note 30, Tvedt 2004a: 348.

24 For the text, see, for example: http://www.urome.be/fr2/reflexions/casemrepo.pdf.

25 為修改一八九四年五月十二日在布魯塞爾所簽署關於大不列顛與剛果自由邦在東非與中非的勢力範圍協定，由大不列顛與剛果自由邦在一九〇六年五月九日在倫敦簽署協定。參照：http://gis.nacse.org/tfdd/tfdddocs/40ENG.pdf

26 馬太福音11：28：「凡勞苦擔重擔的人可以到我這裡來，我就使你們得安息。」

27 二〇一三年，美國國務院承認艾森豪總統曾授權謀殺盧蒙巴。

28 See De Witte 2001: xiii.

29 See Che Guevara 2011.

30 See Tshimanga 2010.

31 James Randerson, 'The Shifting River that is Making Uganda Smaller', *The Guardian*, 7 December 2010. Available online: https://www.theguardian.com/environment/2010/dec/07/climate-change-rerouting-semliki-river

32 Ibid.

33 Stanley 1909: 412.

34 Quoted in Lemarchand 1970: 19.

35 'Oppr.rsleder tok imot Jesus etter kampanje', 1 January 2005. Available online: https://troensbevis.no/nyheter/93899-opprorsleder-tok-imot-jesus-etter-kampanje/

36 See the TV documentary *The Nile Quest*. Available online: https://www.youtube.com/channel/UCA6IbXwI8kF-GzputhX0dIQ

37 Mecklenburg 1910: 44.

第九章

1 For an amusing book on this subject, see Denison et al. 2003.

2 由於清單太長，列舉這段討論所使用的參考資料將占據過多篇幅。衣索比亞與厄利垂亞對抗的相關文獻，幾乎與南蘇丹法紹達危機的相關文獻一樣多。同時，這兩個研究領域還有一個共同特點：兩者都忽視或未充分強調英國精心設計的尼羅河戰略。

3 對義大利、厄利垂亞與衣索比亞的地緣政治博弈更全面的分析，參照Tvedt 2004a, especially 39–44, 113–36 and 247–60.

4 See, for example, Secretary of State John Foster Dulles's speech to the UN, cited in Selassie 1989: 37.

5 這座橋在兩國之間的上一場戰爭中被毀，但後來修復，是兩國努力維持睦鄰關係的眾多象徵之一。

6 James 1890, I: 255.

7 埃及某些重要的學者反對厄利垂亞，譴責厄利垂亞人挑起事端，而埃及的利益並不是透過與衣索比亞開戰，是透過經濟合作來實現。

8 Statements in the two-and-a-half hour TV documentary I made on the history of the Nile, called *The Nile Quest*. Available on Amazon.

9 'Eritrea Breaks Silence and Responds to Ethiopia Peace Overtures, Will Send Delegation', *Washington Post*, 20 June 2018.

10 US Embassy Eritrea. Statement by the Press Secretary on Progress Toward Peace Between Ethiopia and Eritrea, 22 June 2018.

11 'Eritrean President Returns Favor, Visits Ethiopia as Hostilities Between the Countries Ease', *Washington Post*, 14 July 2018.

12 *Kebra Nagast* 1969: 28.

13 Ibid.: 67.

14 Blashford-Snell 1970: 43.

15 For a description of this, see, for example, .stig.rd and Gedef 2013 and Cheesman 1968 [1936]: 175, 188.

16 Told to Norden 1930: 215.

17 For a summary and discussion, see Sumner 1985.

18 Kiros 2005. The book was written by Zera Yacob and translated into English.

19 Bruce 1790, III: 328.

20 Gen. 2:10–14.

21 Cited in Beckingham and Huntingford 1954: 23–4.

22 Bruce 1790, III: 603–4.

23 Pankhurst 2000.

24 Van Donzel 2000.

25 Six 1999: 66.

26 Baum 1927: 54.

27 Butzer 1981: 471.

28 See Tvedt 2004a: 126-30, for a more specific analysis and discussion of this agreement. For more details regarding the correspondence, see

FO 93/218, National Archives, London.

29 Again, for more details about this complex hydropolitical history, see Tvedt 2004a.

30 Graham to Mussolini 14 December 1925, Enclosure 1 in No. 1, Graham to Chamberlain, 1 January 1926, FO 371/11563. This version is the original version with the proposed changes in the text written by hand. Quoted also in Tvedt 2004a: 127, and there discussed in a much broader perspective.

31 這項秘密協議被視為開啟國際聯盟瓦解過程的重要原因，Tvedt 2004a: 113-36對此作了詳細討論與分析。

32 Woolbert 1935: 508.

33 Cited in Barker 1936: 129.

34 Haile Selassie, Appeal to the League of Nations, June 1936.

35 Taylor 1961: 89.

36 Foreign Office Minute, Wallinger, 5 June 1934, FO 371/18032. Maffey to Foreign Office, 18 June 1935, FO 371/19186, National Archives, London.

37 Report of Inter-Departmental Committee on British interests in Ethiopia, what was later called the Maffey-report, in Maffey to Foreign Office, 18 June 1935, FO 371/19186. See also Tvedt 2004a.

38 See Foreign Office 371/22010.

39 Geldof 2006.

40 See https://ethiopiangranddam.wordpress.com/2013/03/15/pm-meles-zenawi-speechat-gerd-project-launch-on-april-2-2011/.

41 See the two interviews made with Meles Zenawi in my two documentaries: ‘The Future of Water’ (2007) and ‘The Nile Quest’ (2012), both available on Amazon video.

42 See ‘Ethiopia’s Nobel-Winning Leader Warns Egypt Over Dam’, 22 October 2019. Available online: https://apnews.com/article/9deb28e2af6249198dde54160ff62c3b.

第十章

1 數千年來，世人一直認為全世界最長的河就是尼羅河，但近年某些巴西與秘魯研究人員開始質疑這個假說。他們在秘魯南部發現了一個亞馬遜河的源頭，並將其納入亞馬遜河系。國際研究界尚未做出最終結論（部分原因是河流的起點與終點無法被客觀定義；每條河流經地表的獨特方式讓這問題更形複雜）。截至目前，尼羅河仍被大多數人認定為全世界最長的河流。

2 這個例子取自 Amartya Sen 的著作《*The Idea of Justice*》。

參考資料

Abruzzi, H.R.H. the Duke of, 1907. 'The Snows of the Nile: Being an Account of the Peaks, Passes and Glaciers of Ruwenzori', *Geographical Journal*, 29, 2: 121–46.

Adams, William Y., 1977. *Nubia: Corridor to Africa*. London: Allen Lane.

al-Jabarti, Abd-al-Rahman, 1994. *Abd al-Jabarti's History of Egypt* (ed. and trans. Thomas Philipp and Moshe Perlmann). Stuttgart: Franz Steiner Verlag.

al-Sayyid-Marsot, Afaf Lutfi, 2007. *A History of Egypt from the Arab Conquest to the Present* (2nd edn). Cambridge: Cambridge University Press.

Allin, Michael, 1998. *Zarafa: A Giraffe's True Story – From Deep in Africa to the Heart of Paris*. New York: Walker & Company.

Antes, John, 1800. *Observations on the Manners and Customs of the Egyptians: The Overflowing of the Nile and Its Effects, with Remarks on the Plague and Other Subjects*.London: John Stockdale.

Anthes, Rudolf, 1959. 'Egyptian Theology in the Third Millennium b.c.', *Journal of Near Eastern Studies*, 18, 3: 169–212.

Aristotle, n.d. *On the Heavens* (trans. J.L. Stocks). *The Internet Classics Archive*. Available online: http://classics.mit.edu/Aristotle/heavens.html.

Ashe, Robert Pickering, 1890. *Two Kings of Uganda; or, Life by the Shores of Victoria Nyanza, Being an Account of the Residence of Six Years in Eastern Equatorial Africa*.London: Sampson Low.

Assmann, Jan, 1995. *Egyptian Solar Religion in the New Kingdom: Re, Amun and the Crisis of Polytheism*. London: Kegan Paul.

Baker, Samuel W., 1866. *The Albert N'yanza: Great Basin of the Nile and Explorations of the Nile Sources*, 2 vols. London: Macmillan.

Baker, Samuel W., 1884a. 'An Interview with Sir Samuel Baker', *Pall Mall Gazette*, 'Extra' No. 8, 12 March, *Sudan Pamphlets*, 28.

Baker, Samuel W., 1884b. *In the Heart of Africa*. New York: Funk & Wagnalls.

Barker, A.J., 1936. *The Rape of Ethiopia*. New York: Ballantine Books.

Baum, James E., 1927. *Savage Abyssinia*. London: J.H. Sears.

Beckingham, C.F. and G.W.B. Huntingford, 1954. *Some Records of Ethiopia 1593–1646: Being Extracts from The History of High Ethiopia or Abassia by Manoel De Almeida.Together with Bahrey's History of the Galla*. London: Printed for the Hakluyt Society.

Bedri, Ibrahim Effendi, 1939. 'Notes on Dinka Religious Beliefs in Their Hereditary Chiefs and Rain Makers', *Sudan Notes & Records*, 22, 1: 125–31.

Behrend, Heike, 1999. *Alice Lakwena & the Holy Spirits: War in Northern Uganda 1985–97* (trans. Mitch Cohen). Oxford: James Currey.

Bermann, Richard A., 1931. *The Mahdi of Allah*. London: Putnam.

Blackhall, Sue, 2011. *Simon Mann: The Real Story*. London: Pen & Sword Military.

Blackman, Aylward M., 1925. 'Osiris or the Sun-God? A Reply to Mr Perry', *The Journal of Egyptian Archaeology*, 11, 3/4: 201–9.

Blashford-Snell, J.N., 1970. 'Conquest of the Blue Nile', *The Geographical Journal*, 136, 1:42–60.

Blixen, Karen, 1937. *Out of Africa*. London: Putnam.

Blount, Henry, 1638. *A Voyage into the Levant: A Briefe Relation of a Journey, Performed by Master Henry Blunt Gentleman, from England by the Way of Venice, into Dalmatia, Sclavonia, Bosnah, Hungary, Macedonia, Thessaly, Thrace, Rhodes and Egypt, Unto Gran Cairo*. London: Andrew Crook.

Bohannon, John, 2010. 'Climate change: The Nile Delta's Sinking Future', *Science*, 327, 5972:1444–7.

Braudel, Fernand, 1995. *The Mediterranean and the Mediterranean World in the Age of Philip II, volume 1* (trans. Sian Reynolds). Berkeley, CA: University of California Press.

Brown, Nathan J., 1994. 'Who Abolished Corvee Labour in Egypt and Why?', *Past & Present*, 44, 1: 116–37.

Bruce, J., 1790. *Travels to Discover the Source of the Nile, in the Years 1768, 1769, 1770, 1771, 1772, and 1773*, 5 vols. London: J. Ruthven.

Buckley, R.B., 1903. 'Colonization and Irrigation in East Africa Protectorate', *The Geographical Journal*, 21, 4: 349–71.

Burleigh, Nina, 2008. *Mirage: Napoleon's Scientists and the Unveiling of Egypt*. New York:Harper Perennial.

Burton, John W., 1982. 'Nilotic Women: A Diachronic Perspective', *The Journal of Modern African Studies*, 20, 3: 467–95.

Butzer, Karl W., 1981. 'Rise and Fall of Axum, Ethiopia: A Geo-Archaeological Interpretation', *American Antiquity*, 46, 3: 471–95.

Caesar, Julius, 1955. *The Alexandrian War*, Loeb Classical Library. Cambridge, MA:Harvard University Press.

Casati, Gaetano, 1891. *Ten Years in Equatorial Africa and the Return with Emin Pasha*.London: Frederick Warne.

Chandler, David G., 1966. *The Campaigns of Napoleon*. New York: Simon & Schuster.

Chauveau, Michel, 1997. *Cleopatra: Beyond the Myth* (trans. David Lorton). Ithaca, NY:Cornell University Press.

Chauveau, Michel, 2000. *Egypt in the Age of Cleopatra: History and Society under the Ptolemies* (trans. David Lorton). Ithaca, NY: Cornell University Press.

Che Guevara, Ernesto, 2011. *Congo Diary: The Story of Che Guevara's 'Lost' Year in Africa*. Lancing: Ocean Press.

Cheesman, R.E., 1968 [1936]. *Lake Tana and the Blue Nile: An Abyssinian Quest*. London:Frank Cass.

Churchill, Winston S., 1908. *My African Journey*. London: Icon Books.

Churchill, Winston S., 2005. *The River War: An Historical Account of the Reconquest of the Sudan*. London: Prime Classics Library.

Cole, Juan, 2008. *Napoleon's Egypt: Invading the Middle East*. London: Palgrave Macmillan.

Collins, Robert O. (ed.), 1969. *The Partition of Africa: Illusion or Necessity?* New York: John Wiley.

Conrad, Joseph, 1990. *Heart of Darkness*. New York: Dover Publications.

Cromer, Earl of, 1908. *Modern Egypt*, 2 vols. London: Macmillan.

Crowfoot, J., 1919. 'Angels of the Nile', *Sudan Notes and Records*, 2, 3: 183–97.

Danielson, Virginia, 1997. *'The Voice of Egypt': Umm Khulthūm, Arabic Song, and Egyptian Society in the 20th Century*. Chicago: University of Chicago Press.

Davidson, Basil, 1959. *Old Africa Rediscovered*. London: Victor Gollancz.

Dawson, E.C. (ed.), 1888. *The Last Journals of Bishop Hannington Being Narratives of a Journey through Palestine in 1884 and a Journey through Masai-Land and U-Soga in 1885*. London: Seeley.

De Witte, Ludo, 2001. *The Assassination of Lumumba* (trans. Ann Wright and Renee Fenby). London: Verso.

Deng, Francis M., 1978. *Africans of the Two Worlds: The Dinka in Afro-Arab Sudan*.Khartoum: University of Khartoum.

Denison, Edward, Guang Yu Ren and Naigzy Gebremedhin, 2003. *Asmara: Africa's Secret Modernist City*. London: Merrell.

Edwards, Amelia B., 1877. *A Thousand Miles up the Nile*. London: Longmans, Green and Co.

El-Bashir, Ahmed, 1983. *The United States, Slavery and Slave Trade in the Nile Valley*. Lanham, MD: University Press of America.

Evans-Pritchard, E.E., 1945. *Some Aspects of Marriage and the Family Among the Nuer*. Lusaka: Rhodes-Livingstone Institute.

Evans-Pritchard, E.E., 1956. *Nuer Religion*. Oxford: Oxford University Press.

Evans-Pritchard, E.E., 1971. 'Sources with Particular Reference to Southern Sudan', *Cahier d'Etudes africaines*, 11, 41: 121–79.

Executive Organ, National Council for the Development of the Jonglei Canal Area, 1980. *Jonglei Canal: A Development Project in the Sudan*. Khartoum: National Council for the Development of the Jonglei Canal Area.

Fabumni, L.A., 1960. *The Sudan in Anglo-Egyptian Relations, 1800–1956*. London: Longman.

Fanon, Frantz, 1963. *The Wretched of the Earth* (foreword by Jean-Paul Sartre). New York:Grove Press.

Faulkner, R.O., 1969. *The Ancient Egyptian Pyramid Texts*. Oxford: Clarendon Press.

Faulkner, R.O., 2007. *The Ancient Egyptian Coffin Texts*. Oxford: Aris & Phillips.

Ferguson, Niall, 1999. *The House of Rothschild: The World's Banker, 1849–1998, Vol. II*. New York: Penguin Books.

Ferguson, Niall, 2003. *Empire: How Britain Made the Modern World*. London: Allen Lane.

Ferguson, V.H., 1922. 'The Holy Lake of the Dinkas', *Sudan Notes and Records*, 5: 165–9.

Fischel, Walter, 1967. *Ibn Khaldūn in Egypt: His Public Functions and his Historical Research, 1382–1406 – A Study in Islamic Historiography*. Berkeley, CA: University of California Press.

Flaubert, Gustave, 1979. *Flaubert in Egypt: A Sensibility on Tour: A Narrative Drawn from Gustave Flaubert's Travel Notes & Letters* (trans., ed., intro. Francis Steegmuller). London: Penguin.

Forbes, J.R., 1964–72. *Studies in Ancient Technology*, 9 vols, Vol. 2. Leiden: Brill.

Forster, E.M., 1982. *Alexandria: A History and a Guide*. London: Michael Haag.

Fossey, Dian, 1983. *Gorillas in the Mist*. Boston, MA: Houghton Mifflin.

Freeman, Charles, 1996. *Egypt, Greece, and Rome: Civilizations of the Ancient Mediterranean*. Oxford: Oxford University Press.

Gallagher, John and Ronald Robinson, 1953. 'The Imperialism of Free Trade', *The Economic History Review*, Second Series, 6, 1: 1–15.

Garstin, William E., 1899a. *Note on the Soudan*. Cairo: Ministry of Public Works.

Garstin, William E., 1899b. *Report on the Soudan: HMSO Parliamentary Accounts and Papers*, No. 112: 925–51. London.

Garstin, William E., 1901. *Despatch from His Majesty's Agent and Consul-General Cairo Enclosing a Report as to Irrigation Projects on the Upper Nile*. London: Foreign Office, Blue Book, Egypt No. 2.

Garstin, William E., 1904. *Report upon the Basin of the Upper Nile with Proposals for the Improvement of that River*. Cairo: Ministry of Public Works.

Garstin, William E., 1905. 'Some Problems of the Upper Nile', *The Nineteenth Century and After*, 58, 343: 345–66.

Garstin, William E., 1909. 'Fifty Years of Nile Exploration and Some of Its Results', *The Geographical Journal*, 33, 2: 117–47.

Garvey, Marcus, 1937. 'The Failure of Haile Selassie as an Emperor', Editorial, *The Black Man*, March/ April.

Geldof, Bob, 2006. *Geldof in Africa*. London: Arrow.

Gershoni, Israel, 2000. 'Geographers and Nationalism in Egypt: Huzayyin and the Unity of the Nile Valley, 1945–1948', in Haggai Erlich and Israel Gershoni (eds), *The Nile:Histories, Cultures, Myths*, 199–219. London: Lynne Rienner.

Ghali, Ibrahim Amin, 1969. 'Touristes romains en Egypte et egyptiens a Rome sans le Haute Egypte', *Cahiers d'histoire Egyptienne*, 11: 43–62.

Grant, James A., 1864. *A Walk Across Africa or Domestic Scenes from my Nile Journal*. Edinburgh: Blackwood and Sons.

Green, Matthew, 2008. *The Wizard of the Nile: The Hunt for Africa's Most Wanted*. Northampton, MA: Olive Branch Press.

Griffiths, J.G., 1960. *The Conflict of Horus and Seth: From Egyptian and Classical Sources*. Liverpool: Liverpool University Press.

Hamilton, Jill, 2001. *Marengo: The Myth of Napoleon's Horse*. London: Fourth Estate.

Hassan, Fekri A., 1997. 'The Dynamics of a Riverine Civilization: A Geoarchaeological Perspective on the Nile Valley, Egypt', *World Archaeology*, 29, 1: 51–74.

Hawkes, Jacquetta, 1973. *The First Great Civilizations: Life in Mesopotamia, the Indus Valley, and Egypt*. New York: Alfred A. Knopf.

Hayes, Harold, 1991. *The Dark Romance of Dian Fossey*. London: Chatto & Windus.

Heikal, Mohamed H., 1986. *Cutting the Lion's Tail: Suez Through Egyptian Eyes*. New York:Deutsch.

Hemingway, Ernest, 1935. *Green Hills of Africa*. New York: Charles Scribner's Sons.

Hemingway, Ernest, 1954. 'The Christmas Gift', *Look*, 20 April and 4 May, 18, 8 and 18, 9.

Hepburn, Katharine, 1987. *The Making of The African Queen or How I Went to Africa with Bogie, Bacall and Huston and Nearly Lost My Mind*. New York: Alfred A. Knopf.

Herodotus, 2008. *The History of Herodotus: Volume I* (trans. G.C. Macaulay). *Project Gutenberg*. Available online: https://www.gutenberg.org/files/2707/2707-h/2707-h.htm.

Hertzke, Allen D., 2004. *Freeing God's Children: The Unlikely Alliance for Global Human Rights*. Lanham, MD: Rowman & Littlefield.

Hewison, R. Neill, 2008. *The Fayoum: History and Guide*. Cairo: American University in Cairo Press.

Hill, Richard, 1956. 'The Search for the White Nile's Source: Two Explorers Who Failed', *The Geographical Journal*, 122, 2: 247–50.

Hillard, T.W., 2002. 'The Nile Cruise of Cleopatra and Caesar', *The Classical Quarterly*, 52, 2: 549–54.

Hobsbawm, Eric, 1983. *The Invention of Tradition*. Cambridge: Cambridge University Press.

Hochschild, Adam, 1998. *King Leopold's Ghost: A Story of Greed, Terror and Heroism in Colonial Africa*. Boston, MA: Houghton Mifflin Harcourt.

Holt, P.M., 1967. *A Modern History of the Sudan: From the Funj Sultanate to the Present Day* (3rd edn). London: Weidenfeld and Nicolson.

Homer, 1996. *The Iliad* (trans. Alexander Pope). Eugene, OR: Wipf and Stock.

Hopper, W. David, 1976. 'The Development of Agriculture in Developing Countries', *Scientific American*, 235, 3: 197–205.

Huntington, Samuel P., 1968. *Political Order in Changing Societies*. New Haven, CT: Yale University Press.

Ibn Battuta, 1929. *Travels in Africa and Asia 1325–1354* (trans. and ed. H.A.R. Gibb).London: George Routledge and Sons.

Ibsen, Henrik, 1909. *Efterladte Skrifter, vol. I, Digte 1847–1896, Prosastykker 1841–1898;Taler 1879–1891; Ungdomsdramaer 1849–1860*. Kristiania: Gyldendalske boghandel.

Ibsen, Henrik, 1986. *The Collected Poems of Henrik Ibsen* (trans. John Northam), Oslo:Norwegian University Press.

Ibsen, Henrik, 2012. *Peer Gynt*. CreateSpace Independent Publishing Platform.

James, William, 1890. *Principles of Psychology*. New York: Henry Holt.

Jarvis, C.S., 1937. *Oriental Spotlight*. London: John Murray.

Jenkyns, Richard, 2004. *Westminster Abbey*. London: Profile Books.

Jessen, B.H., 1905. 'South-Western Abyssinia', *The Geographic Journal*, 25, 2: 158–71.

Jessen, B.H., 1906. *W.N. McMillan's Expeditions and Big Game Hunting in Southern Sudan, Abyssinia and East Africa*. London: Merchant Singer and Co.

Joesten, Joachim, 1960. *Nasser: The Rise to Power*. Westport, CT: Greenwood Press.

Joinville, Jean de, pub. between 1305 and 1309. *Histoire de Saint Louis (Life of Saint Louis)*. Fragment published in S.J. Allen and Emilie Amt (eds), 2003. *The Crusades: A Reader*, 343–7. Peterborough, ON: Broadview Press.

Kaggwa, Apolo, 1971. *The Kings of Buganda* (ed. M.S.M. Kiwanuka). Kampala: East African Publishing House.

Kalfatovic, Martin R., 1992. *Nile Notes of a Howadji: A Bibliography of Travelers' Tales from Egypt, from the Earliest Time to 1918*. Metuchen, NJ: Scarecrow Press.

Kandt, Richard, 1904. *Caput Nili: Eine Empfindsame Reise zu den Quellen des Nils*. Berlin:Dietrich Reimer.

Kebra Nagast, 1969. *A Modern Translation of the Kebra Nagast: The Glory of Kings* (ed. Miguel F. Brooks). Kingston, Jamaica: LMH Publishing Co.

Kennedy, Hugh, 2007. *The Great Arab Conquests: How the Spread of Islam Changed the World We Live In*. Boston, MA: Da Capo Press.

Kiros, Teodros, 2005. *Zara Yacob: Rationality of the Human Heart*. Lawrenceville, NJ: Red Sea Press.

Kyemba, Henry, 1977. *A State of Blood: The Inside Story of Idi Amin*. New York: Ace Books.

Lane, Edward William, 1836 [1908]. *Manners and Customs of the Modern Egyptians*.

London: Society for the Diffusion of Useful Knowledge / J.M. Dent & Co.

Lawson, Fred H., 2010. 'Nile River Flows and Political Order in Ottoman Egypt', in Terje Tvedt and Richard Coopey (eds), *Rivers and Society: From the Birth of Agriculture to Modern Times*, Vol. II, Series II in Terje Tvedt (Series Editor), *A History of Water*, 203–21. London/ New York: I.B. Taurus.

Lemarchand, Rene, 1970. *Rwanda and Burundi*. London: Pall Mall Press.

Lewis, Bernard, 2002. *What Went Wrong? The Clash Between Islam and Modernity in the Middle East*. London: Weidenfeld and Nicolson.

Lienhardt, R.G., 1954. 'The Shilluk of the Upper Nile', in C. Daryll Forde (ed.), *African Worlds: Studies in the Cosmological Ideas and Social Values of African People*, 138–93.

London: Oxford University Press.

Lienhardt, R.G., 1961. *Divinity and Experience: The Religion of the Dinka*. Oxford:Clarendon Press.

Lloyd, Albert B., 1906. *Uganda to Khartoum: Life and Adventures on the Upper Nile*.

London: T. Fisher Unwin.

Lobo, Jeromino, 1791. *A Short Relation of the River Nile, Of its Source and Current; Of its Overflowing the Campagnia of Aegypt, 'till it runs into the Mediterranean; And of Other Curiosities* (trans. Peter Wyche). London: Printed for the Royal Society, MDCLXIX.

Low, Donald Anthony, 1971. *The Mind of Buganda: Documents of the Modern History of an African Kingdom*. Berkeley, CA: University of California Press.

Low, Sidney, 1904. 'Henry Morton Stanley'. *Cornhill Magazine*, New Series 17: 26–42.

Lugard, F.D., 1892. 'Travels from the East Coast to Uganda, Lake Albert Edward and Lake Albert', *Proceedings of the Royal Geographical Society and Monthly Record of Geography*, New Monthly Series, 14, 12: 817–41.

Lugard, F.D., 1893. *The Rise of Our East African Empire*, 2 vols. Edinburgh: W. Blackwood & Sons.

Lyons, H.G., 1906. *The Physiography of the River Nile in the Basin*. Cairo: National Printing Department.

MacDonald, Murdoch, 1919. *Nile Control: A Statement of the Necessity for Further Control of the Nile to Complete the Development of Egypt and Develop a Certain Area in the Sudan, with Particulars of the Physical Conditions to be Considered and Programme of the Engineering Works Involved, Vol. 2*. Cairo: Government Press.

MacQuitty, William, 1976. *Island of Isis: Philae, Temple of the Nile*. London: MacDonald and Jane's.

Mahfouz, Naguib, 1993. *Adrift on the Nile*. New York: Doubleday.

Mailer, Norman, 1975. *The Fight*. New York: Brown, Little.

Maistre, Xavier de, 1825 [2005]. *A Journey Around My Room*. London: Hesperus Classics.

Makonnen, Yilma, 1984. *The Nyerere Doctrine of State Succession and the New State of East Africa*. Arusha: Eastern Africa Publications.

Margoliouth, D.S., 1912. *Cairo, Jerusalem, and Damascus: Three Chief Cities of the Egyptian Sultans* (illus. W.S.S. Tyrwhitt). New York: Dodd, Mead & Co.

Mariette, Auguste, 1890. *Outlines of Ancient Egyptian History* (trans. and ed. M. Brodrick). Available online: www.forgottenbooks.org.

Marlow, John, 1971. *The Golden Age of Alexandria: From its Foundation by Alexander the Great in 331 bc to its Capture by the Arabs in 642 ad*. London: Gollancz.

Mauss, Marcel, 1925. *Essai sur le don: forme et raison de l'echange dans les societies archaiques* [*The Gift: Forms and Functions of Exchange in Archaic Societies*]. Paris:L'Annee Sociologique / Presses Universitaires de France.

Mead, Walter Russell, 2006. 'God's Country'. *Foreign Affairs*, September/October. Available online: https://www.foreignaffairs.com/articles/united-states/2006-09-01/gods-country.

Mecklenburg, A.F., 1910. *In the Heart of Africa*. London: Cassel.

Meyboom, P.G.P., 1995. *The Nile Mosaic of Palestrina: Early Evidence of Egyptian Religion in Italy*. Leiden: E.J. Brill.

Millais, John G., 1924. *Far Away up the Nile*. London: Longmans.

Milner, Alfred, 1892. *England in Egypt*. London: E. Milner.

Moorehead, Alan, 1960. *The White Nile*. London: Hamish Hamilton.

Mowat, Farley, 1987. *Woman in the Mists: The Story of Dian Fossey and the Mountain Gorillas of Africa*. New York: Warner Books.

Moyse-Bartlett, Hubert, 1956. *The King's African Rifles: A Study of the Military History of East and Central Africa, 1890–1945*. Aldershot: Gale & Polden.

Muwanga, J.S.B, 2005. *On the Kabaka's Road for Uganda: A Contribution to the Positive Mind of Buganda*. Kampala: LDC Publishers.

Naipaul, V.S., 1979. *A Bend in the River*. London: Deutsch.

Nasser, Gamal Abdel, 1955. *Egypt's Liberation: The Philosophy of the Revolution*. Washington, DC: Public Affairs Press.

Nazir, Osman A. El and Govind D. Desai, 2001. *Kenana: Kingdom of Green Gold – Grand Multinational Venture in the Desert of Sudan*. London: Kegan Paul.

Ngũgĩ wa Thiong'o, 1967. *A Grain of Wheat*. London: William Heinemann.

Nightingale, Florence, 1987. *Letters from Egypt: A Journey on the Nile, 1849–50* (ed. Anthony Sattin). New York: Weidenfeld & Nicolson.

Norden, Hermann, 1930. *Africa's Last Empire: Through Abyssinia to Lake Tana and the Country of the Falasha*. London: H.F. & G. Witherby.

Ochieng', W.R. and R.M. Maxon, 1992. *An Economic History of Kenya*. Nairobi: East African Educational Publishers.

Okeowo, Alexis, 2010. 'Rick Warren in Rwanda', *Foreign Affairs*, 18 August. Available online:http://nplusonemag.com/rick-warren-in-rwanda.

Orwell, George, 1934. *Burmese Days*. New York: Harper and Brothers.

Ostigard, Terje and Abawa Firew Gedef, 2013. *The Source of the Blue Nile: Water Rituals and Traditions in the Lake Tana Region?*, Newcastle upon Tyne: Cambridge Scholars Publishing.

Pankhurst, R., 2000. 'Ethiopia's Alleged Control of the Nile', in H. Erlich and I. Gershoni (eds), *The Nile: Histories, Cultures, Myths*, 25–37. Boulder, CO: Lynne Rienner.

Perham, Margery and J. Simmons, 1963. *African Discovery: An Anthology of Exploration*.London: Faber and Faber.

Petherick, John, 1861. *Egypt, the Soudan and Central Africa: With Explorations from Khartoum on the White Nile to the Regions of the Equator, Being Sketches from Sixteen Years' Travel*. London: William Blackwood and Sons.

Petherick, John and K.H. Petherick, 1869. *Travels in Central Africa, and Explorations of the Western Nile Tributaries*. London: Tinsley Brothers.

Plinius Secundus, Gaius (Maior), 1962. *Natural History*, 10 vols (trans. D.E. Eichholz). Cambridge, MA: Harvard University Press.

Pollard, Justin and Howard Reid, 2006. *The Rise and Fall of Alexandria: Birthplace of the Modern Mind*. New York: Viking.

Pringle, J.W., 1893. 'With the Railway Survey to Victoria Nyanza', *Geographical Journal*, 2, 2: 112–39.

Robertson, James, 1974. *Transition to Africa: From the Direct Rule to Independence*.London: C. Hurst.

Robinson, Artur E., 1925. 'The Conquest of the Sudan by the Wali of Egypt. Part I', *Journal of the Royal African Society*, 25, 97: 47–58.

Robinson, David and Douglas Smith, 1979. *Sources of the African Past: Case Studies of Five Nineteenth-Century African Societies*. New York: Africana.

Robinson, Ronald and John Gallagher (with Alice Denny), 1981 [1961]. *Africa and the Victorians: The Official Mind of Imperialism* (expanded 2nd edn). London: Macmillan.

Roller, Duane W., 2010. *Cleopatra: A Biography*. New York: Oxford University Press.

Roullet, Anne, 1972. *The Egyptian and Egyptianizing Monuments of Imperial Rome*. Leiden:Brill.

Russell, Bertrand, 1962. *History of Western Philosophy*. London: George Allen & Unwin.

Russell, Michael, 1831. *View of Ancient Egypt with an Outline of its Natural History*. Available online: www.forgottenbooks.org.

Rwanda Media Commission, 2015. *The State of Media Freedom in Rwanda*. Kigali: RMC. Available online: https://rsf.org/sites/default/files/6_5_2015_ib_-_final_report_on_state_of_the_media_freedom_in_rwanda_00.00.pdf.

Sadat, Anwar El, 1957. *Revolt on the Nile* (trans. Thomas Graham). London: Allan Wingate.

Said, Edward, 1978. *Orientalism*. New York: Vintage Books.

Said, Rushdi, 1993. *The River Nile: Geology, Hydrology and Utilization*. Oxford: Pergamon Press.

Sawyer, Ralph D., 2010. 'Aquatic Warfare Historic China', in Tvedt, Terje, Graham Chapman and Roar Hagen (eds), *Water and Geopolitics in the New World Order*, Vol. II, Series II,111–37, in Terje Tvedt (Series Editor), *A History of Water*. London/New York: I.B.Tauris.

Scott-Moncrieff, C., 1895, 'The Nile', *Royal Institution of Great Britain*, Proceedings 14 (25 January): 405–18.

Searcy, Kim, 2010. *The Formation of the Sudanese Mahdist State: Ceremony and Symbols of Authority, 1882–1898*. Leiden: Brill.

Selassie, Bereket Habte, 1989. *Eritrea and the United Nations*. Trenton, NJ: Red Sea Press.

Sen, Amartya, 2009. *The Idea of Justice*. Cambridge, MA: Belknap Press.

Shakespeare, William, 1607. *Anthony and Cleopatra*. Available online: http://shakespeare.mit.edu/cleopatra/full.html.

Shaw, George Bernard, 1901. *Caesar and Cleopatra. Project Gutenberg*. Available online:http://www.gutenberg.org/files/3329/3329-h/3329-h.htm.

Shuckburgh, Evelyn, 1986. *Descent to Suez: Diaries 1951–56*. London: Weidenfeld and Nicolson.

Sikainga, Ahmad Alawad, 1989. 'The Legacy of Slavery and Slave Trade in the Western Bahr al-Ghazal, 1850–1939', *Northeast African Studies*, 2, 2: 75–95.

Six, Veronika, 1999. 'Water, the Nile, and the Ta'amra Maryam: Miracles of Virgin Mary in the Ethiopian Version', *Aethiopica*, 2: 53–68.

Speke, John Hanning, 1863. *Journal of the Discovery of the Source of the Nile*. Edinburgh:Blackwood and Sons.

Stanley, Henry Morton, 1878. *Through the Dark Continent or the Sources of the Nile around the Great Lakes of the Equatorial Africa and Down the Livingstone River to the Atlantic Ocean, Vol. 1*. New York: Harper.

Stanley, Henry Morton, 1891. *In Darkest Africa or the Quest, Rescue and Retreat of Emin, Governor of Equatoria*. New York: Charles Scribner's Sons.

Stanley, Henry Morton, 1909. *The Autobiography of Sir Henry Morton Stanley* (ed. Dorothy Stanley). Boston, MA: Houghton Mifflin Company.

Steegmuller, Francis (trans. and ed.), 1983. *Flaubert in Egypt: A Sensibility on Tour*.London: Michael Haag.

Stevenson, Edward L. (ed. and trans.), 1932. *Geography of Claudius Ptolemy*. New York:New York Public Library.

Stock, Eugene, 1916. *The History of the Church Missionary Society: Its Environment, Men and Work*. London: Church Missionary Society.

Stockwell, John, 1978. *In Search of Enemies: A CIA Story*. New York: W.W. Norton.

Sudan Government, 1945. *The Advisory Council for the Northern Sudan: The Proceedings of the First Session, held at the Palace, Khartoum, 15–18 May 1944*. Khartoum:McCorquodale.

Sumner, Claude, 1985. *Classical Ethiopian Philosophy*. Addis Ababa: Central Print.

Suyuti, Jalal ad-Din as-, 1995. *The History of the Khalifahs Who Took the Right Way*.London: Ta-Ha.

Taylor, A.J.P., 1961. *The Origins of the Second World War*. New York: Atheneum.

Taylor, Christopher C., 1994. *Sacrifice as Terror: The Rwandan Genocide of 1994*. Oxford:Berg.

Telles, Balthazar, 1710. *Travels of the Jesuits in Ethiopia: Containing I: The Geographical Description of All the Kingdoms and Provinces of the Empire. . . II: Travels in Arabia Faelix. . . III: An Account of the Kingdoms of Cambate, Ginqiro, Alaba and Dacali Beyond Ethiopia in Africa Never Travelled into by Any but the Jesuits*. London: Printed for J. Knapton et al.

Trevor-Roper, Hugh, 1964. *The Rise of Christian Europe*. London: Thames and Hudson.

Trigger, Bruce G., 2003. *Understanding Early Civilizations: A Comparative Study*.Cambridge: Cambridge University Press.

Tshimanga, Raphael M., 2010. 'The Congo Nile: Water Use, Policies and Challenges', in Terje Tvedt (ed.), *The River Nile in the Post-Colonial Age: Conflict and Cooperation in the Nile Basin Countries*, 73–92. London/New York: I.B. Tauris.

Tuchman, Barbara W., 1956. *Bible and Sword: England and Palestine from the Bronze Age to Balfour*. New York: New York University Press.

Tvedt, Terje, 2004a. *The River Nile in the Age of the British: Political Ecology and the Quest for Economic Power*. London/New York: I.B. Tauris.

Tvedt, Terje, 2004b. *The Southern Sudan: An Annotated Bibliography*, 2 vols (2nd edn). London/New York: I.B. Tauris.

Tvedt, Terje (ed.), 2010. *The River Nile in the Post-Colonial Age: Conflict and Cooperation in the Nile Basin Countries*. London/New York: I.B. Tauris.

Tvedt, Terje, 2013. *A Journey in the Future of Water* (trans. Richard Daly). London/New York: I.B. Tauris.

Tvedt, Terje and Eirik Hovden, 2008. *A Bibliography on the River Nile*, 3 vols. Bergen:BRIC.

Tyerman, Christopher, 2006. *God's War: A New History of the Crusades*. Cambridge, MA:Belknap Press of Harvard University Press.

Tyldesley, Joyce, 2008. *Cleopatra: The Last Queen of Egypt*. New York: Basic Books.

Van Donzel, Emery, 2000. 'The Legend of the Blue Nile in Europe', in Haggai Erlich and Israel Gershoni (eds), *The Nile: Histories, Cultures, Myths*, 121–38. Boulder, CO: Lynne Rienner.

Volkmann, Hans, 1953. *Cleopatra: A Study in Politics and Propaganda* (trans. T.J. Cadoux).London: Elek Books.

Wagner, C. Peter, 2008. *Dominion! How Kingdom Action Can Change the World*. Grand Rapids, MI: Chosen Books.

Wainwright, G.A., 1963. 'The Origin of Storm-Gods in Egypt', *The Journal of Egyptian Archaeology*, 49, 1: 13–20.

Walker, Susan and Peter Higgs (eds), 2001. *Cleopatra of Egypt: From History to Myth*. London: British Museum.

Waller, H. (ed.), 1874. The Last Journals of David Livingstone in Central Africa from 1865 to his Death, Vol. 2, 2 vols. London: John Murray.

Wallis-Budge, E.A., 1907. *The Egyptian Soudan, Vol. II*. London: Gilbert and Rivington.

Warner, Nicholas, 2006. *The True Description of Cairo: A Sixteenth-Century Venetian View*.Oxford: Arcadian Library.

Warner, Oliver, 1960. *The Battle of the Nile*. London: B.T. Batsford.

Warren, Rick, 2002. *The Purpose Driven Life*. Grand Rapids, MI: Zondervan.

Waterbury, John, 1979. *The Hydropolitics of the Nile Valley*. Syracuse, NY: Syracuse University Press.

Welsby, Derek A., 2006. 'Settlement in Nubia in the Medieval Period', in I. Caneva and A. Roccati (eds), *Acta Nubica: Proceedings of the X International Conference of Nubian Studies, Rome, 9–14 September 2002*, 21–43. Rome: Libreria dello Stato.

Werne, Ferdinand, 1848. *Expedition to Discover the Sources of the White Nile, in the Years 1840, 1841*, 2 vols. London: R. Bentley.

Willcocks, William, 1889. *Egyptian Irrigation*, 2 vols. London: E. & F.N. Spon.

Wilson, C.J., 1938. *The Story of the East African Mounted Rifles*. Nairobi: East African Standard.

Woolbert, Robert Gale, 1935. 'Italy in Abyssinia', *Foreign Affairs*, 13, 3: 499–508.

World Bank, 1961. *The Economic Development of Tanganyika: Report of a Mission Organized by the International Bank for Reconstruction and Development at the Request of the Governments of Tanganyika and the United Kingdom*. Washington, DC:International Bank for Reconstruction and Development.

Zarzeczny, Matthew D., 2012. *Meteors that Enlighten the Earth: Napoleon and the Cult of Great Men*. Newcastle upon Tyne: Cambridge Scholars Publishing.

尼羅河：孕育人類文明的偉大河流，承載豐沛地理、歷史、水政治的生命線
The Nile: History's Greatest River

作　　者　塔利耶．泰維德（Terje Tvedt）
譯　　者　劉名揚
責任編輯　夏于翔
協力編輯　周書宇、王彥萍
內頁構成　李秀菊
封面美術　兒日

發 行 人　蘇拾平
總 編 輯　蘇拾平
副總編輯　王辰元
資深主編　夏于翔
主　　編　李明瑾
業　　務　王綬晨、邱紹溢
行　　銷　曾曉玲
出　　版　日出出版
　　　　　地址：10544台北市松山區復興北路333號11樓之4
　　　　　電話：02-2718-2001　傳真：02-2718-1258
　　　　　網址：www.sunrisepress.com.tw
　　　　　E-mail信箱：sunrisepress@andbooks.com.tw

發　　行　大雁文化事業股份有限公司
　　　　　地址：10544台北市松山區復興北路333號11樓之4
　　　　　電話：02-2718-2001　傳真：02-2718-1258
　　　　　讀者服務信箱：andbooks@andbooks.com.tw
　　　　　劃撥帳號：19983379　戶名：大雁文化事業股份有限公司

印　　刷　中原造像股份有限公司
初版一刷　2022年10月
定　　價　960元
I S B N　978-626-7044-69-8

國家圖書館出版品預行編目（CIP）資料

尼羅河：孕育人類文明的偉大河流，承載豐沛地理、歷史、水政治的生命線／塔利耶．泰維德（Terje Tvedt）著；劉名揚譯. -- 初版. -- 臺北市：日出出版：大雁文化事業股份有限公司發行, 2022.10
584面；17×23公分
譯自：The Nile : history's greatest river
ISBN 978-626-7044-69-8（平裝）
1.CST: 文明史　2.CST: 文化史　3.CST: 非洲
760.3　　111012657